ESSAI

SUR LA

PSYCHOLOGIE D'ARISTOTE

Chartres, Imp. Durand frères, rue Fulbert.

ESSAI
SUR LA
PSYCHOLOGIE D'ARISTOTE

CONTENANT

L'HISTOIRE DE SA VIE ET DE SES ÉCRITS

OUVRAGE COURONNÉ PAR L'INSTITUT
Académie des Sciences Morales et Politiques

PAR

A.-ED. CHAIGNET

RECTEUR DE L'ACADÉMIE DE POITIERS
CORRESPONDANT DE L'INSTITUT

> Ἡ ψυχὴ τὰ ὄντα πώς ἐστι πάντα.
> (Arist., *De An.*, III, 8.)

PARIS
LIBRAIRIE HACHETTE ET Cie
79, BOULEVARD SAINT-GERMAIN, 79.

AVERTISSEMENT.

Je publie seulement aujourd'hui le premier volume de l'*Essai sur la Psychologie d'Aristote,* ouvrage couronné, il y a déjà plusieurs années (en 1878), par l'Académie des Sciences morales et politiques : il contient, outre une biographie du philosophe et une histoire de ses écrits, l'exposition de sa théorie psychologique, et une étude critique où j'ai cherché à l'apprécier.

Le programme du concours comprenait une partie historique qui n'a pu y trouver place, et que je considère également comme nécessaire pour bien pénétrer l'esprit et mesurer la valeur scientifique du système psychologique d'Aristote. Je consacrerai donc un second volume, qui paraîtra prochainement, je l'espère, à en rechercher les antécédents et à en suivre l'influence dans l'histoire de la philosophie ancienne et de la philosophie moderne.

Poitiers, 30 juillet 1883.

ESSAI
SUR
LA PSYCHOLOGIE D'ARISTOTE

CHAPITRE PRÉLIMINAIRE.

§ 1er.

VIE D'ARISTOTE[1].

Aristote est né dans la première année de la 99ᵉ Olympiade, qui correspond aux derniers mois de l'année 385 et aux premiers mois de l'année 384 av. J.-C., à Stagire. Cette petite ville, située à l'orient de la presqu'île Chalcidique, près du rivage méridional du golfe du Strymon, sur lequel elle avait un port nommé Capros, appartint, suivant les hasards de la guerre, tour à tour à la Thrace et à la Macédoine : ce qui fait que les géographes l'attribuent tantôt à l'une, tantôt à l'autre de ces contrées. Placée sur la route des invasions qui du Nord et de l'Est ont fondu sur la Grèce centrale, sa destinée a été malheureuse : nous la voyons successivement traversée par Xercès et ravagée par son armée, puis engagée dans le parti lacédémonien pendant la guerre civile du Péloponnèse ; ensuite, après des années de paix qui avaient rétabli sa prospérité, elle est soumise à la Macédoine, dont ses habitants se considéraient comme les sujets ; mais plus tard, entrée dans la confédération des cités grecques de la presqu'île formée sous l'hégémonie d'Olynthe, réconciliée avec Athènes, pour défendre ou conquérir leur indépendance vis-à-vis des rois de Macédoine, dont la puissance devenait de plus en plus op-

---

[1] On trouvera dans une note, à la suite de cette notice biographique, un catalogue des auteurs auxquels elle a été puisée.

pressive, elle fut au nombre des trente-deux villes de la Chalcidique qui, entre 350 et 347, furent détruites par Philippe comme rebelles et révoltées, avec une barbarie si impitoyable, que, suivant les termes indignés de Démosthène, le voyageur pouvait à peine dire si elles avaient jamais été habitées.

Aristote était donc et s'est toujours considéré, ainsi que son père, comme un Macédonien. Sa famille paternelle était depuis longtemps établie à Stagire, colonie d'Andros; mais sa mère Phœstis descendait d'une famille originaire de Chalcis en Eubée, dont les colonies avaient peuplé presque toutes les autres villes de la péninsule qui en reçut son surnom. Nicomaque, son père, était un médecin et un naturaliste; ces sciences paraissent avoir été héréditaires dans la famille; car elle se vantait de descendre de Machaon, fils d'Esculape, ancêtre héroïque et mythique de ces écoles de médecins qui se donnaient le nom d'Asclépiades et qu'on trouvait à Cos et à Rhodes. Suidas cite même un Nicomaque, un des ancêtres du père d'Aristote, qui habitait déjà Stagire, comme l'auteur d'un Traité de médecine en six livres et d'un ouvrage d'Histoire naturelle en un livre. Nicomaque eut de Phœstis trois enfants : une fille, Arimnesté, un fils, Arimnestos, dont on ne connaît que les noms, et enfin Aristote : il semble qu'ils naquirent tous, comme ce dernier, à Stagire.

Nicomaque fut le médecin et l'ami du roi de Macédoine Amyntas IV qui régna de 389 à 369 et de son plus jeune fils, Philippe II, qui, après s'être emparé à 23 ans du pouvoir que lui disputaient trois prétendants, l'occupa de 359 à 336[1]. Ses fonctions l'obligeaient sans doute à résider à la cour et à suivre dans leurs expéditions fréquentes ses maîtres belliqueux. A Pella, où depuis Archélaüs (413-399) les rois macédoniens s'efforçaient d'introduire la civilisation, les arts et la culture grecque, toutes les facilités s'offraient à Nicomaque pour donner à ses fils, s'il les emmena avec lui, une éducation libérale et complète; et elles ne lui manquèrent pas non plus, s'il les laissa avec leur mère à Stagire, car la

---

[1] A la mort d'Amyntas IV, son fils aîné Alexandre II lui succède, 369-368. Celui-ci est assassiné et remplacé par son frère naturel, Ptolémée, qui règne de 368-365. Perdiccas II, second fils d'Amyntas, renverse l'usurpateur et règne de 365 à 359 : il a pour successeur son plus jeune frère, Philippe, qui doit défendre ses droits légitimes contre les compétitions d'Argée, de Pausanias, chef des Lyncestes, et d'Archélaus, demi-frère de Perdiccas.

Chalcidique, longtemps possédée par Athènes, couverte de colonies, était un pays de véritable culture grecque, et devait lui présenter les ressources suffisantes. Quel que fût le lieu où cette éducation d'Aristote ait été commencée, le père n'eut pas la joie de la voir achevée : Aristote perdit son père et sa mère à une date que nous ne pouvons préciser, mais avant la fin de ses études, qui furent continuées ou reprises sous la direction de Proxénos, son tuteur, qui, né à Atarné en Mysie, habitait probablement la Macédoine et Stagire même; car son fils Nicanor est nommé le Stagirite [1]. Le tuteur s'acquitta sans doute de cette mission difficile avec dévouement et tendresse, puisqu'Aristote lui rendit le même service en élevant à son tour Nicanor, et en le mariant à sa propre fille : c'est un des traits les plus beaux du caractère moral d'Aristote que la fidélité à l'amitié et à la reconnaissance.

Il avait dix-sept ou dix-huit ans, quand, en 367 av. J.-C. (Ol. 103, 2), il vint pour la première fois à Athènes [2], centre de la vie intellectuelle de la Grèce et qui exerçait sur toutes les intelligences amoureuses des arts, de la poésie, de la science, un irrésistible attrait. Platon y avait vers 387 fondé la première École proprement dite de philosophie. Au moment où le jeune Macédonien arrivait à Athènes, Platon était absent : il était allé, pour la seconde fois, en Sicile auprès du jeune Denys dont il voulait faire le modèle, l'Idée du prince, et il avait confié la direction de l'École à Héraclide d'Héraclée. On ne sait si Aristote se fit admettre immédiatement parmi les élèves qui suivaient les cours, ou s'il attendit le retour du maître qui n'eut lieu qu'en 365 (= Ol. 103, 3). On serait disposé à admettre la première hypothèse si l'on tenait à trouver un sens à l'absurde renseignement de la vie d'Ammonius en latin, répété par Olympiodore, qui nous rapporte qu'il a été le disciple de *Socrate* avant d'être celui de Platon. On pour-

---

[1] Sext. Emp., *adv. Math.*, CXII. Buhle et Tennemann concluent au contraire que le jeune homme fut envoyé en Mysie.

[2] D'après un auteur, Eumélus, cité par Diogène de Laërte, la date de ce premier voyage devrait être reportée à l'année 354, puisqu'il prétend qu'Aristote avait à ce moment trente ans. Cette opinion, contredite par tous les témoignages, est cependant adoptée par M. Rose, à qui elle paraît confirmée par le mot satirique de Timée l'historien, qui appelait notre philosophe un sophiste à qui l'amour de la science était venu bien tard. σοφιστὴς ὀψιμαθής (Polyb., XII, 8).

rait lire *Xénocrate*, et admettre qu'Aristote a entendu les leçons de ce savant disciple de l'Académie, pendant l'absence du chef de l'Ecole. Cette opinion pourrait d'autant mieux se soutenir que Platon repartit encore en 361 (= Ol. 104, 4), pour son troisième voyage en Sicile, et ne se fixa définitivement à Athènes et à l'Académie qu'en 360, et que si Aristote, qui était encore bien jeune en 367, ne fut réellement admis comme disciple de Platon qu'en 360, on peut être certain qu'il n'attendit pas jusque-là pour profiter des leçons des doctes et beaux esprits qui remplaçaient le maître pendant ses voyages.

L'Ecole de Platon avait une organisation régulière et réglementée. Le lieu des réunions avait été d'abord le jardin du gymnase public de l'Académie; puis il fut transféré dans un terrain appartenant à Platon, et qui, placé dans le voisinage du gymnase, en reçut le nom. Les leçons s'y donnaient en se promenant, c'est-à-dire que le maître, en faisant son cours, allait et revenait sur ses pas. Cet usage, qui mêlait plus intimement le maître aux élèves, et tout à fait en rapport avec la méthode d'enseignement par conversation, par interrogation, qu'avait inaugurée Socrate, et conservée au moins en partie Platon, fut adopté aussi plus tard par Aristote, ce qui fit donner à son Ecole le nom de péripatéticiens, qu'aurait mérité et même porté, dit-on[1], l'Académie. Il semble, d'après quelques commentateurs, qu'un sentiment de respect pour ses disciples, autant que pour la mémoire de son maître, n'ait pas été étranger à cet usage, et qu'Aristote n'ait pas voulu, tout d'abord du moins, s'asseoir dans une chaire, imposer silence aux auditeurs[2], et leur faire comme subir, sans réplique ni observation, le joug de sa pensée et de ses doctrines.

Au sein de l'Ecole, qui était nombreuse, Platon s'était

---

[1] Ammonius, Philopon, David. (Scholl. Ar., 25, b.; 11, b. 23; 35, a. 41; 20, b. 16), qui prétendent qu'on désigna d'abord l'Ecole d'Aristote par le nom de Péripatéticiens du Lycée et l'Ecole de Platon sous celui de Péripatéticiens de l'Académie. Conf. Athen., VIII, 13, 354, b. Le mot vient de περιπατέω et non de περίπατος, et l'étymologie est confirmée par le détail d'Hermippe cité par Diogène (V, 2) : ἀνακάμπτοντα τοῖς μαθηταῖς συμφιλοσοφεῖν. Cic., *Acad.*, 1, 4, 17 : « Peripatetici dicti sunt quia disputabant inambulantes in Lyceo. » Platon nous peint également Protagoras faisant sa leçon en marchant.

[2] Diog., L. IV, 9 : Polémon οὐδὲ καθίζων ἔλεγε... περιπατῶν δὲ ἐπεγείρει.

choisi un cercle intime qui se réunissait à des époques fixes et assez fréquentes, dans des banquets où l'on causait des arts, de la poésie, de l'éloquence, de la philosophie. Dans cette réunion d'élus, dans ce cénacle, comme l'appelle Athénée, où ne devaient pas se trouver plus de vingt-huit convives, Aristote eut l'honneur d'être admis; quoique le maître ne paraisse pas avoir eu pour sa personne un goût particulier, il ne put méconnaître son ardeur et sa puissance pour le travail, les rares facultés de son esprit, et ses aptitudes si remarquables pour la spéculation et la méditation : on l'appelait le liseur, ou le pur esprit, ὁ Νοῦς.

Aristote passa ainsi, dans un commerce intime avec l'un des plus grands esprits de son temps et de tous les temps, vingt années, c'est-à-dire toute sa jeunesse et les premières années de l'âge mûr. Il n'est guère possible d'admettre que cette longue période de la vie humaine ne fut employée par Aristote qu'à écouter son illustre maître et à se pénétrer passivement de sa doctrine. Il est plus que probable qu'il a, dès ce premier séjour à Athènes, écrit quelques-uns de ses ouvrages, ou du moins qu'il en a conçu la pensée et amassé les matériaux [1].

On voudrait savoir, et on ne sait pas dans le détail, quels furent les rapports personnels d'Aristote avec son maître. On raconte que pendant les dernières années de la vie de Platon, profitant d'une absence de Xénocrate et d'une maladie de Speusippe, Aristote avait groupé autour de lui un certain nombre des membres de l'Académie, et leur faisait des cours dont la tendance hostile ou l'esprit critique annonçait une scission prochaine. Platon, âgé de quatre-vingts ans, se sentant abandonné, lui aurait cédé la place. A son retour, Xénocrate, usant de l'autorité que lui avait donnée l'austérité de son caractère et de sa vie, fit rougir le jeune téméraire de son procédé irrespectueux, et ramena le vieil athlète sur le théâtre de sa gloire. D'après Aristide [2], les choses ne se seraient point passées aussi pacifiquement, et les écoliers, prenant

---

[1] Il n'y a pas lieu de s'arrêter aux récits propagés et peut-être inventés par l'Ecole d'Epicure animée de sentiments d'une aveugle hostilité contre toutes les autres Ecoles, et d'après lesquels Aristote, après avoir dissipé son patrimoine, fut obligé, pour vivre, soit de pratiquer professionnellement la médecine, soit de prendre du service, on ne dit pas où ni auprès de quel prince. Aristoclès réfute ces faits tout en les rapportant. (Euseb., *Præp. Ev.*, XV, 2; Athen., VIII, 354; Diog. L., X, 8; Elien, *Hist. var.*, V, 9).

[2] T. II, p. 325.

parti pour leurs maîtres, auraient engagé les uns contre les autres des rixes assez violentes pour exiger l'intervention de la police. C'est à cette occasion que Platon aurait comparé la conduite du disciple insoumis à celle du jeune poulain, qui essaie ses forces en donnant des ruades à sa mère.

Ces anecdotes, que les premiers Pères de l'Eglise s'empressent d'accueillir et de répéter, parce qu'elles semblent jeter un jour défavorable sur le caractère et l'âme d'un philosophe païen, n'ont aucune garantie de vérité historique : elles sont en contradiction avec les faits. On ne vit pas vingt ans dans l'intimité d'un homme qu'on a cessé d'aimer et de respecter. Elien a tout un chapitre[1] sur ce sujet : « Le premier motif de ce dissentiment entre le maître et le disciple fut, dit-on, le suivant : Platon n'était pas satisfait de sa manière de vivre, ni du soin qu'il prenait de sa personne; car Aristote aimait à porter des vêtements élégants et de riches chaussures; il se faisait raser, ce qui était particulièrement désagréable à Platon; il avait toujours aux doigts beaucoup de bagues qu'il était fier d'étaler. On surprenait sur son visage une sorte de sourire moqueur, et une intempérance de paroles sans portée et dénuées de sens révélait son caractère vain : toutes choses qui évidemment ne conviennent guère à un philosophe. C'est pourquoi Aristote ne fut pas adopté par Platon qui lui préféra Xénocrate, Speusippe, Amyclas, et d'autres qu'il combla de distinctions honorables et admit à ses plus intimes entretiens, » dont il semble qu'Elien veuille nous faire entendre qu'Aristote fut exclus.

La puérilité de ces anecdotes en détruit seule la vraisemblance : on peut les accumuler sans crainte d'être contredit, car l'histoire est muette sur ces détails intimes de la vie privée. Un fait plus authentique semble les renverser complètement. Un jour Platon faisait une leçon au Pirée, et *lisait*[2], les uns disent le *Phédon*, les autres une dissertation *Sur le Bien*. Une foule immense était accourue de la ville et de la campagne pour l'entendre; mais quand le philosophe entra dans son austère sujet, et à mesure qu'il en abordait les raisonnements subtils et la haute métaphysique, les auditeurs s'éclipsèrent peu à peu; les plus fidèles disciples ne résistèrent pas long-

---

[1] T. III, p. 19.

[2] On faisait donc des leçons par lecture.

temps, et bientôt il ne resta plus que le patient et courageux Aristote. Je m'étonnerais que ce témoignage de respect et d'admiration n'eût pas touché le cœur du maître.

Cependant il est possible, il est même probable que quelques froissements se sont produits entre deux hommes, qui n'auraient pas été tous deux des génies originaux, s'ils n'avaient été différents. L'aiglon voulut peut-être voler de ses propres ailes avant que la mère le mît hors du nid. Qu'y aurait-il d'extraordinaire qu'Aristote, à trente ans, fût en possession plus ou moins complète des idées dont le développement constituera le système philosophique qui fait sa gloire? Qu'y aurait-il d'extraordinaire qu'il ait eu déjà conscience de son génie, et que sa vive et forte intelligence eût été choquée des lacunes des doctrines platoniciennes et des tendances trop exclusivement mathématiques où elles semblaient vouloir se perdre? La lutte révèle la force, parce qu'elle l'excite; c'est par la polémique que les idées s'accentuent, se précisent, se fortifient, s'étendent. Par un sentiment naturel de résistance à une domination que les esprits comme les volontés ne supportent que si elle est parfaitement libre, Aristote, — qui pourrait l'en blâmer? — chercha peut-être sa voie propre, du vivant même de Platon. Je conçois, car c'est une faiblesse dont les plus grands esprits ne sont pas affranchis, je conçois que ce dernier put en éprouver quelque mécontentement, peut-être quelque secrète et indigne jalousie. Mais je ne comprendrais pas qu'on fît un crime à Aristote d'avoir eu le sentiment de sa force et la conscience de son génie. Si saint Paul était resté le fidèle et obéissant disciple de Gamaliel, si Luther était resté le fidèle et obéissant disciple de saint Augustin et de saint Thomas, on peut croire qu'il y aurait deux grandes lacunes dans le développement de l'esprit humain et de la civilisation générale.

En admettant que ces suppositions soient exactes, rien ne prouve que l'opposition des idées et des habitudes ait pris la forme d'une hostilité personnelle. Aristote n'a pas laissé échapper une seule occasion de témoigner sa reconnaissance et son respect affectueux pour le maître sous lequel s'était formé son esprit. Ammonius et Philopon nous disent qu'il éleva un autel à Platon, après sa mort. Il est permis de croire avec Bergck[1] que ce renseignement est né de l'in-

---

[1] *Poet. lyr.*, P. II, p. 504.

terprétation littérale d'une métaphore dont Aristote s'est servi dans une épigramme à Eudème le Rhodien; mais ce petit morceau de poésie lyrique contient un hommage pour Platon, dont on ne peut méconnaître l'accent de pieuse vénération : « Il arriva [1] dans le petit territoire d'Athènes, et là il édifia l'*autel* d'une amitié respectueuse et sainte, avec un homme que les méchants n'ont pas le droit de louer, de celui qui, le premier des mortels, montra clairement par sa vie, autant que par ses discours, qu'on n'arrive au bonheur que par la vertu. » Au moment où il va faire la critique de la théorie des Idées, dans laquelle il se montre passionné jusqu'à l'aveuglement et à l'injustice, Aristote s'arrête un instant comme s'il éprouvait un remords ou du moins un scrupule : « Ce n'est pas, dit-il, sans un sentiment pénible que j'entreprends cette discussion ; car j'aime celui qui a inventé la théorie des Idées ; mais, à mon sens, il est meilleur, et même il est nécessaire de sacrifier ses affections personnelles à l'amour et à la défense de la vérité, surtout quand on se vante d'être des philosophes. Entre l'homme et la vérité qui, tous deux, me sont chers, c'est un devoir sacré d'aimer encore plus la vérité » [2]. Belles paroles, sans doute, et qu'Aristote pouvait se souvenir d'avoir entendues de la bouche de son maître qui, lui aussi, avait dit : « il ne faut pas que l'affection qu'on a pour un homme l'emporte sur l'amour qu'on doit à la vérité » [3].

Denys d'Halicarnasse et Ammonius affirment cependant qu'il n'éleva pas, du vivant de Platon, une véritable Ecole rivale : je suis porté à croire le fait exact. Si Aristote avait déjà fondé, dans ce premier voyage à Athènes, une école philosophique propre et séparée, comment l'aurait-il abandonnée à la mort de Platon, qui le délivrait d'une concurrence redoutable, et lui laissait toute liberté pour l'exposition de ses doctrines personnelles? Cela n'empêche pas d'admettre que pendant les dernières années du maître, il n'ait fait à Athènes, probablement même dans l'Académie, quelques leçons publiques. Strabon nous apprend, en effet, qu'Herméias qui,

---

[1] Aristote parle ici de lui-même.
[2] *Ethic. Nic.*, I, 4. Init. : ἀμφοῖν γὰρ ὄντοιν φίλοιν, ὅσιον προτιμᾶν τὴν ἀλήθειαν.
[3] *Rep.*, X, 595, b : οὐ γάρ πρό γε τῆς ἀληθείας τιμητέος ἀνήρ.

en 348, avait déjà pris possession du pouvoir de son maître et ami, Euboulos, tyran d'Atarné, l'avait entendu [1] et s'était lié intimement avec lui. D'après Cicéron et Quintilien, c'étaient des leçons de rhétorique [2], qu'il opposait à l'enseignement d'Isocrate qui ne pouvait guère satisfaire son esprit philosophique.

Ceci nous amène à parler des rapports d'Aristote et d'Isocrate : « Quand Aristote, dit Cicéron, vit le succès éclatant d'Isocrate consacré par le nombre et la qualité de ses disciples, il changea lui-même le caractère de son enseignement, et modifiant légèrement un vers du *Philoctète*, il s'écria qu'il était honteux de se taire et de laisser parler... Isocrate [3]. C'est alors qu'il exposa avec tant de force et d'éclat cette théorie de l'art oratoire, où il sut joindre aux préceptes pratiques du style une connaissance approfondie des choses » [4]. Les sentiments que ces deux esprits, de portée si inégale, avaient l'un pour l'autre, ou plutôt pour leur méthode respective, n'étaient que du mépris, au dire de Cicéron, qui constate que nul ne combattit les principes superficiels de la vaine et vide rhétorique d'Isocrate avec plus de vivacité, et pour ainsi dire plus de colère qu'Aristote [5].

Isocrate, qui se croyait le maître reconnu de sagesse et d'éloquence de toute la Grèce et qui, né en 436, devait avoir, à l'époque de cette rivalité, à peu près quatre-vingts ans, ressentit vivement la blessure faite à son orgueil et l'injure faite à son génie. Dans son *Panathénaïque*, après s'être plaint de la malveillance avec laquelle le juge l'opinion du grand nombre, οἱ πολλοί, faisant évidemment allusion soit à Aristote même, soit à quelque partisan de cette rhétorique nouvelle, il s'écrie : « Et pourquoi s'étonner de voir le public ainsi mal disposé envers toutes les supériorités, puisque quelques-uns de ceux qui se croient des hommes au-dessus du vulgaire, qui

---

[1] XIII, 1, 57.

[2] Quintilien ajoute le renseignement précis que les leçons avaient lieu dans l'après-midi.

[3] Le trait est d'autant plus piquant qu'il remplace par le nom d'Isocrate le mot βαρβάρους du texte. La tragédie à laquelle est empruntée le vers d'Euripide est perdue.

[4] *De Orat.*, III, 35.

[5] *Orat.*, 19 et 51.

me jalousent tout en se vantant de m'imiter, éprouvent et manifestent contre moi des sentiments encore plus hostiles. Parmi eux, les plus méchants, — je le dirai, quoique ces mots puissent paraître, dans la bouche d'un homme de mon âge, empreints d'une vivacité trop juvénile, — les plus méchants sont ceux qui, incapables de parler à leurs disciples comme je parle aux miens, obligés de m'emprunter leurs exemples, et vivant de ces emprunts, loin de m'en savoir quelque reconnaissance ou de me témoigner quelque considération, ne cessent de tenir sur mon compte les propos les plus malveillants. Peu de temps avant les Grandes Panathénées, j'ai été offensé par eux. Quelques-uns de mes amis que j'ai rencontrés m'ont rapporté que trois ou quatre de ces vulgaires sophistes[1], assis ensemble au Lycée[2], qui prétendent tout savoir et se trouvent volontiers partout, s'entretenaient d'Hésiode et d'Homère... Aux applaudissements de ceux qui les entouraient, l'un d'eux, le plus hardi, commença une attaque calomnieuse contre moi, prétendant que je fais fi de tous ces exercices, de toute la science[3] des autres, que mes efforts tendent à ruiner les études, que je soutiens que tous les autres sont de stériles bavards, excepté ceux qui adoptent mes principes ; enfin, par ces discours, ils excitèrent contre moi le mécontentement de toutes les personnes présentes »[4]. Ce passage si précis et si personnel du *Panathénaïque* fait naître bien des difficultés : il paraît naturel de croire qu'Aristote y est désigné, et si ce n'est lui, au moins un de ses amis les plus ardents. Qu'est-ce qu'Isocrate entend par ces mots : *assis dans le Lycée ?* Est-ce l'École d'Aristote ? ou simplement le lieu public où par hasard se sont rencontrés quelques ennemis ou adversaires des idées politiques ou doctrinales d'Isocrate ? Si l'on suppose qu'il désigne Aristote et son école, il faudra admettre nécessairement un voyage d'Aristote à Athènes vers 342 ou 343 ; car lorsqu'il prononça le *Pana-*

---

[1] On sait qu'Isocrate appelle de ce nom tous ceux qui s'occupent de spéculations pures, et réserve le nom de *philosophies* aux sciences qui traitent de la vie, surtout de la vie politique dont la parole est le grand instrument d'action.

[2] Le Lycée était-il donc déjà le rendez-vous des péripatéticiens ?

[3] φιλοσοφία.

[4] *Panath.*, 7 et 8.

thénaïque, Isocrate, c'est lui-même qui nous l'apprend, avait quatre-vingt-quatorze ans, et comme il est né en 436, cela porte vers 342 la date des faits qu'il signale, et qui ont précédé de peu la fête des Panathénées. Or Aristote, appelé en 343 à la cour de Macédoine pour commencer l'éducation d'Alexandre, ne paraît pas avoir quitté ce pays pour faire un voyage à Athènes, où cependant sa présence n'aurait rien d'invraisemblable, puisque la paix entre Philippe et les Athéniens dura sans dénonciation formelle, depuis 346 jusqu'en 340. Mais, d'une part, aucun auteur ne fait mention de cette visite et, d'autre part, il n'est guère probable qu'Aristote, à peine installé dans ses fonctions de précepteur du jeune prince, les eût abandonnées pour un voyage d'agrément personnel, et même pour un séjour assez prolongé pour expliquer les faits relevés par Isocrate. Il conviendra donc de renoncer à cette hypothèse proposée par Stahr, et d'admettre qu'Isocrate ne désigne pas nommément Aristote, mais simplement ce groupe d'esprits que ses principes philosophiques sur l'art oratoire, qu'il avait eu l'occasion d'exposer pendant les dernières années de son séjour à Athènes, rendaient plus difficiles et même hostiles à la méthode superficielle, extérieure et mécanique d'Isocrate.

Si la Ve lettre attribuée à ce dernier et adressée à Alexandre est authentique, — ce qui est possible, quoique contesté, — on y verra percer, dans des insinuations transparentes, l'étonnement attristé et presque indigné que lui cause le choix fait par Philippe, en qui il avait toujours eu une confiance un peu naïve et qui ne témoigne pas d'une grande perspicacité politique. Sans doute, à son âge, Isocrate ne pouvait pas désirer pour lui-même l'honneur laborieux d'une pareille fonction, qui l'aurait d'ailleurs obligé à quitter Athènes. Mais au lieu de choisir un des disciples qui s'étaient formés à son école dans l'art nécessaire et difficile de l'éloquence, de la vraie morale et de la vraie politique, aller chercher le précepteur de son fils parmi ses adversaires, c'était de la part de Philippe une véritable ingratitude et une véritable imprudence : il le lui fit sentir dans une lettre qui s'adressait au père encore plus qu'au jeune garçon, alors âgé de treize ans : « J'entends dire par tout le monde que tu te montres humain, sympathique aux Athéniens et philosophe, en quoi tu fais une chose sage et raisonnable... Parmi les sciences philosophiques, φιλοσοφῶν, tu n'en repousses aucune, pas même celle qui enseigne la *Dialectique éristique*[1], quoique, malgré les avantages qu'elle peut présenter dans les affaires particulières, elle ne convient ni à ceux qui gouvernent une démocratie, ni à ceux qui sont en possession du pouvoir monarchique... C'est une science qu'il n'est pas bon que tu pratiques avec ardeur : tu dois préférer l'étude de l'éloquence..., etc. »

On chercherait en vain dans les écrits conservés d'Aristote des témoignages semblables de ses sentiments envers Isocrate. On apprend par Denys d'Halicarnasse[2] qu'Aristote prétendait que les libraires répandaient une quantité de volumes de discours judiciaires d'Isocrate: mais, ajoute le Rhéteur, « Je n'en crois pas le philosophe qui veut déshonorer l'orateur, et j'en crois de préférence, comme plus près de la vérité, Céphisodore (ou Céphisodote), contemporain d'Isocrate et son disciple fidèle, qui écrivit une apologie[3] vraiment admirable de son maître pour répondre aux accusations d'Aristote. » Cette apologie paraît avoir eu un caractère polémique très prononcé, à en juger par quelques traits injurieux qui nous en ont été conservés[4]. Céphisodote ne fut pas le seul à attaquer avec violence notre philosophe : « Il ne me serait pas facile d'énumérer les Céphisodote, les Euboulidès, les Timée, les Dicéarque, et toute cette armée d'ennemis acharnés contre Aristote le Stagirite, et dont les propos, arrivés jusqu'à notre temps, attestent les sentiments d'envie et de haine »[5].

De tels sentiments paraissent avoir été étrangers à l'âme d'Aristote dont ils ne troublèrent pas l'impartialité sereine et haute. Il avait lu et étudié les ouvrages de son adversaire, et s'il n'avait pas cru pouvoir adopter sa méthode, il savait apprécier le grand talent de l'écrivain ; il emprunte à ses discours, à l'appui de ses doctrines sur la rhétorique, un grand nombre de citations, et l'on a compté que dans un seul cha-

---

[1] Allusion évidente à Aristote.

[2] *De Isocr.*, 18.

[3] Athénée (II, 60, c ; III, 122, a) intitule cette apologie τὰ κατ' Ἀριστοτέλους, et nous apprend qu'elle comprenait quatre livres.

[4] Par Aristoclès et Numénius dans Euseb., *Præp. Ev.*, XV, 2, 792 ; XIV, 6, 732.

[5] *Themist.*, XXIII, Hard., p. 285. c ; Dind., p. 316.

pitre de la *Rhétorique*[1], il y avait dix exemples tirés du *Panégyrique*[2].

Pour conclure, il semble résulter de tous ces faits qu'Aristote, dans les dernières années de son séjour à Athènes, fit des leçons publiques sur la rhétorique, préludant ainsi à la composition de son grand ouvrage sur cet art. On peut aussi ramener à la même époque la composition des dialogues[3] et des traités sur l'art oratoire, aujourd'hui perdus, et l'on doit admettre que dans ces vingt années d'études, il amassa les matériaux et prépara l'exécution de quelques-uns de ceux qu'il n'écrivit et n'édita que plus tard, quand il fut arrivé en pleine possession de ses idées et dans la pleine conscience de son génie.

Platon mourut en 348 ou 347. Un auteur qu'Aristoclès appelle un franc menteur, Euboulidès, accuse Aristote de n'avoir pas assisté à ses derniers moments. Comment le croire quand on est certain qu'il quitta Athènes l'année même où il perdit son maître[4], et que tout semble prouver que ce fut cet événement qui décida son départ. Il partit accompagné de Xénocrate, dont on ne peut mettre en doute l'attachement tendre et fidèle pour Platon. Ils se rendaient tous deux en Mysie, auprès d'Herméias, tyran d'Assos et d'Atarné, qui avait fait partie du cénacle de Platon, s'y était lié d'amitié avec eux et les avait invités à venir le voir et à vivre à sa cour.

On s'est demandé quels pouvaient être leurs motifs pour quitter Athènes. Il ne faut pas oublier que l'un et l'autre étaient des étrangers, des métèques. Speusippe, neveu de Platon et son héritier, ayant pris, à sa mort, comme il était d'ailleurs bien naturel, la direction de l'Académie, il ne restait plus qu'une situation secondaire et effacée aux deux grands disciples, qu'aucun sentiment patriotique n'attachait

---

[1] *Rhet.*, III, 10.

[2] Il cite même deux fois Céphisodote.

[3] Il renonça de bonne heure à cette forme de composition traditionnelle dans l'école Socratique, et ce fut sans doute, comme le dit S. Basile, (Opp. Ep., 167) quand il s'aperçut qu'il devait désespérer d'atteindre l'inimitable grâce de son maître; peut-être aussi cette forme ne répondait-elle pas au caractère de sa philosophie et à sa méthode analytique.

[4] Strab., XIII, 1, 57 ; Dion. Hal., Diod. Sic., XVI, 52.

à Athènes. Xénocrate put donc très naturellement accepter l'invitation d'Herméias, d'autant plus qu'Atarné se trouvait sur sa route pour se rendre à Chalcédoine, sa patrie. Quant à Aristote, il avait des raisons plus sérieuses encore. Les Athéniens, joués par Philippe, commençaient à s'inquiéter de ses desseins et de ses entreprises. Depuis l'année 350, les Olynthiens et la confédération des villes de la Chalcidique, menacés de perdre leur indépendance, avaient fait alliance avec Athènes pour soutenir la lutte contre Philippe ; en 349 et en 348, trois expéditions armées avec les ressources du fonds théorique, pour la première fois détournées de leur destination sacrée, furent envoyées dans la presqu'île, sans pouvoir empêcher le succès de Philippe qui, considérant comme une révolte de ses sujets la tentative faite par les cités grecques de ce pays de recouvrer leur liberté, les ruina de fond en comble et en vendit les habitants comme esclaves. Le séjour d'Athènes, dans ces circonstances, ne pouvait pas être fort agréable, ni peut-être même très sûr pour un Macédonien, fils d'un médecin et d'un ami du roi de Macédoine, et qui allait être bientôt choisi par lui pour être le précepteur de son fils. Peut-être même Aristote avait-il déjà aperçu quelques symptômes de mauvais vouloir contre sa personne : c'est du moins ce qu'on pourrait conclure du renseignement, en soi absurde, de la vie d'Ammonius, dont l'auteur prétend que Chabrias et Timothée, parents de Platon, avaient interdit à Aristote d'ouvrir une école à Athènes.

Ce temps était favorable aux aventures et aux aventuriers. Herméias, auprès duquel se rendaient les deux philosophes, était un exemple de la facilité avec laquelle, dans l'épuisement des forces grecques divisées et par suite de l'affaiblissement de l'empire des Perses, un homme entreprenant et intelligent pouvait se créer une principauté indépendante. Il avait été l'esclave et l'ami d'un certain Euboulus de Bithynie, qui de philosophe devenu riche banquier, s'était rendu maître d'Atarné et d'Assos, y avait établi une domination indépendante et rompu les liens de vassalité qui soumettaient ces villes au roi de Perse. Bien qu'impuissant par suite d'une blessure reçue dans son enfance, cet Herméias paraît avoir été un homme d'une rare énergie et d'une habileté singulière ; il avait contribué à la réussite des projets de son maître, auquel il succéda après avoir été associé à son pouvoir, et avait à sa solde des troupes de mercenaires avec lesquelles il tenait garnison dans plusieurs villes voisines. Pendant son séjour à Athènes, il avait entendu Platon, Aristote et probablement Xénocrate, et s'était lié avec ces deux derniers dont l'âge devait se rapprocher du sien. Aristote et Xénocrate vécurent auprès de lui trois ans. Il eut pour eux mille soins et donna même sa sœur ou sa nièce ou sa fille adoptive, Pythias, en mariage à Aristote[1]. Cependant le roi de Perse n'avait pas renoncé à châtier et à soumettre ses vassaux révoltés. Mentor le Rhodien, général grec au service de la Perse, après s'être distingué dans l'expédition d'Egypte avec Bagoas, avait reçu une satrapie sur le bord asiatique de la mer Méditerranée, et à l'aide de troupes mercenaires cherchait à faire rentrer sous le joug du roi, son maitre, bien des villes qui ne payaient plus le tribut, et, sous des aventuriers heureux et habiles, avaient reconquis leur indépendance. A la suite d'une trahison, Herméias tomba entre les mains de Mentor qui l'envoya à Artaxercès Ochus, et il fut pendu en 345 (= Ol. 108, 4). Les deux amis, en évitant les villes possédées par les Perses, parvinrent à se sauver, Xénocrate à Chalcédoine ou à Athènes, Aristote à Lesbos, dans la ville de Mitylène[2]. Sous l'impression de la douleur, qui a pu exagérer la grandeur morale de son malheureux ami, Aristote écrivit l'ode suivante, qui atteste à la fois la sincérité de son affection et un vrai talent poétique. « O vertu, qui coûtes tant de peines aux mortels, objet le plus beau qui puisse être poursuivi dans la vie, pour ta beauté souffrir la mort et se soumettre aux travaux les plus rudes et les plus pénibles, est réputé dans la Grèce un sort digne d'envie. Tu jettes dans les âmes la semence de ces fruits immortels, plus précieux que l'or, plus précieux que la gloire des ancêtres, plus précieux que la molle douceur du sommeil. Pour toi Hercule, le fils de Jupiter, pour toi les enfants de Léda, ont supporté tant d'épreuves, témoignant par leurs actes leur force et leur courage; pour toi Achille et Ajax sont descendus au tombeau, et c'est aussi pour ta beauté, pleine de charmes, que le héros qu'Atarné a nourri, a perdu la lumière en s'immortalisant par ses actions. Sa grandeur et sa gloire seront célébrées par

---

[1] Eusèbe (*Præp. Ev.*, XV, 2, 8) mentionne les bruits calomnieux d'après lesquels il l'aurait obtenue par les plus ignobles complaisances.

[2] Strab., XIII, 1, 51. Suid., Diog. L.

les Muses immortelles, filles de Mnémosyne, dont les chants ajoutent[1] encore à la majesté de Jupiter hospitalier et à l'honneur de la fidélité dans l'amitié. »

Aristote fit plus encore; pour assurer le souvenir « de cet eunuque, de cet esclave, qui fut roi[2], » il lui fit élever une statue à Delphes et en voulut écrire lui-même l'inscription : « Celui que vous voyez ici a été, par une violation sacrilège des droits de la justice, assassiné par le roi des Perses porteurs d'arcs. Ce n'est pas au grand jour, avec le fer d'une lance, qu'on a eu raison de lui. Non! il avait eu confiance dans un homme, et cet homme le trahit. » C'est ce monument qui a inspiré les vers grossiers de Théocrite de Chio[3] : « A Herméias, l'eunuque et l'esclave d'Euboulus, Aristote a élevé un monument vide comme son esprit. »

La femme tendre et chaste qu'il avait épousée, et auprès de laquelle, suivant le désir qu'elle en avait exprimé en mourant, il voulut être enterré, lui donna une fille qui porta le nom de sa mère, et qui fut destinée, par la volonté testamentaire de son père, suivant la loi et les mœurs grecques, à épouser Nicanor, fils de ce Proxène qui avait été le tuteur d'Aristote, et était devenu, comme nous l'avons vu, de bonne heure orphelin. On ne peut pas fixer la date précise de la mort de la première femme d'Aristote; mais la fille qu'elle lui laissait n'était pas encore nubile en 322, à la mort de son père, comme il est dit dans le testament; si l'on suppose qu'elle avait à ce moment douze ou treize ans, Pythias aurait succombé vers 334 ou 333 av. J.-C., c'est-à-dire peu de temps après le retour d'Aristote à Athènes, qui eut lieu en 335.

Son mari la regretta vivement comme il l'avait tendrement aimée : on peut en juger par les propos méchants que fit cir-

---

[1] Au lieu d'αὔξουσαι Bergk lit ἀσκοῦσαι qui donne le sens plus clair : « Qui honorent le respect de Jupiter hospitalier et récompensent la fidélité dans l'amitié. »

[2] Iambe tiré d'une pièce d'Aristote, suivant l'*Et. Magn.*, 376, 21, mais attribué à Hipponax par Suidas. Le rhéteur Himerius (Or., VI) va jusqu'à attribuer à Aristote un épithalame en vers élégiaques, en l'honneur du mariage d'Herméias l'eunuque. On cite encore une œuvre poétique d'Aristote intitulée Πέπλος, composée d'épigrammes en distiques élégiaques en l'honneur des héros, qui ont été traduits par Ausone. L'authenticité de ces pièces, dont soixante-six ont été conservées en grec, et vingt-six dans la traduction latine d'Ausone, est plus que douteuse.

[3] Diog. L., 11.

culer le Pythagoricien Lycon, qui racontait qu'il avait à sa mort sacrifié à Pythias, comme si c'eût été Déméter. Mais, dit Aristoclès, ce sont là des propos répandus par Lycon, dont la sottise dépasse tout ce qu'on peut imaginer[1].

Il épousa en secondes noces ou prit pour maîtresse Herpyllis, de Stagire, esclave, dit-on, de Pythias, et il en eut un fils qui, suivant la coutume grecque, prit le nom de son grand-père, Nicomaque. Le testament témoigne de l'affection qu'il sut inspirer et qu'il porta à cette femme, légitime ou non : « Je recommande, dit-il, aux tuteurs de mes enfants et à Nicanor, en souvenir de moi, de ne point oublier quelle tendresse m'a montrée Herpyllis. Si elle veut prendre un mari, qu'on lui en donne un qui ne soit pas indigne de moi. Outre les présents que je lui ai déjà faits, il lui sera donné un talent d'argent, trois esclaves, si elle le veut, outre celle qu'elle a déjà, et le jeune esclave Pyrrhœus. Si elle désire demeurer à Chalcis, elle y occupera l'habitation contiguë à mon domaine; si elle préfère Stagire, elle habitera la maison de mes pères, et les curateurs auront soin de faire meubler celle des deux maisons où elle demeurera. »

Nous ne savons rien des événements de la vie d'Aristote qui ont rempli l'intervalle entre son arrivée à Mitylène en 345 et son retour en Macédoine en 343, où il était appelé par le roi pour faire l'éducation d'Alexandre, alors âgé de 13 ans[2]. Ce choix était honorable, mais très naturel. Aristote était le fils d'un médecin de la cour de Macédoine, un ami d'Amyntas et de Philippe, son plus jeune fils. D'après une lettre attribuée à Philippe et qui nous a été conservée par Aulu-Gelle, aussitôt après la naissance de son fils, le roi avait jeté les yeux, pour la fonction de précepteur du prince, sur le jeune philosophe qui avait alors 29 ans, et qui, disciple de Platon depuis douze ans, devait avoir déjà quelque réputation à Athènes et y enseignait peut-être la rhétorique : du moins c'est ce que nous dit Cicéron. La rivalité d'Aristote et d'Isocrate ne fut pas ignorée de Philippe, et ce fut sans doute

---

[1] Euseb., *Præp. Ev.*, XV, 2, 6. Athen., XV, 697. Lucian., *Eun.*, 9. Diog., L. V, 4.

[2] Diogène (V, 10) lui en donne quinze, d'après Apollodore; mais Stahr (T. I, p. 86) a prouvé que c'était une erreur de copiste. Alexandre, né en 356 (Ol. 106, 1), avait en 343 (Ol. 109, 2), treize ans, et en 336, à son avènement, vingt ans, comme le dit Plutarque.

l'éclat même de cette lutte qui détermina son choix[1]. « Philippe à Aristote, salut. Apprends que j'ai un fils. Je suis profondément reconnaissant envers les Dieux, moins encore parce qu'il m'est né un fils, que parce qu'il est né dans un temps où tu es dans la fleur de l'âge ; car j'espère bien que c'est toi qui l'élèveras, qui l'instruiras, qui le feras digne de moi et de l'empire dont la succession lui est destinée[2] ». Malgré les objections de Sainte-Croix, de Stahr, de Zeller, je ne vois rien qui prouve que cette lettre est fausse, ou du moins que le fait qu'elle rapporte est inexact. On oppose que Philippe a confié la première éducation de son fils à d'autres maîtres[3], et que ce fut parce que l'expérience lui démontra leur incapacité et leur imprudence, qu'il confia plus tard cette tâche à Aristote. S'il avait réellement écrit la lettre supposée, pourquoi n'eût-il pas appelé plus tôt Aristote, et par le choix d'autres maîtres n'avait-il pas l'air de manquer à la promesse qu'elle contient ? Je réponds d'abord qu'il ne faut pas prendre à la lettre les compliments des princes ; il était très naturel que Philippe choisît l'occasion de la naissance de son fils pour adresser au fils de son médecin et de son ami, qu'il connaissait sans doute personnellement et qui était de son âge, des félicitations sur sa gloire naissante dont l'éclat rejaillissait sur sa patrie et sur le roi même qui la gouvernait. Au bout de huit à dix ans, ne pouvait-il pas avoir oublié cette lettre ? et d'ailleurs, n'était-il pas nécessaire que les convenances, les goûts, les désirs d'Aristote concordassent avec la situation qu'on voulait lui offrir ? Tant que vécut Platon, tant que son disciple vivait à Athènes et était heureux d'y vivre, était-ce le moment de le séparer de son maître, de lui faire quitter un séjour, centre de toutes les études et de toute l'activité intellectuelle de la Grèce, de l'obliger à renoncer à des travaux commencés et à un enseignement où le jeune homme commençait à prendre conscience de sa force et de son génie, et cela pour lui faire apprendre à lire et à écrire à un enfant de 7 à 8 ans ? Au contraire, au moment où il fut chargé de l'éducation d'Alexandre, Aristote avait quitté depuis deux ans Athènes ; il venait d'échapper aux poursuites

---

[1] Cic., *de Or.*, III, 35.

[2] A. Gell., *N. Att.*, IX, 3. Dion Chrys., *Or.*, 49.

[3] Plut., *Alex.*, 7. C'étaient Léonidas et Lysimaque. Conf. Quintil., I, 1, 9.

des Perses qui avaient mis à mort son ami et de se réfugier à Mitylène ; le retour en Macédoine avec une fonction honorable devait lui être agréable, et d'autant plus agréable qu'Alexandre avait treize ans, et que cette intelligence si vive et si précoce pouvait alors vraiment profiter des leçons d'un tel maître.

Aristote fit d'Alexandre, ou du moins ne l'empêcha pas de devenir un des plus grands hommes de l'histoire. Il serait intéressant de connaître comment fut dirigée cette éducation, et personne ne nous l'apprend. Nous savons seulement qu'on donna des compagnons d'études au jeune prince, parmi lesquels sont cités Théophraste, Marsyas de Macédoine, fils du roi Antigonus, qui écrivit plus tard une histoire de l'éducation d'Alexandre[1], Callisthène, neveu d'Aristote, et peut-être Cassandre. Il est probable que cette éducation se fit à Pella, séjour habituel des rois de Macédoine ; du moins le Nymphœum de Miéza, cité par Plutarque comme le lieu où étaient réunis les jeunes disciples, semble avoir été dans le voisinage de cette ville. On y montrait encore du temps de Plutarque le siège de pierre où Aristote avait l'habitude de s'asseoir, et le jardin plein d'ombrages où il aimait à se promener. C'est ce que confirme l'épigramme de Théocrite de Chio, qui reproche à Aristote son amitié pour Philippe et Alexandre : « Au lieu de rester à l'Académie, Aristote, pour satisfaire sa goinfrerie immonde, aima mieux aller vivre aux embouchures du Borborus[2]. » C'est le nom que les Macédoniens donnaient au fleuve Bardar, l'Ancien Axius, qui se jette dans le golfe Thermaïque, entre Pella et Thessalonique.

Comme tous les Grecs, Alexandre dut être nourri dans la lecture assidue d'Homère et des poètes, des poètes tragiques surtout, nommés, non sans raison, les Instituteurs des Grecs. Aristote le forma sans doute à la pratique, comme il l'initia à la théorie de l'art oratoire ; car l'art d'exprimer sa pensée en public, avec clarté, avec grâce, avec force, était, dans ce pays, indispensable à tout citoyen et même à un roi. On n'est guère exposé à se tromper en supposant que l'auteur de l'*Organon*, de la *Physique*, de l'*Ethique à Nicomaque*, de la

---

[1] Conf. Egger, *Mém. de litt. anc.*, XVIII ; Sainte-Croix, *Examen crit. des histor. d'Alexandre*, 1804.

[2] Euseb., *Præp. Ev.*, XV. 2, 739. Plut., *Al.*, 7 ; id., *de Exil.*, 10.

Métaphysique, ne laissa pas son jeune élève étranger à ces fortes spéculations philosophiques, dont le résultat est toujours d'élever l'intelligence à de telles hauteurs que, pour se mettre au niveau des affaires, elle n'a plus qu'à se baisser. Dans la mesure du possible, on peut le croire, Aristote dut appliquer à Alexandre le plan d'éducation large et forte, libérale et pratique qu'il a tracé lui-même dans la *Politique*. Nous savons par Plutarque que le roi était passionné pour la science, l'histoire, la poésie, particulièrement pour les poèmes d'Homère; il fit faire à son usage par son ancien précepteur, ou sous sa direction, une édition de l'*Iliade,* célèbre sous le nom d'édition de la *Cassette,* parce qu'il l'emporta, enfermée dans une riche cassette, dans toutes ses expéditions en Asie, et jusque dans l'Inde[1]. Aulu-Gelle prétend qu'il fut initié par son précepteur aux mystères les plus obscurs de la philosophie, ce que disent en effet les deux lettres bien connues, citées par cet auteur et par Simplicius, mais dont on ne peut soutenir l'authenticité. L'une de ces lettres est d'Alexandre, qui reproche à son maître d'avoir publié des ouvrages acroamatiques, et Aristote se défend dans l'autre en répondant bien subtilement qu'il les a publiés sans les publier, parce que les initiés seuls ont pu les comprendre[2]. Suivant Plutarque, les sciences naturelles n'étaient point étrangères à Alexandre, ambitieux de tout savoir comme de tout avoir[3], et on doit en conclure que ces sciences avaient eu une part dans les études du jeune prince, dont

---

[1] Wolf, *Prolegg.*, 181-183.

[2] A. Gell., *N. Attic.*, XX, 5. Stahr., II, 47. Voici le texte de ces deux lettres : « Alexandre à Aristote, salut. Ce n'est pas bien à toi, dit Alexandre à Aristote, d'avoir publié tes écrits acroamatiques. En quoi nous distinguerons-nous des autres, si la doctrine dans laquelle nous avons été instruits devient commune à tous? Moi, j'aimerais mieux l'emporter sur les autres hommes par la connaissance des choses les meilleures que par le pouvoir. Porte-toi bien. » « Aristote au roi Alexandre, salut. Tu m'as écrit au sujet des traités acroamatiques et tu es d'avis qu'il fallait les tenir secrets. Sache donc qu'ils ont été publiés et qu'ils ne sont pas publiés; car ils ne sont intelligibles que pour ceux qui m'ont entendu moi-même. Porte-toi bien. » Outre cette lettre, on a conservé sous le nom d'Aristote trois lettres à Philippe, une à Théophraste, deux à Alexandre. Non seulement l'authenticité en est insoutenable, mais le contenu en est si vide, si superficiel, si banal, qu'on n'en peut rien tirer d'intéressant.

[3] *De virt. Al.*, I, 6. Plutarque dit même (*Vit. Al.*, c. 8) « qu'il inspira le

les goûts s'accordaient si bien avec les goûts et les connaissances spéciales du maître.

Mais il est presque certain que l'auteur de la *Politique* dut chercher à faire partager à son élève les principes qu'il avait lui-même adoptés, et qu'il considérait comme les plus propres à assurer le bonheur des peuples par la sagesse du gouvernement et de la constitution politique. Si l'on pouvait ajouter quelque confiance à la prétendue lettre d'Aristote à Alexandre, on y trouverait la preuve que, même après son avènement au trône, l'élève demandait à son maître des conseils et des préceptes sur la méthode à employer dans les discours politiques[1]. Il est probable qu'un esprit comme celui d'Aristote ne se bornait pas à des conseils sur la forme extérieure et oratoire, mais que le fond même de la politique devait être le sujet de leurs entretiens. On a cru apercevoir dans la conduite du conquérant envers les populations de l'Asie l'influence de cet esprit profondément humain, de cette large conception de la vie sociale et politique qui inspire l'ouvrage d'Aristote. Mais s'il est vrai, comme le raconte Plutarque[2], qu'il ait conseillé au roi à la fois de traiter les Grecs comme un chef, ἡγεμονικῶς, et les barbares comme un maître, δεσποτικῶς, cela prouve qu'Aristote n'avait pas dépouillé les préjugés et l'orgueil de race qui avaient si longtemps présidé aux rapports des Grecs et des Orientaux. Il n'accepte pas, au moins dans la *Politique*, cette égalité des hommes et des peuples entre eux; quoique l'opposition entre le Grec et le barbare, comme la distinction de l'esclave et du maître, soient également contradictoires à la notion philosophique de la vertu et de l'humanité, aux lois morales, Aristote maintient l'une et l'autre, et croit qu'il y a des peuples voués à la servitude politique par la nature, φύσει, comme il y a des individus voués par la nature à l'esclavage. C'est Isocrate, et non point Aristote qui est le représentant de cet hellénisme nouveau, qui repose non dans le sang,

---

goût de la médecine à son élève qui ne se borna pas à la théorie, mais assistait ses amis dans leurs maladies, et avait composé, comme il résulte de ses lettres, un ensemble de prescriptions hygiéniques et une sorte de régime à leur usage. »

[1] En tête de la *Rhétorique à Alexandre* : à la fin de la lettre, il lui annonce qu'il lui envoie deux ouvrages, l'un de Corax, l'autre de lui-même, et extrait du Traité qu'il avait écrit pour Théodecte.

[2] Plut., *de virt. Al.*, 1, 6.

mais dans le degré de civilisation et de culture, dans les sentiments et les mœurs[1], et qui peut être acquis par tous ceux qui le veulent. Si donc, ce qui pourrait être contesté, la politique d'Alexandre envers les Asiatiques fut inspirée par les idées philosophiques et hautement morales de l'égalité naturelle des peuples et des hommes entre eux, on devrait l'attribuer non pas à Aristote, mais à Isocrate dont la politique sentimentale, crédule et vaine, visait une paix universelle.

On peut rapporter à ces années (343-335) la composition des deux ouvrages dédiés à son élève et aujourd'hui perdus, intitulés : *de la Royauté* et *de la Colonisation*, qui semblent avoir quelque rapport aux devoirs de sa charge. Cette éducation ne fut pas de longue durée ; elle dura un peu plus de trois ans[2]. Sans croire, comme le chevalier féodal, « qu'un prince dans un livre apprend mal son devoir », Philippe pensa qu'un philosophe, fût-il Aristote, ne suffisait pas pour initier son fils au difficile métier de roi ; pour lui donner le goût et le sens de la politique, il voulut le mêler de bonne heure à la pratique des hommes et des choses, et pendant une expédition qu'il dirigea en personne en 340 contre Bysance, il lui confia, quoiqu'il n'eût que seize ans, la régence et le gouvernement au moins officiel de l'Etat. Les études ainsi interrompues ne furent jamais reprises, quoiqu'il soit permis de supposer que le commerce d'Aristote, qui resta en Macédoine, soit à Pella, soit à Stagire, ne fut pas inutile au développement de cette rare et précoce intelligence[3]. On rapporte qu'Aristote, retiré à Stagire qui, grâce à lui, avait été rebâtie, donna des lois à sa ville natale, ce qui veut dire qu'il en fut le principal magistrat ; mais ses règlements et arrêtés municipaux ne paraissent avoir été que médiocrement appréciés de ses compatriotes, qui, par son influence, avaient cependant été rappelés d'exil ou tirés d'esclavage.

Il ne faut pas demander pourquoi, l'éducation d'Alexandre terminée, Aristote ne retourna pas immédiatement à Athènes. En 340, la paix honteuse et ruineuse qu'avait subie Athènes en 346, et qui avait mis fin à la guerre sacrée, fut rompue

---

[1] Isoc., IV, 50. « Le nom d'Hellènes est mérité non plus par le sang, mais par les sentiments, μηκέτι τοῦ γένους ἀλλὰ τῆς διανοίας. »

[2] Justin (XII, 7) dit : cinq ans.

[3] Plutarque, *Alex.*, 8. ἦν δὲ καὶ φύσει φιλολόγος καὶ φιλομαθὴς καὶ φιλαναγνώστης.

par une déclaration de guerre de Philippe, et c'est en cette même année que Démosthène, qui depuis ses discours sur la Chersonèse et la troisième Philippique (342-341) exerçait un ascendant considérable sur ses concitoyens, fut mis enfin à la tête du gouvernement. Quoique Athènes fût bien dégénérée et bien affaiblie, quoiqu'elle eût pour adversaire un grand État, d'une force jeune et d'inépuisables ressources, gouverné avec une politique aussi habile, aussi prudente que ferme et hardie, Démosthène sentant sa patrie courir au naufrage, comme un navire sans pilote, conçut l'héroïque dessein de la sauver, et osa, contre tout espoir, ne pas désespérer. Convaincu qu'on pouvait résister encore, qu'on devait du moins ne pas périr sans défense et sans honneur, il essaya, par les efforts d'une éloquence telle que les hommes n'en ont point encore connue de pareille, de raviver les sentiments affaiblis du patriotisme et de l'honneur, des ambitions légitimes et des devoirs nécessaires, et réunissant une dernière fois toutes les forces matérielles et morales de la Grèce, au nom de la grandeur passée d'Athènes, de ses immortels souvenirs de gloire, de sa liberté menacée, il engagea une lutte à mort contre Philippe. Les années 340, 339, 338 furent remplies par les divers incidents de cette lutte inégale, et l'an 338 (Ol. 110), le 7ᵉ jour de metageitnion (c'est-à-dire du mois d'août), Chéronée vit tomber la dernière espérance de la liberté d'Athènes et de la Grèce.

Lorsqu'en 336 Philippe mourut assassiné, Athènes se laissa emporter aux accès d'une joie insensée et imprudente. Le vertige n'épargna pas l'âme de Démosthène, éprouvée par des déceptions si cruelles; il venait de perdre sa fille, une fille unique: ivre d'espérance et de vengeance satisfaite, il oublia son deuil et sa douleur domestiques, et parut en public vêtu de blanc et couronné de fleurs. Il ne se contenta pas de ces démonstrations extérieures: Darius, menacé par Alexandre, essaya de soulever Athènes, qui n'osa point remuer; mais Démosthène avait reçu des subsides du roi de Perse, et il parvint à engager Thèbes dans une révolte, bientôt punie d'une répression terrible, et à la suite de laquelle Alexandre, qui d'ailleurs renonça vite à son projet, demanda l'extradition du grand orateur.

Il faut reconnaître que ce n'était pas le moment pour Aristote de reparaître à Athènes: y venir n'était pas sûr; comment ce favori des rois qui avaient vaincu et asservi la Grèce y aurait-il été accueilli? Et comment Alexandre aurait-il interprété ce désir si prompt d'un de ses sujets de se fixer dans une ville révoltée contre son prince? Aristote devait donc rester quelque temps encore en Macédoine, à Stagire, afin de ne pas compromettre les avantages qu'il pouvait espérer et qu'il obtint de la faveur de son maître pour ses recherches, ses observations, ses collections de tout genre, et particulièrement pour ses collections d'Histoire naturelle. Pour satisfaire à ces dispendieuses acquisitions, à ces coûteuses recherches, Alexandre lui donna, dit-on, la somme énorme de 800 talents (4,320,000 francs[1]). Pline ajoute qu'on mit à sa disposition plusieurs milliers d'hommes, chasseurs, oiseleurs, pêcheurs de profession : « ne quid usquam genitum ignoraretur ab eo : quos percunctando quinquaginta ferme volumina illa præclara *de Animalibus* condidit » : ouvrage admirable en effet, que Pline avoue n'avoir guère fait que dépouiller et résumer.

Aristote n'usa pas de son influence exclusivement dans l'intérêt de la science, qui, chez lui, pourrait paraître un intérêt personnel. Il fit rebâtir sa ville natale détruite et dévastée par Philippe, et, dans des circonstances inconnues, il put s'entremettre utilement en faveur d'Erésos, dans l'île de Lesbos, patrie de Théophraste, son ami, et rendre à Athènes des services tels qu'elle crut devoir lui donner des témoignages publics et précieux de sa reconnaissance. Hâtons-nous de dire qu'il n'acheta pas cette influence par des bassesses. Ce Macédonien, ce précepteur d'un prince qui devait être et qui fut roi, osa soutenir et écrire, dans des ouvrages destinés à la publicité, que le pouvoir d'un seul n'est jamais ni utile ni juste; que si la royauté a pris naissance parmi les hommes, ce fut chez des peuples qui ont l'âme servile par nature, et que si cette servilité naturelle se trouve chez les barbares et les Asiatiques, il n'en est point ainsi des Européens et particulièrement des Grecs. Ce sont les barbares qui, les premiers, supportant sans peine et sans honte la tyrannie légale et héréditaire, ont introduit l'usage et donné l'exemple du gouvernement monarchique, tyrannique par nature et par essence[2]. Il y avait certes quelque courage à soutenir cette thèse de la République et de la liberté dans le temps et dans les circonstances où vivait Aristote.

---

[1] Athen., IX, 398, e ; Plin., *Hist. nat.*, VIII, 16.
[2] *Polit.*, III, 11 ; III, 9.

Ce fut en 335-34 qu'il crut pouvoir rentrer à Athènes domptée et en apparence soumise, où Xénocrate, après la mort de Speusippe, avait pris la direction de l'Académie. En cette année même commença l'expédition d'Alexandre dans l'Asie : elle avait été projetée par Philippe et annoncée en 337 dans une sorte de congrès tenu par lui à Corinthe. Dès l'année 336 une partie de l'armée, sous Parménion et Attale, fut envoyée en Asie pour y commencer les opérations militaires ; Philippe s'apprêtait à les rejoindre quand il fut assassiné par Pausanias, qui avait une injure personnelle à venger, et à l'instigation d'Olympias, mère d'Alexandre, qui venait d'être répudiée par l'influence de Cléôpatre, sa rivale.

A certains égards, Aristote devait être tenté d'accompagner son royal élève et de faire de son côté une expédition scientifique dans ces contrées immenses et inconnues, berceau de la civilisation grecque. Mais, d'autre part, sans parler de sa santé qui pouvait être déjà altérée par la maladie chronique à laquelle il succomba, les rapides mouvements d'une armée continuellement en marche, et qui ne s'arrêta que sur les bords du Sindh, ne lui auraient pas laissé les loisirs nécessaires à ses autres études : d'ailleurs il lui aurait fallu renoncer à l'enseignement qui avait été la passion de sa jeunesse, et à l'enseignement de la philosophie dans Athènes. Il revint donc dans cette ville qui, après avoir perdu sa puissance et sa liberté, restait encore le centre de la civilisation grecque, le foyer de toute vie intellectuelle, et distribuait encore seule la gloire aux artistes, aux orateurs, aux poètes et aux philosophes. Démétrius de Phalère cite d'une des lettres d'Aristote la phrase suivante, comme un exemple de la grâce que donne à la pensée le tour appelé par les rhéteurs παρομοία, c'est-à-dire l'assonance : « Je partis d'Athènes pour me rendre à Stagire par ordre du grand roi, διὰ τὸν βασιλέα τὸν μέγαν, et je partis de Stagire pour me rendre à Athènes par suite des rudesses de l'hiver, διὰ τὸν χειμῶνα τὸν μέγαν[1]. » Ainsi Aristote habitait alors Stagire, ce qui n'est guère étonnant. Dans les derniers temps de la vie de Philippe, Aristote dut sans doute ne pas se trouver à son aise dans Pella, agitée par des querelles de famille, des intrigues de cour, des rivalités de femmes, dans lesquelles la mère de son élève jouait un rôle important, et qui devaient

---

[1] *De Eloc.*, 329.

aboutir à une sanglante tragédie. Mais cette lettre nous apprend en outre que le rude climat de la Thrace nuisait à sa santé déjà atteinte, et qu'il venait reprendre ses forces et se rétablir sous le ciel clément et salubre de l'Attique.

Suivant une indication de la vie d'Ammonius, il avait été invité à revenir à Athènes par les Athéniens eux-mêmes, qui espéraient trouver en lui un protecteur de leur ville toujours suspecte. D'autres prétendent qu'ils le rappelaient pour remplacer Speusippe et prendre de concert avec Xénocrate la direction de l'Académie, mais qu'il fut obligé de renoncer à cette fonction pour suivre Alexandre dans son expédition, et c'est dans ce voyage qu'il aurait écrit son recueil des *Constitutions politiques* et fait des dissections d'animaux inconnus en Europe[1]. Ce récit d'Ammonius est contradictoire à tous les autres témoignages qui attestent qu'Aristote n'a point accompagné Alexandre en Asie. Si Cuvier y a ajouté foi, c'est sans doute parce qu'il ne croyait pas pouvoir expliquer autrement la précision et l'exactitude des connaissances anatomiques d'Aristote sur la structure interne des animaux, connaissances qui prouvent, selon l'illustre savant, qu'il avait dû visiter au moins l'Egypte[2]. M. de Humboldt pense, au contraire, que, sauf en ce qui concerne l'éléphant, dont l'étude anatomique a pu être faite pour lui par les médecins de l'armée grecque, les connaissances zoologiques d'Aristote ne sont pas de nature à faire croire à des études anatomiques personnelles[3]. Il n'y a donc pas lieu de s'arrêter au récit d'une biographie pleine d'ailleurs d'autres invraisemblances, et nous acceptons les témoignages unanimes qui ramènent Aristote à Athènes en 335.

L'Académie était alors entre les mains de Xénocrate, qui donnait à la philosophie une tendance mathématique et pythagorisante qu'elle avait déjà reçue de Speusippe et peut-être même de Platon vieillissant. Rien n'était plus opposé au génie expérimental d'Aristote, qui, ne trouvant plus d'ailleurs dans l'école platonicienne une situation digne de lui, en fonda une nouvelle dans le Lycée.

C'était un des trois grands gymnases publics d'Athènes;

---

[1] *Ammon. Vit.*
[2] Biog. Un., t. II, p. 158.
[3] *Cosm.*, t. II, p. 194-127.

situé à l'orient et en dehors de la ville, à peu de distance de la porte de Diocharès et sur la rive nord de l'Ilissus, il avait été construit, suivant Théopompe, dans la vingt-unième année de Pisistrate, suivant Philochore, dans la quatrième année de Périclès. Comme tous les gymnases publics, c'était un établissement de l'Etat, destiné aux exercices gymnastiques et même militaires, et qui, dans sa vaste enceinte (deux stades = 370 mètres, d'après Vitruve) contenait des portiques, des salles de bains, des pelouses pour la course, le saut et la lutte, des parcs ornés de statues et plantés de beaux arbres, particulièrement des platanes, enfin des exèdres ou salles pour les cours qu'y faisaient les sophistes, les rhéteurs et les philosophes, pourvues à cet effet de bancs de pierre appliqués ou insérés dans les murs pour que les auditeurs pussent s'asseoir. Le Lycée tirait son nom d'Apollon Lycios, dieu de la lumière[1], dont le temple était voisin.

On ne voit pas qui accordait l'autorisation d'enseigner et d'enseigner dans des établissements construits et entretenus par l'État. Le silence des auteurs sur ce point autorise à croire que l'enseignement était libre, et que les gymnases étaient ouverts à qui voulait et pouvait y amener et y garder des auditeurs. Les gymnasiarques ne paraissent avoir reçu qu'au temps des Césars la surveillance des Écoles et des exercices scolaires. Au IV siècle leur fonction était encore, comme celle des Chorèges, de payer et de nourrir les jeunes gens qui s'exerçaient pour prendre part aux concours gymniques; mais il semble naturel qu'ait pu naître de là un droit de surveillance qui s'étendit, dans l'intérêt des jeux, de l'ordre et des mœurs, à tout ce qui se passait dans l'intérieur des gymnases. Diogène de Laërte nous apprend qu'un nommé Sophocle, fils d'Amphicléide de Sunium, proposa le premier une loi qui fut votée[2] et par laquelle il était interdit à tout philosophe, sous peine de mort, d'ouvrir une École sans l'agrément du sénat et du peuple. Tous les professeurs, et entre autres Théophraste, successeur d'Aristote, qui réunissait autour de sa chaire, à ses différents cours, 2,000 auditeurs, se disposèrent alors à quitter la ville. Athènes, menacée de

---

[1] Λύ-γ-νος, λευ-κός, Λυκαβηττός, lu-men, lu-na.

[2] Ol. 118, 3 = 306-5. Sam. Petit., *Leg. Attic.*, p. 391. Athen., XIII, 610.

perdre avec ses Écoles la dernière partie de sa puissance morale et de sa gloire intellectuelle, revint, l'année suivante, sur son imprudente décision. Philon, un des disciples d'Aristote, accusa Sophocle d'avoir violé les lois, et celui-ci fut condamné, malgré la défense de Démocharès, neveu de Démosthène, à une amende de cinq talents. La loi fut rapportée, les Écoles recouvrèrent leur liberté, et les disciples et les maîtres déjà partis revinrent, Théophraste le premier.

Ces faits se passèrent sous le gouvernement de Démétrius Poliorcète, fils d'Antigonus, qui en 307 avait délivré Athènes du joug de Cassandre et avait reçu ou pris le pouvoir et le titre de Roi : ils semblent prouver qu'antérieurement la liberté de l'enseignement était un droit qu'on n'avait pas encore songé à réglementer. Il est présumable cependant que l'Aréopage exerçait sur les Écoles une surveillance officielle[1], et exigeait de ceux qui voulaient suivre les cours la preuve qu'ils avaient des ressources suffisantes pour vivre ; du moins on voit l'Aréopage s'enquérir de la situation pécuniaire de Cléanthe, qui fréquentait l'école de Zénon, et lui demander quels étaient ses moyens d'existence[2] : c'est alors qu'il est obligé d'avouer qu'il gagnait sa vie en travaillant la nuit pour puiser de l'eau chez un maraîcher et chez un boulanger. Cette anecdote même, qui appartient à une date très postérieure, prouve que l'autorité civile n'exerçait qu'une sorte de police sur les écoliers et n'intervenait pas dans la nature, la direction ni même la surveillance de l'enseignement.

Ce fut Démétrius de Phalère qui assura à l'École péripatéticienne un local fixe. C'est grâce à lui du moins que Théophraste, dont il avait été le disciple, prit possession du *jardin* où Aristote avait enseigné. Qu'est-ce que ce jardin ? Une propriété que Théophraste avait acquise de ses deniers, avec l'aide de Démétrius. Les cours n'avaient donc pas tous lieu dans les gymnases publics ; Platon enseignait tantôt à l'Académie, tantôt dans son propre jardin, tandis que Xénocrate vivait pour ainsi dire dans le gymnase[3]. Ces exemples prouvent que chaque école importante avait tenu à posséder une propriété où le chef qui la dirigeait donnait un enseignement,

---

[1] Plat., *Axioch.*, sub fin.
[2] Il est vrai que ce fait se rapporte aux années entre 240-220 av. J.-Ch.
[3] Diog. L., V, 39 ; id., III, 5 ; IV, 3, 6, 19, 39.

non pas secret sans doute, mais privé, intime même : ce qui est dans la nature des choses.

La philosophie grecque n'a point été cependant une philosophie d'École, parce que ce ne sont pas des professeurs qui se font philosophes, mais des philosophes qui se font professeurs. L'amour de la vérité pour elle-même ne serait pas un amour s'il ne voulait pas se communiquer, se répandre et enfanter dans les âmes un fruit semblable à lui-même et qui perpétue la précieuse semence. Socrate disait qu'il aimerait mieux garder dans sa bouche un charbon en feu que de retenir sur ses lèvres une parole de vérité qui les lui aurait plus cruellement brûlées. Les Écoles d'Athènes n'ont point constitué une philosophie scholastique ; ceux qui les ont fondées ne les ont fondées que pour exposer, répandre, justifier les grands systèmes de physique, de morale ou de métaphysique dont ils étaient les auteurs.

Il ne sera peut-être pas hors de propos de donner quelques renseignements sur l'organisation intérieure de ces Écoles.

Qui nommait le successeur ? D'après Diogène, le maître en exercice, quand il sentait approcher sa fin, désignait de vive voix ou dans son testament, celui d'entre les membres de l'École par qui il désirait être remplacé. Il n'y avait pas là une nomination officielle ni une investiture effective : c'était l'expression d'un désir et une simple recommandation. On voit en effet dans le testament du péripatéticien Lycon, troisième successeur d'Aristote, que l'approbation des disciples est réservée : « Je laisse, dit Lycon, le *péripatos* à mes disciples Bulon, Callinus, Ariston, Amphion, Lycon, Python..., qui désirent en faire usage. Qu'ils nomment eux-mêmes celui d'entre eux qu'ils croiront le plus capable de s'intéresser à l'œuvre commune avec un zèle persévérant et de contribuer au succès de l'École. Que les autres le secondent par respect pour moi et pour le *lieu* même. [1] » Ce mot est un peu étrange ; il signifie sans doute que la mémoire du fondateur de l'École, perpétuée par une statue et peut-être par un autel, donnait au lieu où il avait enseigné une sorte de consécration, de sainteté de nature à inspirer le respect et la vénération.

Le passage cité de ce testament montre qu'il y avait une coopération commune pour la gestion des intérêts et pour

---

[1] Diog. L., V, 70.

l'enseignement même : il se formait comme un collège, un sénat académique dont le recteur ou président s'appelait *scholarque*, et qui avait un centre habituel de réunion nommé διατριβή. Chaque Ecole avait le sien propre, dont le nom servit bientôt à désigner les principes caractéristiques et distinctifs des doctrines. Du lieu public où se faisaient les leçons, le nom s'étendit tout naturellement aux propriétés et maisons particulières où se tenaient les réunions pour les affaires et où les professeurs donnaient un enseignement privé, τοῖς ἑταίροις, différent de l'enseignement public ouvert à tous, τοῖς πολλοῖς.

Théophraste légua par testament à ses amis et pour l'usage commun le *péripatos* et tous les bâtiments qui en dépendaient, soit qu'il les eut reçus par héritage d'Aristote, soit qu'ils lui appartinssent en propre. Straton, Lycon en firent autant, et il est probable que les biens et les propriétés de l'Ecole, accrus par des donations successives, se transmirent ainsi de scholarque en scholarque par une sorte de fidéi-commis, jusqu'à Andronicus de Rhodes désigné comme le onzième successeur d'Aristote et qui prit possession de cette fonction en 70 avant J.-Ch.; mais ils ne lui arrivèrent pas intacts. Dans l'an 200 avant J.-Ch., Philippe III de Macédoine ravagea les environs d'Athènes pendant sa seconde guerre contre les Romains; il plaça son camp près du Gymnase de Cynosarges, mit le feu au temple d'Hercule qui y était contenu, et au Lycée qui en était voisin, détruisit les bâtiments, et profana même les tombeaux élevés dans l'enceinte de ces deux gymnases. La ville fut sauvée par l'arrivée des troupes d'Attale et des Romains. Il est probable que, dans cette dévastation, le *péripatos* particulier et ses dépendances furent également ravagés ; on se hâta de rétablir les choses du mieux qu'on put, mais on ne sait pas si l'Ecole fut rebâtie à la même place : en tout cas elle fut rebâtie en dehors des murs. 110 ans après ces événements, c'est-à-dire 80 ans avant J.-Ch., Sylla, assiégeant Athènes, faisait abattre les beaux ombrages replantés de l'Académie et du Lycée, et en employait les arbres aux travaux du siège. A partir de cette époque, les locaux des Ecoles furent sans doute et pour toujours placés dans l'intérieur de la ville, où Cicéron entendait l'académicien Antiochus dans le gymnase de Ptolémée : car l'Académie où avait enseigné Platon n'était plus qu'une solitude[1].

[1] Cic., *de Fin.*, V, 1

A l'exemple de Xénocrate, Aristote donna des règlements à son École, c'est-à-dire, j'imagine, en fit une institution régulière, disciplinée, organisée. Le Président élu était renouvelé tous les dix jours. Parmi les habitudes de l'École péripatéticienne, nous retrouvons l'usage, déjà pratiqué par Platon, des repas communs. C'était un moyen d'entretenir des rapports de confraternité et d'amitié entre les membres de l'association, et de faire naître un esprit de corps propre à conserver la doctrine dans sa tendance et ses principes caractéristiques. Ces réunions, plus littéraires, sans doute, que gastronomiques, étaient soumises à des règles qu'Aristote n'avait pas cru inutile de fixer par écrit, νόμοι συμποτικοί. Ainsi, par exemple, il était interdit et considéré comme une inconvenance, un manque de savoir-vivre, de se présenter aux leçons, comme aux banquets sans doute, couvert de poussière et sans s'être lavé[1]. On y portait des couronnes[2]. Ces réunions étaient jugées si utiles que Théophraste laissa par testament une somme suffisante pour subvenir aux dépenses qu'elles occasionnaient. Il y avait des banquets de cette sorte dans toutes les Écoles, et Diogène cite ceux des Diogénistes, des Antipatristes, des Panétiastes. Les sévères Stoïciens ne faisaient pas exception, et les dîners de vingtaines, εἰκάδες, des Epicuriens, malgré leurs habitudes sobres et frugales, n'étaient pas sans doute des réunions tout à fait sèches. D'abord simples et modestes, ces repas dégénérèrent assez promptement en fêtes luxueuses. Athénée cite un extrait d'Antigonus de Caryste qui blâme la magnificence extrême, étalée dans ces occasions par Lycon, le troisième successeur d'Aristote. Les réunions des Péripatéticiens se tenaient dans une salle de la maison de Conon, qui pouvait contenir vingt tables à deux personnes; on payait neuf oboles par tête, mais le service était si riche et la chère si excellente que ce prix suffisait à peine à payer les couronnes et les parfums[3].

Aristote s'était imposé la règle, qui devint après lui générale, de faire deux leçons par jour[4], et soit parce qu'il ensei-

---

[1] Athen., X, 419, c. Jonsius, II, 2, p. 138, a, et I, XI, p. 66. Eschenbach, *Dissertat. de Sympos. Sapient.*, p. 257.

[2] Scholl. Theocr. Idyll., III, v. 21.

[3] Athen., XII, 547.

[4] Les philosophes, les sophistes, les rhéteurs, tels qu'Aristodème, Eu-

gnait dans un jardin, περίπατος, soit parce qu'il se promenait de long en large tout en parlant, les leçons s'appelèrent des *promenades,* περίπατοι. Il y avait la promenade ou la leçon du matin, et la promenade ou la leçon du soir. Il était tout naturel qu'à cette différence d'heures correspondît une division dans les matières, dans les méthodes, peut-être dans les lieux des leçons. A. Gelle, malheureusement sans citer ses autorités, nous apprend que les cours du matin, qui duraient jusqu'à l'heure où les athlètes venaient se préparer à leurs exercices, étaient consacrés aux sujets graves et difficiles, la philosophie, la théologie, la physique, la dialectique. C'était un enseignement spécial auquel n'étaient admis que les élèves jugés après examen par le maître aptes à le suivre et capables d'en profiter. Ils formaient un cercle de disciples choisis appelés οἱ ἑταῖροι, οἱ γνώριμοι, distincts des auditeurs amateurs οἱ πολλοί, οἱ ἔξω, οἱ θυραῖοι, pour lesquels se faisaient des leçons qu'Aristote nommait les leçons de la porte : τοὺς θυραίους λόγους[1]. A. Gelle ajoute que l'enseignement donné aux disciples particuliers était *acroatique,* par opposition à l'enseignement *exotérique* donné au grand public. J'entends par là qu'Aristote exposait ses doctrines dans des leçons, ἀκροάσεις, d'un caractère dogmatique, développées d'une manière continue, sans participation ni interrogation des auditeurs, et qui, pénétrant au fond des choses, prirent plus tard le nom de πραγματεῖαι. A cette forme de leçons, que Diogène caractérise par ces mots : πρὸς θέσιν συνεγύμναζεν et καθίζων ἔλεγε πρὸς τὰς θέσεις, s'oppose une autre méthode qu'il désigne par les mots ῥητορικῶς ἐπασκῶν, et περιπατῶν ἐπεχείρει[2]. Il semble donc que les deux formes d'enseignement représentent, l'une, la leçon continue faite par un professeur assis, sur un sujet posé d'avance, l'autre, une sorte de harangue, faite debout à la manière des orateurs, une discussion où le dialogue a sa place, au moins comme figure de rhétorique, une lutte et pour ainsi dire un assaut; car ἐπιχείρημα veut dire au propre un assaut de lutteurs. On peut croire qu'Aristote, suivant qu'il enseignait la rhétorique ou la philosophie, usait de chacune de ces deux méthodes qui, dans la pratique, se touchent et se mêlent parfois involontairement.

nape, etc., se soumirent à cette obligation. Conf. Cresollius, *Theat. rhet.,* IV, 392.

[1] A. Gell., XX, 5. Themist., *Orat.,* XXVI, p. 319.
[2] Diog. L., V. 3, et IV, 19, où il s'agit de Polémon.

Les leçons du soir étaient ouvertes à tout le monde sans exception : *easque vulgo juvenibus sine delectu præbebat.* Il semble que celles-ci devaient nécessairement avoir lieu au Gymnase, en plein air, ou sous les vastes portiques capables de contenir une vraie foule, tandis que les cours privés se tenaient dans l'intérieur, ἴνδον, soit de la maison particulière, soit de ces salles garnies de bancs que contenaient tous les gymnases. De là ces locutions si fréquemment employées par Aristote : οἱ λόγοι ἐξωτερικοί, ἐγκύκλιοι, ἐν κοίνῳ, qui désignent, je crois, les leçons publiques faites pour tout le monde, à tout le monde, dans un lieu où tout le monde avait droit d'entrer.

Il est clair que l'habitude de se promener en parlant devait être suspendue quand les auditeurs devenaient trop nombreux. Aussi Diogène nous apprend-il que, dans ce cas-là, Aristote s'asseyait. Dans les leçons du soir, il traitait de matières qui, tout en ayant leur côté élevé et leurs principes philosophiques, sont plus accessibles et n'exigent pas de l'auditeur des aptitudes spéciales et des études préparatoires : telles sont la rhétorique[1], la politique, la poétique, et ce qu'Aulu-Gelle appelle *facultatem argutiarum,* c'est-à-dire la dialectique oratoire.

Aristote passa douze ans suivant Denys, treize ans suivant Diogène, à Athènes et dans l'école du Lycée. C'est dans cette période relativement courte et, en grande partie du moins, pour servir à son enseignement que furent écrits ces ouvrages qui étonnent par leur profondeur, leur science, leur originalité encore plus que par le nombre, et qui embrassent l'universalité des connaissances humaines. Sous la direction de ce large et puissant esprit se forma une pépinière de savants qui appliquèrent à toutes les branches des sciences la méthode expérimentale dont leur illustre chef avait donné la théorie, et encore plus l'exemple : Théophraste, Eudème, Phanias d'Eresos, Héraclide du Pont, Aristoxène, Dicéarque, Cléarque de Soli, Antipater de Macédoine, Clytos de Milet, Léon de Bysance, pour ne citer que les plus connus.

Au milieu de ses travaux de professeur et d'écrivain, vint tout à coup le surprendre la nouvelle qu'Alexandre était mort à Babylone au mois de juin de l'année 323. Ce grave événement, qui eut pour le monde grec et pour la civilisation

---

[1] Quintil., III, 1.

générale de si grandes conséquences obligea Aristote, le précepteur et l'ami du roi de Macédoine, odieux non sans raison aux Athéniens, à quitter leur ville et ce Lycée, théâtre de sa gloire. Il se réfugia à Chalcis en Eubée, où il avait du chef de sa mère des propriétés qu'il visitait de temps en temps, et où il arriva dans l'automne de l'année 323. Là il continua son enseignement à quelques disciples fidèles qui l'avaient suivi dans son exil, volontaire ou non; mais il succomba bientôt à une gastrite chronique, pendant l'été de l'année 322, un an après Alexandre et peu de temps avant Démosthène qui mourut le 16e jour du mois Pyanepsion (Ol. 114,3), qui correspond au 14 octobre de l'année 322.

Alexandre était mort des suites d'excès de table; mais il courait des bruits qu'il avait été empoisonné, et qu'Aristote était complice de ce crime. On expliquait les choses par le fait que les relations longtemps intimes et affectueuses du maître et de l'élève s'étaient refroidies peu à peu et à la fin même aigries. Alexandre, dit Plutarque, admirait et aimait son maître, autant que son père, parce que si l'un lui avait donné la vie, il devait à l'autre la science de bien vivre. Quand bien même les lettres échangées entre eux n'auraient aucune authenticité, le fait seul qu'on les a supposées et fabriquées prouve l'intimité de leurs rapports. Mais ces sentiments, dit-on, avaient été altérés d'abord par la politique suivie en Asie par Alexandre.

Profondément dédaigneux des mœurs et de l'esprit des Orientaux, des Barbares, auxquels, disait-il, la nature a donné une âme si servile que non seulement ils supportent, mais qu'ils aiment cette forme de la tyrannie qu'ils ont créée, la Royauté, Aristote n'approuvait pas la conduite et la pensée d'Alexandre qui voulait traiter à l'égal les uns des autres les Asiatiques et les Grecs. Cette égalité de traitement lui paraissait pour ces derniers une injustice et une injure. Quelles que fussent ses théories spéculatives sur l'égalité des hommes, le philosophe qui justifiait l'esclavage par des lois économiques naturelles demandait, par des raisons politiques qui ne lui semblaient pas moins naturelles, qu'Alexandre traitât les Grecs avec respect, en hommes libres, comme ses égaux et ses amis, mais qu'il ne les dégradât pas en leur appliquant les procédés de gouvernement qui pouvaient convenir aux populations de l'Asie qu'il considérait comme des animaux, ou même comme des êtres encore inférieurs à l'animalité et s'élevant à peine au-dessus de la vie végétative, τοῖς δὲ ὡς ζώοις ἢ φυτοῖς προςφερόμενος[1].

Si l'on en croit Plutarque, les mobiles qui présidaient au système politique d'Alexandre étaient sincèrement généreux et humains : non seulement il se présentait aux peuples Orientaux comme un envoyé des Dieux, comme un Dieu même, venu pour apporter à tous les hommes réunis et unis sous son sceptre les bienfaits de l'égalité et de la justice ; mais en réalité il voulait être le réconciliateur de l'humanité et le pacificateur divin du monde, κοινὸς ἥκειν ἁρμοστὴς καὶ διαλλακτὴς τῶν ὅλων. M. Grote, moins enthousiaste que Plutarque, ne croit guère aux idées d'humanité du roi de Macédoine : Aristote qui le connaissait bien pourrait bien n'y avoir pas cru davantage. La passion d'Alexandre a été l'acquisition d'une domination universelle et d'un pouvoir absolu, que les rois de Perse, auxquels il succédait, avaient à moitié réalisés : il semble qu'il n'ait fait et voulu faire que continuer, compléter et consolider leur ouvrage. Il n'était pas de pur sang grec, de vraie race hellénique, et il devint assez vite et assez volontiers un monarque oriental. Il s'efforça de rapprocher les deux peuples, non pas en élevant les Orientaux à la dignité d'hommes libres, — aucun Grec ne croyait les peuples d'Asie susceptibles de ce noble gouvernement, privilège et orgueil de leur race, — mais il semble avoir voulu réduire les Grecs à l'obéissance absolue qu'il trouvait chez les Orientaux, et les confondre avec eux dans une commune servitude.

Quels que fussent ses vrais desseins, le fait seul du rapprochement était visible, et il choquait l'orgueil national des Grecs comme les marques serviles de respect qu'Alexandre exigeait d'eux blessaient leur juste fierté. Plutarque dit qu'Aristote partagea ce mécontentement et d'autant plus vivement qu'il s'y ajoutait le chagrin et le dépit de voir ses conseils méconnus. J'ai peine à croire que ce soit là ce qui amena presque une rupture entre les deux amis : on signale des motifs plus sérieux et plus graves.

La liaison d'Aristote avec Antipater, qui, comme Cassandre, son fils, passe pour avoir été un de ses disciples, devait déplaire au roi qui s'était éloigné de plus en plus de son général.

---

[1] Plut., *de virt. Al.*, I, 6.

Ce sentiment se manifesta un jour avec un éclat terrible: des habitants de la Macédoine étaient venus jusqu'en Asie porter plainte contre Antipater, à qui il avait, en son absence, confié le gouvernement. Cassandre, présent à la réception, voulut défendre son père accusé. Le roi l'interrompit: Comment croire, dit-il, que des hommes aient fait un si long voyage, s'ils n'avaient pas été lésés, et uniquement pour perdre un innocent. Cassandre ayant répondu que la preuve de la fausseté de leurs accusations était précisément qu'ils étaient allés chercher trop loin leurs arguments, μακρὰν ἥκουσι τῶν ἐλέγχων, Alexandre avec un rire ironique répartit: « Voilà de ces sophismes d'Aristote, que l'on emploie à prouver le pour et le contre; mais je lui ferai payer cher ces leçons, si vous commettez envers mes peuples la moindre injustice. » Le ton du roi, en prononçant ces paroles, fut si terrible que, bien des années plus tard, Cassandre devenu roi de Macédoine et maître de la Grèce, visitant à Delphes le musée du temple, et se trouvant subitement en face de la statue d'Alexandre, pâlit subitement, trembla de tous ses membres et fut longtemps avant de pouvoir reprendre ses sens. Cette scène atteste un sentiment de vif mécontentement contre Aristote, sans en expliquer la cause que l'on pourrait plutôt rapporter aux faits suivants.

Parmi les savants dont Alexandre avait voulu se faire accompagner dans son expédition, se trouvaient aux premiers rangs Anaxarque d'Abdère et Callisthène d'Olynthe, qui devait cette faveur à la recommandation d'Aristote, son proche parent. Tandis que le premier cherchait à capter la bienveillance du maître par d'indignes flatteries et une servilité abjecte, Callisthène, estimé et révéré de tous à cause de son éloquence et de sa haute moralité, semblait prendre à tâche d'offenser le roi et même les Macédoniens par une critique souvent amère, et une liberté de langage sans mesure comme sans prudence. On l'avait entendu appeler Harmodius et Aristogiton les plus grands héros d'Athènes, parce qu'ils y avaient détruit la tyrannie, et féliciter leur patrie de ce qu'elle nourrissait encore des hommes capables de sauver la liberté par un pareil héroïsme[1]. Il avait rappelé en face à Alexandre qu'il n'était qu'un homme, et que les honneurs

---

[1] Arrien., IV, 10.

dus aux Dieux ne pouvaient lui être rendus sans une impiété sacrilège ; il avait osé lui dire que lui Callisthène n'avait rien à attendre pour sa gloire d'Alexandre, mais qu'Alexandre pourrait bien devoir une partie de la sienne à Callisthène, car la postérité ne saurait du roi que ce qu'il lui plairait d'en dire : il avait en effet la charge d'historiographe officiel du roi. Ces propos imprudents furent rapportés par Strobilus, secrétaire de Callisthène, à Aristote, qui, inquiet de cette témérité inutile, ne put s'empêcher de dire que si son neveu avait l'âme grande et belle, il avait bien peu de bon sens. Connaissant le caractère du jeune homme, il lui avait donné, avant son départ, les plus sages conseils ; car il semble avoir eu le pressentiment du sort qui l'attendait[1].

Il est facile de comprendre que la conduite, le langage, les mœurs mêmes de Callisthène avaient dû lui faire des ennemis parmi lesquels, outre Anaxarque, sont cités Héphæstion, Lysimaque, Agis, Hagnon. Ils saisirent, pour le perdre, l'occasion que leur fournit la conspiration d'Hermolaüs, et l'accusèrent d'y avoir trempé. Il ne fut pas possible aux délateurs de faire la preuve nécessaire, ni même de produire, contre leur ennemi, un seul témoignage, malgré les cruelles tortures auxquelles on soumit, pour leur en arracher, les jeunes gens, ses prétendus complices. Néanmoins Alexandre irrité se laissa aller à d'indignes violences de langage, dans une lettre à Antipater, où il lui annonçait la conspiration formée contre sa vie par les jeunes nobles Macédoniens, et le supplice des coupables qui avaient été lapidés par l'armée : « Quant au sophiste, ajoutait-il, je le châtierai plus tard, lui et ceux qui me l'ont recommandé. » Allusion évidente à Aristote, comme l'observe Plutarque.

On ne sait pas ce que devint Callisthène ; les uns disent qu'il fut immédiatement mis à mort et pendu ; d'autres prétendent qu'Alexandre le fit mettre aux fers, se réservant de ne le juger qu'après l'avoir confronté avec Aristote, comme si celui-ci l'avait encouragé dans son attitude hautaine et son opposition irrespectueuse, mais qu'il était mort dans l'Inde, pendant l'expédition contre les Malles où Alexandre fut blessé. D'après Dion Chrysostôme, le roi aurait eu l'intention d'envelopper dans une sorte de complicité morale Aristote et

---

[1] Arr., *l. l.* Plut., *Alex.*, 54. Val. Max., VII, 11. Diog. L., V, 5.

Antipater lui-même, qui avait peut-être appuyé les sollicitations de son maître en faveur de Callisthène; enfin Diogène raconte que le malheureux sophiste fut enfermé dans une cage de fer, où on le laissa longtemps dans un état affreux d'abandon, et dans l'infection de ses ordures : comme il ne mourait pas, il fut jeté à un lion et dévoré.

Ces bruits ne paraissent contenir qu'un fait certain : c'est qu'en réalité les rapports d'Aristote et d'Alexandre avaient cessé d'être confiants et affectueux; mais Plutarque nous affirme que le mécontentement, l'irritation d'Alexandre se borna à des paroles et ne passa jamais aux actes. Le récit, d'ailleurs probablement inventé, d'après lequel le roi, pour blesser Aristote, se serait plu à combler de marques de bienveillance et d'estime Xénocrate et Anaximène, ne prouverait pas le contraire. Philopon[1] prétend que du fond de l'Asie, ou même de Babylone, c'est-à-dire postérieurement à la conspiration d'Hermolaüs (327 avant J.-Ch.), Alexandre aurait encore écrit à son précepteur et lui aurait donné des renseignements intéressant la science. En tout cas, rien n'autorise à affirmer que cette ancienne amitié se fût changée en une haine si violente qu'Alexandre ait eu le dessein de faire périr Aristote, et qu'Aristote ait été le complice de l'empoisonnement d'Alexandre. Pline est le seul auteur qui affirme à la fois qu'Alexandre est mort empoisonné et qu'Aristote a joué un rôle dans la perpétration de ce crime. « La corne de mule, dit-il, est la seule substance que ne ronge point l'eau vénéneuse du Styx, — veneno Stygis aquæ, — et c'est dans un vase de cette matière que fut envoyé en Asie par Aristote le poison qui devait donner la mort à Alexandre : invention qui couvre d'infamie le nom du philosophe[2]. » Arrien est plus explicite, mais en même temps plus réservé : « Je sais, dit-il, que dans les nombreux récits qui courent sur la mort d'Alexandre, il en est un d'après lequel il serait mort d'un poison inventé par Aristote, à qui le traitement infligé à Callisthène avait inspiré des craintes pour lui-même. Ce poison aurait été envoyé à Alexandre par Antipater, confié à Cassandre, l'aîné de ses fils, et versé par Jollas, le plus jeune, qui était échanson du roi. » Mais Arrien ajoute que s'il donne place à

---

[1] *In Meteor.*, I, p. 142.
[2] *Hist. nat.*, XXX, 53.

ce bruit, c'est uniquement pour ne pas paraître l'avoir ignoré, et non parce qu'il lui semble digne de foi[1]. Plutarque le mentionne également et en cite le premier auteur, Agnothémis, qui le tenait du roi Antigonus. Le poison était de l'eau de la source de Nonacris, c'est-à-dire du Styx, placé dans le voisinage de cette petite bourgade d'Arcadie. Mais la plupart des historiens sont d'accord que tous ces récits sur l'empoisonnement d'Alexandre, qui ne commencèrent à circuler que six ans après sa mort, ne sont que des fables inventées ou accréditées par Olympias pour servir sa haine contre Antipater et son fils. La preuve que le fait est faux, dit Plutarque, c'est que le corps fut laissé dans une salle close, et que, malgré la chaleur du climat et de la saison, il resta intact et sans porter aucune trace qui révélât une telle fin. L'extrait du *Journal royal*, ἐν ταῖς ἐφημέρισιν, qu'il cite, montre qu'Alexandre succomba à une fièvre violente et continue, amenée peut-être par l'excès de travail, la tension d'esprit qu'exigeaient la conception et la réalisation de ses vastes projets, mais peut-être aussi et surtout par l'excès de tous les plaisirs.

La mort d'Alexandre était si loin d'être un événement désirable pour Aristote qu'elle mit au contraire en péril sa liberté et sa vie. Athènes secoua le joug macédonien qu'elle subissait avec horreur depuis la défaite de Chéronée; elle entendit encore une fois la voix de son grand orateur, soutenu par Hypéride, l'appeler à l'indépendance et à la défense de son honneur outragé, et la guerre Lamiaque commença. Tous ceux qui étaient ou qu'on soupçonna d'être du parti des étrangers et des oppresseurs se trouvèrent désignés aux ressentiments populaires. Aristote, précepteur, ami, sujet du roi de Macédoine, comblé de ses bienfaits, honoré pendant longtemps et peut-être à ce moment même encore des marques de son affection et de sa confiance, ne pouvait manquer d'être suspect. Un neveu de Démosthènes, Démocharès, l'accusa d'avoir témoigné, dans des lettres surprises chez lui, contre Athènes des sentiments hostiles, livré Stagire aux Macédoniens, et après la prise d'Olynthe dénoncé à Philippe les plus riches citoyens de cette ville qui devaient servir d'otages : griefs si manifestement faux, dit Aristoclès, qu'ils se détruisaient eux-

[1] Arr., *Expéd. d'Al.*, VII, 27.

mêmes et ne purent servir de base à une accusation légalement recevable[1].

Des ennemis plus habiles en présentèrent une autre qui n'avait jamais à Athènes manqué son effet. L'hiérophante Eurymédon déposa contre le philosophe une accusation d'impiété, ἀσεβείας, qui fut soutenue par l'orateur Démophile, homme considérable et considéré, peut-être le neveu de l'historien Ephore. Les faits incriminés étaient ridicules : c'était un sacrifice qu'Aristote aurait offert à Hermias, après sa mort, comme s'il eût été un Dieu[2]; c'était d'avoir divinisé Pythias, sa femme, par l'exagération des témoignages de sa douleur et de son amour[3]. Origène croit qu'on signala comme impies, contraires à l'ordre et à la religion, certaines doctrines philosophiques et sociales que les conservateurs du temps ne trouvaient pas suffisamment orthodoxes et conformes aux croyances officielles. C'est une chose piquante et instructive de voir accusé d'impiété et d'irréligion par des païens le philosophe que l'Eglise de Rome fut sur le point de canoniser, comme un précurseur de l'Evangile, comparable à Jean-Baptiste, après avoir, il est vrai, deux siècles auparavant (1209) condamné au feu tous ses livres. Quelque faibles que fussent les fondements de cette accusation, devinant sous les motifs spécieux les mobiles véritables qui l'inspiraient et la rendaient redoutable, Aristote résolut de fuir devant l'orage, pour éviter aux Athéniens, suivant les expressions qu'on lui prête, l'occasion de renouveler envers la philosophie le crime qu'ils avaient déjà commis en tuant Socrate. C'était vers la fin de l'été de l'année 323 : laissant la direction du Lycée à Théophraste, il se retira à Chalcis, alors au pouvoir des Macédoniens, qui y tenaient garnison.

Ammonius cite un fragment d'une lettre d'Aristote à Antipater, où il lui expose les raisons qui l'avaient engagé à quitter Athènes. Il ne lui était plus possible, dit-il, de rester dans une ville où, comme dans les jardins d'Alcinoüs, on voit se presser mûres les unes sur les autres, la poire sur la poire et

---

[1] *Athen.*, XV, 696, a.

[2] Calomnie que Lucien (*Eunuch.*, 9), ne dédaigne pas de répéter et qui n'a probablement pas d'autre fondement que la magnificence du sacrifice funéraire qu'il avait fait à la mort de son ami.

[3] Euseb., *Præp. Ev.*, XV, 2, 792, a. Diog., L., V, 4. Il l'aurait honorée comme les Athéniens honoraient Déméter.

la figue sur la figue, σῦκον δ'ἐπὶ σύκῳ, c'est-à-dire où les délateurs, les *Sycophantes* fleurissent et mûrissent en si grande abondance. Diogène croit, sur l'autorité de Phavorin, cette allusion tirée d'un discours apologétique, qu'Aristote aurait écrit au cours du procès, pour réfuter les griefs mensongers qui lui étaient reprochés. On ne peut pas affirmer l'authenticité de cette *Apologie*, puisqu'Athénée[1] déjà la conteste et que Lucien, énumérant dans le *Parasite* les Apologies faites par les orateurs et les philosophes, ne la mentionne pas. Cependant, comme la pièce est perdue, il est difficile de porter sur cette question un jugement aussi absolu que Zeller; il n'y aurait rien d'étonnant que, tout en évitant un procès dont l'issue fatale pouvait paraître certaine, Aristote eût cru devoir, dans une sorte de mémoire judiciaire, repousser l'accusation d'avoir trahi la ville aimable, héroïque et malheureuse, dont il avait été l'hôte pendant plus de trente ans, qui avait nourri et développé son génie et consacré sa gloire.

On ne sait pas si le procès suivit son cours après le départ volontaire qui pouvait mettre fin à la procédure. Il est certain seulement que, soit par un décret d'un caractère politique, soit à la suite d'une condamnation judiciaire, on lui retira les honneurs qui lui avaient été décernés, entre autres une statue votive érigée à Delphes, à l'occasion de services rendus par lui, dans des circonstances mal connues, à sa patrie adoptive et particulièrement dans une mission auprès de Philippe, dont il avait été chargé par les Athéniens[2]. C'est probablement cette statue que vit Pausanias; elle était, il est vrai, sans inscription, mais la tradition la tenait pour un portrait d'Aristote. En apprenant ce décret, Aristote écrivit à Antipater avec autant de noblesse que de simplicité: « Quant aux sentiments où me laisse le vote qui me retire les marques d'honneur dont j'avais été l'objet, je t'assure que je n'en éprouve pas une trop vive douleur: j'avoue que je ne puis pas dire que j'y reste insensible. » Il avait raison: le spectacle de l'injustice ou de l'ingratitude, c'est-à-dire au fond, de la faiblesse et de la bassesse humaines, est douloureux pour les grandes âmes. Celui-là même qui en est frappé n'a pas le droit de se montrer

---

[1] *Athen.*, XV, 697, a.
[2] El., *H. Var.*, XIV, 1. Diog. L., V, 2. Amm., *Vet. transl.*: « In multis autem et Atheniensibus benefecit, ut declarant *tractatus qui sunt ad Philippum*. Itaque Athenienses statuam ei construxerunt. »

si indulgent qu'il y paraisse insensible; s'il connait trop bien les hommes pour en être étonné, abattu ou irrité, une indifférence trop complète marquerait moins la grandeur d'âme, que le mépris des autres ; il n'y a qu'un homme qui ait vraiment le droit de mépriser les hommes, c'est le plus méprisable d'entre eux.

Eumélus, cité par Diogène, et qui par parenthèse lui donne 70 ans à l'époque de sa mort, l'Anonyme de Ménage, et Suidas veulent qu'Aristote se soit empoisonné avec de la ciguë : fable qu'embellit encore Hésychius en ajoutant qu'il avait été condamné, comme Socrate, à ce supplice. L'inscription placée au-dessus d'une statue d'Aristote, reproduite par Jacobs[1], et dans le *Corpus Inscriptionum Græcarum* de Boeckh[2] et citée par Welcker[3], ne prouve pas qu'il se soit empoisonné, mais seulement que l'auteur de l'inscription a connu cette tradition et l'a acceptée : il le félicite de s'être dérobé à l'insolence de ses ennemis et d'avoir choisi une mort semblable à celle de ces anciens qui égalent les Dieux. Elias de Crète raconte qu'il se jeta dans l'Euripe, de désespoir de n'avoir pu découvrir la cause du phénomène des marées qui s'y produit : histoire qu'arrangent et modifient, pour la rendre un peu plus vraisemblable, Justin, Grégoire de Nazianze, Procope[4], qui attribuent sa mort volontaire à l'intensité des efforts intellectuels faits pour résoudre le problème autant qu'au dépit de n'avoir pas réussi.

On a combattu la tradition d'un suicide par des arguments tirés de ses doctrines sur ce sujet : « c'est un acte de lâcheté, dit-il, dans les *Ethiques à Nicomaque*[5], et non de courage, de se donner la mort pour fuir la pauvreté, pour se dérober aux souffrances de l'amour ou à tout autre mal. » Mais il n'est pas partout aussi sévère. Dans une lettre à Antipater, dont Démétrius cite un passage[6], il accorde : « que si un vieillard proscrit était obligé d'aller chercher un asile dans tous les

---

[1] *Append.*, n. 276.

[2] N. 911, p. 530.

[3] *Klein. Schrift.*, II, p. 505, n. 273.

[4] Just., *Cohort.*, c. 36. Greg., *Orat.*, IV, 112, a. Procop., *de Bello Gall.*, IV, 579 ; Bayle, *Art. Arist.*

[5] III, 7.

[6] *De Eloc.*, 225.

coins de la terre et ne pût pas l'y trouver, il ne faudrait pas trop le blâmer de vouloir descendre chez Pluton. » Ce qui peut, il est vrai, s'entendre non du suicide même, mais du désir de voir arriver avec la mort la fin de maux qui rendent la vie intolérable. Je n'attache pas une grande importance à cette sorte d'arguments; il n'est pas rare que la vie et les actes des hommes soient en parfait désaccord avec leurs maximes. Ce qui décide pour moi la question, c'est qu'Apollodore [1], A. Gelle [2], Censorin [3] et Denys d'Halicarnasse [4] disent tous qu'il succomba à une maladie que Censorin désigne comme une gastrite chronique : « Hunc ferunt naturalem stomachi infirmitatem, crebrasque morbidi corporis offensiones adeo virtute animi sustentasse, ut magis mirum sit ad annos LXIII eum vitam protulisse quam ultra non pertulisse. » Welcker donne à ce passage, par une interprétation plus ingénieuse que naturelle, le sens suivant : « Il faut donc s'étonner qu'Aristote ait consenti à vivre jusqu'à 63 ans, plutôt que s'étonner qu'il n'ait pas voulu vivre au delà de cet âge. » Mais j'entends avec la plupart des critiques le passage comme il suit : « Il faut donc s'étonner qu'avec une santé si faible et si fréquemment ébranlée par des accidents morbides, Aristote ait pu prolonger sa vie jusqu'à 63 ans, et non pas qu'il n'ait pas pu vivre plus longtemps. » Je pense donc qu'il mourut de maladie et de mort naturelle; il sentit sans doute venir sa fin ; car il désigna celui qu'il désirait avoir pour successeur dans la direction de l'Ecole qu'il avait fondée. Le choix était délicat : il se fit apporter, dit A. Gelle, une coupe de vin de Rhodes où était né Eudème, et une coupe de vin de Lesbos, dont Théophraste était originaire. Tout en faisant un grand éloge du premier de ces vins délicieux, il avoua qu'il préférait encore le second.

Ses compatriotes réclamèrent son corps qui fut transféré à Stagire, sa ville natale, qui lui éleva un tombeau où chaque année lui étaient offerts comme à un héros des sacrifices et des fêtes. Le mois dans lequel ils étaient célébrés, et qui probablement était celui de sa naissance, reçut son nom. Si

---

[1] Diog. L., V, 10.
[2] *N. Attic.*, XIII, 5.
[3] *De die nat.*, 14.
[4] *Ep. ad Amm.*, 5.

l'on en croit le fameux voyageur anglais, Jean de Mandeville, ces fêtes avaient encore lieu à Stagire, à l'époque de son excursion en Macédoine, c'est-à-dire au XIII° siècle : car il dit dans son Itinéraire : « De terra Trachiæ fuit philosophus Aristoteles oriundus in civitate Stagires ; et est ibi in loco tumbæ ejus velut altare ubi singulis annis certo die celebratur a populo festum illius ac si fuisset sanctus. » Le tombeau était sans doute placé dans le Musée que Théophraste[1] signale à Stagire et qui contenait un jardin botanique, créé probablement par les soins et aux frais d'Aristote.

Diogène nous a conservé, en partie du moins, le testament d'Aristote. Il n'y a guère lieu d'en suspecter l'authenticité, puisqu'Athénée en cite un passage. La pièce avait été réunie à la collection complète de ses ouvrages par Andronicus, son premier éditeur, et par Ptolémée, auteur d'une biographie d'Aristote et d'une autre édition complète[2]. Ce Ptolémée, si l'on en croit David l'Arménien, ne serait autre que le roi d'Egypte Ptolémée Philadelphe. Nous voulons mettre sous les yeux ce testament dans son entier ; il en dira plus sur le caractère et l'âme d'Aristote que les jugements des biographes et des historiens. L'homme qui va mourir et qui s'y prépare, ou même qui se place en pensée en face de ce moment solennel, laisse voir facilement le fond de son âme : ce à quoi il pense, les dernières préoccupations de son esprit et de son cœur, l'accent même dont il exprime ses volontés suprêmes, nous le révèlent et nous le font connaître plus fidèlement que tous les autres actes et toutes les autres paroles de sa vie :

« Que les Dieux me protègent ! mais s'il arrivait quelque malheur[3], ceci est le testament d'Aristote.

» Antipater[4] sera curateur universel jusqu'à la majorité de Nicanor[5]. » Aristomène, Timarque, Hipparque, Diotelès, Théophraste, s'il le veut et le peut, seront les tuteurs de mes enfants, d'Herpyllis et de tous ceux que je laisse après moi.

---

[1] Theophr., *Hist. Plant.*, IV, 16.

[2] *Vet. transl.*, Et mortuus est in Chalcide, demittens testamentum scriptum quod fertur ab Andronico et Ptolemæo cum voluminibus suorum tractatuum. *Scholl. Ar.*, 22, a, 10.

[3] On reconnaît l'euphémisme superstitieux des anciens.

[4] Le général d'Alexandre, depuis roi de Macédoine.

[5] Le texte est vague ; il peut signifier : jusqu'au retour de Nicanor.

» Lorsque ma fille[1] sera en âge, elle épousera Nicanor. S'il lui arrivait quelque malheur, — que les Dieux l'en préservent, — avant son mariage ou après, et qu'elle ne laissât pas d'enfants, Nicanor sera maître absolu de mon petit enfant, et de tout le reste, dont il prendra soin comme il convient à lui et à moi.

» Que Nicanor soit le tuteur de ma fille et de Nicomaque, mon fils[2]; qu'il veille à tout ce qui les concerne comme un père et un frère.

» S'il arrive quelque malheur à Nicanor, — que les Dieux l'en préservent, — soit avant d'épouser, soit après avoir épousé ma fille, mais sans lui laisser d'enfants, il sera libre de disposer de toutes choses, comme il le voudra. Si Théophraste veut alors épouser ma fille, il aura les droits qu'aurait eus Nicanor. S'il ne veut pas l'épouser, les tuteurs délibéreront avec Antipater, et règleront tout pour le mieux des intérêts de ma fille et de mon fils.

» Je recommande aux tuteurs et à Nicanor, par égard pour mon souvenir, de se rappeler combien Herpyllis m'a été dévouée, et entres autres choses je leur recommande de veiller, si elle veut se remarier, à ce qu'elle épouse un homme digne de moi[3]. Outre ce que je lui ai déjà antérieurement donné, elle recevra un talent d'argent qu'on prélèvera sur la fortune que je laisse, trois femmes esclaves, si elle les désire, et de plus la jeune fille qu'elle a déjà, et le jeune garçon Pyrrhéus. Si elle veut vivre à Chalcis, elle occupera la maison de campagne, attenant au port; si elle veut habiter Stagire, elle occupera la maison de mes pères. Quelle que soit l'habitation qu'elle préfère, les curateurs veilleront à ce qu'elle soit meublée de la manière qu'ils trouveront convenable, et qui agrée également à Herpyllis.

---

[1] Elle s'appelait Pythias, comme sa mère : elle épousa en premières noces Nicanor de Stagire (Sext. Emp., adv. Math., 12, 1, 258. Suid., v. Ἀριστ.); en secondes noces, Proclès, descendant de Démarate, roi des Lacédémoniens, qui lui laissa deux fils, Proclès et Démarate, tous deux disciples de Théophraste; enfin, en troisièmes noces, le médecin Métrodore, disciple de Chrysippe de Cnide et maître d'Érasistrate; elle en eut un fils appelé Aristote, nommé dans le testament de Théophraste. Diog. L., V, 53.

[2] Ce fils a dû périr à la guerre. Diog. L., V, 39. Aristoclès dans Euseb., Præp. Ev., XV, 2.

[3] Ces termes me paraissent prouver qu'Herpyllis était mariée à Aristote.

» Que Nicanor ait soin de restituer au petit Murmex ce que j'ai reçu de lui, et de le pourvoir de ma fortune propre¹.

» Ambracas sera libre : on lui donnera à l'époque du mariage de ma fille 500 drachmes outre la jeune esclave qu'elle possède. On donnera aussi à Thalé, outre la jeune esclave qu'elle possède et qu'elle a achetée de ses deniers, 1000 drachmes et une jeune esclave².

» Simus, outre l'argent que je lui ai déjà donné, pour acheter une esclave, recevra soit un autre esclave, soit de l'argent³.

» On mettra en liberté à l'époque du mariage de ma fille Tachon, Philon, Olympius et son fils.

» Aucun des esclaves qui m'ont servi ne sera vendu : ils continueront de servir dans la maison et lorsqu'ils auront atteint l'âge, on les affranchira s'ils l'ont mérité.

» On aura soin de faire terminer et de dresser les statues-portraits pour lesquelles j'ai traité avec Gryllion : ce sont ceux de Nicanor, de Proxénus, que j'avais eu l'intention de faire faire, et celui de la mère de Nicanor⁴ ; on aura soin de faire dresser la statue d'Arimneste⁵, qui est terminée, afin qu'il y ait un souvenir de lui, puisqu'il est mort sans enfant.

» On consacrera à Déméter, soit à Némée soit ailleurs, si on le trouve bon, la statue de ma mère⁶.

» En quelque lieu qu'on ensevelisse mes restes, on aura soin d'y déposer les os de Pythias, comme elle l'a voulu.

» Nicanor revenu à la santé⁷ s'acquittera du vœu que j'ai

---

¹ Quel est cet enfant, τοῦ παιδίου, dont Aristote aurait reçu quelque chose, et qu'il veut pourvoir de ses propres deniers. Stahr en fait un pupille. Casaubon, Aldobrandini, Ménage sont muets à son sujet.

² Ces deux femmes sont sans doute des esclaves favorites, vieillies dans la maison de leur maître, devenues presque riches de ses bienfaits, et à qui, en récompense de leurs fidèles services, il voulait donner à la fois la liberté et un peu plus d'aisance.

³ Le texte est ici mutilé.

⁴ Qui lui avait probablement tenu lieu de mère à lui-même.

⁵ Son frère.

⁶ J'adopte comme Cobet et Stahr la correction de Casaubon qui lit τὴν τῆς μητρός... τῇ Δήμητρι au lieu de καὶ τῆς... τὴν Δήμητρα. Aristote avait en outre fait peindre par Protogène le portrait de sa mère.

⁷ Ce mot semble fixer le sens de la phrase ἕως ἂν καταλάβῃ du commen-

fait pour lui : ce sont des animaux en pierre de quatre coudées que j'ai voués à Jupiter Sauveur et à Minerve du Salut. »

Ce testament laisse l'impression que celui qui l'a écrit ou dicté était un homme bon, reconnaissant et tendre ; il n'oublie personne et pense à tous, sa mère, sa femme, ses enfants, ses amis, jusqu'à ses esclaves : car malgré sa dure théorie politique sur l'esclavage, il admettait qu'entre le maître et l'esclave, il pouvait y avoir amitié, parce que cet esclave est aussi un homme : et l'amitié suppose l'égalité, ὁ φίλος, ἴσος [1].

Le testament, quoique authentique, ne semble pas complet ; car il n'y est pas fait mention de ses livres et de ses manuscrits qu'il donna, comme on sait, à Théophraste [2] ; cependant il se pourrait, comme le fait observer Zeller, que la bibliothèque, échue comme tout l'héritage paternel à Nicomaque, fût arrivée entre les mains de Théophraste après la mort de l'héritier naturel.

Après avoir lu ce document, le plus véridique de ceux que les hommes laissent d'eux-mêmes, où le masque tombe pour faire voir l'homme qui reste, on sera disposé à croire du caractère d'Aristote ce que nous en disent la plupart de ses biographes, qu'il était bon, aimable, indulgent et surtout un ami dévoué, fidèle et courageux. Ce qui est relevé comme un trait particulier de sa physionomie morale, c'est le sentiment et l'habitude de la modération et de la mesure : il était immodérément modéré, dit Ammonius. Son génie ne l'empêchait pas d'avoir de l'esprit ; sa conversation était pleine de charme et de grâce ; il savait plaire ; il savait convaincre et séduire ceux qui l'entretenaient [3]. On cite de lui quelques réparties et quelques maximes qui achèveront et compléteront ce portrait de sa figure morale. Il avait assisté un homme indigne de ses bienfaits : ce n'est pas de son caractère, répondit-il à ceux qui le lui reprochaient, que j'ai eu pitié : j'ai eu pitié de lui, parce que c'est un homme. A quelqu'un qui lui demandait pourquoi l'on aime à se trouver avec de belles personnes, il répondit : c'est la question d'un aveugle. On lui parlait des

---

cement du testament qui voudra dire alors : Quand Nicanor (aujourd'hui malade) pourra reprendre les soins de la tutelle.

[1] *Ethic. Nic.*, VIII, 11. Servus, humilis amicus, dira Sénèque.
[2] Strab., XIII, 608. Plut., *Syll.*, 26. Athen., I, 3. Diog. L., V, 52.
[3] Plut., *Cat. maj.*, 1.

insultes qui lui étaient adressées par un de ses ennemis: Qu'il me roue de coups, s'il veut, dit-il, pourvu que je n'y sois pas. Phavorin lui prête un mot que dément toute sa vie, et toute sa doctrine: O mes amis, il n'y a pas d'amis; ce n'est qu'une fausse leçon d'un passage de l'*Ethique*[1] qui signifie: avoir beaucoup d'amis c'est n'avoir pas un ami.

Voici maintenant quelques-unes de ses maximes, où l'on reconnaît à la vivacité du trait et à la justesse de l'observation le grand moraliste et le grand penseur:

« Le beau profit qu'obtiennent les menteurs! lorsqu'il leur arrive de dire la vérité, on ne les croit pas.

La lumière que les yeux trouvent dans l'air qui nous enveloppe, l'âme la puise dans la science.

Les Athéniens ont découvert le blé et les lois: ils savent bien employer le blé; mais ils ne savent pas se servir des lois.

Le plus grand profit qu'on retire de la philosophie, c'est d'apprendre à faire volontairement les choses que la crainte des lois contraint les autres à faire.

La supériorité de la connaissance sur l'ignorance est la supériorité de la vie sur la mort.

La reconnaissance[2] est ce qui vieillit le plus vite.

L'espérance est un rêve éveillé[3].

Il y a dans la beauté un charme plus puissant et plus persuasif que toutes les lettres de recommandation[4].

La beauté est un don de la forme. »

Malgré les qualités morales que révèlent et sa vie et ce dernier acte de la vie qui témoigne véridiquement du caractère, Aristote eut des ennemis. Ses confrères, rhéteurs et philosophes, ne lui pardonnaient pas sa supériorité dont il laissait trop percer le sentiment dans ses leçons[5]. La malignité humaine, qui n'avait pas respecté Socrate, ne désarma pas devant Aristote; mais Socrate a eu des apologistes, tandis que, par une circonstance fortuite, ce ne sont que les médisances et les calomnies dirigées contre Aristote qui sont arri-

---

[1] *Ethic.*, 1245, b. 20 : οὐθείς φίλος ᾧ πολλοί φίλοι. On lisait ᾦ...

[2] ἡ χάρις, on pourrait entendre aussi : la grâce.

[3] Stobée attribue le mot à Pindare.

[4] P. Syrus : Formosa facies muta commendatio est.

[5] Aristoclès dans Euseb., *Præp. Ev.*, XV. 2, 702, d. καὶ διὰ τὴν ἐν τοῖς λόγοις ὑπεροχήν.

vées jusqu'à nous. Thémiste¹, Aristoclès², Diogène de Laërte nous en font connaître les auteurs, inspirés par la jalousie et la haine.

Les uns, comme Céphisodote, étaient des partisans d'Isocrate, dont Aristote méprisait souverainement et ne devait pas ménager dans son enseignement les principes et les procédés oratoires. Les autres, comme Euboulidès, Alexinus, Stilpon, auteur d'une diatribe contre Aristote, appartiennent à l'École éristique de Mégare, qu'il avait fort malmenée dans ses *Réfutations des Sophismes*, et qu'il ne devait pas beaucoup mieux traiter dans sa chaire. Ceux-ci, comme Démocharès, étaient emportés par la passion politique, aveuglés par un patriotisme désespéré, irrités par la défaite de leurs idées et de leurs espérances comme par les désastres de la patrie ; ces bons citoyens, dévoués au parti républicain, libéral et patriotique, ne pouvaient pardonner à Aristote d'être l'ami des rois, et des rois de Macédoine, oppresseurs d'Athènes et de la liberté. Ceux-là, enfin, cédaient à la passion de médire, au besoin de dénigrer, à l'envie, vice des âmes basses et petites, qui ne supportent pas la grandeur et veulent rabaisser tous les hommes à leur niveau : c'était Timée, l'historien, qui appelait Aristote un intrigant et un goinfre³, Timon le Sillographe et Lucien, qui le persiflaient comme un parasite, mais ce dernier entraîné peut-être par des nécessités du genre spécial qu'il cultivait, et pour ainsi dire par amour de l'art.

Epicure, le véridique Epicure, comme l'appelle Athénée, sans avoir l'air de se douter qu'il lui donne là la qualité qu'il mérite le moins, et que l'épithète ressemble à une ironie, Epicure, dans sa Lettre sur la conduite des hommes, rapporte qu'ayant mangé la fortune paternelle, Aristote fut obligé d'entrer au service militaire, et que se trouvant mal de ce métier, il s'était établi pharmacien ; qu'ensuite, après la mort de Platon, il se risqua dans l'Ecole, où il se livra d'abord à la logique pour laquelle il n'était pas sans quelques dispositions ; que peu à peu il arriva jusqu'à la philosophie spéculative ; mais je sais aussi, ajoute Aristoclès qui nous conserve ce

---

¹ *Or.*, IV et XXIII.
² Euseb., *Præp. Ev.*, XV, 2.
³ Polyb., XII, 5-8. Suid.

fragment de lettre, qu'Epicure est le seul auteur qui ait dit cela d'Aristote et que ni Euboulidès ni Céphisodote n'ont rien osé soutenir de semblable, malgré tant d'écrits qu'ils ont publiés contre le philosophe [1].

Au fond, cette nuée d'adversaires, et, comme l'appelle Thémiste, cette armée d'ennemis acharnés n'articule pas un seul fait grave et surtout ne fournit pas une seule preuve à l'appui de leurs assertions calomnieuses : ingratitude envers Platon, bassesse servile envers Hermias et Alexandre, trahison envers les Athéniens, orgueil démesuré, avarice sordide, amour des plaisirs de la table, goût excessif de la parure et de tous les raffinements d'une vie somptueuse, ce sont là des griefs qu'il est plus facile d'accumuler que de justifier. Ils comptent avec une indignation plaisante le nombre des ustensiles de sa batterie de cuisine qui comprenait, dit-on, 300 pièces [2] : ce qui prouve seulement qu'il était riche et tenait un grand état de maison. Ils se récrient sur ce qu'il prenait des bains d'huile [3], comme s'il ne pouvait pas les avoir considérés comme des remèdes et des fortifiants. Il est vrai qu'ils ajoutent, ce que Patrizzi s'empresse de répéter, qu'il en revendait l'huile après s'en être servi. Ils le critiquent d'avoir aimé la parure et même les bijoux ; il peut avoir eu, à ce sujet, quelque faiblesse qui, d'ailleurs, s'explique dans sa situation : il vivait dans une cour qui se plaisait à affecter l'élégance ; pourquoi vouloir l'obliger à habiter le tonneau de Diogène et à porter le manteau troué et la tunique sale du Cynique ?

On voudrait savoir quels ont été les rapports d'Aristote avec son temps, quels sentiments ont éveillés dans son âme les faits historiques qui se sont accomplis sous ses yeux. Depuis 385, date de sa naissance, jusqu'à 322, date de sa mort, que d'événements et quels événements ont eu lieu ! Pendant sa jeunesse, Epaminondas et Pélopidas ont transporté à Thèbes la prépondérance politique et militaire qu'Athènes et Sparte se disputaient toujours. La Macédoine, son pays natal, affaiblie longtemps par des querelles intestines, se prépare

---

[1] Euseb., *Præp. Ev.*, XV, 1. Elien, *H. Var.*, V, 9, répète la même histoire à peu près dans les mêmes termes.

[2] Pline, *Hist. nat.*, XXXV, 46, n'en compte que 60.

[3] Theod., *Græc. aff. cur.*, XII, 1026, d'après Aristoclès qui cite comme auteur de ce bruit le pythagoricien Lycon.

sous les règnes d'Amyntas, 389, d'Alexandre II, 369, de Ptolémée, 368, de Perdiccas, 365, au grand rôle qu'elle allait jouer sous Philippe II et Alexandre-le-Grand. Parti d'Athènes en 347, il a vu le commencement de cette lutte mémorable où le génie d'un grand patriote et du plus grand des orateurs cherche à sauver la liberté des Athéniens et sauva du moins leur honneur. Il a pu, il a dû entendre la voix de Démosthènes appeler au secours de la Grèce menacée, et voir son génie organiser toutes les forces morales, politiques et militaires qu'elle possédait encore. Les discours où Démosthène attaque la politique de la paix à tout prix d'Euboulus, les harangues sur les Symmories, pour les Mégalopolitains, pour la liberté des Rhodiens, les trois Olynthiennes, sont antérieurs à son départ. A son retour en 335, un an après l'avènement d'Alexandre, il voit le terrible châtiment infligé par le nouveau roi de Macédoine à Thèbes, soulevée par les patriotiques suggestions de l'orateur, et l'on voudrait savoir qu'Aristote n'a pas été étranger à la détermination du prince qui renonça, après l'avoir demandée, à exiger l'extradition de son adversaire vaincu. Du moins, en 330, il a pu entendre la dernière et la plus admirable harangue où, en défendant son ami, Démosthène faisait, après la défaite, l'apologie de sa conduite politique, de ses desseins et de ses espérances, si cruellement trahis par la fortune; il a assisté à l'obscure et triste affaire du trésor d'Harpale, qui fit proscrire Démosthène, et, au moment où, menacé à la suite de la mort d'Alexandre, il prenait le chemin de l'exil, il a pu voir le retour triomphal du grand orateur que devaient suivre de si près sa fuite et sa mort.

Au milieu de tous ces événements, quelle a été son attitude, quels ont été ses sentiments, ses pensées, pour qui ses vœux secrets et ses espérances ? Il n'en a rien transpiré. Le silence gardé par l'histoire autorise à croire qu'il a cherché et réussi à se désintéresser de cette révolution qui bouleversait le monde; placé entre sa patrie native et sa patrie d'adoption, sa patrie intellectuelle et morale, il s'est renfermé sans doute dans la science, n'a eu de passion et d'amour, n'a vécu que pour elle; comme Spinoza, il aura pratiqué l'indifférence politique, et dit peut-être secrètement comme Goethe : « Je veux que ma pensée soit libre ; c'est bien assez que mon action soit limitée par les lois du monde. »

Mais, s'il a pu contenir et peut-être étouffer les sentiments et les passions qu'auraient pu faire naître en son âme les scènes tragiques de l'histoire politique de son temps, il a subi, cela est certain, l'influence de cette civilisation et de cette culture universelle dont Athènes était le foyer, et qu'il était venu y chercher.

Il a aimé les arts : sa maison était pleine de statues et de portraits; il les a aimés et il les a compris; il a fondé l'Esthétique comme science, et écrit une Poétique qu'on complétera peut-être, mais qu'on ne remplacera pas. L'aurait-il pu faire s'il n'eût vécu dans cette brillante Athènes, où se développa si facilement son sentiment artistique, et où il pouvait mettre toutes ses théories sur l'art à l'épreuve des chefs-d'œuvre de tous les arts. Si la tragédie, toujours à la mode, n'était plus guère qu'un exercice de rhétorique où se déployaient l'habileté de l'imitation et la virtuosité de l'exécution, la comédie était toujours vivante, et, transformée par Antiphane, Alexis, Euboulus, Anaxandridrès, avait renouvelé ses formes et rajeuni son fond. L'influence du théâtre, où l'on cherchait de plus en plus à peindre les agitations de l'âme, les mouvements des passions, les mœurs et les caractères dans leurs contrastes, leurs violences, leurs nuances, s'exerçait jusque sur la sculpture, où, au lieu du calme sublime et du repos équilibré de l'ancien style, on cherchait la force, la vivacité et la variété de l'expression, on essayait de donner à la pierre le mouvement, l'action, la passion dramatiques, la turbulence de la vie. C'est à cette période qu'appartiennent Scopas et Praxitèle, dont l'un ou l'autre est l'auteur de cette tragédie en marbre, qu'on appelle le groupe de Niobé, qui ne contient pas moins de cinq figures et dans lequel l'artiste a exprimé, dans le désordre d'une action multiple et compliquée comme la scène finale d'un drame, l'horreur d'une souffrance désespérée, et la douleur divine d'une mère, idéalisée par la grandeur de l'âme et par l'amour.

La peinture était entrée plus vite et plus facilement encore dans cette voie, et quoiqu'elle n'ait pas atteint la richesse, la fécondité, la perfection de la statuaire, elle cherchait, tout en charmant les yeux par les attraits de la lumière et de la couleur, à représenter aussi les scènes de la vie morale et à peindre le fond invisible et orageux de l'âme humaine. Qui contestera l'influence qu'ont dû exercer sur les idées d'Aristote, sur le développement de son esprit, sur ses études esthétiques, morales, psychologiques, le spectacle de ces merveilles et ses rapports personnels avec les grands artistes qui les ont créées, et qui, dans une ville, en réalité, petite, n'ont pu lui rester inconnus.

Quant aux philosophes, la mort de Socrate et l'exemple de la vie de Platon les détournaient de plus en plus du gouvernement et des affaires, auxquels d'ailleurs n'aurait pu prétendre le métèque Aristote. Le sentiment d'un patriotisme méprisant et jaloux s'est effacé ou du moins affaibli ; la vieille haine de l'étranger et du barbare fait place à une pensée nouvelle : le mot hellénisme signifie désormais moins la race et les liens du sang, qu'un certain degré de culture et de politesse auquel tous les hommes pouvaient prétendre. La civilisation grecque devient humaine. Il est facile de voir l'influence de ce mouvement des esprits dans la *Politique* d'Aristote. Cependant son sens pratique l'empêche de se laisser emporter aux utopies idéalistes du cosmopolitisme, où se perdent le sentiment, l'amour et la notion même de la patrie, la conscience fière et l'orgueil légitime de la supériorité de la Grèce et de son rôle incomparable dans la civilisation. Nous avons déjà eu l'occasion de le dire : si, pour Xénophon, Cyrus est déjà l'idéal du prince, si Isocrate semble professer un certain respect pour la monarchie, si les philosophes penchent vers le gouvernement d'un seul par mépris pour le nombre, il n'en est que plus remarquable de voir Aristote, un Macédonien, résister à ces entraînements, et demeurer fidèle à la tradition Athénienne, et au principe de la politique de Solon et de Périclès : fonder un gouvernement libre sous la loi.

Il ne suffit pas à la curiosité humaine de connaître le caractère et la vie des hommes qui ont joué un grand rôle dans l'histoire. Par un sentiment d'où le respect n'est pas exclus, on voudrait contempler leur image, voir leur physionomie, leurs traits, leur attitude, deviner leur âme dans l'expression de leurs regards. Il est bien rare, en ce qui concerne les anciens surtout, que ce désir puisse être satisfait. Nous avons trois images de Platon[1], que M. Schuster regarde comme

---

[1] P. Schuster, *Uber die erhaltenen Portraits d. Griech. Philosophen* (Leipzig, 1876). Ce sont :

1° La tête de marbre, placée aux Offices de Florence avec l'inscription du nom sur la base ; mais cette base ne faisant pas partie de la statue primitive, et l'inscription étant placée sur un morceau séparé et ajouté, l'authenticité est sans preuve ;

authentiques, ce qui est loin d'être certain, et l'antiquité a possédé un grand nombre de portraits d'Aristote. On sait que Philippe et Olympias avaient consacré au précepteur de leur fils une statue à Delphes, qu'ils avaient eu la délicatesse de joindre aux statues de la famille royale de Macédoine[1], comme les Anglais font aux tombeaux de leurs grands hommes une place à côté de leurs rois : c'est à cette statue que Visconti rapporte le passage d'Elien[2], qui s'entend plus naturellement des statues honorifiques votées par les Athéniens, puisqu'ils ont eu le droit de les enlever. Je ne vois nulle part qu'Aristote, comme l'avance Visconti, ait fait exécuter son portrait par le sculpteur Gryllion ; le passage de Diogène[3] sur lequel il s'appuie ne dit rien de tel. En revanche il est certain par le testament de Théophraste qu'une statue d'Aristote avait été érigée dans un Hiéron qui attenait au Lycée. Une autre, sans inscription, que vit Pausanias à Olympie, lui fut désignée par son guide comme représentant Aristote, et Pausanias suppose qu'elle lui avait été érigée soit par un de ses disciples, soit par un homme épris de la gloire militaire et qui saluait en lui l'ami d'Antipater et le précepteur d'Alexandre[4]. Il est probable que cette statue a été faite de son vivant, comme l'observe Visconti. Rome possédait de nombreuses images d'Aristote, comme de tous les grands hommes de la Grèce, très ressemblantes, au dire de Juvénal :

. . . . Plena omnia gypso
Chrysippi invenias ; nam perfectissimus horum est,
Si quis Aristotelem similem, vel Pittacon emit,
Et jubet archetypos pluteum servare Cleanthas[5].

Une de ces images appartenait à Atticus, dont elle ornait

2° Un buste de bronze, magnifique, trouvé à Herculanum, que Visconti tient pour un Bacchus ;

3° Une statuette assise avec inscription du nom, mais qui peut appartenir à Platon le Comique. Conf. *Jenäer Literaturzeitung*, 1875, n° 30.

[1] *Vet. transl.*, Amm. L'inscription conservée est reproduite par Boeckh, *Corpus Inscript. Græc.*, n. 136.

[2] *H. Var.*, XIV, 1.

[3] V, 2.

[4] Diog. L., V, 51.

[5] Pausan., VI, 4, 5.

[6] Juven., *Sat.*, II, 4-7.

la bibliothèque : « Maloque, écrivait Cicéron à son ami [1], in illa tua sedecula, quam habes, sub imagine Aristotelis sedere, quam in istorum sella curuli. » Enfin, nous avons encore un petit poème grec [2] où Christodore Koptites, écrivain du VIe siècle après J.-C., décrit toutes les statues du Gymnase de Zeuxippe, à Constantinople, et parmi elles une statue d'Aristote, en bronze, qui s'y trouvait placée entre celle d'Eschine et celle de Démosthène.

Toutes ou presque toutes ces statues sont perdues. Cependant Visconti croit qu'un portrait publié par J. Faber, d'après un bas-relief de la collection de Fulvius Orsini [3], est le portrait d'Aristote, quoique cette supposition ne soit pas confirmée par une inscription. Le savant archéologue se fonde sur le fait qu'un petit buste, sur lequel était inscrit le nom d'Aristote, a été découvert au pied du mont Quirinal, près duquel était la maison d'Atticus. Malheureusement, ce buste n'a pas été gravé. Visconti y supplée en reproduisant la statue assise, de grandeur naturelle, d'un travail grec excellent, qu'on voit à Rome dans le palais Spada. Dans la plinthe, Visconti a découvert les lettres ΑΡΙΣΤ, qui commence le nom d'Aristote, et malheureusement pour sa conjecture, beaucoup d'autres noms grecs. Cependant elle est confirmée par la conformité de l'image avec la description détaillée de celle du Gymnase de Zeuxippe, et son opinion, que nous avons ici un portrait authentique d'Aristote, est adoptée comme probable par Wachsmuth [4].

A l'aide de cette statue et des renseignements des biographes et de Christodore, nous pouvons nous représenter Aristote comme il suit : Il était de petite taille, les jambes étaient courtes, le ventre proéminent, les yeux petits, la tête chauve [5], les joues rentrées [6], la barbe soigneusement rasée,

---

[1] *Ad Attic.*, IV, 10.
[2] *Anthol. Græc.*, Brunck, II, 456.
[3] *Iconograph. Græc.*, I, p. 230.
[4] *Pauly's Real-Encycl.*, I, p. 1646.
[5] *Vit. Anon.*,

Σμικρὸς, φαλακρὸς, τραυλὸς ὁ Σταγειρίτης,
Λάγνος, προγάστωρ, παλλακαῖς συνημμένος.

L'auteur de ces iambes a été rudement relevé par un autre iambographe qui lui répond : « Voilà certes un versificateur mal élevé, bête, sot, grossier, impertinent et ridicule bavard. » Cependant tous les traits n'en sont pas faux et se retrouvent dans la biographie de Timothée citée par Diog. L.

[6] ξυνιστάμεναι. Christod. Visconti traduit *ridées*. Le mot désigne, je crois,

suivant la coutume Macédonienne. Il avait l'habitude de porter beaucoup de bagues et des vêtements riches. Le visage avait une expression légèrement railleuse[1]. Il semble avoir aimé à tenir les mains jointes.

On signale, en outre, chez lui, certain vice de prononciation, τραυλότης, qu'Aristote distingue lui-même du bégaiement, ψελλότης, et de la voix grêle, ἰσχνοφωνία[2], et qui consistait soit à ne pas distinguer nettement l'articulation de *l* de celle de *r*, soit dans un grasseyement particulier, que ses disciples imitèrent, comme les courtisans imitèrent la tête penchée d'Alexandre[3].

NOTICE SUR LES SOURCES DE LA VIE D'ARISTOTE.

Des nombreuses biographies d'Aristote, moins nombreuses cependant que les commentaires de ses ouvrages, la plupart ont péri, ou du moins nous n'en avons conservé que des fragments très incomplets. Les auteurs de ces écrits sont :

1. Aristoxène de Tarente, fils de Spinthare, disciple d'Aristote, contemporain d'Alexandre et de ses successeurs. Ce polygraphe savant et célèbre, loué par Lucien[4] et saint Jérôme[5], mathématicien, musicien et philosophe, avait écrit des biographies citées par Plutarque[6], et entre autres celle d'Aristote, envers lequel on l'accusa de ne pas avoir conservé le respect, ni même observé la justice dus par un disciple à son maître, et à un tel maître. Attaqué à ce propos comme un esprit morose, chagrin et comme un mauvais caractère, par le philosophe Adraste[7] et par Elien[8], il a été

---

l'opposé de *tombantes* : peu de chair sur les joues, ce qui allonge le visage et lui donne un air sévère.

[1] Elien, *H. Var.*, III, 19. μωκία τις... περὶ τὸ πρόσωπον.
[2] *Probl.*, XI, 30, 902, b. Conf. Pauly's *Real-Encycl.*, I, p. 1645.
[3] Plut., *de aud. poet.*, 8. *De adul.*, 9.
[4] Luc., *de Paras.*, c. 35.
[5] *Præf. Hist. Eccl.*
[6] *Moral.*, p. 1093. βίους ἀνδρῶν.
[7] *Procl. in Tim.*, III, 192.
[8] *H. Var.*, VIII, 13.

défendu par Aristoclès qui prétend qu'il n'a jamais parlé d'Aristote qu'avec la plus parfaite déférence [1].

2. Cet Aristoclès de Messénie avait lui-même, dans un ouvrage en X livres, intitulé : περὶ φιλοσοφίας, exposé la doctrine et raconté la vie d'Aristote [2]. Il nous en reste un certain nombre d'extraits conservés par Théodoret [3] et surtout par Eusèbe [4]. Quelques auteurs font de lui le maître d'Alexandre d'Aphrodisée, ce qui nous autoriserait à le placer à une date antérieure au règne de l'Empereur Septime Sévère [5].

2. Hermippe de Smyrne [6], de l'école de critique et de grammaire fondée par Callimaque, et appelé par cette raison ὁ Καλλιμάχιος, à chaque instant cité par les Anciens et surtout par Diogène, loué par Josèphe [7], qui vante l'exactitude de ses informations et l'étendue de ses connaissances. Il avait écrit sur Aristote un ouvrage en plusieurs livres [8].

4. Sotion avait écrit un ouvrage d'une grande étendue, intitulé : *Successions des philosophes* [9].

5. Satyrus de Rhodes.

6. Héraclite Lembus, fils de Sérapion.

7. Apollodore d'Athènes.

8. Apellicon de Téos, péripatéticien, qui avait vécu dans l'intimité du tyran d'Atarné, Hermias, et d'Aristote, et avait écrit leur biographie. Il était venu se fixer à Athènes où il avait été l'adversaire d'Athénion, et s'y était créé une riche bibliothèque que Sylla fit transporter à Rome après la prise de cette ville. C'est à cette bibliothèque que le grammairien Tyrannion emprunta les manuscrits d'Aristote qui servirent à la première édition complète de ses ouvrages, jusque-là peu connus [10].

9. Aristippe [11].

---

[1] Euseb., *Præp. Ev.*, XV, 2.
[2] Suid., v. Ἀριστοκλῆς.
[3] *Serm.*, VIII et XII.
[4] *Præp. Ev.*, XV, c. 2; XI, c. τριζῆ.
[5] Empereur en 193, mort en 211 ap. J.-Ch.
[6] vivait vers la 125ᵉ Ol. (= 280 av. J.-Ch.).
[7] *C. Apion*, I, 22.
[8] Athen., XIII, 589, c.; XV, 696, f. Conf. Bentley, *de Epist. Phalar.*, p. 50. Jons., *de Script. Hist. Phil.*, I, 11, c. 9, p. 190.
[9] V. ma *Vie de Socrate*.
[10] Strab., XIII.
[11] Ma *Vie de Platon*, p. 540.

10. Démétrius de Magnésie, comtemporain de Cicéron, qui le nomme dans le *Brutus* un de ses maîtres d'éloquence, était l'auteur d'une histoire des Poètes et des Historiens qui ont porté le même nom, citée fréquemment par Diogène de Laërte, Denys d'Halicarnasse, Athénée et Plutarque[1].

11. Favorin d'Arles[2].

12. Damascius, ainsi nommé parce qu'il était de Damas, en Syrie. Professeur à Athènes, sous Justinien, et condisciple de Simplicius, il avait écrit une histoire philosophique, φιλόσοφος ἱστορία, où il est probable qu'Aristote n'était pas oublié. C'est à lui que Nunnesius[3] attribue la vie d'Aristote connue sous le nom d'Ammonius. « Aristotelis illa vita, dit Jonsius[4], quam a se in lucem protractam frustra doctis persuadere conatur Petr. Nunnesius Hispanus (prodiit enim annis abhinc circiter ducentis, præfixa Venetæ editioni Aristotelis) hunc Damascium auctorem habet, si ejusdem Nunnesii conjecturæ standum est, quæ tamen a clariss. Vossio bene rejicitur, l. II, *Hist. græc.*, C. XXII. » Du grand ouvrage de Damascius, il nous est resté une biographie d'Isidore, son maître, ou plutôt un extrait de cette biographie fort étendue, fait par Photius, et publié par Westermann dans l'appendice du Diogène de Cobet.

13. Diogène de Laërte cite encore un Eumélus, qui nous est entièrement inconnu, comme un historien qui faisait vivre Aristote jusqu'à soixante-dix ans.

14. Cléarque de Soli avait parlé, en passant, d'Aristote, dans un ouvrage περὶ ὕπνου, cité par Josèphe[5], qui le nomme un disciple d'Aristote et le plus distingué des anciens péripatéticiens. On ne sait rien de lui, et l'on ignore même si sa patrie est Soli de Cilicie ou Soli de Chypre[6]; il est auteur d'une biographie en VIII livres.

15. Un ouvrage de même genre et de même titre, περὶ βίων, avait pour auteur Timothée d'Athènes[7].

16. David l'Arménien[8] cite encore Ptolémée Philadelphe

---

[1] Jons., *de Scriptt. Hist. Phil.*, l. II, c. 17, n. 4.
[2] *Vie de Platon*, p. 538.
[3] L'Espagnol P.-J. Nunnez.
[4] L. III, c. 19, n. 4.
[5] Ed. Havercamp, t. II, p. 454. Conf. Pauly's *Real-Encycl.*
[6] V. *Vie de Platon*, p. 528.
[7] Diog. L., V, 1.
[8] *Comment. sur les Catégories*, Brand., *Rhein. Mus.*, I, 3, p. 249.

qui avait, outre un commentaire sur les ouvrages d'Aristote, écrit une biographie du philosophe [1].

Les fragments des historiens grecs édités par M. K. Mueller et publiés par A. Didot, contiennent tout ce qui reste de ces écrits perdus.

Les biographies conservées d'Aristote sont au nombre de huit :

1. Celle de Diogène de Laërte, la plus considérable par son étendue et son importance, forme la première section du V° livre de son ouvrage [2].

2. La Vie attribuée le plus souvent, mais à tort, à Ammonius, par quelques-uns à Philopon, par Nunnesius à Damascius. Comme le style et les idées ne paraissent dignes d'aucun de ces écrivains [3], on est autorisé à considérer ce morceau comme la production d'un écrivain postérieur et très au-dessous de sa tâche [4]. M. V. Rose conjecture que ce n'est qu'un extrait mutilé et fautif d'une biographie plus complète due à Olympiodore [5].

3. Une vieille traduction latine, d'un style détestable, reproduit en partie la Vie d'Ammonius, mais avec des omissions, des additions et des changements si importants qu'on hésitait déjà à croire que ce fût la version de notre original grec. Ce soupçon est devenu une certitude par la découverte

4. du texte grec qui a servi au traducteur et qu'on a récemment retrouvé dans la bibliothèque de S. Marc, à Venise, N° CCC.

5. L'Anonyme grec, ordinairement appelé de Ménage, parce que ce savant l'a publié dans son édition de Diogène, mais qu'il a eu la loyauté de reconnaître devoir à l'obligeance de Philippe Loialti. Octaviano Ferrari en avait déjà fait mention [6].

6. Une lettre de Denys d'Halicarnasse à Ammée contenant les biographies de Démosthène et d'Aristote.

---

[1] Stahr., *Aristotelia*, I, 159.

[2] V. *Vie de Platon*, p. 525.

[3] On y trouve qu'Aristote a été trois ans l'élève de Socrate, et qu'il a accompagné Alexandre dans l'Égypte, dans la Perse et jusque dans l'Inde.

[4] Fr. Patrizzi, *Discuss. Peripatt.*, t. I, p. 7. Buhle, *Arist. Opp.*, t. I, p. 51.

[5] *De Arist. lib. ordine*, p. 243.

[6] *Menag. ad Diog. L.*, p. 119, éd. Lond.

7. L'article de la biographie générale d'Hésychius de Milet intitulée : περὶ σοφῶν.

8. L'article de Suidas.

Sept de ces pièces, c'est-à-dire toutes, sauf la quatrième, se trouvent dans le premier volume de l'édition inachevée de Buhle, et deux dans l'appendice de Westermann [1].

§ 2.

HISTOIRE DES ÉCRITS D'ARISTOTE.

Le plus étendu des documents que nous possédions sur l'histoire des écrits d'Aristote, et en même temps le plus ancien [2] comme le plus connu, est le passage de Strabon [3], tant de fois invoqué dans cette discussion, et que nous voulons nous-même reproduire en entier, en entrant dans notre sujet.

« De Skepsis [4] sont originaires Erastus, Coriscus et le fils de Coriscus, Nélée. Ce dernier, disciple d'Aristote et de Théophraste [5], avait reçu en héritage [6] la bibliothèque de Théophraste (τὴν βιβλιοθήκην), dans laquelle se trouvait celle d'Aris-

---

[1] Je laisse de côté les histoires fabuleuses : 1° le Pseudo Callisthène, inséré à la suite d'Arrien dans l'édition Didot; 2° Julius Valerius : *Res gestæ Alexandri translatæ in Æsopo Græco*, Conf. un Mémoire de M. Gidel dans l'*Annuaire de l'Assoc. pour les études grecques*, 1874, p. 285.

[2] Strabon né l'an 66 av. J.-Ch., à Amaseia, dans le Pont, mort sous le règne de Tibère, l'an 24 ap. J.-Ch., était un disciple du savant grammairien Tyrannion, d'Amisos, également dans le royaume du Pont. A Rome, où, après la guerre de Mithridate, Tyrannion avait été amené par Lucullus, il rencontra Strabon, et lui put fournir les renseignements autorisés que celui-ci a insérés dans son ouvrage.

[3] Liv. XIII, p. 608.

[4] Ville de Troade.

[5] Il importe d'avoir bien présentes à l'esprit les dates de la vie des personnages dans une discussion de cette nature : je donne ici les principales. Aristote est mort en 322; Théophraste en 286; Ptolémée I, Lagus Soter, en 285; Ptolémée II, Philadelphe, en 247; Ptolémée III, Evergète, en 222.

[6] A quel titre? On ne le dit pas. Ce n'est pas à titre de scholarque, car à Théophraste succède Straton de Lampsaque de 286 à 268, et à ce dernier Lycon de Troade de 268 à 225. C'est donc à titre d'héritier naturel ou adoptif.

tote qui l'avait léguée à Théophraste en lui laissant son école. Aristote est le premier, que nous sachions, qui ait fait une collection de livres (συναγαγὼν βιβλία), et il apprit[1] aux rois d'Egypte à composer une bibliothèque (βιβλιοθήκης σύνταξιν). Théophraste transmit donc sa bibliothèque[2] à Nélée qui la transporta à Skepsis, et qui la laissa après lui à de simples particuliers[3], qui mirent les livres (τὰ βιβλία) sous clé, pêle-mêle et sans précaution.

« Lorsqu'ils eurent connaissance de l'ardeur avec laquelle les Attales, de qui dépendaient leur ville, cherchaient des livres (βιβλία), afin de fonder la bibliothèque de Pergame, ils cachèrent les leurs dans une sorte de caveau. Ils avaient été fort endommagés par l'humidité et les vers, quand longtemps après[4] (ὄψε), leurs descendants vendirent à grand prix à Apellicon de Téos les livres d'Aristote et de Théophraste (τὰ βιβλία). Apellicon était plutôt un amateur de livres qu'un philosophe ; aussi en cherchant à rétablir les passages mangés par les vers, il fit faire de nouvelles copies des textes, εἰς ἀντίγραφα κακῶς μετήνεγκε τὴν γραφήν ; mais les lacunes furent mal remplies, et il laissa après lui les livres pleins de fautes, ἁμαρτάδων πλήρη τὰ βιβλία, et il arriva aux péripatéticiens, aux anciens du moins, aux successeurs immédiats de Théophraste[5], qui n'avaient plus les livres (τὰ βιβλία), ou du moins n'en avaient plus qu'un petit nombre, et presque tous exotériques, — de ne pouvoir plus pratiquer une philosophie sérieuse et forte (πραγματικῶς), et d'être réduits à discuter laborieusement des thèses à la façon des rhéteurs[6]. Quand ces livres, τὰ βιβλία, furent publiés, les Péripatéticiens nouveaux purent sans doute

---

[1] Sans doute par son exemple.

[2] Accrue du fonds d'Aristote.

[3] ἰδιώταις ἀνθρώποις, c'est-à-dire à de bons bourgeois, à des gens qui non seulement n'appartenaient point à l'Ecole, mais s'occupaient fort peu, et ne se souciaient guère de philosophie, enfin à des gens dont on peut dire que le moindre ducaton aurait bien mieux fait leur affaire.

[4] Fort longtemps en effet ; car Apellicon mourut vers 85 av. J.-Ch., à peu près deux cents ans après Nélée. Pendant deux cents ans donc les livres d'Aristote étaient restés enfouis.

[5] Théophraste ayant dirigé l'Ecole pendant trente-cinq ans, il faudrait conclure de ce récit que, trente-cinq ans après la mort d'Aristote, tous ses ouvrages, sauf un petit nombre d'œuvres exotériques, étaient déjà perdus pour le monde et pour sa propre Ecole.

[6] θέσεις ληκυθίζειν.

approfondir davantage les questions philosophiques, et se rapprocher de la doctrine Aristotélique; mais néanmoins par la quantité de fautes (contenues dans les copies), ils furent réduits la plupart du temps à des conjectures probables[1], τὰ πολλὰ ἐοικότα λέγειν.

« Rome ne contribua pas peu à cet état de choses[2]; car immédiatement après la mort d'Apellicon, Sylla, qui s'était emparé d'Athènes, mit la main sur la bibliothèque d'Apellicon, τὴν βιβλιοθήκην, et la fit transporter à Rome, où le grammairien Tyrannion[3], grand partisan d'Aristote, put obtenir, par la faveur de l'administrateur de la bibliothèque, de les avoir entre ses mains[4], comme les eurent aussi certains libraires qui confièrent le travail à de mauvais copistes, et négligèrent de collationner les copies : ce qui arrive ici et à Alexandrie, pour beaucoup d'autres livres qu'on fait copier pour la vente[5]. »

On peut croire que Plutarque a suivi dans son récit Strabon[6], qu'il résume et complète à la fois.

« Parti d'Ephèse, Sylla débarqua au bout de trois jours au Pirée. Après s'être fait initier aux Mystères, il s'empara pour lui-même de la bibliothèque d'Apellicon de Téos, dans laquelle se trouvaient *la plus grande partie* des livres (βιβλία) d'Aristote et de Théophraste, qui n'étaient pas encore alors parfaitement connus du grand public. On dit, en outre, λέγεται, qu'après la translation de cette bibliothèque à Rome,

---

[1] Sur le vrai sens de la doctrine, ou à se contenter d'une doctrine probable, sans plus aspirer à la certitude?

[2] L'état fautif des textes.

[3] Tyrannion était devenu un ami de Cicéron et un personnage riche et honoré à Rome. Nous relèverons plus loin ce fait, que Cicéron ne fait nulle part aucune allusion à cette étrange histoire relative à la découverte nouvelle et inattendue des écrits d'un homme tel qu'Aristote.

[4] ἐνεχειρίσατο ou διεχειρίσατο.

[5] Il est remarquable que Strabon ne fait nulle mention de la récension des ouvrages d'Aristote par Andronicus.

[6] Il le cite expressément, *Vit. Syll.*, c. 26, ὅ φησιν ὁ Στράβων; mais, chose singulière, il mentionne un accès de goutte dont fut atteint Sylla à Athènes, et on ne retrouve pas ce détail dans la Géographie de Strabon. Il faut donc admettre qu'il appartenait à un autre ouvrage du géographe que Schneider (*Epimetr.*, II. *Arist.*, *Hist. anim.*, vol. 1, p. 80), Kopp (*Rhein. Mus.*, III, 1, p. 193) et Stahr (*Aristotelia*, II, p. 23) croient être les ὑπομνήματα ἱστορικά.

le grammairien Tyrannion donna ses soins à une édition corrigée de la plupart d'entre eux, ἐνσκευάσασθαι τὰ πολλά, et qu'Andronicus de Rhodes, ayant eu, grâce à lui, la facilité de consulter ces copies, les mit dans la circulation publique, et dressa par écrit les *Catalogues* que nous avons encore aujourd'hui[1]. Les anciens péripatéticiens paraissent avoir été par eux-mêmes de beaux esprits, et amis des lettres[2], mais n'avoir pas eu entre les mains un grand nombre des *ouvrages* d'Aristote et de Théophraste (τῶν συγγραμμάτων), et ne pas en avoir eu des textes sains et exacts (ἀκριβῶς εὐτετυχηκότες), parce que l'héritage de Nélée de Skepsis, à qui Théophraste avait

---

[1] τοὺς φερομένους πίνακας. Je ne sais pas si ce mot ne signifierait pas plutôt des tables sommaires et comme des index des matières traitées dans les ouvrages édités par Tyrannion. On ne comprend guère un catalogue qui s'ajoute à une édition complète et authentique; car l'édition constitue le catalogue même. Bayle traduit le mot par *indices*. Le Catalogue arabe se sert du même mot; *Bibl. arab.*, p. 308, b. « *In Libro* V. Andronici... ubi et Aristotelis librorum *index* occurrit. »

[2] La succession des chefs de l'Ecole péripatéticienne est présentée dans le tableau suivant par M. Zumpt. Aristote meurt en 322 à Chalcis, et, après quelque hésitation, paraît-il, confie la direction de l'Ecole à :

Théophraste d'Erèse de 323 à 287.

Les successeurs de Théophraste sont :

Straton de Lampsaque de 287 à 269.
Lycon de Troade de 269 à 226.
'Ariston de Chio de 226 à   .
Hiéronyme de Rhodes, ?
Prytanis, ?
Critolaüs de Phaselis, à Rome, 155.
Diodore de Tyr, vers 110.
Erymneus.
Andronicus de Rhodes.
Cratippe de Mitylène, vers 44 av. J.-Ch.
Ménéphilus ou Ménéphyllus, vers 67 ap. J.-Ch.
Aspasius d'Aphrodisée, vers 117.
Aristoclès et Herminus sous Antonin le Pieux, 138-161.
Alexandre de Damas sous M. Aurèle, 161-180.
Alexandre d'Aphrodisée sous Sévère, 193-211.
Ammonius sous Philippe l'Arabe, 243-249.
Ptolémée sous Gallien, 253-268.

A partir de cette époque on ne peut plus suivre ni à Athènes ni à Rome la succession des chefs de l'Ecole péripatéticienne qui disparut peut-être comme celle des Stoïciens. L'Ecole académique survécut seule, jusqu'au célèbre décret de Justinien de 529, au moment où Damascius de Damas en était le chef.

V. Zumpt, *Über den Bestand d. Philosoph. Schulen in Athen*. Berlin, 1843.

laissé ses *livres* (τὰ βιϐλία), était tombé entre les mains de gens indifférents et ignorants. »

En reproduisant à peu près littéralement ce passage, Suidas ajoute après les mots οὔποτε τοῖς πολλοῖς ... γνωριζόμενα, la parenthèse ὥς φησι Πλούταρχος. Stahr me paraît attacher un sens excessif au fait que la parenthèse vient après la phrase : *qui n'étaient pas encore connus du grand public,* et veut que Suidas ait eu l'intention de dégager sa responsabilité et de la reporter tout entière sur Plutarque, uniquement en ce qui concerne cette assertion. C'est bien raffiner : il me semble que Suidas, sans faire aucune réserve sur ce point particulier, se borne à mentionner la source à laquelle il emprunte tout son récit.

Nous allons entrer dans l'examen détaillé des faits contenus dans ces deux passages, nous réservant de les comparer plus tard avec ceux que rapporte Athénée.

Le premier point que nous voulons relever dans les deux documents, c'est la confusion des sens du mot βιϐλία. En effet, ce mot y désigne tantôt la bibliothèque d'Aristote, qui contenait assurément d'autres livres que ceux dont il était l'auteur, puisque Strabon lui-même attribue à Aristote — et c'est, d'ailleurs, une erreur — la première pensée de créer une grande collection de livres ; tantôt les ouvrages, les écrits personnels du philosophe, dans le sens du terme συγγράμματα dont se sert Plutarque. Maintenant à quels points du récit devons-nous, au sens de *bibliothèque,* substituer le sens d'ouvrages, d'écrits d'Aristote, c'est ce qu'il est bien difficile de deviner. On ne peut rien décider que par des conjectures ; c'est donc par une simple conjecture que Stahr entend la chose comme il suit :

Apellicon de Téos acheta aux héritiers de Nélée, non pas la bibliothèque d'Aristote et celle de Théophraste, mais les ouvrages et même les manuscrits originaux seulement des deux philosophes.

On ne s'explique guère pourquoi Strabon ne s'est pas exprimé plus clairement, si telle a été réellement sa pensée ; et si l'on considère bien tout l'ensemble de son récit, il est difficile de croire qu'il a fait cette distinction que rien ne laisse soupçonner dans les termes dont il se sert, et qu'on introduit dans son récit uniquement pour le concilier avec celui d'Athénée. Mais aucun argument tiré de Strabon même n'autorise cette supposition. Suivons, en effet, le développement des faits, tel qu'il nous le présente. Aristote, dit-il, avait créé et créé le premier de tous les Grecs une bibliothèque. Tous les livres de cette bibliothèque, accrue de la bibliothèque de Théophraste, sont jetés pêle mêle, par des héritiers aussi peu intelligents de leurs intérêts que peu soucieux des intérêts de la philosophie, dans un caveau humide. Ils y sont tous endommagés, tous détériorés ; ce sont tous ces livres qu'achète Apellicon ; ce sont tous ces livres qu'il fait recopier, et dont il fait rétablir les lacunes et réparer les altérations ; c'est cette bibliothèque tout entière, τὴν Ἀπελλίκοντος βιβλιοθήκην, que Sylla fait transporter à Rome ; c'est de tous les livres qu'elle contenait, en fort mauvais état, que Tyrannion et des libraires font prendre des copies qui sont signalées comme fautives.

On pourra objecter que les conséquences que tire Strabon du mauvais état des textes prouvent qu'il voulait parler des ouvrages d'Aristote et non de sa bibliothèque ; mais, quoique Plutarque l'ait compris ainsi, cela n'est pas aussi certain qu'on le pourrait croire, d'abord, parce que dans la bibliothèque d'Aristote étaient évidemment compris ses écrits, qui n'avaient pas été plus respectés que les autres par les vers et l'humidité. Il faut remarquer en outre que le reproche que fait Strabon aux premiers péripatéticiens, ce n'est pas d'avoir été infidèles aux principes et à l'esprit de la doctrine du Lycée ; il les accuse d'un fait beaucoup plus grave : c'est de n'avoir pas pratiqué une philosophie sérieuse, forte, fondée sur les faits et pénétrant dans le fond des choses, πραγματικῶς ; c'est de s'être contenté de disserter subtilement, de discourir agréablement, comme des sophistes diserts, des rhéteurs brillants et vides, sur toute sorte de sujets qu'ils n'ont pas la force d'approfondir ; c'est de s'être préoccupés uniquement de la beauté du style et de la grâce de la forme, et d'avoir consumé leurs veilles à ce travail de ciselure ; en un mot, c'est d'avoir cessé d'être une école de philosophes, pour devenir des virtuoses et des artistes. L'absence des seuls écrits d'Aristote expliquerait une fausse interprétation de ses doctrines, une divergence dans les tendances philosophiques ; elle n'explique point une décadence si prompte, un épuisement si général et si profond de l'esprit philosophique même[1]. Il faut

---

[1] Cicéron les constate sans en chercher les causes : Horum posteri ita degenerarunt ut ipsi ex se nati esse videantur. *De Finib.*, l. V, c. 5, 33.

au moins, pour rendre compte de semblables effets, qu'il ait manqué aux successeurs immédiats de Théophraste cette grande collection de livres réunis avec tant de soin par le fondateur de l'Ecole, et qu'ils aient été ainsi privés tout à coup et absolument de ces précieux instruments de travail, nécessaires à qui veut approfondir les matières philosophiques, et ne pas se borner à en effleurer les surfaces.

Il est vrai que Strabon ajoute que, quand cette bibliothèque revit le jour, les péripatéticiens revinrent à une méthode plus scientifique, et rentrèrent dans la voie tracée par Aristote, ἀριστοτελίζειν. Ils s'en étaient donc écartés? Assurément; mais en quoi et comment? Strabon ne marque pas un seul point particulier de dissidence doctrinale sur les questions capitales de la philosophie; le mot dont il se sert a la plus grande généralité possible : c'est de l'esprit aristotélicien que les péripatéticiens s'étaient éloignés; et cet esprit, quel était-il? C'était précisément d'approfondir les questions, d'étudier la nature et les choses, d'en analyser l'essence; c'était de consulter l'histoire des problèmes scientifiques et leurs solutions diverses, au lieu de se borner à des dissertations agréables et superficielles, qui ne permettent jamais d'arriver à se former une opinion certaine et fondée, et de tourner toujours, comme des avocats et des rhéteurs, dans le cercle banal des opinions vraisemblables, c'est-à-dire non scientifiques, τὰ πολλὰ ἐοικότα λέγειν.

Il me semble que si Strabon avait voulu dire qu'Apellicon n'avait acheté dans la bibliothèque des héritiers de Nélée que les ouvrages d'Aristote et de Théophraste, et encore leurs manuscrits originaux, non seulement il l'aurait dit clairement, mais il nous aurait sans doute expliqué pourquoi; car le fait méritait bien d'être expliqué. Apellicon, personnage fort brouillon[1], comme dit Bayle, était très riche, et passionné pour les livres, un bibliomane plutôt qu'un bibliophile, et surtout plutôt qu'un philosophe : c'est Strabon même qui nous l'apprend; on a le droit de s'étonner que cet amateur n'achète que des ouvrages de philosophie, et ait négligé d'acquérir le reste de cette précieuse et rare collection ; mais

---

[1] Nommé commandant de Délos par Aristion ou Athénion, il laissa surprendre la garnison par les Romains qui l'égorgèrent; lui seul eut le bonheur de se sauver. Athen., V, 254. Il mourut peu de temps avant la prise d'Athènes par Sylla (666 de Rome).

n'a-t-on pas également le droit de s'étonner que Strabon ne nous dise rien de ce que devint cette bibliothèque, après qu'Apellicon y eut choisi les manuscrits d'Aristote?

Si l'on dit que la disparition de la bibliothèque d'Aristote pendant deux cents ans n'explique pas l'épuisement philosophique de l'École péripatéticienne, et qu'elle est elle-même absolument inexpliquée et presque inexplicable, je l'avoue. Mais c'est à Strabon que s'adresse la critique, et de quelque façon qu'on l'interprète, il ne pourra guère y échapper. Je suis loin d'admettre l'exactitude de son récit; les faits qu'il contient ne nous sont transmis que par lui, et soit directement soit indirectement ils sont réfutés par d'autres. Mais la manière la plus raisonnable de l'entendre, et de lui donner quelque apparence de vraisemblance, c'est de l'entendre comme je le propose. La perte d'une grande et riche bibliothèque à l'usage spécial et propre d'une École devait faire un grand vide : elle était le centre des études et l'instrument nécessaire du travail sérieux. Quelques livres exotériques, dit fort bien Strabon, ne pouvaient pas la remplacer. J'entends ici par exotériques, non pas une classe particulière d'écrits d'Aristote, mais toute espèce d'ouvrages répandus dans le public, connus de tout le monde, ἔξω, en opposition à ces livres rares, précieux, chers, que les bibliothèques des Écoles étaient seules assez riches, assez passionnées pour la science, assez érudites pour connaître et pour acquérir. Dans l'état où nous devons nous représenter à cette époque l'industrie de la publication des ouvrages de l'esprit, on peut facilement comprendre les effets de la perte de livres rares, qui pouvaient n'exister qu'à un très petit nombre d'exemplaires, peut-être à un seul, comme il s'en trouve encore dans nos bibliothèques. Ceux qui travaillent en province savent ce que c'est que travailler sans livres, ou avec des livres exotériques : c'est vraiment parfois vouloir ramer sans avirons.

Mais, dira-t-on, les péripatéticiens ne pouvaient-ils pas trouver ailleurs les livres qui leur manquaient? Et où les auraient-ils trouvés? Il n'y avait pas à Athènes de bibliothèque publique, — la première fut établie à Alexandrie — et c'était à Athènes qu'était et que resta le centre de l'École. Les Écoles rivales, jalouses, ne se seraient guère prêté des livres si difficiles à se procurer, et si importants.

En somme, la grande bibliothèque réunie par les soins d'Aristote fut, à la mort de Théophraste qui l'avait sans doute enrichie, perdue pour tout le monde pendant deux cents ans[1]. Quand elle fut retrouvée par Apellicon, les livres, pleins de lacunes, étaient en un fort mauvais état; le travail de revision et de correction qu'il fit faire l'aggrava encore; et à Rome, cette bibliothèque, devenue la propriété de Sylla et dirigée par un ami de Tyrannion, subit encore de la part de ce grammairien de nouvelles détériorations. Voilà ce que contient le récit de Strabon.

Plutarque le reproduit sans modifications graves: Sylla fait transporter à Rome la bibliothèque tout entière d'Apellicon, qui contenait les livres de Théophraste et d'Aristote. Parmi ces livres se trouvaient, cela va sans dire, leurs propres ouvrages, τὰ συγγράμματα. C'est de ces écrits d'Aristote que Tyrannion donne une édition revisée et corrigée, et Andronicus de Rhodes une sorte d'édition populaire.

Andronicus avait écrit, d'après Aulu-Gelle, sur Aristote, sa vie et ses écrits, un ouvrage dont le cinquième livre donnait les résumés[2] ou le catalogue, et, en outre, d'après Porphyre, avait distribué en certaines classes les traités qui appartenaient à une même matière[3], en les éclairant par des sommaires: car c'est là, comme je le crois, le meilleur sens du mot πίνακες dans le passage de Plutarque.

---

[1] Comment Théophraste fut amené à disposer en faveur de ses héritiers d'une bibliothèque qui, d'après les usages des Ecoles, était presque une propriété commune; comment il consentit à un legs dont l'effet devait être d'enlever à ses successeurs, et à Athènes même, des instruments si précieux de travail et d'études, c'est ce que personne ne nous explique.

[2] A. Gell., N. Attic., XX, 5, 10. Il avait été le premier commentateur d'Aristote, et Simplicius en divers endroits (Patrizzi, Discuss. Peripat., t. I, IV, p. 40) cite ses commentaires sur la Physique, l'Ethique et les Catégories. La paraphrase de l'Ethique à Nicomaque, publiée par D. Heinsius (Leyde, 1607), n'est pas de lui.

[3] Porphyr., Vit. Plotin., 324. εἰς πραγματείας διεῖλε τὰς οἰκείας ὑποθέσεις, εἰς ταὐτὸ συναγαγών, sur quoi Bayle : « J'avoue que je n'entends pas bien la force de ces mots grecs τὰς οἰκείας... Porphyre veut-il nous apprendre ou qu'Andronicus rassembla en un même corps tous les traités qui appartenaient à une même matière, ou qu'il joignit à chaque traité un sommaire convenable? Le premier sens me paraît meilleur et s'accorde mieux avec Plutarque. » Je crois que le mot πραγματεία correspond parfaitement à ce que nous appelons un cours. — Andronicus, qui était professeur (Strabon, XIV, 655) et eut pour élève Boethus de Sidon (id., XVI, 757. Amm., in Arist. Categ., p. 8, a, éd. ald.), avait réparti en divers cours tous les traités d'Aristote qui se rapportaient au sujet de ces cours, cours de théologie, de physique, de psychologie, de morale.

Quant à Tyrannion, d'Amise dans le Pont, disciple du grammairien Denys le Thrace, il avait été fait prisonnier par Lucullus à la défaite de Mithridate [1]. « Muréna l'ayant demandé à Lucullus, l'affranchit. On sait que ce grammairien s'enrichit à Rome, et y amassa une nombreuse bibliothèque (30,000 volumes, dit-on). Il faut donc qu'Andronicus ait été à Rome au temps que je marque, puisqu'il retira des mains de Tyrannion les ouvrages d'Aristote [2] ... (Car) Tyrannion ayant trouvé le moyen de s'insinuer dans la familiarité du bibliothécaire de Sylla, *s'accommoda* [3] de tous les écrits d'Aristote qu'il put rencontrer [4] ». Ce personnage, qui mourut fort vieux et goutteux à une date que nous ignorons [5], avait donné des conférences dans la maison de Cicéron [6], dont il mit en ordre la bibliothèque [7], et à qui il servait parfois de lecteur [8].

C'est sur ces documents de Strabon et de Plutarque, plus que librement interprétés, que le P. Rapin a le premier, je crois, fondé le récit imaginaire de l'Histoire des Ouvrages d'Aristote : « On prétend, dit-il, qu'Aristote *ne put se résoudre à publier ses écrits,* par un pur respect pour Platon... Il les confia à Théophraste *avec défense expresse de les rendre publics...* Théophraste les confia en mourant à Nélée *aux mêmes conditions.* » Bayle n'a pas eu de peine à démontrer que ni Plutarque ni Strabon n'autorise les faits qu'affirme avec tant d'assurance l'agréable Jésuite, et dont les historiens modernes ont accepté au moins la moitié : et cependant non seulement on n'en trouve nulle trace ni dans Diogène, ni

---

[1] Plut., *Lucull.*

[2] Bayle traduit je crois trop librement les mots εὐπορήσαντα τῶν ἀντιγράφων.

[3] Le mot de Strabon est ἐνεχειρίσατο, qu'on change quelquefois en διεχειρίσατο et en μετεχειρίσατο. Mais quelque leçon qu'on adopte, le sens est fixé par le terme dont Plutarque se sert, ἐνσκευάσασθαι τὰ πολλὰ, et la traduction de Bayle est absolument insoutenable.

[4] Bayle, *Dict. hist.*

[5] Suid., V.

[6] Cic., *Ep. ad Quint.*, l. II, 4.

[7] Cic., *ad Attic.*, lib. II, ep. 6. Offendes designationem Tyrannionis mirificam in librorum meorum bibliotheca, quorum reliquiæ multo meliores sunt quam putaram. Etiam vellem mihi mittas de tuis librariolis duos aliquos quibus Tyrannio utatur glutinatoribus ad cætera administris. *Ep. ad Quint.*, l. IV, 4. *Id.*, l. III, *Ep.* 4 et 5.

[8] *Ad Attic.*, l. XII, *Ep.* 2 et *Ep.* 6.

dans aucun des commentateurs, mais ils sont, au moins quelques-uns, nettement renversés par un autre témoignage.

On lit, en effet, dans Athénée, ou plutôt dans le résumé qu'un abréviateur inconnu nous a donné du commencement, perdu aujourd'hui, de son ouvrage, le passage suivant : « Laurentius possédait des anciens auteurs grecs une collection si considérable qu'elle dépassait par sa richesse les bibliothèques tant admirées de Polycrate de Samos, de Pisistrate, tyran d'Athènes, d'Euclide et de Nicostrate de Chypre, des rois de Pergame, du poète Euripide, du philosophe Aristote, (de Théophraste)[1], de Nélée, qui avait conservé les livres de ces derniers[2]. Ptolémée, surnommé Philadelphe, notre roi, les acheta tous et les réunit dans la belle Alexandrie à ceux qu'il avait fait venir d'Athènes et de Rhodes[3]. »

Dans un autre passage, Athénée faisant la peinture des rapines du tyran d'Athènes, Athénion, appelé aussi Aristion, rapporte que sa rapacité ne respecta pas les richesses du temple d'Apollon à Délos. Pour s'en emparer, « il envoya dans l'île Apellicon de Téos, qui avait acquis le droit de cité à Athènes, et qui y menait la vie mobile et fantasque d'un homme blasé. On le voyait épris de philosophie et de philosophie péripatéticienne acheter la bibliothèque d'Aristote, τὴν βιβλιοθήκην, et beaucoup d'autres encore. Il alla même jusqu'à dérober dans le Métroum les autographes des anciens décrets, et il s'emparait également dans les autres villes de tout ce qu'il y trouvait d'ancien et de rare[4]. »

De ces deux passages d'Athénée, le premier contredit Strabon, puisque *tous* les livres que, suivant le géographe, avait achetés Apellicon, mort vers l'an 85 av. J.-Ch., avaient été acquis par Ptolémée Philadelphe, mort en 247 av. J.-Ch., pour sa bibliothèque d'Alexandrie. Mais le premier passage d'Athénée qui contredit Strabon est à son tour contredit par le second, qui rétablit le récit du géographe.

---

[1] Ce mot manque au texte de l'abrégé : on l'y ajoute par conjecture pour expliquer la leçon τὰ βιβλία τούτων, que Casaubon propose de corriger en τούτου.

[2] Le mot βιβλία signifie évidemment ici une collection de livres, comme celles qui avaient été faites par Polycrate, Pisistrate, etc., et ne peut s'entendre des ouvrages mêmes ou des manuscrits d'Aristote.

[3] Athen., I, 2, p. 3.

[4] Athen., V, p. 214.

Que croire et que conclure de ces renseignements contradictoires?

Stahr établit d'abord par une argumentation de fait irrésistible que l'opinion de Buhle, — empruntée au P. Rapin, — à savoir qu'Aristote n'avait édité, de son vivant, aucun de ses ouvrages[1], est tout à fait erronée; en second lieu, pour concilier les contradictions des divers témoignages, il propose d'admettre que Ptolémée, le premier acquéreur, avait acheté toute la bibliothèque d'Aristote, sauf les ouvrages du philosophe, pour laisser sans doute à un amateur futur l'occasion de s'emparer de ce butin précieux, ce que ne manqua pas de faire Apellicon. La réfutation de Buhle me paraît presque du luxe; car aucun des quatre récits, de Strabon, de Plutarque et d'Athénée, ne rapporte ni même n'insinue qu'Aristote n'avait rien publié ni rien voulu publier de son vivant. Cependant, comme elle vise des faits qui concernent l'histoire des écrits d'Aristote, je veux donner ici un résumé des recherches savantes de Stahr, en y joignant quelques observations.

Et, d'abord, pourquoi Aristote n'aurait-il pas publié ses ouvrages, et comment aurait-il fait pour empêcher que ses cours ne fussent rédigés par ses élèves, comme c'était la tradition de l'École platonicienne, et comme cela est dans les nécessités de l'enseignement? Brandis a démontré surabondamment[2] que Théophraste[3], Eudème, Phanias, Strabon, Critolaüs, Dicéarque, Héraclide, avaient eu entre leurs mains non seulement leurs propres cahiers de cours, mais les rédactions même d'Aristote, que les trois premiers n'ont fait presque que paraphraser, et auxquelles ils ont emprunté les titres de leurs propres ouvrages. Simplicius, pour prouver que le traité des *Catégories* appartient bien à Aristote, se borne à invoquer le jugement de ses plus anciens disciples[4]. Il est plus que vraisemblable que les scholies d'Aristophane ont pour source première et pour fondement général les travaux de la critique Alexandrine, qui a fleuri avant même la

---

[1] Au moins de ceux qui sont le fondement de sa doctrine philosophique.

[2] *Rhein. Mus.*, I, 4, p. 267 sqq.

[3] Pour Théophraste cette démonstration semble vraiment superflue; car qui a jamais soutenu que Théophraste n'avait pas eu entre les mains les écrits de son maître et de son ami? Personne, pas même Strabon.

[4] Brand., *l. l.*, p. 271.

mort de Théophraste; or, nous y trouvons cités les ouvrages d'Aristote, qui étaient sans doute dans la bibliothèque d'Alexandrie, et ne pouvaient s'y trouver qu'à la condition qu'ils eussent été publiés.

Non seulement les disciples d'Aristote n'ont souvent fait que paraphraser les écrits du maître ou les continuer et les développer, comme Démétrius de Phalère dans ses écrits politiques[1], mais encore nous savons qu'ils se prêtaient mutuellement les copies et les exemplaires qu'ils en avaient, afin d'améliorer le texte[2].

Les Ecoles philosophiques rivales du Lycée, soit en attaquant, soit en approuvant les doctrines d'Aristote, attestent qu'elles leur étaient connues, et qu'elles en puisaient la connaissance dans des ouvrages publiés et authentiques. Cicéron rapporte qu'Antiochus soutenait l'identité, sur un certain point de morale, de la doctrine d'Aristote et de celle de l'académicien Polémon[3], et il est évident que cette identité ou cette similitude ne peut s'expliquer que par une influence très directe et très nette d'Aristote sur Polémon, qui suppose la publication des ouvrages du premier. Les Stoïciens ne les ont pas davantage ignorés. Avant d'exposer en deux pages éloquentes les principes du système de la morale péripatéticienne, Cicéron nie que les Stoïciens aient eu aucune raison de se séparer de cette Ecole, dont ils avaient adopté presque toutes les doctrines, à laquelle ils se rattachent, de laquelle ils descendent et dépendent, quoi qu'ils en aient. Ils ont changé de nom, c'est tout. Les Stoïciens sont des péripatéticiens oublieux ou ingrats : « In hac ratione tota de maximis fere rebus Stoïci illos secuti sunt... Ergo, adhuc, quantum equidem intelligo, causa non videtur fuisse mutandi nominis, non enim, si omnia non sequebatur Zeno, idcirco non erat ortus illinc[4]. » Zénon d'ailleurs, au rapport de Diogène, avait lu fort jeune les livres socratiques[5], que lui avait apportés son père; et, par cette expression générale, on

---

[1] Cic., *de Legg.*, III, 6. Brand., *Rhein. Mus.*, I, 244.

[2] Simplic., *Scholl. Arist.*, 104, b, 10. Θεοφράστου γράψαντος Εὐδήμῳ περί τινος αὐτοῦ τῶν διημαρτημένων ἀντιγράφων κατὰ τὸ πέμπτον βιβλίον — ὑπὲρ ὧν, φησίν, ἐπέστειλας κελεύων με γράψαι καὶ ἀποστεῖλαι ἐκ τῶν Φυσικῶν...

[3] Cic., *de Finib.*, V, 5. Conf. Bruck., t. I, p. 742.

[4] *De Finib.*, IV, 5, et IV, 8.

[5] Diog. L., VII, 31.

peut très bien, comme le dit Stahr, croire que Diogène enveloppait les écrits d'Aristote. L'action profonde et étendue de la doctrine[1], affirmée par Galien[2] comme par Cicéron, est une preuve qu'elle n'était pas restée inconnue, et que les ouvrages où on la pouvait étudier n'avaient pas disparu. On pourrait user du même genre d'argument, en rappelant la polémique de l'Ecole d'Epicure contre Aristote, qui atteste l'existence de ses écrits toujours présents et toujours lus. On ne s'attaque pas avec ces ardeurs, ces violences à des ombres évanouies.

On peut, du reste, produire des preuves plus directes; Valère Maxime, en parlant de l'amour de la gloire dans Aristote[3], dit : « Namque Theodecti discipulo oratoriæ artis libros, quos ederet, donaverat, molesteque postea ferens titulum eorum sic alii cessisse, proprio volumine quibusdam rebus insistens, planius sibi de his in Theodectis libris dictum esse adjicit. » Ainsi donc, non seulement Aristote avait confié à Théodecte la mission de publier de son vivant la *Rhétorique*, mais encore il avait publié un ouvrage, quel qu'il soit, où il s'en déclarait l'auteur.

Denys d'Halicarnasse, dans sa première Lettre à Ammæus, pour prouver que l'éloquence de Démosthène ne doit rien aux préceptes de la *Rhétorique* d'Aristote, cherche à démontrer que la composition de ce traité ne peut être ramenée qu'aux dix dernières années de son séjour à Athènes, à une époque où les grands discours de Démosthène, sauf le *Pro Corona*, étaient déjà prononcés. Quelle que soit la valeur de cette argumentation, elle prouve du moins que Denys ne doute pas un instant que la *Rhétorique* n'ait été publiée à Athènes du vivant d'Aristote[4], mort, comme on le sait, la même année que Démosthène. Enfin, un ouvrage, aujourd'hui perdu, intitulé : περὶ παροιμιῶν, indiqué dans le catalogue de Diogène comme n'ayant qu'un livre[5], a dû être publié du

---

[1] Cic., *de Finib.*, IV, 8. Quidnam horum ab eo non sit probatum.

[2] Galen., *de Potent. physic.*, ἠκολούθησεν δ'ὕστερον αὐτῷ (Aristote) καὶ ὁ ἀπὸ τῆς Στοᾶς χορός.

[3] Val. Max., VIII, 14, 3.

[4] *Comment. de tempore quo ab Arist. libri de arte Rhet. conscripti et editi sint.* M. Schmidt, Hall., 1838, *Specim. Comment. in Arist. lib. de arte Rhet.* Leonh. Spengel, 1839.

[5] Diog. L., V, 26.

vivant d'Aristote, puisque Céphisodote, élève d'Isocrate, pour défendre son maître contre les critiques railleuses et méprisantes du philosophe, lui reprochait, comme une chose indigne de la science qu'il professait, d'avoir composé un recueil de proverbes[1].

Il est donc parfaitement démontré qu'Aristote ne s'est pas interdit à lui-même, et à plus forte raison n'a pas interdit à ses disciples de publier ses ouvrages; et toute interprétation des passages de Strabon et de Plutarque, qui repose sur cette donnée, est inacceptable et fausse, comme le fait sur lequel elle s'appuie est inexact. C'est un premier point acquis à la discussion. Le second est malheureusement moins facile à éclaircir.

On se rappelle qu'une seule chose est commune aux quatre récits qui touchent l'histoire des écrits d'Aristote : à savoir que le philosophe avait réuni une riche bibliothèque, que cette bibliothèque, qu'il avait ou emportée à Chalcis, ou laissée à Athènes aux mains de Théophraste, passa, à la mort de ce dernier, à Skepsis, c'est-à-dire en Asie Mineure, d'où elle fut transportée à Alexandrie, entre les années 285 et 247, suivant Athénée, et, suivant Strabon et Plutarque, ramenée par Apellicon à Athènes et enlevée d'Athènes par Sylla qui l'établit à Rome, vers 87 av. J.-Ch. Comment concilier ces deux affirmations, en apparence au moins contradictoires? Je ne puis comprendre comment Stahr[2] voit dans la phrase de Plutarque : ἐξῶν ἑαυτῷ τὴν Ἀπελλίκωνος τοῦ Τηίου βιβλιοθήκην, ἐν ᾗ τὰ πλεῖστα τῶν Ἀρ. καὶ Θεοφ. βιβλίων ἦν, la preuve que les ouvrages d'Aristote et de Théophraste avaient seuls été achetés par Apellicon, interprétation qui n'est nullement dans le texte, et est contredite d'ailleurs formellement par Athénée qui déclare qu'il fit l'acquisition de toute la bibliothèque d'Aristote et de beaucoup d'autres encore. Au contraire, il veut que Ptolémée, de son côté, n'ait acquis que la bibliothèque et ait laissé échapper l'occasion d'enrichir le grand établissement scolaire, fondé à Alexandrie, des textes originaux d'Aristote, sous prétexte qu'il en avait déjà les copies. Mais Athé-

---

[1] *Id., id.*, ὡς οὐ ποιήσαντι λόγου ἄξιον τὸ παροιμίας ἀθροῖσαι. Ce sens est très soutenable, quoi qu'en dise Stahr qui préfère traduire : lui reprochait... de n'avoir pas fait un bon et estimable ouvrage dans sa collection de proverbes.

[2] *Aristotelia*, II, p. 53.

née nous dit encore ici tout le contraire; il affirme que Ptolémée acheta tout, πάντα πριάμενος. Comment, en effet, pourrait-on admettre qu'il en fut autrement, quand on se rappelle que cette belle bibliothèque d'Alexandrie avait été réunie sur les conseils et d'après les avis de Démétrius de Phalère, un péripatéticien, ami personnel de Théophraste, et, au temps de sa puissance, protecteur de l'Ecole? Qui ne sait que ce Ptolémée faisait chercher et acheter des livres par toute la Grèce, et qu'il appréciait tellement la valeur d'un texte original, qu'il ne regardait pas à la dépense, quand il s'agissait de se les procurer, ni même, ce qui est plus grave, à la moralité des procédés. On sait, en effet, qu'il emprunta des Athéniens l'exemplaire authentique et officiel des trois grands tragiques, sous la condition d'un dépôt de garantie de quinze talents, et qu'il aima mieux les perdre que de restituer le trésor dont il avait su se rendre possesseur. Et c'est cet amateur passionné et sans scrupule, qui aurait, en achetant la bibliothèque d'Aristote, laissé échapper l'occasion unique de posséder légitimement les manuscrits d'Aristote, ou qui se serait contenté d'acheter les copies[1]. Stahr, pour prouver que ces manuscrits restèrent entre les mains de Nélée et de ses héritiers, rappelle le fait qu'ils furent vendus plus tard à Apellicon, suivant les témoignages conformes de Strabon, de Plutarque et d'Athénée lui-même qui, cependant, nous apprend que Ptolémée avait tout acheté.

Comment s'expliquer cette flagrante contradiction? Je ne vois qu'un moyen. J'admets que Théophraste laissa par héritage à Nélée, sa bibliothèque et celle de son ami et de son maître; je ne puis admettre qu'il ait dépouillé l'Ecole péripatéticienne de leurs propres ouvrages. Laissa-t-il à Athènes les manuscrits d'Aristote ou n'y laissa-t-il que des copies, c'est ce qu'on ne peut guère décider; cependant, il semble naturel de croire que Nélée reçut les originaux mêmes. Il les vendit à Ptolémée avec la bibliothèque qui lui était échue en héritage; mais comme l'industrie des copistes était alors fort

---

[1] Stahr... « wenn er sie mitkaufte, so erhielt er von Neleus wenigstens nicht die Urhandschriften, sondern nur Abschriften. » On voit combien le mot βιβλία cause d'équivoques par ses divers sens; il peut exprimer en effet : 1° les livres achetés par Aristote; 2° les ouvrages composés par lui; 3° les manuscrits de ces ouvrages, écrits de sa main; 4° les manuscrits copiés par les libraires et destinés à la vente.

lucrative, et que le commerce des fabricants de fausses pièces originales était très florissant, je suppose qu'il ne s'était pas dessaisi de ses manuscrits sans en faire prendre des copies très exactes, peut-être des fac-simile, que ses héritiers purent revendre à Apellicon comme les manuscrits originaux mêmes. Qui sait, d'ailleurs, si ce ne sont pas ces héritiers qui, moins idiots qu'on ne les suppose, firent prendre ces copies et à l'aide de certains procédés fort connus des faussaires de ce temps, surent leur donner cette couleur et cet air d'antiquité vénérable, qui excita les désirs et trompa la perspicacité d'un amateur plus passionné qu'éclairé[1]. L'histoire de l'enfouissement dans la cave ne serait dans cette hypothèse qu'une invention ingénieuse, un stratagème de marchand pour rehausser le prix de sa marchandise, en la faisant passer pour ce qu'elle n'était pas. Sans doute je ne propose là qu'une hypothèse ; mais cette hypothèse explique

---

[1] Voici le récit d'Ammonius, *ad Categ.*, f. 3, a. « Les causes qui ont fait qu'il y a eu des ouvrages faussement attribués à Aristote sont au nombre de trois. La première est l'identité des noms ; car il y a eu plusieurs Aristote, dont beaucoup ont cru les ouvrages être les écrits d'Aristote. La seconde est l'identité des titres ; car ses disciples, Eudème, Phanias et Théophraste, pour rivaliser avec leur maître, ont écrit des Catégories, des περὶ ἑρμηνείας, et des Analytiques. Voici la troisième : Ptolémée Philadelphe mit une passion extraordinaire à se procurer les ouvrages d'Aristote, comme d'ailleurs ceux de tous les autres écrivains, et payait généreusement ceux qui lui apportaient des exemplaires (βίβλους) du philosophe. Ce qui fit que quelques personnes lui apportèrent des ouvrages de leur cru, en tête desquels ils inscrivaient son nom. Voilà notamment, nous dit-on, comment il se fit qu'on trouva dans la grande bibliothèque quarante volumes des *Analytiques* et deux des *Catégories*. La critique des commentateurs a jugé que pour les *Catégories* ce volume seul est l'œuvre authentique d'Aristote ; mais pour les *Analytiques*, qu'il y en a quatre. Ils ont fondé ce jugement sur les idées, sur le style et sur le fait que dans d'autres traités le philosophe faisait mention de cet ouvrage. » On sait par Galien (*ad Hippocrat. Præf. Comment.*, II, p. 128) que la rivalité des Attale et des Ptolémée pour la richesse de leurs bibliothèques avait fait naître ou singulièrement encouragé et développé l'industrie qui consistait à présenter des ouvrages sous de faux noms et de faux titres, et à les faire passer soit pour des originaux, soit pour des copies authentiques d'originaux perdus. Ces habiles faussaires mettaient en pratique toute sorte de ruses destinées à tromper le fanatisme des bibliophiles riches et à donner le change aux plus fins connaisseurs. Pour prêter aux manuscrits l'apparence de la vétusté, ils enduisaient les feuilles des livres d'huile de cèdre, et, les parsemant de taches rouges toutes fraîches, leur donnaient l'aspect de feuilles moisies par l'humidité et par le temps. (David, *Scholl. Arist.*, 28, a, 16. ἐνεκέδρουν καὶ ἔσηπον διὰ τῆς παραθέσεως νέων πυρρῶν ἵνα ἔχοιεν δῆθεν τὴν ἐκ τοῦ χρόνου ἀξιοπιστίαν.)

tous les récits, d'ailleurs, contradictoires du fait lui-même[1]. Car il est trop clair que les manuscrits ou même la bibliothèque d'Aristote n'ont pas pu être vendus à Ptolémée et à Apellicon ; l'un des deux a dû être trompé. Lequel ? je l'ignore ; mais il semble naturel de croire qu'entouré de ses savants critiques, le roi d'Egypte était en meilleure situation pour éviter d'être dupe. On ne pourra jamais savoir où se sont trouvés les manuscrits d'Aristote ; mais ce qui semble certain, c'est que la bibliothèque d'Alexandrie posséda ses ouvrages immédiatement après la mort de Théophraste, peut-être avant, et qu'ils étaient connus des Romains lettrés, bien avant qu'ils fussent transportés à Rome par Sylla. Ils n'ont jamais disparu du commerce des idées et ont toujours servi de fondement aux discussions philosophiques.

On peut prouver l'exactitude de ces assertions.

Ptolémée Philadelphe avait pour les ouvrages d'Aristote une passion particulière[2] qui lui avait été inspirée par Straton, successeur de Théophraste dans la direction de l'Ecole péripatéticienne, dont il avait reçu la visite à Alexandrie[3], et par Démétrius de Phalère qui était venu y chercher un asile. On sait même par le témoignage d'Ammonius et de David, qu'il s'était donné autant de peine pour en avoir la collection complète que Juba pour réunir les écrits authentiques ou non de Pythagore. David va même jusqu'à prétendre que Ptolémée fit lui-même, pour son usage personnel, une copie des écrits de son philosophe favori, — ils étaient, d'après Ptolémée lui-même, au nombre de mille, — et transcrivit également de sa main sa vie et son testament[4].

---

[1] Pour résoudre cette contradiction, Patrizzi (*Discuss. peripat.*, t. I, p. 29) suppose que Nélée les avait en double ; Vossius (*de Philosoph. sectis*, ch. XVII, p. 86), que Nélée vendit toute sa bibliothèque à Ptolémée, à l'exception des livres d'Aristote. C'est, nous l'avons vu, également l'opinion de Stahr ; mais « quelle apparence, » dirons-nous avec Bayle, « que le roi d'Egypte eût souffert qu'on en eût ôté les écrits de ce grand génie. C'était précisément de pareils ouvrages qu'il cherchait. »

[2] Amm., *Scholl. Arist.*, 28, a, 43. πάνυ ἐσπουδακέναι φασί περὶ τὰ Ἀριστοτελικὰ συγγράμματα. David, *id.*, 28, a, 13. Πτολεμαίου (συνάγοντος) τὰ Ἀριστοτέλους.

[3] Diog. L., V, 58.

[4] David, *Scholl. Arist.*, 22, a, 10. δεύτερον τίς ἡ διαίρεσις τῶν Ἀριστοτελικῶν συγγραμμάτων πολλῶν ὄντων, χιλίων τὸν ἀριθμόν, ὥς φησι Πτολεμαῖος ὁ Φιλάδελφος, ἀναγραφὴν αὐτῶν ποιησάμενος· καὶ τὸν βίον αὐτοῦ καὶ τὴν

Ce passage de David est important; car il contient un renseignement extrait du travail de Ptolémée, qui porte à mille le nombre des écrits d'Aristote. Il est clair que ce renseignement signifie qu'il avait ces 1000 ouvrages dans sa bibliothèque. Sans doute on peut croire que ce nombre comprend non seulement les ouvrages authentiques, mais encore les écrits supposés, et peut-être des doubles exemplaires[1]. Ainsi, suivant la tradition rapportée par David, la grande bibliothèque contenait 40 livres (βίβλους) des *Analytiques,* que les travaux des critiques Alexandrins réduisirent à quatre[2]. Il est probable que ces 40 volumes ne contenaient pas autant d'ouvrages différents, ni un seul et même ouvrage d'une étendue de 40 volumes; j'imagine qu'on avait là différentes copies de ce traité, avec des variantes, des divisions différentes, et que sur ces textes, on établit un texte officiel, celui qui nous est parvenu. Quoiqu'il en soit, ce détail nous prouve que tous les ouvrages d'Aristote se trouvaient à Alexandrie du temps de Ptolémée et en plusieurs exemplaires.

Ces ouvrages s'y sont conservés sans doute jusqu'à l'incendie de la bibliothèque par Amrou, lieutenant d'Omar, si cet incendie est une réalité et non une fiction. Nous voyons du moins Ammonius[3], fils d'Hermias, qui enseignait à Alexandrie, vers 500 ans après J.-Ch., nous signaler dans la bibliothèque de cette ville, deux ouvrages différents sur les *Catégories* portant le nom d'Aristote. Cet écrit avait donc

διάθεσιν. *Vit. Vet. transl.* : Mortuus est demittens testamentum quod fertur ab Andronico et Ptolemæo cum voluminibus suorum tractatuum. »

[1] Ce même nombre de mille ouvrages est attesté encore par David sur la foi d'Andronicus de Rhodes, *Schol. Arist.*, 24, a, 18. ὡς Ἀνδρόνικος παραδίδωσιν ὁ τούτου ἐνδέκατος γενόμενος διάδοχος.

[2] Ce travail fut sans doute l'œuvre de ces Atticistes, οἱ Ἀττικισταί, tels que Pollux, Téléphe, Phrynichus, qui, à l'exemple d'Apollonius Dyscole et d'Hérodien son fils, embrassèrent ou se partagèrent le terrain de la science grammaticale, qui comprenait, on le sait, la critique et la revision des textes. Conf. *Scholl. Arist.*, ἰδεσποτί, 32, b. Ces deux derniers savants, la fleur de l'érudition alexandrine, vivaient à Alexandrie dans le Bruchéion, où le père, Apollonius, avait été élevé. Priscien l'appelle Grammaticorum princeps.

[3] Buhle, *Arist. Opp.*, I, 434; II, 84, qui cite en outre Joh. Philop., ad *Anal. Pr.*, I, f, 2, a, b. Fabric., *Bibl. græc.*, t. III, ch. V, p. 208. « Dubitatum fuit a nonnullis num Aristotelem auctorem agnoscat hic libellus, precipue quum et alius extaret liber κατηγοριῶν ab isto diversus, *sub Aristotelis nomine*, eodem numero στίχων, ut Adrastus apud Simplicium refert, et meminit Ammonius Boethiusque.

échappé aux flammes de l'incendie qui avait dévoré la grande bibliothèque du Bruchéion[1], quand César mit le feu à la flotte égyptienne réfugiée dans le port d'Alexandrie[2], à moins qu'on n'admette qu'il s'en trouvât un double dans la bibliothèque du Sérapéum, ou, ce qui est encore plus probable, dans celle de Pergame dont les rois, les Attale, avaient rivalisé d'ardeur avec les Ptolémée, et dont les 200,000 volumes furent donnés en présent par Antoine à Cléopâtre[3], sans doute pour remplacer ceux qui avaient été détruits par le feu.

Non seulement cet ouvrage, mais tous les ouvrages d'Aristote s'y étaient conservés, car à l'exception de quelques traductions latines d'une partie de l'Organon, dues à Boèce, et qui n'ont pas cessé d'être connues dans l'Occident et pendant tout le moyen âge, depuis le IVe jusqu'au XIIIe siècle, les écrits d'Aristote nous sont parvenus par deux voies qui prouvent toutes deux que les grandes bibliothèques de Pergame et d'Alexandrie ont toujours possédé les écrits d'Aristote. Les textes nous sont arrivés, on le sait, de Constantinople, d'une part, et les traductions nous viennent des Arabes[4] d'autre part. Mais d'où les tenaient les Arabes et

---

[1] Il y avait à Alexandrie deux bibliothèques : l'une dans le Sérapéum qui comptait, lorsque Callimaque en était le bibliothécaire, quarante-deux mille volumes; l'autre dans le Bruchéion, qui en comptait quatre cent mille *commixtorum voluminum* et quatre-vingt-dix mille *simplicium et digestorum*. Ces mots obscurs, tirés d'une scholie de Plaute empruntée à Tzetzès et cités par Ritschl (*die Alex. Bibliothek.* Breslau, 1838, p. 3) et par Parthey (*das Alexand. Museum.* Berlin, 1839, Nachtrag) n'ont pas encore reçu d'explication satisfaisante. Sénèque (*de tranq. An.*, 9) compte d'après Tite-Live quatre cent mille ouvrages au moment du désastre, et suivant d'autres (Parthey, p. 77) sept cent mille.

[2] Dion Cass., XLII, 38. A. Gell., VI, 15. Oros., VI, 15. Conf. Parthey.

[3] *Mém. Acad. des Inscript.*, Sévin., t. XII, p. 238. Strab., XIII, 624. Plin., *Hist. nat.*, XIII, 11, 21. Plut., *Anton.*, 58.

[4] Conf. Jourdain, *Rech. crit. sur l'âge et l'origine des trad. lat. d'Aristote*. Paris, 1843. Zencker, *Præfat. ad Arist. Categor. cum versione Arabica*. Leips., 1846. Neumann, *Nouveau Journal asiatique*, 1829, p. 49. Flügel, *Dissert. de Arabic. Script. Græcor. interpretibus*. Meissen, 1841. Wenrich, *de Auctor. Græc. versionibus syriac. arab. armen. persicis*. Halle, 1842, p. 126-175. Ernest Renan, *Averroes et l'averroïsme*. Paris, 1852.

Au VIe siècle ap. J.-Ch., Chosroës, le roi de Perse, avait fait traduire en syriaque plusieurs des écrits d'Aristote; cette traduction perdue aujourd'hui, ou du moins qu'on n'a pas encore retrouvée, a été elle-même traduite en

Constantinople elle-même ? Sans doute on peut admettre que les textes apportés à Rome par Sylla se répandirent dans tout le monde civilisé, et retournèrent à Athènes et à Alexandrie, d'où ils purent passer à Constantinople, quand cette ville devint la seconde capitale de l'Empire. Mais combien n'est-il pas plus naturel d'admettre qu'ils s'y étaient conservés, et n'avaient pas cessé d'être connus de tout le monde savant. Nous ne sommes pas sur ce point réduits à des conjectures, et les recherches de Stahr nous fournissent la preuve, par des faits, que cette opinion si vraisemblable d'ailleurs est la réalité historique même.

Philochore, adversaire de Démétrius Poliorcètes et d'Antigone Gonatas, son fils, et qui vivait par conséquent 70 ou 80 ans après Aristote, Philochore, dans son ouvrage historique intitulé Ἀτθίς, avait employé, à l'appui d'une de ses assertions, l'autorité d'un ouvrage d'Aristote [1], probablement la *Météorologie* [2]. C'est à ce même ouvrage que Callisthène, au rapport de Strabon, aurait emprunté son opinion sur la cause des crues périodiques du Nil [3]. Le géographe nous apprend [4] que Posidonius, d'Apamée en Syrie, qui était né en 135 av. J.-Ch., et enseigna à Rhodes, suivait, tout stoïcien qu'il était, et citait, tout en les critiquant, les théories cosmographiques d'Aristote. Aristophane de Byzance, le Ve bibliothécaire d'Alexandrie [5], vivait vers 250 av. J.-Ch. ; il

---

arabe, et, si l'on en juge par la fidélité de la version, a dû être faite sur les originaux grecs eux-mêmes. On ne peut imaginer d'autre source qu'Alexandrie où Chosroès ait pu emprunter et faire copier ces textes. On fait remonter à la même époque la traduction complète d'Aristote faite en arménien par David. M. Jourdain établit (p. 87) que les traductions arabes, commandées par les princes de la maison des Abbassides et exécutées avec l'aide des chrétiens nestoriens, aux viiie et ixe siècles, ont été faites sur les originaux grecs, qu'ils trouvèrent sans doute dans la bibliothèque d'Alexandrie.

[1] Athen., XIV, 656, a, b.

[2] D'après Casaubon ce serait le passage *Meteor.*, IV, c. 3.

[3] Strab., XVII, 1. Tauchn, t. III, p. 421. παρ' Ἀριστοτέλους λαβόντα.

[4] Strab., II, c. 2, p. 149-150. Mais je ne retrouve nulle part dans Strabon ce que Stahr, t. II, p. 97, lui attribue, à savoir que Posidonius était signalé comme penchant partout vers Aristote, τὸ Ἀριστοτελίζον.

[5] On a la liste des six premiers bibliothécaires. Ce sont par ordre : Zénodote, Callimaque, Eratosthène, Apollonius, Aristophane et Aristarque. Conf. sur les Bibliothèques de Pergame et d'Alexandrie : 1. Seemann, *de Primis sex Biblioth. Alex. custodibus.* — 2. Reinholm, *Primordia Musei*

avait fait un abrégé de l'*Histoire naturelle* d'Aristote, mentionné par Hiéroclès¹, et même, d'après Artémidore², écrit des commentaires, ὑπομνήματα, sur le philosophe: il est clair que ces commentaires et ces résumés supposent l'existence des textes dans la bibliothèque d'Alexandrie, où durent également aller les chercher Antigone de Caryste et Apollonius, Callimaque et Mnaseas de Patras³ qui avaient fait des ouvrages de même nature qu'Aristophane, comme l'a prouvé Schneider dans son édition de l'*Histoire des animaux*.

Il n'était peut-être pas nécessaire de prouver que la *Physique* d'Aristote se trouvait entre les mains d'Eudème, l'un de ses plus intelligents disciples; mais Brandis⁴ a démontré péremptoirement le fait, comme nous l'avons déjà dit, par la citation, tirée de Simplicius⁵, d'une lettre d'Eudème à Théophraste. Nous en tirons la conséquence évidente et certaine que la *Physique* était à Athènes⁶, dans la bibliothèque de l'Ecole, et qui croira que ce fût le seul ouvrage de son fondateur qu'elle possédât? J'étends cette remarque à la bibliothèque de Rhodes, où nous trouvons le même ouvrage dans les mains de Panætius.

Asclépios de Tralles, dans son commentaire sur le premier livre de la *Métaphysique*, commentaire qui n'est, il le dit lui-même, que la rédaction des leçons de son maître Ammonius, fils d'Hermias⁷, Asclépios discute l'authenticité de l'ouvrage: « Quant à la forme, dit-il, il faut avouer que ce livre n'a pas

---

Alex., Berlin, 1840. — 3. Parthey, *das Alex. Museum*. Berlin, 1837. — 4. Klippel, *Uber das Alex. Museum*. — 4. Wegener, *de Aula Attalica*. Hanov., 1836.—6. Ritschl, *die Alex. Bibliot.*, Bresl., 1838. — 7. Ritschl, *Corollarium dissertat. de Bibliot. Alex.*, Bonn., 1840.

¹ *Præfat. Hippiatricor.*, cité par Schneider, *de Animal. Histor.*, vol. I, p. XVII. Ἀριστοφάνης οὖν ὁ Βυζάντιος τὰ περὶ φύσεως ζώων ἐπιτεμνόμενος ἐκ τῶν Ἀρ. τοῦ φιλοσόφου.

² *Oneirocrit.*, II, c. 14. Cité également par Schneider, *ubi supra*, p. XIX.

³ Contemporain de Ptolémée Physcon (145-117 av. J.-Ch.). Conf. Athen., VIII, 331, d. Stahr, t. II, p. 99. Eratosthène de Cyrène, né en 275 av. J.-Ch., que Ptolémée III, Evergète, fit venir d'Athènes à Alexandrie pour y remplacer Callimaque dans la direction de la bibliothèque, citait l'ouvrage perdu d'Aristote intitulé Ὀλυμπιονικαί. (Diog. L., VIII, 51.)

⁴ *Rhein. Mus.*, I, 3, p. 245, et III, 1, p. 98. Kopp.

⁵ Simplic., *in Phys.*, fol. 216, a, l. 7.

⁶ A moins qu'Eudème ne fût resté à Rhodes.

⁷ Scholl. *Arist.*, p. 518.

au même degré l'unité puissante et forte que présentent les autres ouvrages d'Aristote; l'ordre et la suite des idées y font défaut; l'unité même de l'exposition et du style y manque; des morceaux entiers, tirés d'autres ouvrages, sont intercalés dans celui-ci où l'auteur se répète souvent. On a expliqué ces défauts par d'excellentes raisons : c'est qu'Aristote, après avoir écrit le présent ouvrage, l'envoya à Eudème de Rhodes, son disciple; mais plus tard il se ravisa, et ne crut pas convenable de livrer au grand public[1] un livre de cette importance. Sur ces entrefaites, Aristote mourut, et quelques parties du texte furent endommagées[2]. Ses successeurs, n'osant rien ajouter de leur cru, parce qu'ils sentaient trop bien l'infériorité de leur esprit par rapport à celui de leur maître, remplirent les lacunes par des parties de ses autres ouvrages qu'ils firent entrer dans celui-ci, et ils en composèrent, du mieux qu'ils purent, un tout, où l'on peut encore apercevoir la suite dans le développement des idées. » Aristote avait donc repris à Eudème le manuscrit de la *Métaphysique* encore incomplet. Le travail de revision et d'achèvement fait par ses successeurs[3] prouve clairement qu'ils avaient entre les mains l'original. Qui sont ces successeurs? les deux successeurs immédiats sont Théophraste et Straton : or, Straton a enseigné à Athènes; donc la *Métaphysique* complétée se trouvait à l'école péripatéticienne dont le siège est toujours resté à Athènes.

Enfin nous voyons Timée de Tauromène, né en 352 av. J.-Ch., c'est-à-dire contemporain d'Aristote, quoique beaucoup plus jeune que lui, vivant à Athènes, depuis qu'il avait

---

[1] C'est toujours l'hypothèse des livres secrets.

[2] ἐφθάρησάν τινα τοῦ βιβλίου. Par quoi? Comment? On croirait voir ici comme le germe de l'histoire de la cave de Skepsis, qui a pris plus tard de tout autres proportions; mais comme Asclépios est du vi⁰ siècle, ce n'en est au contraire qu'une réduction, qui d'ailleurs peut-être ramène la légende à son point de départ.

[3] On attribuait à Pasicrates, de Rhodes, frère d'Eudème, dans ce travail, le second livre de l'ouvrage qui porte en grec le titre : τὸ ἔλαττον Α. Voici la note de Fabricius : « Auctor ejus quibusdam creditur Pasicrates Rhodius. Eudemi frater, teste Io. Philopono in παραβολαῖς, p. 7. At deridendos eos qui hunc librum spurium existimant, non dubitat Syrianus, *ad lib. B.*, p. 17, quia Aristoteles ipse ad illum ibi respicit. Alexander quoque Aphrodiseus (p. 55 et 82) Aristotelis esse putat, sed mutilatum et præfationem quamdam videri naturalis disciplinæ ab Aristotele etiam respici adnotat ad II. *Sophist. Elench.*, p. 62, editionis græcæ Venetæ. 1529. »

été chassé de sa patrie par Agathocle, citer les ouvrages d'Histoire politique d'Aristote, qu'il accusait, au dire d'Athénée[1] et de Polybe[2], d'avoir altéré les faits relativement au caractère des Locriens.

Nous pouvons donc considérer comme démontré qu'à aucune époque les ouvrages d'Aristote, de toute nature et de tout genre, ne sont restés inconnus du public, et que particulièrement on peut en signaler la présence dans les bibliothèques d'Alexandrie et d'Athènes.

Quant à la question de savoir s'ils étaient connus à Rome avant la translation de la bibliothèque d'Apellicon, il ne nous est pas possible de fournir la preuve historique de l'affirmative, quelque vraisemblable qu'elle nous paraisse.

Cicéron, né en 105 av. J.-Ch., avait vingt-trois ans lors de la prise d'Athènes, et vingt-sept ans quand Tyrannion, son ami, fit son édition d'Aristote, sur les manuscrits ou les textes envoyés par Sylla. Il est évident, par tous ses écrits, qu'il connaît par un commerce direct et personnel Aristote et Théophraste, aussi bien que Platon, et qu'il a eu entre les mains non seulement tous les ouvrages de notre philosophe que nous possédons encore[3], mais beaucoup d'autres que nous avons perdus. S'il n'avait eu connaissance de ces ouvrages qu'à la suite de la translation de la bibliothèque d'Apellicon d'Athènes à Rome, comment un si grand événement, qui lui aurait découvert subitement comme un monde inconnu, n'eût-il pas frappé sa vive imagination ? Comment ne nous en aurait-il pas dit un seul mot ? Comment cet esprit si curieux, et pour lequel la lecture d'un ouvrage d'Aristote eût sans doute fait époque, ne mentionne-t-il ni le fait même de l'arrivée des ouvrages d'Aristote à Rome, ni aucun des faits racontés par Strabon, et qui lui sont ou lui paraissent absolument inconnus ? S'expliquerait-on, d'ailleurs, comment dans les relations intimes de Rome et de la Grèce, à

---

[1] Athen., VI, 264, c.
[2] Polyb., XII, c. 12, 85.
[3] Dans l'introduction des *Topiques*, dédiés à C. Trebatius, Cicéron rappelle à son ami qu'étant un jour dans sa bibliothèque de Tusculum, il tomba sur les *Topiques* d'Aristote, « *incidisti in Aristotelis Topica quædam, quæ sunt ab illo pluribus libris explicata.* » Rien dans ce passage, et encore moins dans celui qu'il cite du *de Finib.*, l. V, c. 5, n'autorise M. A. Grant (*Ethics of Arist.*, t. I, p. 7) à dire : Cicero evidently knew very little of Aristotle.

cette époque, les livres d'Aristote, connus, expliqués, critiqués à Alexandrie et à Athènes, fussent restés complètement inconnus des Romains, et qu'on n'en eût pas transporté à Rome un seul exemplaire ? Si nous ne pouvons arriver sur ce point à une certitude historique, nous avons du moins toute raison de croire que les textes d'Aristote ont été lus et possédés même par les Romains longtemps avant que Sylla eût transporté dans sa maison, à Rome, la riche bibliothèque d'Apellicon.

La connaissance des ouvrages d'Aristote dans le monde occidental, où avait triomphé la civilisation purement latine, dut sans doute s'y répandre et s'y conserver surtout par des traductions. On a conservé sous le nom de S. Augustin une version latine des *Catégories*[1] qui, probablement, ne lui appartient pas. Mais nous savons que Boèce (Anicius Manlius Severinus Boethius[2]) avait eu l'intention de traduire en latin tous les ouvrages d'Aristote, en les accompagnant de commentaires explicatifs ; il n'a exécuté qu'une petite partie de cette grande et difficile entreprise. Il traduisit l'*Introduction* de Porphyre, déjà traduite par Victorinus, avec un commentaire en cinq livres[3] ; il traduisit et commenta, en outre, les *Catégories*, le *de Interpretatione*, les *premiers* et les *seconds Analytiques*, la *Réfutation des Sophistes* et les *Topiques*, qui devaient servir, par une idée assez étrange, de commentaire aux *Topiques* de Cicéron. Cet ensemble de travaux qui comprennent tout l'Organon d'Aristote[4], mais rien que l'Organon, constitue à peu près les seuls écrits de notre philosophe connus jusqu'au XIII° siècle, et fut le seul fondement de toute l'éducation supérieure, pendant le moyen âge[5]. Suivant M. Prantl,

---

[1] *Categoriæ decem ex Arist. decerptæ* et un résumé de la *Dialectique* : *Principia Dialecticæ*, dont l'authenticité n'est pas moins douteuse.

[2] Né vers 475-480 ap. J.-Ch. à Rome, consul en 510 et mort en 524.

[3] *Dialogi II in Porphyrium a Victorino translatum ; Commentariorum in Porphyrium a se translatum libri V.*

[4] Il faut y joindre les traités spéciaux suivants qui ne sont guère que des commentaires d'Aristote : 1. *De syllogismo Categorico lib. II.* — 2. *De syllogismo Hypothetico lib. II.* — 3. *De divisione, de definitione, de differentiis topicis lib. IV.* — 4. *De musica lib. V.*

[5] Aristote est le guide des sophistes ecclésiastiques Pierre Lombard, Pierre de Poitiers, Gilbert de La Porée, sur lesquels Gauthier de Saint-Victor s'exprime ainsi : « Uno spiritu *Aristotelico* afflati, duo ineffabilia Trinitatis et Incarnationis scholastica levitate tractarunt. »

Les Analytiques et *les Topiques* ne se répandirent que vers le xii° siècle, et étaient restés, jusque-là, pour ainsi dire inconnus[1]. Cependant les Croisades, qui avaient mis les Latins en relation avec le monde Grec, durent introduire dans l'Occident des ouvrages nouveaux. On ne peut guère suivre la trace de cette invasion lente, successive, obscure. Le premier indice certain que nous en pouvons saisir se rapporte à un événement sinistre. Dans le concile que tinrent à Paris, en 1209, les évêques de la province, on condamna à être brûlés les livres de la *Métaphysique* d'Aristote[2] nouvellement apportés de Constantinople et traduits en latin; non seulement les livres furent brûlés par suite de l'arrêt du concile, qui crut y découvrir l'origine d'une hérésie répandue dans l'Université de Paris, mais des quatorze professeurs qui avaient osé les lire et les expliquer dans leurs cours, on en condamna quatre à la prison, et les dix autres montèrent sur le bûcher[3]. Amaury, de Chartres, principal auteur de cette hérésie, avait échappé au supplice par la mort, qui avait précédé de quelque temps la poursuite; mais pour se dédommager, on prononça sur lui l'anathème, et après avoir déterré son corps, on le fit brûler sur le bûcher, et du moins ainsi, comme le dit Hugo : « Area domini mundata est. »

Malgré le nom de *Métaphysique* donné aux livres d'Aristote par Rigord, on ne sait pas avec précision quels ils étaient. Robert d'Auxerre laisserait croire que ce sont les livres de la

---

[1] Prantl, *Gesch. d. Logik.*, t. I, p. 661-722, et t. II, p. 1-98.

[2] Launoy, *de Var. Arist. Fortuna*, cap. I, p. 127 : « Id autem testatur Rigordus, *in Vita Philippi Augusti* his verbis : « In diebus illis legebantur Parisiis libelli quidam de Aristotele, ut dicebantur, compositi, qui docebant Metaphysicam, delati de novo a Constantinopoli, et a Græco in latinum translati, qui, quoniam non solum hæresi (Almarici) sententiis subtilibus occasionem præbebant, immo et aliis nondum inventis præbere poterant, jussi sunt omnes comburi, et sub pœna excommunicationis cautum est in eodem concilio, ne quis eos de cœtero scribere et legere præsumeret, vel quocumque modo haberet. » Conf. Guillaume Le Breton, *Recueil des hist. de France*, t. XVII, p. 84. Rigord était moine de Saint-Denys et médecin du roi.

[3] Hugo, continuateur de la Chronologie de Robert, moine d'Auxerre (*Recueil des histor. de France*, t. XVIII, p. 279, et Launoy, *l. laud.*, p. 128), après avoir raconté la découverte de l'hérésie et la réunion du concile chargé de la punir, ajoute : « erant autem numero XIV, quorum erant aliqui sacerdotes... Congregato igitur Episcoporum concilio... judicati hæretici exponuntur publicæ potestati, ex quibus decem traduntur incendio, reliqui quatuor murali reclusione damnantur... »

Physique[1]; il se pourrait que ce fussent les trois livres de *l'Ame*. Enfin, on peut supposer que l'on désignait sous le même titre tous ces ouvrages, et qu'on y confondait même quelques commentaires de ces écrits, par exemple le commentaire d'Alexandre sur le *De Anima* dont, suivant Albert le Grand, David de Dinan a connu quelque chose[2].

En 1215, une nouvelle prohibition des traités de *la Métaphysique* d'Aristote fut édictée par Robert de Courçon[3]; mais les autres ouvrages restèrent autorisés, commentés et appris, surtout l'Organon[4].

En 1231, le pape Grégoire IX tempéra la condamnation du concile provincial de 1209 par cette réserve : « ... Ad hæc jubemus ... libris illis naturalibus, qui in concilio provinciali ex certa scientia prohibiti fuere Parisiis, non utantur, *quousque examinati fuerint et ab omni errorum suspicione purgati.* »

Cependant Albert le Grand, né en 1205 et mort en 1280, S. Thomas, né en 1227 et mort en 1274, écrivent des commentaires sur les livres prohibés par le concile de Paris. Bien plus, ce dernier fit faire une traduction latine nouvelle des œuvres complètes d'Aristote : « Anno domini 1279 (il doit y avoir erreur dans la date qui est postérieure à la mort de saint Thomas, et qui ne désigne sans doute que l'année où fut terminée et rendue publique cette traduction) Wilhelmus de Brabantia, ordinis Prædicatorum, transtulit *omnes* libros Aristotelis de græco in latinum, verbum e verbo, qua translatione Scholares adhuc hodierna die utuntur in Scholis, ad instantiam S. Thomæ de Aquino Doctoris[5]. » Il est curieux que Thomas Campanella croie devoir le justifier par l'intention :

---

[1] *Id., id.* « Librorum quoque Aristotelis qui de *naturali philosophia* inscripti sunt, et ante paucos annos Parisiis cœperant lectitari, interdicta est lectio tribus annis, quia ex ipsis errorum semina viderentur exorta. » Rigord, nous l'avons vu, soutient que l'interdiction n'était pas limitée à trois années, et il semble qu'il devait connaître les faits mieux que Robert.

[2] Albert, *Metaph.*, l. 1. *Tract.*, IV, c. 6. *Opp.*, t. III, p. 13 : « Et aliquid ejus, quantum scivit, David de Dinanto ascivit, sed perfecte et profunde non intellexit. » Conf. sur l'origine de ces doctrines le Mémoire de Ch. Jourdain, *Acad. des Inscript.*, t. XXVI, 2º partie, 1870.

[3] Jourdain, p. 192.

[4] Conf. *Hist. litt. de la France*, t. XXI, p. 114-216.

[5] *Chronic. Slav.*, Lindenbrog, p. 206, cité par Launoy, p. 203.

« Nullo pacto putandus est Aristotelizasse, sed tantum Aristotelem exposuisse ut occurreret malis per Aristotelem illatis, et, crederem, cum licentia Pontificis[1]. »

En 1265, le légat du pape, Simon, chargé par Clément IV d'introduire dans l'Université de Paris certaines réformes dans les études, ordonna au nom du Souverain Pontife aux étudiants : « Quod legant libros Aristotelis de Dialectica tam de veteri quam de nova in Scholis ordinarie et ad cursum.[2] » Et il ajoute : « Non legantur libri Aristotelis de metaphysica et de naturali philosophia nec summæ de iisdem. » Néanmoins, on trouve Siger de Brabant enseignant à Paris, aux écoles de la rue du Fouarre, vers le milieu du xiiie siècle, les *Réfutations des sophismes*, et les livres sur la *Physique* d'Aristote qui comprenaient alors le *De Anima*.

A la même époque, car il est mort vers 1300, Henri Kosbien traduisait tous les ouvrages du philosophe, suivant ce qu'écrivait, en 1430, J. Nyder : « Sileo de *omnibus* textibus philosophi quos Henricus Kosbien de Græco transtulit. » Il est vrai que cette traduction complète est attribuée presque dans les mêmes termes à des écrivains différents ou du moins de noms différents. Au commencement du xvie siècle, J. Aventin écrivait : « Anno Christi 1271, Henricus Brabantinus Dominicanus, rogatu D. Thomæ de Græco in linguam latinam de verbo ad verbum transfert *omnes* libros Aristotelis. Albertus usus est vetere translatione quam Boethianam vocant. » Il est probable que cet Henri de Brabant n'est autre que Henri Kosbien, qu'on trouve cité à la fin d'un manuscrit de 1500, dont on a perdu la trace, comme l'auteur d'une traduction des *Éthiques* : « Finit liber *Ethicorum* Aristotelis *ad Nicomachum*, interprete (ut nonnulli adstruunt) fratre Henrico Kosbien ... quem et *omnes* textus ejusdem philosophi traduxisse dicunt. » Mais voici un Guillaume de Moerbeke, mort également vers 1300, et non en 1271, comme le dit l'auteur du *Rudimentum novitiorum* (1475, Lubeck) qui est signalé, dans l'ouvrage que nous venons de citer, comme l'auteur de cette traduction complète, faite également à la prière de saint Thomas : « Hic, ad rogatum S. Thomæ, transtulit *omnes* libros Aristotelis *naturalis* et moralis phi-

---

[1] *Disput. in Prolog. Instaurat. Scient.*, art. 11.
[2] Launoy, id., p. 196.

losophie et *metaphysice* de greco in latinum, verbum a verbo, quibus nunc utimur in scolis. Tempore enim Alberti Magni vetus translatio habebatur. » On ne peut s'empêcher de croire à une confusion [1].

En 1366, deux cardinaux, nommés par Urbain V pour procéder à une nouvelle réforme des études, reconnue nécessaire dans la même Université, Jean, évêque de S. Marc, et Ægidius, évêque de S. Martin-aux-Monts, ordonnèrent : « Quod (scholares) audiverint veterem *artem* totam (l'Organon) librum *Topicorum* potissime quoad quatuor libros, libros *Elenchorum, Priorum et Posteriorum* (*Analyticorum*, omis dans le texte) complete, etiam librum *De Anima* in toto vel in parte. » ... Item (statuimus) quod nullus admittatur ad licentiam in dicta facultate (Artium) nisi ultra prædictos libros audiverit Parisiis, vel in alio studio generali, librum *Physicorum, de Generatione et Corruptione, de Cælo et Mundo, Parva naturalia*, videlicet libros *de Sensu et Sensato, de Somno et Vigilia, de Memoria et Reminiscentia*, ac *Longitudine et Brevitate vitæ*, librum *Metaphysicæ*. »

En 1601, à la suite d'une troisième réforme de l'Université de Paris, on trouve mentionnée comme obligatoire l'étude des livres d'Aristote suivants, qui n'avaient pas encore fait partie des matières de l'enseignement de la faculté des Arts : les *Ethiques*, la *Physique* et la *Métaphysique*.

Quelques années après, en 1624, la faculté de théologie censurait solennellement des thèses parce qu'elles contenaient des propositions : « contra doctrinam Aristotelis communiter receptam, ... Aristotelis omnium philosophorum sine controversia principis, » et sur la requête présentée par les doyen, syndic et docteurs de ladite faculté, la Cour de Paris, après avoir ouï les accusés et les conclusions du procureur général du Roi, ordonne « que les thèses seront déchirées, que les accusés quitteront Paris dans les vingt-quatre heures, avec défense de se retirer dans les villes et lieux du ressort de cette Cour, d'enseigner la philosophie dans aucune des Universités d'icelui... fait défenses à toutes personnes, *à peine de la vie*, de tenir ni enseigner aucunes maximes contre les anciens autheurs et approuvés. »

La victoire d'Aristote était complète, trop complète peut-

---

[1] Conf. *H. Litt. de la France*, t. XXI, p. 114-216.

être, car elle amena une réaction qui fut, comme toutes les réactions, excessive et injuste. L'histoire de la domination des doctrines d'Aristote sur la philosophie du moyen âge appartient à l'histoire de la Scolastique, et non à notre sujet ; elle avait commencé d'assez bonne heure, et à l'époque même où elles semblaient persécutées. Au xv° siècle, en 1487, avait paru un ouvrage d'un nommé Lambert intitulé : « Quæstio magisterialis ostendens per auctoritatem divinæ scripturæ, quid juxta saniorum doctorum sententiam probabilius dici possit de salvatione Aristotelis[1]. » Dans le siècle suivant, sous le règne de Ferdinand Ier, frère et successeur de Charles V (1558-1576), les théologiens de Cologne, dans un livre, sans nom d'auteur, intitulé : « Liber anonymus de salute Aristotelis, » enseignaient, par des raisonnements tirés des Saintes Ecritures, qu'Aristote devait être placé au rang des bienheureux et des saints, et ils publièrent même un second ouvrage mêlé de prose et de vers qui se terminait par l'assertion suivante : « (constat) Aristotelis sic fuisse Christi præcursorem in naturalibus, quemadmodum Johannes Baptista in gratuitis[2]. »

Quoi qu'il en soit de ce point qui n'a pu être jusqu'à présent éclairci, on trouve vers le milieu du xiii° siècle tous les ouvrages d'Aristote connus du monde savant, mais, il est vrai, dans des traductions latines. Ces traductions latines ont été faites les unes sur les versions arabes, mais d'autres, M. Jourdain l'a prouvé dans son savant ouvrage, ont été faites sur les textes grecs : et telle est celle qui a servi aux commentaires de S. Thomas, puisqu'il fonde parfois son interprétation sur la critique du texte[3]. Mais il est évident par là que les originaux devaient être déjà en Occident, où ils ne pouvaient guère être arrivés que de Constantinople ; car il est difficile d'admettre que toutes ces traductions aient été faites en Orient même, et que pas un des savants employés à cette tâche n'ait eu la pensée de rapporter les textes grecs.

---

[1] Conf. Fabric., *Bib. Græc.*, l. III, c. 6, p. 176.

[2] Jons., *de Script. Hist. Phil.*, l. III, c. 24, p. 135.

[3] Em. Jourdain, *Rech. crit. sur l'âge des trad. lat. d'Aristote*, 42-45, 434-447. L'empereur Frédéric II fit faire une traduction complète des Ecrits d'Aristote qu'il communiqua gracieusement à l'Université de Bologne. Saint Thomas en fit faire une autre par un Père de son ordre, Guillaume de Moerbeke, sur le texte grec, qui fut probablement terminée de 1270 à 1280.

On peut donc être à peu près certain que les ouvrages d'Aristote se trouvaient déjà tous en grec, au xiii° siècle, dans l'Occident, particulièrement dans la Sicile et l'Italie dont les relations avec l'Orient grec n'ont jamais été complètement interrompues. L'émigration qui précéda et suivit la prise de Constantinople multiplia sans doute le nombre des manuscrits, mais n'a pas augmenté le nombre des ouvrages déjà connus. Nous ne possédons guère d'Aristote que ce que possédaient Albert le Grand et Saint Thomas.

§ 3.

CATALOGUES DES ÉCRITS D'ARISTOTE

S'il faut croire le témoignage de Ptolémée Philadelphe et celui d'Andronicus de Rhodes, cités tour à tour par David[1], le nombre des ouvrages écrits par Aristote s'élevait à mille, contenant dans leur ensemble 445,270 lignes, d'après Diogène de Laërte, qui d'ailleurs réduit le nombre des livres, comme la *Vie anonyme*, à quatre cents, rangés sous 146 titres[2]. Hegel[3], admettant un peu arbitrairement, il est vrai, que 24 feuilles d'impression, c'est-à-dire, un de nos volumes in-8° de 384 pages, contiendraient à peu près 10,000 des lignes des manuscrits que Diogène avait sous les yeux, porte approximativement la valeur des Écrits d'Aristote à 40 volumes in-8° : il ne nous en reste guère que le quart.

Trois catalogues, dont on veut ramener, par des inductions douteuses, l'origine à une source commune, qui serait le catalogue[4] de l'édition complète d'Andronicus, trois cata-

---

[1] *Scholl. Arist.*, 22, a, 10. χιλίων τὸν ἀριθμὸν, ὥς φησι Πτολεμαῖος ὁ Φιλάδελφος. *Id.*, 24, a, 19. χιλίων ὄντων τὸν ἀριθμὸν, ὡς Ἀνδρόνικος παραδίδωσι.

[2] Sans atteindre la fécondité des écrivains du moyen âge, quelques anciens en avaient déjà donné l'exemple. Epicure (Diog. L., X, 26) avait écrit trois cents rouleaux ou volumes, κυλινδρίους, et Chrysippe (*id.*, VII, 180), auteur de plus de sept cents ouvrages, écrivait par jour cinq cents lignes.

[3] *Gesch. der Phil.*, t. II, p. 273.

[4] πίνακες. V. plus haut *Vie d'Arist.*, p. 63, n° 1. Conf. *Vit. Ar. Cod. Marc.*, 257, f, 277, a, sup. (éd. Robbe, p. 8) : « et il meurt là, laissant un testament autographe, qui nous a été transmis par Andronicus et Ptolémée avec le catalogue de ses écrits : μετὰ τοῦ πίνακος τῶν αὐτοῦ συγγραμμάτων. » La

logues nous ont été transmis par les anciens. M. Brandis voudrait même donner au catalogue d'Andronicus l'autorité d'Hermippe, qui lui est de beaucoup antérieur. Mais l'ancienne scholie sur la *Métaphysique* de Théophraste, que le savant éditeur de cet ouvrage cite [1] à l'appui de son opinion, ne me parait pas contenir le renseignement qu'il y veut trouver : elle dit : τοῦτο τὸ βιβλίον Ἀνδρόνικος μὲν καὶ Ἕρμιππος ἀγνοοῦσιν· οὐδὲ γὰρ μνείαν αὐτοῦ ὅλως πεποίηνται ἐν τῇ ἀναγραφῇ τῶν Θεοφράστου βιβλίων. Brandis [2] interprète ainsi ce passage : « Nous lisons dans une vieille scholie sur la *Métaphysique* de Théophraste, que l'on possédait des catalogues des écrits de ce péripatéticien, dus à Hermippe et à Andronicus. » Il n'est pas certain que le mot ἀναγραφή signifie un catalogue : il pourrait s'entendre également bien d'un commentaire. Mais en tout cas il ne s'agirait que des ouvrages de Théophraste, et la supposition de Brandis, que, si ces deux savants ont fait ce travail, de cataloguer les œuvres du disciple, à plus forte raison ont-ils dû prendre ce soin pour les œuvres du maître, cette supposition que Brandis trouve d'une vraisemblance si forte qu'elle atteint presque la certitude, me parait à moi fort arbitraire et fort téméraire [3].

Quoi qu'il en soit de leur origine, nous avons trois catalogues des œuvres complètes d'Aristote. Le premier et le plus ancien se trouve dans l'*Histoire des philosophes* de Diogène de Laërte [4]. Le second termine la *Vie d'Aristote*, par un anonyme qu'on appelle ordinairement l'Anonyme de Ménage [5], et n'est qu'un extrait de l'*Onomatologon* d'Hésychius [6]. Le

---

vieille version latine de cette biographie du xiie/xiiie siècle traduit cette dernière ligne par ces mots : quod fertur ab Andronico et Ptolemæo cum voluminibus suorum tractatuum.

[1] Theoph., *Metaph.*, p. 323.

[2] *Arist.*, p. 79-80.

[3] M. Zeller commet une erreur matérielle en affirmant que la scholie en question mentionne un catalogue des Écrits d'Aristote par Hermippe.

[4] L. V, § 22 sqq. Il vient probablement de la bibliothèque d'Alexandrie, où l'on conjecture qu'il avait dû être fait par Callimaque, bibliothécaire en chef, ou peut-être par Hermippe, son disciple : il daterait alors des années 240-210 av. J.-Ch. Inséré dans une des nombreuses biographies d'Aristote, il y aura été copié par Diogène qui ne fait et ne sait guère que copier. Conf. Vict. Egger, *de Font. Diog. Laertii*.

[5] Dans l'éd. Didot de Diog. L., p. 13.

[6] Hesych., *Onomat.*, v. Ἀριστ.

troisième est un catalogue arabe dont nous devons la connaissance à Michel Casiri qui l'a reproduit dans son : Arabica philosophorum Bibliotheca in Bibliotheca arabico-hispana Escurialensi[1]. D'après les conjectures de M. Wenrich[2], l'auteur de ce catalogue se serait appelé Dschemaluddin.

Le second de ces catalogues, tiré d'Hésychius, et aujourd'hui complété à l'aide d'un manuscrit de la bibliothèque Ambroisienne (R. 117), du xve siècle[3], n'est guère qu'une répétition du premier, avec quelques changements, omissions et additions sans importance[4]. Ces deux catalogues, qui en réalité n'en font qu'un, s'éloignent assez gravement de notre liste actuelle des ouvrages d'Aristote, sous le rapport des titres, comme sous le rapport de l'ordre dans lequel ils se succèdent. Ainsi on est étonné de ne pas trouver mentionnés dans Diogène, la *Métaphysique*, la *Physique*, l'*Histoire des animaux*, les traités du *Ciel*, de la *Génération* et de la *Corruption*, la *Météorologie*, l'*Éthique à Nicomaque*, et l'on est réduit à croire, pour expliquer cette omission d'ouvrages si considérables, qu'ils sont cachés sous les titres particuliers des livres dont chacun d'eux se compose. La source probable d'où ce catalogue est puisé, est l'Index contenu dans le ve livre d'Andronicus, et l'ouvrage où Ptolémée avait raconté la vie et transcrit le testament d'Aristote. Se fondant sur le fait que Ptolémée et Andronicus attribuent également au philosophe le nombre précis de 1,000 ouvrages, M. V. Rose conclut avec une certaine témérité qu'Andronicus est le premier auteur de ce catalogue que s'est borné à reproduire Ptolémée, qui par conséquent ne peut pas être le roi d'Égypte, et doit être un écrivain inconnu d'ailleurs, mais postérieur à Andronicus. La traduction latine de la *Vie d'Aristote* d'Ammonius donne en effet le nom de Ptolémée sans y ajouter, comme le fait David, son surnom royal ; mais cette omission ne me paraît pas, à elle seule, une raison suffisante pour rejeter, avec MM. Rose[5] et Zeller, l'opinion de David, proba-

---

[1] T. I, p. 304.

[2] *De Auctor. Græcor. version. Syr.*, p. 142.

[3] M. Antonio Ceriani en a fourni à M. Val. Rose, qui l'avait découvert lui-même, une copie très exacte qui se trouve dans le Ve vol. de l'Aristote de Berlin.

[4] Il contient 197 titres.

[5] *De Arist. lib. ordine*, p. 45.

blement empruntée à Proclus, et pour empêcher de croire qu'il s'agit du roi d'Egypte, qui s'était, nous l'avons vu, occupé avec passion de recueillir les ouvrages du philosophe, à la doctrine duquel Straton l'avait initié. Mais nous verrons tout à l'heure qu'il y a une autre raison, et celle-là presque décisive. Le catalogue Arabe cite également, comme David, les noms d'Andronicus et de Ptolémée : « Alias epistolas xx libris Andronicus recensuit, præter illas quæ in libro quinto Andronici memorantur, ubi et librorum Aristotelis *Index* occurrit. »

Le texte grec du catalogue de Ptolémée est aujourd'hui perdu : deux Arabes du xiii° siècle nous en ont conservé la traduction, soit d'après le texte même de l'auteur grec, soit d'après d'autres sources qui nous sont restés inconnues.

Le premier de ces philosophes Arabes est Ibn-el-Kifti, qui nous donne d'après le célèbre ouvrage de Muhammed ben Ishak-en-Nedim, intitulé : *Fihrist*, une biographie abrégée et le testament d'Aristote. Quant au catalogue, qui, suivant M. G. Flügel, cité par M. V. Rose [1], n'a pas été emprunté de Nedim qui ne le connaissait pas, il est contenu dans l'ouvrage d'Ibn-el-Kifti [2], intitulé : *Histoire des Savants ;* il a été publié pour la première fois en arabe et en latin, par Mich. Casiri, d'après un manuscrit sans nom d'auteur de la bibliothèque de l'Escurial. Wenrich en a donné une seconde édition, dans son livre sur les *Versions Syriaques des Auteurs Grecs*. Un manuscrit de Vienne qu'il a collationné lui a permis de corriger quelques erreurs de Casiri et de remplir quelques lacunes. En ce qui concerne Ptolémée, Ibn-el-Kifti nous donne les renseignements suivants : « Iste vir sapiens ætate sua philosophus in provincia Rum, tempore suo fœdus iniit cum Aristotele, amavitque eum..... [3]. Ptolemæi sunt regum et doctorum plures, quorum unumquemque distinguebant cognomine addito ad nomen ut eo discernatur. Propter magnam vero curam hujus sapientis de Aristotele, composuit librum inscriptum : *Historiæ Aristotelis et mortis ejus et Scriptorum ejus ordo* [4]. » Cet auteur, comme on le voit, ne

---

[1] *Arist.*, V^e vol., p. 1469.

[2] Mort en 1248.

[3] Ne pouvant conférer la traduction avec le texte arabe, je ne sais pas s'il faut entendre ces mots au propre ou au figuré.

[4] Wenrich, *de Auct. Græc. version.*, p. 237.

nous donne aucun renseignement de nature à nous fixer sur la personnalité de Ptolémée. Il n'en est pas tout à fait de même du second auteur arabe qui reproduit également son catalogue, Ibn Abi Oseibia, mort en 1269, qui l'a inséré dans son *Histoire des Médecins célèbres*, où l'a découvert M. Steinschneider.

Ce savant a comparé le texte donné par Casiri avec les manuscrits d'Ibn-el-Kifti et d'Ibn Abi Oseibia qui se trouvent à la bibliothèque de Berlin, et avec deux qui sont à Munich : de plus il a complété leurs indications à l'aide des titres des ouvrages d'Aristote conservés dans le *Manuel bibliographique* d'Hagi Khalfa, source, il est vrai, un peu suspecte, puisque cet auteur est du XVIIe siècle.

Le catalogue est précédé de ce titre général : Constitutio (vel dispositio) scriptorum Aristotelis secundum id quod memoravit vir nominatus Ptolemæus in libro suo ad A'alas [1]. Casiri traduisait ce dernier mot par ad Agallim vel Agalliam : mais personne ne sait dire ce que signifie au juste ce titre, et ce n'est que par conjecture qu'on suppose qu'il désigne le nom de la personne à qui l'ouvrage était adressé. L'auteur termine sa liste par ces mots : « Finit numerus librorum ejus secundum id quod memoravit Ptolemæus ad A'alas. » Sur la personne de Ptolémée, Ibn Abi Oseibia ne nous donne directement que des renseignements fort vagues et incapables de jeter quelque lumière sur son identité : « Dixitque Ptolemæus in libro suo *ad Galas* de vita Aristotelis, et eximia pietate testamenti ejus, et indice scriptorum ejus notorum... [2] » Le 86e ouvrage inscrit sur ce catalogue contient la mention suivante : « qui inveniebatur in Bibliotheca viri qui nominatur Almikun (Ablikun, Altikun, probablement Apellicon). Le 90e est ainsi décrit : « Et Epistolæ aliæ : invenit eas Andruniks XX sectionibus, et scripsit in eis memoralia, postea omisit homines ; — quorum numerum et initia invenies in tr. V libri Andruniks de *Indice librorum Aristotelis*. » Enfin, dans la mention du 87e il est dit : « in quo congregavit vir qui nominatur Artamn epistolas VIII sectionibus [3]. »

Les noms d'Apellicon, d'Andronicus, d'Artémon, men-

---

[1] Dans le manuscrit de Munich « ad A'tlas. »

[2] La biographie d'Aristote qu'il en traduit est plus développée que celle d'Ibn Kifti.

[3] Conf. Demetr., *de Elocut.*, § 223. Ἀρτέμων μὲν οὖν ὁ τὰς Ἀριστοτέλους

tionnés dans ce catalogue, prouvent évidemment que l'auteur n'en saurait être le roi Ptolémée, à moins toutefois que les auteurs arabes n'aient tiré d'une autre source que l'écrit de Ptolémée les notices qui mentionnent ces noms : ce qui n'a rien d'impossible.

Pour compléter tout ce qui concerne les sources d'où sont parvenus jusqu'à nous les catalogues conservés des écrits d'Aristote, nous devons ajouter que la scholie de Théophraste, mentionnée plus haut, indique de plus un « tableau des ouvrages d'Aristote, θεωρία τῶν Ἀριστοτέλους, de Nicolas. » Zeller croit que ce tableau, qui pourrait bien d'ailleurs n'être qu'un résumé général des doctrines d'Aristote, est l'ouvrage cité par Simplicius[1] sous le titre : ἐν τοῖς περὶ Ἀριστοτέλους φιλοσοφίας, et attribué par lui à Nicolas de Damas.

Des mille ou quatre cents ouvrages dont Aristote aurait été, suivant quelques commentateurs, l'auteur, le catalogue de Diogène n'en cite que 146, l'Anonyme 196, le catalogue Arabe 92. Il ne nous en est parvenu que 46 qui, chose singulière, ne se retrouvent pas tous même dans le catalogue de Diogène, qu'a manifestement reproduit, en le complétant, l'auteur anonyme du catalogue conservé par Hésychius.

Ce serait dépasser les limites de cet ouvrage que d'entrer dans la discussion de l'authenticité des textes conservés, d'en résumer et analyser le contenu, d'en faire connaître les traducteurs et les commentateurs, anciens et modernes, les plus autorisés. Je réserve cette étude qui serait utile, je crois, mais qui sera certainement longue, à un travail spécial qui fera le pendant de mon livre sur la *Vie et les Écrits de Platon*.

Je me borne ici à donner la liste des ouvrages conservés, soit en entier, soit en fragments. Pour les premiers seulement, je renvoie aux numéros des divers catalogues qui les mentionnent, et je signale ceux qu'ils ont, l'un ou l'autre, omis.

1. Les *Catégories* : Κατηγορίαι, en un livre, citées également sous plusieurs autres titres et mentionnées au n° 59 du catalogue de Diogène, au n° 57 de l'Anonyme, sous le titre τὰ πρὸ τῶν Τόπων[2], sous celui de Κατηγορίαι aux n°° 141, de Diogène et 132, de l'Anonyme et par l'Arabe au n° 256.

ἀναγράψας ἐπιστολάς. David porte comme Oseibia à huit le nombre des livres de cette collection de lettres.

[1] *De Cæl. Schol. Arist.*, p. 493, a, 23.

[2] Et peut-être encore au n° 55 sous celui de Ὅροι πρὸ τῶν Τοπικῶν en sept livres.

2. De l'*Interprétation* : περὶ Ἑρμηνείας, en un livre, cité par Diogène n° 142, Anonyme n° 133, Arabe n° 78; par ce dernier en ces termes : « hunc sequitur de *Significatione* (et nominatur *Garamkun*) ». Andronicus le signalait comme apocryphe[1]. L'Arabe le mentionne encore au n° 26 comme il suit : « Nuncupatur (liber) barminas (barminias, arminias) et est secundus librorum logices. »

3. Les *Analytiques,* divisés en deux parties : Les *Analytiques premiers*, en deux livres, qui traitent des Syllogismes; les *Analytiques seconds,* également en deux livres, qui traitent de la Démonstration scientifique. Diogène donne aux premiers, qu'il cite sous le n° 49, huit livres, ce qui ne vise sans doute qu'une autre division de l'ouvrage. C'est probablement le même ouvrage qu'il désigne et confond aux n°ˢ 48, 56, 57, sous les titres Συλλογισμοί, α'; Συλλογισμῶν, α', β'; Συλλογιστικῶν καὶ Ὅροι, α'; L'Anonyme les cite deux fois ; au n° 46 il donne aussi huit livres des *Premiers Analytiques,* mais au n° 134, il les réduit à deux. Il les vise sans doute encore aux n°ˢ 54 et 55, en les confondant comme Diogène. sous les titres Συλλογισμῶν, β', et Συλλογιστικῶν Ὅρων, α'. L'Arabe, au n° 27, les mentionne ainsi : « liber (vocatus) *Analutika* et est *syllogismus,* tr. II, » c'est-à-dire en deux livres.

Les *Seconds Analytiques* n'ont dans les deux catalogues grecs que deux livres : ils sont cités par Diogène n° 50, par l'Anonyme n° 57, par l'Arabe n° 28 : « lib. *Anuraktika* et est *demonstratio*. » Dans un ms. on lit : « liber quem inscripsit : *tractatus minores,* nuncupatus *Anuraktia*. »

4. Les *Topiques,* en huit livres, mentionnés au catalogue de Diogène au n° 55, à celui de l'Anonyme au n° 53, à celui de l'Arabe au n° 26 b : « *tunika* (lege *tubika*), tr. VIII[2]. »

5. Les *Réfutations des Sophismes,* en un livre que l'Anonyme, au n° 125, désigne sous deux titres : Ἐλέγχων σοφιστικῶν

---

[1] *Schol. Arist.*, 97, b, 13 ; 97, a, 28 ; 94, a, 21.

[2] Les catalogues grecs et celui de l'Arabe mentionnent encore d'autres titres sur ce sujet : ainsi Θέσεις Ἐπιχειρηματικαί, Ὑπομνήματα Ἐπιχειρηματικά. Ἐπιχειρήματα, Ὅροι πρὸ τῶν Τοπικῶν, Τοπικῶν πρὸς τοὺς Ὅρους, περὶ Ἐρωτήσεως καὶ Ἀποκρίσεως ; ce ne sont peut-être que des parties de nos *Topiques,* désignées sous des noms arbitraires, ou des écrits supposés, ou des commentaires et des développements sur l'ouvrage d'Aristote.

ἢ περὶ Ἐριστικῶν, tandis que Diogène distingue les Ἔλεγχοι[1], au n° 134, et les περὶ Ἐριστικῶν, n° 26, Λύσεις ἐριστικαί, n° 27, Προτάσεις ἐριστικαί, n° 47[2].

6. La *Physique*, Φυσικὴ ἀκρόασις, en huit livres. Diogène la cite au n° 120, sous le titre : Φυσικῶν κατὰ στοιχεῖον, l'Anonyme aux n°s 110 et 148[3], et peut-être l'Arabe au n° 57 en ces termes : « l. (q. i.) *objecta naturalia*, et vocatur *tasis musika* (lege *fusika*) » pour Θέσεις φυσικαί, et au n° 34 : « l. *de Auscultatione physica* (el-Kijan), tr. VIII, » au n° 51, « *Quaestiones physicæ*, tr. IV. »

7. Le traité *Du Ciel*, en quatre livres, omis par les catalogues grecs, mentionné par l'Arabe au n° 35 *de Cælo et mundo*; peut-être est-il caché au n° 184 de l'Anonyme sous le titre : περὶ Κόσμου γενέσεως.

8. Le traité *De la Génération et de la corruption des choses*, en deux livres, omis par Diogène, mentionné par l'Anonyme au n° 149, par l'Arabe au n° 36.

9. La *Météorologie*, omise par Diogène, mentionnée par l'Anonyme au n° 150 sous le titre : περὶ Μετεώρων δ΄, ἢ Μετεωροσκοπικά.

10. Le traité *Du Monde*, très probablement supposé, que ne mentionne aucun des trois catalogues.

11. Le traité *De l'Ame*, en trois livres, mentionné au n° 38 sous le titre : « *De Anima*, tr. III, » par l'Arabe, tandis que les deux catalogues grecs n'indiquent, l'un au n° 73, l'autre, l'Anonyme, au n° 68, qu'un livre de Θέσεις περὶ ψυχῆς, et tous les deux, au n° 13, un livre intitulé : περὶ Ψυχῆς.

12. *De la Sensation et de l'objet sensible*, un livre, mentionné au n° 39 par l'Arabe, sous le titre : « *de Sensu et sensato*, tr. I, » omis par les catalogues grecs.

13. *De la Mémoire et de la réminiscence*, un livre, mentionné par l'Arabe au n° 40 sous le double titre : « *De Memoria et somno*, tr. I, » et au n° 69 sous celui-ci : « *Memorialia* et nominatur *amusmata* (ὑπομνήματα), tr. II. » Hadgi Khalfa modifie le titre et donne *Memoriale*, au n° 88 : « liber

---

[1] Accompagnés du complément Πυθιονικῶν mis sans doute par erreur pour Σοφιστικῶν.

[2] L'Arabe, au n° 29, les désigne ainsi : « Sfsta (d'autres mss. donnent : Sufstin, Sufstain, Sufstaja, Sufstanijja), » tr. I.

[3] Peut-être encore l'Anonyme, n° 81 et n° 82.

cujus inscriptio *Memoria* (sc. *memoriale*) aliud ; » n° 87, « l. *de Memorialibus aliis* » (peut-être *alius ?*), signalé par les catalogues grecs, n°ˢ 117, de Diogène, 109, de l'Anonyme sous le titre Μνημονικόν, etc.

14. *Du Sommeil et de la veille,* en un livre, omis par les catalogues grecs et confondu ou réuni par l'Arabe avec l'ouvrage précédent.

15. *Des Songes,* en un livre; 16. *De la Divination dans le sommeil,* en un livre, tous les deux omis par tous les catalogues.

17. *De la Longueur et de la briéveté de la vie,* en un livre, mentionné au n° 46 par l'Arabe sous le titre : « *de Longitudine vitarum animalis et brevitate ejus,* » que Zeller indique comme désigné par l'Anonyme, où, au n° 141, deux manuscrits donnent μακροβιότητος au lieu de μακαριότητος.

18. *De la Vie et de la mort,* en un livre, mentionné par l'Arabe au n° 47 : « *de Vita et morte,* tr. II, » omis par les deux catalogues grecs.

19. *De la Jeunesse et de la vieillesse,* 20. De la *Respiration;* 21. *Du Souffle vital,* περί Πνεύματος, tous trois en un livre chacun ; tous les trois omis par tous les catalogues.

22. L'*Histoire des animaux,* en dix livres, mentionnée par Diogène au n° 102, par l'Anonyme au n° 91, sous le titre commun : περί Ζώων, δ', et au n° 155 par l'Anonyme sous le titre : περί Ζώων ιστορίας, ι'. Je ne vois pas par quelles raisons Zeller peut dire que c'est peut-être le même ouvrage qui est désigné par Diogène au n° 107 et par l'Anonyme au n° 90, sous le titre : Περί τοῦ μὴ γενᾷν, α', par l'Arabe au n° 42 : « *De Naturis animalis,* tr. XV » (dans le ms. O et dans Hadgi-Khalfa, tr. X).

23. *Des Parties des animaux,* en trois livres, mentionné au n° 43 par l'Arabe sous le titre : « de Membris in quibus est vita et nominatur *Zoaikun murium* (Ζώων μορίων,) tr. IV., » omis par Diogène, mentionné par l'Anonyme, n° 157.

24. *De la Marche des animaux,* περί Ζώων πορείας, en trois livres, mentionné au n° 45 par l'Arabe sous le titre : « de Motibus animalis localibus (qui fiunt) super terram et nominatur *fari* (περί) *jurns* (πορείας), » omis par Diogène et confondu sans doute par l'Anonyme avec l'ouvrage suivant :

25. *Du Mouvement des animaux,* περί Ζώων κινήσεως, en trois livres, mentionné par l'Anonyme n° 156, par l'Arabe,

n° 41 : « de Motu animalis (animalium) et *sectione* eorum¹ et nominatur *kisaus tin warautrumn* (leg. wanatumum), tr. VII. »

26. *De la Génération des animaux*, en trois livres, mentionné par l'Anonyme, n° 157 et par l'Arabe, n° 44 : « de Generatione animalis et nominatur *fari warasaus* (περὶ Γενέσεως), tr. V, » et n° 77 : « hunc sequitur duo tractatus de Generatione animalis. »

27. *Des Choses merveilleuses*, mentionné par l'Anonyme, n° 179, Θαυμασίων ἀκουσμάτων², et que Diogène vise peut-être au n° 89 dans le titre incomplet : Συναγωγῆς, α΄, β΄; peut-être l'Arabe les indique-t-il aux n°ˢ 37 et 76 dans les titres : « de Praestigiis superioribus. »

28. *Des Couleurs*, qu'aucun catalogue ne mentionne.

29. *Des Choses perçues par l'ouïe*, également omis par tous les catalogues.

30. *Des Plantes*, mentionné par Diogène au n° 108, par l'Anonyme au n° 96, par l'Arabe au n° 48.

31. Les *Physiognomoniques*, mentionné par Diogène au n° 109, par l'Anonyme au n° 97, omis par l'Arabe.

32. La *Mécanique*, mentionnée par Diogène n° 223, omise par l'Anonyme et signalée par l'Arabe au n° 18 sous le titre : « Inscriptus : quæstiones ad artem spectantes (id est *Mechanicæ*) et nominatur *Micha bablimatam*. »

33. Les *Problèmes*, mentionnés par Diogène au n° 51 sous le titre : περὶ Προβλημάτων, au n° 121 sous celui de ἐπιτεθεσμένων Προβλημάτων, par l'Anonyme aux n°ˢ 48 et 112 respectivement sous les mêmes titres, et par l'Arabe au n° 65 : « liber quaestionum et nominatur *Broblimata*, tr. LXVIII. »

34. *Des Lignes insécables*³, omis par Diogène et l'Anonyme, mentionné par l'Arabe au n° 10 sous le titre : « l. in quo loquitur de lineis quæ non sunt secabilia : nominatur *fari* (περὶ) *ton* (τῶν) *atus* (ἀτόμων), tr. III. »

35. *De la Position et de la dénomination des vents*, que seul Achilles Tatius⁴ attribue à Aristote.

---

[1] Ce second titre vise sans doute l'ouvrage intitulé par les catalogues grecs : περὶ Ἀνατομῶν, ζ. Diogène, 103; l'Anonyme, 93.

[2] Conf. Athen., XIV, 641, a.

[3] Simpl., *Scholl. in Arist.*, 510, b, 10.

[4] *In Arist.*, c. 33, p. 518, a.

36. *De Xenophane, Melisso et Gorgia*, que Diogène mentionne séparément aux n°ˢ 93, 95, 98 et 99, l'Anonyme aux n°ˢ 84, 86 et 89, omis par l'Arabe.

37. La *Métaphysique*, omise par Diogène et par l'Arabe, mentionnée par l'Anonyme aux n°ˢ 111 et 154.

38. L'*Ethique à Nicomaque*, en dix livres.

39. La *grande Ethique*, en deux livres.

40. L'*Ethique à Eudème*, en sept livres.

Diogène, dans son catalogue, ne mentionne au n° 38 que l'ouvrage qu'il intitule : Ἠθικῶν α΄, β΄, γ΄, δ΄, ε΄[1], et l'Anonyme au n° 163 sous le titre : περὶ Ἀρετῆς, au n° 174 l'ouvrage περὶ Ἠθικῶν Νικομαχείων, et au n° 39 Ἠθικῶν, α΄. L'Arabe aux n°ˢ 30 et 31 donne les indications suivantes : 30 « l. (q. i.) Tractatus minores de moribus et nominatur *itikun magln* (Ἠθικῶν μεγάλων), tr. II. » 31 « l. (q. i.) Tractatus minores de moribus quos scripsit ad U'dimis (Eudème) et nominatur *aninkun Udimis*, tr. VIII. »

41. *Des Vertus et des vices*. Diogène cite au n° 34 des προτάσεις περὶ Ἀρετῆς, α΄, β΄, l'Anonyme au n° 34, sous le même titre, un ouvrage qui est peut-être celui qui nous a été conservé. Le n° 79 du catalogue arabe ainsi libellé : « l. quem inscripsit de præmissis et nominatur *Brutas(i)s (al. brutals)*[2] » pourrait également s'y rapporter s'il ne mentionnait 33 livres, et suivant d'autres manuscrits 23.

42. La *Politique*, en huit livres, à laquelle semble se référer Diogène dans les n°ˢ 4 : Πολιτικοῦ, α΄, β΄ ; 75 : Πολιτικῆς ἀκροάσεως ὡς ἡ Θεοφράστου, η΄, et l'Anonyme aux n°ˢ 4 : Πολιτικόν, α΄ ; 70 : Πολιτικῆς ἀκροάσεως, η΄ ; l'Arabe au n° 81 paraît confondre l'ouvrage avec les Πολιτεῖαι : « l. (q. i.) de regimine civitatum (et nominatur *Buliteja*, et est liber in quo commemoravit regimen populorum et civitatum plurium e civitatibus Graecorum et aliorum, earumque relationem (originem, cognationem ?) ; numerus vero populorum et civitatum quarum meminit (in eo) CLXXI (civitates magnae) » ; au n° 32, on lit : « liber de regimine civitatum, et nominatur *Bulitikun* (s. *bolitikun*) (πολιτικῶν), tr. VIII. »

43. L'*Economique*, en deux livres, mentionné par Diogène au n° 23, par l'Anonyme au n° 17, comme en un seul livre.

---

[1] Quoiqu'au livre V, 21, il cite le VII˚ livre de l'*Ethique*, et au VIII, 88, l'*Ethique à Nicomaque*.

[2] προτάσεις.

44. La *Rhétorique,* en trois livres, mentionnée au n° 78 par Diogène qui n'en connaît que deux livres, τέχνης Ῥητορικῆς, α', β'; par l'Anonyme au n° 70, par l'Arabe au n° 33 : « l. de arte ritoriae (et est *Ars oratoria,* tr. III). »

45. La *Rhétorique à Alexandre,* qui est probablement désignée par Diogène sous le n° 79 : Τέχνη, α', par l'Anonyme sous le n° 73 avec le même titre, omise par l'Arabe.

46. La *Poétique,* περὶ Ποιητικῆς. Les catalogues contiennent plusieurs titres qui peuvent la plupart se rapporter au texte qui nous a été conservé. Diogène cite n° 2 : περὶ Ποιητῶν, α', β', γ'; n° 83 : πραγματεία τέχνης Ποιητικῆς, α', β'; n° 119 : Ποιητικῶν (ou — κόν), α'; L'Anonyme, n° 2 : περὶ Ποιητῶν, γ'; n° 75 : τέχνης Ποιητικῆς, β'; n° 108 : Ποιητικόν, α'; L'Arabe, n° 32[b] : « *de Arte poetica,* tr. II. »

Il nous est en outre parvenu 629 fragments recueillis par Valent. Rose et contenus dans le V[e] vol. de l'édition de Berlin. Voici les titres des 62 ouvrages plus ou moins authentiques d'où ils sont extraits :

1. περὶ Φιλοσοφίας. — Πλατωνικά.
2. περὶ τ'Ἀγαθοῦ.
3. Μαγικός.
4. Εὔδημος ἢ περὶ Ψυχῆς.
5. περὶ Εὐχῆς.
6. Προτρεπτικός.
7. περὶ Παιδείας.
8. Νήρινθος.
9. Σοφιστής.
10. Γρύλλος ἢ περὶ Ῥητορικῆς.
11. περὶ Ποιητῶν.
12. Πολιτικός.
13. περὶ Δικαιοσύνης.
14. περὶ Βασιλείας.
15. Ἀλέξανδρος ἢ ὑπὲρ Ἀποίκων.
16. περὶ Εὐγενείας.
17. περὶ Πλούτου.
18. Ἐρωτικός.
19. περὶ παθῶν Ὀργῆς.
20. περὶ Μέθης.
21. Συμπόσιον.
22. περὶ Προβλημάτων.

23. Διαιρέσεις.
24. Ὑπομνήματα λογικά. — μεθοδικά. — τὰ παρὰ τὴν λέξιν.
25. Κατηγοριῶν ἄλλο.
26. περὶ Ἀντικειμένων (περὶ Ἐναντίων).
27. τέχνης τῆς Θεοδέκτου Συναγωγή.
28. τεχνῶν Συναγωγή.
29. περὶ Συμβουλίας.
30. ἀπορήματα Ὁμηρικά.
31. τὰ ἐκ τῆς Πολιτείας Πλάτωνος.
32. νόμος Συσσιτικός.
33. περὶ Συμβιώσεως ἀνδρὸς καὶ γυναικός.
34. περὶ Ἰδεῶν.
35. περὶ Πυθαγορείων.
36. περὶ τῆς Ἀρχυτείου φιλοσοφίας.
37. περὶ Δημοκρίτου.
38. Προβλήματα φυσικά (ἐγκύκλια).
39. περὶ τῆς τοῦ Νείλου Ἀναβάσεως.
40. περὶ Σημείων.
41. περὶ Μετάλλων.
42. περὶ Φυτῶν.
43. Γεωργικά.
44. περὶ φύσεως Ἀνθρώπου.
45. ἐκλογὴ Ἀνατομῶν.
46. περὶ Ζώων.
47. Ἰατρικά.
48. Ὀπτικά.
49. Πολιτεῖαι.
50. Νόμιμα.
51. Δικαιώματα.
52. Πυθιονῖκαι.
53. Διδασκαλίαι.
54. Ὑπομνήματα ἱστορικά.
55. Πέπλος.
56. Ἀπολογία ἀσεβείας.
57. Ἐγκώμιον Ἀλεξάνδρου.
58. Ἐγκώμιον Πλάτωνος.
59. Ἐπιστολαί.
60. Ἔπη.
61. Ἐλεγεῖα.
62. Ὕμνος εἰς Ἑρμείαν.

Plus quatre fragments (nᵒˢ 626, 627, 628 et 629) tirés d'ouvrages sans indication de titre.

Les 108 premiers fragments sont rattachés par Rose à la classe des *Dialogues*.

Les fragments de 109 à 121 inclus appartiennent à la catégorie des ouvrages de *Logique*.

Les ouvrages de *Rhétorique* et de *Poétique* comprennent les fragments 122-175 inclus.

Les fragments *Ethiques* sont au nombre de quatre seulement, 176-179 inclus.

Les fragments *Philosophiques* sont au nombre de 22, du n° 180 à 202 inclus.

A la *Physique* se rattachent les fragments 203-256,

A la *Zoologie* (Ζωϊκά) les fragments 257-342,

A l'*Histoire*, les fragments 343-600,

A la classe des *Discours* et *Epitres*, les fragments 601-620,

Au genre *Poétique*, cinq fragments, de 621 à 625 inclus.

Les quatre derniers, de 626 à 629 sont tirés d'ouvrages dont on ne peut déterminer le genre.

§ 4.

CLASSIFICATION DES ÉCRITS D'ARISTOTE.

1. — *Classification attribuée à Aristote même.*

« Toutes les connaissances sont belles et précieuses ; mais il en est qui le sont plus que les autres, et cela ou parce qu'elles sont plus certaines et plus rigoureuses, ou parce qu'elles ont un objet plus parfait et plus admirable : il serait facile de prouver que par ces deux raisons on doit mettre au premier rang[1], l'*Histoire de l'Ame*. »

Telle est la première phrase du traité *De l'Ame* : Aristote appelle la connaissance de l'âme, qu'il met d'ailleurs si haut dans son estime, une *Histoire*[2]. Qu'a-t-il voulu exprimer par ce mot qui peut paraître étrange ?

On sait que d'après Aristote, il n'y a de science que de l'immuable, de l'éternel, de ce qui ne peut pas ne pas être, et ne pas être tel qu'il est. La vérité, renfermée dans la conclusion

---

[1] ἐν πρώτοις.

[2] Spinoza, pour exprimer son mépris de la méthode expérimentale appliquée par Bacon à la science de l'âme, à la Psychologie, l'appelait : *Hanc historiolam animæ*. (Spinoza, *Lettr.*, t. III, p. 421.) Et cependant, pour lui aussi, l'âme humaine, dont l'être, constitué par le désir, peut être augmenté ou diminué par l'action de causes étrangères, l'âme humaine

du raisonnement scientifique, est éternelle et immuable comme son objet. Il ne saurait y avoir de science de ce qui passe, change, périt, peut être et n'être pas, et être autrement qu'il est. Tout au plus peut-on admettre une science de ces sortes de choses, qui, sans être vraiment universelles, immuables et nécessaires sont le plus souvent, ὡς ἐπὶ τὸ πολύ, dans le même état et se reproduisent presque constamment semblables à elles-mêmes. Mais pour les choses qui passent, et alors seulement qu'elles sont passées, il n'y a de possible qu'une *Histoire*, c'est-à-dire une description des faits et des phénomènes successifs et changeants dont la cause et la loi, s'ils en ont une, échappent à la science. En appelant ses recherches sur l'âme une *Histoire*, Aristote semblerait déclarer d'avance qu'il faut renoncer à une science de cet objet changeant et mobile. S. Thomas est de cette opinion : « Et dicit *Historium* quia *in quadam summa* tractat de anima, non perveniendo ad finalem inquisitionem omnium quæ pertinent ad ipsam animam, in hoc tractatu[1]. »

Il est certain que les mots Ἱστορία et Ἐπιστήμη, quoiqu'ayant la même racine, ne sont pas, pour Aristote, des mots synonymes ; jamais il n'aurait dit : l'*Histoire* de l'Etre, l'*Histoire* de Dieu, comme il dit l'*Histoire de l'Ame ;* mais il ne faudrait pas presser trop rigoureusement ces distinctions ; car d'un côté il appelle la science de la nature une *Histoire*, Φυσικὴ Ἱστορία, τῆς Φύσεως Ἱστορία, et de l'autre il qualifie de Θεωρία, Θεωρήματα[2], ses recherches sur l'âme. Le mot Ἱστορία a donc dans ce passage la signification primitive, le sens large et général de connaissance, étude, recherche, sans enfermer, comme aussi sans exclure, l'idée d'une connaissance scientifique, rigoureuse et systématique. Il ne nous offre ainsi aucune indication précise et certaine pour déterminer à quelle classe des ouvrages d'Aristote il convient de rapporter les trois livres *De l'Ame*, et tous les opuscules psychologiques.

On a remarqué que dans l'ordre des manuscrits, reproduit

---

appartient à la nature : « Il ne faut point s'imaginer, dit-il, que l'homme soit dans la nature comme un empire dans un autre empire. » Préf. de la 3ᵉ p. de l'*Ethique*.

[1] S. Thom., *Comment. sur le traité De l'Ame*, lect. 1ᵉ.

[2] *De Incess. anim.*, sub fin. *De Somno*, c. 2, p. 455.

dans toutes les éditions imprimées, le traité *De l'Ame*, vient après la *Météorologie;* car il ne faut pas compter le livre *Du Monde*, dont l'authenticité ne peut guère être soutenue[1]. Mais qui a ainsi établi l'ordre de succession des manuscrits, divisé les traités en livres, groupé les divers ouvrages suivant l'affinité réelle ou supposée des matières? On l'ignore. Quand on serait certain, comme le pensent Brandis[2] et Stahr[3], que c'est Andronicus de Rhodes, on ne peut pas fixer avec certitude le principe qui l'a guidé dans ce classement. Est-ce l'ordre des dates de la composition des ouvrages? Est-ce l'ordre logique, dans lequel doivent se succéder les diverses parties de la philosophie pour former un ensemble systématique et un tout organique? Et cet ordre logique, doit-il être attribué à Aristote, ou à quelqu'un de ses disciples immédiats, ou est-il l'œuvre personnelle d'Andronicus? Il est vrai qu'on a essayé de rétablir l'ordre des dates par les références des ouvrages les uns aux autres; mais on s'est heurté à une difficulté insoluble et qui devrait décourager toute tentative pareille : on rencontre parfois des renvois réciproques entre deux ouvrages, en sorte qu'ils se supposent mutuellement déjà écrits; ce qui se peut expliquer par une ou plusieurs revisions successives faites par Aristote, ou en reportant l'origine de ces renvois à diverses mains et à diverses époques. Mais en toute hypothèse qu'en conclure alors? Ainsi les traités : *De la Production des animaux*, *Du Mouvement général des animaux* contiennent des renvois qui semblent indiquer le traité *De l'Ame* comme antérieur; on lit en effet dans le second de ces opuscules : « Quant à la question de savoir si l'âme est mue ou non,... nous l'avons traitée antérieurement, πρότερον εἴρηται, dans les livres *De l'Ame*, » tandis que dans le Mémoire : *De la Marche des animaux* qui ne fait pour ainsi dire qu'un avec le précédent, on rencontre l'affirmation contraire, à savoir que les livres *De l'Ame* ne sont pas encore écrits[4] : « Voilà donc ce qu'il en est des parties des animaux, de leur marche, πορείαν, et

---

[1] Rose, *de Arist. lib. ord.*, p. 36-90. Zeller, *Die Philos. d. Griech.*, t. IV, 558 (2ᵉ éd.). Barthél. S. Hilaire, *Météor. d'Arist.*, préf., p. 88.

[2] *Rhein. Mus.*, IV, 265.

[3] *Arist. bey den Römern*, p. 29.

[4] *De comm. anim. Motu*, p. 700.

en général *de leur locomotion dans l'espace*[1]. Après avoir établi ces faits, nous devons immédiatement passer à l'étude de l'âme, ἐχόμενόν ἐστι θεωρῆσαι περὶ ψυχῆς.[2] » L'interprétation que donne Trendelenburg de ces mots qui veulent dire simplement suivant lui « que l'âme doit être considérée comme la dernière cause du mouvement[3], » paraît avec raison inadmissible à Brandis qui, pour sauver lui aussi la contradiction, les attribue à un copiste « qui avait trouvé dans son modèle les écrits physiques dans cet ordre tout à fait contraire au plan d'Aristote, car il est certain que l'ordre de ceux-ci dans les différents manuscrits était très différent[4]. »

Comme il n'y a pas de témoignages historiques, et des preuves de fait sur ce point, je crois qu'il faut se résoudre à ignorer à quelle date Aristote a écrit chacun de ses ouvrages. Il n'est pas pour moi bien extraordinaire de rencontrer des renvois réciproques. Rappelons-nous qu'Aristote était un professeur, et que ses écrits, en grande partie du moins, sont la rédaction de ses cours et de ses leçons. Le même sujet n'a-t-il pas pu être traité par lui plusieurs fois, à des dates peut-être fort éloignées? N'est-il pas naturel, presque nécessaire que, chaque fois, en revoyant ses cahiers de professeur, en les retouchant, il rappelât les cours des années précédentes, qui eux-mêmes avaient été autrefois précédés du cours de l'année présente[5].

Il n'est donc pas possible de trouver dans ces renvois contradictoires, faits à des dates inconnues, à la suite de revisions nombreuses, et qui ne sont probablement pas tous de la main d'Aristote, des indices certains ni de la date à laquelle Aristote a composé chacun de ses ouvrages, ni de l'ordre chronologique dans lequel cette composition a eu lieu, ni même de l'ordre logique dans lequel Aristote aurait placé ses ouvrages, s'il eût voulu en donner lui-même une édition complète et ordonnée scientifiquement.

---

[1] C'est évidemment le traité précédent, *de communi animalium Motu*, qui est ici désigné.

[2] *De Ingress. anim.*, 714, b, 20.

[3] Trendel., *de Anim.*, p. 124 : « Ita *fortasse* capienda sunt ut expositis corporis movendi conditionibus instrumentis, ultima motus causa ab anima repetenda esse significetur. »

[4] Brand., *Arist.*, p. 1078, n° 982.

[5] On a trouvé dans les manuscrits de Leibniz et de Kant trois ou quatre rédactions des mêmes sujets; et à quel professeur cela n'est-il pas arrivé?

Trendelenburg établit comme il suit l'ordre dans lequel doivent se succéder les traités de Psychologie, et ceux qui se rattachent à ce sujet :
1. La *Physique;*
2. *De la Génération et de la Corruption ;*
3. Les *Analytiques postérieurs;*
4. *De l'Ame;*
5. *De la Sensation;*
6. *Du Sommeil;*
7. *Des Songes;*
8. *De la Respiration;*
9. *Du Mouvement des animaux en général;*
10. *De la Génération des animaux;*
11. *De l'Interprétation.*

Mais il ajoute sagement : *hæc non certa affirmentur, sed probabilia proponantur,* c'est-à-dire que tel est l'ordre que Trendelenburg conçoit comme le plus rationnel, ce qui est loin de signifier que c'est l'ordre qu'a adopté Aristote, ou qu'il aurait adopté, si, ce qui est douteux, il en avait voulu déterminer un. A défaut de cette classification précise, n'y en aurait-il pas une autre plus large, qu'on serait en droit d'attribuer à Aristote ?

Sur l'autorité de quelques témoignages dont le plus ancien est Cicéron[1], on a admis souvent qu'Aristote avait établi dans son enseignement, d'où elle avait naturellement passé dans ses ouvrages, une division d'un caractère spécial, et nous sommes amenés à rechercher, si Aristote a divisé ses leçons et ses livres en *ésotériques* et *exotériques,* à quelle classe appartiennent les traités psychologiques. Nous pouvons d'autant moins éviter cette question que, dans un passage de *l'Éthique,* les livres *De l'Ame* seraient désignés comme *exotériques:* ce qui serait assez singulier : « Il est parlé de l'âme et avec des développements suffisants même dans les traités[2] *exotériques*[3] » : Le commentateur grec de l'*Éthique*

---

[1] Cic., *ad Attic.*, ep. 16 : « Ut Aristoteles in iis libris quos ἐξωτερικούς vocat, » id., *de Fin.*, « Duo genera librorum sunt, unum populariter scriptum, quod ἐξωτερικόν appellabant, alterum limatius quod in *Commentariis* reliquerunt. »

[2] Ou leçons : λόγοις.

[3] *Ethic. Nic.*, I, 13, 1102, m.

nous dit que ce passage se rapporte aux livres *De l'Ame*, qui seraient alors un ouvrage *exotérique*. Quand bien même M. Trendelenburg aurait raison de penser qu'Aristote fait ici allusion aux *Dialogues de Platon*, il s'agit en effet d'une division des facultés de l'âme qui remonte à Platon, peut-être aux Pythagoriciens, et qui était tombée dans le domaine public, nous ne serions pas délivrés de la nécessité d'examiner la question générale ; car Aristote a employé ailleurs encore, et plus d'une fois, ces termes dont il importe de fixer le sens.

On lit dans la *Politique* : « Comme nous croyons avoir, ἐν τοῖς ἐξωτερικοῖς λόγοις *sur la Vie Parfaite*, traité ce point avec des développements suffisants, nous pensons nous en pouvoir servir ici.[1] » C'est une référence aux ch. 6 du livre I et 10 du livre VI de l'*Ethique* qui appartient, d'après Aristote lui-même, au même genre de connaissances que la *Politique*. Dans le même ouvrage, on lit : « Platon n'a, dans la *République*, traité qu'incomplètement de la législation, et il a rempli son ouvrage τοῖς ἔξωθεν λόγοις[2] ». Dans la *Métaphysique* nous trouvons encore : « Nous traiterons ensuite des Idées elles-mêmes prises en soi, et dans la mesure où cette discussion nous sera nécessaire pour l'usage que nous en voulons faire ; car c'est un sujet qui a été par nous rebattu ὑπὸ τῶν ἐξωτερικῶν λόγων[3] ».

---

[1] *Polit.*, VII, 1. On trouve encore la même formule. *Polit.*, III, 4.

[2] *Polit.*, II, 6.

[3] *Meteor.*, XIII, 1. Citons encore les passages suivants : *Polit.*, III, 6. « En effet nous définissons souvent ἐν τοῖς ἐξωτερικοῖς λόγοις, ce qu'on appelle les formes différentes de gouvernement. » *Ethic. Nic.*, VI, 4. « Autre chose est la poésie (l'art), autre chose l'action : sur ce point nous nous en référons τοῖς ἐξωτερικοῖς λόγοις. » *Phys.*, IV, 10. « Et d'abord il convient de traiter du temps καὶ διὰ τῶν ἐξωτερικῶν λόγων. » *Polit.*, VII, 3. » La volonté est déjà presque une action, et l'on emploie proprement et éminemment le mot agir en parlant de ceux qui, à l'aide de leurs pensées, construisent, pour ainsi dire, l'édifice de leurs actions extérieures, ἐξωτερικῶν πράξεων... Pour Dieu et le monde, il n'y a pas d'actions extérieures, ἐξωτερικαὶ πράξεις. » *Polit.*, I, 5. « Dans toutes les choses composées de plusieurs parties, soit continues, soit discrètes, et qui deviennent quelque chose d'un et de général, il se manifeste une partie qui commande et une qui est commandée ; et ce fait, qui se reproduit dans toute la nature, existe surtout dans les êtres animés. Dans les choses mêmes qui ne participent pas à la vie, il y a un principe premier, par exemple l'harmonie. Mais ce sont là peut-être des considérations qui appartiennent à un ordre de recherches trop étrangères, ἐξωτερικωτέρας ἐστὶ σκέψεως. »

Enfin dans l'*Ethique à Eudème* (1. 8.), il est dit : « Sur ce point (l'existence réelle de l'Idée) nous avons insisté sous toutes les formes dans les λόγοις ἐξωτερικοῖς καὶ ἐν τοῖς κατὰ φιλοσοφίαν. »

Si l'on examine avec soin tous ces passages, on remarquera d'abord que si le mot *exotérique* est fréquemment employé par Aristote, il est toujours isolé; il est pris absolument et sans le corrélatif qu'on lui suppose, à savoir *ésotérique* ; exceptons cependant la phrase de l'*Ethique à Eudème*, qui n'est pas peut-être d'Aristote, où l'on oppose aux λόγοι ἐξωτερικοί les λόγοι κατὰ φιλοσοφίαν. En second lieu, le même sens ne peut être donné au mot ἐξωτερικοί, dans tous les passages cités, non plus qu'au mot λόγοι qui n'offre pas moins d'ambiguité. Le mot λόγοι peut signifier : 1° des ouvrages et des écrits ; 2° des leçons et des conférences orales; 3° des raisons et des raisonnements ; 4° les diverses formes de langage, de diction, de style. Le mot ἐξωτερικός peut signifier : 1° étranger à la question, au sujet présentement traité ; 2° extérieur, externe, par opposition à intérieur, interne; l'extérieur est ce qui se laisse voir de tout le monde, la surface des choses, par opposition au fond qui se dérobe et se cache ; 3° étranger à la science, à une méthode sévère, rigoureuse, philosophique ; 4° approprié à tout le monde, c'est-à-dire à tous ceux qui sont *en dehors* de l'École, qui ne font pas partie du cercle intime du maître, ἔνδον, et appartiennent au grand public, ἐν κοινῷ.

Maintenant si nous cherchons à préciser le sens des passages cités, nous verrons clairement que dans ceux où la locution est précédée des prépositions διά[1] et ὑπό, elle ne peut signifier que des *raisonnements*, une *discussion*, une forme de démonstration, une espèce de preuves, et non pas une classe particulière d'ouvrages. On en peut dire autant de la formule τοῖς ἔξωθεν λόγοις, employée sans préposition, dans le sens de l'ablatif latin. L'adjectif voudra dire alors *étranger au sujet, superficiel*, tiré de faits extérieurs, et appuyé sur des considérations générales et accessibles par leur nature à tout le monde, fondé non sur les raisonnements sévères et les

---

[1] Dans le passage de la *Physique*, IV, 10, où la préposition διά est employée, il faut remarquer que les ἐξωτερικοὶ λόγοι, sur lesquels s'appuient les objections et les difficultés de la question du temps, s'il est un être ou non, et quelle est sa nature, suivent immédiatement, et par conséquent n'indiquent point un ouvrage quelconque d'Aristote, mais des considérations et des raisonnements d'une certaine nature.

principes abstraits de la science et de la philosophie, mais sur l'observation et l'expérience de la vie pratique et commune. Ces raisons, ces opinions *exotériques,* reçues en dehors de l'Ecole, qui ont cours dans le monde, qui ont pris racine dans les habitudes de penser et de parler, et constituent le sens commun, le bon sens populaire, on sait qu'Aristote est loin de leur témoigner un irrévérencieux mépris. C'est ce qu'il appelle τὰ λεγόμενα, et dans les questions les plus hautes de la Psychologie, il ne dédaigne pas de s'en autoriser : « Il faut rechercher ce que c'est que le bonheur, dit-il, non pas seulement avec des syllogismes, et à l'aide de ces raisonnements qui constituent la science, mais encore en s'appuyant sur les opinions généralement répandues, ἀλλὰ καὶ ἐκ τῶν λεγομένων περὶ αὐτῆς[1] ». Ce sens convient parfaitement encore au passage suivant : « Tous les biens sont hors de l'âme ou dans l'âme. Les plus désirables sont ceux qui sont dans l'âme, comme nous l'avons vu même ἐν τοῖς ἐξωτερικοῖς λόγοις[2] ».

Lorsque le mot λόγοι paraît signifier des leçons, des conférences, l'adjectif ἐξωτερικοί, tout en gardant quelque chose de ce sens, peut en prendre un plus précis. Dans la *Vie d'Aristote*, qui précède cet ouvrage, nous avons montré que les cours des professeurs de philosophie n'avaient pas tous lieu dans les Gymnases publics, que chaque Ecole importante possédait une propriété où le chef qui la dirigeait donnait un enseignement non pas secret, mais privé, usage qui est dans la nature des choses ; même dans le Gymnase public où Aristote donnait chaque jour deux leçons, il était naturel et presque nécessaire qu'une sorte de classement des auditeurs s'établît. Le grand public s'appelait οἱ πολλοί, οἱ θυραῖοι, οἱ ἔξω ; le public restreint, οἱ ἑταῖροι, οἱ γνώριμοι, ἔνδον. Qu'à cette division des cours, qui s'est perpétuée jusque dans notre enseignement supérieur moderne et qui semble inévitable, ait correspondu une différence dans les méthodes d'exposition et de démonstration, caractérisée par le mot *exotérique,* c'est ce qui est naturel et semble certain ; qu'il y ait eu une distinction semblable dans les sujets traités, la

---

[1] *Ethic. Nic.*, I, 8. C'est ainsi que plus loin, V.1, 12, après avoir exposé toutes les opinions courantes sur le plaisir, ἡδονή, il conclut par ces mots : τὰ μὲν οὖν λεγόμενα σχεδὸν ταῦτ' ἐστι, formule répétée presque littéralement, *Id.*, X, 2 : τὰ μὲν οὖν λεγόμενα περὶ τῆς ἡδονῆς καὶ λύπης ἱκανῶς εἰρήσθω.

[2] *Ethic. Eud.*, II, 1, p. 1218, b, 33.

chose n'est pas impossible, mais elle est bien peu probable, loin d'être démontrée. Nous voyons en effet, par les passages même cités, que dans ces conférences publiques, *exotériques*, Aristote exposait ses théories sur le Souverain Bien, sur le Temps, sur les formes diverses du principe du Gouvernement, sur l'existence ou la non-existence de l'Idée en soi, sur l'Art, sur la Volonté. N'est-ce pas là la matière de toute la philosophie? Mais ce qui est certain, c'est que, dans aucun de ces passages, il n'est ni nécessaire ni probable qu'Aristote fasse allusion à une classe particulière et distincte de ses écrits, non pas même dans le dernier où à la locution οἱ ἐξωτερικοὶ λόγοι s'oppose comme un corrélatif οἱ λόγοι κατὰ φιλοσοφίαν.

D'abord il est impossible d'interpréter, comme on a voulu le faire, les mots κατὰ φιλοσοφίαν de manière à en faire un synonyme de περὶ Φιλοσοφίας, pour leur donner le sens: *Le Traité sur la Philosophie*, consacré spécialement, on le sait, à la réfutation de la *Philosophie de Platon* et surtout de la *Théorie des Idées*. Le sens de κατὰ φιλοσοφίαν est fixé d'une manière évidente par les passages suivants: « πρὸς δὲ τὰς κατὰ φιλοσοφίαν ἐπιστήμας[1]; — ὁμολογοῦσι τοῖς κατὰ φιλοσοφίαν λόγοις[2]; — διαφέρουσι δὲ οἱ λόγοι περὶ ἑκάστην μέθοδον οἵ τε φιλοσόφως λεγόμενοι, καὶ μὴ φιλοσόφως·[2] », où certainement il est question d'une différence dans la méthode, dans l'exposition, dans le style, différence applicable à toute recherche, ἑκάστη μέθοδος, que l'on peut traiter philosophiquement[4] ou non philosophiquement.

Il est juste et assez piquant de remarquer que la solution que nous donnons à cette question tant controversée des λόγοι ἐξωτερικοί d'Aristote avait été déjà fournie par son plus savant et son plus profond commentateur, je veux dire S. Thomas. On lit en effet dans son *Commentaire sur l'Éthique*[5]: « Ex his possumus assentire *per rationes exteriores*, id est, per ea quæ determinata sunt *extra scientiam*, scilicet in IX metaphysices », et on la trouve indiquée déjà dans le Scholiaste

---

[1] *Top.*, 12.

[2] *Polit.*, III, 12.

[3] *Ethic. Eud.*, I, 6.

[4] Ce caractère *plus* scientifique, *plus* philosophique de la méthode est exprimé dans le même livre quelques lignes plus haut (*Ethic. Eud.*, I, 8, p. 1217, l. 17), par les mots : ἑτέρας τε διατριβῆς κατὰ πολλὰ λογικωτέρας.

[5] *In Ethic.*, VI, ch. 4, lect. 3, p. 78, t. V, éd. Anvers.

grec[1] : « Aristote appelle *Discours exotériques* ceux que tient le vulgaire, le commun des hommes, en dehors de l'enseignement logique, ἔξω τῆς λογικῆς παραδόσεως ».

Ainsi on ne trouve dans Aristote aucun indice qui permette de lui attribuer à lui-même une classification de ses écrits en deux catégories distinctes, les uns appelés *exotériques*, les autres *ésotériques*, quel que soit d'ailleurs le sens de ces deux mots, dont le second lui est inconnu. Nous n'avons donc pas à rechercher à laquelle de ces deux classes appartient le traité *De l'Ame*, et nous pensons qu'il faut rejeter sans hésiter l'opinion sans aucun fondement du Scholiaste grec qui fait de cet ouvrage un livre *exotérique*. En est-il une autre dont on puisse le considérer l'auteur avec plus de vraisemblance?

On lit dans le traité *Du Ciel*[2] : « C'est ainsi que dans les philosophèmes encycliques, ἐν τοῖς ἐγκυκλίοις φιλοσοφήμασι, qui ont pour objet la Théologie, il s'est présenté souvent aux esprits que l'Être divin est nécessairement immuable, comme tout ce qui est premier et le plus élevé: opinion qui témoigne de la vérité de ce que nous venons de dire. » Le premier membre de cette phrase obscure est traduit comme il suit dans la *Vetus translatio* qui a servi à S. Thomas: « Etenim quemadmodum in *Enchyridiis philosophismatibus*. » Le texte grec que le traducteur inconnu avait sous les yeux, car la confusion même atteste que le texte sur lequel était faite la version était en grec, portait donc ἐν ἐγχειριδίοις, au lieu de la leçon ἐγκυκλίοις de nos manuscrits. S. Thomas dans son *Commentaire*, où il suit sans doute l'interprétation de Simplicius, reproduit la leçon de la vieille version latine. « Apud philosophos erant duo genera dogmatum. Quædam enim erant quæ a principio *secundum ordinem doctrinæ multitudini* apponebantur, quæ quidem vocabantur *Enchyridia*; quædam autem erant magis subtilia

---

[1] *Scholl. in Ethic. Nic.*, p. 90, r, l. 29. Simplic., *Schol. Arist.*, 386, b, 25. ἐξωτερικά (remarquer le neutre) ἐστὶ τὰ κοινὰ καὶ δι' ἐνδόξων περαινόμενα, ἀλλὰ μὴ ἀποδεικτικὰ μήδε ἀκροαματικά. Rose (*de Arist. libr.*, p. 104. *Arist. Pseud.*, p. 717), Spengel (*Arist. Stud.*, I, p. 14), Forchhammer (*Arist. u. die Exoterische Reden*) partagent cette opinion; Bernays (*Die Dialoge d. Arist.*, p. 29-93) et Heitz (*de Arist. lib. perd.*, p. 122) voient dans la formule discutée, le premier une référence aux *Dialogues* d'Aristote, le second une référence à une classe d'ouvrages « quod a severa et accurata philosophicae doctrinae ratione alienius sit. »

[2] *De Cæl.*, I, 9, p. 279.

quæ proponebantur auditoribus jam provectis : quæ vocabantur *syntagmatica*, id est, *coordinalia* vel *acroamatica*, id est, auditionalia : dogmatica autem philosophorum philosophismata. » Ce qu'il y a de singulier dans cette interprétation, c'est que S. Thomas, en répétant la leçon ἐγχειριδίοις, que contenaient le texte grec de la *Vetus translatio* et le commentaire de Simplicius, en donne une explication qui s'appliquerait mieux à la leçon de nos manuscrits : *secundum ordinem doctrinæ*, et *multitudini apponebantur*, paraphrase tout à fait le mot ἐγκυκλίοις.

Quoi qu'il en soit, il ne résulte pas évidemment de la phrase citée que les ἐγκύκλια φιλοσοφήματα soit un ouvrage ou des leçons d'Aristote, mais on trouve cette formule avec l'un de ces sens dans l'*Éthique à Nicomaque*[1] : « La vertu paraît incomplète quand elle n'est pas accompagnée du bonheur..... mais assez sur ce sujet qui a été suffisamment traité ἐν τοῖς ἐγκυκλίοις. »

Sur le premier de ces passages, on lit dans les *Scholies* de Simplicius[2] le commentaire suivant : « Il appelle *Encycliques* les philosophèmes qui sont, dans l'ordre régulier, exposés les premiers à la foule des auditeurs, τὰ κατὰ τὴν τάξιν ἐξ ἀρχῆς τοῖς πολλοῖς προτιθέμενα, qu'il a coutume de nommer encore *exotériques*. » Le mot φιλοσόφημα est défini par Aristote[3] : συλλογισμὸς ἀποδεικτικός, c'est-à-dire un syllogisme, un raisonnement démonstratif et scientifique, distinct du sophisme, qui est un raisonnement éristique, de l'épichérème, qui est un raisonnement dialectique, et de l'ἀπόρημα, qui est le raisonnement dialectique de la contradiction. Il semble naturel de croire que ces *philosophèmes encycliques* sont des thèses philosophiques, des propositions fondamentales ou axiomes généraux que, dans ses cours publics, Aristote prenait pour principes de ses théories et comme bases de son argumentation. Il n'y a aucune raison de faire des *philosophèmes* un ouvrage spécial « qu'on faisait lire tour à tour et en cercle, κατὰ κύκλον, à tous les assistants debout.[4] » Cependant, dans

---

[1] *Ethic. Nic.*, I, 3, 1096, a, 3.
[2] *Scholl. Arist.*, 487, a, 3.
[3] V. *Topic.*, II, p. 162, a, 15.
[4] Scholie citée par Brand., *Arist.*, I, p. 107, n° 174.

le catalogue des écrits d'Aristote, Diogène de Laërte[1] en fait un traité en deux livres, renseignement que répète l'Anonyme de Ménage, mais en termes presque inintelligibles. Le catalogue de Casiri[2] le mentionne également sous le titre : « *Quæstiones orbiculares seu problemata encyclica ad præceptorum usum* », sans qu'on puisse deviner ni savoir d'où il a tiré ce singulier détail. Aulu-Gelle connaît aussi, ou du moins cite un ouvrage d'Aristote sous ce nom : « Les Grecs appellent les comédiens οἱ περὶ τὸν Διόνυσον τεχνῖται. Taurus, voulant détourner un jeune homme de la fréquentation de ces sortes de gens, lui envoya l'extrait suivant d'un livre d'Aristote intitulé : Προβλήματα ἐγκύκλια, en lui ordonnant de le lire tous les jours. » Et Aulu-Gelle fait en grec la citation du passage[3]. Mais quand bien même les *Problèmes encycliques* serait un ouvrage perdu d'Aristote, assez exactement caractérisé par les mots βιβλία παντοδαπά, embrassant tous les sujets, il est loin d'être démontré que les *Philosophèmes encycliques* sont identiques aux *Problèmes*, et un écrit d'Aristote : ce que nous persistons à nier.

Nous ferons de même des λόγοι ἐν κοινῷ γιγνόμενοι[4], locution qu'on rencontre dans le traité *De l'Ame* et dans l'*Éthique à Eudème*, οἱ ἀναιρετικοὶ καὶ κοινοὶ λόγοι[5]. Dans ce dernier passage, on lit : « Examiner complètement cette question (de savoir s'il y a une Idée séparable du Bien) appartient à une autre science, διατριβῆς, et à une science nécessairement de beaucoup plus subtile, λογικωτέρας, (que l'*Éthique*) ; car il n'y a pas d'autre science qui réunisse les raisonnements réfutatifs et les raisons générales[6]. Cependant, si l'on veut

---

[1] Diog. L., V, 1, 26.

[2] T. I, p. 308.

[3] A. Gell., XX, 1. Les scholiastes grecs anonymes prétendent que le titre de cet ouvrage vient « de ce qu'il se composait de lettres écrites par Aristote à ses amis et à ses auditeurs rangés en cercle autour de lui. » V. Brand., I, 107, n° 174. Eustrate imagine une autre explication : « C'était, dit-il, un recueil de pièces de vers disposées dans les deux sens, de manière que chacune de ces pièces, commençant et finissant par le même vers et revenant à son point de départ, formait une sorte de cercle. Ces pièces, objet de beaucoup de récits et de rapports, sont toutes perdues. » V. *id., ibid.*

[4] *De An.*, I, 4.

[5] *Ethic. Eud.*, VIII, 1217, b, 18.

[6] οἱ γὰρ ἅμα ἀναιρετικοί τε καὶ κοινοὶ λόγοι κατ' οὐδεμίαν εἰσὶν ἄλλην ἐπιστήμην.

exprimer brièvement son opinion sur ce point, nous disons que prétendre qu'il y a une Idée, non seulement du Bien, mais encore de toute chose quelconque, c'est parler en sophiste et à vide[1]; mais c'est-là une question que nous avons discutée sous toutes ses faces et dans nos *Leçons exotériques* et dans nos *Leçons philosophiques*. »

On voit encore par cette traduction, que je crois exacte et justifiée, qu'il n'y a pas nécessité ni vraisemblance à considérer ces λόγοι κοινοί comme un ouvrage spécial d'Aristote : c'est une forme d'exposition et de démonstration populaire, appuyée sur des raisons très générales, de sens commun et accessibles à tout le monde. Ce n'est pas, du reste, une conclusion très différente de celle où arrive Simplicius dans son commentaire sur le passage du *De Anima*.

A propos de la définition pythagoricienne : *L'âme est une harmonie*, Aristote prétend que, tout en plaisant à beaucoup de gens, elle a pour ainsi dire des comptes à rendre même τοῖς ἐκ κοινῷ γινομένοις λόγοις. Simplicius interprète ainsi l'expression : « Il appelle de ce nom les discussions présentées sous une forme symétrique et auxquelles se mêlent par leurs interrogations la plupart des interlocuteurs[2], faisant peut-être allusion aux entretiens du *Phédon*, ou bien à son propre dialogue de l'*Eudème*, où était exposée une réfutation de l'harmonie », c'est-à-dire de la définition pythagoricienne qui fait de l'âme une harmonie. Jean Philopon, commentant le même passage, ajoute : « On pourrait entendre par là les leçons (συνουσίας) non écrites d'Aristote à ses disciples, ou bien les ouvrages *exotériques*, dont les *Dialogues* font partie[3]. » Pour moi, je ne vois rien de semblable, et j'entends la chose tout simplement. Les magistrats, en sortant de charge, étaient obligés de rendre des comptes : mais à qui ? Au peuple, τοῖς

---

[1] λέγεται λογικῶς καὶ κενῶς. C'est une chose très singulière, mais certaine, que le mot λογικός a souvent dans Aristote un sens tout à fait opposé à celui qu'on serait tenté de lui attribuer : λογικὸς λόγος est défini dans les *Topiques*, IX, 12, p. 162, b, 27, ὁ ἐκ ψευδῶν ἐνδόξων, et il s'oppose au mot *Analytique*, qui exprime la démonstration rigoureuse, appuyée sur les vrais principes de la chose même, tandis que le raisonnement *logique* se contente de vraisemblances souvent fausses : il ne vise pas à la vérité, mais forme l'art de discuter, qui sait défendre toute opinion, soit juste, soit fausse. Conf. Waitz, II, p. 354.

[2] Simplic., fol. 14, a, τοῖς πολλοῖς ἠρωτημένοις.

[3] *In Arist. de Anim.*, l. 1, p. 16.

πολλοῖς. Les doctrines philosophiques, dit Aristote, ont aussi des comptes à rendre au sens commun, à la raison générale, à l'opinion publique, si elles ne veulent pas être condamnées par ce juge tout puissant. L'opinion commune, οἱ ἐν κοινῷ γινόμενοι λόγοι, tout ce qui se dit dans la foule, la grande voix du peuple, voilà la reine du monde, du monde des idées comme du monde des faits, qui ne sont que des manifestations des idées. Aristote a voulu simplement rappeler, avant de soumettre la théorie pythagoricienne de l'âme à une discussion scientifique et à une analyse rigoureuse, qu'elle avait été déjà condamnée par le tribunal, par le jury souverain de l'opinion publique et du sens commun.

Il ne nous reste plus à examiner qu'une locution d'Aristote dont on pourrait abuser pour conclure qu'il a lui-même divisé ses ouvrages en deux classes distinctes et opposées. Il dit au ch. XV de la *Poétique*: « Telles sont les règles qu'il faut observer... car on peut faire sur ce point bien des fautes ; mais nous en avons parlé suffisamment ἐν τοῖς ἐκδεδομένοις λόγοις. » Cette formule, fréquemment employée par les écrivains de son temps, et particulièrement par Isocrate[1], n'offre aucune difficulté par elle-même : elle signifie des ouvrages que l'auteur a publiés lui-même, auxquels, cela va sans dire, il a donné la dernière main, et qui ont reçu de lui la perfection dont il est capable. Aristote avait publié et revu pour cette publication certains de ses ouvrages ; d'autres étaient restés inédits, ἀνέκδοτα[2] ; ils n'étaient pas inconnus sans doute, mais ils n'avaient pas été revus, corrigés, complétés par l'auteur, qui ne les avait communiqués qu'au cercle intime de ses auditeurs, ou lus dans ses leçons avec des commentaires, et qui n'étaient peut-être encore que ce cahier de notes hâtivement recueillies et à peine rédigées qui sert à tout professeur pour faire son cours. Mais qu'est-ce que cela nous apprend ? Le terme *inédit* est relatif ; des livres, qu'au

---

[1] Par ex. *ad Philipp.*, 335, où il mentionne son *Panégyrique* comme πρότερον ἐκδεδομένος ; *de Permut.*, 35, où il demande grâce pour les faiblesses qu'on pourrait trouver dans ce discours écrit à quatre-vingt-deux ans, et qu'on jugera peut-être inférieur à ses productions antérieures τῶν ὑπ' ἐμοῦ πρότερον ἐκδεδομένων. Conf. Philod., *Rhet.*, IV, col. 33, éd Gros.

[2] Diog. L., V, 73. Le péripatéticien Lycon, dans son testament, lègue à Callinus ses œuvres ἀνέκδοτα, à la charge par lui de les éditer avec tous ses soins. ὅπως ἐπιμελῶς αὐτὰ ἐκδῷ

moment où il écrivait la phrase de la *Poétique*, Aristote n'avait pas encore eu le temps, ou n'avait pas jugé à propos de publier, ont pu être mis en circulation quelques années, quelques mois plus tard : en sorte que nous ne pourrions pas même conclure de ce passage [1] qu'il n'a pas publié lui-même tous ses ouvrages, quoique le fait soit certain, en ce qui concerne la *Métaphysique* [2], par le témoignage d'Asclépios, et qu'il soit vraisemblable pour la *Rhétorique* [3] et la *Physique* [4].

Mais quand on saurait avec certitude qu'un plus grand nombre de ses ouvrages n'auraient pas été édités par Aristote même, sur quoi pourrait-on appuyer l'hypothèse qu'il suivait en cela un principe, qu'il indiquait une division à faire entre ses écrits, les uns publiés, les autres non publiés par leur auteur? Quel est l'écrivain qui n'a pas dans son tiroir un ou plusieurs manuscrits qu'il ne publie pas, soit parce qu'il ne trouve pas d'éditeur, soit parce que les circonstances ne le lui conseillent pas, soit enfin par caprice, par fantaisie?

Il n'y a que la lettre d'Aristote à Alexandre [5] qui contient l'indication précise et claire d'une division de ses écrits en deux genres caractérisés par des différences opposées. C'est là qu'on rencontre le terme d'*acroamatiques*, opposé à celui d'*exotériques*: « Tu m'as écrit, dit Aristote à son élève et à son Roi, au sujet des traités *acroamatiques* qu'à ton avis j'aurais dû tenir secrets. Sache donc qu'ils sont publiés et ne le sont pas : car ils ne sont intelligibles que pour ceux qui m'ont entendu moi-même. » Cette lettre est une réponse à Alexandre qui lui avait écrit : « Ce n'est pas bien à toi d'avoir publié tes écrits *acroamatiques*. En quoi nous distinguerons-nous donc des autres hommes, si la doctrine à laquelle nous avons été initiés devient commune et banale? J'aimerais

---

[1] Les ἐκδιδόμενοι λόγοι de la *Poétique*, ne pouvant guère, d'après le contexte où ils sont cités, se rapporter qu'aux Διδασκαλίαι, ou aux Νῖκαι Διονυσιακαί ou encore au mémoire περὶ Τραγῳδιῶν. Conf. Diog. L., V, 26.

[2] *Scholl. Arist.*, p. 549, b, 38.

[3] Valère Maxime (VIII, 14) rapporte qu'Aristote aurait confié à Théodecte le soin de la publier; mais néanmoins il paraît douteux que les mots *Theodectis libri* s'appliquent à nos trois livres de la *Rhétorique*.

[4] D'après une lettre de Théophraste à Eudème, dont Simplicius cite un extrait. *Scholl. Arist.*, p. 404, b, 10.

[5] On la trouve dans Plut., *Alex.*, c. 7; A. Gell., XX, 5; Simplic., *in Physic.*, *Proœm.*, sub fin.

mieux, pour moi, l'emporter sur les autres hommes par la connaissance des choses les plus hautes que par le pouvoir.[1] »

L'Anonyme et Diogène de Laërte[2] connaissent en effet des recueils de lettres d'Aristote, dont le catalogue Arabe[3] attribue la publication à Arétas et à Andronicus; David l'Arménien[4] les croit éditées par Artémon, comme Démétrius[5] qui en cite quelques fragments dans son traité *De l'Elocution*[6]. Mais l'authenticité de celles de ces lettres qui nous restent, et particulièrement de celles que nous venons de citer, n'est ni soutenable ni soutenue. La puérilité de l'une, la fausse subtilité de l'autre qui contient l'affirmation d'un enseignement secret, cette obsession funeste des critiques Alexandrins, ne permettent aucun doute[7]. Ce sont des pièces fabriquées, et le seul document sur lequel on pourrait s'appuyer pour soutenir qu'Aristote a établi lui-même une classification systématique de ses ouvrages, n'a aucune valeur.

2. — *Classifications des Critiques anciens et modernes.*

C'est une tout autre question de savoir si ces ouvrages se prêtent à une classification que nous trouvons indiquée par un grand nombre d'anciens, et indiquée comme venant d'Aristote et correspondant à une division analogue de son enseignement.

Cicéron est le premier en date qui nous en parle : « *De summo autem bono, quia duo genera librorum sunt, unum populariter scriptum, quod* ἐξωτερικὸν *appellant, alterum limatius, quod in commentariis reliquerunt, non semper idem dicere videntur*[8]. » Il s'agit de Théophraste et d'Aristote

---

[1] Conf. M. Ravaiss, t. I, p. 31.
[2] Diog. L., V, 27.
[3] P. 307 et 308.
[4] *Scholl. in Cat.*, p. 24, a, 27.
[5] de Phalère ou d'Alexandrie.
[6] § 231.
[7] Stahr, *Arist.*, I, 189, et II, 167.
[8] *De Finib.*, V, 5.

dont les divergences apparentes d'opinions s'expliqueraient par le fait que tous deux avaient deux classes d'ouvrages, les uns appelés *exotériques,* écrits sous une forme plus accessible et pour ainsi dire populaire, les autres composés avec plus de soin et plus limés. Cicéron complète ailleurs [1] ce renseignement en affirmant, ce qui est vrai, que la locution *exotérique* vient d'Aristote, mais de plus, ce qui est faux, qu'il l'applique à une classe de ses écrits. Les deux catégories d'ouvrages que distingue Cicéron et qui sans doute avaient été distinguées avant lui sont l'une les *exotériques,* l'autre les *Commentaires,* les *Mémoires,* terme qui ne peut avoir pour équivalent en grec que ὑπομνήματα. Cicéron ne connait pas les désignations *acroamatique, ésotérique*. Le principe de la division qu'il signale est la composition, le style, la forme littéraire, et, chose assez singulière, le style le plus travaillé, la forme la plus élégante, appartient d'après lui à la classe des *Commentaires.*

Ammonius, nous le verrons tout à l'heure, est d'un avis tout opposé : il considère les ὑπομνήματα comme de simples recueils de notes, une collection de matériaux destinés à servir plus tard de *memento* pour une vraie composition, ὡς ὕλην τῶν οἰκείων συγγραμμάτων, et Simplicius [2] ajoute que ce sont des notes jetées sans soin et sans choix, et qui ne méritent pas une attention sérieuse, μὴ πάντη σπουδῆς ἀξιεῖναι.

Strabon, de quarante ans postérieur à Cicéron, ne connait pas plus que lui d'ouvrages *ésotériques* ou *acroamatiques :* « Les anciens péripatéticiens, dit-il dans ce passage fameux et déjà cité, qui sont venus après Théophraste, n'ayant plus les livres d'Aristote, ou du moins n'en ayant qu'un très petit nombre, et la plupart *exotériques,* ne purent approfondir les questions philosophiques, ni aller au fond des choses, φιλοσοφεῖν πραγματικῶς, et durent se contenter de développer des thèses à l'aide d'amplifications oratoires, θέσεις ληκυθίζειν. Les péripatéticiens de la nouvelle École, à qui ces ouvrages furent enfin connus, revinrent à une méthode plus sérieuse, et à la vraie philosophie d'Aristote, ἄμεινον φιλοσοφεῖν καὶ ἀριστοτελίζειν. [3] »

---

[1] *Ep. ad Attic.*, IV, 16. « Ut Aristoteles in iis libris quos ἐξωτερικούς vocat. » Conf. *id.*, XIII, 19. *Ad Famil.*, I, 9, 23.

[2] *In Cat.*, f. 1, b. *In Phys.*, f. 2, b.

[3] *Strab.*, XIII, 1, 54.

Il faut examiner encore cet important passage : on remarquera d'abord que, si Strabon mentionne les ouvrages *exotériques,* il n'en précise ni le contenu ni la forme ; par une induction qu'on peut croire téméraire, et qui lui appartient en propre, Strabon soutient que si les péripatéticiens ont négligé les spéculations profondes de la philosophie des choses, et se sont livrés à des amplifications de rhétorique banales et vides, la cause en est dans l'absence presque complète, dans le manque presque absolu des ouvrages d'Aristote dont ils ne possédaient que les écrits *exotériques.* Quintilien, qui appartient à la seconde moitié du 1er siècle ap. J.-Ch., nous dit seulement qu'Aristote consacrait ses leçons du soir à l'enseignement de la Rhétorique[1]. Mais dans Plutarque, né vers le milieu de ce même siècle, commence à apparaître l'hypothèse d'une doctrine secrète, mystique, époptique, comme il l'appelle, parallèle à l'enseignement public et avoué : procédé qu'il attribue également à Platon[2], et dont l'idée semble suggérée par la connaissance des habitudes de l'Orient en ce qui concerne la transmission des doctrines religieuses et philosophiques : « Il semble, ἔοικε, dit Plutarque, qu'Alexandre non seulement étudia auprès d'Aristote la morale et la politique, mais qu'il assista à ses leçons secrètes sur des sciences plus profondes, que les maîtres, οἱ ἄνδρες, appellent *acroamatiques*, et qu'ils ne communiquaient point au vulgaire[3]. » On voit ici la mention expresse d'un double enseignement, dont l'un était consacré à une doctrine mystérieuse, communiquée sous le secret, ἀπόρρητα ; mais il n'est pas question d'une division correspondante des écrits ; en effet des écrits *ésotériques,* c'est-à-dire tenus secrets et communiqués à un petit nombre d'initiés, cela serait bien extraordinaire, en Grèce surtout, où la vie des particuliers était si publique, où la parole était si libre, où le citoyen ne connaissait pas l'abaissement de la dissimulation et du mensonge, où c'était la marque de la servitude non seulement de dire ce qu'on ne pense pas, mais encore de n'oser pas dire ce qu'on pense :

Δούλου τόδ᾽ εἶπας μὴ λέγειν ἅ τις φρονεῖ[4].

---

[1] *Instit. Or.,* III, 1.

[2] *De Isid.*

[3] Plut., *Vit. Alex.*, 7.

[4] Euripid., *Phœnic.*

Plutarque, cependant, distingue trois classes dans les ouvrages d'Aristote : les ὑπομνήματα, *éthiques* ; les ouvrages de physique ; les dialogues, *exotériques*. Il ne nous donne aucun renseignement sur le contenu de la dernière classe, qui, si l'on en juge par celui des deux premières, devait contenir les traités de *Logique* et la *Métaphysique* : contenu qui ne correspond nullement à l'idée qu'on se fait d'un livre *exotérique*. On voit en outre que, dans la division de Plutarque, il n'y a pas de place pour les ouvrages destinés à l'enseignement secret et à la doctrine époptique. Un dernier trait achève de mettre la confusion dans cette classification, c'est qu'Aristote, dans ses trois genres d'écrits, a poursuivi, dit Plutarque, avec le même acharnement la théorie des Idées[1]. Ce n'est donc pas le contenu qui servait de principe de division.

Le double enseignement d'Aristote se trouve dès lors attesté par beaucoup d'écrivains. Lucien[2] le raille avec esprit : « Nous possédons deux Aristote : l'un, qui se montre, l'Aristote du dehors ; l'autre, qui se cache, l'Aristote du dedans[3]. » Pour Clément d'Alexandrie[4], le double enseignement est un fait général et comme une loi universelle de l'enseignement de la philosophie : « Pythagoriciens, Platoniciens, Aristote, toutes les écoles ont leurs doctrines secrètes et leurs doctrines communes et *exotériques*, κοινά τε καὶ ἐξωτερικά[5]. ». Mais dans Aulu-Gelle[6], à la tradition du double enseignement, s'ajoute la mention d'une division correspondante dans les écrits d'Aristote : « Commentationum suarum artiumque[7], quas discipulis tradebat, Aristoteles philosophus duas species habuisse DICITUR... Alia erant quæ nominabat ἐξωτερικά, alia quæ appellabat ἀκροατικά... libros quoque suos, earum omnium

---

[1] *Adv. Colot.*, 10.

[2] Né environ 130 ans ap. J.-Ch., mort vers 200.

[3] Luc., *Vitar. Auctio*, c. 26. Conf. Themist., *Or.*, XXVI, 319, a. τέλεα ἱερά... μυστικόν... θυραίους λόγους.

[4] Titus Flavius Clemens succède à Pantenus, son maître, à Alexandrie. vers 189, et meurt à Jérusalem entre les années 217 et 220.

[5] Clem., *Strom.*, V, 575. Conf. *Rhet. ad Al.*, c. 1, p. 1421, a, 26.

[6] Du IIᵉ siècle ap. J.-Ch. Les dates de la naissance et de la mort sont encore inconnues.

[7] Sciences spéculatives et abstraites d'un côté, sciences pratiques et arts de l'autre.

rerum *commentarios*[1], seorsum divisit, ut alii *exoterici* dicerentur, partim *acroatici*[2]. » A l'appui de cette tradition, — car ce n'est qu'une tradition qu'il rapporte, *dicitur*, — Aulu-Gelle cite le texte des deux lettres d'Alexandre et d'Aristote, qu'il emprunte, dit-il, à un ouvrage d'Andronicus[3]. Ces lettres, sur lesquelles il est inutile d'insister, puisqu'elles sont manifestement apocryphes, contiennent cependant une contradiction qui détruit l'hypothèse qu'elles étaient sans doute destinées à soutenir et en faveur de laquelle il est probable qu'elles ont été fabriquées. Elles disent, en effet, que les livres prétendus acroamatiques ont été publiés, et publiés par Aristote lui-même. Voilà un secret bien mal gardé.

On serait disposé à croire avec M. Ravaisson que la première idée de cette classification des ouvrages d'Aristote émane d'Andronicus de Rhodes, qui avait écrit un livre sur Aristote, dont il fut le premier éditeur[4], livre auquel Aulu-Gelle emprunte le texte des deux lettres en question qu'on retrouve avec très peu de différences dans Plutarque[5] et dans Simplicius.

Andronicus avait obtenu de Tyrannion les copies de la plupart des ouvrages d'Aristote que Sylla, à la prise d'Athènes, avait trouvés dans la bibliothèque d'Apellicon, et qu'il avait fait transporter à Rome où ils enrichirent la sienne. Andronicus publia ces copies, ajouta des index et des tables, dont on se servait encore du temps de Plutarque[6] : cela suppose un travail personnel d'analyse et de distribution systématique des ouvrages et des matières. Nous n'en sommes pas réduits sur ce point à des conjectures: Porphyre nous dit expressément « qu'Andronicus le péripatéticien avait classé et divisé

---

[1] Ainsi A. Gelle appelle indifféremment *commentarii* les ouvrages de toute nature d'Aristote.

[2] XX, 5.

[3] Sumpta ex Andronici philosophi libro. Contemporain de Tyrannion d'après Plutarque (*Syll.*, 25), chef de l'Ecole péripatéticienne à Athènes et le onzième à partir d'Aristote. *Scholl. Arist.*, p. 24, a, 20 ; 25, b, 42 ; 94, a, 21 ; 97, a, 19. Il enseignait dans les vingt-cinq dernières années du 1er siècle av. J.-Ch.

[4] Plut., *Syll.*, c. 26.

[5] Né vers le milieu du 1er siècle ap. J.-Ch. Plutarque ne donne le texte que de la lettre d'Alexandre et se borne à résumer la réponse d'Aristote.

[6] *Syll.*, 26.

en traités distincts, πραγματεῖαι, les livres d'Aristote et de Théophraste, en réunissant ensemble tous les sujets de nature semblable[1]. » Comme on sait qu'on trouvait chez Hermippe et Ptolémée la liste des écrits d'Aristote[2], comme on sait d'autre part qu'Apellicon avait fait sur ces écrits un travail critique, très imparfait sans doute, mais néanmoins estimé d'Aristoclès[3], on peut croire qu'Andronicus s'était aidé des travaux de ses prédécesseurs. Mais quand bien même cette tradition d'une classification remonterait à Hermippe que l'antiquité appelle, au dire de Boèce « exactum diligentemque Aristotelis librorum judicem repertoremque[4], » nous ne pourrions pas considérer comme authentique la division en *exotériques* et *ésotériques*, d'autant plus que la classification de Boethus de Sidon, son disciple, n'a rien qui s'y rapporte ; celui-ci, en effet, ne distingue que la *Physique* d'une part, la *Logique* de l'autre[5], division qui ne peut se concilier avec l'*ésotérisme* et l'*exotérisme*.

Quelles qu'en soient l'origine et la valeur, cette classification a eu le succès le plus complet. Ammonius[6], fils d'Hermias, l'adopte, la précise, l'élargit, la systématise ; il avait été précédé dans cette voie par David l'Arménien, disciple de Syrianus[7] ; par Simplicius, disciple d'Ammonius, qui vivait encore en 545 ; par J. Philopon mort vers 660. Mais, au lieu de s'en référer à Andronicus, Simplicius, le scholiaste Anonyme et David s'appuient sur Adraste d'Aphrodisée, qui avait écrit un traité dont le titre comme le sujet était : « *De l'Ordre de la philosophie d'Aristote*, ou *De l'Ordre des Écrits d'Aristote*.[8] » Adraste, qui a vécu au commencement du IIe siècle après

---

[1] Porphyr., *Vit. Plotin.*, c. 24. τὰς οἰκείας ὑποθέσεις εἰς ταὐτὸ συναγαγών. Il est probable que c'est lui qui a donné aux livres désignés jusque-là par les mots ἡ πρώτη φιλοσοφία le titre qu'ils ont porté depuis : τὰ μετὰ τὰ Φυσικά.

[2] Athen., XIII, 589. Ammon., *Vit. Arist.* Boèce.

[3] Euseb., *Præp. Ev.*, XV, 1.

[4] *In lib. de Interpr.*, p. 292.

[5] Ammon., *in Categ.*, f. 8.

[6] Disciple de Proclus, vers le milieu du Ve siècle ap. J.-Ch.

[7] Syrianus avait été le maître de Proclus qui lui succéda.

[8] David, *Scholl. Arist.*, 24, a, 21 ; 30, a, 8. Ammon. et Phil., *Scholl. Arist.*, 35, b, 14. Simplic., *Scholl. Arist.*, 32, b, 46. L'Anon., *Scholl. Arist.*, 32, b, 36 ; 33, b, 33.

J.-Ch., ne paraît pas s'éloigner beaucoup des opinions d'Andronicus : du moins David, Simplicius et Boèce[1], en nous signalant quelques points où il s'écarte de son prédécesseur, nous autorisent à supposer qu'il le suivait partout ailleurs. Il nous suffira de faire connaître la classification d'Ammonius : il distingue dans les écrits d'Aristote :

1° Les ὑπομνηματικά, qui servaient exclusivement à l'usage du maître, et n'étaient qu'un recueil de notes, de matériaux, d'observations jetées sur le papier pour aider la mémoire du professeur ou fixer une pensée fugitive. Ils étaient rédigés sans plan, sans ordre, sans style et n'étaient pas de nature à être publiés.

2° Les συνταγματικά, au contraire, étaient les ouvrages régulièrement composés, correctement écrits, et se distinguant précisément, d'après Philopon, par l'ordre de la composition et la beauté du style.

Cette seconde classe se subdivise en deux genres sur les caractères et les dénominations desquels nos commentateurs cessent d'être d'accord.

Il y a d'abord les αὐτοπρόσωπα, identiques aux *acroamatiques*, et les *Dialogues* qui sont *exotériques*. Sous le nom de αὐτοπρόσωπα, Ammonius entend les écrits où Aristote exposant sa doctrine garde sa personnalité, et s'ils portent aussi le nom d'*acroamatiques*, c'est parce qu'ils s'adressent à ses auditeurs intimes. Les *Dialogues* où, comme Platon, Aristote empruntait pour exposer sa pensée des personnages étrangers, étaient *exotériques*, parce qu'ils étaient écrits pour tout le monde. Un scholiaste, raffinant encore, distingue les vrais disciples, τοὺς γνησίους μαθητάς, auxquels sont consacrés les ouvrages *acroamatiques*, des amis personnels, τοὺς ἑαυτοῦ φίλους, pour qui étaient faits les ἑταιρικά.

Simplicius distingue parfois dans les ὑπομνήματα deux espèces : les traités spéciaux roulant sur un seul et unique objet, μονοειδῆ, homogènes ; les traités généraux embrassant plusieurs objets divers, ποικίλα. Mais ailleurs il adopte, en la modifiant légèrement, l'opinion d'Ammonius, et fait entrer dans les *exotériques* les ouvrages historiques ; il ajoute que les *Dialogues* et les Histoires n'étaient pas écrits avec un souci

---

[1] David, *in Categ.* Simplic., *in Categ.*, f. 1, a. Boèce, *in Præc.*, p. 191.

extrême de l'exactitude, μὴ ἄκρας ἀκριβείας [1] φροντίζοντες, tandis qu'Aristote avait rédigé les *acroamatiques* avec une obscurité intentionnelle, afin de réveiller l'indifférence du lecteur, en piquant sa curiosité.

Alexandre d'Aphrodisée, d'ailleurs réfuté par David, estimait que les *acroamatiques* exprimaient la pensée du maître, mais que les *Dialogues* exposaient les opinions des autres philosophes. Ammonius reconnaît en tous la vraie pensée d'Aristote; mais il observe que dans les uns il a employé les arguments démonstratifs, rigoureusement scientifiques; dans les autres un mode d'argumentation moins sévère, et que tout le monde fût en état de suivre.

Cette classification est des plus étranges : le principe en est presque exclusivement littéraire, et, chose bizarre, les caractères spécifiques et différentiels sont tirés non des qualités, mais des défauts de l'exposition ; il y a plus : on signale la négligence du style précisément dans cette classe d'ouvrages où Cicéron avait remarqué un travail plus soigné et comme le dernier coup de lime [2]. La contradiction serait encore plus forte si par *commentarii*, dans Cicéron, il fallait entendre les ὑπομνήματα, les plus mal écrits des ouvrages d'Aristote, au dire d'Ammonius.

Mais alors à quelle catégorie appliquerons-nous les éloges que Cicéron adresse à notre philosophe? Où trouver, non seulement cette abondance, mais cette éloquence, cette grâce incroyable qu'il admire, ce style qui s'épanche comme un fleuve et dont les flots resplendissent comme l'or [3], cette élocution pleine de douceur et de charme, où l'art se rapproche tellement de l'artifice que l'habile critique se hasarde, malgré son admiration enthousiaste, à reprocher à l'écrivain une sorte de coquetterie, et pour ainsi dire de parfumerie oratoire [4]? M. Ravaisson croit que Cicéron accuse les *Topiques* d'Aristote, que les commentateurs grecs trouvent admirablement

---

[1] Peut-être faut-il entendre ce mot non de l'exactitude de la pensée, mais de la correction et de l'élégante précision du langage. (Accurata et meditata oratio. Cic., *Orat.*, I, 60.) Dans ce sens, c'est le mot technique des rhéteurs.

[2] *Limatius*, que M. Ravaisson traduit peut-être un peu librement « d'un style plus *sévère*. »

[3] *Acad.*, I, I. 11, 38. Flumen orationis aureum fundens. Conf. *Topic.*, 1. *De Orat.*, I, 11. *De Invent.*, II, 2. Quintil., *Inst. Orat.*, X, 1.

[4] Cic., *ad Attic.*, 2, 1. 1. Aristotelia pigmenta.

clairs, « d'une obscurité telle qu'elle rebutait jusqu'aux philosophes ». C'est, je pense, une interprétation hasardée. En adressant son livre des *Topiques* à C. Trébatius, Cicéron lui rappelle que lui, Trébatius, avait autrefois essayé de lire l'ouvrage d'Aristote, mais qu'il avait été rebuté par l'obscurité, parce que, ajoute Cicéron, « le savant *rhéteur* auquel tu avais demandé de te l'expliquer ne le connaissait pas lui-même : ce dont il ne faut pas trop s'étonner; car Aristote est inconnu même des philosophes, sauf un très petit nombre. » Ainsi Trébatius a en effet trouvé le livre obscur; Cicéron ne dit pas qu'il fut obscur pour le sophiste, mais qu'il lui était inconnu, et qu'il n'avait pas voulu se donner la peine de le lire pour le commenter à son disciple. Cicéron continue : « C'est une faute qu'il faut d'autant moins leur pardonner (de ne pas lire Aristote), que s'ils n'étaient pas attirés par le fond même des choses que dit et découvre Aristote, ils auraient dû être séduits par l'abondance et le charme incroyable de son style. » Ces qualités toutes littéraires, qui rendent un rhéteur inexcusable de n'avoir pas lu les *Topiques,* se trouvent donc dans les *Topiques*, au jugement de Cicéron, et si elles se trouvent dans les *Topiques,* dans quelle catégorie d'ouvrages d'Aristote feront-elles défaut? Ainsi le jugement de Cicéron caractérise le style en général d'Aristote, la forme de son talent d'écrivain. Si le jugement de l'orateur romain n'est pas exempt de quelque exagération, M. Ritter est beaucoup trop sévère : « On a quelquefois fait l'éloge du style d'Aristote : sans doute il est remarquable par sa nerveuse concision ; mais si l'on a tu ses défauts, ce n'a été que par un trop grand respect. En résumé, nous devrions le considérer comme un méchant écrivain[1]. » Ce jugement sévère me paraît mal fondé. Sans doute, quoi qu'en dise Cicéron, Aristote n'est pas un artiste ; il ne châtie pas, il ne polit pas, il ne lime pas son style. Il n'achève pas toujours sa pensée et sa phrase ; son esprit, plein d'idées, se précipite trop vite et trouble l'ordre syntactique des mots. Avec lui, la philosophie commence à se séparer de la vie, à se créer un langage d'école et une terminologie technique ; au lieu de se laisser aller à ce développement tranquille et abondant qui constitue le caractère du style de Platon, le mouvement de sa phrase est sans ampleur,

---

[1] T. III, p. 21, trad. Tissot.

la période est courte et n'a pas de grandes ailes ; il use volontiers de termes abstraits, bien que retenu sur cette pente par le sentiment plastique de la langue et l'impérieux besoin de la clarté, caractères de l'hellénisme qui ne se perdent pas en lui. Il est à l'extrême limite de l'atticisme classique ; mais il lui appartient encore. Ses constructions sont grammaticalement correctes, si l'on tient compte de la grande liberté que la syntaxe grecque laissait aux écrivains, et sa langue, sauf quelques locutions techniques[1], est pure et vraiment attique. Il a même la grâce, et on peut facilement le prouver par quelques exemples ; ainsi, quand il analyse la nature du plaisir et le compare à l'acte, il dit : « Le plaisir achève l'acte : non pas qu'il en soit une propriété intrinsèque et comme l'essence ; mais c'est une dernière perfection qui s'y ajoute ; c'est ainsi qu'aux jeunes gens s'ajoute comme un charme propre la fleur de la jeunesse[2]. » Dans les admirables chapitres de la *Politique* où, pénétrant plus profondément encore que Platon dans l'essence de l'art, il montre que non seulement il enflamme nos sentiments et nos passions, mais encore les épure, et qu'il purifie le délire dont il transporte l'âme, il a, pour peindre ces effets, des mots d'une rare poésie et d'une délicatesse exquise : il parle de cette délectation pure, de cette joie innocente, qui allège pour ainsi dire le poids de l'âme, en la pénétrant de plaisir[3]. Lorsque dans sa *Morale*, il veut prouver que, pour atteindre le souverain bien, il faut une activité continue, soutenue de l'âme, et qu'il ne suffit pas de vouloir et de faire une fois, par accident, ce que la raison commande, il éclaircit ou plutôt il illumine sa pensée par ces vives et charmantes images : « Ce n'est pas le premier beau jour ni la première hirondelle qui fait le printemps : ce n'est non plus un jour ou quelques moments heureux qui font le bonheur vrai de la vie[4]. » Ces comparaisons, en traversant comme une vive et soudaine lumière les teintes habituellement

---

[1] Par ex. ὁ τὶς ἄνθρωπος, et le fameux τὸ τί ἦν εἶναι. Un *Dictionarium philosophiae Aristotelicae*, promis par M. Hase (*Leon. Diacon.*, p. 237), n'a été exécuté ni par lui ni par personne. On peut dire que le besoin s'en fait réellement sentir.

[2] *Ethic. Nic.*, X, 4. οἷον τοῖς ἀκμαίοις ἡ ὥρα.

[3] *Polit.*, VIII, 7. κουφίζεσθαι μεθ' ἡδονῆς.

[4] *Ethic. Nic.*, I, 6, 1098, a, 10. μία γὰρ χελιδὼν ἔαρ οὐ ποιεῖ, οὐδὲ μία ἡμέρα. Conf. *Ethic. Eud.*, V, 1. 15. οὐδ' ἕσπερος, οὐδ' ἕως οὕτω θαυμαστός.

et nécessairement graves et austères de son style, n'en produisent qu'un plus grand effet. Ce n'est donc pas un préjugé traditionnel et une sorte de respect superstitieux qui ont inspiré le jugement de Cicéron, qui n'est pas seul à louer le style d'Aristote. Démétrius le rapproche de celui de Sophron et de Lysias, deux vrais artistes, et à tous les trois il donne pour caractères la grâce : « Il y a, dit-il, des grâces sublimes et magnifiques comme celles des poètes ; mais il en est de plus simples : ce sont les grâces d'Aristote, de Sophron et de Lysias[1]. » L'essence de cette sorte de grâce, c'est ce que le rhéteur appelle γλαφυρός, le poli brillant, l'éclat doux et charmant que le travail habile du ciseau sait donner au marbre. Aristote est concis ; mais la concision est une force, et quand cette force est aisée et naturelle, elle est aussi une grâce. Il court trop vite à son but ; il ne se déploie pas, il ne se développe pas ; la liaison des idées et celle des mots est souvent insuffisante, et par conséquent il est souvent obscur. Mais n'est-ce pas une exagération manifeste que de dire avec Galien « qu'il ne parle que par signes[2]. » La difficulté qu'on éprouve à le comprendre vient du fond des choses et de la profondeur même de sa pensée. Un critique grec[3] lui donne quatre qualités littéraires qui constituent un vrai talent d'écrivain : ce sont premièrement la pureté, et sous ce rapport il est un modèle de diction, κάνων τῆς γλώττης ; en second lieu, la propriété de l'expression, toujours simple et naturelle, conforme à l'usage ordinaire, éloignée de l'emphase poétique et des métaphores oratoires. La troisième qualité est la clarté, σαφήνεια, non seulement dans la diction, mais dans les idées ; car, dit très finement le grammairien, il y a aussi une clarté qui vient des choses mêmes. Le quatrième caractère de son élocution est la concision de sa phrase, pleine d'idées qui sont comme pressées, comme entassées les unes sur les autres, πεπύκνωται τοῖς νοήμασι. Si Aristote est un écrivain pur, correct, naturel, je demande s'il est possible de fonder une classification de ses ouvrages sur des défauts de style, et même s'il est sensé de fonder une classification d'ouvrages philosophiques sur des caractères exclusivement littéraires.

---

[1] Demetr., *de Eloc.*, 128. αἱ Ἀριστοτέλους χάριτες.

[2] Galen., *de Sophism.*, II.

[3] Cité par M. Ravaisson, t. I, p. 211, d'après Kopp., *Rhein. Mus.*, III, 100.

Les commentateurs grecs en ont donc imaginé une autre qu'il nous reste à faire connaître et qui est tirée des matières, du contenu des ouvrages. Comme tous les esprits médiocres, ils sont amoureux de divisions systématiques, de symétrie extérieure, de régularité géométrique, de distribution artificielle et mécanique des idées et des choses, et en faisant entrer de vive force dans ces cadres arbitraires les fruits vivants de la pensée, ils croient les avoir soumis à la loi de l'ordre. Il y a des gens qui se font de l'ordre une singulière idée : ils trouvent la disposition des animaux et des plantes dans un jardin zoologique et botanique plus conforme à l'ordre que la distribution qu'en a faite la nature, et où leurs yeux ne savent voir que confusion. L'ordre n'est qu'une limite, un rapport, et il suppose le mouvement libre dont il est la loi. Ce désordre apparent, cette agitation un peu confuse, ce tumulte de la vie et de la réalité cache un art profond, une beauté véritable, un ordre supérieur, qui se manifeste avec sa liberté charmante et puissante dans les créations de la pensée humaine comme dans les productions de la nature. C'est ce mouvement naturel et plein de grâce qui offense les commentateurs, et auquel, dans la classification des écrits d'Aristote, ils substituent une disposition dont la régularité tout extérieure et l'agencement mécanique paraissent les ravir d'admiration. Je vais mettre, sous forme de tableau, ce qui permettra d'en saisir plus facilement le caractère, cette division factice à laquelle Aristote n'a jamais pensé ni pu penser. Comment, dans la composition de ces ouvrages, aurait-il pu emprisonner son génie dans ces cadres prévus d'avance, et pour ainsi dire dans ces tiroirs si bien étiquetés. La création d'un livre, même d'un livre de philosophie, est toujours accompagnée d'un trouble de la pensée, qui elle aussi est une vie et en a les élans imprévus et les caprices aimables.

Après avoir rappelé qu'Andronicus de Rhodes, le onzième successeur, suivant lui, d'Aristote, évaluait à mille le nombre des écrits du fondateur de leur École, David passe sans transition à la classification de ces ouvrages[1], qu'il prétend fondée sur la division immédiate de la philosophie, κατὰ διαίρεσιν τῆς φιλοσοφίας. De ces écrits, dit-il, les uns sont :

---

[1] Nous trouvons cette division dans Ammonius, Simplicius, J. Philopon, Eustrate; mais c'est David qui nous la présente la plus complète et la plus méthodique.

I. — τὰ μερικά, c. a. d. περὶ ἑνὸς καὶ μερικῶν καὶ πρὸς ἕνα γεγραμμένα, par ex. *Les Lettres*.

II. — τὰ καθόλου, c. a. d. περὶ πάντων μονοειδῶν, ont un objet général, mais cet objet se renferme dans un seul genre : par ex. 1° *La Physique* ; 2° *Le traité Du Ciel* ; 3° *Le De la Production des Choses* ; 4° *Les Météores*.

III. — τὰ μεταξύ, intermédiaires, qui ne sont ni περὶ πάντων ni περὶ ἑνός, mais περὶ πλειόνων, par ex.

L'*Histoire* qui se divise en :
I. — *Histoire Politique*.
II. — *Histoire des Animaux et des Plantes*.

LES ÉCRITS καθόλου SE DIVISENT EN :

I. τὰ ὑπομνηματικά. — II. τὰ αὐτοπρόσωπα, par ex. le traité *De l'Âme*. — III. τὰ διαλογικά ou exotériques.

LES ÉCRITS ὑπομνηματικά SE DIVISENT EN :

I. — τὰ μονοειδῆ, par ex. le *De Interpretatione*.
II. — τὰ ποικίλα, comme les soixante-dix livres à Eukairion περὶ συμμίκτων ζητημάτων.

LES ÉCRITS αὐτοπρόσωπα SE DIVISENT EN :

I. — τὰ θεωρητικά qui se divisent en
α'. τὰ φυσικά | β'. μαθηματικά | γ'. θεολογικά

II. — τὰ πρακτικά qui se divisent en :
α'. ἠθικά | β'. οἰκονομικά | γ'. πολιτικά

III. — τὰ λογικά ou ὀργανικά qui se divisent en :
α'. πρὸ τῆς μεθόδου | β'. εἰς τὴν μέθοδον | γ'. εἰς τὰ ὑποδοθούμενα τὴν μέθοδον

LES ÉCRITS φυσικά SE DIVISENT EN :

I. — περὶ τῶν σωματικῶν qui se divisent en :
α'. περὶ τῶν οὐρανίων τῶν σωματί- | β'. περὶ τῶν χαιρόνων, par ex. τον, par ex. le traité *Des Couleurs*.

II. — περὶ τῶν ἀσωμάτων qui se divisent en :
α'. περὶ τὰ ὑπὲρ τὴν σελήνην | β'. περὶ τὰ ὑπὸ τὴν σελήνην

LES ÉCRITS περὶ τὰ ὑπὸ τὴν σελήνην SE DIVISENT EN :

I. — τὰ καθόλου
II. — τὰ μερικά

LES ÉCRITS περὶ τὰ μερικά SE DIVISENT EN :

I. — τὰ ἔμψυχα
II. — τὰ ἄψυχα

LES ÉCRITS SUR LES τὰ ἔμψυχα SE DIVISENT EN :

I. — τὰ αἰσθητά
II. — τὰ ἀναίσθητα

La division de chacune des classes obtenues ainsi est de même reprise et poursuivie jusqu'à épuisement.

Je croirais affaiblir l'impression que doit produire cet écha‑
faudage de divisions et subdivisions scholastiques, si j'ajoutais
un seul mot pour en faire sentir la puérilité stérile.

M. Ravaisson nous offre l'occasion d'une discussion sé‑
rieuse par la classification qu'il propose des ouvrages d'Aris‑
tote et qu'il fonde sur les méthodes différentes de la re‑
cherche et de l'exposition. Qu'il y ait pour rechercher et
exposer les objets de la science deux procédés opposés : l'un
dialectique, qui part de principes qui ne sont vraiment ni
universels ni nécessaires, et ne suit pas rigoureusement les
règles de la démonstration et de l'exposition scientifiques;
l'autre syllogistique ou analytique, qui a les caractères con‑
traires, et qu'on peut appeler philosophique, c'est ce qui
ressort de tous les ouvrages d'Aristote et en particulier de
l'*Organon*. Mais que cette opposition de méthodes corres‑
ponde en général à la division en écrits *ésotériques* et écrits
exotériques, c'est ce qu'il m'est impossible d'accorder. Il me
semble même que le savant et profond auteur de l'*Essai sur
la Métaphysique*, le plus beau livre qu'ait produit la litté‑
rature philosophique contemporaine, détruit son hypothèse,
en partie au moins, lorsqu'il avoue qu'on ne peut plus
montrer dans Aristote ni même dans son école un seul
exemple de ce qu'était un livre *exotérique*[1], et lorsqu'il
reconnaît en outre qu'en appliquant son principe de division,
on est obligé d'admettre que chaque ouvrage peut contenir
réunis les caractères contraires de l'*ésotérisme* et de l'*exoté‑
risme*, suivant que les arguments sont dialectiques ou rigou‑
reusement démonstratifs. Ainsi la *Métaphysique*, le plus
acroamatique des écrits d'Aristote, contiendrait néanmoins
des parties *exotériques*. D'après M. Ravaisson, les ouvrages
subsistants d'Aristote peuvent être ainsi distribués, sous la
réserve qui vient d'être formulée : livres *exotériques* : les
Topiques, la *Réfutation des Sophismes*, une partie de la
Physique, malgré le titre d'ἀκρόασις qui semble lui donner un
tout autre caractère, la *Météorologie*, l'*Histoire des Ani‑
maux*; livres *ésotériques* ou *acroamatiques*: les *Analytiques*,
l'autre partie de la *Physique*, la *Politique*, la *Morale*, la
Métaphysique « la seule science qui mérite à proprement
parler le nom d'*acroamatique*.[2] » On voit que M. Ravaisson

[1] T. I, p. 235.
[2] T. I, p. 287.

place dans la classe *exotérique* des ouvrages tels que la *Physique* et la *Météorologie,* et, dans la classe *acroamatique,* d'autres tels que la *Politique* et la *Morale,* qui avaient été classés dans l'ordre inverse par les commentateurs grecs. De plus, il ne nous dit pas quel caractère il assigne au traité *De l'Ame,* ni dans quelle classe il le range, et on est bien embarassé d'appliquer son principe de division à cet ouvrage. Enfin, si la *Métaphysique* est la seule science qui soit vraiment *ésotérique,* on ne voit plus à quoi pourrait servir la classification proposée : elle n'indique que des à peu près, du plus ou du moins, et n'a rien de fixe, de précis, de scientifique. J'ajoute que M. Ravaisson change, sans nous en avertir, la question même ; sa classification porterait non sur les *écrits* d'Aristote, mais sur les *sciences* qui y sont traitées. Il s'appuie, en effet, sur une division faite par Aristote lui-même ; mais on en méconnaît, je crois, la signification, quand on soutient comme lui qu'elle est « une classification des sciences philosophiques[1] » ou, comme Bonitz, une classification des sciences en général[2]. C'est ce que je veux essayer de démontrer. « Il est évident, dit Aristote, que la Physique n'est ni la Pratique, ni la Poétique ; car dans la Poétique le principe est dans l'artiste qui crée, que ce principe, d'ailleurs, soit le Νοῦς ou la τέχνη, ou une certaine faculté spéciale. Dans la Pratique, le principe est dans l'agent, et c'est la détermination, la résolution. Or, toute activité de l'esprit, toute pensée est ou pratique, ou poétique, ou théorétique : il est donc clair que la Physique est théorétique et qu'elle est une science.[3] » De ce passage il résulte que la science, ἐπιστήμη, n'est identique qu'à la διάνοια θεωρητική, et que ce n'est pas le substantif ἐπιστήμη mais bien διάνοια, qu'il faut sous-entendre à côté des adjectifs πρακτική et ποιητική. Les deux dernières locutions expriment donc une activité de l'esprit fondée sans doute sur une pensée, sur une conception de leur objet, car ni l'art ni la morale ne se comprennent sans l'intelligence, mais telle néanmoins que les principes en diffèrent entre eux et en même temps diffèrent de ceux de la science. La Poétique a pour principe la τέχνη,

---

[1] T. I, p. 244.

[2] *In Metaph.,* p. 281.

[3] *Metaph.,* VI. 1025. b. 18. πᾶσα διάνοια ἢ πρακτική, ἢ ποιητικὴ ἢ θεωρητική.

c'est-à-dire l'ἕξις μετὰ λόγου, ou une certaine faculté spéciale; la morale a pour principe la faculté de se déterminer, de se résoudre, de choisir, ἡ προαίρεσις.[1] La morale, qui descend au détail, qui pénètre dans la réalité, qui ne s'exerce que sur le particulier, qui ne s'enseigne qu'au moyen de généralités acquises par l'expérience personnelle, la morale, le fruit tardif et amer de la vie, n'est pas une science : c'est plutôt une sorte de *sens*[2], et en tant que *sens*, elle s'exerce sur l'individuel et par une intuition directe; elle est donc précisément opposée à la science, fondée sur les principes universels et nécessaires de la raison[3]. Cette même division se retrouve dans le traité *De l'Ame* appliquée non pas aux diverses *sciences*, mais aux diverses facultés, tendances, activités de l'âme ou de la raison considérée comme faculté générale de connaître. Aristote distingue encore ici[4], le Νοῦς ποιητικός du Νοῦς πρακτικός et du Νοῦς θεωρητικός. La science, τὸ ἐπιστημονικόν, est opposée au λογιστικόν pris dans le sens de la faculté délibérative, de la réflexion, qui pèse et calcule les motifs avant de se résoudre et de former une volonté[5].

Il paraît donc certain que la science, pour Aristote, n'est pas un genre que divisent les différences opposées de théorétique, pratique, poétique; mais qu'elle est une des formes particulières de l'activité de l'âme, et peut être définie la pensée théorétique, διάνοια.

Sans doute la langue philosophique, que crée Aristote, n'ayant pas encore la précision et la fixité désirables, on trouvera quelquefois le mot ἐπιστήμη appliqué à la production esthétique et à la vie pratique; mais les définitions ci-dessus rappelées nous gardent d'une confusion qu'un peu de réflexion nous permet d'ailleurs d'éviter. En effet, il résulte des définitions que la poétique est pour Aristote l'art, c'est-à-dire cette puissance dont le principe est dans l'artiste et par laquelle il produit une chose extérieure à lui, placée en dehors de lui; c'est, comme nous dirions aujourd'hui, le génie de la création esthétique. Or il n'est pas possible de confondre cette δύναμίς τις, cette τέχνη ποιητική qui a pour objet l'individuel avec les spé-

---

[1] *Ethic. Nic.*, VI, 1.
[2] *Ethic. Nic.*, VI, 9. ἡ δὲ τοῦ ἐσχάτου... αἴσθησις.
[3] *Ethic. Nic.*, VI, 9.
[4] *De Anim.*, III, 10, 433, a, 14.
[5] *Ethic. Nic.*, VI, 2, 1139, a, 6.

culations rationnelles qui en analysent les principes, le but, l'essence, les formes générales. Comment confondre la *Poétique* d'Aristote et les poèmes d'Homère?

Toute science se propose de rechercher l'essence qui est toujours une idée, un universel : or comme il n'est aucune chose dont on ne puisse rechercher l'essence, il est clair qu'il peut y avoir une science de toute chose, et par conséquent une philosophie de la morale, de la politique, de l'art, qu'il n'est pas légitime d'identifier et qu'Aristote n'identifie pas avec l'art, la politique et la morale.

Ainsi donc on ne trouve dans Aristote rien qui autorise à diviser les SCIENCES en tant que sciences, et encore moins ses écrits en théorétiques, pratiques et poétiques. Je répète qu'il serait sage de renoncer à une classification systématique des œuvres d'Aristote, et surtout à lui en prêter la pensée et à en chercher dans son texte le principe et les indices. Toutes les divisions imaginées et imaginables seront fausses et altéreront la libre allure des créations de ce grand esprit. C'est ainsi que Samuel Petit suppose sans aucun fondement qu'il y a eu pour chaque ouvrage d'Aristote deux rédactions originales; l'une, exotérique, n'était qu'une esquisse que l'auteur développait dans le traité ésotérique correspondant. Suivant Titze, le philosophe n'écrivait pas un livre tout d'une haleine : il en traitait des parties détachées et les publiait séparément; puis, parmi ces divers essais, il faisait un choix, il rapprochait, refondait, étendait, abrégeait, corrigeait, mettait une tête ici, une queue là, et finissait par produire l'œuvre entière. M. Michelet, de Berlin, après avoir proposé une hypothèse nouvelle pour expliquer l'état actuel de la *Métaphysique*, ajoute : « La sagacité des philologues pourrait trouver encore MILLE autres manières d'expliquer la composition de la *Métaphysique*[1]. » Nous pensons que la sagacité des philologues pourra en effet multiplier à l'infini les hypothèses; mais elle ne fera jamais que des hypothèses, et jamais une hypothèse ne sera un fait.

Renonçant donc à une recherche qui nous parait impossible, nous nous bornerons à étudier ici à quelle partie de la science philosophique appartient, d'après Aristote, la science de l'âme.

Après avoir distingué dans l'activité de la pensée, διάνοια,

---

[1] *Examen crit. de la Métaph. d'Arist.*, p. 238.

trois formes, la Science, la Pratique, la Poétique, Aristote établit que la Science se divise en trois espèces particulières, suivant l'objet que la recherche se propose : ces trois sciences sont : La Physique ou philosophie seconde[1], les Mathématiques[2], et la Théologie ou philosophie première.

La Physique a pour objet la substance qui possède en elle-même le principe du mouvement et du repos, c'est-à-dire que le mouvement ne vient pas à l'être physique d'un être extérieur qui le produise : la nature, ἡ φύσις, est un principe, cause du mouvement et du repos dans l'être où il se trouve, et cela non par accident, mais par essence[3]. Mais ce genre d'êtres étant ce qu'il est par la forme, τὸ εἶδος, c'est dans la connaissance de cette forme que consiste la Physique : ce qui n'est os ou chair qu'en puissance n'a pas encore sa nature ; il ne l'aura qu'après avoir pris cette espèce et cette forme, qui n'existe que dans l'idée, κατὰ λόγον, et non dans la réalité, οὔτε φύσει : et c'est là ce que nous déterminons par la définition de l'essence de la chair ou de l'os[4]. » Cela revient à dire que cette forme ne peut exister en réalité à part, comme un être en soi, mais qu'elle est abstraite et séparée par la pensée des choses naturelles, lesquelles ne peuvent exister sans matière

---

[1] *Metaph.*, VII, 11, 1037, a, 15, δευτέρα φιλοσοφία.

[2] *Metaph.*, VI, 1, 1026, a, 19. Conf. *de Anim.*, I, 1, 403, b, 11. — Tout en faisant aux mathématiques une place dans sa classification des sciences et en leur donnant pour contenu propre les choses immobiles, que la pensée peut abstraire de la matière en mouvement, Aristote ne leur en a pas fait une grande dans ses écrits ni peut-être même dans son estime ; il considère l'invasion des mathématiques comme mortelle à la philosophie, et le seul ouvrage de lui qu'on pourrait appeler mathématique, le traité *Du Ciel*, d'ailleurs d'une authenticité douteuse, aurait probablement dans sa pensée appartenu à la Physique.

[3] *Phys.*, II, 1, 192, b, 13. Les astres étant continuellement en mouvement, les minéraux constamment en repos, car le mouvement n'est pas de leur essence et n'est en eux qu'un accident, se trouveraient, par cette définition, placés en dehors de la nature, si l'on entendait que tout être naturel dût successivement se mouvoir et (καὶ) se reposer. Aussi Porphyre (*Scholl. Arist.*, 345, b, 39) propose de prendre καὶ dans le sens de ἢ *ou*. On pourrait aussi soutenir que le règne minéral n'est pas tout à fait étranger au mouvement ; la chimie inorganique autorise à y supposer des mouvements, des vibrations moléculaires qui expliquent non seulement l'augmentation et la figure, mais l'adhérence des molécules.

[4] *Phys.*, II, 1, 192, b, 20 ; 193, a, 36. Conf. *Metaph.*, V, 4, 1014, b, 18 ; 1015, a, 14 ; VI, 1, 1025, b, 28 ; XI, 7, 1064, a, 15 ; XII, 3, 1070, a. *De Cœl.*, IV, 1, 308, 1.

et sans mouvement, ni être définies sans les notions du mouvement et de la matière [1]. On peut faire entrer dans la Physique au sens large la Cosmologie, la Météorologie, la Biologie ou Théorie de la vie organisée, à laquelle appartient la science de l'âme, principe de toute vie.

La Physique a donc pour objet la forme spécifique des êtres qui ont en eux-mêmes le principe du mouvement, et cette forme n'est pas réellement séparable de l'être individuel et n'en est abstraite que par l'esprit. S'il en est ainsi, si l'être naturel, ἡ φύσις, est double, une forme et une matière tellement unies que, pour déterminer son essence, on ne doit la déterminer ni par sa matière ni sans sa matière [2], il est clair que la connaissance de l'âme appartient à la Physique, dans le système d'Aristote où l'âme est la forme, l'entéléchie première d'un corps physique ayant la vie en puissance [3]. Mais le Physicien ne doit pas étudier, chercher à définir toute espèce d'âme, mais cette espèce d'âme seule, ἐνίας, qui n'existe pas indépendamment de la matière [4]; car il y a une autre espèce d'âme : il y a des êtres dont il subsiste quelque chose après la dissolution du lien qui unissait en eux la forme et la matière, et ce quelque chose c'est, par exemple, la raison, ὁ Νοῦς [5]. L'âme qui peut subsister sans matière n'est pas toute âme, ni même toute l'âme humaine, mais l'âme en tant que raison, et raison active ou intellect agent, comme Aristote l'expliquera dans le III⁰ livre de son traité *De l'Ame* [6].

L'âme est considérée ici comme pouvant exister par soi, indépendamment de la matière, comme forme pure, séparable, χωριστός, impassible, exempte de tout mélange, en acte. Il y a plus : cette raison active n'est vraiment ce qu'elle est que dans l'état de séparation réalisée, χωρισθείς, et c'est ce qui constitue son immortalité. Mais il résulte alors de cette nouvelle manière de considérer l'âme que la Physique n'est pas la science capable d'atteindre un objet qui s'élève au-dessus

---

[1] *Metaph.*, VI, 1, 1026, a, 3.

[2] *Phys.*, II, 2, 194, a, 12. οὔτ' ἄνευ ὕλης... οὔτε κατὰ τὴν ὕλην.

[3] *De Anim.*, II, 1, 412.

[4] *Metaph.*, VI, 1, 1026, a, 4.

[5] *Metaph.*, XII, 4, 1070, a, 25. Conf. *id.*, VI, 1, 1026, a. 5. *De Anim.*, III, 5, 130, a, 17. Zeller, t. III, p. 447.

[6] *De Anim.*, III, 1, 429, a, 21. et encore I, 1, 403, a, 16 et 28. Conf. *De Part. Anim.*, I, 1, 641.

de ses limites, et est placé dans une région supérieure et étrangère à la matière et au mouvement.

La science de l'âme se partagera donc entre la Physique, qui la réclame en tant que forme liée à une matière, et la Théologie ou philosophie première à laquelle elle appartient en tant que forme pure, acte parfait, cause immobile du mouvement, source indéfectible et éternelle de la vie supérieure de la pensée qui se pense elle seule et elle-même. Cette âme, c'est l'être en tant qu'être, parfait, en soi et pour soi, et dont la connaissance est réservée à la Métaphysique[1].

§ 5.

LES ÉCRITS PSYCHOLOGIQUES D'ARISTOTE.

Les écrits d'Aristote qui traitent plus ou moins directement de l'âme et de ses diverses fonctions ou opérations sont nombreux. On pourrait y faire entrer, en partie du moins, la *Physique*, théorie du mouvement dont l'âme est le principe, les livres *De la Génération et de la destruction des choses*, qui ne s'opèrent que par le mouvement, les traités de logique qui étudient les lois de la raison, l'*Histoire des animaux*, les traités *Des Parties des animaux*, *De la Génération des animaux*, *De la Marche des animaux*, *Du Mouvement des animaux*, qui ne sont pas de simples descriptions des faits, mais ressemblent plutôt à nos traités d'anatomie et de physiologie comparées. Je les laisse ici de côté, parce qu'ils ne touchent pas spécialement l'objet propre de nos recherches, sur lequel nous les consulterons cependant accidentellement.

Des écrits spécialement consacrés à la psychologie, le plus considérable et aussi le plus difficile à comprendre est le traité *De l'Ame*, cité sous ce titre par Aristote lui-même, en maints endroits de ses autres ouvrages[2]. Il est étrange que Diogène de Laërte[3] n'en cite qu'un seul livre[4] et mentionne

---

[1] *Metaph.*, VI, 1, 1026, a, 16.
[2] Et par ex. *De Gener. Anim.*, IV, 3.
[3] C'est par erreur que Zeller prétend que Diogène et l'Anonyme ne mentionnent pas le traité *De l'Ame*.
[4] Diog. L., V, 22. Anon.. *Vit. Arist.*, p. 13, l. 16.

dans son catalogue un autre écrit intitulé : Θέσεις περὶ ψυχῆς[1]. Comment Diogène ne connaît-il pas le vrai nombre des livres de notre traité ? L'écrit intitulé Θέσεις est-il un ouvrage différent du nôtre ? Faut-il admettre, par la faute de Diogène ou celle d'un copiste, un double emploi ? Que signifie d'ailleurs le titre Θέσεις περὶ ψυχῆς ?

Les catalogues nous font connaître sous le titre Θέσεις quelques ouvrages attribués à Aristote et que nous n'avons pas : par exemple, Θέσεις ἐπιχειρηματικαί, Θέσεις ἐρωτικαί, Θέσεις φιλικαί[2]. On est bien loin d'être certain de la signification exacte du mot Θέσεις dans les titres que nous venons d'indiquer: D'après Théon, le rhéteur[3], il désigne des « recueils de sujets d'exercices oratoires, comme on en peut trouver, dit-il, dans les nombreux livres de *Thèses* de Théophraste et d'Aristote. » Strabon, dans le fameux passage si souvent produit, oppose aux θέσεις, aux thèmes qu'on développe d'après les procédés vides et déclamatoires de la rhétorique artificielle, les traités scientifiques et philosophiques[4]. Alexandre d'Aphrodisée dit dans son commentaire sur les *Topiques*[5]. « Ils recevaient quelques questions de leurs interlocuteurs, et s'efforçaient de les traiter pour exercer leurs auditeurs en employant la démonstration par le vraisemblable : δι' ἐνδόξων τὰς ἐπιχειρήσεις. Cette sorte de raisonnement était habituelle aux anciens, et c'est sous cette forme qu'ils faisaient la plupart de leurs leçons, et non, comme aujourd'hui, avec des livres ; car il n'y avait pas encore de livres de cette sorte. Mais une certaine thèse étant posée, ils exerçaient leurs élèves à la traiter, et cherchaient à développer en eux la faculté de trouver des preuves, soit en confirmant, soit en renversant par des arguments probables la proposition, τὸ κείμενον ; et il y a des livres de

---

[1] Diog. L., V, 24. Le catalogue de l'Anonyme ne fait guère que reproduire celui de Diogène, sauf quelques additions tirées d'Hésychius, d'après la conjecture de Rose (*De Arist. lib. ordine*, 1854, p. 48). Au contraire le catalogue arabe publié par Casiri (Biblioth. arab., I, p. 308) et que M. Wenrich (*De auctor. Græc. version. et comment.*, Leips., 1842) croit pouvoir attribuer à un auteur nommé Dschemaluddin, connaît les trois livres de nos mss. et le titre qu'ils leur donnent.

[2] Diog. L., V, 24. Anon., p. 13. Conf. Alex., *In Topic.*, *Scholl. Arist.*, 254, b, 7-10. On en cite aussi de Théophraste, Diog. L., IV, 27.

[3] *Progymn.*, 8, p. 165, t. IV. *Rhet. Græc.*, éd. Walz.

[4] Strab., XIII, 1, p. 418.

[5] *Scholl. Arist.*, 254, b, 1.

cette espèce, écrits par Aristote et Théophraste, où l'on voit le pour et le contre soutenus par des arguments probables. » Il n'est pas dit dans ce passage et il n'est pas vraisemblable que le nom de θέσις ait été donné par les auteurs mêmes à ces traités, à ces manuels, quelle qu'en soit d'ailleurs la vraie nature : c'est du moins ce que nous portent à croire les lignes suivantes de Porphyre[1] : « J'ai imité Apollodore d'Athènes et Andronicus le péripatéticien, dont l'un a réuni et publié en dix tomes Epicharme, le poète comique, et dont l'autre a divisé en traités, πραγματείας, les écrits d'Aristote et de Théophraste réunissant ensemble les sujets qui avaient un rapport intime les uns avec les autres[2]. » Si donc les titres des ouvrages d'Aristote n'appartiennent pas en général à leur auteur, mais à ses éditeurs, à plus forte raison peut-on admettre que celui de Θέσις ne lui apppartient pas. Aristote appelle thèse ou hypothèse la proposition qu'on prend pour principe d'une suite de raisonnements, sans qu'elle ait été démontrée et sans qu'elle soit par elle-même évidente : ce qui la distingue de l'axiome[3]. La thèse qui prend l'une des parties, quelle qu'elle soit, de l'énonciation, c'est-à-dire qui affirme ou qui nie l'existence de la chose est une hypothèse; si elle se borne à en exposer l'essence, c'est une définition[4]. Rien de tout cela ne peut s'appliquer aux Θέσεις περὶ ψυχῆς, qui ne pouvaient être que des recueils d'observations relatives à l'âme, accompagnées de démonstrations par des arguments vraisemblables, produits dans les deux sens, semblables quant au procédé, aux recueils de thèses oratoires dont parle Théon, et servant d'exercices pratiques de dialectique philosophique, comme ceux-là servaient d'exercices et de manuels pratiques de dialectique oratoire.

Mais, même entendues dans ce sens, ces Θέσεις ne peuvent être confondues avec notre traité *De l'Ame,* et si ce livre a jamais existé, ce qu'il est aussi téméraire d'affirmer que de nier[5], il a dû former un ouvrage tout à fait différent.

---

[1] *Vit. Plot.*, p. 117, l. 18, éd. Didot.
[2] τὰς οἰκείας ὑποθέσεις.
[3] *Anal. Post.*, I, 1, 72, 15.
[4] *Anal. Prior.*, I, 23, et *Post.*, I, 2.
[5] Il n'en est pas, du moins, resté un seul vestige, pas une citation même d'un seul mot. Thémiste, dans son commentaire sur le traité d'Aristote, cite le second livre d'un ouvrage de Théophraste intitulé : περὶ ψυχῆς Θέσις μία

Les commentaires grecs conservés sur le traité *De l'Ame* sont ceux de Simplicius et de Jean Philopon[1], les premiers publiés à Venise par les Aldes en 1527 et traduits en latin par Lungus Asulanus Evangelista, Venise, 1554[2]; les seconds, publiés également à Venise par Victor Trincavelli, en 1535 et en 1544, furent traduits en latin et publiés à Lyon par Gentian Hervet et à Venise par Math. Bove. Un extrait de Simplicius a été fait en grec par Jacob Schegkius et publié à Bâle en 1544.

Les commentaires d'Alexandre d'Aphrodisée[3] et de Plutarque, fils de Nestorius[4], sont perdus. Nous avons d'Alexandre un traité *De l'Ame*, véritable paraphrase de celui d'Aristote, publié par Trincavelli avec les *Questions naturelles*, à Venise, en 1536. Le premier livre a été traduit en latin par Donati et publié avant le texte en 1502; le second, qui ne fait pas suite au premier et forme un ouvrage à part, a été édité par Ange Caninius, qui le réunit au premier.

L'ouvrage de Thémiste qui porte aussi le titre *De l'Ame*, n'est pas non plus autre chose qu'une paraphrase : il a été publié par les Aldes en 1534 avec les commentaires sur les *Analytiques postérieurs*, sur la *Physique*, sur les opuscules *De la Mémoire, De la Réminiscence*. Une version très élégante, dit Vossius, mais très infidèle, en a été donnée par Hermolaüs Barbarus à Tarvis en 1481 et à Venise en 1570. Fabricius[5] cite une autre traduction faite, avec des commen-

---

que Meursius proposait de changer en Θέσεις μία', c'est-à-dire 41 *Thèses sur l'Ame*.

[1] Tous deux du vi[e] siècle et tous deux disciples comme Damascius, Asklépius, Théodotus et Olympiodore, d'Ammonius, fils d'Hermias.

[2] Une autre traduction de Jean Fasciolus, publiée à Venise en 1543, est faite sur un manuscrit plus complet.

[3] Sous Septime-Sévère, entre les années 198 et 211, chef de l'Ecole péripatéticienne, à Athènes. Ce grand commentateur d'Aristote, connu sous le nom de l'Exégète, ὁ ἐξηγητής, a, dans ses quatre livres d'Ἀπορίαι καὶ λύσεις, traité quelques points qui peuvent servir de commentaire à l'ouvrage d'Aristote, et en outre laissé un traité *De l'Ame* qui n'est guère que la paraphrase de celui de son maître.

[4] Ce Plutarque d'Athènes, fils de Nestorius, maître de Syrianus, le premier chef de l'Ecole néoplatonicienne d'Athènes, mort entre 431 et 435, est célébré par Priscianus de Lydie comme un des plus excellents interprètes d'Aristote.

[5] *Bibl. Græc.*, t. III, p. 236.

taires précieux, par Ludov. Nagarola de Vérone, lesquels se trouvent joints à la version d'Hermolaüs Barbarus de 1570. On a à la Bibliothèque nationale[1] une version anonyme des commentaires de Thémiste et de ceux de Jean le Grammairien sur le περὶ Ψυχῆς d'Aristote.

On en connaît encore une autre paraphrase dont l'auteur est Théodore Métochita, grand logothète de Constantinople, qui vivait au XIVe siècle et avait commenté d'autres ouvrages de notre philosophe. Le texte grec en est resté manuscrit et Fabricius n'en cite qu'une traduction due à Gentian Hervet, mais dont il n'indique ni la date ni l'imprimeur. Une paraphrase de Sophonias, tout à fait inconnu, se trouve en manuscrit dans la Bibliothèque de Vienne[2] et dans celle de Florence[3].

Au manuscrit coté CCLXXIII de la bibliothèque de Nani, archiviste et bibliothécaire de la République de Venise, on trouve joints des commentaires de Corydalleus, écrivain dont on ne connaît ni l'époque ni la personnalité. Villoison[4] en cite d'autres de Marcus, contenus dans un manuscrit de Venise. Le commentaire d'Averroès n'a pas été édité en arabe ni en hébreu : on en a une traduction latine publiée à Venise en 1574, due à Michel Sophianus, et une autre publiée à Padoue en 1472 par Canozi di Lendenara avec une traduction des livres d'Aristote d'après la version d'Averroès. La version de Sophianus porte ce titre : « Aristotelis *De Anima* libri III, cum Averroïs commentariis ex antiqua translatione. His accessit eorumdem libr. tralatio Michaele Sophiano interprete[5]. »

---

[1] Mss. du fonds de Sorbonne, 963. Le ms. 1921 contient avec le περὶ Ψυχῆς d'Aristote les commentaires de Michel d'Éphèse.

[2] Cod., LIII.

[3] Medic. Cod., XXX. Conf. Fabric., *Bibl. Græc.*, t. III, p. 236. Trendelenburg, dans son édition du *De Anima*. præf., p. 15, nous apprend que Brandis avait eu l'intention, qu'il n'a pas réalisée, de publier le commentaire de Sophonias.

[4] *Anal. Græc.*, t. II, p. 248.

[5] Ce Michel Sophianus, professeur de grec à Padoue, est l'auteur de corrections critiques dans le texte de l'*Eschyle* de Franz Robortelli, 1552. C'est à lui que Camérarius a dédié son édition des *Catégories* d'Archytas, Leyd., 1564. Il était probablement le fils de Nicolas Sophianus de Corfou, élevé dans le célèbre collège grec fondé à Rome par Léon X, où il copia de sa main bon nombre de manuscrits dont plusieurs sont à la Bibliothèque Nationale. C'est l'auteur d'une grammaire de grec moderne publiée en 1870 par M. Émile Legrand.

Boèce (Anicius Manilius Severinus Boethius) avait eu, nous l'avons déjà dit, l'intention de traduire en latin toutes les œuvres d'Aristote et de Platon. C'est lui-même qui nous l'apprend : « Aristotelis opus quodcumque in manus venerit... omnesque Platonis dialogos vertendo vel etiam commentando in latinam redigam formam », et il ajoute qu'après ce travail il sera démontré que sur presque tous les points les deux philosophes, contrairement à l'opinion commune, sont parfaitement d'accord : « eos non, ut plerique, dissentire in omnibus, sed in plerisque, quæ sunt in philosophia, maxime consentire demonstrem[1]. » D'une lettre de Théodoric[2], on serait tenté de conclure que ce projet a été exécuté et que Boèce avait publié ces traductions et d'autres encore : « Translationibus enim tuis Pythagoras Musicus, ... Plato Theologus, Aristoteles Logicus quirinali voce disceptant. » Cependant aucun écrivain du moyen âge ne mentionne de Boèce d'autres versions que celles de l'*Organon*, comme le dit expressément Roger Bacon : « *aliqua logicalia* et *pauca* de aliis transtulit in latinum[3]. » Saint Thomas cite, il est vrai, dans son commentaire sur la *Métaphysique*, quatre fois une version de Boèce; mais M. Jourdain[4], à qui j'emprunte ces détails, suppose que ce doit être un Boèce de Dalmatie, de l'ordre de Dominique, et vivant au xiiie siècle.

Fabricius et Brucker avaient prétendu que Frédéric II, mort en 1250, avait fait traduire Aristote. M. Jourdain a fait remarquer[5] que la lettre de Frédéric sur laquelle ces deux historiens s'appuient ne mentionne aucune traduction ni complète ni partielle et indique seulement des traductions d'écrits sans nom d'auteur, relatifs à la Logique et aux Mathématiques.

La plus vieille traduction latine du traité *De l'Ame* que l'on connaisse, date approximativement du xiie siècle; elle se trouve dans un manuscrit de Göttingen et n'a pas été imprimée. Michel Scott, dont on ne peut fixer avec précision ni le lieu ni la date de naissance, mais qui écrivait à Tolède vers 1217, en a laissé une version faite, comme toutes ses

---

[1] *Opp.*, Basl., 1570, t. I, p. 308.
[2] Aurel. Cassiod., *Opp.*, Rouen, 1769, t. I, p. 21.
[3] Rog. Bac., *Opus maj.*, p. 19.
[4] *Rech. crit.*, p. 400.
[5] *l. l.*, p. 156.

autres traductions, sur le texte arabe. Albert le Grand dit de lui : « nescivit naturas nec bene intellexit libros Aristotelis [1] », et Roger Bacon [2] ne lui est pas plus favorable.

La *Vetus translatio* qui a servi à S. Thomas et qui accompagne ses commentaires dans quelques éditions est celle qui est connue sous le nom de Versio Boethiana. La version faite sur les instances de S. Thomas [3], secondé par le pape Urbain IV, et qui porte dans les manuscrits examinés par M. Jourdain le titre de *Translatio nova,* parut de 1260 à 1270, est attribuée par Fabricius soit à Guillaume de Morbeka [4], soit à Thomas de Cantipré [5], et, par J. Aventinus, à Henri de Brabant : « Anno Christi 1271. Henricus Brabantinus, dominicanus, rogatu D. Thomæ e græco in latinam linguam de verbo ad verbum, transfert omnes libros Aristotelis [6]. » Mais ces versions nouvelles n'étaient peut être,

---

[1] *Opp.*, t. II, p. 140.

[2] *Opus maj.*, præf.

[3] Guill. Tocco, *Acta Sanctor.*, Anvers, 1643, mois de mars, t. I, p. 666. « Procuravit ut fieret novæ translatio quæ sententiæ Aristotelis contineret clarius veritatem. »

[4] Fabric., *Script. rer. Germanicar.*, 1706, p. 206. « Transtulit omnes libros Aristotelis de Græco in latinum..., ad instantiam domini Thomæ Aquinatis. » On ne connaît plus de lui que les versions de la *Rhétorique* et de la *Politique*. — La *Chronique slave* à l'année 1273. « Wilhelmus Brabantia, ordinis Prædicatorum, transtulit omnes libros Aristotelis de Græco in latinum, verbum ex verbo, qua translatione scholares adhuc hodierna die utuntur in scholis, ad instantiam Domini Thomæ de Aquino. »

[5] Fabric., Trithemius, *De Script. Eccles.*, c. 469. « Græci sermonis habuisse peritiam et libros Aristotelis quorum usus est in scholis, transtulisse. » — On trouve vers 1210 ou 1215 traduits en latin les trois livres *De l'Ame*, avec la *Physique*, la *Métaphysique*, le traité *De Gener. et corrupt.*, et les petits traités de physique, sans qu'on connaisse les noms des traducteurs.

[6] J. Aventini, *Annal. Boiorum*, lib. VII, c. 9, p. 673, Leips., 1710. « Usus est Albertus veteri translatione quam Boethianam vocant. » Cette traduction, que saint Thomas compare souvent dans son texte avec la nouvelle pour fixer le choix de la leçon, était des plus fautives s'il faut en croire la vive critique de Guillaume Dorothée : (*Script. Ord. Prædic.*, t. I, p. 390.) « Nulla fere in illa *veteri translatione* linea est, in quam non expuat græcarum litterarum, dialectices ac grammatices peritus. Eo præterea morbo elanguet *vetus translatio* ut ille, quisquis fuerit, ea vocabula quæ sibi tam perspecta non erant omnia, omiserit... etc. » Roger Bacon, qui en possédait plusieurs, n'est pas moins sévère dans son jugement sur ce qu'il appelle *translationes vulgatæ*, ou au singulier *translatio vulgata*, ou encore *translatio quæ in usu vulgi est*.

comme le suppose M. Jourdain¹, qu'une revision des anciennes faites sur l'original, supposition confirmée par le fait que les manuscrits qui se terminent par les mots *nova Translatio* ne diffèrent des anciennes versions que par des variantes.

Parmi les éditions spéciales du traité *De l'Ame*, nous citerons celle de Casaubon, Bâle, 1554, qu'accompagne une traduction de Jean Argyropoulo; celle de Jacob Schegk avec des extraits des commentaires de Simplicius, Bâle, 1544; celle de Pacius avec une traduction et des commentaires très estimés²; enfin celle de Lefèvre d'Etaples avec une introduction latine³.

Parmi les commentaires latins viennent en première ligne ceux d'Albert le Grand, de S. Thomas, de l'Université de Coïmbre; puis, moins connus et moins importants:

1. Aristotelis *De Anima*, cum interpretatione Gaetani Thienensis. Venet., 1481.

2. Eruditissimæ dilucidationes trium librorum Aristotelis qui *De Anima* inscribuntur: Authore Vincentio Quintiano Brixiensi. Bolon., 1575.

3. Bonaventuræ Belluti Disputt. in Aristotelis libr. *De Anima*, Venise, 1643.

4. Franc. a Vico Mercato Commentt. in libr. *De Anima*. Venise, 1574.

5. Commentt. Petri Martinensis Toletani. Sagunti, 1575.

6. Joa de Janduno, Super libros Aristotelis *De Anima* Quæstiones. Venet., 1561.

Gassendi a critiqué l'ouvrage d'Aristote avec sa sévérité habituelle⁴.

L'authenticité du περί Ψυχῆς, quoique niée par Cœlius⁵, ne fait aucun doute pour les critiques, puisque Aristote le mentionne lui-même dans les *Parva naturalia*, dans l'*Herménéia*⁶ et dans les livres *De la Génération des animaux*⁷. Un tra-

---

¹ *Rech. crit.*, p. 214.

² Francf., 1596 et 1621; Hanov., 1611.

³ Bâle, 1538.

⁴ *Exerc. Parad.*, V, § 10; VI, § 9; VII, § 10; VIII, § 7. Origène (Hippolyte, *Adv. Hær.*, p. 219, Mill.), dit qu'il est si obscur que dans ses trois livres on ne peut pas savoir ce qu'a voulu dire Aristote.

⁵ *Sec. cur.*, Epp., p. 349, Verpoosten.

⁶ Ch. I, p. 16.

⁷ *De Sens.*, 2, 3, 4. *De Mem.*, I, p. 449. *De Somn.*, 2, p. 455. De

ducteur allemand, C.-H. Weisse, a contesté l'authenticité, non de l'ouvrage entier, mais celle des deux premiers chapitres du III⁰ livre, qui paraissent se rapporter plutôt au II⁰ livre, dont ils formeraient comme un appendice ; mais M. Schmidt[1] et M. Trendelenburg, dans son excellente édition[2], l'ont complètement et facilement réfuté. Si nous n'avions pas de témoignages exprès qui nous affirment l'authenticité, ce serait déjà une preuve assez forte que le fait qu'elle n'a jamais été contestée. La tradition, qui a aussi sa valeur historique, n'a jamais varié. De plus, la langue, la doctrine, l'accord des idées avec celles des autres ouvrages d'Aristote ne laissent place à aucun soupçon légitime.

L'ouvrage est-il incomplet? Oui, si l'on veut dire par là que l'auteur n'a pas rempli le plan tout entier qu'il s'était tracé, et résolu toutes les questions qu'il s'était posées[3]; non, si l'on veut dire que le livre, complet en sortant des mains de l'auteur, ne nous est arrivé que mutilé. Si au III⁰ livre, Aristote dit : « Est-il ou non possible que, sans être elle-même séparée de l'étendue, l'âme pense quelque chose qui en soit absolument séparé ? c'est une question que nous étudierons plus tard, » il n'est pas nécessaire d'entendre qu'Aristote se proposait d'y répondre et y ait en effet répondu dans le traité *De l'Âme*, et l'on n'a pas le droit d'inférer que l'ouvrage nous est arrivé incomplet, parce que nous n'y trouvons pas la réponse promise. Il est certain que cette grave question ne reçoit ni là ni ailleurs une solution nette et expresse; ni Simplicius, ni Philopon, ni Albert, ni S. Thomas n'en disent un mot. Les Coïmbrois seuls sont assez hardis pour nous renvoyer à la *Métaphysique*, mais sans indication du passage. Trendelenburg se borne à dire : « Ubi hæc quæstio tractata est ? » Il n'en sait rien et nous n'en savons pas davantage.

Somn., I, 449. *De Resp.*, 4, 474. *De Gen. an.*, II, 3, 737 ; V, 1, 779. *De Incess. an.*, 19, 714. *De Comm. anim. mot.*, 6, 700.

[1] *Jahrb. f. wissenschaftl. Kritik*, Aug., 1831, n⁰˚ 21-23, p. 161.

[2] *Jena*. 1833.

[3] La première aporie, à quelle catégorie d'êtres l'âme appartient-elle? reste sans solution expresse; mais toute la discussion du deuxième livre et la définition qu'elle prépare renferment les éléments essentiels de la réponse. Il est vrai cependant que la discussion sur les πάθη et les ἔργα de l'âme n'est pas telle qu'on pouvait l'attendre.

Celui qui voudra et pourra entreprendre une édition critique française du traité *De l'Ame*, aura à sa disposition de nombreuses ressources : la Bibliothèque nationale de Paris contient à elle seule quatorze manuscrits[1] dont l'un du xᵉ siècle, coté 1853, a été le guide presque constant de l'édition générale de Bekker, qui ne paraît pas cependant en avoir épuisé les leçons[2]. M. Trendelenburg l'a consulté avec fruit, et un autre éditeur ne perdrait pas sa peine à le collationner de nouveau et tout entier.

Le second livre avait été refait par Aristote partiellement ou intégralement et il nous reste des fragments de cette double composition[3], cités par M. Torstrick[4]. Le troisième livre si obscur et si difficile se trouvait entre les mains de Thémiste et d'Alexandre dans l'état où il nous est arrivé.

Je termine ce paragraphe en donnant quelques renseignements bibliographiques sur les petits traités d'Aristote qui ont rapport à la science de l'âme et font partie du groupe désigné habituellement sous le titre de *Parva Naturalia*.

1. *De Sensu et sensato*, comme disaient quelques traductions latines par un barbarisme énergique. Ce petit ouvrage, cité par Simplicius[5], Thémiste[6], Porphyre[7], a été commenté par Alexandre d'Aphrodisée[8]; on en connaît une paraphrase de Théodore Métochita qui n'a été publiée que dans la version latine. Le commentaire d'Aspasius, cité par Alexandre, est perdu. Celui d'Averroès a été imprimé dans la version hébraïque à Venise avec des notes explicatives de R. Lévy Ben

---

[1] Les autres manuscrits sont indiqués par M. Trendelenburg dans la préface de son édition spéciale. Conf. Brand. dans les *Mém. de l'Acad. des sciences de Berlin*, 1831, p. 47, un mémoire : *Die Arist. Handscriften der Vaticanischen Bibliotek*.

[2] Trend., *Præf.*, p. 30. « Multa enim ex hoc codice Bekkerus vel referre neglexit vel falso retulit. »

[3] C'est ainsi que plusieurs livres de la *Métaphysique*, le VIIᵉ livre de la *Physique*, le IVᵉ livre des *Parties des animaux* ne sont que des rédactions refaites des mêmes sujets. Conf. Wilh. Christ, *Studia in Arist. libros Metaph. collata*, Berlin, 1853.

[4] *Arist. De Anima*, Berlin, 1872.

[5] *In Phys.*, p. 205.

[6] *In Phys.*, p. 81, b.

[7] *Ad Ptol. Harmon.*, p. 328.

[8] En grec, ms. *Cod. Bav.*, CL.

Gerson. Un commentaire latin de Maynetti Marpretto a paru à Florence en 1555. Trendelenburg[1] soutient contre Rose[2] l'intégrité de l'ouvrage.

2. *De Memoria et reminiscentia*[3] : on a de cet opuscule des scholies grecques de Michel d'Ephèse, une paraphrase de Thémiste, une autre, en latin seulement, de Théodore Métochita. Cœlius[4] nie l'authenticité, mise hors de doute par les références d'Aristote et les citations des commentateurs.[5]

3. *De Somno et vigilia* : cet ouvrage manque aux catalogues de Diogène et de l'Anonyme; l'Arabe le joint au précédent sous le titre *De Memoria et somno*, comme le fait également Suidas qui l'intitule Μνήμη [5]; on a de cet opuscule une paraphrase de Thémiste, des scholies de Michel d'Ephèse, et une paraphrase de Théodore Métochita, en latin seulement.

4. *De Insomniis* : ce traité manque, comme le suivant, aux catalogues de Diogène et de l'Anonyme, mais se trouve comme lui dans celui de Dschemaluddin. Il nous en reste une paraphrase de Thémiste, des scholies de Michel d'Ephèse, une version latine de la paraphrase de Théodore Métochita.

5. *De Divinatione per somnum*, dont nous possédons une paraphrase de Thémiste, des scholies de Michel d'Ephèse, une paraphrase de Théodore Métochita dans la version latine seulement.

6. *De Longitudine et brevitate vitæ*, qui manque à Diogène, mais est mentionné par l'Anonyme, l'Arabe Dschemaluddin et Athénée[7] : nous avons des scholies grecques de Michel d'Ephèse, et une paraphrase de Théodore Métochita dans la version latine seulement. Le texte grec de l'ouvrage d'Aristote, accompagné de commentaires de Ch. Hegendorf, a été imprimé à part, à Bâle, 1536.

7. *De Juventute et senectute.*

---

[1] p. 119.

[2] *De Ordin. et auctor. lib. Arist.*, p. 219-226.

[3] Diog. L., V, 25, et Anon., μνημονικόν, α'. *Bib. arab.*, p. 308 : Memoriale, 11. *De Memoria et somno*, 1.

[4] *Sec. cur.*, Ep. l. II, p. 349.

[5] *De Sens.*, I, 436, a. *De Motu anim.*, c. 11.

[6] Conf. A. Gell., VI, 6. Alex., *Ad Topic. Scholl. Arist.*, p. 296, b, 1.

[7] Athen., VIII, 353, a.

8 *De Respiratione,* qui manque à Diogène et à l'Anonyme.

9. *De Vita et morte,* qui leur manque également.

Les *Parva Naturalia* comprennent encore :

10. Le traité *De Animalium incessu* ou *de Gressu communi,* édité par Morel, à Paris, et, suivant Casaubon, mal traduit et mal commenté par Nic. Léon Thomeo. On en a des scholies grecques de Michel d'Ephèse, éditées par François d'Asola, avec les commentaires de Simplicius sur les trois livres *De l'Ame,* et le commentaire d'Alexandre sur le *De Sensu et sensato,* Venet., 1527.

11. Le traité *De Spiritu animali* avec une traduction latine sans nom d'auteur, qui se trouve dans les éditions générales. Jérôme Mercurialis[1] et Sylburg en contestent l'authenticité pour laquelle parlent une référence d'Aristote[2] et une citation de Galien[3]. Meursius est disposé à attribuer ce traité à Théophraste, et Patrizzi[4], à Straton de Lampsaque.

Le groupe entier des *Parva Naturalia* a été traduit par Pierre Alcyonius[5], dont les graves erreurs ont été indiquées et corrigées par J. Gen. Sepulvéda, qui en a publié lui-même une autre traduction[6]. Des commentaires d'Augustin Niphus ont été publiés à Venise et à Rome.

---

[1] *Var. lect.,* II, 12.
[2] *De Mot. anim.,* I. 1.
[3] *De Simpl. medic. facult.,* V.
[4] *Discuss. peripat.,* p. 74. Conf. Fabric., *Bib. Græc.,* t. III, p. 289.
[5] Venise, 1521 ; Bâle, 1546.
[6] Paris, 1532.

EXPOSITION
de
LA PSYCHOLOGIE D'ARISTOTE

CHAPITRE PREMIER.

§ 1ᵉʳ.

IMPORTANCE, OBJET, MÉTHODE DE LA SCIENCE DE L'AME.

L'étude de l'âme, dit Aristote, constitue une des sciences les plus considérables par son importance, et en même temps une des plus difficiles. Qu'on juge de son importance : c'est sur la connaissance de l'âme que l'on peut fonder, en grande partie du moins, l'édifice de toute science, et c'est sur elle que toute vérité repose [1]. Et, en effet, l'âme est le siège et l'organe de la pensée ; la raison appartient à l'âme et a sa demeure dans l'âme [2].

Aristote indique ici en traits un peu brefs que c'est par l'analyse des facultés de l'intelligence, par la psychologie de l'entendement et de la raison que nous pouvons découvrir les principes de la science même, les caractères de la certitude et de l'évidence, les lois de la démonstration nécessaire, la forme parfaite de la connaissance et du raisonnement comme aussi les moyens de saisir l'universel, qui seul fonde la science. Qu'est-ce, en effet, que la logique, la dialectique, l'analytique, comme l'appelle Aristote, sinon une psychologie, une philosophie de l'esprit ? Une connaissance approfondie et complète de l'âme contient seule les réponses aux plus importantes questions de la théorie de la

---

[1] *De Anim.*, I, 1, 1.
[2] *Ethic. Nic.*, I, 7. ἐν ψυχῇ νοῦς.

science, telle que l'exposent les *Seconds analytiques*. La science consiste dans la combinaison, συμπλοκή, et la séparation des idées de l'entendement; elle est dans la raison, ἐν διανοίᾳ, et non dans les choses[1], et par conséquent ce n'est pas dans les choses, c'est dans l'âme qu'il faut en chercher la nature, la forme, les caractères. La science est une forme de l'âme, πάθος ἐν ταύτῃ.

Ainsi, par exemple: qu'est-ce que l'universel? en quoi consiste sa réalité? Dans quel rapport est-il à l'essence individuelle et concrète? Comment peut-il arriver à la conscience, par la coopération de l'activité intellectuelle et de l'activité sensible? Quel est le caractère propre de chacune de ces activités? Comment le *quoi*, l'essence fondamentale de l'être, qui forme en même temps la substance de la définition, peut-il être saisi? Ces questions et toutes celles qui se rapportent aux principes, aux formes, aux lois de la science, n'ont évidemment de solution que par la connaissance de l'âme. L'*Analytique* n'achève pas la théorie de la science: en ce qui concerne surtout les principes réels et formels de l'esprit, comme fondement dernier de la science, Aristote devait en réserver la recherche à la philosophie première et surtout à la science de l'âme, à laquelle, chose singulière pour un nomenclateur systématique, il n'a pas donné de nom particulier[2].

Si la théorie de la science est intimement liée à la connaissance de l'âme, la philosophie première ne l'exige pas moins nécessairement; car nous ne pouvons saisir les causes suprêmes que par un effort de l'entendement, et bien que notre entendement soit toujours un entendement possible, c'est-à-dire qui peut comprendre mais ne comprend pas toujours, néanmoins nous ne pouvons déterminer le rapport de notre entendement avec l'entendement en acte qui en fait l'actualité, qu'en analysant sa nature et ses opérations.

D'un autre côté, si nous nous demandons quels sont les rapports de la science de l'âme avec la politique et la morale,

---

[1] *Metaph.*, VI, 4, 1027, b, 19; XI, 8, 1065, a, 21. *De Anim.*, III, 6 et 8.

[2] Le mot de psychologie est tout moderne, malgré sa physionomie parfaitement grecque; il se présente pour la première fois dans le titre d'un ouvrage de Rodolphe Goclenius, le père, publié à Marburg en 1590. C'est Wolf qui l'a le premier fait adopter dans la langue philosophique : on ne le rencontre chez aucun des anciens ni chez les scolastiques.

ils nous frapperont plus vivement encore. La politique, comme la morale, qui n'est qu'une partie de la politique, est la science de la vraie fin de la vie humaine. Or, l'homme est un être animé, et l'essence de l'être animé, son essence intelligible, sa forme, c'est l'âme[1]. L'âme et l'homme ne sont pas choses identiques pour cela ; mais l'âme est l'essence de l'homme[2]. Le bien de toute chose est sa fin ; l'âme est la fin du corps, comme l'acte la fin de l'âme. Le bien, où toute nature vivante aspire, est donc la perfection naturelle de l'âme. Le plaisir est ce qui éveille dans l'âme le désir, et par le désir la détermine à l'action ; la vertu est l'activité de l'âme gouvernée par la raison ; le souverain bien de l'homme est l'activité de l'âme raisonnable dans une vie parfaite[3]. Or, ce souverain bien est l'objet de la politique et de la morale.

Maintenant qu'est-ce que la vie parfaite, si ce n'est la vie de la pensée, l'acte par lequel la raison, partie supérieure et divine de l'âme, se pense éternellement elle-même, l'acte dans lequel l'intelligence et l'intelligible se pénètrent et s'unissent dans une indivisible et indéfectible action, et qui constitue par cette union l'être absolu et vrai, objet de la science théologique ou ontologique.

Mais quelle que soit l'importance de la psychologie pour la science considérée au point de vue formel, ou pour les sciences de la métaphysique, de la politique et de la morale, « son utilité la plus grande est encore de nous faire connaître la nature »[4], c'est-à-dire la cause et le principe du mouvement premier de chaque être qui naît et devient, la forme, l'essence et aussi la fin de ce devenir, c'est-à-dire encore l'essence des choses qui ont un mouvement et ont en elles-mêmes le principe de ce mouvement[5]. Or, quoique l'âme ne se meuve dans aucune catégorie, elle est cependant la cause qui donne aux choses leur forme, leur nature. La matière n'est pas une nature quand elle n'a pas encore reçu une forme, et non seulement « l'âme est le principe de la vie dans les êtres vivants »[6], elle

---

[1] *Metaph.*, VII, 10, 1035, a.
[2] *Metaph.*, VIII, 3, 1013.
[3] Rav., *Ess. s. la Mét.*, t. I, p. 443.
[4] *De Anim.*, I, 1.
[5] *Metaph.*, V, 4, 1014, b, 16.
[6] *De Anim.*, I, 1.

est en outre le principe du mouvement. Partout où il y a unité, il y a une âme ou une partie de l'âme, ou quelque chose d'analogue qui donne à toute matière sa forme, à toute chose son unité, et c'est ainsi qu'on peut dire que tout est plein de l'âme[1], et que toutes les choses, en tant qu'elles sont pleines de sa vertu, ont quelque chose de divin[2].

L'étude de l'âme ne se doit pas proposer ainsi seulement pour objet l'âme de l'homme, ni même celle des animaux. La plante aussi a une âme, et le règne inorganique n'en peut pas être absolument dépourvu, puisque les êtres de ce règne appartiennent à la nature, et que tout dans la nature a un principe en quelque sorte divin, est rempli de l'âme. C'est une conséquence non expressément formulée, il est vrai, par Aristote, mais impliquée dans son système. Dieu agit sur le monde comme fin ; Dieu est le but final où le monde aspire, où il tend d'un désir aveugle et inconscient souvent, mais toujours puissant, ἔφεσις, ὄρεξις. Mais, demande déjà Théophraste, comment concevoir un désir sans pensée et sans âme ?[3] Ce n'est pas la matière informe et sans qualité qui soupire après le bien et la perfection : c'est la matière déjà pénétrée par des forces actives qui sont l'essence de toutes les choses individuelles même matérielles[4] ; or ces forces actives ne sont et ne peuvent être que des âmes ou quelque chose d'analogue, comme le disait Platon, dont Aristote reproduit ici, sans le dire, les principes.

Ainsi la physique, la métaphysique, la morale, la politique, l'analytique, touchent par quelques points à la science de l'âme et reposent, pour ainsi dire, sur elle.

« Cette science se propose pour objet de connaître la nature et l'essence de l'âme d'abord, et en second lieu tous les phénomènes qui se rapportent à elle. Ces phénomènes sont : les uns les affections, les attributs, les fonctions propres de l'âme, ἴδια πάθη : les autres, les phénomènes communs à tous les êtres vivants et qu'ils ne sont capables d'éprouver que

---

[1] *De Gener. anim.*, III, 11, p. 762, a, 18. τρόπον τινὰ πάντα ψυχῆς εἶναι πλήρη.

[2] *Ethic. Nic.*, VII, 14, 1143, b, 38. πάντα γὰρ φύσει ἔχει τι θεῖον.

[3] Theophr., *Metaph.*, c. 2, p. 319. Brand.

[4] Conf. Brand., *Arist.*, I. p. 565.

parce qu'ils ont une âme¹, » et qui, par conséquent, dépendent des rapports du corps et de l'âme, rapports qui subordonnent celui-là à celle-ci.

Aristote appelle accidents tous les phénomènes que l'âme est susceptible d'éprouver, ὅσα συμβέβηκε περί αὐτήν. Il distingue ailleurs ² deux sortes d'accidents. C'est d'abord ce qu'il arrive à une chose de posséder, ce qui en peut être affirmé avec vérité, mais ne lui appartient pas nécessairement et universellement, ni même habituellement³ ; ce qui peut se trouver dans un être et aussi ne s'y trouver pas. Dans ce sens, l'accident s'oppose à ce qui est par soi, καθ' αὑτό, à l'essence. Mais il emploie aussi le même terme dans une autre acception et très différente ; car il l'applique à tout ce qui se trouve par soi, καθ' αὑτό, dans une chose sans cependant faire partie de son essence, et par conséquent de sa définition : ce sont les accidents essentiels et nécessaires, ou accidents par soi, συμβεβηκότα καθ' αὑτά⁴, dont l'équivalent, dans la technologie d'Aristote, est ὑπάρχοντα καθ' αὑτά ou πάθη καθ' αὑτά. C'est pour cela que les accidents sont dits tantôt se dérober à la science, parce qu'ils n'ont rien de général et que la science ne peut porter que sur l'éternel, l'universel, ou du moins le général ; tantôt, au contraire, ils sont dits l'objet de la science, et tels que la démonstration les peut atteindre⁵. Les accidents de l'âme, qui doivent être l'objet de la science de l'âme, sont donc ses accidents essentiels.

Si cet objet que la psychologie se propose de connaître est grand et beau, si l'utilité qu'on doit en retirer est considérable, de quelles difficultés n'est-elle pas entourée ! « C'est assurément un des objets sur lesquels il est le plus difficile d'arriver à une conviction réfléchie⁶. » Les difficultés naissent de deux causes : de la méthode qu'il convient d'ap-

---

¹ *De Anim.*, I, 1, 402, a, 7. J'adopte la leçon des manuscrits qui donne κοινά.

² *Metaph.*, V, 30, 1025, a, 14.

³ *Top.*, I, 5, 102, b, 4.

⁴ *Anal. Pr.*, I, 1, 24, b, 18. *Metaph.*, III, 1, 995, b, 20. *Anal. Post.*, 22, 83, b, 19. Conf., sur la notion de l'accident dans Aristote, Waitz, *Organ.*, 71, b, 10. Zeller, *Phil. d. Griech.*, II, p. 421.

⁵ *Metaph.*, XI, 1, 1059.

⁶ *De Anim.*, I, 1, 402, a, 10.

pliquer à cette science, et en second lieu, de la nature de son objet.

Après avoir commencé par dire que la science de l'âme était au premier rang des sciences pour la certitude de ses résultats, κατ' ἀκρίβειαν, on pourrait s'étonner de voir Aristote insister tellement sur la difficulté d'y atteindre non pas même la certitude, mais seulement une opinion réfléchie et ferme, πίστιν. Simplicius ne nous aide pas à lever cette contradiction apparente[1], car il accentue le sens d'ἀκρίβεια en expliquant comment l'exactitude, la clarté, la certitude de cette science vient de ce que son objet, l'âme, est intime au sujet qui l'étudie, qui est aussi l'âme[2].

M. Trendelenburg propose de donner à ἀκρίβεια le sens d'*ingenii acumen*; il signifierait la force d'esprit, la pénétration, le sens délicat et fin de l'observation, qualités d'autant plus nécessaires que l'objet de la science est plus obscur et plus difficile à connaître. On ignore la racine du mot grec, et par conséquent son sens primitif; son sens usité est celui d'*exactitude*, de *perfection*, et à moins d'une nécessité absolue il est bon et sage de conserver aux mots leur signification usuelle. Or, on peut admettre qu'une science très rigoureuse dans ses procédés et très exacte dans ses résultats soit en même temps très difficile, et alors il n'y aurait pas contradiction à dire avec Aristote qu'elle est l'un et l'autre. Au contraire, rien n'est plus conforme à sa doctrine logique. Dans la *Métaphysique*[3], il expose très nettement que les choses qui sont sans matière sensible, sans mouvement, parfaitement simples, primitives par essence, sont l'objet de la science la plus certaine, ὅσῳ δὴ ἂν περὶ προτέρων τῷ λόγῳ καὶ ἁπλουστέρων, τοσούτῳ μᾶλλον ἔχει τἀκριβές. Ainsi, l'ἀκρίβεια d'une science se mesure à la simplicité de son objet; mais cette simplicité n'est pas à coup sûr la mesure de sa facilité, tout au contraire. Les choses qui sont *pour nous* les plus claires

---

[1] Gassendi, *Exerc. Parad.*, l. I, c. VIII, t. III, p. 146, n'a garde d'oublier de la relever. « Insuper vero cum libr. I. *De Anim.*, c. I, dicit initio excellere animæ notitiam propter certitudinem; et postea tamen difficultatem obscuritatemque illius inculcat, quasi certitudo scientiæ naturalis non sit ex evidentia. »

[2] Simplic., dans Trendel., *De Anim.*, p. 186. ἐγγυτάτω τῷ γιγνώσκοντι. Ceci est déjà dans Aristote, comme on le verra plus loin.

[3] *Metaph.*, XII, 3, 1078, a, 10.

ne sont pas *en soi* les plus claires et les plus intelligibles[1]. Ce qui est primitif et intelligible pour l'individu est souvent en soi assez peu intelligible, et Aristote oppose en maints endroits de ses ouvrages les termes τὰ ἡμῖν ou τὰ πρὸς ἡμᾶς γνωριμώτερα aux termes τὰ φύσει γνωριμώτερα. On retrouvera même dans le traité *De l'Ame*[2] cette opposition qu'il développe complètement dans *les Topiques,* où il dit que les choses obscures en soi et claires pour nous sont du ressort de la science vulgaire, τῆς τυχούσης, tandis que les autres, claires en soi et obscures pour nous, appartiennent à une science exacte et supérieure, ἀκριβοῦς καὶ περιττῆς[3]. Si donc Alexandre soupçonne que le premier terme ἀκρίβεια est interpolé dans le passage du traité *De l'Ame,* c'est par de tout autres raisons, que Philopon nous fait connaître, à savoir que cette qualité appartenant à la science des choses sans matière, et l'âme étant pour lui matérielle et mortelle, il ne pouvait comprendre qu'Aristote déclarât certaine et exacte la science de l'âme[4].

Quelles sont les difficultés de cette science? Pour nous les faire toutes connaître et comprendre, Aristote, comme dans plusieurs autres de ses ouvrages, croit prudent de faire l'histoire de la question. La *Métaphysique* est précédée d'une double introduction, l'une historique et critique, l'autre où il pose sous forme d'antinomies toutes les questions qui se rapportent à son sujet. Dans d'autres ouvrages, il se contente tantôt de l'une, tantôt de l'autre de ces formes d'introduction, en les confondant ou en les mêlant l'une avec l'autre. C'est ce dernier caractère que présente l'introduction du traité *De l'Ame.*

Il s'agit, avons-nous dit, de connaître la nature et l'essence de l'âme; mais comment y arriver? « Cette question, je veux dire celle qui porte sur l'essence, οὐσία, sur la forme essentielle, τί ἐστί, est commune à beaucoup d'autres recherches; faut-il donc appliquer à la recherche de l'essence de l'âme la même méthode qu'on applique à la recherche des autres

---

[1] *Metaph.*, VIII, 4, 1029, b, 8.

[2] *De Anim.*, II, 1, 1.

[3] *Top.*, VI, 4, 141. Conf. *Anal. Post.*, I, 2, 71. *Phys.*, II, 184. *Ethic. Nic.*, I, 2, 1095. *Anal. Prior.*, II, 23. Waitz, *Organ.*, 71, b, 21. p. 299. Heyder, *Kritische Darstell.*, p. 164.

[4] Philop., *In lib. de anim.*, f, 6.

choses qu'on veut connaître ? N'y a-t-il qu'une seule et même méthode pour connaître en toute chose l'essence et les accidents propres de l'essence ? Et dans ce cas, quelle est cette méthode ? » [1].

Expliquons d'abord la formule technique, τί ἐστί. C'est avec Aristote que la philosophie, pour la première fois se séparant de la vie, se crée une langue spéciale. Sa terminologie est devenue le fondement de la terminologie scolastique, restée en grande partie la nôtre. Pour en bien saisir les termes [2], il est bon de les retremper à leur source, de les replacer dans le milieu où ils sont nés. C'est ce que nous ferons au fur et à mesure que nous les rencontrerons.

Il s'agit ici de la formule τί ἐστί, dont semble se distinguer parfois la formule analogue τὸ τί ἦν εἶναι. Lorsqu'on fait la question τί ἐστί, on peut demander ou quelle est la forme, l'essence de la chose, ou quelle est sa matière, ou quel est le composé de sa forme et de sa matière ; et si l'on demande quelle est sa forme, on peut avoir dans l'idée d'en chercher non la notion formelle tout entière, mais seulement ou son genre, ou ses différences spécifiques [3] ; ce qui revient à dire qu'autant il y a de significations du mot être, ἐστί, autant il y a de significations de la formule τί ἐστί, qui est ainsi on ne peut plus générale. Le temps présent du verbe peut même indiquer un état actuel et momentané, et signifier que la question peut porter sur un élément variable de la chose, comme la qualité, par exemple, ou la quantité.

A cette locution s'oppose, non pas absolument, il est vrai, ni constamment, celle de τὸ τί ἦν εἶναι, dont je m'explique ainsi l'origine. Lorsqu'on se demande ce qu'une chose a été toujours, dans tout le cours de son existence passée, et non pas seulement dans le moment présent, on écarte de la définition qu'on cherche l'élément matériel, variable, accidentel ; car ce

---

[1] *De Anim.*, I, 1, 2, 402, a, 12. La leçon ἀπόδειξιν, évidemment fautive, est changée en ἀπόδειξις dans quelques manuscrits. Argyropoulo ne traduit pas le mot, ce qui me porte à croire qu'il a été introduit là par une erreur de copiste provenant de ce que le mot se trouve quelques lignes plus loin. 402, a, 19.

[2] Sujet, objet, substance, accidents, puissance, acte, essence, forme, catégories, etc.

[3] Schwegler. *Arist. Metaph.*, IV, p. 375. Bonitz, *Ad Arist. Metaph.*, VII, p. 311.

qu'une chose a toujours été, ἦν, il est au moins vraisemblable qu'elle le sera toujours, et qu'elle l'est par essence. On tient donc là l'élément universel, nécessaire, intelligible, formel de la chose : le mot τὸ εἶναι qu'on ajoute à la notion de cet élément ne fait qu'en affirmer l'existence réelle. La formule entière exprime donc l'existence réelle de ce qui fait qu'une chose est ce qu'elle a été, c'est-à-dire sa forme, son essence, abstraction faite de sa matière et des accidents qui lui arrivent. C'est un élément universel, mais ce n'est pas l'universel même, qui n'a pas de rapport à l'individu ; tandis que le τὸ τί ἦν εἶναι est toujours la forme d'un individu, et, quoiqu'universelle, une forme qui est toujours dans un individu, comme le genre, τὸ εἶδος. C'est le genre même qui, fin et perfection de l'être, cause de sa forme, peut paraître, dans l'ordre de l'idée, antérieur à la chose, être avant elle, ἦν ; le temps imparfait ou prétérit convient mieux que le présent à tous les *per se priora*.

Il y a donc une différence entre les deux formules, et Aristote le dit lui-même : le τί ἐστίν n'est pas absolument la même chose que le τί ἦν εἶναι ; le τί ἐστίν est le τί ἦν εἶναι dans la qualité ou la quantité. Le τί ἦν εἶναι est donc une espèce déterminée du τί ἐστι, comme le prouve cette phrase du traité *De l'Ame*[1] : τοῦ τί ἐστι κατὰ τὸ τί ἦν εἶναι. On répond au τί ἐστί par la matière, les qualités, la quantité, les accidents de la chose ; on dit, par exemple : c'est du bois, c'est dur, c'est long, c'est fragile ; on répond au τί ἦν εἶναι par l'essence et la forme qu'exprime la définition[2]. Mais malgré ces distinctions subtiles, Aristote emploie les deux locutions souvent dans un sens identique, ou du moins de telle sorte qu'on peut difficilement en saisir les différences. Ainsi, dans le passage du traité *De l'Ame* qui a donné lieu à cette digression, on n'aperçoit guère de différence entre les deux termes οὐσία et τί ἐστί, quoique Trendelenburg, identifiant le premier avec εἶδος et τὸ τί ἦν εἶναι, veuille le distinguer du second. Si l'on adopte cette distinction, il faudra

---

[1] *De Anim.*, III, 6, 430, b, 28.

[2] Aussi Aristote dit-il, *Metaph.*, VII, 4, 1020, a, 6, ὥστε τὸ τί ἦν εἶναι ἐστιν ὅσων ὁ λόγος ἐστὶν ὁρισμός, et dans les *Top.*, I, 5, 101, b, 39, il définit la définition ὅρος, une proposition qui expose et exprime le τὸ τί ἦν εἶναι. Le mot λόγος, dont se sert Aristote, est toute proposition qui explique et exprime la pensée.

entendre ainsi le passage : « La question de l'âme porte sur son essence formelle et sa nature complète. »

Quel que soit le sens qu'on adopte, la difficulté proposée par Aristote est de savoir si toutes les sciences qui se proposent de rechercher l'essence formelle et essentielle de leur objet n'ont qu'une seule et même méthode pour arriver à leur fin, et dans ce cas, quelle est cette méthode. Mais « s'il n'y a pas une méthode unique et commune pour la recherche de l'essence en général, la science de l'âme devient plus difficile encore ; car il faudra déterminer quelle méthode convient à chaque objet. Quand on aura tiré au clair la question de savoir si la méthode propre et spéciale à la recherche de l'essence de l'âme est la méthode de démonstration, ou la méthode de division, ou une autre méthode quelle qu'elle soit, il restera une difficulté qui n'est pas la moindre ; il faudra poser les principes d'où la recherche devra partir ; car les principes diffèrent suivant les différents objets que se proposent les sciences, et la science des nombres, par exemple, a d'autres principes que la science des plans[1] ».

Le sens de ce passage est beaucoup moins clair qu'il ne semble au premier abord. En effet, il n'est pas du tout certain que le mot μέθοδος qui s'y trouve plusieurs fois répété y garde partout le même sens, et le sens que nous avons coutume d'y attacher. Aristote emploie le mot μέθοδος pour exprimer la marche, la démarche régulière et systématique de l'intelligence, dans la recherche et l'exposition de la vérité. Dans plusieurs passages des *Analytiques* et des *Topiques,* et par exemple dans les *Analytiques,* I, 31, il considère la méthode comme un tout dont la division est une partie, et une partie peu importante, et dans le chapitre précédent du même ouvrage, après avoir montré que la démonstration se ramène toujours à trouver un moyen entre deux extrêmes donnés, Aristote ajoute que cette voie, ὁδός, de démonstration est identique pour tous les sujets auxquels le raisonnement s'applique, et est commune à la philosophie, aux mathématiques et aux arts, quels qu'ils soient : cette méthode unique, commune à toutes les sciences, est la méthode syllogistique, qui a plusieurs procédés, plusieurs formes, τρόποι, ou plusieurs parties, μόρια. Mais alors si, de l'avis d'Aristote, il n'y a qu'une

---

[1] *De Anim.,* I, 1, 402, a, 16-21.

seule méthode, comment peut-il faire une difficulté sérieuse de la question de savoir s'il y en a plusieurs, et raisonner même dans cette hypothèse ? C'est que le mot μέθοδος a une autre signification et s'applique non moins fréquemment, dans la langue d'Aristote, à la science, à la recherche même, quand elle est pratiquée et conduite régulièrement et rationnellement. Ainsi nous le voyons appeler méthodes l'*Ethique*[1], la *Rhétorique*[2], aussi bien que la *Métaphysique*[3], et identifier le terme à celui de θεωρία[4], d'ἐπιστήμη[5], de γνῶσις[6], de πραγματεία. Dans ce sens il signifie science : or si Aristote croit qu'il n'y a qu'une seule méthode, il croit également qu'il y a plusieurs sciences, et il en donne des raisons qu'il nous importe de connaître, parce qu'elles éclairent le point que nous traitons ici.

Au commencement de la *Métaphysique*[7], Aristote ayant à établir les difficultés, ἀπορίαι, de son sujet, dans un passage parfaitement analogue et correspondant au nôtre, se demande:

1° S'il appartient à une seule et même science d'étudier les quatre espèces de causes, et il résout négativement la question, par la raison qu'une seule et même science n'a pour objet que les contraires, et que les contraires se meuvent dans les limites d'un seul genre : il n'y a pas de contraires d'un genre à l'autre. Il y a donc autant de sciences qu'il y a de genres de l'être;

2° Il se demande ensuite s'il appartient à une seule et même science d'étudier les principes de l'être et les principes du connaître, et il résout encore négativement la question, parce que, d'une part, la question des principes du connaître ou de la science, et la question des principes de l'être, ne pouvant pas être séparées, il y a nécessité pour chaque science de chaque espèce d'être d'appliquer à son propre usage et de faire entrer dans sa sphère les principes communs et les axiomes

---

[1] *Ethic.*, I, 1, 1094, a, 1.
[2] *Rhet.*, III, 10, b, 8.
[3] *Metaph.*, I, 3, 983, b, 4.
[4] *De Partib. Anim.*, I, 639, a, 1.
[5] *Ethic.*, I, 1, 1094, a, 26.
[6] *Id.*, I, 2, 1095, a, 14. Conf. sur le sens du mot μέθοδος, Waitz, *Organ.*, 71, a. Heyder, *Krit. Darstell.*, p. 216. Bonitz, *In Metaph.*, p. 58.
[7] *Metaph.*, III (B), 2, 996, a, 18, b, 1.

généraux sur lesquels toute démonstration repose, et d'autre part, parce que ces derniers ne peuvent même pas être l'objet d'une science, du moins d'une science démonstrative [1] ;

3° Enfin il se demande, et nous retrouvons ici la question du traité *De l'Ame,* s'il appartient à une seule et même science de traiter de toutes les essences, c'est-à-dire de tous les genres de l'être [2] : question résolue négativement comme les deux précédentes, par la raison que la science qui connaît de l'essence d'une chose doit connaître également de ses accidents, et que si l'on admettait pour toutes les essences une seule science, on serait obligé de n'en reconnaître absolument qu'une seule : ce qu'Aristote considère comme une conséquence dont tout le monde avoue l'absurdité.

Ainsi, d'une part, Aristote ne connaît ou du moins n'approuve qu'une seule *méthode* philosophique et scientifique ; c'est le syllogisme. La dialectique, qui n'est pas une méthode scientifique, est elle-même obligée d'avoir recours aux syllogismes, mais à des syllogismes imparfaits, irréguliers, impuissants, comme la définition [3], ou à des syllogismes non nécessaires et simplement vraisemblables [4]. Il n'y a qu'une méthode philosophique et une méthode non philosophique [5], et chacune d'elles s'étend à tous les objets que l'esprit humain est capable de connaître. La Méthode est la forme de la science ; les *Analytiques* en donnent la théorie, et c'est la théorie de la démonstration. Toute science, en tant que science, doit avoir la forme de la science, la méthode de la science, et par conséquent il n'y en a qu'une. Mais il y a plusieurs sciences. Je crois donc qu'il faut entendre le paragraphe du traité *De l'Ame,* comme il suit : Il y a plusieurs sciences, et la science de l'âme en est une ; elle a pour objet un genre d'être déterminé, une essence propre, ses principes propres et ses conclusions propres. Sa méthode est la méthode philosophique dont les *Analytiques* nous exposent la théorie ; elle ne néglige pas certains procédés de recherche et d'exposition, τρόποι, beaucoup trop vantés et pratiqués ; mais Aristote ne les confond pas et on ne doit pas les confondre avec la méthode même.

[1] *Metaph.*, III, 2, 996, b, 26, 997, a, 15.
[2] *Metaph.*, III, 997, a, 15-25.
[3] *Anal. Post.*, II, 6 et 7.
[4] *Top.*, I, 1. *Metaph.*, III, 1, 995, b, 23.
[5] *Ethic. Eud.*, I, 6.

La science de l'âme est une science distincte et déterminée. Une science se distingue d'une autre, non par la méthode qu'elle emploie, mais par trois caractères spéciaux [1]. Elle doit avoir ses principes propres et déterminés, partir de propositions premières [2] qui ne peuvent pas être prouvées et n'ont pas besoin de l'être, où la relation essentielle de l'attribut au sujet est manifeste ; et comme ces attributs essentiels sont nécessairement propres à leur sujet, les principes de chaque science sont différents. Par la même raison, elle a son objet propre auquel correspond son principe propre, et cet objet est un genre déterminé qu'elle embrasse tout entier, mais dans les limites duquel elle se renferme [3]. Enfin toute science a pour but de démontrer sur son objet propre et en partant de ses principes propres certaines propositions qui lui sont propres [4], c'est-à-dire quels sont les accidents, les affections, les propriétés, les phénomènes qui appartiennent essentiellement au sujet qu'elle étudie.

Or la science de l'âme a un genre d'être, une essence propre pour objet, elle a ses principes propres d'où elle part ; elle a ses conclusions propres qu'elle se propose de démontrer : elle est donc une science distincte et déterminée.

Si la méthode est une et la même pour toutes les sciences, il y a différents procédés, différentes formes, τρόποι, qu'une science peut employer de préférence à d'autres. Qu'en sera-t-il pour la science de l'âme, qui a pour objet à la fois l'essence de l'âme et ses attributs, ses accidents essentiels et propres.

Le procédé de la division, quelles qu'en soient d'ailleurs les autres imperfections, ne peut démontrer l'essence, parce que la division, ne formant pas un syllogisme véritable, ne conclut pas nécessairement et ne donne pas la cause ; parce qu'elle ne prouve pas que la réunion des différences soit la définition vraie ; parce qu'enfin elle est sujette à une foule d'erreurs [5].

---

[1] *Metaph.*, III, 2, 997, a, 8.

[2] *De Anim.*, I, 1, 5. ἐκ τίνων δεῖ ζητεῖν.

[3] *Metaph.*, VI, 1, 1025, a, 8 ; III, 2, 997, a, 5. δεήσει τι γένος εἶναι ὑποκείμενον. C'est surtout par le genre de leur objet qu'Aristote distingue et divise les sciences. Conf. *Phys.*, II, 7, 198, a, 27. *De Partib. Anim.*, I, 5. *De Gener. et corr.*, I, 3, 318, a, 6 ; id., II, 7, 334.

[4] *Metaph.*, III, 2, l. l. τινῶν τὴν ἀπόδειξιν.

[5] *Anal. Post.*, II, 3 et 5. *Anal. Prior.*, I, 31. Dans le *De Part. anim.*,

La définition ne peut pas davantage fournir la notion de l'essence, parce que la définition ne procède ni comme le syllogisme, en allant d'un principe à une conséquence, ni comme l'induction, en s'élevant du particulier au général [1]. La démonstration elle-même ne peut donner l'essence, et par conséquent elle ne donnera pas l'essence de l'âme. Toutes les sciences posent l'essence, aucune ne la démontre. Ce qu'on peut démontrer, c'est l'existence. Mais en cherchant la cause, qui fait connaître démonstrativement l'existence de la chose, on rend manifeste son essence, en sorte qu'il n'y a pas syllogisme de l'essence, et que cependant c'est par le syllogisme qu'on la rend évidente. La démonstration peut, en outre, faire connaître l'essence d'une chose dont une autre est la cause, et voilà pourquoi il y a démonstration des propriétés ou accidents essentiels, à savoir, parce que précisément ils ont pour cause l'essence même d'où ils se développent et qu'ils manifestent. « La science démonstrative roule sur les accidents, tandis que la science des êtres premiers, des essences est autre [2]. »

Quant à ces essences vraies et premières, qui n'ont point d'autres causes qu'elles-mêmes, qui sont immédiates, ἄμεσα, qui sont principes, et telle est l'âme, comme elles n'ont pas de moyen terme, et que le moyen terme, parce qu'il est cause, peut seul produire la démonstration, elles n'ont pas de définition démontrable [3]. La définition de ces termes et idées immédiats, c'est la thèse indémontrable de l'essence que saisit immédiatement la sensation ou l'intuition de la raison, ou que découvre l'induction [4]. Il ne peut pas y avoir de démonstration de l'essence, puisque l'essence est le principe de la démonstration, et comme il est nécessaire de s'arrêter quelque part, car il ne peut y avoir de mouvement à

1, 2, 3, Aristote, faisant allusion à la méthode de prédilection de Platon, montre que dans la classification zoologique la dichotomie est un procédé très mauvais.

[1] *Anal. Post.*, II, 6 et 7.
[2] *Anal. Post.*, II, 3, 90 et 91.
[3] *Anal. Post.*, II, 8.
[4] *Anal. Post.*, I, 10, et II, 3. *Ethic. Nic.*, II, 7, 1098, b. L'acte de la sensation, qui nous fait pénétrer jusqu'à l'être réel, concret, qui est une synthèse, est un acte de raison, αὕτη δ' (s. ent. αἴσθησις) ἐστὶ νοῦς, quoiqu'on l'appelle une expérience, ἐμπειρία. *Anal. Prior.*, I, 20.

l'infini, les principes seront des définitions non démontrées et non démontrables. Mais la définition qui donne l'essence ne la pose scientifiquement qu'en donnant la cause et la raison de ses accidents, de sorte qu'elle est une sorte de conclusion d'un syllogisme, συμπέρασμά τι ἀποδείξεως [1]. On ne peut pas dire que l'induction donne la définition ; mais elle la prépare, parce qu'elle rassemble les éléments généraux, les accidents essentiels d'où part la définition pour pénétrer dans la nature intime de la chose et de la cause qui l'engendre.

La science suppose quelque chose d'antérieur à elle ; elle ne peut commencer sans quelque connaissance qui la précède, et qui est placé en dehors d'elle et ne lui appartient pas [2]. Elle fait connaître la raison, la cause première, et concevoir la nécessité que la chose soit ce qu'elle est [3]. La science a un principe nécessaire et universel comme elle-même. Mais cet élément universel que poursuit la science ne se trouve que dans l'être concret et réel, qui est individuel, et quand bien même on dirait que l'induction l'en dégage, l'induction repose toujours sur une intuition. L'intuition fournit donc le premier principe de la science [4] : l'essence réelle est dans l'individu. De cette essence individuelle, il n'y a même pas de définition scientifique possible, on la saisit immédiatement par l'intuition sensible ou suprasensible, μετὰ νοήσεως ἢ αἰσθήσεως [5]. Mais d'un autre côté la notion, qui seulement dans l'être concret prend sa forme, est toujours un, général ou un universel [6], et la science ne peut avoir un autre objet que l'universel [7].

Aristote s'engage ici dans une difficulté qui se reproduit partout dans son système et obscurcit particulièrement sa théorie de la méthode. Il admet, en effet, comme nécessaire que les principes de la science soient universels ; car il n'y a

---

[1] *Anal. Prior.*, I, 8, 75. *Anal. Post.*, II, 8, 33. *Top.*, VII, 5, 150.

[2] *Anal. Post.*, I, 2, 71. b. πᾶσα μάθησις διανοητικὴ ἐκ προϋπαρχούσης γίνεται γνώσεως.

[3] *Id., ibid.*, 71, b, 15.

[4] *De Gener. anim.*, II, 1. ἡ γὰρ οὐσία τῶν ὄντων ἐν τῷ καθ' ἕκαστον.

[5] *Metaph.*, V, 10, 1036, a, 5.

[6] *Metaph.*, XI, 1059, b, 26 ; XII, 5, 1071. *Anal. Post.*, II, 13, 97, a, 26.

[7] *Metaph.*, III, 6, 1003, a, 14.

pas de science de ce qui n'est pas tel; de l'autre côté il nie que rien de ce qui existe réellement puisse être scientifiquement su. L'essence vraie est l'être individuel, son acte et le principe de son acte; or, l'acte divise et sépare. Il en résulte que la science, découlant de la généralité de la notion, κοινὸς ὁ λόγος[1], n'embrasse et n'atteint que la forme indéfinie, une possibilité, une puissance plus ou moins voisine de l'acte, mais qui n'y arrive jamais. Alors la science n'est pas la science des êtres véritables qui ne peuvent pas être sus; et, chose étrange, la forme que la notion de l'entendement détache de l'être concret, un et individuel étant générale et en même temps faisant partie de l'être réel, il en résulte que le général est une partie du particulier et que le contenu est plus grand que le contenant. La distinction du *prius* en soi et du *prius* par rapport à nous, de l'acte et de la puissance, ne résout pas la difficulté, et bon gré malgré il faudra toujours qu'Aristote en vienne à reconnaître avec Platon que l'universel est immanent aux choses réelles et individuelles, et est le principe de l'être comme du connaître : sans quoi ce qu'on connaît ne serait pas. Sous un nom ou sous un autre il faut en revenir à l'idée, et avouer que l'universel est le fondement, l'essence de l'individuel. Cette pénétration mutuelle de l'unité et de la multiplicité, ce rapport double et réciproque de l'universel contenu dans l'individu et de l'individu contenu dans l'universel, cette conception que l'individualité est remplie de l'absolu, qu'elle forme à la fois le tout et une partie, un organisme complet et un membre, cette contradiction[2], qui s'étend sur toutes les choses et sur toutes les pensées, est à la fois une vérité certaine et un impénétrable mystère.

De l'être individuel plus connu et antérieur par rapport à nous, se développe le général, le genre, plus connaissable et antérieur en soi; il s'en développe, parce que l'activité de l'âme, au moyen de laquelle nous saisissons l'être individuel,

---

[1] *Metaph.*, VII, 15, 1040, b, 1.

[2] Leibniz dit : « L'idée de l'absolu est en nous intérieurement comme celle de l'être... Nous avons la perception de cet absolu parce que nous y participons. » Si on y fait attention, on verra que tous les termes ici impliquent contradiction. Comment *participer* à l'universel? Il est un, il est tout : il ne se peut partager, et cependant il se communique, il se répand, il se divise, il se partage, et n'en reste pas moins un et tout.

contient aussi une faculté de généralisation, inaperçue mais réelle, et comme un germe de l'universel. En effet, l'individu concret n'est pas l'objet d'une perception isolée, et toutes nos perceptions sont isolées, sans lien, sans unité. L'être individuel est une unité, une synthèse opérée par la sensation ; c'est-à-dire que la notion qui nous est donnée de la réalité concrète par la sensation est déjà une représentation générale[1]. De ce particulier lorsque nous nous élevons à l'universel, c'est l'induction ; et lorsque, cet universel nous ayant été donné par l'induction, nous en déduisons le particulier, c'est le syllogisme. L'un est la route de haut en bas, l'autre la route de bas en haut[2].

On voit donc que l'induction ne fait que poser scientifiquement ce qui, au moyen de la faculté de représentation générale, a été déjà commencé dans la perception. Mais puisque l'induction arrive à tirer quelque chose d'un élément donné et par la vertu de cet élément, elle doit avoir quelque analogie avec le syllogisme ; et en effet, Aristote ramène l'induction à un syllogisme de la troisième figure, qui, par la conversion du petit extrême et du moyen, devient un syllogisme de la première figure, mais composé. Cependant, comme cette conversibilité suppose qu'on a épuisé tous les individus auxquels convient le prédicat, puisqu'on suppose l'identité du sujet et du prédicat, et comme c'est là une supposition qui ne peut jamais être réalisée, Aristote, malgré leurs analogies, oppose encore l'induction au syllogisme.

En résumé, Aristote ne désigne de méthode spéciale pour aucune science spéciale : il n'en a donc pas déterminé pour la science de l'âme, malgré les questions qu'il se pose à ce sujet. La raison de son silence sur ce point de théorie est sans doute que la science de l'âme ne peut avoir d'autre méthode que la méthode de toute science, à savoir le syllogisme, qui suppose l'induction, laquelle suppose elle-même l'intuition, et dont la division et la définition sont des formes, des parties, des moments utiles, mais d'une utilité restreinte et limitée.

---

[1] *Metaph.*, IX, 10, 1051, b, 11. « Etre, c'est être composé et être un ; le non-être, au contraire, est une pluralité qui n'est pas parvenue à l'unité d'une forme, qui ne fait pas un tout, une synthèse. » Conf. *De Interpret.*, c. 3. τὸ εἶναι... προσσημαίνει δὲ σύνθεσίν τινα.

[2] *Ethic. Nic.*, I, 2, 1095, a, 32. *Anal. Post.*, I, 18.

Maintenant, c'est une tout autre question de savoir quelle méthode a pratiquée Aristote dans ses études de psychologie. D'abord il ne se fait pas illusion sur les difficultés de cette science : il est peut-être plus aisé de savoir ce que c'est que le feu que de savoir ce que c'est que l'âme[1] ; on ne voit pas l'âme, on ne la touche pas[2] ; il est vrai que l'âme peut s'interroger et par conséquent se connaître elle-même[3] ; mais si la conscience, en cherchant au fond de l'âme, peut nous apprendre quelque chose de nous-même, c'est une opération bien délicate et bien difficile, et peut-être observons-nous mieux les autres que nous-même[4]. Mais c'est là cette méthode dialectique contre laquelle Aristote s'élève, et qu'il a pour ainsi dire partout et toujours pratiquée ; lui aussi il prend dans tous les faits de la vie ordinaire des exemples ; il s'appuie sur les opinions généralement admises, ἔνδοξα[5], sauf à les contrôler, à les vérifier, à les repenser pour ainsi dire. Car on ne sait que ce qu'on fait[6] ; apprendre est une sorte de création ou de reconstruction idéale et interne des choses. C'est pour cela que le géomètre, afin de connaître les propriétés d'une figure, les réalise, les construit avec tous ses éléments.

Aristote va plus loin encore : il consulte partout, il enregistre avec soin les doctrines antérieures ; il étudie les mots, il en cherche le sens primitif et le sens dérivé ; il observe l'usage habituel de la langue ; il multiplie les observations faites sur les autres, recueille les expériences d'autrui, et déploie sur ce terrain une rare perspicacité d'analyse et une rare profondeur d'observation. Non seulement il pratique cette méthode expérimentale ; mais il la pratique avec conscience et la recommande : « Il faut étudier le sujet et en rechercher le principe non pas seulement à l'aide de conclusions syllogistiques, et des éléments de la notion de la chose, ὁ

---

[1] *Top.*, V, 2, 3 et 4.

[2] *Ethic. Nic.*, I, 13.

[3] *De Cæl.*, II, 13, 297, b, 7. ζητεῖ αὐτὸς ἐν αὑτῷ. *Top.*, IV, 4 et 14. « L'âme se connaît elle-même en même temps que son objet. » *De Anim.*, I, 5, 15, 411, a, 4.

[4] *Ethic. Nic.*, IX, 9, 1169, b.

[5] C'est là ce qui caractérise la méthode dialectique. *El. Soph.*, 2, 165, b, 3.

[6] *Metaph.*, IX, 1054, a, 22. *Ethic. Nic.*, III, 5.

λόγος, mais à l'aide de ce qu'on en pense et on en dit habituellement, ἐκ τῶν λεγομένων. Car les faits sont tous d'accord avec la vérité, tandis que le faux est bien vite découvert par sa dissonance avec elle[1]. »

Mais à côté de cette méthode expérimentale, il pratique également celle qu'il désigne comme la seule scientifique, et qui consiste à expliquer les faits par leurs raisons et leur cause, et à n'accepter que des définitions qui ont employé la démonstration pour obtenir la cause[2], ou le moyen terme qui la contient[3].

La faculté de l'observation interne, l'acte de conscience psychologique n'a pas apparu à Aristote en traits aussi vifs et aussi lumineux qu'à Platon. Il ne connaît pas cette proposition caractéristique de son maître : « C'est l'âme qui peut voir l'âme. » Précisément parce que l'âme est pour Aristote l'âme d'un corps, c'est dans ce corps qu'on en peut le mieux voir la puissance efficace et la nature : on peut mieux la voir du dehors que du dedans. Sans doute la conscience, comme faculté d'observation interne et directe, ne lui a point été inconnue, et ce grand observateur du monde entier n'a pas négligé d'observer ce petit monde que tout homme porte en soi et peut immédiatement connaître. Il sait et il dit que chaque sens se perçoit lui-même dans son acte ; chaque sens a conscience de lui-même ; nous sentons que nous sentons[4]. Sentir qu'on sent, c'est tout notre être ; il y a quelque chose en nous qui sent que nous sentons et qui pense que nous pensons. « Celui qui voit sent qu'il voit ; celui qui entend sent qu'il entend ; celui qui marche sent qu'il marche, et de même dans tous les autres actes il y a en nous quelque chose qui sent que nous agissons, ὅτι ἐνεργοῦμεν ; nous pouvons sentir que nous sentons et penser que nous pensons. Or sentir que nous sentons et penser que nous pensons, c'est sentir et penser que nous sommes : car être c'est sentir ou penser. Mais sentir qu'on vit, c'est un plaisir et un bien ; car la vie est un

---

[1] *Ethic. Nic.*, I, 8. τῷ μὲν γὰρ ἀληθεῖ πάντα συνᾴδει τὰ ὑπάρχοντα. Conf. *Anal. Prior.*, I, 32. « La vérité est partout d'accord avec elle-même. »

[2] *De Anim.*, II, 2, 413, a, 13.

[3] *Anal. Post.*, II, 2, 90, a, 8. τὸ μὲν γὰρ αἴτιον τὸ μέσον, ἐν ἅπασι δὲ τοῦτο ζητεῖται.

[4] *De Anim.*, III, 2, 1. αἰσθανόμεθα ὅτι ὁρῶμεν καὶ ἀκούομεν.

bien¹ ». La vie est ainsi la sensation et la conscience de la vie. La vie divine, telle qu'Aristote nous la réprésente, ne consiste guère que dans un acte éternel et indéfectible de conscience, puisque la pensée, qui est cette vie, est la pensée de la pensée². La cause qui n'a pas besoin de s'opposer quelque contraire, quelque objet, en connaissant ne connaît qu'elle-même³.

Il est difficile de décrire avec plus de précision le fait de conscience; mais comme méthode psychologique, on peut dire qu'Aristote n'en a pas été frappé autant que Platon, et peut-être une école moderne en a-t-elle exagéré l'importance. L'observation individuelle d'un sujet par lui-même a moins de part qu'on ne le croit à la science psychologique; quelles sont donc les questions nouvelles qui ont été introduites dans la science par cette méthode trop vantée? Il semble que l'œuvre propre de la conscience, comme le dit Aristote, est de soumettre à son tribunal et de repenser la pensée des autres. Réduit à lui-même, l'individu ne se connaîtrait jamais lui-même: il est un homme, et pour connaître l'homme, un universel, il faut l'effort universel, la conscience universelle. La psychologie ne peut se contenter de l'observation isolée, personnelle, incomplète, imparfaite : elle contrôle beaucoup plutôt qu'elle ne découvre. La conscience a un contenu que l'observation interne ne suffit pas à créer. L'histoire, la vie, la poésie, le langage, les sentiments communs, les opinions reçues et transmises lui fournissent beaucoup plus de questions qu'elle n'en découvre par elle-même. « Je crois vraiment, dit Leibniz, que les langues sont le meilleur miroir de l'esprit humain, et qu'une analyse exacte de la signification des mots nous ferait mieux connaître que toute autre chose les opérations de l'intelligence humaine. »

Aussi l'expression habituelle d'Aristote n'est jamais ou presque jamais affirmative et tranchante : *il semble, il paraît*, sont ses termes les plus fréquents ; c'est qu'il n'a pas la prétention d'avoir saisi les faits de l'âme par un acte immédiat et interne d'observation directe et infaillible; il les induit par un raisonnement fondé sur leurs signes extérieurs et leurs ma-

---

¹ *Ethic. Nic.*, IX, 9, 1170, a, 31.
² *Metaph.*, XII, 7.
³ *De Anim.*, III, 6, 6. αὐτὸ ἑαυτὸ γινώσκει.

nifestations corporelles, et cette induction laisse toujours place à un doute dont le sentiment se fait jour dans la réserve des formules.

§ 2.

LES APORIES.

Aristote a posé, sans la résoudre, la question théorique de la méthode applicable à l'étude de l'âme : nous allons le voir mettre en pratique la sienne, qui est constante, et que nous retrouverons dans tous ses grands ouvrages. Devançant la règle de Descartes[1], il divise le problème entier de l'âme en autant de questions qu'il se peut, et qu'il croit utile de le faire pour en faciliter la solution. Non seulement il divise ainsi sa matière et se trace un plan, auquel, il est vrai, il ne s'assujettit pas sévèrement, mais il énumère toutes les difficultés que le sujet contient, les points de vue divers ou opposés qu'il présente ; il les cherche non seulement dans son propre esprit, dans la conception, qui lui est personnelle, de la question proposée, mais encore et surtout dans les opinions autorisées des philosophes qui l'ont précédé. Non seulement il les expose, mais il note sur chaque point le fort et le faible de leur doctrine, et cette critique, d'où se dégage peu à peu sa propre solution, lui permet d'embrasser le problème dans toutes ses parties, sous tous ses aspects, tandis qu'un seul homme abandonné à lui-même en aurait sans doute laissé échapper quelques-uns[2]. Aristote interroge donc ici, comme l'auraient fait Socrate et Platon, il interroge les autres ; cet examen contradictoire, c'est la dialectique, qui, si elle ne donne pas la solution, du moins la prépare et la commence[3].

---

[1] *Disc. sur la Méthode*, IIe part. « Le second, de diviser chacune des difficultés que j'examinerais en autant de parcelles qu'il se pourrait et qu'il serait requis pour les mieux résoudre. »

[2] *De Gener. et corr.*, I, 7.

[3] *Metaph.*, IV, 2, 1004, b, 25. Conf. Waitz, *Organ.*, II, p. 435. « Scientia quid verum sit investigat, disserendi ars (dialectica) non quid verum sit curat, sed quid dicendum sit ei qui thesim propositam defendere velit. »

Il a du reste montré lui-même quelle était l'importance et l'utilité de cette méthode pour découvrir la vérité[1].

Avant d'interroger sur la science de l'âme, l'histoire de la philosophie, Aristote énumère et pose les questions sur lesquelles cet examen critique doit porter : « en premier lieu, il faut déterminer dans quel genre, dans quelle catégorie de l'être il faut placer l'âme ; c'est-à-dire, si elle est un sujet déterminé, la forme d'un être individuel, un τόδε τι, une substance, οὐσία ; ou bien si elle est une quantité, ou bien une qualité, ou une autre quelconque des catégories que nous avons ailleurs établies, à l'aide de l'analyse de la notion de l'être[2] ».

Il faut se rappeler ici que la substance, οὐσία, se dit de plusieurs choses : 1° des corps simples, tels que la terre, le feu, et leurs éléments et leurs composés, parce qu'ils ne sont pas les attributs d'un sujet, mais bien les sujets de certains attributs ; 2° de ce qui est la cause de l'être, de ce qui est immanent à ces êtres qui ne sont pas attributs d'un sujet, de ce qui fait que l'être sensible et individuel est tel qu'il est, comme l'âme est dans l'être animé[3] ; 3° des parties intégrantes, ἐνυπάρχοντα, de ces sortes d'êtres, qui entrent dans leur définition et expriment leur forme déterminée, τόδε τι, comme par exemple les idées de plan, de lignes, de nombre, qui entrent dans la définition du corps et sans lesquelles le corps ne peut ni être, ni être pensé ; 4° enfin, de la forme essentielle, τὸ τί ἦν εἶναι, dont la notion exprimée par le langage constitue la définition de la chose[4]. Ces quatre significations du mot οὐσία se peuvent ramener à deux : il exprime d'abord le dernier sujet, le sujet qui n'est l'attribut d'aucun autre sujet ; puis le τόδε τι, qui peut être en idée, dans la pensée, séparé de son sujet, c'est-à-dire la forme et l'idée de l'être individuel. En ce sens, l'οὐσία est une partie de l'être parce que la définition d'un être enveloppe sa matière et sa forme ; mais cette forme n'est qu'idéalement séparable de sa matière et de l'être concret, τὸ σύνολον, qu'elles forment par leur synthèse.

---

[1] *Top.*, I, 2, 101, a, 34. Conf. Heyder, *Krit. Darstell.*, p. 345.

[2] *De Anim.*, I, 1, 3.

[3] *Metaph.*, VIII, 2, 1043, a, 2. ἡ οὐσία αἰτία τοῦ εἶναι ἕκαστον.

[4] *Metaph.*, V, 8, 1017, b, 10. Conf. *De Cœl.*, III, 1, 298, b, 29.

Après cette première question, à savoir si l'âme est une substance, et dans quel sens elle peut être appelée de ce nom, il en est une autre non moins importante : « l'âme est-elle du nombre des êtres en puissance, ou n'est-elle pas plutôt une sorte d'acte, d'entéléchie [1] », question considérable, à laquelle se rattache le problème posé par la *Métaphysique* : « les parties de l'âme ne sont-elles pas à la fois un acte et une puissance, comme les parties des êtres animés [2]. »

« Il faut, en outre, rechercher si l'âme est divisible ou indivisible, et si toutes les âmes sont ou non de la même espèce ; » par exemple l'âme de l'homme est-elle de la même espèce que l'âme du cheval, « et si toutes les âmes ne sont pas de la même espèce, il faut savoir si elles forment des espèces différentes mais appartenant au même genre, ou si elles constituent des genres différents ; car ceux qui aujourd'hui ont étudié ce sujet ne paraissent s'occuper que de l'âme de l'homme [3] », c'est-à-dire n'embrassent pas l'objet entier de la recherche et n'en étudient qu'une partie, comme Aristote reproche souvent à ses prédécesseurs de l'avoir fait dans toutes les branches du savoir philosophique, négligence qui les a souvent entraînés dans l'erreur et la contradiction [4].

« Il faut bien se garder d'oublier de rechercher s'il n'y a qu'une seule définition de l'âme, comme il n'y a qu'une seule définition de l'animal, ou bien s'il y a une définition différente pour chaque espèce différente, une pour l'âme du cheval, une pour l'âme du chien, une pour l'âme de l'homme, une pour l'âme de Dieu ; or, il faut bien remarquer que l'animal, l'animal en général est un universel, qui n'est rien, ou n'a qu'une existence postérieure, comme tout autre attribut commun qu'on peut donner à un sujet [5]. »

La théorie peut-être la plus propre à Aristote, c'est que rien n'est substance, qui est commun aux êtres ; la substance n'existe dans aucun autre être que dans elle-même, dans l'être auquel elle appartient et dont elle est la substance. « Rien d'universel n'a une existence distincte et séparée des

---

[1] *De Anim.*, I, 1, 3.
[2] *Metaph.*, VII, 16.
[3] *De Anim.*, I, 1, 4.
[4] *De Gener. et corr.*, I, 7.
[5] *De Anim.*, I, 1, 5. Conf. *Metaph.*, VII, 16, 1040, b, 27.

êtres particuliers[1]. » Cependant, si les individus sont seuls substances, ils ne sont et ne peuvent être connus de nous que par leurs causes, et ces causes se ramènent en définitive à une seule, la loi universelle de la nature, d'où tout être individuel tire son origine et sa naissance. L'universel est donc dans la nature des choses l'*antérieur*, πρότερον πρὸς τὴν φύσιν ou τῇ φύσει. Comme tel, comme conditionnant en tant que cause les individualités qu'il engendre, et en conditionnant la connaissance, il est, absolument parlant, ἁπλῶς, pour la raison et la pensée, πρὸς τὸν λόγον, plus intelligible et plus connaissable[2]. Mais si, au lieu de considérer la nature des choses dans leurs raisons propres, nous regardons ce qui se passe dans notre esprit, nous verrons l'ordre de l'universel et de l'individuel se renverser[3]. L'être individuel, sensible, concret, est celui qui arrive le premier à notre connaissance ; les principes et les causes, l'universel, se dérobent à notre esprit, comme si leur clarté même éblouissait nos faibles yeux ; semblables aux oiseaux de nuit, nous voyons mieux dans l'ombre. Ce n'est que peu à peu, par une science postérieure et tardive que nous prenons possession de ces principes. Ainsi, tout en étant principe de l'être et du connaître[4], l'universel est postérieur, du moins quant à nous ; et c'est ce que serait l'âme, si une seule et même définition exposait son essence. Elle ne serait plus alors un être existant dans la réalité, et n'aurait qu'une existence postérieure, idéale, comme tout universel.

---

[1] *Metaph.*, VII, 16, 1040, b, 27.

[2] Quelles conséquences ne pourra-t-on pas tirer contre Aristote de ces aveux? Si l'acte est toujours l'*antérieur*, et la puissance toujours le *postérieur en soi*, l'universel est donc l'acte, et l'individuel est la puissance. Mais alors que devient la règle : l'acte sépare, divise, individualise.

[3] Pourquoi ce renversement? Comment se fait-il que ce qui est vraiment *prius* ne le soit pas aussi pour nous? Qu'y a-t-il donc en nous qui détruise l'ordre réel du développement des choses et la hiérarchie naturelle des principes? C'est ce qu'Aristote ne dit nulle part.

[4] Il est principe du connaître parce qu'il est principe de l'être : nous ne connaissons d'abord les causes que par leurs effets ; mais les effets, produits par ces causes, ne sont que les causes mêmes, réalisées, arrivées à leurs fins. Cependant cette connaissance de la cause, qui seule peut expliquer l'effet, puisque c'est elle qui le produit, n'arrive à notre esprit qu'*après* la perception de l'effet. On retrouve partout cette doctrine dans Aristote, et particulièrement *Ethic. Nic.*, III, 5, 1112, b, 15. *Anal. Post.*, I, 2, 71, b, 33. *Top.*, VI, 4, 141, b, 5. *Metaph.*, V, 11, 1018, b, 32. *Phys.*, I, 1, 184, a, 16.

Telle est, du moins ici, l'opinion d'Aristote, où nous avons fait déjà remarquer quelque contradiction; car nous le verrons obligé, lui aussi, de donner de la réalité à l'universel et à l'idée.

L'énumération des Ἀπορίαι continue par les questions suivantes : « Y a-t-il, dans un même être vivant, plusieurs âmes ou une seule divisée en parties ? S'il n'y a qu'une seule âme divisée en parties, en quoi consiste la différence de ces parties ? Et dans cette hypothèse, quel devra être l'ordre de nos recherches ? Faudra-t-il étudier d'abord l'âme dans son tout, dans son unité, ou commencer par les parties qui la composent, et chercher le rapport naturel que ces parties ont entre elles ? S'il faut commencer par les parties, devrons-nous étudier d'abord la nature de ces parties ou bien leurs fonctions, leurs opérations, τὰ ἔργα ? Si nous devons commencer par les fonctions, faudra-t-il étudier en premier lieu les objets d'où ces fonctions reçoivent l'impulsion, ou ceux sur lesquels leur acte s'exerce, c'est-à-dire l'objet senti avant la partie sensitive, l'intelligible avant l'intelligence ?[1] »

Après avoir résolu ces questions qui portent sur l'essence, et qu'il importe de résoudre pour connaître les causes qui lient les propriétés à l'essence, « il faudra passer à l'étude des propriétés elles-mêmes qui ne sont pas moins nécessaires pour connaître la véritable essence, » puisqu'elles en manifestent l'énergie. « C'est l'essence qu'il importe de connaître, puisque c'est elle qui, exposée dans la définition, est le principe de toute démonstration. Si l'on ne veut pas partir d'une définition vide et de pure dialectique[2], il faudra que les accidents, propriétés et attributs essentiels de la chose soient compris dans la définition. Mais pour les réunir dans la définition il faut les voir en imagination ; il faut nous les représenter, ce qui n'est pas facile, à l'aide de cette faculté[3] » qui ne fonde pas, mais qui prépare les éléments de la définition.

Si j'entends bien le passage, Aristote veut dire que l'essence, précisément parce qu'elle est un individuel, se dérobe à la définition ; elle ne peut être saisie que dans ses opé-

---

[1] *De Anim.*, I, 1, 6 et 7.

[2] Allusion à Platon qu'on retrouve presque dans les mêmes termes, *Metaph.*, I, 991, a, 21.

[3] *De Anim.*, I, 1, 8.

rations, ἔργα, et les phénomènes extérieurs qui tombent sous la prise de nos sens, ou dont l'imagination nous donne la représentation. Cette représentation n'est pas la définition; mais la définition ne pourrait se faire sans elle.

Les états passifs de l'âme, τὰ πάθη, en tant qu'ils diffèrent de son activité, donnent lieu à des difficultés spéciales. Par exemple, « il faut savoir s'il n'en est pas quelques-uns tellement propres à l'âme qu'ils lui appartiennent en dehors de son union avec le corps, comme la pensée pure, τὸ νοεῖν, ou, au contraire, si toutes les modifications de l'âme appartiennent en commun au corps qui possède cette âme[1]. »

C'est ici un des points les plus difficiles et les plus indispensables à éclaircir; car de la solution dépendent des conséquences considérables. Si, en effet, l'âme possède par elle-même quelque fonction qui ne soit pas liée à l'existence d'un corps et à la fonction d'un organe, elle peut avoir une existence indépendante, être un être séparé. Mais si aucune de nos pensées n'est absolument pure de représentation, si toute pensée ou est une image ou ne saurait se former sans une image, c'en est fait de son immatérialité; elle ne peut exister sans le corps, et n'en saurait pas plus être séparée qu'on ne peut séparer le droit ou le courbe du corps auquel appartient cette figure[2]. Or, il semble bien difficile qu'il en puisse être autrement. Le corps éprouve des modifications de la plupart des actes et des passions de l'âme, tels que la joie, l'amour, la colère; et réciproquement un certain état du corps éteint l'impression des plus violentes passions de l'âme et nous les rend presque insensibles, tandis qu'un certain autre état d'excitabilité nerveuse nous en fait ressentir très vivement les plus légères et les plus faibles modifications, tant sont évidentes l'action et la réaction mutuelle du corps et de l'âme, et par conséquent leur indissoluble union. S'il en est ainsi, on peut dire que les affections de l'âme sont des

---

[1] κοινὰ τοῦ ἔχοντος : cette expression singulière, où le corps est considéré comme le possesseur et l'âme comme la chose possédée, montre la tendance où penche Aristote et où quelquefois il tombe.

[2] Aristote tombe dans l'erreur, signalée par lui-même, de ceux qui, en parlant de l'âme, pensent toujours à l'âme humaine : erreur bien difficile, il est vrai, à éviter; car, ainsi qu'il le dit, « l'homme est, de tous les êtres qui ont une âme, celui qui, par une nécessité manifeste, est le plus et le mieux connu de nous. » *Hist. Anim.*, I, 7, 491, a, 22. ὁ δ' ἄνθρωπος τῶν ζώων γνωριμώτερον ἡμῖν ἐξ ἀνάγκης. V. plus haut p. 155.

raisons engagées dans la matière, λόγοι ἔνυλοι[1] », mais des raisons cependant, parce que les opérations de l'âme se ramènent à des facultés qui ne peuvent être dépourvues d'une sorte d'intelligence qui leur fait comprendre le but qu'elles poursuivent et les moyens de l'atteindre ; elles ne sont même que ces forces raisonnables.

Telle est la série des questions qu'Aristote se pose au sujet de l'âme, et dont l'ensemble constitue à peu près le problème entier de la psychologie. Il ne nous dit pas par quelle méthode il les a obtenues ; mais il est certain, et nous allons tout à l'heure en avoir la preuve, que la plupart d'entre elles avaient été déjà posées par les philosophes ses prédécesseurs ; cependant il en est quelques-unes qui leur avaient échappé. Aristote en fait la remarque et se propose précisément de combler ces lacunes.

§ 3.

A QUELLE PARTIE DE LA PHILOSOPHIE APPARTIENT L'ÉTUDE DE L'AME[2].

Puis donc que, suivant toute vraisemblance, toutes les passions et affections et même toutes les pensées de l'âme sont des raisons engagées dans la matière, « l'étude de l'âme appartient à la physique, sinon de toute espèce d'âme, du moins de celle que nous venons de décrire[3] », c'est-à-dire de cette espèce dont les opérations sont liées aux mouvements d'un organisme corporel. D'ailleurs les questions suivantes : « Qu'est-ce que l'âme ? Qu'est-ce que cette partie ou cette autre partie de l'âme ? Et toutes les questions qui se rapportent aux propriétés de l'âme résultant de ce que son essence est telle, sont du ressort de la physique ; d'autant que la nature, ἡ φύσις, peut et doit être envisagée à un double point de vue, d'une part comme matière, de l'autre comme essence. La nature est essence, en tant que moteur et en

---

[1] De Anim., I, 1, 9 et 10.
[2] V. plus haut p. 134.
[3] De Anim., I, 1, 11. Metaph., VI, 1, 1026, a, b. « Il y a une certaine espèce d'âme dont la science appartient à la physique, c'est celle qui n'existe pas sans matière. »

tant que fin. Or, dans un animal déterminé, cette essence est ou bien l'âme tout entière, ou une partie de l'âme. C'est donc au physicien d'étudier et de connaître l'âme plus encore que d'étudier la matière, puisqu'il est plus vrai de dire que la matière est nature uniquement par l'âme que de dire l'inverse[1], » à savoir que l'âme est nature uniquement par la matière.

« Il est vrai que la dialectique peut tout aussi bien que la physique donner des définitions de chacun des actes, de chacune des passions de l'âme[2]. » Mais quelle différence ! le point de vue dialectique est tout logique ; il n'a pour but que l'universel, la forme, l'idée ; mais, semblable sous ce rapport à la philosophie première, la dialectique s'en distingue et lui est profondément inférieure, en ce que la généralité qu'elle embrasse est une généralité vide, et qu'elle ne peut atteindre qu'une forme sans contenu, l'apparence de la science et non sa réalité. Elle se perd dans des affirmations vagues qui ne renferment pas d'être vrai[3]. « Elle dira, par exemple, de la colère, que c'est le désir de rendre le mal pour le mal ; mais là, comme partout, comme toujours, elle donne la forme, l'essence intelligible de la chose réelle, τὸ εἶδος καὶ τὸν λόγον, essence qui ne saurait, elle, avoir de réalité que dans une matière, et non pas dans toute matière, mais dans une certaine matière déterminée. La définition qui se borne à donner la forme, sans ajouter de quelle matière déterminée elle est la forme, est une définition insuffisante et parfaitement vide ; par exemple, cette définition d'une maison : abri qui nous garantit des incommodités du vent, de la pluie, de la chaleur. D'un autre côté,

---

[1] *De Part. anim.*, I, 1, 641, a, 17. C'est la classification qu'adopte également Kant. Pour lui, les seuls objets possibles d'une connaissance légitime sont les choses placées dans le temps et dans l'espace. Ces choses, ces phénomènes sont ou internes, comme les états de l'âme et leurs changements, ou externes, tels que les corps et leurs mouvements. La connaissance des uns consiste dans l'expérience interne et constitue la psychologie ; la connaissance des autres consiste dans l'expérience externe et constitue la physique. Si on appelle *nature* la totalité des choses placées dans le temps et dans l'espace, l'ensemble de toutes les choses qui peuvent être l'objet d'une expérience, la science de la nature embrasse la physique et la psychologie et constitue toute la philosophie.

[2] *De Anim.*, I, 1, 11.

[3] M. Ravaisson, *Métaph. d'Arist.*, t. I, p. 284.

les définitions qui ne donneraient que la matière, qui diraient qu'une maison, ce sont des pierres, des briques, des charpentes ; que la colère, c'est un bouillonnement du sang du cœur, ou de l'élément chaud, ne seraient pas plus satisfaisantes que les premières. Il faut réunir dans toute définition la forme et la matière, et pour tous les êtres dont l'existence est liée à une matière, la physique seule peut le faire. La physique, en effet, a pour objet[1] les propriétés, actions et modifications de l'âme inséparables de la matière et en tant qu'inséparables, et de plus inséparables d'une matière déterminée. Il importe de le remarquer, car les mathématiques aussi étudient les propriétés inséparables de la matière, comme les lignes et les surfaces, en opposition d'une part à la philosophie première qui considère ces mêmes actions en tant qu'elle peuvent être séparées de la matière, et existent, non plus dans une autre chose, mais en soi et par soi, et en opposition d'autre part à la physique, parce qu'elles ont pour objet, il est vrai, des propriétés de la matière, mais qui en sont idéalement séparées et abstraites ; c'est comme telles, c'est-à-dire comme absolues et sans rapport à un corps déterminé, que les mathématiques les considèrent. Le propre, au contraire, de la physique, c'est d'étudier les fonctions actives et passives de l'âme en tant qu'elles sont inséparables de la matière où elles se manifestent. Elle a pour objet la forme sans doute, mais la forme en tant qu'elle se réalise dans et par une matière déterminée ; et puisque toutes les fonctions de l'âme sont liées à une matière et comme tissées en elle, il est clair que c'est à la physique seule d'étudier l'âme et le corps dans leur rapport nécessaire. Mais, ce rapport, il ne faut pas se borner à l'affirmer ; il faut en déterminer la cause ; ce que personne n'a fait jusqu'ici[2] », et ce qu'Aristote se vante d'avoir le premier entrepris de faire, nous verrons avec quel succès.

Bornons-nous ici à dire d'avance qu'il n'a pu trouver la cause de l'union, de l'unité de ce tout complexe, τὸ σύνολον, qu'on appelle l'être vivant, qu'en faisant de l'âme

---

[1] Conf. *Metaph.*, VI, 1, 1025, b, 20. « La physique a pour objet l'être qui possède en lui-même le principe de son mouvement et de son repos.., tout ce qui est susceptible d'être mû.., qui a toujours une matière..., et par conséquent cette espèce d'âme qui n'existe pas sans la matière. »

[2] *De Anim.*, I, 1, 16.

non seulement la forme, mais encore la fin du corps, l'idée où il s'achève et se réalise, le terme où il aboutit, mais en même temps où il s'évanouit et pour ainsi dire s'évapore. Si l'âme n'est que la réalité et la perfection du corps, la distinction des deux substances disparaît ; leur union fait place à leur identité, et cette grande découverte, inconnue à la philosophie antérieure, qui devait montrer le moyen qui rapproche, parce qu'il les contient, les deux extrêmes, et les contient parce qu'il en est la cause, se réduit à supprimer l'un des termes de l'opposition ; procédé trop simple pour être resté inconnu jusqu'à Aristote, et que l'Ecole ionienne, jusqu'à Anaxagore, n'avait que trop pratiqué.

« Il faut remarquer que le lien intime de l'âme et du corps peut être l'objet de certains arts[1], » de la médecine, par exemple, ou de la statuaire. Mais le médecin comme l'artiste ne se bornent pas à étudier les phénomènes existant dans la nature des corps ; ils cherchent à les y créer, à les y produire. L'un imprime à la matière des formes immobiles qu'elle ne possédait pas, et qui n'existent que dans l'esprit du sculpteur ; l'autre cherche à modifier, à activer ou à ralentir les fonctions d'un organisme malade. Mais ce ne sont plus là des sciences, qui sont toutes, par essence, spéculatives, contemplatives, théorétiques ; ce sont des arts, c'est-à-dire des activités pratiques ou poétiques, qui créent leur objet, tandis que la science ne crée rien et ne cherche qu'à voir les phénomènes, leurs lois et leurs causes.

Voilà comment et pourquoi la psychologie est une partie de la physique. On peut encore, malgré des lacunes et des incertitudes, retrouver[2] le lien qui unit, dans la pensée d'Aristote, les diverses parties de la science de la nature en un tout systématique et déterminer la place qu'occupe dans ce vaste ensemble le membre qui y constituait la doctrine de l'âme.

Il y a des lois et des principes universels qui président à l'ensemble de faits et d'êtres qu'on appelle la Nature ; l'une de ces lois est le mouvement. Aristote a exposé la théorie du mouvement dans ses *Leçons sur la physique*. Le mouvement et les lois du mouvement s'appliquent à des êtres périssables

---

[1] *De Anim.*, I, 1, 16.
[2] Particulièrement dans *Meteor.*, I, 1.

et changeants, ou à des êtres éternels et immuables; les quatre livres *Du Ciel* traitent du mouvement des astres, éternels et immuables, qui se meuvent dans la sphère supérieure du monde, et, en outre, des éléments primitifs des choses, peut-être parce que l'auteur s'est cru obligé de donner les raisons de l'incorruptibilité de la matière sidérale, ou parce que c'est dans cette sphère supralunaire que l'ancienne physique plaçait les éléments à leur état primitif, pur et sans mélange.

Ces corps élémentaires, leur nature, leur nombre, leurs propriétés, leurs transformations réciproques sont l'objet du traité *De la Génération et de la corruption des choses* qui en sont formées. Mais dans la partie du ciel la plus voisine du mouvement des astres se produisent les phénomènes météorologiques auxquels Aristote rattache directement la formation des minéraux et des métaux; l'étude de ces phénomènes considérés comme les produits les plus simples des éléments se lie naturellement à la théorie des corps élémentaires, et le quatrième livre *Des Météores* revient à des discussions sur le mélange, c'est-à-dire sur la chimie inorganique et organique, qui avaient déjà fait l'objet du premier livre *De la Génération et de la corruption*[1]. Aristote soutient que le mélange des éléments, dont deux sont actifs et deux passifs, forme les corps solides et y engendre la génération et la corruption, les phénomènes de digestion, de maturation, etc. Il distingue dans les êtres des parties homéomères, telles que le sang, les os, et il entend par là que la division y produit des parties où se rencontre l'espèce même du tout, et qui s'opposent aux parties anhoméomères telles que le pied, la tête, la main, où il n'en va pas ainsi; car les parties d'une tête ou d'une main, coupées en morceaux, ne sont pas des mains ni des têtes. Les parties anhoméomères appartiennent en propre aux êtres vivants, et nous sommes amenés par cet intermédiaire à la zoologie ou à la biologie.

Aristote divise lui-même cette science en deux parties ou en deux points de vue, qu'il qualifie l'un de καθόλου, l'autre de χωρίς[2], dont la réunion complétera le plan d'études qu'il

---

[1] Ce qui a inspiré des doutes sur l'authenticité de cet ouvrage. V. Barth. Saint-Hilaire, *La Météor. d'Arist.*, p. LXV.

[2] *Meteor.*, I, 1.

s'est proposé. L'âme est le principe universel de la vie. L'étude de l'âme et des phénomènes de la vie dont elle est le principe est l'objet du groupe de mémoires et d'ouvrages connus sous le titre de *Parva naturalia,* qui a pu servir d'introduction à la zoologie, en en exposant les principes universels. De là, passant, suivant sa méthode habituelle, du général au particulier, Aristote s'est occupé des *Parties des animaux,* de leur *Mouvement,* puis enfin de l'*Histoire des animaux* et de l'*Histoire des plantes* [1].

Tel est, du moins, l'ordre qu'en partant du principe : la psychologie est une partie de la physique, on peut légitimement supposer qu'avait adopté Aristote, et dont on retrouve épars dans quelques ouvrages les linéaments vagues dessinés par lui-même. Cependant, quoi qu'il en ait pensé, je crois que ce n'est pas dans cet ordre, du moins ainsi interprété, que s'enchaîneraient les diverses parties de sa doctrine pour composer un véritable système. Loin que la psychologie y tienne cette place inférieure et y joue ce rôle subordonné, on peut soutenir et je soutiens que, dans l'esprit du système, elle n'est pas une partie de la physique, et qu'au contraire la physique et toutes les sciences de la nature ne sont qu'une partie de la science de l'âme, entendue dans le sens où l'entend précisément Aristote, c'est-à-dire de l'âme tout entière et de toute espèce d'âme, περὶ πάσης, ὅλης, μιᾶς. Que dit, en effet, Aristote? La nature est une force secrète qui remplit toute la catégorie de la substance d'une échelle d'existences liées par la loi d'un progrès continu, et telles que chaque existence supérieure possède, au moins en puissance, les formes de l'existence inférieure [2]. Cette série progressive des êtres comprend quatre degrés.

I. L'être inorganique, qui a une forme substantielle, une unité ; et l'unité, c'est l'être même [3]. Tels sont l'argent, l'étain, dont on peut donner une définition qui porte sur

---

[1] C'est une question de savoir si cette *Physiologie des plantes,* comme il l'appelle (*De Sens. et sensat.,* 4), est tout entière d'Aristote. On la trouve citée dans l'*Histoire des animaux* (V, 1, 539, a, 20), et cependant Alexandre (*Scholl. Arist.,* p. 109) dit qu'on ne connaît pas sur ce sujet d'autre ouvrage d'Aristote que l'*Histoire des animaux.*

[2] *De Anim.,* II, 3, 5, 7.

[3] *Metaph.,* VIII, 3, 1043, b, 26.

l'essence. Les êtres mathématiques n'ont point d'existence, parce qu'ils n'ont pas d'unité[1].

II. L'animal, qui présente l'unité, l'individualité déjà plus manifeste, quoique encore confuse.

III. L'homme, où l'unité plus parfaite est cependant soumise à l'opposition de l'entendement et de la volonté.

IV. Dieu, qui, dans sa vie divine, réalise l'individualité et l'unité supérieure de la raison dans la forme immatérielle de l'acte pur.

Dans lequel de ces degrés l'âme est-elle absente? Dans lequel n'est-elle pas le principe de cette unité, de cette forme qui s'identifie avec l'être ou en est du moins le caractère supérieur? Il ne pourrait y avoir de doute que sur le premier et sur le dernier degré. Mais partout où il y a unité, il y a une cause de l'unité[2]; partout où il y a une forme qui n'est pas pure, qui enveloppe quelque puissance, il y a un mouvement qui développe la forme de la puissance où elle sommeillait. Quel est le principe de ce mouvement, quelle est la cause de cette unité? Ils ne sont pas dans les éléments mêmes; ce ne peut donc être que l'âme ou une partie de l'âme, ou quelque chose d'analogue[3]. Les métaux et les minéraux sont produits par des transmutations des éléments et des corps sous l'influence de la chaleur, c'est-à-dire par des mouvements[4]. L'être inorganique a donc une espèce d'âme[5], et voilà pourquoi Aristote dit : « Tout est plein de l'âme[6]; tout est plein de Dieu[7]. » Sans la puissance de l'âme, l'unité, c'est-à-dire l'être, se dissipe et disparaît; il se fond en une pluralité infinie, sans forme et sans essence, πολλὰ καὶ

---

[1] *Metaph.*, XIII, 2, 1077, a, 23.

[2] *Metaph.*, VIII, 6, 1045, b, 17. « Chercher la cause de l'être et chercher la cause de son unité, c'est la même chose; car chaque être individuel est un, et l'être en puissance et l'être en acte n'en font en quelque sorte qu'un seul. Or il n'y a pas d'autre cause, αἴτιον, de l'unité, que le principe qui meut, qui opère le mouvement de la puissance à l'acte, » et il n'y a pas d'autre principe de mouvement que l'âme.

[3] *Metaph.*, XIII, 1077, a, 20.

[4] *Meteor.*, IVᵉ livre.

[5] Il va jusqu'à dire que dans le mouvement du vent qui s'élève et s'apaise il y a une sorte de naissance, de mort, de vie: βίος γάρ τις καὶ πνεύματος. *De Gen. anim.*, IV, 10.

[6] *De Gener. et corr.*, III, 11, 762, a, 18. πάντα γὰρ ψυχῆς εἶναι πλήρη.

[7] *Ethic. Nic.*, VII, 14, 1153, b, 38.

διαλύεται[1]. Lorsqu'Aristote demande à ceux qui composent l'âme d'éléments quelle est la force qui les embrassera dans un tout, qui les contiendra dans l'unité, τί τὸ ἑνοποιοῦν, τί τὸ σύνεχον[2], il semble bien qu'il ne conçoit pas d'autre force capable d'imprimer le mouvement, et de donner à toute chose la forme de l'unité, que l'âme. Un peu plus loin[3], il est plus affirmatif : « L'âme est-elle divisée en parties ? se demande-t-il ? Mais alors qu'est-ce qui les contient dans l'unité ?... Quel que soit le principe qui fasse de ses parties multiples un tout un, ce principe-là, c'est une âme, ἐκεῖνο μάλιστ' ἂν εἴη ψυχή. » Si on trouve, exprimée dans une objection, l'opinion que « toute chose n'a pas d'âme[4], » il faut entendre une forme spéciale de l'âme, qui ne donne pas seulement l'unité et l'essence, mais l'organisation et la vie.

Je crois donc qu'il est conforme aux principes d'Aristote de dire que la science de l'âme embrasse la science de toute la nature et que les mathématiques seules lui échappent, et Aristote, sans craindre une apparente contradiction, le déclare lui-même. Nous venons de l'entendre dire que c'est à la physique qu'il appartient d'étudier l'âme[5]; mais il n'hésitera pas non plus à dire ailleurs que c'est essentiellement de l'âme que doit traiter la physique; parce que l'âme, principe du mouvement, dépositaire de la force interne qui recueille et ramasse dans l'unité la pluralité dispersée, est, pour toutes les choses qui ont une forme, une essence, la cause de cette essence et de cette forme : « en sorte qu'on peut et qu'on doit dire que le philosophe qui spécule sur la nature a plutôt à parler de l'âme qu'à parler de la matière[6]. » Il ne se contente pas de cet aveu, qui étend sur toutes les parties de la physique la science de l'âme, considérée comme le grand, l'universel agent de la nature; il va plus loin, il reconnaît que la puissance de l'âme s'étend par delà les limites de la nature : « Toute nature est âme ou quelque

---

[1] *Metaph.*, XIII, 1077, a, 22.
[2] *De Anim.*, I, 5, 11.
[3] *De Anim.*, I, 5, 24.
[4] *De Anim.*, I, 5, 10.
[5] Rey Regis avait intitulé son ouvrage, cité par Maine de Biran, *Histoire naturelle de l'âme*.
[6] *De Partib. anim.*, I, 1, 641, a, 29. περὶ ψυχῆς μᾶλλον ἢ περὶ τῆς ὕλης.

chose d'analogue; mais toute âme n'est pas nature¹. » Au delà et au-dessus de la nature l'âme est encore le principe de la vie supérieure et divine de la pensée. C'est ce qu'il me reste à démontrer.

Si l'âme, qui agit dans le sein de la nature, n'épuise pas la notion de l'âme, s'il n'y a, pour produire et expliquer les phénomènes de la nature, qu'une ou plusieurs parties de l'âme, mais non pas l'âme tout entière, dans la plénitude et l'universalité de son essence, quelle peut être cette âme universelle et parfaite, si ce n'est celle qui, dans l'acte pur de la pensée et dans une forme absolument immatérielle, réunit l'individualité, l'universalité, l'unité, si ce n'est l'esprit, ὁ Νοῦς. Or l'esprit est dans l'âme, ἐν ψυχῇ νοῦς². Aussi, dans la dernière partie du traité *De l'Âme*, Aristote, dépassant la sphère de l'être animé et naturel, arrive à ce moteur immobile, dernier principe du mouvement, à cet intellect en acte, principe de l'intelligence passive, qui, séparé de la nature, ne peut être séparé de l'âme où il vit, et dont l'étude se rattache nécessairement et se lie intimement à la science de l'âme qu'elle termine et achève.

L'âme est cause motrice, cause finale, cause formelle³; car ces trois causes n'en font qu'une⁴. Dieu n'est pas autre chose que la cause finale, le moteur du monde : il n'en est pas l'âme, en ce sens qu'il n'aurait pas d'autre existence qu'une existence liée à celle du monde; mais il est une âme, parce que le monde de la nature est le monde du mouvement qui ne se peut comprendre sans un moteur, et que le monde de l'intelligence enveloppant toujours la matière et la puissance, son acte imparfait ne s'éveille que sous l'influence de l'intellect en acte. Or le mouvement et la pensée nous ramènent à l'âme. Dieu est âme, car il est l'être où l'intelligence et l'intelligible ne font qu'un; il est le principe de la pensée et de l'être en mouvement, et l'âme n'est pas autre chose que ce principe.

Aristote semble bien avoir aperçu où l'entraînait son principe, et il s'efforce d'en atténuer les conséquences, mais par

---

[1] *Id., l. l.*, 641, b, 8. οὐδὲ γὰρ πᾶσα ψυχὴ φύσις, ἀλλά τι μόριον αὐτῆς.
[2] *Ethic. Nic.*, I, 7.
[3] *De Anim.*, II, 4.
[4] *Phys.*, II, 7, 194, a, 24.

des restrictions tout à fait arbitraires. Après avoir dit que c'est à la physique de connaître l'âme, il ajoute[1] : « mais sera-ce toute espèce d'âme ou une espèce déterminée? Si c'était toute espèce d'âme, *la philosophie serait réduite à la physique;* car l'intelligence, ὁ Νοῦς, fait partie des intelligibles, et l'intelligence est dans l'âme, de sorte que la physique, si elle devait avoir pour objet toute espèce d'âme, serait la science universelle : l'intelligence et l'intelligible sont en effet des relatifs, et les relatifs sont l'objet d'une seule et même science. N'est-il pas plus exact de dire que toute âme n'est pas principe de mouvement, que toutes les parties de l'âme ne sont pas principes de mouvement? Ainsi la physique n'aura pour objet que l'espèce d'âme qui est principe de mouvement. L'âme des plantes est le principe du mouvement de croissance; l'âme sensitive, le principe du mouvement de modification, ἀλλοίωσις; une autre espèce sera le principe du mouvement dans l'espace, φορά, tandis que l'intelligence n'est pas principe de ce mouvement. En effet, le mouvement dans l'espace appartient à d'autres animaux encore que l'homme : la raison n'appartient à aucun autre animal que lui. La physique n'a donc pas à traiter de toute espèce d'âme; car toute âme n'est pas nature : il n'y a à être nature qu'une partie ou quelques parties de l'âme[2]. »

La science de l'âme est donc plus large, plus générale que la physique.

L'âme et la connaissance de l'âme, voilà donc le moyen terme qui contient l'explication de toutes les choses parce qu'il en contient la cause : τὸ μέσον, αἴτιον. Il ne faut pas se représenter ce moyen comme un milieu pris sur une ligne droite, à égale distance de ses extrémités. C'est un centre dans un cercle ou plutôt dans une sphère, qui est à la fois commencement, fin et milieu de son étendue; c'est un point vivant, germe animé, qui, doué d'une vertu interne de développement, sort de lui-même et produit en se développant le cercle et les rayons, sans cesser d'être au centre de son action.

Les mathématiques, avons-nous dit, qui n'ont pour objet que des êtres idéaux et abstraits, ne sont pas enfermées dans la sphère de la science de l'âme. Pour l'astronomie, la chose

---

[1] *De Partib. anim.*, I, 1, 641, a.
[2] *De Partib. anim.*, I, 1, 641, a.

est douteuse ; d'une part Aristote dit : l'éther ni les autres éléments ne se meuvent eux-mêmes ; ils n'ont donc pas d'âme[1]. Le ciel lui-même, quoique mû par un mouvement éternel, ne peut avoir une âme, parce que nulle âme ne peut mouvoir éternellement[2]. On voit ici que l'âme n'est pas prise dans toute l'extension ni dans toute la compréhension de son idée : il ne s'agit que de cette âme de la nature dans laquelle le mouvement même implique la nécessité d'un repos. Mais l'éternel désirable et l'éternel moteur peut être le principe indéfectible d'un mouvement éternel, et on comprend alors que, sans se contredire au fond, Aristote ait pu donner au ciel une âme comme principe de son mouvement[3].

On peut donc soutenir que, sinon dans la lettre, du moins

---

[1] Rav., *Essai sur la Métaph.*, I, 414.

[2] *De Cœl.*, II, 1. « Le ciel ne se meut pas lui-même : il est mû par un autre. L'âme, sujette à un mouvement accidentel, ne suffit pas à expliquer, comme force immanente, le mouvement éternel du ciel. Le moteur premier est l'esprit, ὁ Νοῦς ἐνεργείᾳ ὤν. »

[3] *De Cœl.*, II, 2, 285, a, 29. ὁ δ' οὐρανὸς ἔμψυχος καὶ ἔχει κινήσεως ἀρχήν. Dans le système astronomique assez obscur d'Aristote, ce ne sont pas les astres qui sont en mouvement, mais seulement les sphères qui les portent et dans le mouvement desquelles ils sont entraînés. De même que le mouvement de la première sphère du ciel nous force de reconnaître un premier moteur immobile, de même, puisqu'il faut toujours que ce qui est mû soit mû par quelque chose, nous devons, pour expliquer le mouvement éternel et immuable des astres et de leurs sphères poser comme causes de ce mouvement autant de substances et d'êtres éternels et immobiles qu'il y a de sphères célestes mues. *Metaph.*, XII, 7, 1073, a, 26. ἐπεὶ δὲ τὸ κινούμενον ἀνάγκη ὑπό τινος κινεῖσθαι... ἀνάγκη καὶ τούτων ἑκάστην τῶν φορῶν ὑπ' ἀκινήτου τε κινεῖσθαι καθ' αὐτὸ καὶ ἀϊδίου οὐσίας... Les corps célestes ne sont pas des masses mortes ; nous en parlons comme si elles n'étaient que des corps, des unités sans âme, ἀψύχων ; mais en réalité il faut les concevoir comme participant à l'action et à la vie (*De Cœl.*, II, 12, 292, a, 18), δεῖ δ' ὡς μετεχόντων ὑπολαμβάνειν πράξεως καὶ ζωῆς. L'esprit moteur de ces sphères se comporte à leur masse, comme l'âme de l'homme à son corps, qu'elle meut sans être mue. *De Cœl.*, II, 2, 284, b, 32. « Tout ce qui a en soi le principe de son mouvement a une âme, ἔμψυχα ὄντα : car nous ne voyons un principe de mouvement dans aucun des êtres qui n'ont pas d'âme, ἐν οὐθενὶ τῶν ἀψύχων. »

Ces premières essences, qui, après Dieu, moteur du ciel, meuvent les étoiles, occasionnent par ce mouvement tous les phénomènes de la génération et de la corruption dans les êtres de la nature : ces êtres éternels, immatériels, immobiles, plus divins encore que l'homme, qui déterminent l'ordre du monde, n'ont pas été sans raison nommés par les mythes des divinités. *Ethic.*, 6, 7. ἀνθρώπου ἀλλὰ πολὺ θειότερα τὴν φύσιν.

dans l'esprit et dans la logique de ses principes, la psychologie est le centre où toutes les parties de la philosophie aboutissent comme autant de rayons et de segments sphériques qui s'y confondent comme dans leur cause. L'âme est le principe de l'être et du connaître.

CHAPITRE DEUXIÈME

HISTOIRE DES THÉORIES PSYCHOLOGIQUES DES PHILOSOPHES ANTÉRIEURS.

§ 1er.

L'HISTOIRE DE LA PHILOSOPHIE DANS ARISTOTE.

C'est la pratique presque constante d'Aristote de mêler à l'exposé de ses doctrines personnelles une histoire critique du sujet qu'il va traiter : il n'est pas sans intérêt de se rendre compte du but qu'il poursuit et de l'intention qui le guide dans ces essais qui créent ou commencent l'Histoire de la philosophie, dont on peut dire qu'il est le père. Par cette méthode, Aristote montre qu'il est convaincu que l'esprit humain ne se consume pas, en cherchant la vérité, en efforts absolument stériles, que la science qu'il poursuit, sans jamais se décourager, ne lui échappe pas tout entière, et que l'examen attentif et la revue consciencieuse des connaissances acquises, contiennent pour tout le monde et même pour les plus grands génies des enseignements précieux. La science n'est pas toujours à refaire à nouveau et tout entière. Ce n'est pas de sa part un goût instinctif ; c'est une méthode raisonnée, un procédé systématique : « Dans l'intérêt de la science que nous cherchons à fonder, dit-il[1], il faut que nous commencions par établir les difficultés et les questions que nous devons rencontrer : ce sont d'abord les opinions, contraires à la nôtre, qu'ont eues sur le même sujet d'autres philosophes ; en second lieu, les points qu'ils ont omis. »
« Nos théories n'en auront que plus de poids, si avant tout nous appelons au débat les opinions différentes pour y faire valoir leurs prétentions : de la sorte nous n'aurons pas l'air

---

[1] *Metaph.*, III, 1, 995, a, 26.

de condamner des absents. Il faut que ceux qui veulent juger de la vérité se posent non en adversaires, mais en arbitres.[1] »

L'histoire de la philosophie n'a donc pas pour but de dérouler le spectacle intéressant et dramatique, mais triste et stérile, des opinions et des erreurs humaines : Aristote y cherche le moyen de bien connaître, de concevoir dans son tout le problème posé, d'éviter les erreurs déjà commises et de profiter des vérités découvertes et démontrées[2]. Aristote a raison ; c'est un grand enseignement philosophique d'assister à la génération historique des problèmes de la science, d'en suivre l'évolution et le développement dans le temps, d'apprendre que rien ne naît subitement, et que dans la science même le présent a ses racines dans le passé. Il est d'autres services que l'histoire rend à la philosophie, et qu'Aristote a justement signalés. C'est en vain que le philosophe veut se poser en juge impartial et en équitable arbitre. Il est lui-même partie au procès qu'il juge, et l'opinion qu'il a adoptée ne peut manquer de le rendre sourd et aveugle à beaucoup de raisons et d'objections de ses adversaires : il ne peut plus ni les écouter ni les entendre : « Nous avons tous, dit Aristote, l'habitude de ne pas porter nos recherches sur la chose même en question, mais d'entrer en lutte contre celui qui soutient la thèse contraire. Nous continuons nos recherches jusqu'au moment où nous ne trouvons plus dans notre propre esprit d'objections à nous faire à nous-même. Mais il faut aller plus loin : il faut connaître toutes les objections qui naissent du sujet, si l'on veut en faire une étude sérieuse et complète. Or, quand nous avons épuisé les objections que nous trouvons dans notre propre esprit, il est utile de diriger notre attention sur les opinions contraires, sur les manières de concevoir le sujet opposées à la nôtre ; car elles nous présenteront la question sous des aspects qui ne se seraient pas offerts à nous[3]. »

Aristote conçoit donc l'histoire comme un contradicteur sévère, qui surveille, contrôle, corrige notre propre esprit.

---

[1] *De Cœl.*, I, 10, 279, b, 7. Conf. *Phys.*, IV, 10, et I, 208, a, 31. *Anal. Post.*, II, 3, 90, a, 37.

[2] *Metaph.*, III, 1, Initio. Conf. *id.*, XIII, 1, 1076, a, 12. *De Anim.*, I, 2, 1.

[3] *De Cœl.*, II, 13, 294, b, 7.

De là ce caractère de polémique, cette attitude de combat qu'il prend dans son exposition aussi critique qu'historique des opinions antérieures. Il ne perd pas de vue son propre système, et, pour l'établir d'avance, il est entraîné à discuter quelquefois prématurément, quelquefois trop longuement, les solutions des questions posées. Ainsi, par exemple, dans le traité *De l'Ame,* la partie historique, qui comprend presque tout le premier livre, est sans proportion avec les parties dogmatiques. De là naissent, outre quelque désordre dans la composition, des répétitions multipliées, très nombreuses dans la *Métaphysique,* et surtout une certaine infidélité, une certaine inexactitude dans l'exposition des doctrines qu'il a intérêt à réfuter, et qu'il réfute d'autant plus facilement qu'il les dénature. Les critiques l'ont tous remarqué ; je n'en veux citer qu'un seul, l'un de ses plus doctes interprètes et de ses plus sincères admirateurs. Bonitz, dans ses commentaires sur la *Métaphysique,* dit : « Nec nos fallere debet, quod Aristoteles, quum rescissa ex ordine et contextu veterum philosophorum placita, in alienum impingit, et suum in usum convertit, interdum *a veritate aliquantum deflectit*[1] » et un peu plus loin : « Aristoteles vero, qua est *in judicandis aliorum philosophorum placitis, levitate*[2] » et enfin « Aristoteles aliquantum immutavit Platonis sententiam..... ita ut fundamentum doctrinæ Platonicæ everteret, et plurimas inde potissimum rationes redarguendi Platonis posset repetere[3]. » C'est, en effet, surtout envers Platon que se manifestent ces inexactitudes plus ou moins involontaires, personne ne le peut savoir, et qui viennent de la position polémique et hostile qu'il prend dans la critique historique. Il fait la guerre à son grand rival, et non pas toujours une bonne guerre, comme nous le verrons.

Cette histoire critique remplit les quatre derniers chapitres du premier livre du traité *De l'Ame,* c'est-à-dire tout le premier livre, sauf l'introduction, que nous venons d'analyser.

Dans le second chapitre, Aristote expose les doctrines, et les soumet à la critique et les réfute dans les trois chapitres

---

[1] P. 66.
[2] P. 79.
[3] P. 92.

suivants. Le deuxième chapitre se divise en deux parties : dans la première sont relevés les points sur lesquels sont à peu près d'accord tous les philosophes qui se sont occupés de la question de l'âme. Ils sont tous partis du principe de causalité ; mais les uns l'ont appliqué au mouvement, où ils croyaient trouver la solution de l'énigme de l'être : ce sont Démocrite, Leucippe, quelques Pythagoriciens, Anaxagore. Les autres ont été préoccupés surtout par le mystère de la connaissance, tels qu'Empédocle et Platon. D'autres enfin ont réuni ces deux points de vue. La seconde partie du même chapitre expose au contraire les points de vue de la question où ces mêmes philosophes ont émis des opinions divergentes, et recherche les causes de ces divergences.

§ 2.

THÉORIES PSYCHOLOGIQUES QUI CONSIDÈRENT L'AME COMME PRINCIPE DU MOUVEMENT.

1. — *Démocrite et Leucippe*[1].

« Le point de départ de cette étude sur l'âme, c'est de poser d'abord les propriétés qui *paraissent* appartenir le plus essentiellement à l'âme. Les deux caractères par lesquels il *semble*[2] que l'être animé se distingue surtout de l'être inanimé sont le mouvement et la faculté de sentir ; ces deux caractères avaient été déjà reconnus et nous ont été transmis par les philosophes antérieurs. Les uns disent que l'âme est surtout et avant tout le principe qui meut, τὸ κινοῦν ; et, de plus, partant de la fausse hypothèse qu'une chose qui n'est pas elle-même en mouvement ne saurait en mouvoir une autre, ils ont conclu que l'âme était au nombre des êtres qui sont en mouvement[3]. »

---

[1] Comme j'ai l'intention de compléter cet ouvrage par une Histoire de la psychologie ancienne, je ne relève ici que les points sur lesquels Aristote a porté son attention, et ne tiens pas plus que lui compte de l'ordre chronologique.

[2] Remarquons ces formules réservées et modestes.

[3] *De Anim.*, I, 2, 1 et 2.

C'est ici une application du principe de causalité : le mouvement, ont dû se dire ces philosophes, et la perception sensible sont des phénomènes qui se manifestent et se révèlent extérieurement ; car tout mouvement se ramène à un mouvement local. Mais ces phénomènes ont une cause, et cette cause, c'est l'âme. Or, comme il leur semblait que ce qui est dans l'effet ne peut manquer de se trouver dans la cause, car autrement il y aurait un effet sans cause, ils ont conclu que le mouvement devait appartenir à l'âme qui le produit ; et bientôt, poursuivant cette application du principe de causalité, ils n'ont pu s'empêcher de concevoir le mode d'existence de la cause d'après le mode d'existence de l'effet, c'est-à-dire de concevoir l'âme, principe du mouvement et en mouvement elle-même, comme une substance analogue en essence aux choses auxquelles elle imprime le mouvement, comme une substance corporelle. De là les théories psychologiques de Démocrite et de Leucippe, son maître. « Démocrite et Leucippe, disent que l'âme [1] » est une sorte de feu, une espèce d'élément chaud. Voici comment ils étaient arrivés à cette opinion : « persuadés que l'essence de l'âme est d'imprimer aux êtres animés le mouvement [2], » ils partageaient le sentiment d'Empédocle, à savoir, « que lorsqu'une chose souffre un effet quelconque, c'est que l'agent qui produit l'effet en dernier ressort et principalement pénètre dans la chose passive par certains pores ou conduits [3] ; » car ils ne connaissaient d'autre mouvement que le mouvement mécanique par impulsion extérieure, par choc. Les atomes eux-mêmes sont immobiles par nature et ne sont mus que par un choc [4]. Pour concevoir que l'âme pût mouvoir le corps, et c'était là, suivant ces philosophes, sa fonction essentielle, il fallait donc qu'elle pût s'introduire dans les interstices vides que laissent entre eux les atomes « dont le nombre est infini, comme les figures innombrables [5] » et dont l'agrégat forme les corps. Si l'âme devait produire un

---

[1] *De Anim.*, I, 2, 3.
[2] *Id., ibid.*
[3] *De Gener. et corr.*, I, 8, 324, b, 25.
[4] Simplic., *In Phys.*, f. 96, b. φύσει γὰρ ἀκίνητα λέγων ἄτομα, πληγῇ κινεῖσθαι.
[5] *De Anim.*, I, 2, 3, 404, a, 1.

choc, elle devait être de même nature que la chose qu'elle avait à mouvoir, c'est-à-dire être corporelle, être un agrégat d'atomes. Mais si elle devait pénétrer dans les interstices d'un corps et mouvoir les atomes de la masse corporelle, il fallait que ses atomes à elle fussent d'une nature particulière, apte à cette fonction. « Ils la composèrent d'atomes de figure sphéroïdale [1], » comme le feu. « C'est de toutes les figures la plus facile au mouvement [2]. » Dans les autres figures les angles arrêtent ou retardent le mouvement. Le feu, qui en est composé, « a des parties extrêmement petites et ténues [3], » qui aident à la facilité de son mouvement propre, et en même temps lui permettent de s'introduire facilement dans le corps pour le mouvoir. Les Eléates avaient soutenu que l'être est un, immobile, éternel, infini ; qu'il ne peut, par conséquent, y avoir ni production ni génération des êtres ; les atomistes prirent une direction d'idées tout opposée ; ils partaient du témoignage des sens, admettaient que la nature est ce qu'elle paraît être, et s'efforçaient de concilier la réalité des phénomènes que la sensation atteste avec le principe de l'unité que la raison proclame l'essence de l'être. Ils crurent avoir réalisé une conciliation « en faisant de l'âme un feu [4], » c'est-à-dire un élément primitif, indivisible, et qui n'échappe pas même complètement à nos sens, tout en étant « le plus incorporel [5] » de tous les éléments. L'âme est, en effet, quelque chose d'analogue « à ces grains de poussière que nous voyons danser dans l'air, dans un rayon de soleil qui passe à travers les fentes des fenêtres [6]. » Ce sont là les principes actifs du mouvement, et comme c'est le mouvement qui, en agglomérant ou en divisant les atomes dans le vide, forme les choses, on peut dire que ces corpuscules, ces éléments, « sont les germes universels de toute la nature [7]. » Les corps pri-

---

[1] *Id., ibid.*, 404, a, 2. τὰ σφαιροειδῆ πῦρ καὶ ψυχήν. — 404, a, 6. τὰ σφαιροειδῆ ψυχήν.

[2] *Id., ibid.*, 405, a, 12. Conf. *Tuscul.*, I, 11 et 18. Diog. L., IX, 44. Plut., *Placit. Phil.*, IV, 3, 4. Stob., *Eccl. Phys.*, I, 796.

[3] *Id., ibid.*, 405, a, 6. λεπτομερέστατον. *Id.*, a, 11. λεπτομέρειαν ou μικρομέρειαν ; car les manuscrits varient entre ces deux leçons.

[4] *De Anim.*, I, 2, 12, 405, a, 13.

[5] *Id., ibid.*, 405, a, 7.

[6] *Id.*, I, 2, 3, 404, a, 3.

[7] *Id.*, 404, a, 4. πανσπερμίαν τῆς ὅλης φύσεως. L'expression paraît propre

mitifs ou atomes, par nature, sont immobiles[1]. S'ils sont perpétuellement en mouvement dans le vide et dans l'infini, c'est parce qu'ils sont mus[2]; et ils ne peuvent être mus que mécaniquement, par le choc d'un autre corps. Ce corps, c'est ce qu'on appelle l'âme. L'âme est donc l'agent universel du mouvement, la cause vivante de la formation du monde entier, le principe de tout changement, de toute génération, de toute destruction.

Ritter suppose qu'en admettant, comme Empédocle et tous les anciens physiciens, que le semblable est porté vers son semblable[3], Démocrite pouvait avoir reconnu une force interne d'attraction différente de la force mécanique. Cette hypothèse est détruite par les objections que fait Aristote à la théorie atomistique du mouvement. D'où vient donc, dit-il, ce mouvement éternel? Car si chaque élément est mû de force et par l'impulsion d'un autre, on va à l'infini et l'on s'y perd. C'est une erreur de croire que le moteur antécédent ne donne le mouvement qu'autant que lui-même est mû par une force violente[4]. Si tout mouvement est de cette nature, il est clair que les atomes n'ont pas le mouvement naturel d'attraction, que cependant, suivant Aristote, Démocrite semble leur accorder quand il dit « que ces éléments indivisibles et ronds sont en mouvement parce qu'il est de leur nature de ne jamais rester en repos[5]. » Ce qui est en contradiction avec la *Métaphysique,* où il rapporte que « ces philosophes ont, comme les autres, négligé de rechercher quelle était la cause et l'essence du mouvement[6]. » « Ils croient qu'ils ont assez fait quand ils ont dit que la chose est ainsi de

---

à Démocrite. Conf. *Phys.*, III, 4, 203. « Anaxagore et Démocrite admettent l'infinité des éléments, que le premier compose de ses homéomeries, l'autre des germes universels, des figures, ἐκ τῆς πανσπερμίας, τῶν σχημάτων.

[1] Simplic., *In Phys.*, f. 96. φύσει ἀκίνητα λέγων τὰ ἄτομα πληγῇ κινεῖσθαι.

[2] *De Cœl.*, III, 2.

[3] *Ethic. Nic.*, VIII, 2, 1155, b, 7. *Ethic. Eud.*, VII, 1, 1235, a, 9... οἱ δὲ φυσιολόγοι καὶ τὴν ὅλην φύσιν διακοσμοῦσιν ἀρχὴν λαβόντες τὸ ὅμοιον ἰέναι πρὸς τὸ ὅμοιον. Plat., *Lys.*, 214, b.

[4] *De Cœl.*, III, 2.

[5] *De Anim.*, I, 3, 9, 406, b, 20.

[6] *Metaph.*, I, 4, 985, b, 19. *Id.*, XII, 6, 1071, b, 31. Cic., *De Finib.*, I, 6... « eumque motum atomorum nullo a principio, sed ex aeterno tempore intelligi convenire. »

[7] *Phys.*, VIII, extr.

toute éternité[1], » et l'on a le droit de leur reprocher de n'avoir donné au mouvement d'autre cause que le hasard' ou, comme l'appelle Diogène de Laërte avec Plutarque, la fatalité nécessaire, ἀνάγκη, qui emporte les éléments matériels dans un tourbillon éternel, δίνη. L'âme n'est donc pas ici principe du mouvement qui, suivant Démocrite, n'a pas de principe, parce qu'il n'a pas de commencement.

L'âme est pour lui la chaleur, ou plutôt l'élément chaud, τὸ θέρμον, c'est-à-dire un corps[2]. « Ce sont, parmi les atomes, ceux qui ont la figure primitive, les atomes sphéroïdes[3]. » L'âme est un corps composé d'atomes sphériques, ignés, un feu qui, par l'essence de sa figure, peut pénétrer partout[4]. Le feu, l'âme, communique aux autres choses le mouvement qu'elle possède et qu'elle a reçu elle-même, mais on ne sait d'où. « L'âme est donc ce qui donne aux êtres animés le mouvement[5], » non seulement aux êtres animés, mais à tous les corps, puisque, entre chaque couple d'atomes, se trouve intercalé un atome de feu ou d'âme, en sorte que toute chose est une sorte de chaîne où les anneaux matériels et les anneaux psychiques alternent[6]. C'est pourquoi Démocrite disait « que la définition de la vie était la respiration[7]. » Les atomes ronds de feu qui composent l'âme sont de tous les plus mobiles et les plus ténus ; tous les corps, et par conséquent les corps des êtres animés, sont placés dans un milieu qui les enveloppe, les embrasse, les contracte en pesant sur eux ; il serait donc à craindre que les atomes

---

[1] *Phys.*, II, 1, 196, a, 26. ταὐτόματον, passage où ne sont nommés ni Leucippe ni Démocrite, mais que Simplicius leur rapporte avec toute raison. Diog. L., 45. Plut., *Plac. Phil.*, I, 26.

[2] *De Respir.*, 4, 478, a, 38.

[3] *De Anim.*, I, 2. 3.

[4] *Id., ibid.* ῥυσμός est une locution ou plutôt une prononciation abdéritaine du mot ῥυθμός ; il signifie figure, et dans son sens étymologique (R. ῥυ — ἐρρύ-ην, ῥιF-ω, ῥο-ός) le mouvement, puis la trace du mouvement du point ou de la surface qui engendre la figure. Le rythme est la figure du mouvement. Pour Démocrite, le mouvement naît de la figure des atomes, mais l'on ne sait d'où leur vient cette figure.

[5] *De Anim.*, I, 2, 3.

[6] Lucr., III, 370.
  Corporis atque animi primordia singula, privis
  Apposita, alternis variare ac nectere membra.

[7] *De Anim.*, I, 2, 3.

de l'âme, si mobiles par eux-mêmes, sous la pression de l'air qui les environne, composé d'atomes plus lourds et plus gros[1], ne fussent chassés du corps auquel ils donnent le mouvement et la vie. La respiration vient protéger contre ce danger les corps et les êtres vivants. « Par ses mouvements alternatifs, elle introduit dans le corps d'autres atomes de feu et d'âme, qui remplacent ceux que l'expiration en a expulsés, et elle arrête, par le courant inverse qu'elle produit, le mouvement trop précipité de l'expiration qui lui en ferait perdre trop vite un trop grand nombre. C'est ainsi par le dehors, θυραθεν, que se renouvelle la vie; c'est ainsi que se répare l'âme, et qu'elle peut repousser la force extérieure qui pèse constamment sur elle, la contracte et pour ainsi dire la glace. L'être vivant vit tant qu'il a cette force de réaction[2]; » quand elle est épuisée, il meurt. La respiration, c'est donc la vie. L'âme est un corps qui, par sa nature et à l'aide de la fonction de respiration, est capable, en se renouvelant, en réparant ses pertes, de réagir contre les corps ennemis conjurés contre elle.

Aristote expose dans un traité spécial, plus clairement et plus complètement, la théorie de Démocrite sur la respiration : « La respiration, suivant Démocrite, donne aux êtres qui respirent une propriété qui est d'empêcher que leur âme ne soit chassée de leur corps. Mais il ne faut pas croire pour cela qu'il a conçu que la nature avait donné cet appareil aux êtres afin qu'il produisît cet effet. Pas plus que les autres physiciens il n'a eu la notion d'une cause de cette nature[3]. Il se borne à dire que l'âme et l'élément chaud ne sont qu'une seule et même chose, à savoir les figures primitives des atomes sphéroïdes. Menacés d'être expulsés par l'air qui les entoure, les presse et les pousse, ils sont, pour ainsi dire, secourus et sauvés par la respiration. Car l'air contient (outre les atomes d'autre figure) un grand nombre de ces sortes d'atomes (à figure sphérique) que Démocrite appelle de la raison et de l'âme, Νοῦν καὶ ψυχήν. Quand l'être respire et que l'air exté-

---

[1] Philopon (*In libr. de Anim.*, I, 2, B, 150) dit que cet élément enveloppant est froid, et le froid même.

[2] *De Anim.*, I, 2, 3. συνανείργοντα τὸ συνάγον καὶ πηγνύον.

[3] C'est-à-dire d'une cause finale. Cependant, d'après un fragment de Stobée, *Eclog.*, I, 160, Leucippe aurait dit dans son ouvrage sur l'esprit : « οὐδὲν χρῆμα μάτην γίγνεται, ἀλλὰ πάντα ἐκ λόγου τε καὶ ὑπ' ἀνάγκης.

rieur s'introduit en lui, ces atomes s'y introduisent en même temps ; ils opposent une résistance à la pression extérieure (des autres), et empêchent ainsi l'âme qui réside au dedans des êtres animés de sortir et de se dissiper. Voilà pourquoi et comment vivre c'est respirer, mourir c'est expirer. Lorsque la pression de l'air extérieur l'emporte sur la résistance qui lui est opposée, et que la respiration n'a plus la force de repousser l'air extérieur qui s'introduit, la respiration s'arrête et la mort arrive. Car la mort n'est autre chose que la sortie de ces sortes d'atomes sous la pression de l'atmosphère qui les entoure[1]. »

La fonction de la respiration a ici, comme on le voit, un double effet : elle introduit des éléments nouveaux de chaleur et de mouvement qu'elle puise et choisit dans l'air extérieur qui les contient mêlés à beaucoup d'autres ; de plus, en attirant vers le canal respiratoire, qui est en même temps celui de l'expiration, un volume d'air qui produit un courant énergique, elle arrête et diminue la force du courant d'expiration qui emporte les atomes de feu, et l'âme avec eux. D'une part, elle remplace les éléments vitaux qui se perdent et, d'autre part, elle empêche qu'il ne s'en perde un trop grand nombre. La vie consiste ainsi dans l'alternative et pour ainsi dire dans le rythme à deux temps de l'aspiration et de l'expiration ; il semble toutefois que l'aspiration soit surtout un phénomène mécanique de pression extérieure, et que la vraie force soit la force interne d'expiration qui contrebalance la pression des atomes non sphériques. La vie est donc conçue, par Démocrite comme par Bichat, plutôt comme une réaction, une résistance, que comme une action initiale et spontanée.

2. — *Les Pythagoriciens.*

« Telle est, il semble, également la doctrine des Pythagoriciens sur l'âme. Quelques-uns d'entre eux ont aussi soutenu que l'âme était ces corpuscules qu'on voit s'agiter dans l'air ; d'autres, qu'elle est la force qui met ces corpuscules en mouvement, et non les atomes eux-mêmes ; ce qui les avait amenés à cette opinion, c'est qu'il leur semblait que

---

[1] *De Respir.*, c. 4, 471, b, 30.

ces grains de poussière étaient emportés dans une agitation perpétuelle, quelle que fût la parfaite sérénité de l'air[1]. » Simplicius conteste l'exactitude du renseignement donné par Aristote et soutient que les Pythagoriciens n'ont jamais rien dit de tel; mais ce n'est pas le lieu ici de discuter ce point. Je relève seulement de ce passage que plus haut Aristote n'a pas entendu simplement dire que Démocrite *comparait* les atomes à ces corpuscules de poussière, mais identifiait et les atomes sphériques et l'âme qui en est formée avec ces corpuscules mêmes. « Une autre opinion qui se rapproche beaucoup de celle des Pythagoriciens, c'est de dire que l'âme est ce qui se meut soi-même[2]. »

« En résumé, tous ces philosophes (les Atomistes et les Pythagoriciens) paraissent s'accorder sur ces points : ce qu'il y a de plus propre et de plus essentiel à l'âme, c'est le mouvement. Comme ils ne voient rien qui meuve sans être mû soi-même, ils soutiennent que toutes les choses sont mues par l'âme, et que l'âme est mue par elle-même[3]. »

3. — *Anaxagore.*

« Telle est encore, ou à peu près, l'opinion d'Anaxagore, moins précise d'ailleurs et moins claire que celle de Démocrite. L'âme est pour lui aussi ce qui meut, car c'est lui qui a dit : c'est l'esprit qui a imprimé le mouvement à l'univers, à moins qu'il ne l'ait emprunté d'un autre[4]. Il y a, cependant, quelque différence; en effet, Démocrite identifie absolument l'âme et la raison; car les choses, pour lui, sont réellement ce qu'elles paraissent être. La raison n'est pas, dans son système, une simple faculté de l'âme, la faculté de saisir la vérité; il identifie le principe de la vie et le principe de la pensée, et la raison est alors la substance même de l'être vivant. Aussi louait-il Homère d'avoir dit en parlant d'Hector : κεῖτ' ἀλλοφρονέων[5]. » Hector, ou plutôt Euryale, car

---

[1] *De Anim.*, I, 2, 4.
[2] *De Anim.*, I, 2, 4.
[3] *De Anim.*, I, 2, 4.
[4] Archélaüs, peut-être, dit Philopon.
[5] *De Anim.*, I, 2, 5. Notre Iliade ne contient pas ce passage. On trouve *Il.*, XXIII, 698 :

la mémoire d'Aristote l'a ici trompé, à la suite d'un coup terrible, s'est évanoui et a perdu le sentiment; il n'est pas mort, et l'on se demande ce que signifie et ce que prouve la citation du vers d'Homère, dans ce passage où il s'agit de la doctrine qui identifie la vie et la pensée. Dans la *Métaphysique*[1], on comprend mieux la même citation; il s'agit, en effet, des philosophes qui ramènent la pensée à la sensation : « On dit, en effet, qu'Homère a eu cette même opinion (à savoir que l'αἴσθησις ne diffère pas de la φρόνησις), puisqu'il a dit, en parlant d'Hector étourdi par le coup de son adversaire, qu'il était étendu à terre, ἀλλοφρονέων, comme s'il avait voulu montrer que ceux qui perdent la raison ont encore la raison, mais que les objets qui se présentent à la raison ne sont plus les mêmes, sont autres, ont changé, ἄλλα, οὐ ταὐτά. » « Tout changement dans la constitution et l'état physiques d'un être cause ou accompagne un changement de pensée[2]; et par conséquent le changement de pensée peut être pris pour le signe, la marque d'une altération de l'état physique. Dans le même livre de la *Métaphysique*, Aristote, parlant de la théorie de la connaissance de Démocrite, nous dit : « Démocrite disait que rien n'est vrai, et que si la vérité existait, elle se dérobait à nous; en un mot, comme il admettait que la raison, φρόνησις, n'est autre chose que la sen-

---

κὰδ δέ ἀλλοφρονέοντα μετὰ σφίσιν εἷσαν ἄγοντες

où le mot est appliqué à Euryale qui vient de tomber sans connaissance frappé d'un coup terrible par Epée, dans la lutte du pugilat, aux jeux funèbres de Patrocle. Lorsqu'Hector vient d'être frappé mortellement par Achille, *Il.*, XXII, 337, ce n'est pas le mot ἀλλοφρονέων qui est employé, et il ne pouvait pas l'être. On lit :

τὸν δ' ὀλιγοδρανέων προσέφη κορυθαίολος Ἕκτωρ.

Hector est affaibli, ὀλίγον ἰσχύων, ἐξησθενηκώς; il n'a perdu ni la connaissance ni l'usage de la parole. On peut croire qu'un vers qui contenait ἀλλοφρονέων appliqué à Hector a été supprimé par les critiques alexandrins, ou mieux encore qu'Aristote, citant de mémoire, a fait confusion et rapporté à Hector ce qui s'appliquait à Euryale.

L'usage du mot dans son sens étymologique est rare : on le trouve, *Od.*, X, 843, où Ulysse dit qu'il était assis morne et triste, et ayant dans l'âme de tout autres pensées que celle de boire et de manger :

ἀλλ' ἥμην ἀλλοφρονέων, κακὰ δ' ὄσσετο θυμός.

[1] *Metaph.*, IV, 5, 1009, b, 28.

[2] *Metaph.*, IV, 1009, b, 15. Cette proposition est d'Empédocle; mais Aristote affirme que Démocrite l'avait adoptée.

sation, et que la sensation n'est qu'un flux continuel de sensations, ἀλλοίωσις, ce qui apparaît à la sensation est nécessairement la vérité. Tel est leur système[1]. » L'ἀλλοίωσις, nous le verrons plus loin[2], se produit non seulement dans le sujet qui perçoit, mais dans les choses perçues, qui coulent, changent, se dérobent et fuient sans cesse comme nos pensées. Mais dans le passage du traité *De l'Ame,* cette fuite de nos sensations et de leurs objets ne parait pas avoir de rapport à la proposition qu'elle est appelée par Aristote à confirmer, à savoir que Démocrite confondait la vie et la pensée, et prétendait qu'Homère était de son avis parce qu'il avait exprimé par le mot ἀλλοφρονέων l'état où se trouve un homme frappé d'un coup terrible, mais non encore mort[3].

Quoi qu'il en soit, « Anaxagore est moins ferme et moins précis sur cette question que Démocrite; souvent on l'entend appeler raison, Νοῦν, la cause de ce qui, dans les êtres, est beau et bon; mais ailleurs, il dit que l'âme est la même chose que la raison; car tous les êtres animés, grands et petits, supérieurs et inférieurs possèdent en eux la raison. Cependant, il ne semble pas possible d'attribuer la raison, du moins en tant que ce mot exprime la faculté de l'intelligence, à tous les animaux, et non pas même à tous les hommes[4]. » On trouve dans la *Métaphysique* un passage qui complète et qui commente en même temps celui que nous venons de citer : « Celui qui vint dire que l'esprit, aussi bien dans la nature que dans les animaux, est la cause de la beauté et de tout ordre, parut comme un homme à jeun s'adressant à des gens qui divaguent. Nous savons de source certaine qu'Anaxagore avait posé ces principes rationnels, quoiqu'on prétende qu'Hermotime de Clazomène les avait établis anté-

---

[1] *Metaph.*, IV, 1009, b, 11.

[2] *De Anim.*, II, 5, 417, b, 34.

[3] On rapporte habituellement la citation du vers d'Homère à Démocrite désigné par ἐκεῖνος, qui pourrait désigner cependant aussi Anaxagore, qui, d'après Diogène de Laërte (II, 11), « suivi bientôt par Métrodore de Lampsaque, son disciple, appliqua le premier aux poëmes homériques le système de l'interprétation allégorique. » Conf. G. Syncell., *Chronic.*, p. 1149. Lobeck. *Aglaoph.*, p. 156.

[4] *De Anim.*, I, 2, 5. M. Trendelenburg traduit νοῦς κατὰ φρόνησιν λεγόμενος par *mens ad agendi sapientiam spectans,* sans doute parce que tous les hommes ont la faculté de l'intelligence et n'ont pas celle de se bien conduire.

rieurement. Mais ceux qui avaient ainsi compris les choses posèrent que la cause du bien dans les êtres est le principe de leur être, et en même temps que cette cause est celle de leur mouvement[1]. »

Qu'a voulu dire Anaxagore? A-t-il eu l'opinion étrange que lui prête l'auteur du mémoire *Sur les Plantes* attribué à Aristote, à savoir : « Que les végétaux même ont la raison et la connaissance[2]? » Ou a-t-il voulu seulement exprimer cette grande pensée, que l'ordre, que l'on admire non seulement dans les êtres organisés, mais encore dans le règne inorganique de la nature, a nécessairement pour principe une pensée, sans faire de la pensée un attribut essentiel de tous ces êtres? La raison serait en eux alors objectivement et non subjectivement. La cause qui les a créés seule aurait la pensée dont leur essence ordonnée témoigne la puissance efficace : eux-mêmes ne penseraient pas. Je crois que cette interprétation, en soi raisonnable, ne s'accorde pas avec l'idée que nous donne Aristote du sentiment d'Anaxagore. « Le bien, puisqu'il meut, est principe; car l'esprit meut; mais il meut en vue d'une fin, dont par conséquent il diffère[3]. » La cause qui meut un être qui se meut lui est immanente, assurément, lui est présente intimement, subjectivement, et non pas seulement objectivement. Or cette cause qui le meut, et qui le meut suivant la loi de l'ordre et du bien, est une raison, un esprit, dont l'essence est la pensée. Donc tous les êtres qui se meuvent ont la pensée : ils pensent. L'esprit pensant étant identique à l'âme principe de la vie et du mouvement, tout ce qui vit et se meut, et même tout ce qui est beau et bien, a en soi le principe de cet ordre, de ce mouvement, de cette vie, de cette pensée pensante. L'objection même que fait Aristote à cette doctrine prouve que c'est bien celle d'Anaxagore, qu'il expose.

---

[1] *Metaph.*, I, 3, 984, b, 15.
[2] *De Plant.*, I, 1, 815.
[3] *Metaph.*, XII, 10, 1075, b, 8.

§ 3.

THÉORIES PSYCHOLOGIQUES QUI CONSIDÈRENT L'AME COMME PRINCIPE DE LA CONNAISSANCE.

1. — *Empédocle.*

Nous venons de voir que « tous ceux qui dans l'être animé ont été frappés surtout du phénomène du mouvement ont conçu l'âme comme le principe le plus apte à produire le mouvement. C'est au même résultat que sont arrivés ceux qui ont été frappés, dans les êtres, des phénomènes de la sensation et de la connaissance : eux aussi font de l'âme un principe, les uns admettant plusieurs âmes parce qu'ils admettent plusieurs principes, les autres n'admettant qu'une seule âme parce qu'ils n'admettent qu'un seul principe. » Ainsi Empédocle, sur le principe que le semblable n'est connu que par le semblable, que la connaissance n'est possible que par la similitude du sujet et de l'objet, en était arrivé à dire : « C'est par la terre que nous voyons la terre, par l'eau que nous voyons l'eau, par l'éther que nous voyons le divin éther, par le feu que nous voyons le feu terrible, par l'amour que nous voyons l'amour, par la discorde que nous voyons l'horrible discorde. L'âme était donc formée de tous les éléments, et chacun de ces éléments est âme[1], » puisqu'en effet chacun d'eux remplit isolément et par lui-même la fonction propre à l'âme, qui est de connaître.

Aristote ne cite ici d'Empédocle que trois vers que complètent les deux suivants : « Toutes choses sont formées de l'union solide et harmonieuse de ces éléments, et c'est par eux que les hommes pensent, souffrent et jouissent, » d'où il résulte que, pour lui comme pour Anaxagore, toute chose a la raison et la pensée, puisque toute chose est un composé des éléments, et que chaque élément est âme : non seulement tout vit, mais tout sent et tout pense.

2. — *Platon.*

« C'est encore par les mêmes principes que Platon, dans

---

[1] *De Anim.*, I, 2, 6.

le *Timée*, a composé l'âme des éléments. Le fait de la connaissance ne s'explique que par une analogie, une ressemblance entre la nature de ce qui connaît et la nature de ce qui est connu. Les choses réelles étant formées des éléments, l'âme, si elle doit les connaître, doit être formée comme elles. C'est ainsi, comme il a été expliqué dans les livres *De la Philosophie*[1], que d'après Platon l'animal en soi, l'idée de l'animal est formée d'une part de l'idée de l'un, et ensuite de la première longueur, de la première largeur, de la première profondeur et ainsi du reste. » Il faut donc que l'âme qui les connaît soit composée des mêmes principes.

Enfin, pour terminer sa démonstration, à savoir que Platon compose l'âme des éléments mêmes des choses, Aristote rappelle la théorie des nombres où son maître a cru voir à la fois les formes et les principes des choses et les formes et les principes de la connaissance. Platon distingue quatre formes de la connaissance : la raison, la science, l'opinion, la sensation. « La raison est l'unité ; la science discursive, le raisonnement, c'est le nombre deux[2] ; l'opinion, le nombre trois, c'est-à-dire le nombre du plan ; la sensation, le nombre quatre, c'est-à-dire le nombre du solide, parce que les nombres sont les idées mêmes, τὰ εἴδη, et que les nombres sont formés d'éléments » et d'un nombre d'éléments auxquels doivent correspondre les nombres des formes diverses de la

---

[1] C'est, d'après Alexandre d'Aphrodisée, un ouvrage d'Aristote, qui portait aussi le titre *Du Bien et des idées*. Aristote y faisait connaître les doctrines que son maître n'avait pas jugé à propos de formuler par écrit, τὰς ἀγράφους δόξας, et il va sans dire qu'il les réfutait. M. Michelet de Berlin (*Métaph. d'Arist.*, p. 28 et 78) cherche à démontrer que cet ouvrage se retrouve tout entier dans la *Métaphysique*, dont les livres XIII et XIV auraient formé les deux premiers livres du περὶ φιλοσοφίας, et le livre XII, le troisième. A mon sens, il n'a pas administré la preuve. Conf. Brandis, *De Ideis et bono*, p. 48. Id., *Uber die Zahlenlehre*. Trendelenb., *Platon. de Ideis*, p. 85. Rav. T. I, p. 100.

[2] Gassendi (*Exerc. Parad. adv. Arist.*, l. I, V, 10), après avoir raillé ce style obscur et hérissé d'épines, *spinosum intricatumque stylum*, demande ce que c'est que cette classification où la *raison* est distinguée de la *science* : *Quænam est illa partitio? Judicantur res aliæ intellectu, aliæ scientia*. La science part d'un point et va en ligne droite à un autre point, par le raisonnement logique, qui ne s'écarte ni à droite ni à gauche, μοναχῶς γὰρ ἐφ' ἕν (ἀφ' ἑνὸς γὰρ ἐφ' ἕν. *Themist.*, f. 66, b) ; car elle ne comporte pas l'erreur. Cependant elle enferme l'idée d'un mouvement, le mouvement du sujet à l'objet qui restent distincts et ne s'identifient pas dans l'unité, comme il arrive dans la pensée parfaite de l'absolu qui se pense lui-même.

connaissance. Puisque le semblable est connu par le semblable, quand l'objet est absolument un, il est connu par l'unité, c'est-à-dire par l'acte simple et indivisible de l'intuition rationnelle immédiate, qui saisit sans mouvement comme sans intermédiaire l'être simple et un de l'objet : *una apprehensione apprehendit unum,* comme dit S. Thomas[1]. Cette unité, c'est la raison. Quand l'objet est double, il sera pensé par le nombre deux, c'est-à-dire par un mouvement qui a, comme la ligne droite, deux points extrêmes. Quand il a trois dimensions, comme le plan, ou quatre, comme le solide, il sera connu par des mouvements dont le nombre correspond au nombre de ses dimensions. En un mot, l'âme contient dans sa substance les principes et les éléments des choses qu'elle connaît[2].

§ 4.

THÉORIES PSYCHOLOGIQUES QUI CONSIDÈRENT L'AME A LA FOIS COMME PRINCIPE DU MOUVEMENT ET COMME PRINCIPE DE LA CONNAISSANCE.

« Ainsi l'âme a paru aux uns comme un être capable surtout de mouvoir, aux autres comme un être capable surtout de connaître ; mais quelques philosophes, accordant à ces deux fonctions une égale importance, l'ont composée des deux principes, » à savoir la pensée, c'est-à-dire le nombre comme on vient de le voir, et le mouvement, « et l'ont définie : un nombre se mouvant lui-même. »

Aristote ne donne ici ni ailleurs[3] le nom du philosophe qui a défini l'âme : un nombre se mouvant lui-même ; mais nous savons par Plutarque[4], comme par Philopon et Simplicius, que c'était Xénocrate, l'auteur de la théorie des nombres

---

[1] *In lib. de Anim.*, p. 5.

[2] Il ne s'agit pas ici de compléter ni de rectifier l'exposition que fait Aristote des doctrines de ses prédécesseurs sur l'âme. La manière même dont il les conçoit, les reproduit et les réfute est une partie de son système propre, ou du moins le prépare et l'annonce. Nous devons nous borner à l'analyser et à la résumer telle qu'il l'a faite et dans l'ordre même qu'il a adopté.

[3] *De Anim.*, I, 4. *Anal. Post.*, I, 4, p. 94.

[4] *De Procr. anim.*, I, 2.

idéaux[1], dont Aristote a voulu rendre Platon responsable, et qui n'est qu'un développement de la définition pythagoricienne du nombre.

« Mais ces philosophes, » d'accord sur un point, à savoir, de composer l'âme des éléments des choses qu'elle doit connaître, « sont loin d'être d'accord sur le nombre et la nature de ces éléments, de ces principes constitutifs de l'essence de l'âme. En effet, il en est qui les font corporels; d'autres qui les font incorporels; d'autres encore qui les composent d'un mélange des deux essences, corporelle et incorporelle. Ils ne s'entendent pas davantage sur le nombre des principes éléments, les uns disant qu'il n'y en a qu'un, les autres qu'il y en a plusieurs. Par là s'explique la divergence de leurs conceptions sur la nature de l'âme, » divergence qui est grande, comme on va le voir.

« Les uns posant, non sans raison, la puissance de mouvoir comme la nature même des principes, ont conçu l'âme comme un feu; car, de tous les éléments, le feu est celui dont les parties sont les plus ténues et qui se présente comme le plus incorporel. De plus, il est en mouvement et est la cause première du mouvement de toutes choses[2]. »

Démocrite, qui, comme beaucoup d'autres, a soutenu cette opinion, « a cherché à l'appuyer sur des raisons plus profondes en expliquant par quelle cause le feu meut et est mû. Sa solution est de confondre l'âme et l'esprit, » le mouvement de la vie avec la pensée, qui est aussi mouvement. Ramenant la fonction essentielle de l'âme au seul mouvement, il n'a besoin pour expliquer sa nature et sa substance que d'un seul principe. Parmi les atomes dont toutes les choses sont composées, parmi ces petits corps primitifs et indivisibles, il en est de figure sphérique et d'extraordinaire ténuité[3]: de toutes les figures géométriques, c'est la plus mobile, et comme le mouvement est l'essence du feu et de l'âme, rien n'est plus naturel que de conclure l'identité de leur nature. « Une chose est apte à mouvoir par la ténuité de ses parties et par sa figure sphéroïde, la plus mobile de toutes: or telle est la substance du feu et de l'esprit[4]. »

---

[1] Themist., *De Anim.*, f. 66.
[2] *De Anim.*, I, 2, 9, 10 et 11.
[3] λεπτομέρεια.
[4] *De Anim.*, I, 2, 12.

« Anaxagore, comme nous l'avons déjà dit plus haut, paraît distinguer l'âme de l'esprit; mais dans l'emploi qu'il fait de ces deux principes, il les considère comme une seule et même substance, un seul et même être. Toutefois il pose l'esprit comme le principe universel, ἀρχὴν πάντων, et il fait de cet esprit un être simple, sans mélange, pur, auquel il attribue la double fonction de connaître et de mouvoir[1]. » Dans la *Métaphysique*[2], nous l'avons vu, Aristote est plus explicite encore. « D'après Anaxagore, le bien est un principe moteur; car si l'esprit meut, il meut en vue d'une fin », d'une fin qu'il connaît et se représente; et c'est par conséquent la connaissance de cette fin bonne qui est le principe et la cause du mouvement. « L'esprit, la pensée, meut l'univers entier[3]. » Thalès, d'après ce qu'on en rapporte, a, lui aussi, conçu l'âme comme le principe du mouvement, s'il est vrai qu'il ait dit que la pierre a une âme, puisque la pierre aimantée meut le fer[4]. « Diogène, comme beaucoup d'autres encore, a cru que l'âme était de l'air, parce que l'air est de tous les éléments celui dont les parties sont les plus ténues, et qu'il est un principe : et c'est pour cela, disait-il, que l'âme connaît et meut. Elle connaît, parce que l'air dont elle est formée est l'élément primitif dont toutes les autres choses sont composées[5]; » en effet, la connaissance reposant sur une assimilation du sujet et de l'objet, l'âme doit posséder dans sa substance le principe substantiel de toutes les choses, « et elle meut, parce que l'air est le plus mobile des éléments, » et que, suivant le principe admis par tous ces philosophes, rien ne peut mouvoir qui n'est pas mû lui-même, et l'être le plus facile à éprouver le mouvement est le plus apte à le communiquer.

« Héraclite soutient également que l'âme est principe, puisqu'il dit qu'elle est une émanation gazeuse, ἀναθυμίασις, un gaz, et que toutes les choses sont composées de gaz. C'est l'élément le plus incorporel, constamment en mouvement :

---

[1] *De Anim.*, I, 2, 13. Aristote, comme nous le verrons dans l'*Histoire de la psychologie grecque*, se rencontre ici avec Platon dans son appréciation sur Anaxagore. Conf. *Crat.*, 400, a.

[2] *Metaph.*, XII, 10, 1075.

[3] *De Anim.*, I, 2, 13. νοῦν κινῆσαι τὸ πᾶν.

[4] *De Anim.*, I, 2, 14.

[5] *De Anim.*, I, 2, 15.

or c'est par un sujet en mouvement qu'un objet en mouvement peut seulement être connu, » puisque le semblable ne peut être connu que par le semblable ; « et l'on sait que pour Héraclite et pour la plupart des philosophes les êtres sont la proie d'un mouvement constant[1]. »

« Alcméon adopte à peu près les mêmes opinions sur l'âme, dont il démontrait l'immortalité par sa ressemblance avec les êtres immortels : or cette ressemblance était fondée sur son mouvement perpétuel. Nous voyons, en effet, tous les êtres divins, la lune, le soleil, les astres, le ciel lui-même tout entier se mouvoir d'un mouvement continu et constant[2]. » Le mouvement éternel est celui dont chaque partie ou division est à la fois la fin d'un mouvement et le commencement d'un autre mouvement, en sorte que le mobile contenant en lui-même le principe incessamment renouvelé de son mouvement est éternellement mû et par conséquent est éternel. La figure de ce mouvement est le cercle, où le mouvement revient sur lui même, et parcourt une série de points dont chacun est la fin et le commencement d'un mouvement. L'être animé périt, parce que son mouvement de croissance et de développement est linéaire ; il ne réunit pas constamment et nécessairement la fin d'un mouvement avec le commencement d'un autre. Il y a des arrêts de mouvement ; c'est la mort[3]. L'âme est immortelle par la raison contraire.

« Il y a eu, au sujet de l'âme, des conceptions encore plus grossières, par exemple, celle d'Hippon, qui la faisait d'eau[4]. » Cet Hippon, « qu'on ose à peine nommer après Thalès, Anaximène et Diogène, à cause de la puérilité par trop naïve de ses doctrines[5], » semble avoir été conduit à cette conclusion par la considération que le sperme de tous les animaux est humide, et que le sperme est le principe de l'âme, est l'âme à son état premier, dans sa forme première, τὴν πρώτην ψυχήν. Il réfutait même l'opinion que l'âme est le sang, parce que le sperme n'est pas du sang. D'autres, au contraire, et parmi eux Critias, ont soutenu que l'âme était

---

[1] *De Anim.*, I, 2, 16.
[2] *De Anim.*, I, 2, 17.
[3] Arist., *Probl.*, XVII, 3, 916, a, 33.
[4] *De Anim.*, I, 2, 18.
[5] *Metaph.*, I, 3, 984, a, 5.

le sang, parce que la sensation est la fonction la plus propre de l'âme et que la sensation s'opère par le sang[1].

Si nous résumons le tableau, très résumé lui-même, d'Aristote des doctrines psychologiques antérieures à la sienne, nous verrons que tous les philosophes ont signalé dans l'âme deux fonctions, le mouvement et la connaissance, et ont tous cherché la substance de l'âme dans l'élément qui leur paraissait le plus incorporel. Les uns ont vu dans l'âme la cause du mouvement; les autres, la cause et le sujet de la pensée; d'autres ont accordé une égale importance à ces deux grandes fonctions. Ils l'ont tous crue mobile, parce qu'ils ne pouvaient concevoir un moteur lui-même immobile; ils l'ont tous crue, sauf un seul, composée d'éléments, de principes, c'est-à-dire de corps simples; car c'est là la signification certaine des mots στοιχεῖα, ἀρχαί[2], dans Aristote; et cela, parce qu'ils n'ont pu s'expliquer la connaissance que par une sorte de contact, de pénétration des choses dans l'âme, pénétration qui suppose entre l'objet et le sujet, sinon une identité, du moins une similitude de substance.

Au fond donc, toujours en en exceptant un, mais un seul, tous ces philosophes ont fait l'âme corporelle; les uns, Démocrite, Héraclite, Critias lui-même, et peut-être Diogène, l'ont composée d'un élément chaud, soit du sang, soit de l'air, soit du feu; les autres, de l'élément froid. Les uns et les autres se laissent conduire non par l'observation des faits, mais par les analogies fortuites ou insignifiantes des mots. Ceux-ci ont cru que l'âme était un élément chaud, θερμόν, parce que ζῆν, qui a la même racine, signifie à la fois vivre et bouillir; ceux-là la croient froide, parce que τὸ ψυχρόν et ψυχή ont la même étymologie, suivant eux, et que la vie vient de la respiration et du refroidissement qui l'accompagne. Dans cette sorte de concours des éléments à constituer l'âme, la terre est le seul qui n'ait pas trouvé un seul juge pour lui accorder le prix, si ce n'est Empédocle et tous ceux qui composent l'âme d'un mélange des quatre éléments, ou qui prétendent qu'elle est ou devient tout ce qu'elle pense. Ceux qui n'emploient pour expliquer la formation des choses qu'une seule cause, qu'un seul élément, font aussi de l'âme une

---

[1] *De Anim.*, I, 2, 19.
[2] *Metaph.*, I, 8, 988, b, 30; V, 8, 1017, b, 10; IX, 1, 1042, a, 8; XI, 10, 1067, a, 1. *Phys.*, III, 5, 204, b, 33.

chose une, soit de l'air, soit du feu, soit de l'eau ; ceux qui admettent dans l'organisation des choses et des êtres plusieurs éléments introduisent également la multiplicité dans l'âme. Ceux qui font des contraires les principes des choses composent l'âme de contraires. Un seul s'élève au-dessus de ces grossières conceptions. C'est Anaxagore, qui pose l'esprit comme principe et cause de tout, et le conçoit comme une substance qui ne peut être modifiée par les autres choses, et n'a absolument rien de commun avec elles. Il n'accepte donc pas le principe que le semblable ne peut être connu que par le semblable ; mais il ne nous dit pas comment il conçoit et le fait du mouvement et le fait de la pensée, par quelles causes ils s'opèrent, et non seulement il ne nous le dit pas lui-même, mais il ne nous le laisse pas conclure de ce qu'il dit[1].

[1] *De Anim.*, 1, 2, 19, 20, 21, 22, 23.

CHAPITRE TROISIÈME.

CRITIQUE DE CES DIFFÉRENTS SYSTÈMES.

« Parlons d'abord du mouvement, » c'est-à-dire de la théorie de ces philosophes qui considèrent l'âme surtout comme un principe de mouvement, et sont conduits par un faux principe à poser le mouvement comme l'essence même de l'âme. Les anciens philosophes regardaient comme un axiome que ce qui meut est soi-même mû ; l'âme meut, donc elle est mue. Or comme elle est un principe, elle ne peut être mue par aucune autre chose, parce qu'alors ce serait cette autre chose qui serait le principe du mouvement. En partant de cette hypothèse, il était naturel de conclure que « l'essence de l'âme est de mouvoir, et de la définir : ce qui se meut soi-même ou ce qui est capable de se mouvoir. Mais il n'est pas vrai que tout ce qui se meut soit en mouvement, c'est le contraire qui est vrai : il est impossible que le mouvement appartienne par essence à l'âme[1]. » « L'âme n'est pas ce qui se meut soi-même : c'est un accident pour elle de se mouvoir..... Une chose mue n'est pas une essence, un τί, et le fait même qu'elle est mue semble indiquer plutôt qu'il y a une essence vraie, un τί, qui est l'agent ou le patient du mouvement[2], » et en tout cas, comme il a été déjà dit plus haut[3], « ce n'est pas une nécessité que le moteur soit mû lui-même. » L'âme, quoiqu'elle soit, ou plutôt précisément

---

[1] *De Anim.*, I, 3, 1. ὑπάρχειν exprime la qualité essentielle, la propriété qui appartient à la nature vraie de la chose. Conf. *Ethic. Nic.*, IV, 13, 1227, a, 22.

[2] *Top.*, IV, 1, 3, 120, b, 24.

[3] *De Anim.*, I, 2, 2.

parce qu'elle est le principe du mouvement, ne se meut dans aucune des trois catégories susceptibles du mouvement.

Le mouvement n'est qu'un acte incomplet[1] : c'est le passage d'un état à son contraire, de ce qu'une chose est à ce qu'elle doit être, un moment transitoire de son développement; en un mot, c'est le passage de la puissance à l'acte. Ce moment transitoire tend à réaliser l'acte, mais n'est pas encore l'acte entier, puisque l'acte est une fin où l'être se repose, tandis que le mouvement est le contraire du repos. Toute chose en mouvement, en tant qu'elle est en mouvement, contient encore de la puissance, c'est-à-dire de l'imperfection. Or toute imperfection suppose une perfection, toute puissance un acte; car on ne peut pas remonter à l'infini cette série. C'est une loi de la raison, qu'il faut nécessairement s'arrêter à un premier, à un principe dont on ne cherche plus le principe[2], c'est-à-dire à un acte qui ne contient plus de puissance, plus d'imperfection, plus de mouvement, puisque le mouvement contient encore de la puissance, et que, s'il est un acte, c'est un acte imparfait. Donc toute chose en mouvement est mue en dernière analyse par un moteur qui n'est pas lui-même en mouvement, et si l'âme est principe du mouvement, elle ne doit pas, elle ne peut pas y participer. Mais, dira-t-on, ce qui se meut soi-même ne peut-il pas être à la fois principe premier du mouvement et y participer? Non : toute chose mue est mue par un moteur distinct du mobile[3]. Tout mouvement suppose deux choses, l'une qui meut, l'autre qui est mue, et même dans les choses qui se meuvent elles-mêmes, cette distinction, ce dualisme se retrouve; tout être de la nature contient à la fois une forme et une matière, de l'acte et de la puissance, c'est-à-dire une multiplicité[4]. Donc l'âme n'est pas en mouvement, si du moins on la considère comme principe du mouvement.

Dans un objet en mouvement, c'est un fait que si une partie s'arrête, le tout s'arrête. Il en résulte que le repos et le mouvement de ce tout, de cet objet ne dépendent pas de lui-même, mais d'une autre chose, à savoir de l'une de ses

---

[1] *Phys.*, III, 1, 19.

[2] *Phys.*, VIII, 5, 256, a, 15.

[3] *Phys.*, VII, 1.

[4] *Phys.*, III, 2. *De Gener. et corr.*, II, 9, et tout le VIIIe livre de la *Physique*, sur la théorie du mouvement.

parties ; car le tout n'est pas la même chose que l'une de ses parties. Ce fait est contraire à la notion d'une chose qui se meut véritablement elle-même, et qui ne devrait être arrêtée que par elle-même et non par une autre chose. Ainsi même dans la chose qui se meut elle-même, et par conséquent dans l'âme, à qui l'on donne improprement cette propriété, il faut distinguer deux parties : l'une, qui reçoit le mouvement et le transmet, l'autre, immobile, qui l'imprime sans l'éprouver. Comment ce moteur premier immobile peut-il mouvoir? C'est ce qu'Aristote cherchera à expliquer plus tard. « Il est donc bien loin d'être exact que tout ce qui meut est mû[1]. »

Maintenant l'âme, en fait, est-elle en mouvement comme on le prétend? C'est ce que nous allons rechercher. « Toute chose mue est mue ou par soi-même ou par une autre chose[2]: et nous appelons mue par une autre chose, une chose dont le mouvement vient de ce qu'elle est placée dans une chose en mouvement; c'est ainsi que les passagers dans un navire ne participent qu'accidentellement au mouvement ; car ils ne sont pas mus comme le navire lui-même. Celui-ci a son mouvement propre et essentiel ; ceux-là ne sont mus que parce qu'ils sont dans une chose en mouvement. Que le mouvement des passagers ne soit qu'accidentel, cela est évident ; car le mouvement propre et essentiel s'accomplit par des organes ou parties, destinés spécialement à cette fonction, tels sont les pieds pour le mouvement propre de l'homme, qui est la marche : or, au moment où ils sont dans le navire, les passagers ne se meuvent pas de ce mouvement.

Ainsi il y a deux espèces de mouvements : le mouvement propre et essentiel, le mouvement par un autre et accidentel. Duquel de ces deux mouvements prétend-on que l'âme est mue? Est-elle mue par elle-même, ou ne fait-elle que participer au mouvement d'une autre chose[3] » comme les passagers dans le navire? L'âme ne se meut pas par nature; le mouvement n'appartient pas à son essence : c'est

---

[1] *De Anim.*, I, 3, 1.

[2] Le texte καθ' ἕτερον ἢ καθ' αὑτό est plus exact que la traduction, et signifie non la cause efficiente, διά, mais le caractère ou accidentel et extérieur, ou essentiel et interne du mouvement.

[3] *De Anim.*, I, 3, 3. J'entends καὶ μετέχει κινήσεως dans le sens de ἤ, comme l'indique le commentaire de Philopon.

ce qu'Aristote va essayer de démontrer par une série d'arguments. « Il y a quatre mouvements : le mouvement de translation, d'altération, ἀλλοίωσις, de diminution et d'augmentation, c'est-à-dire mouvements dans le lieu, dans la qualité et dans la quantité[1]. » S. Thomas remarque l'omission ici des deux mouvements opposés de la production et de la destruction qui sont mentionnés dans les *Catégories* et dans la *Métaphysique*[2]; mais il répond lui-même que ce sont là des changements plutôt que des mouvements; car le mouvement est de sa nature divisible et successif, et les phénomènes de la génération et de la destruction sont instantanés et indivisibles. Aristote même nie positivement qu'il y ait mouvement dans la catégorie de l'essence. « Le mouvement présente nécessairement trois cas; il y a mouvement dans la quantité, dans la qualité, dans le lieu; il n'y a pas mouvement dans l'essence, parce que l'essence n'a pas de contraire[3]. » Or, il a été prouvé que tout mouvement va d'un contraire à l'autre, et que le non-être, d'où proviendrait l'être dans la génération, et où il aboutirait dans la destruction, n'ayant pas d'existence réelle, ne peut pas avoir de contraire, ni être soit le point de départ, soit le point d'arrivée d'un mouvement[4]. Le non-être absolu, pas plus que l'être, ne peut avoir de contraire; le non-être relatif n'est pas le contraire de l'être : il n'en est qu'une différence.

Dans la *Physique*, Aristote établit qu'il y a trois changements possibles : 1° le passage d'un être à un être; 2° le passage d'un être au non-être, ou la destruction; 3° le passage du non-être à l'être, ou la génération, la production. Le premier seul de ces changements est mouvement. Ce mouvement se divise suivant les trois catégories qui l'admettent seules, savoir : 1° en mouvement dans la grandeur

---

[1] *De Anim.*, I, 3, 3.
[2] *Categ.*, c. 14. *Metaph.*, XII, 2, 1069, b, 9, où aux trois autres catégories du lieu, de la quantité et de la qualité, est ajouté le mouvement dans l'essence, κατὰ τὸ τί.
[3] *Metaph.*, XI, 12, 1068, a, 8. D'un autre côté la matière première n'en a pas davantage (*Id.*, XII, 10, 1075, a, 34), parce qu'elle est le sujet de tous les contraires. De sorte que c'est entre l'être premier ou l'acte et la matière que se meut l'opposition des contraires, dont le champ ne dépasse pas, comme on le voit, la sphère des êtres réels, dans lesquels se trouvent les formes privatives et positives.
[4] *Metaph.*, XI, 11, 1068, a, 2.

ou la quantité, qui comprend l'accroissement et la diminution ; 2° le mouvement dans la qualité ou l'altération, ἀλλοίωσις, et enfin 3° le mouvement dans le lieu ou la translation, φορά. Il se refuse encore là à appeler mouvement la génération et la destruction, c'est-à-dire le changement dans la catégorie de la substance, de l'essence, οὐσία[1].

Ainsi dans la *Métaphysique* et dans la *Physique*[2], la doctrine d'Aristote est qu'il n'y a et ne peut y avoir que trois mouvements ; si donc le traité *De l'Âme* en compte quatre, tout en excluant ceux de la génération et de la destruction, c'est par une division du mouvement de la quantité en ses deux contraires, l'accroissement et la diminution, comptés chacun pour un mouvement. « Tous ces mouvements se ramènent en dernière analyse au mouvement dans le lieu[3], » comme il est prouvé dans la *Physique*. Tout mouvement quantitatif suppose un mouvement qualitatif d'un côté, et un mouvement local de l'autre, et ce dernier est la condition du mouvement dans la qualité. L'accroissement, en effet, ne peut venir que d'une altération, d'une modification dans l'état qualitatif de l'être ; un corps vivant, par exemple, ne peut s'accroître qu'en s'assimilant des aliments qu'il altère dans leur nature, et qui modifient la sienne propre. L'altération est un mouvement du contraire au contraire, produit par un moteur qui rapproche la chose qui cause l'altération de celle qui la subit. Il faut que l'objet, cause efficiente de l'altération, τὸ ποιητικόν, soit mis en contact avec l'objet qui la souffre, τὸ πάσχον, et cette rencontre, ce contact ne peut avoir lieu que dans l'espace et au moyen d'un mouvement. D'ailleurs tout changement quantitatif se ramène à la condensation ou à la raréfaction, qui impliquent un changement de volume et par conséquent un mouvement local[4]. Le mouvement local est ainsi la condition, l'antécédent de tous les autres, qui le comprennent[5]. « Si donc l'âme est mue, elle est mue de l'un ou de l'autre de ces mouve-

---

[1] *Phys.*, V, 1, 225. Quelquefois cependant, par des négligences de langage qui ne compromettent pas le fond de la doctrine, Aristote identifie le mouvement avec le changement, par ex. : *Phys.*, III, 1, 201, a, 9.

[2] Conf. *De Cœl.*, IV, 3. *De Anim.*, II, 4, 6.

[3] *De Anim.*, I.

[4] *Phys.*, VIII, 7, 260.

[5] *Metaph.*, XII, 7, 1072, b, 8. *Id.*, 1073, a, 12.

ments, ou de plusieurs ou de tous[1] ». Or tous et chacun enferment un mouvement local ; « si donc l'âme se meut non par accident, si le mouvement appartient à son essence, l'espace lui appartient également essentiellement ; car tous les mouvements que nous avons énumérés s'accomplissent dans le lieu. Quel que soit le mouvement qu'on lui attribue, si l'essence de l'âme est de se mouvoir, ce mouvement ne lui sera pas accidentel, comme le mouvement du *blanc* ou du *trimètre;* car ces choses-là se meuvent aussi, mais elles se meuvent d'un mouvement accidentel. C'est le corps auquel elles appartiennent qui seul se meut. C'est pourquoi on ne dit pas qu'elles ont un lieu, une situation dans l'espace ; tandis que si l'on dit que l'âme se meut par essence, par nature, il y aura un lieu pour l'âme ; elle aura une situation dans l'espace[2]. » Ainsi, de deux choses l'une : ou l'âme se meut par accident, et alors on ne peut pas dire qu'elle se meut réellement. Le mouvement, n'entrant pas dans sa nature, ne peut pas entrer dans sa définition, et c'est contre une définition de cette sorte que s'élève l'argumentation d'Aristote ; ou l'âme se meut par essence, et alors il faut voir que la conséquence de cette opinion, c'est qu'elle est placée dans l'espace. Telle est la première objection d'Aristote.

La seconde est formulée ainsi : « Si le mouvement est essentiel à l'âme, elle peut en subir un contraire à sa nature, qui lui soit imprimé par une force faisant violence à son essence, et réciproquement, si on surprend dans l'âme un mouvement contraire à sa nature, c'est qu'elle a un mouvement naturel et propre. Il en est de même du repos : le lieu vers lequel un objet est porté par son mouvement naturel est son lieu naturel de repos, et le lieu vers lequel un objet est porté par un mouvement qui fait violence à son mouvement naturel est un lieu où il ne reste en repos que par une violence faite à sa nature[3]. »

Voici comment j'entends cet argument que Trendelenburg trouve faux au moins dans sa dernière partie[4]. Le feu, par exemple, a un mouvement naturel vers le haut ; et c'est pré-

---

[1] *De Anim.*, I, 3, 3.
[2] *De Anim.*, I, 3, 3.
[3] *De Anim.*, I, 3, 4.
[4] P. 245, *Posteriora falsa omnino.*

cisément parce qu'il a ce mouvement naturel qu'on pourrait par force lui en imprimer un contraire, κἂν κινηθείη βίᾳ. Il est clair, en effet, que s'il n'avait pas de mouvement naturel, aucun des mouvements qu'on lui imprimerait ne serait une violence faite à sa nature. L'idée enfermée dans βιαῖος indique non seulement une force étrangère et extérieure au mobile, mais une violence faite à sa nature qui résiste, une lutte entre deux forces, l'une interne, l'autre externe. Le fait même de la violence suppose donc deux activités contraires ; le mouvement naturel permet seul de comprendre la possibilité d'un mouvement qui ne le serait pas : le contraire suppose son contraire et le pose[1].

« Mais appliquées à l'âme, » dit Aristote, « ces notions de mouvement et de repos contraires à sa nature ne paraissent pas avoir de sens. Il serait difficile, même à ceux qui veulent se réfugier dans de pareilles images, de nous dire ce qu'elles signifient[2]. » Par conséquent, il n'y a pas dans l'âme de mouvements contraires à sa nature, et par suite l'âme n'a pas un mouvement qui lui soit propre et essentiel. On voit que l'objection qu'on pourrait tirer des passions, qui semblent des mouvements contraires à l'essence de l'âme, ne trouble pas plus Aristote qui ne la mentionne même pas, qu'elle ne fait Descartes[3], pour qui « la dernière et plus prochaine cause des passions de l'âme n'est autre chose que l'agitation dont les esprits meuvent la petite glande qui est au milieu du cerveau. » Aristote soutient donc que l'âme n'a pas de mouvement essentiel : ce qui n'est pas sans quelque difficulté pour lui ; car il reconnaît ailleurs que l'âme se meut, est mue au moins vers l'éternel désirable, vers le bien, objet de l'amour et du désir de tout ce qui vit et de tout ce qui existe, auquel est suspendue la Nature entière qui s'y porte invinciblement d'un mouvement qui constitue sa vie même. Or Aristote a soutenu que la science de l'âme appartenait à la physique, parce que l'âme appartient à la nature. Il paraît donc nécessaire qu'Aristote accorde que l'âme se meut vers le bien absolu qui l'attire, ou que, renonçant à la placer dans le monde de la contingence et du mouvement, il la confonde avec l'absolu

---

[1] C'est la formule même d'Aristote dans le *De Cœl.*, III, 2, 300.

[2] *De Anim.*, I, 3, 4.

[3] Traité *Des Passions de l'âme*, art. 16, 51.

lui-même. Telle est, au fond, croyons-nous, la pensée d'Aristote : ce n'est pas l'âme humaine qu'il se propose de connaître ; c'est l'âme même, l'âme en soi, dans sa perfection qui est son essence. Sa perfection, il la trouve dans le Νοῦς, et cette perfection est l'acte absolu de la pensée qui se pense éternellement, indéfectiblement elle-même. Mais alors, comment l'âme ainsi comprise fait-elle partie des êtres de la nature ; comment l'intelligence, ὁ Νοῦς, peut-elle être mise au nombre des phénomènes, être considérée comme le plus divin des phénomènes, sans doute, τῶν φαινομένων θειότατον ὁ Νοῦς[1], mais néanmoins comme un phénomène ?

Le troisième argument est tiré des hypothèses par lesquelles les anciens, et ceux-là surtout qui donnaient de l'âme les définitions combattues par Aristote, assignaient des lieux divers comme essentiels aux divers éléments : opinion que d'ailleurs il adopte. Si l'âme se meut, son mouvement aura nécessairement une direction locale, puisque tout mouvement enveloppe un changement de situation dans l'espace. « Si elle se meut vers le haut, elle sera du feu : » car qu'est-ce que le feu, sinon l'élément qui se meut vers le haut ? » Si elle se meut vers le bas, elle sera de la terre » car le bas est le lieu de la terre. En appliquant le même raisonnement, on pourrait prouver qu'elle devra être l'un ou l'autre des éléments intermédiaires, dont la terre et le feu forment les extrêmes, c'est-à-dire de l'air ou de l'eau. Cet argument n'a de valeur manifestement que contre ceux qui, en admettant que l'âme se meut, refusent d'admettre qu'elle a une situation dans l'espace, qu'elle est un corps : il ne prouve rien contre ceux qui admettent la conclusion du syllogisme, à savoir que l'âme est de l'eau, du feu ou de l'air.

Le quatrième argument est celui-ci : On croit prouver le mouvement de l'âme en prenant à témoin le mouvement du corps dont elle seule peut être la cause. « L'âme se meut et elle meut le corps : il est tout naturel d'en conclure qu'elle communique au corps les formes et les espèces de mouvements dont elle est elle-même animée, et réciproquement il ne sera pas moins vrai de dire que les mouvements dont nous voyons le corps animé sont précisément ceux qu'éprouve également l'âme. » Si l'on objectait à Aristote qu'il n'a pas le

---

[1] *Metaph.*, XII, 9, 1074, b, 16.

droit de tirer cette conclusion du principe de ses adversaires, parce qu'il n'y a pas d'analogie entre les mouvements du corps et ceux que l'on peut attribuer à l'âme[1], il pourrait répondre[2] que, dans ce cas, s'il n'y a pas d'analogie entre le corps et l'âme, on n'a pas le droit non plus, de ce que le corps a un mouvement, d'en conclure que l'âme en possède un également. Aristote est par conséquent autorisé par le principe même qu'ils posent à poursuivre les conséquences qu'il renferme. Il continue donc légitimement ainsi : « Or le corps est mû d'un mouvement local, φορά[3] ; par analogie avec le corps, l'âme devra donc changer de place, soit tout entière soit par l'une quelconque de ses parties. Si elle peut changer de place, elle pourra sortir de son corps ; elle pourra y rentrer, et on serait alors obligé d'admettre la résurrection des animaux morts » : hypothèse qu'Aristote, comme tous les anciens, ne croit pas digne d'une réfutation, et qu'il lui paraît suffisant d'exprimer pour en faire sentir l'absurdité, et par suite la fausseté du principe dont elle est la déduction logique. C'est, on le sait, la doctrine qui choque le plus les auditeurs de S. Paul à Athènes : « Mais lorsqu'ils l'entendirent parler de la résurrection des morts, les uns se moquèrent, les autres dirent : nous vous entendrons une autre fois sur ce sujet[4]. »

Le cinquième argument est des plus obscurs : « Si l'âme est mue par une chose autre qu'elle-même, ce ne sera que

---

[1] Par ex. : les mouvements du désir et de la volonté qui n'ont pas d'analogues dans le corps.

[2] Saint Thomas répond pour lui : ad quod dicendum, quod, appetere et velle et hujusmodi, non sunt motus animæ, sed operationes. Motus autem et operatio differunt, quia motus est actus imperfecti, operatio vero actus perfecti.

[3] Il y a deux espèces de mouvements dans le lieu : le mouvement par soi-même et le mouvement par un autre ; ce dernier a quatre formes, la traction, l'impulsion, la translation, la rotation. De ces quatre mouvements les deux derniers se ramènent aux deux premiers. Conf. *Phys.*, VII, 2, 243, a, 21. *Id.*, VIII, 10, 267, b, 9. *De Anim.*, II, 8, 419, b, 13. *Id.*, III, 10, 433, b, 25. *Meteor.*, IV, 9, 386, a, 33. *Probl.*, XXIX, 9, 936, b, 38. *De Ingress. anim.*, 2, 704, b, 22. *De Mot. anim.*, 10, 703, a, 19.

[4] *Act.*, XVII, 32. M. Trendelenburg croit à une glose chrétienne qui se serait introduite dans le texte d'Aristote dont les termes, dit-il, *Christianum seculum sapiunt*. Il me semble que l'interpolateur chrétien n'aurait pas mis le conditionnel ἔσοιτο ἄν, qui nie précisément la réalité, la possibilité même de la résurrection ; il n'aurait pas mis le terme général τὰ τεθνεῶτα τῶν ζῴων ; car les chrétiens eux-mêmes n'ont pas cru à la résurrection de

d'un mouvement accidentel; car on comprend bien qu'un être vivant reçoive par l'impulsion violente d'une autre chose un mouvement contraire à sa nature; mais ce ne peut être alors qu'un mouvement accidentel; car il n'est pas nécessaire que ce qui a le mouvement par soi-même reçoive un mouvement d'un autre. C'est ainsi que le bien en soi, ou le bien par soi, καθ' αὐτὸ ἢ δι'αὐτό, ne peut avoir, le premier, une fin à laquelle il tende, le second une cause différente de lui-même et à laquelle il doive son existence[1]. Maintenant, si l'âme est mue, on est obligé de reconnaître que c'est surtout par les objets sensibles. » Ce mouvement qu'elle reçoit d'un autre, elle l'éprouve par son essence, il lui est essentiel; car ce n'est pas assurément pour l'âme un accident de sentir, de connaître au moyen des sensations, c'est-à-dire d'être mue par les objets sensibles. Il semble donc, si l'on admet en outre que l'âme se meut elle-même, et c'est l'hypothèse admise, que l'âme a par essence deux mouvements, le mouvement spontané et naturel et le mouvement par un autre: ce qui est contradictoire; donc l'âme ne se meut pas et n'est pas mue. Elle n'éprouve aucun mouvement.

Tout l'argument revient à ceci: il n'est pas possible que ce qui par essence se meut soi-même soit mû par essence aussi par un autre. Or vous dites que l'âme se meut elle-même par essence; et moi, je dis que si, comme vous le prétendez, toutes les fonctions essentielles de l'âme sont des mouvements, l'âme sera mue essentiellement par les objets sensibles, parce qu'elle n'a pas de fonction plus essentielle que la sensation. Elle sera donc mue par un autre et par elle-même essentiellement: ce qui est incompréhensible.

L'argument suivant est plus clair, quoiqu'il soit peut-être plus faible, parce qu'il est excessif. Je le développerai pour le faire mieux comprendre. Si l'âme se meut, elle est mue; c'est elle, il est vrai, qui donne le branle au mouvement, mais c'est elle aussi qui le reçoit. C'est la théorie de la *Phy-*

---

tous les êtres animés morts : c'est un privilège de l'humanité qui semble d'après la doctrine de saint Paul, ne lui avoir été accordée que par la résurrection du Christ. De là l'importance capitale de ce dernier point de fait et de foi dans la prédication de l'apôtre des Gentils.

[1] Saint Thomas supprime de son analyse cet exemple qui pourrait bien n'être qu'une glose.

*sique*¹ et de la *Métaphysique*². Tout mouvement, même dans ce qui se meut soi-même, suppose un moteur et un mobile, un être en acte et un être en puissance, par la raison que l'être en puissance, réduit à lui-même et à lui seul, n'a pas l'énergie nécessaire pour se mettre en mouvement, et que l'être en acte étant parfait, n'ayant rien d'incomplet, rien de non développé, n'en a pas besoin. Le mouvement est la transition de la puissance à l'acte, l'influence de l'acte sur la puissance dont il éveille les énergies endormies ; en sorte que dans ce qui est mû même par soi-même, ce qui meut doit être distingué de ce qui est mû. L'âme, dans le mouvement qu'on lui attribue, est donc active d'un côté, mais passive de l'autre. Or tout mouvement est une sortie, ἔκστασις, du mobile en tant qu'il est mû. Si le mouvement appartient essentiellement à l'âme, il ne peut consister qu'à la faire sortir de son essence, ἔκστασις ἐκ τῆς οὐσίας, c'est-à-dire de l'état où elle se trouvait. Le mouvement, qui est de l'essence de l'âme, lui ferait donc perdre son essence ; ce qui est manifestement absurde³. Le raisonnement d'Aristote repose sur la confusion du mouvement local avec le mouvement intellectuel, et sur celle de la notion du mouvement avec la notion de l'acte ou opération.

Le mouvement a un terme, un but autre que lui-même : il n'est pas fin ; l'acte au contraire est la réalisation, l'actualité ou l'actualisation de l'essence ; par conséquent on ne peut pas dire que par ses actes ou opérations l'âme perde son essence ; au contraire elle l'achève ; elle ne s'éloigne pas d'elle-même : elle y rentre plus intimement, « operatio non facit distare, sed perficit operantem⁴ ». Aristote conçoit le mouvement d'une façon trop physique ; Platon me semble ici plus profond et plus exact : il n'exclut pas le repos même du mouvement. Il est difficile qu'on explique la vie, même la vie de l'*auguste et sainte intelligence,* sans lui donner à la fois le mouvement et le repos. Ne lui donner que le mouvement, c'est compromettre son essence ; ne lui donner que le repos, c'est compromettre ses attributs actifs. Nous verrons qu'Aristote n'a pas évité ce dernier péril.

---

¹ *Phys.*, VII, 1 ; III, 2 ; VIII, 5.
² *Metaph.*, IX, 8 ; XII. 3.
³ *De Anim.*, I, 3, 8.
⁴ S. Thom., *Comment. in h. l.*

Enfin, pour terminer toutes les objections adressées à la théorie psychologique qui considère le mouvement comme l'essence de l'âme, il faut examiner la question de savoir comment l'âme meut le corps. « Il est quelques philosophes, et Démocrite est du nombre, qui admettent que l'âme meut le corps où elle est, de la même manière qu'elle est mue. Cette explication du mouvement du corps rappelle l'automate ou la statue en bois de Vénus, imaginée et construite par Dédale, dont parle Philippe, l'auteur comique[1]. Elle était mise en mouvement par du vif-argent introduit dans l'intérieur du mécanisme. Le vif-argent, mobile lui-même, communiquait à la statue son propre mouvement[2]. Telle est à peu près l'explication toute mécanique du mouvement selon Démocrite. Les atomes ronds et indivisibles, fort semblables de nature au vif-argent, ne peuvent jamais rester en repos : ils se meuvent, et leur mouvement imprime au corps des mouvements et contractions analogues et correspondants. C'est très bien pour le mouvement ; mais le corps n'est pas toujours en mouvement, il est parfois en repos. Attribuera-t-on la cause de ce repos à des atomes toujours mobiles et au mou-

---

[1] C'était un fils d'Aristophane, frère par conséquent de Nicostratos et d'Araros. D'après Thémiste (*Ad Arist. de anim.*, I, 3, p. 622, Ald.) il avait, entre autres pièces, écrit une comédie intitulée *Dédale*, où était sans doute relaté le fait ou réel ou imaginaire cité par Aristote. Il n'en reste qu'un vers insignifiant. (Athen., VI, 247.)

[2] Aristote parle encore ailleurs (*Polit.*, I, 2, 5) de statues de Dédale, de trépieds de Vulcain, qui se rendaient tout seuls, comme dit Homère (*Il.*, XVIII, 376), aux assemblées des dieux. Platon les mentionne également (*Meno*, 97, a. *Eutyphr.*, 11, c, et 15, b) et dit que Dédale avait su faire marcher et courir ses statues, qui ne voulaient plus dès lors rester à la place où on les avait mises, de sorte que pour les empêcher de s'enfuir on était obligé de les enchaîner avec des chaînes scellées dans les murs. (Scholl. *Eurip. Hecub.*, V, 838, et les passages recueillis par Scaliger, *In Euseb. chron.*, 737. Vivès, *In Aug. de civit. Dei*, XVIII, 13.) Le scholiaste de Platon (*In Men.*, p. 367) croit que l'invention de Dédale n'était pas mécanique, mais d'ordre esthétique. Les figures en bois des dieux, ξόανα, vêtues et frisées, parées de couronnes, de colliers, de boucles d'oreille, qui servaient à exciter une pieuse admiration surtout par leur caractère archaïque, étaient primitivement d'exécution fort grossière. Apollodore (III, 2. Conf. Otlf. Müller, *Æginetica*, p. 110) les décrit les jambes collées ; Diodore (I, 98, et IV, 76), les yeux fermés, l'ouverture des paupières à peine indiquée par une ligne droite, ὄμματα μεμυκότα, les mains allongées, les bras tombant le long du corps et collés aux cuisses. Quand le génie d'un vrai artiste eût ouvert ces paupières, il sembla que la statue voyait ; quand il eut écarté les pieds, on put dire qu'elle marchait, qu'elle avait le mouvement et la vie.

vement desquels on attribue la cause du mouvement du corps? Dire comment ce qui cause le mouvement causera aussi le repos, c'est bien difficile ou plutôt c'est impossible. En résumé, il ne semble pas que ce soit par des actions mécaniques semblables que l'âme mette le corps en mouvement. L'âme meut l'*animal* par la volonté et par la raison. »

Aristote change ici sans nous en avertir l'un des termes qui a son importance ; il ne dit pas : l'âme meut le *corps;* mais : l'âme meut l'*animal,* τὸ ζῶον ; or, l'animal est un corps animé, c'est-à-dire qui a une âme, ἔμψυχον. Le corps n'est pas pour Aristote une matière inerte et immobile qui se comporte par rapport à l'âme, comme le mercure par rapport au bois, dont il est pour ainsi dire l'âme, et auquel il imprime un mouvement contraire à sa nature, qui est l'inertie. Le corps, pour Aristote, est un être organisé, ayant la vie et par conséquent le mouvement en puissance. Par les expressions qu'il emploie, en face de l'âme, distincte du corps, il pose déjà la notion d'un corps vivant, animé, c'est-à-dire ayant une âme. Quand cette âme a disparu, le corps disparaît également, il ne reste qu'un cadavre. Mais l'objection d'Aristote alors contient un cercle : elle suppose précisément ce qui est en question, à savoir, la nature du corps. Est-il vivant ? Il a une âme ; n'est-il pas vivant ? Le mouvement alors ne lui est pas alors essentiel, pas plus qu'au bois du mécanisme automatique, et il reste à l'expliquer autrement que par la volonté et la raison, qui n'exercent leur empire que sur un corps déjà organisé et vivant.

« De même que Démocrite, Platon croit que l'âme meut le corps des mêmes mouvements dont elle est mue elle-même, comme on peut le voir dans le *Timée,* où il expose sa philosophie de la nature. C'est parce qu'elle est elle-même en mouvement que l'âme meut le corps dans le tissu tout entier duquel elle est engagée tout entière[1]. » C'est en effet le sens exact du passage du *Timée*[2] où Platon décrit la formation du monde et de l'âme du monde. L'âme une fois formée, Dieu la place, dit Platon, au centre du corps de l'univers, en sorte toutefois qu'elle soit comme tendue à travers tout ce corps et qu'elle l'enveloppe extérieurement. Ce qui veut dire, à mon sens, que la nature immatérielle de l'âme lui permet d'être

---

[1] *De Anim.*, I, 3, 11.

[2] *Tim.*, 34, a, b.

à la fois enveloppée et enveloppante, au centre et à la péripherie, c'est-à-dire partout.

Aristote expose ici très sommairement ou plutôt indique rapidement les traits principaux de la doctrine psychologique de Platon, exclusivement d'après le *Timée*. Suivant lui, Platon a représenté l'âme :

I. « Comme composée, et composée d'éléments. » Ce n'est donc pas une essence et une substance simple, mais une essence et une substance multiple, divisible, divisée, et par conséquent étendue. Aristote va plus loin encore; dans la *Métaphysique* il prétend que d'après Platon, non seulement l'âme est composée et composée d'éléments, mais encore qu'elle a été faite dans le temps et, qui plus est, après le mouvement et en même temps que le monde : ὕστερον γὰρ καὶ ἅμα τῷ οὐρανῷ ἡ ψυχή[1]. Cette inexactitude est grave parce qu'il est difficile de la croire involontaire. Comment Aristote ne mentionne-t-il pas ici la doctrine du *Phèdre*[2] où il est dit que l'âme est un principe, qu'elle est par conséquent éternelle, et qu'elle est l'un et l'autre comme étant un être qui se donne à lui-même son mouvement[3]. Comment n'a-t-il pas eu la loyauté de distinguer les formes mythiques dont Platon, à tort ou à raison, a cru devoir envelopper sa pensée, du fond même que ces fictions recouvrent, mais ne peuvent pas cacher, surtout à un esprit aussi pénétrant. Mais surtout, comment Aristote a-t-il pu omettre l'avertissement qui précède cette exposition mythique, et qui met en garde les lecteurs contre une interprétation littérale : « Pour l'âme, dont nous allons maintenant parler *après le corps*, ὡς νῦν ὑστέραν, Dieu ne la fit pas ainsi postérieure au corps... Nous autres, qui faisons et disons tant de choses au hasard et sans ordre, nous pouvons agir ainsi; mais lui, il forma l'âme *antérieure au corps* et supérieure par son origine comme par sa vertu. » Mais reprenons le résumé de la psychologie Platonicienne telle que la conçoit ou la représente Aristote.

II. « L'âme est donc non seulement divisible, mais réellement divisée en parties qui sont entre elles dans les rapports

---

[1] *Metaph.*, XII, 1072, a, 1.

[2] *Phædr.*, 245, e.

[3] Il rappelle lui-même cette définition de Platon dans les *Topiques*, VI, 3, 140, b, 3.

des nombres harmoniques, et cela afin qu'elle puisse avoir la faculté de la sensation, dont l'essence est l'harmonie même, et afin que l'univers tout entier soit mû par des mouvements harmonieux[1]. »

III. « L'âme, ainsi divisée, se meut circulairement, au lieu de se mouvoir en ligne droite[2]. »

IV. « Le cercle de l'âme est d'abord divisé en deux cercles attachés et comme soudés l'un à l'autre en deux points opposés ; puis par une division nouvelle du second de ces cercles, en naissent sept autres : car les mouvements de l'âme (du monde) sont les mouvements mêmes du ciel (ou du monde)[3]. »

Après cette exposition très sommaire de la psychologie Platonicienne, où l'on voit que les mouvements des astres et du ciel correspondent parfaitement aux mouvements de l'âme qui les produit, Aristote en vient à la réfutation. « Et d'abord il n'est pas exact de dire que l'âme est une grandeur, » c'est-à-dire une substance composée des mêmes éléments que les corps, étendue et divisible ; « car Platon entend évidemment par l'âme du tout ce qu'on appelle l'esprit, la raison, ὁ Νοῦς ; en effet ce ne saurait être ni l'âme sensitive, qui est mise en mouvement par le choc des choses extérieures, ni l'âme appétitive, qui, par un mouvement venu du dedans, se porte vers les choses du dehors ; car ces mouvements ne sont pas circulaires. Le mouvement de la raison seule se conçoit comme tel[4], » parce que c'est cette faculté qui, même dans les connaissances des sens, dépasse les formes sensibles pour pénétrer jusqu'à la nature essentielle, à la loi intime constitutive des êtres, et que ces lois et essences des choses, ces formes intelligibles ne pouvant être sorties que d'une raison, c'est elle-même qu'elle retrouve, c'est à elle-même qu'elle revient dans toute connaissance qui s'élève au-dessus de la sensation. « En saisissant l'intelligible, c'est elle-même que l'intelligence saisit et pense ; car c'est par ce contact, par ce penser en acte, qu'elle devient intelligible : en sorte que l'intelligence

---

[1] *De Anim.*, I, 3, 11.

[2] *Id., ibid.* La série formée de ces nombres proportionnels harmoniques constituerait une ligne droite, εὐθυωρίας, que Dieu courbe pour en faire un cercle.

[3] *De Anim.*, I, 3, 11.

[4] *De Anim.*, I, 3, 12.

et l'intelligible ne font qu'une seule et même chose. Car l'intelligence n'est que la faculté de recevoir l'intelligible et l'essence, et l'intelligence est en acte, s'actualise par la seule possession de l'intelligible[1]. » On peut donc admettre que le mouvement de l'âme, en tant que raison et intelligence pure, soit un mouvement circulaire, si tant est que le mouvement appartienne à l'âme. Mais ce qu'on ne peut accepter, c'est qu'elle soit une grandeur. « L'intelligence, il est vrai, est une et continue, mais continue et une comme la pensée, νόησις, qui n'est autre chose que des pensées, νοήματα. Ces pensées sont une unité par leur succession, » leur lien, leur enchaînement ; mais non par une cohésion qui, si étroite qu'on la suppose, laisserait entre les parties une distance, un espace, un lieu. « Les pensées sont donc une unité comme le nombre » dont les parties ne sont pas placées les unes en dehors des autres (partes extra partes), ni réunies par un lien extérieur, mais sont ramenées à l'unité créée par la seule puissance de la pensée. Les pensées n'ont donc pas l'espèce d'unité que possède la grandeur étendue ; l'intelligence n'a pas non plus la continuité d'une grandeur. Il faut dire ou que la raison est absolument simple et sans parties, ou du moins que, si elle forme un continu, ce n'est pas un continu d'étendue » dont les parties seraient placées et pensées séparées les unes des autres ou unies par une force étrangère et extérieure. « En effet, si la raison est une grandeur étendue, » comme il est nécessaire qu'elle le soit dans le système Platonicien, qui la représente comme un continu divisé en parties formant une série proportionnelle, « comment pourra-t-elle penser ? Est-ce en touchant[2] l'objet intelligible par son tout, par l'universalité de son essence, ou par une quelconque de ses parties ? et si c'est par une de ses parties, sera-ce par la quantité

---

[1] *Metaph.*, XII, 7, 1072, b, 19.

[2] Le passage a été fort restitué d'abord par M. Trendelenburg, qui ajoute πότερον καθόλου ἤ, d'après les commentaires de Simplicius et de Philopon, puis par M. A. Torstrick qui ajoute πότερον καθ' ὅλον θιγῶν ἤ... Bekker n'a pas inséré ces mots dans son texte. Ce qui semble justifier la hardiesse des éditeurs, c'est qu'on les trouve presque littéralement dans la paraphrase de Thémiste, τῷ ὅλῳ κύκλῳ θίγοντος, et qu'ils sont traduits dans la *Translatio antiqua* : cela autorise la supposition que le manuscrit grec ou arabe dont s'est servi l'auteur inconnu de cette version les contenait. Michel Sophianus et Jean Argyropoulo les omettent tous deux dans leur traduction.

d'étendue, par le volume que cette partie occupe, ou par un point, si toutefois on peut appeler le point une partie? Mais si c'est par un point qu'on imagine que l'âme pense, les points étant, de leur nature, infinis en nombre, la partie pensante de l'âme, composée d'un nombre infini de points, ne parviendra jamais à parcourir l'objet par la totalité de ses parties, parce qu'on ne totalise pas l'infini[1]. »

Avant de poursuivre, il est nécessaire de s'arrêter un instant pour relever les inexactitudes de fait et de raisonnement où se laisse entraîner la critique d'Aristote. Il prétend d'une part que Platon conçoit l'âme comme une grandeur, et d'autre part qu'il conçoit l'opération de la pensée comme un contact. Quant à la première de ces opinions, il est étrange qu'on l'attribue au plus grand spiritualiste de l'antiquité, et si étrange qu'on a cherché à donner à ce passage une interprétation qui disculpe Aristote d'avoir ou mal compris ou volontairement altéré la pensée de son auteur. On a prétendu que les στοιχεῖα dont Aristote affirme que l'âme est composée, dans le système Platonicien, pouvaient et devaient s'entendre d'éléments purement intelligibles, et que ces éléments étaient les essences qui entrent dans le mélange symbolique par lequel Platon décrit la nature de l'âme[2]. C'est une interprétation d'Ammonius[3] qu'adoptent MM. Trendelenburg[4], Stallbaum[5] et Fouillée[6], mais que la suite du paragraphe où Aristote dit ouvertement que l'âme, d'après Platon, est une grandeur, μέγεθος, ne me permet pas d'accepter.

Quant à l'exactitude de cette dernière assertion, qu'en faut-il penser?

Dans l'histoire de la psychologie grecque, par laquelle j'ai l'intention de compléter cet ouvrage, on pourra voir que c'est une falsification complète de la doctrine de Platon. Platon considère l'âme du monde, dont l'âme humaine n'est qu'une parcelle, comme incréée, puisque suivant lui le mouvement dont elle est le principe est éternel et toujours en

---

[1] *De Anim.*, I, 3, 13 et 14.
[2] Proclus, *In Tim.*, p. 181, appelle en effet ces essences στοιχεῖα.
[3] *De Defect. orac.*, c. XXXIV.
[4] *De Anim.*, Comment., p. 228.
[5] *In Tim.*, p. 136.
[6] *Philos. de Plat.*, t. I, p. 556.

acte, comme le reconnaît ailleurs Aristote[1]. De plus l'âme est essentiellement, substantiellement distincte de la matière; car le mouvement de la matière n'est pas une propriété de la matière : la matière est dans une incapacité absolue de se mouvoir. Toute chose corporelle mue est mue par une force autre qu'elle-même, et par conséquent non corporelle comme elle : cette force est l'âme[2], qui s'unit au corps sans devenir en quoi que ce soit corporelle[3]. Toute chose même qui n'a pas d'âme est sous l'empire d'une âme[4]; ce qui meut est différent de ce qui est mû[5]. L'âme est une idée, ou quelque chose d'approchant; c'est la substance qui a l'affinité la plus intime, la plus complète analogie avec l'idée[6]. Enfin le mouvement est une pensée, une raison; la raison, la pensée, ne peut se trouver que dans une âme : incapable de se mouvoir, la matière est encore plus incapable de penser[7].

Ce que nous disons de l'âme de l'univers doit se dire également de l'âme humaine, composée des mêmes éléments, douée des mêmes facultés et attributs. Elle est incorporelle; elle n'a point eu de commencement et de naissance, ἀγέννητον; elle se meut éternellement. En effet, si elle a toujours existé, elle a toujours eu son essence, et comme son essence est le mouvement, et que le mouvement de l'âme est une pensée, elle a de toute éternité pensé : τὸν ἀεὶ χρόνον μεμαθηκυῖα ἔσται ἡ ψυχή[8]. Son existence actuelle n'est qu'un moment de son éternelle activité : de là la préexistence, la réminiscence et la métempsychose. Comment d'une pareille doctrine Aristote a-t-il pu tirer la conclusion que l'âme est une substance postérieure au mouvement, qu'elle seule produit, et qu'elle est composée d'éléments matériels? C'est ce qu'il est difficile de s'expliquer.

Revenons à l'analyse critique d'Aristote. Si, dit-il, c'est par

---

[1] *Metaph.*, XII, 6, 1071, b, 33, et 1072, a, 2.

[2] Plat., *De Legg.*, X, 896, a.

[3] Plat., *De Legg.*, X, 894, e. *Soph.*, 246, c. *Phædon.*, 79, a. *Tim.*, 36, a-e.

[4] *Phædr.*, 246, b.

[5] *Phædr.*, 245, c.

[6] *Phædon.*, 79, a, d. *Rep.*, X, 611, c.

[7] *Tim.*, 30, a; 37, c; 46, d. *Phileb.*, 30, c.

[8] *Men.*, 86, a.

un point que Platon imagine que l'âme pense, les points étant infinis en nombre, la pensée ne parviendra jamais à les parcourir tous, c'est-à-dire ne réalisera jamais une vraie pensée: on ne totalise pas l'infini. C'est le célèbre argument de l'*Achille,* emprunté à l'éristique éléatique et qui n'en est pas meilleur pour cela ; on s'étonne de le trouver employé par Aristote, et de voir appliquées à l'opération de la pensée, considérée comme mouvement, les objections sophistiques de Zénon contre le mouvement de translation[1]. Le stade, disait le disciple de Parménide, ne saurait être parcouru dans toute son étendue, parce qu'avant de le parcourir tout entier, il faut en avoir parcouru la moitié, et avant d'avoir parcouru cette moitié, il faut avoir parcouru la moitié de cette moitié, et ainsi de suite à l'infini. Or, on n'arrive jamais au bout de l'infini ; on n'arrivera jamais au bout du stade. Pour résoudre les difficultés de ce sophisme qui ne méritait pas d'être sérieusement appliqué par Aristote, il suffit, dit M. St. Mill, de séparer les deux idées d'infini et d'infiniment divisible : « La divisibilité infinie de l'espace signifie la divisibilité infinie d'un espace fini, et ce n'est que l'espace infini qui a besoin d'un temps infini pour être parcouru. Ce que l'argument prouve, c'est que, pour traverser un espace divisible à l'infini, il faut un temps divisible à l'infini ; mais un temps divisible à l'infini peut être fini ; le plus petit temps fini peut être divisible à l'infini[2]. » Donc la tortue peut être atteinte dans le plus petit espace de temps fini. L'argument que semble adopter ici Aristote ne va à rien moins qu'à supprimer la réalité du mouvement. Jamais un corps en *a* ne pourra se rendre en *b*, quelque rapprochés que soient ces deux points, parce que la distance qui les sépare est toujours divisible, et divisible à l'infini. Il est absolument impossible de concevoir un déplacement et un mouvement quelconques. Dans ses *Logische Untersuchungen*[3], M. Trendelenburg a très judicieusement fait remarquer que cet argument contre le mouvement suppose le mouvement, et par là se détruit lui-même. Il est fondé sur la divisibilité et la division réalisée de l'espace et du temps, et sur la synthèse ou totalisation des parties obtenues par cette division. Mais diviser et réunir, ce sont là

---

[1] Arist., *Phys.*, VI, 9.
[2] *Philos. d'Hamilton*, trad. franç., p. 522.
[3] T. I, p. 215.

des mouvements. On ne détruit donc le mouvement qu'en admettant le mouvement, ou plutôt l'acte par lequel on le nie l'affirme. Cette contradiction vient de ce que le mouvement n'est pas une intuition distincte, opposée au temps et à l'espace. C'est une notion qui les renferme, puisqu'elle les produit; elle les crée. Or le sophisme cité, et c'est en cela même qu'il est sophisme, les oppose l'un à l'autre comme deux intuitions distinctes, et en méconnaît la vraie nature. Appliqué au mouvement de l'âme, il est encore moins valable qu'appliqué au mouvement des corps.

Après avoir réfuté l'une des alternatives par lesquelles on peut expliquer la pensée comme un mouvement, Aristote passe à l'autre : si ce n'est pas par un point de sa substance, on dira peut-être que c'est par son volume, « par sa grandeur que l'âme pense en touchant tout entière l'objet. Mais, en tant que grandeur, la partie pensante de l'âme se compose d'une infinité de points ; car toute grandeur est divisible à l'infini. En admettant que par tous ses points l'âme parvienne à toucher l'objet, il en résultera qu'elle pensera cet objet autant de fois qu'il y a de points dans sa substance, et il y en a une infinité : elle pensera donc infiniment de fois le même objet. Or il est manifeste que la pensée se réalise tout d'un coup, en une seule fois : et cela est au moins possible. Mais admettons qu'on puisse expliquer la pensée par le contact d'une partie quelconque de l'âme avec l'objet : eh ! bien, alors, à quoi sert-il de donner à l'âme un mouvement circulaire ? à quoi bon même lui donner une grandeur ?[1] » Philopon[2] entend ce dernier membre de l'objection, qui ne répond pas aux prémisses, comme si le mot μόριον, partie, pouvait signifier un point : si un seul point, dit-il, peut suffire à produire la pensée, l'hypothèse d'une grandeur, c'est-à-dire d'une totalisation de points, attribuée à l'âme, est inutile, puisqu'elle ne contribue en rien au phénomène de la pensée qu'il s'agit d'expliquer. Philopon ne raisonne pas mieux que son auteur; de deux choses l'une : ou le point lui-même n'est pas une grandeur, et alors quelle serait cette espèce de grandeur qu'Aristote inflige à l'âme de Platon, qui serait composée de points sans grandeur ? ou le point est une grandeur, et alors l'âme doit en avoir une.

---

[1] *De Anim.*, I, 3, 13 et 14.
[2] Philop., D, fol. 5, b.

Philopon insiste et cherche à expliquer l'objection d'Aristote : « Lorsqu'une chose divisée ne devient pas plus petite et demeure la même, sans être modifiée en rien par la division, c'est qu'elle est autre que l'objet divisé : elle est en soi inétendue et sans parties réelles. Par exemple divisez une surface blanche : chaque partie garde la même quantité de blancheur ; c'est la quantité de l'étendue qui a seule souffert une diminution par la division ; la grandeur partagée avait deux coudées, elle n'en a plus qu'une ; mais la blancheur est restée la même ; elle est donc autre chose que le divisé. Il en est de même de la pensée : qu'elle soit opérée par une grande ou par une petite partie du mouvement circulaire de l'âme, elle reste la même ; cela prouve que ce qui pense n'est pas une grandeur[1]. » Bien que répété par Thémiste, ce raisonnement a peu de valeur. Platon est supposé dire que la pensée s'opère par un mouvement qui met en contact une partie seulement de l'âme avec l'objet. C'est parce que cette partie est une grandeur que le contact peut s'opérer ; en supprimant la grandeur, on supprimerait le contact et par conséquent la pensée elle-même ; en diminuant la grandeur de la partie pensante, on devrait diminuer d'autant la pensée, puisqu'on diminuerait les points du contact, qui est la pensée. Sans doute c'est absurde ; mais l'absurde est dans le fait d'expliquer la pensée par un contact physique d'une partie étendue de l'âme avec l'objet à connaître.

Philopon fait intervenir une comparaison qui ne prouve que contre lui ; car de même que la blancheur, si elle n'est pas corps, ne se peut concevoir sans un corps, de même la pensée, dans le système qu'Aristote prête très injustement à Platon, si elle n'est pas une grandeur, ne se peut concevoir sans la grandeur étendue de l'âme, et son objection ne se comprend pas. Brandis la comprend si peu, qu'il serait disposé à contester la leçon ; mais les commentaires de Thémiste et de Philopon, qui cherchent à l'expliquer, prouvent qu'elle est authentique et originale.

Arrivons à une troisième objection tirée des mêmes idées : « Suppose-t-on, dit Aristote, qu'il est nécessaire que le contact s'étende à l'âme tout entière, et à son cercle complet ? Je demande alors ce qui sera produit par le contact des parties, car on peut concevoir que le contact ne sera pas

---

[1] Philop., *De Anim.*, D, fol. 6.

toujours total, soit par une cause soit par une autre. Ce contact partiel produira-t-il une pensée, ou n'en produira-t-il pas ?[1] On voit les conséquences absurdes qui résultent de l'une comme de l'autre alternative, et qu'Aristote ne s'es même pas donné la peine de formuler.

Mais voici un argument, c'est le quatrième, plus pressant et plus développé : « Si l'âme pense nécessairement par le contact de sa sphère entière, cette sphère matérielle pensante, car Aristote veut absolument que ce cercle de l'âme soit une réalité matérielle, un être sensible [2], ce cercle, en tant qu'il pense, est indivisible ; comment l'âme pourra-t-elle penser le divisible ? Veut-on au contraire et en dépit de la raison supposer qu'il est divisible, comment l'âme pourra-t-elle penser l'indivisible, » puisque la pensée est une assimilation ? » De plus le mouvement de l'esprit est une pensée ; le mouvement du cercle est une révolution, περίφορα, c'est-à-dire un mouvement de rotation sur soi-même et qui revient sur soi-même. Mais si la pensée est une révolution, et que l'esprit soit le cercle dont cette révolution est la pensée, il devient nécessaire que l'esprit pense toujours quelque chose, puisque le mouvement en est éternel, comme le dit Platon. De là deux conséquences : Si l'esprit, toujours en mouvement, pense toujours quelque chose, « il pensera plusieurs fois et infiniment de fois la même chose, si sa révolution est souvent la même, » c'est-à-dire, j'imagine, si l'axe du mouvement ne se déplace pas.

Que faut-il penser de cette objection d'Aristote que l'esprit, pour penser le divisible, devrait être divisible lui-même ? Est-ce qu'il n'admet pas le contraire, à savoir, que l'esprit comprend le divisible sans perdre sa nature propre, et en abstrayant des choses sensibles et particulières l'essence intelligible et universelle ? Est-ce qu'Aristote admet que le sujet pensant est de la même nature que tout l'objet pensé, dans sa réalité matérielle et physique ? Entraîné par la polémique, il oublie que sa critique retombe sur son propre système. Son argumentation n'a de valeur que dans l'hypothèse que l'âme est, pour Platon, une substance étendue et

---

[1] *De Anim.*, I, 3, 14.

[2] *De Anim.*, I, 3, 14. τὸν κύκλον τοῦτον. Philopon dit lui-même que par ce mot τοῦτον Aristote veut exprimer la nature sensible de la substance de l'âme dans Platon, τὸ αἰσθητὸν αὐτὸ σημαίνει.

sensible, et nous savons ce qu'il faut penser de cette étrange manière de comprendre et d'exposer la psychologie de Platon.

La seconde conséquence que tire Aristote contre Platon est celle-ci : « Si la pensée est un cercle dont le mouvement est éternel, la pensée est éternelle ; elle n'a ni commencement ni fin, ni principes ni limites. Or l'expérience et l'observation nous attestent que les choses ne vont pas ainsi. Les pensées sont ou poétiques, ou pratiques ou théorétiques, et les unes comme les autres ont une fin. Les pensées pratiques parmi lesquelles il faut ici comprendre les poétiques, se proposent un but autre qu'elles-mêmes, et par conséquent une limite, et les pensées théorétiques, spéculatives, ont également leurs termes, leurs limites dans les éléments logiques du raisonnement. Ces principes rationnels sont ou la définition ou la démonstration. La définition par son essence même a des limites[1], » car on ne peut pas tout définir, sans quoi on irait à l'infini en remontant de terme en terme : il faut bien s'arrêter quelque part, ἀνάγκη στῆναι[2]. « La démonstration à son tour a un commencement d'où elle part, une fin où elle arrive : c'est le syllogisme ou la conclusion. Quand bien même on admettrait que la démonstration n'a pas de limites et peut se prolonger à l'infini, son mouvement ne serait pas circulaire ; elle ne tournerait pas sur elle-même, ne reviendrait pas à son point de départ ; au contraire, en ajoutant sans cesse un moyen et un extrême, la ligne que décrirait la démonstration serait continue, mais droite, tandis que le cercle revient sur lui-même[3]. »

L'opinion personnelle d'Aristote est loin d'être celle qu'il suppose ici au moins possible, à savoir qu'il y a une démonstration qui se prolonge à l'infini et sans limites, mais en ligne droite. Il soutient au contraire, 1° qu'il y a une science possible, quoique toute démonstration parte et doive partir en dernière analyse de principes non démontrés et même indémontrables ; 2° que c'est une grossière ignorance de ne pas savoir de quoi il faut chercher, de quoi il ne faut pas chercher une démonstration ; car il est absolument impossible qu'il y ait démons-

---

[1] *De Anim.*, I, 3, 15.
[2] *Anal. Post.*, p. 83, b, 6 ; 84, a, 3.
[3] *De Anim.*, I, 3, 15.

tration de tout. Il est absolument faux qu'on puisse mettre réellement entre un sujet déterminé et un attribut déterminé un nombre indéterminé et illimité de moyens. Dans aucun sens, ni en remontant ni en descendant, le raisonnement ne se prolonge à l'infini. La pensée a ses limites nécessaires; l'homme tout entier est enfermé dans le fini[1].

Mais cette doctrine est toute platonicienne. La pensée, dit Platon dans le *Philèbe*, se meut entre l'unité absolue et la multiplicité infinie, et entre ces deux termes des idées comme des choses, il faut chercher, c'est là la science, il faut chercher des moyens, τὰ μέσα, non pas en nombre infini, car ce serait tomber dans la sophistique, dans l'éristique, mais en nombre déterminé, fini. Il faut chercher un, deux, trois moyens, ou tout autre nombre déterminé, et prolonger la recherche jusqu'à ce que l'on sache combien il y en a[2].

Pour en revenir à l'objection d'Aristote, qui ne voit que les pensées poétiques, pratiques, théorétiques, qui sont toutes enfermées dans des limites, sont les pensées de l'homme, et que, valable contre la raison humaine, l'objection tombe si on l'applique à l'âme du monde dont parle Platon dans le *Timée*. S. Thomas, pour s'expliquer comment Aristote a pu la faire, suppose que ce qu'il attaque ici, ce sont non les opinions de Platon, car ce sont les siennes même, mais les interprétations fausses que les formules symboliques et les expressions trop métaphoriques dont Platon abuse, pourraient faire naître : « Notandum est quod Aristoteles, plerumque quando reprobat opiniones Platonis, non reprobat eas quantum ad intentionem Platonis, sed quantum ad sonum verborum ejus ; quod ideo facit, quia Plato habuit malum modum docendi ; omnia enim figurate dicit et per symbola docet, intendens aliud per verba, quam sonent ipsa

---

[1] *Anal. Post.*, I, 2, 1, 19. Si on voulait tout démontrer, on tomberait, dit Aristote, dans le cercle, qui est presque toujours un raisonnement vicieux, et dont le vice consiste à prendre la conclusion d'un syllogisme et à la lier à l'une des prémisses de ce même syllogisme pour en tirer comme conclusion l'autre prémisse. *Anal. Post.*, I, 3. *Anal. Prior.*, II, 5-7. Hegel trouve au contraire dans le cercle le type du raisonnement, toute science n'étant parfaite, selon lui, que lorsque son dernier anneau coïncide avec le premier, lorsque la fin du raisonnement revient au point de départ, et que la conséquence dernière est identique au principe.

[2] *Phileb.*, 16, c.

verba, sicut quod dixit animam esse circulum. Et *Ideo*, ne quis propter ipsa verba incidat in errorem, Aristoteles disputat contra eum, quantum ad id quod verba ejus sonent[1]. » Cette interprétation charitable, exprimée en mauvais latin, me paraît plus louable d'intention que juste au fond. Quoi qu'il en soit, la nécessité où se sent S. Thomas d'excuser subtilement la critique du *Philosophe* atteste que, malgré l'admiration qu'il professe pour lui, il en avait compris la criante injustice.

Nous rencontrons maintenant un argument plus profond : « La pensée, dit Aristote, et le syllogisme ont plus d'analogie avec le repos, avec un temps d'arrêt, ἐπίστασις, qu'avec le mouvement[2]. » L'observation est fine et vraie ; la conclusion d'un syllogisme arrête, pour un moment au moins, le mouvement de l'esprit qui est passé successivement du moyen à chacun des deux extrêmes, et qui se repose quand il est parvenu à rapprocher les deux extrêmes, jusque-là séparés et maintenant unis. Telle est, je crois, la pensée d'Aristote, que Simplicius a entendue ainsi[3], mais que Philopon et Thémiste interprètent d'un façon puérile[4]. « C'est le repos et le temps d'arrêt de l'entendement que nous appelons savoir et penser, » dit lui-même Aristote[5] ; « la sensation et l'entendement entrent en acte par le repos qu'ils donnent à l'âme, et c'est ce que paraît être la science, ἐπιστήμη, parce qu'elle arrête et fixe l'âme, ἵστησι. Tant qu'elle est emportée par le tourbillon des sensations, elle ne saurait ni percevoir ni penser. » C'est cette puissance d'arrêter le courant des sensations, propre à certains animaux, qui constitue le jugement, τὸ κριτικόν[6].

Quoi qu'il en soit, c'est encore là une théorie platonicienne, et qu'on trouve très fortement exprimée dans *le Sophiste*. La connaissance, y est-il dit, existe ; elle implique l'être, et dans l'être à la fois le repos et le mouvement. La pensée n'est autre chose qu'une certaine modification, une

---

[1] *In lib. de anim.*, lect. VIII.

[2] *De Anim.*, I, 3, 17.

[3] Il est vrai que quelques passages d'autres ouvrages d'Aristote suggèrent une interprétation différente.

[4] Trendelenburg, p. 260, croit qu'il s'agit du tumulte des impressions sensibles qui se calme et s'apaise dans la pensée.

[5] *Phys.*, VII, 3.

[6] *Probl.*, XXX, 14.

certaine affection de l'être pensant et de l'être pensé, qui naît nécessairement de leur rapport, de la communication qui s'établit entre eux, de l'action et de la passion qu'ils exercent et subissent l'un sur l'autre, l'un de l'autre. Le mouvement est nécessaire au sujet qui connaît pour qu'il puisse connaître, à l'objet connu pour qu'il puisse être connu. Mais d'un autre côté, si tout était livré à un mouvement perpétuel et absolu, aucune chose ne pourrait plus être identique à elle-même, ni dans ses modes ni dans sa durée; or, ce qui parvient à la conscience doit rester le même, au moins pendant le moment fugitif où il est perçu par elle; car s'il changeait au moment où il est saisi par la conscience, la connaissance ne serait plus possible; elle changerait elle-même et deviendrait autre, et autre même que la connaissance. Or, non seulement la connaissance est possible : elle est actuelle, réelle, certaine. C'est un fait de conscience [1]. Le sophiste lui-même, quand on l'interroge, est bien obligé d'admettre ce qu'on appelle croire, ce qu'on appelle savoir, c'est-à-dire ce qu'on appelle connaître [2]. Donc le repos et le mouvement sont des contraires réunis et unis dans l'acte de la connaissance [3]; le mouvement de l'âme, qui constitue la pensée, n'exclut pas et, au contraire, enferme le repos.

Qu'est-ce qu'Aristote peut critiquer dans cette théorie, et qu'y ajoutera-t-il?

L'objection suivante peut être ainsi formulée : le bonheur de l'âme consiste dans la pensée; c'est la prémisse nécessaire du raisonnement, omise dans le texte trop concis d'Aristote; « le bonheur d'un être ne peut pas être une opération pour lui pénible, et une action contrainte est pénible. Or, à moins d'admettre que l'essence de l'âme soit le mouvement, il faut reconnaître qu'il est contraire à sa nature [4]. » L'âme ne saurait donc être heureuse, si elle subit le mouvement, comme le dit Platon. Aristote croit avoir démontré plus haut que le mouvement, même en le supposant naturel, implique une contrainte qui fait violence au premier et interdit à l'être qui l'éprouve, à l'âme par conséquent, la jouissance et la possession heureuse d'elle-même.

---

[1] *Sophist.*, 249.
[2] *Gorg.*, 454.
[3] *Sophist.*, 249. On retrouve la même doctrine dans *Le Cratyle*.
[4] *De Anim.*, I, 3, 18.

Une autre objection, qui se lie à la précédente, sans se confondre avec elle, a rapport à l'union de l'âme et du corps. D'après la théorie de Platon c'est un mélange plutôt qu'une union, et un mélange violemment opéré des deux subtances et essences contraires et ennemies : « Il ne peut être alors que pénible et douloureux à l'âme d'être réunie au corps qu'elle doit chercher et cherche à fuir ; car il vaudrait mieux pour la raison être sans corps, comme Platon a l'habitude de le dire, et comme c'est le sentiment de beaucoup de gens. [1] »

C'est bien là exactement la doctrine de Platon sur l'origine et la cause de l'incorporation des âmes humaines ; cette incorporation se présente, dans le *Timée*, comme l'œuvre du Dieu suprême et de ses agents, les Dieux inférieurs, et dans le *Phèdre*, comme le résultat d'une nécessité, d'une loi inexorable et funeste de la nature des choses. Il est certain que pour Platon l'âme est nécessaire au corps, et que le corps n'est pas nécessaire, n'est pas utile à l'âme. L'âme existait avant le corps : elle lui survivra ; car elle n'existe pas en vue d'un corps ; elle n'est pas l'âme d'un corps : elle est l'âme. Le corps périra ; même en cette vie, ses éléments, emportés dans un tourbillon incessant, s'écoulent et se dissipent avant la ruine totale qui achève la mort, tandis que du seuil pesant du tombeau, où le corps, consumé déjà par le feu, va être bientôt complètement détruit par l'action des forces de la nature qui ont repris sur lui leur empire suspendu, et réduit en une vile poussière confondue avec la poussière des chemins, l'âme, comme un oiseau céleste, retrouvant ses ailes, d'un vol léger s'élance, et remonte au ciel, sa véritable patrie. L'union de l'âme et du corps est donc ou un malheur fatal et immérité, ou un châtiment juste pour l'âme, et elle ne cesse pas d'être un mal à l'âme parce qu'il est fatal ou mérité. Si Platon soutient que c'est par bonté que Dieu donne une âme au corps, parce que ce qui a une âme est meilleur que ce qui n'en a pas, et que le corps trouve, dans cette association, une dignité passagère qui, autrement, lui ferait défaut, on peut retourner l'argument. En effet, si l'âme anoblit le corps, lui donne une beauté, une vertu dont il est par lui-même incapable, le corps, au contraire, obscurcit et souille la pure essence de l'âme. Toute âme unie à un corps

---

[1] *De Anim.*, I, 3, 19.

a déchu ; elle est moins libre, moins heureuse, moins parfaite que si elle n'avait pas subi ce contact empoisonné. Si donc Dieu se montre bon pour les corps en leur donnant une âme, il ne se montre pas tel pour les âmes en leur donnant un corps, et l'on voit à peine, dans Platon, les raisons qui déterminent en faveur du corps les préférences de sa bonté. Malgré le corps qu'elle traine après elle, comme l'huitre son écaille, l'âme, par un effort magnifique de raison et de volonté, peut retrouver déjà sur la terre une image, et s'assurer pour l'avenir la réalité de la perfection et de la félicité divines, dont elle a goûté autrefois les ineffables délices. Il semble donc que le corps, par l'effort qu'il impose à l'âme, par la lutte où il l'engage, l'aide à reconnaître et à perfectionner sa vraie nature ; cette lutte n'est point ainsi un vrai mal pour elle. Si le corps est un ennemi, c'est du moins un ennemi qu'elle peut, qu'elle doit vaincre : le combat lui prépare la victoire, et la victoire lui assure la couronne, comme le dira plus tard S. Bernard : « si tollis pugnam, tollis coronam. »

Quoi qu'il en soit, et quand bien même le corps serait pour l'âme, dans la doctrine de Platon, un mal absolu, l'objection d'Aristote ne porterait que contre l'âme humaine, et non contre l'âme du monde, qu'il confond toujours l'une avec l'autre dans sa critique, et qu'il importe au contraire de toujours distinguer. Le monde et son âme coexistent, suivant Platon, de toute éternité ; l'intervention de Dieu n'a pas pour effet d'imposer, par sa volonté arbitraire, l'obligation à l'âme de l'univers d'en mouvoir le corps : de toute éternité la matière existe ; de toute éternité elle est mue ; de toute éternité elle a donc une âme, seul principe du mouvement. On ne peut donc pas dire, du moins de l'âme du monde, qu'elle ne peut pas être heureuse parce que le mouvement qu'elle subit est contraire à sa nature. A moins cependant qu'Aristote ne veuille soutenir qu'en introduisant l'ordre et la raison dans cette âme de la matière, où l'instinct du désordre et de la violence régnait primitivement seul, ξύμφυτος ἐπιθυμία, Dieu ne lui impose un joug contraire à sa nature, et, que tout salutaire et bienfaisant que soit ce joug, en lui ôtant ce penchant au mal qui est de son essence, il la violente et détruise ainsi sa triste félicité. A quoi l'on peut répondre que l'essence d'une chose doit être cherchée dans son excellence et sa perfection, et que rendre l'âme plus parfaite ne peut porter atteinte à son essence, qu'elle achève au contraire. D'ailleurs il faut remarquer que pour opérer ce perfectionnement de l'âme, le Dieu du *Timée* n'emploie que la persuasion : si l'âme comprend les raisons que Dieu lui donne, si elle s'en laisse persuader, c'est qu'elle possédait déjà la raison ; car une raison seule peut comprendre la raison ; et avec la raison, elle possédait déjà l'instinct, le désir, la vague idée du bien et de l'ordre qui est la raison même. Le désordre, le chaos, cette agitation tumultueuse où le *Timée* nous peint la matière primitive, ne sont pas le désordre absolu, qui serait le néant absolu. Il y a déjà des ébauches de formations, des essais et comme des tâtonnements de créations régulières, dans l'effort obscur et puissant où s'agite l'âme de la matière ; elle commence quelques genres ; elle dessine déjà quelques formes, grossières, instables, mais qui témoignent que son mouvement a une direction. Tout mouvement dirigé, et on ne peut comprendre le mouvement sans une direction, est déjà une pensée, un choix, une volonté. Par conséquent le développement de ce germe de perfection, de cette raison latente, sourde et obscure, mais réellement vivante et active au sein des choses, l'harmonie des mouvements, d'abord désordonnés, ne peut pas être contraire à l'essence, ni par suite porter atteinte à la félicité de l'âme, et le corps peut ne pas être un mal absolu pour l'âme.

Les objections d'Aristote n'ont donc pas la force qu'il leur suppose. « On ne voit pas, continue-t-il, la cause pour laquelle le mouvement du monde est circulaire ; ce n'est pas l'essence de l'âme qui est cause de la direction circulaire du mouvement de l'Univers ; car le mouvement et surtout le mouvement circulaire n'est pas essentiel à l'âme, et elle ne l'a que par accident.[1] » On vient de voir en effet qu'Aristote accuse Platon d'avoir donné à l'âme, contre son essence et par une action violente de Dieu sur elle, le mouvement, et ce mouvement spécial ; il affirme que le mouvement de l'âme, si elle en avait un, serait un mouvement en ligne droite, s'il était naturel. Il fait sans doute allusion au passage du *Timée*, où il est dit que Dieu, après avoir disposé le mélange, dont l'âme du monde doit être formée, suivant des nombres harmoniques, « fendit en *longueur* cette composition, τὴν ξύστασιν, en fit deux bandes qu'il croisa l'une sur l'autre, en sorte que le milieu de chacune touchât le milieu de chaque autre, et

---

[1] *De Anim.*, I, 3, 20.

que la figure formât un X ; qu'ensuite *il les courba* en cercle en en réunissant les extrémités et en les appliquant les unes sur les autres, au point opposé de leur intersection première ; et qu'enfin il les entraîna dans un mouvement de rotation uniforme et sans déplacement.[1] » Ce que j'ai dit plus haut suffit ici pour faire comprendre ce qu'il y a d'injuste, on pourrait dire de puéril, dans l'interprétation rigoureuse et littérale d'Aristote, qui continue ainsi : « Si ce n'est pas l'âme qui imprime au monde ce mouvement, ce n'est pas non plus le corps ; car le corps ne saurait être l'auteur ni du mouvement de l'âme ni du sien propre, et c'est plutôt l'âme qui doit être considérée comme le principe du mouvement du corps.[2] »

Est-ce donc à Platon qu'il faut rappeler que la matière n'a pas de mouvement propre, et que tout ce qui se meut est mû par une âme ? Que signifie toute cette théorie qui semble opposée à Platon, et qui est la théorie même de Platon ? « Enfin, conclut Aristote, il n'est pas dit que ce mouvement ait pour principe la raison du meilleur; on se borne à dire que Dieu a fait tourner l'âme en cercle, au lieu qu'il aurait fallu prouver qu'il valait mieux pour l'âme d'être en mouvement que d'être en repos, et d'avoir le mouvement circulaire plutôt que tout autre.[3] »

Il y a dans les allégations d'Aristote des erreurs très graves, qu'aggrave encore l'autorité de celui qui les avance et qu'on pourrait croire digne d'être cru sur parole, quand il s'agit d'une question de fait et de bonne foi. Contrairement à l'assertion inexacte de son critique passionné, qui ne montre pas ici plus d'amour pour la vérité que pour son maître, le mouvement circulaire du monde est expliqué par Platon, précisément parce qu'il est le meilleur et le plus excellent. Il ne sera pas hors de notre sujet de le prouver par quelques citations du *Timée*, dont l'analyse d'Aristote altère et méconnaît si étrangement les doctrines : « Dieu donne au monde, dit Platon, le mouvement circulaire, parce que des sept mouvements c'est celui qui est le plus conforme au mouvement de la raison et de la pensée[4]. » Le mouvement de la

---

[1] *Tim.*, 36, c. τῇ κατὰ ταὐτὰ καὶ ἐν τῷ αὐτῷ περιαγομένῃ κινήσει Ωαβι.
[2] *De Anim.*, I, 3, 20.
[3] *De Anim.*, I, 3, 21.
[4] *Tim.*, 34, a.

pensée est celui que l'âme opère en se repliant en cercle sur elle-même[1], et le mouvement circulaire des astres est celui qui a le plus d'affinité avec le mouvement de la raison[2]. » Or c'est là le mouvement parfait. « Le plus parfait des mouvements, ἀρίστη, est celui de l'être qui est mû par lui-même et se meut en lui-même, parce que c'est le mouvement le plus en rapport avec le mouvement de la pensée[3]. » C'est un mouvement divin : « Dieu a donné au monde des pensées et des mouvements en affinité avec l'élément divin qui est en nous, ξυγγενεῖς τῷ ἐν ἡμῖν θείῳ[4]. »

Après avoir exposé, comme on vient de le voir, la théorie psychologique du *Timée*, Aristote annonce qu'il se réserve, en abandonnant pour le moment ce sujet, d'y revenir ailleurs « où il sera mieux à sa place[5] » et il termine le troisième chapitre par ces remarques critiques générales : « Les erreurs absurdes de cette théorie, comme de la plupart des autres théories sur l'âme, ont pour principe ce fait que leurs auteurs lient l'âme au corps, mettent l'âme dans le corps, sans compléter leur pensée en déterminant par quelle cause il en est ainsi, et dans quelle condition est le corps qui est ainsi uni à l'âme. Ce complément est cependant absolument nécessaire, car dans leurs rapports communs l'une agit, l'autre souffre ; l'un est mû, l'autre meut. Or il ne faut pas croire que ces relations mutuelles s'établissent entre toutes les choses indifféremment et les premières venues. C'est donc une lacune grave, dans un système, de se borner à définir l'essence de l'âme et de ne pas définir le corps qui la doit recevoir, comme s'il était possible d'admettre l'hypothèse pythagoricienne, ou plutôt le mythe pythagoricien d'après lequel une âme quelconque entre dans un corps quelconque. C'est là une erreur ; chaque chose a sa nature, sa forme propre ; on ne peut pas affubler un architecte de flûtes : ce ne sont pas les instruments dont son art peut se servir. Il faut que les instruments soient appropriés à l'essence de l'art qui doit les employer ; il faut que le corps, qui est pour l'âme, par

---

[1] *Tim.*, 37, a.
[2] *De Legg.*, X, 898, a.
[3] *Tim.*, 89, a.
[4] *Tim.*, 90, a.
[5] Alexandre suppose qu'il indique la *Physique*, Simplicius, la *Métaphysique*.

exemple, ce que la lyre est pour la musique, soit approprié à l'essence de l'âme, si l'on veut qu'elle puisse s'en servir comme d'un instrument, et en tirer, pour ainsi dire, d'harmonieux accords[1]. »

Cette critique est juste et l'observation profonde; Aristote prépare déjà sa définition de l'âme et sa thèse métaphysique et psychologique. Entre le moteur et le mobile, entre l'acte et la puissance, entre la matière et la forme, il doit y avoir une relation, non pas abstraite et subjective, mais objective et réelle. C'est la notion de la convenance, de l'aptitude, de la tendance, en un mot de la finalité, qui apparaît comme un principe universel et nécessaire. Tout ce qui n'est pas la fin absolue, a une fin. Le mobile doit être disposé déjà de telle façon qu'il puisse être mû par le moteur; la matière, le corps doit être préalablement organisé, de telle manière qu'il puisse recevoir le principe de la vie, l'âme. Chaque individu, chaque espèce a sa matière à soi, sa matière propre, et non la première matière venue[2]. Mais on peut pousser Aristote bien loin sur cette pente; car si la matière avant de recevoir la forme, si le corps avant de recevoir l'âme, doivent être déjà *disposés* d'une certaine façon, cette disposition est déjà une forme, et si cette forme est forme informante, elle est l'âme même; si c'est une forme informée, elle suppose l'âme. En sorte que le principe d'Aristote ne va pas à moins qu'à admettre une forme dans la matière, avant qu'elle ne reçoive sa forme, une âme dans le corps, avant qu'il ne reçoive son âme. Or, si c'est une nécessité de s'arrêter dans la recherche, et si l'on se demande comment s'est produite cette première forme qui a disposé de telle ou telle façon le corps ou la matière, on est bien obligé de séparer les deux notions, les deux êtres, de les considérer et de les concevoir à part et de ne pas supposer déjà réalisée la chose même dont on cherche l'origine et la cause.

---

[1] *De Anim.*, I, 3, 22 et 23. J'ai paraphrasé librement ce passage obscur. La comparaison de l'art en général et de l'architecture en particulier avec l'âme, l'expression à peu près inintelligible τεκτονικὴν εἰς αὐλοὺς ἐνδύεσθαι, m'inspirent quelque doute sur la pureté des leçons. Je croirais volontiers qu'ἐνδύεσθαι est une erreur de copiste amenée par le même mot qui se présente une ligne plus haut. Les anciens d'ailleurs concevaient l'art comme une activité, une force, un sujet, au lieu de le considérer comme un simple attribut, une qualité.

[2] *Metaph.*, I, 8, 989, b, 2. *Id.*, XII, 2, 1069, b, 28.

Dans son commentaire, J. Philopon nous fait toucher du doigt cette difficulté, qui est le vice général et incurable du système d'Aristote. « Chaque partie de l'être vivant, dit-il, n'est caractérisée exclusivement et manifestement ni par l'acte psychique, ni par l'agrégation des éléments corporels, mais par les deux à la fois. Ainsi, l'œil n'est pas la partie formée de tant de tissus composés de telle sorte; il faut encore que ces tissus soient doués de telle puissance psychique[1]. » Ce qui revient à dire que la fonction suppose la prédisposition à la fonction.

Les objections sont nombreuses et fortes: d'abord nous voyons, dans l'exemple de Philopon, des déterminations qui supposent l'action d'une force qui contienne la forme et seule ait pu la déposer dans la matière. Ces déterminations sont: 1° l'agglomération; 2° la quantité; 3° les propriétés des tissus superposés de l'œil. En outre, l'aptitude à la fonction, si elle est une force réelle et active, est déjà la fonction même. Oui, en puissance, dira Aristote: je le veux; mais cette puissance, d'où vient-elle et qu'est-elle? Peut-on dire que l'être en puissance n'est qu'un non-être réel? Au contraire: la puissance, si elle est une prédisposition, une aptitude, une tendance déterminée, est déjà en acte, est un acte, acte imparfait sans doute, c'est-à-dire mouvement. Si la puissance d'Aristote était puissance pure, indéterminée, indifférente, dire d'un être qu'il est en puissance, ce serait absolument ne rien dire. Nous verrons qu'Aristote lui-même, outre cette possibilité pure, reconnaît une autre sorte de puissance active, contenant un germe vivant et agissant. Ce n'est pas pour rien que le mot δύναμις enveloppe l'idée de la force. Si l'on n'y joint l'idée du mouvement où elle se réalise, la puissance est une abstraction et non plus un principe.

Après avoir reconnu et critiqué comme on l'a vu les principes de la psychologie platonicienne, Aristote réfute la théorie qui fait de l'âme une harmonie et celle qui en fait un nombre, et entre ces deux réfutations, revenant au mouvement qu'il avait oublié, il examine s'il est vrai que les passions de l'âme soient des mouvements. Il ne nomme pas les auteurs de la définition qui fait de l'âme une harmonie; on sait que c'est la définition pythagoricienne[2], réfutée déjà

---

[1] Philop., *De Anim.*, D, f. 8, b.
[2] Conf. *Pythagore et la philosophie pythagoricienne*. t. II, p. 175.

dans le *Phédon* : « On croit, dit Aristote, que l'âme est une harmonie, par la raison que l'harmonie est une sorte de mélange et de composition des contraires, comme le corps est composé de contraires[1]. » Cette opinion, qui avait beaucoup de partisans et qu'avaient adoptée des disciples de Platon et par conséquent des condisciples d'Aristote, est une de celles que ce dernier désigne comme ayant été déjà l'objet de nombreuses réfutations dans ses *Conférences publiques* : ce qui ne l'empêche pas de la soumettre encore ici à une série d'objections. Philolaüs soutenait que, si le corps est composé de contraires, il fallait que ces contraires fussent réduits, domptés, conciliés par un principe, et ce principe qui fond l'opposition dans l'unité de la forme, c'est l'harmonie. « Mais, dit Aristote, l'harmonie ne peut être qu'un rapport, une proportion des éléments combinés et mélangés, ou bien réunis par composition. L'âme ne peut être ni l'un ni l'autre[2]. » Elle ne peut donc être une harmonie. C'est à cette forme concise que se réduit l'argument d'Aristote, qui n'a même pas formulé la conclusion, sans doute parce qu'il avait donné à ses objections le développement qu'elles exigent dans ces *Conférences publiques*[3] auxquelles il semble renvoyer le lecteur. Le fond de sa pensée, c'est que l'âme ne peut être ni un accident, ni une relation, ni une habitude acquise et possédée, ἕξις, l'habitude faisant partie de la relation. En effet, la relation et l'accident ne participent pas au mouvement[4] qu'on attribue à l'âme. Tout rapport est une limite, toute limite est indivisible, et l'indivisible exclut le mouvement[5].

L'âme n'est, suivant Aristote, ni un rapport d'éléments combinés par un mélange, ni un rapport d'éléments agrégés par composition. Il y a en effet plusieurs procédés de formation des choses corporelles ; c'est d'abord la composition[6], σύνθεσις, qui n'est qu'une certaine disposition d'éléments qui ont chacun une position dans l'espace, θέσις, et dont les parties, tout en étant rapprochées et même liées ensemble,

---

[1] *De Anim.*, I, 4, 1.

[2] *De Anim.*, I, 4, 2.

[3] τοῖς ἐν κοινῷ γιγνομένοις λόγοις.

[4] *Phys.*, VII, 3 ; *Metaph.*, XIV, 1, 1087, a, 29.

[5] *Metaph.*, III, 5, 1002, a, 32 ; 1002, b, 10. *Id.*, XI, 1060, b, 15. *Phys.*, VI, 4.

[6] *Metaph.*, VIII, 1042, b, 16.

restent les unes en dehors des autres avec leurs propriétés et leur nature distinctes : tels sont par exemple un lit, une table, une syllabe. Il y a en outre le mélange, μῖξις, où les éléments, jouant les uns un rôle actif, les autres un rôle passif, se transforment et disparaissent dans leur produit, qui constitue un tout nouveau, ayant sa nature, ses propriétés, distinctes et différentes de celles de ses principes. Ce produit devient, par cette fusion et cette pénétration de ses parties composantes, un ὁμοιομερές, c'est-à-dire que, si on le divise, les parties en sont similaires au tout[1]. Quelquefois Aristote distingue la mixtion du mélange; il désigne alors par le mot mélange, μῖξις, la combinaison des éléments solides, par le mot mixtion, κρᾶσις, celle des éléments liquides ; mais en général il emploie indistinctement chacun de ces termes pour signifier l'action chimique, qui ôte aux éléments intégrants du mélange leur essence et leurs propriétés pour créer un produit dont les propriétés et l'essence diffèrent de celles de ses principes composants. Mais soit par composition, soit par mélange, le résultat doit être un tout. Par exemple, la syllabe est un tout qui a quelque chose d'autre, ἕτερόν τι, que la consonne et la voyelle ; cependant l'une et l'autre y gardent une position et leurs qualités propres ; la chair, où la terre et le feu ont produit, en s'évanouissant et en disparaissant, une chose absolument nouvelle, est un tout dans lequel la division, si on l'opère, ne retrouvera plus des parties de terre ni des parties de feu, mais des parties similaires au tout, c'est-à-dire toutes également de chair. De quelque manière qu'on suppose le corps formé, l'âme ne saurait être le rapport numérique, la proportion mathématique, l'harmonie des éléments intégrants.

Aristote évidemment a raison, s'il entend par harmonie un accident, une habitude de l'être ; mais si l'on donne ce nom au principe qui engendre l'accord et l'harmonie, au rapport non pas causé mais causant, à la forme informante, à l'unité unifiante, sa propre théorie ne s'éloignera pas beaucoup de celle des Pythagoriciens ; il admet en effet ou semble admettre une raison unifiante, qui fait l'unité de la puissance et de l'acte, λόγον ἑνοποιὸν δυνάμεως καὶ ἐντελεχείας[2]. Cette raison est pour Aristote une cause motrice ; mais il ne lui était pas

---

[1] *Metaph.*, XIV, 1092, a, 24. *De Gener. et corrupt.*, I, 10.
[2] *De Anim.*, II, 2, 13. *Metaph.*, VIII, 1045, b, 16.

interdit de reconnaître qu'elle n'était pas autre chose pour les Pythagoriciens. « Tous les philosophes attribuent à l'âme la puissance de mouvoir : ils ne peuvent donc la définir une harmonie ; car il n'est pas de la nature de l'harmonie de mouvoir[1]. Si l'harmonie pouvait être l'essence de quelque chose, elle serait plutôt l'essence du corps que de l'âme ; car la notion de l'harmonie s'applique surtout à la santé, et en général aux propriétés du corps[2]. » Une définition, quand elle est bien faite, doit rendre compte non seulement de la substance, de l'essence de la chose, mais aussi de ses propriétés, de ses fonctions, de ses modifications actives et passives : « Si l'on pouvait définir l'âme une harmonie, il faudrait que l'on rendît compte des propriétés actives et des propriétés passives de l'âme, πάθη τε καὶ ἔργα, par une espèce d'harmonie, et il serait bien difficile de trouver cette adaptation d'une faculté de l'âme à un genre d'harmonie[3]. » En effet, soient d'une part l'amour, la haine, le désir, la détermination morale, l'intelligence qui sont des états actifs ou passifs de l'âme ; soient d'autre part les formes et espèces principales de l'harmonie, c'est-à-dire les harmonies Dorienne, Phrygienne, Lydienne : qui pourra établir un rapport réel, essentiel, causal entre tel ou tel mode de l'harmonie et tel mode de l'âme ? qui pourra expliquer par le mode Lydien l'amour, par le mode Dorien la volonté, par le mode Phrygien l'intelligence ?

Enfin une quatrième objection s'élève contre la définition qui fait de l'âme une harmonie ; il n'est pas facile d'en suivre l'argumentation concise, obscure et qui, vers la fin, semble se réfuter elle-même : « Quand on parle d'harmonie, on peut appliquer ce nom à deux choses, et lui donner deux sens, tous deux exclusivement propres aux choses étendues. Ainsi on peut dire que, dans les choses qui ont position et mouvement, l'harmonie est leur composition, σύνθεσις, lorsque le rapport des parties est tellement intime qu'elles ne souffrent entre elles aucun élément étranger, pas même un élément qui appartiendrait à leur propre genre, ou à leur propre espèce ; on peut appeler aussi harmonie le rapport numérique, la proportion mathématique des éléments composants ;

---

[1] De Anim., I, 4, 3.
[2] De Anim., I, 4, 4.
[3] De Anim., I, 4, 4.

mais ni l'un ni l'autre de ces sens ne peut raisonnablement et naturellement s'appliquer à l'âme[1]. » Essayons de développer l'objection : si les éléments qui entrent dans la composition du corps ne sont que mécaniquement agrégés et restent en dehors les uns des autres, ils peuvent être comptés, puisqu'ils sont séparés les uns des autres par un intervalle que remplit ou peut remplir un élément différent. Alors les nombres des parties intégrantes peuvent former une proportion ayant son moyen et ses extrêmes, telle que la proportion qui préside à la composition de l'âme, d'après Platon. Dans cette hypothèse, on peut dire que l'âme est le rapport des éléments entre eux, s'il n'y a qu'un rapport; et s'ils forment une proportion, on dira que l'âme est la loi de la série proportionnelle et la raison de ces rapports.

Mais il en est autrement si l'on admet que les éléments, ayant perdu dans le mélange leur essence propre, ne formant plus des unités distinctes, ne peuvent pas être comptés, parce qu'ils se sont fondus en un seul tout où il n'y a plus de parties différentes d'espèce, par conséquent plus de proportion, plus de rapport. C'est un mélange chimique. L'âme alors serait cette composition même, cette synthèse des éléments.

« Mais dire que l'âme est le mélange et la synthèse des parties du corps, c'est par trop simple et trop facile à réfuter ; car il y a beaucoup de mélanges et de nature bien différente des parties du corps, et quel est celui de ces mélanges dont on pourra raisonnablement dire qu'il est l'entendement, ou la sensation, ou le désir ? Et il n'est pas moins absurde de faire de l'âme un pur rapport des parties intégrantes du mélange. En effet, le rapport des éléments qui forme la chair n'est pas le même que celui qui forme l'os ; il y a plusieurs rapports différents, puisque toutes les parties du corps sont formées de rapports d'éléments. Si l'âme était une harmonie, il y aurait dans un seul corps plusieurs âmes et même un grand nombre d'âmes, puisqu'il y a un grand nombre de rapports[2]. »

Saint Thomas a entendu autrement ce passage difficile : il croit qu'Aristote objecte qu'il y aurait, dans cette hypothèse, non pas trop d'âmes pour un seul corps, mais trop d'âmes

---

[1] De Anim., I, 4, 5.
[2] De Anim., I, 4, 6.

absolument, puisqu'il y en aurait pour tout corps, κατὰ πᾶν τὸ σῶμα. *Ergo in quolibet corpore erit anima, quod est inconveniens*[1]. Saint Thomas traduit mal πᾶν τὸ σῶμα; car l'article individualise ici le sens de σῶμα. Ensuite la doctrine d'Aristote n'est pas, comme celle de Saint Thomas, obligée de considérer comme absurde, *inconveniens,* qu'il y ait une âme dans tout corps. Au contraire, suivant Aristote, toute chose n'est une que par la vertu de l'acte, et tout acte est l'acte d'une âme, puisque l'âme est le seul principe du mouvement qui conduit la chose de la puissance à l'acte[2]. Comme tout ce qui est, est un et que la cause de l'être n'est autre que la cause de son unité, tout a une âme[3], car ce qui fait l'unité de chaque chose, c'est la pensée, c'est l'âme[4]. Partout où il y a unité, il y a ou une âme, ou une partie de l'âme, ou quelque chose d'analogue à l'âme[5].

La critique de la théorie de l'harmonie amène Aristote à s'attaquer à Empédocle, qui se rapproche des Pythagoriciens, mais qui, en soutenant que chaque élément n'existe que par un certain rapport, ne s'explique pas clairement, sur la question de savoir si le rapport par lequel chaque membre ou chaque partie du corps sont constitués, est une âme, ou si l'âme, différente de ce rapport, existe immanente aux parties de l'organisme; et il ne nous dit pas davantage comment, en ce cas, se comportent l'un vis-à-vis de l'autre et ce rapport et l'âme[6]. Dans le second chapitre, Aristote n'attribuait pas expressément à Empédocle l'opinion que l'âme est une harmonie; il disait que « suivant ses principes elle est formée de tous les éléments, et que chacun de ces éléments est une âme[7]. » Quoi qu'il en soit, voici l'objection qu'il fait au système : « Si l'âme est formée de tous les éléments, est-elle le rapport même, c'est-à-dire la proportion du mélange et de la combinaison des éléments, ou est-elle plutôt quelque chose

---

[1] Lect. IX, 1. 5.
[2] *Metaph.,* VIII, 1045, b.
[3] *De Gener. anim.,* III, 11, 762, a, 18. τρόπον τινὰ πάντα ψυχῆς εἶναι πλήρη.
[4] *De Anim.;* III, 6, 2. τὸ δὲ ἕν ποιοῦν, τοῦτο ὁ νοῦς ἕκαστον.
[5] *Metaph.,* XIII, 2, 1077, a, 22. ἢ ἄλλῳ τινὶ ἀναλόγῳ : je change la leçon εὐλόγῳ, qui est pour le moins insignifiante, en ἀναλόγῳ que le sens réclame.
[6] *De Anim.,* I, 4, 7.
[7] *De Anim.,* I, 2, 6.

de différent de ce rapport et qui subsiste dans les parties de l'organisme? Dans le premier cas, si la vie se confond avec les diverses parties de l'organisme, elle ne peut être quelque chose de différent de la combinaison elle-même, et elle subit le même sort que les éléments combinés ; dans le second cas, si l'âme est différente de la proportion du mélange, pourquoi, cette proportion détruite, l'âme même est-elle anéantie, puisque chaque partie du corps a une âme[1] ? » Seconde objection : on sait que dans les conceptions d'Empédocle, l'amitié, φιλία, est le principe qui rassemble et unit les éléments, et produit ainsi les combinaisons qui sont les choses ; mais alors on peut lui demander « si l'amitié produit une combinaison quelconque, ou si elle ne produit ses combinaisons qu'en suivant la loi d'une proportion déterminée. Si l'on répond que l'amitié produit toute combinaison quelconque en rassemblant au hasard les éléments, il faudra une autre cause pour expliquer et créer la proportion et l'harmonie dans les choses qui les possèdent. Si l'on dit que l'amitié, étant elle-même ce rapport, est la cause de l'harmonie qui règne dans certaines choses, on demandera d'où vient l'absence d'harmonie qui se manifeste dans les autres ; et alors l'amitié ne sera plus, comme le veut le système, la cause universelle de la composition qui forme les choses[2]. »

L'âme n'est donc pas une harmonie, mais elle n'est pas sans harmonie ; elle n'est pas un rapport : elle est principe et cause du rapport, de la proportion qu'elle apporte partout avec elle, de même que, sans être le mouvement et sans y participer, elle en est le principe et la cause. Telle est du moins la liaison que j'aperçois entre les idées et que Thémiste avait déjà indiquée.

« D'un autre côté, si l'âme est quelque chose de différent de ce composé, le corps et ses parties, comment se fait-il qu'elle soit détruite quand est détruite l'essence de la chair et l'essence des autres parties de l'animal ? » argument qui ne peut être valable qu'appliqué aux animaux ; car Aristote

---

[1] Tout ce paragraphe est profondément altéré, et l'on ne peut que deviner la suite du raisonnement. Je lis εἴπερ ἕκαστον au lieu de εἴπερ μὴ ἕκαστον, puisqu'Aristote a dit au § 6 du chap. II que chaque élément était une âme.

[2] *De Anim.*, I, 4, 7.

semble admettre, comme nous le verrons [1], l'immortalité de l'âme humaine, au moins dans sa partie pensante [2]. « En outre, si l'âme n'est pas la raison, le principe intelligible du composé corporel, et qu'on n'admette pas une âme pour chaque partie du corps, comment se fait-il qu'abandonné par l'âme, le corps soit détruit. » C'est-à-dire que le corps et l'âme ne peuvent pas être conçus comme deux substances étrangères l'une à l'autre et indépendantes l'une de l'autre. L'âme est toujours l'âme d'un corps, le corps toujours le corps d'une âme.

Si nous résumons ce qui résulte de la discussion précédente, on peut considérer comme acquis ces deux points : 1° « L'âme n'est point une harmonie, » comme l'ont cru les Pythagoriciens ; 2° « l'âme n'est point mue circulairement, » comme l'a prétendu Platon. « On peut cependant concéder qu'elle est mue, mais mue par accident ; on pourra même dire qu'elle se meut elle-même, si l'on entend que le corps, où elle se trouve et avec lequel elle se déplace, est mû par l'âme. Autrement il n'est pas possible que l'âme se meuve localement [3]. »

« Il y a un autre point de vue sous lequel on pourrait, avec plus de raison, considérer l'âme comme mue. La tristesse, la joie, l'audace, la crainte, la sensation, le raisonnement, en effet paraissent des mouvements, et on pourrait être disposé à en conclure que l'âme est mue ; mais ce n'est pas une conclusion nécessaire [4]. » Voici ce qu'on peut opposer à cet argument. « Supposons qu'il en soit comme on le prétend, qu'être attristé, être joyeux, que penser même soient des mouvements ; qu'éprouver chacun de ces états soit être mû, et qu'enfin l'âme soit principe de tout mouvement. Par

---

[1] *De Anim.*, III, 5.

[2] Il y a une autre leçon, qu'adoptent Philopon et, si l'on en croit ce dernier, aussi Alexandre : ils lisent τὸ τοῖς ἄλλοις μορίοις, au lieu de τῷ τοῖς... Elle donne le sens suivant qui est fort acceptable, quoi qu'en disent MM. Trendelenburg et Torstrick : La mort atteint et détruit à la fois toutes les parties du corps ; comment rendre compte de ce phénomène, dans l'hypothèse où l'âme est quelque chose de différent de cette combinaison harmonieuse qui constitue l'essence du corps et de ses parties ? D'où vient que la destruction d'une partie du corps entraîne la destruction des autres, d'où vient cette solidarité des parties du corps, si l'âme est étrangère au corps ?

[3] *De Anim.*, I, 4, 9.

[4] *De Anim.*, I, 4, 10.

exemple, la colère ou la crainte sera produite par tel ou tel mouvement du cœur, la pensée elle-même par un mouvement semblable ou par quelque autre différent. Ces mouvements sont ou de déplacement ou d'altération, ἀλλοίωσις. De quelle nature ils sont et comment ils s'opèrent, ce n'est pas ici le lieu de le rechercher, mais il résulte de là que de tels mouvements ne peuvent appartenir à l'âme, et que nous sommes induits en erreur par les mauvaises habitudes du langage. En effet, on a tort de dire que l'âme s'irrite, que l'âme apprend, raisonne, etc. ; car on ne dit pas et on a raison de ne pas dire que l'âme bâtit, que l'âme tisse. Il vaudrait beaucoup mieux dire que l'homme, par son âme, s'irrite, apprend, raisonne, etc.... Car ces actes ne se produisent pas par des mouvements qui aient lieu dans l'âme, mais par des mouvements qui, les uns, aboutissent et parviennent à l'âme, les autres partent de l'âme. Par exemple, dans la perception sensible, le mouvement part de tels ou de tels objets sensibles, et traversant tout le système de l'appareil de la sensation arrive à l'âme qu'il touche sans la mouvoir. Dans la mémoire, le mouvement part de l'âme, le mouvement et quelquefois aussi le repos, et c'est elle qui cause dans les organes sensoriels ou l'un ou l'autre[1]. » Mais dans les deux cas, l'âme reste immobile. Tout mouvement suppose un point immobile. « Quant à la raison, ὁ Νοῦς, il semble que ce soit une sorte de substance qui réside et demeure en nous[2], et qui n'est pas susceptible d'être détruite. En effet, si la raison pouvait être détruite par quelque chose, ce serait assurément par la vieillesse ; mais l'affaiblissement de la pensée amené par l'âge est dû, non à un mouvement d'altération qui atteindrait l'essence même de l'âme, mais à une altération des organes des sens. C'est ainsi que la faculté de voir s'affaiblit quand les yeux, où elle réside et qui en sont l'organe, ont perdu leur vigueur. Si le vieillard pouvait reprendre les yeux de sa jeunesse, il verrait comme le jeune homme. Il se passe dans l'affaiblissement de la raison quelque chose de semblable : ce n'est pas l'âme, c'est le siège où elle demeure qui

---

[1] *De Anim.*, I, 4, 12.

[2] ἐγγίνεσθαι. Il serait peut-être plus exact de traduire : *qui apparaît en nous* ; car la raison ne fait pas naturellement partie de notre âme : elle nous vient, nous arrive du dehors, et s'y introduit comme par la porte, τὸν νοῦν θύραθεν ἐπεισιέναι. (*De Gener. anim.*, II, 3.)

a été altéré, comme il arrive dans l'ivresse ou dans la maladie. La pensée est dérangée parce qu'il y a quelque désordre interne qui a attaqué l'organisme. La raison est quelque chose d'impassible, ἀπαθές. Le raisonnement, l'amour, la haine, ne sont point des modifications, πάθη, de la raison, mais de l'être qui a la raison en tant qu'il a la raison. Voilà pourquoi cet être, qui est un composé, une fois détruit, l'intellect ne se souvient plus et n'aime plus ; car ces phénomènes n'étaient pas à lui, mais à l'être mixte qui est détruit. Il est donc évident que la raison est un être trop divin pour être jamais passif ; l'âme n'est donc pas mue, et si elle n'est mue par rien, elle n'est pas mue par elle même[1]. »

Le principe sur lequel repose l'argumentation d'Aristote pour prouver que la raison ne peut se mouvoir, c'est qu'elle est pour lui l'acte pur, la perfection de l'acte, tandis que le mouvement n'est qu'un acte imparfait. Mais ce principe ne se retourne-t-il pas contre lui ? Si l'âme n'est pas la raison, qui lui vient du dehors, elle n'est pas acte pur et parfait, et si l'acte pur et parfait échappe seul à la condition du mouvement, comment l'âme, principe de la vie animale, qu'Aristote ne confond pas avec la raison, y échapperait-elle ?

« De toutes les opinions qu'on s'est faites de l'âme, la plus absurde est encore celle qui en fait un nombre se mouvant lui-même[2]; car les impossibilités qui la renversent naissent des deux éléments qu'on fait entrer dans la définition : l'âme est un nombre; l'âme se meut. A l'impossibilité, déjà démontrée, de concevoir le mouvement dans l'âme s'ajoute l'impossibilité de concevoir qu'une unité sans parties, ne contenant en soi aucune différence, puisse se mouvoir. Par qui, comment sera-t-elle mise en mouvement? L'unité ne peut se concevoir comme mobile et comme mue qu'à la condition de contenir en soi une différence[3]. » Or,

---

[1] *De Anim.*, I, 4, 14.

[2] Nous avons déjà vu Aristote citer cette définition, sans en nommer l'auteur, qu'il n'indique pas non plus dans les *Analytiques*. (*Anal. Post.*, II, 4, 91, a, 35.) Plutarque nous affirme qu'elle est de Xénocrate qui définissait ainsi l'âme, parce qu'il la concevait comme formée par la liaison de l'unité et de la dyade indéfinie, d'où naissent les nombres. L'unité était dans l'âme le principe de l'identité, de la permanence, du repos; la dyade, du mouvement et du changement. (*De An. procr.*, I, 5 et 2. *Quæst. Plat.*, IX, 1.)

[3] *De Anim.*, I, 4, 16.

l'unité est absolument indivisible et indifférente ; elle n'a aucune distinction de parties, n'a pas de position dans l'espace, n'occupe aucun lieu[1]. Si vous lui attribuez le mouvement, il faut que, contre sa nature, vous y posiez une différence ; car tout mobile suppose une étendue divisible, et tout mouvement a pour condition première le mouvement dans l'espace. Cette condition n'est pas supprimée pour le mobile qu'on suppose se mouvoir lui-même. Car ce mobile-là ne peut se mouvoir tout entier dans le même temps et de la même manière. En effet, le mouvement étant donné et reçu dans un même instant indivisible, si le mobile se mouvait lui-même tout entier, il donnerait et recevrait le même mouvement dans le même temps ; il serait à la fois, sous le même rapport, actif et passif, et réunirait en soi les contradictoires ce qui renverse la loi fondamentale de l'être comme de la pensée[2].

« Veut-on, comme on l'a fait, donner à l'unité une grandeur, une étendue : elle devient alors le point qui a une position dans l'espace. Le mouvement du point engendre la ligne, le mouvement de la ligne engendre les surfaces, et les révolutions des surfaces engendrent les solides. Dès lors, voici le nombre de l'âme qui est quelque part, qui a position dans l'espace[3]. Si l'âme est un nombre, le nombre de l'âme doit avoir toutes les propriétés du nombre : « or si d'un nombre on retranche une ou plusieurs unités, il reste un autre nombre, et un nombre différent du premier en espèce. » Ainsi, 3 est une idée numérique différente de 4. « Mais il y a beaucoup d'êtres vivants, surtout parmi les plantes, dont on peut retrancher une partie et même plusieurs, qu'on peut diviser sans que les parties divisées changent d'espèce, de forme, d'essence. Ces êtres divisés conservent ou du moins paraissent conserver la même âme, au moins la même en espèce[4], » sinon en nombre. L'âme n'est donc pas un nombre ; car si elle était un nombre, la division qu'elle a subie par la section eût altéré et changé la forme spécifique, l'essence de l'être, qu'elle seule donne, comme la soustraction et la division altèrent et changent l'espèce et l'idée du nombre.

---

[1] *Metaph.*, XIII, 8, 1084, b, 26.
[2] *Phys.*, VIII, 5.
[3] *De Anim.*, I, 4, 17.
[4] *De Anim.*, I, 4, 18.

Il convient de remarquer ici qu'Aristote, cherchant à accumuler les objections, tombe, sans s'en apercevoir, dans la théorie Platonicienne qui donne à chaque nombre 3, 4, 5, une espèce, une idée distincte, que la notion des unités qui les composent ne suffit pas à fournir, et qui est le produit d'une opération distincte de l'esprit par laquelle il les lie, les combine, en créant une unité nouvelle, différente de l'unité proprement dite, et de toute autre unité analogue. L'âme est donc supposée être un nombre, une unité d'unités qui ont position dans l'espace, une synthèse de points; « mais alors on ne peut guère voir de différence entre ces unités étendues, ces points et les corpuscules ou atomes de Démocrite. L'âme ne sera donc qu'un groupe d'atomes : elle devient alors uniquement un quantum. » Mais la quantité ne peut ni expliquer ni produire la qualité, et le mouvement est qualité. La différence de grandeur, une différence purement mathématique, ne peut engendrer le mouvement. Comme dans toute quantité continue en mouvement, outre le quantum qui est le mobile, il faut admettre ici une qualité, un moteur. Mais tout le monde reconnaît que dans l'être vivant, c'est l'âme qui est le moteur; dans le nombre auquel on a voulu ramener l'âme, il faudra donc admettre aussi d'un côté la quantité, le mobile, de l'autre le moteur; et l'âme sera non pas l'unité du mobile et du moteur, mais uniquement le moteur, le moteur des monades. L'âme, même si elle était un nombre se mouvant lui-même, ne serait pas proprement un nombre, mais ce qui meut le nombre[1].

« Mais comment l'âme pourrait-elle être une unité, une monade ? N'est-il pas nécessaire qu'il y ait une différence réelle, substantielle entre les âmes individuelles? et quelle différence substantielle peut-on concevoir d'un point monadique à un autre, si ce n'est la position ? Et cette différence même, qui ne suffit pas à expliquer la distinction substantielle des âmes entre elles, s'évanouit dans l'hypothèse. En effet, le corps a aussi ses unités et ses points différents de ceux de l'âme, et comme l'âme est dans le corps, chacun des points de l'âme sera dans un point du corps, et en occupera la place. Il y aura donc deux points dans un même lieu, et s'il peut y en avoir deux, il y en aura un nombre infini ; car les choses dont le lieu est indivisible et unique sont in-

---

[1] *De Anim.*, I, 4, 19.

divisibles elles-mêmes et indiscernables, par suite identiques, et leur multiplicité numérique infinie apparente est au fond l'identité et l'unité. En sorte que la différence de position, la seule qu'on puisse concevoir entre des points, et qui n'explique pas la différence substantielle des âmes, est détruite[1]. »

Si l'on dit que les points du corps sont le nombre même de l'âme, ou que l'âme est un nombre formé de la totalité des points du corps, comment se fait-il que tous les corps n'aient point une âme; car sans doute il y a dans tous les corps des points et en nombre infini[2]. » On ne voit pas pourquoi cette dernière conséquence a pu paraître absolument déraisonnable à Aristote; car cherchant au ch. VI du VIIIᵉ liv. de la *Métaphysique* quelle est la cause de l'unité des choses qui ont une pluralité de parties, il conclut que la cause de cette unité est *ce qui meut la chose de la puissance à l'acte*[3] : or ce ne peut être, dans le système d'Aristote, que l'âme. De là cette proposition que nous avons déjà plusieurs fois rencontrée et que nous rencontrerons plus d'une fois encore dans Aristote : toute chose, tout corps qui forme une unité individuelle, ἕν τι ἕκαστον, est en quelque sorte plein de l'âme[4].

L'âme est un point, dit-on; mais qu'est-ce que le point? « Le point est une limite[5], qui ne peut pas être séparée de la ligne qu'elle limite. Comment l'âme, si elle est un point, pourra-t-elle être séparée de son corps[6]? » Car on ne peut séparer, si ce n'est mentalement, les points de la ligne, ni les lignes de la surface, ni les surfaces des solides.

Résumons quelques-unes des impossibilités qui résultent de la définition qui fait de l'âme un nombre se mouvant lui-même : c'est revenir au fond à l'opinion de Démocrite et concevoir l'âme comme une sorte de corps composé de parties très subtiles et très ténues, et admettre la manière dont Démocrite conçoit que le corps soit mû par l'âme. Ceux qui

---

[1] *De Anim.*, I, 4, 20.
[2] *De Anim.*, I, 4, 21.
[3] *Metaph.*, VIII, 6, 1045, a, 7; b, 21. *Phys.*, III, 2, 202, a, 7.
[4] *De Gener. anim.*, III, 11, 762, a, 18.
[5] Et non une partie; Philop., *Ad loc.*, στιγμὴ δὲ πέρας. Simplic., *De Anim.*, f. 17, b : « les points ne sont pas des parties, mais des limites. » Les parties d'une ligne sont des lignes.
[6] *De Anim.*, I, 4, 22.

disent que l'âme est une sorte de corps sont forcés d'admettre, puisque l'âme est présente dans tout le corps sentant, qu'il y a deux corps dans le même lieu. Ceux qui disent qu'elle est un nombre sont forcés d'admettre qu'il y a plusieurs points dans un seul point, et que tout corps a une âme, à moins qu'on ne suppose que les points de l'âme ne constituent une espèce de nombre différent de l'espèce des points qui sont dans le corps. Enfin la manière dont on admet que l'animal est mû par le nombre est la même dont Démocrite conçoit ce mouvement. Car quelle différence y a-t-il de dire que ce sont de petits corpuscules ronds, ou de dire que ce sont de grandes monades, ou de dire que ce sont tout simplement des monades en mouvement. Dans l'un comme dans l'autre système on explique le mouvement de l'être animé par le mouvement de ces éléments[1]. » Ce qui n'explique rien, puisque tout mouvement suppose un moteur immobile.

« Voilà donc les absurdités qui naissent de la définition qui fait entrer dans l'essence de l'âme le mouvement et le nombre ; et il y en a beaucoup d'autres encore. Car non seulement une telle définition n'exprime pas l'essence de l'âme, mais elle ne rend même pas compte de ses accidents. Ce sera évident si l'on essaie d'expliquer par une telle définition les affections de l'âme et ses opérations, πάθη τε καὶ ἔργα : par exemple, les raisonnements, les sensations, les plaisirs, les peines, etc.... Comme nous l'avons déjà dit, il n'est pas facile même de deviner ce que peuvent être, dans ce système et en partant de cette définition, ces phénomènes de l'âme[2] » qui n'ont manifestement aucun rapport concevable ni avec un nombre, ni avec le mouvement d'un nombre.

Après avoir réfuté l'opinion très générale que l'essence de l'âme est le mouvement, et l'opinion particulière qu'elle est une harmonie et un nombre, et un nombre se mouvant lui-même, Aristote aborde la critique des systèmes qui la composent des éléments mêmes que sa fonction est de connaître. « Cette opinion se fonde sur la nécessité d'expliquer le fait de la connaissance qu'elle prend de toutes choses, par la sensation comme par la raison. Mais il en résulte des impossibilités aussi nombreuses que graves, et que la raison

---

[1] *De Anim.*, I, 5, 1 et 2.
[2] *De Anim.*, I, 5, 3.

repousse. On pose d'abord en principe que la connaissance est un acte qui va du même au même, ou plutôt du semblable au semblable. » Les choses sont composées d'éléments : l'âme est donc composée d'éléments, et au fond on fait de l'âme par ce raisonnement les choses mêmes. Mais les éléments ne sont pas les seules choses existantes : il y en a d'autres, beaucoup d'autres, une infinité d'autres, à savoir celles qui sont faites de la combinaison de ces éléments. Accordons que l'âme connaisse, qu'elle perçoive les éléments dont chaque chose individuelle est composée : elle ne connaîtra pas pour cela la chose même. Car une chose est un tout, une unité de composition formée d'après un rapport déterminé de ses éléments intégrants; elle n'est pas faite d'éléments pris au hasard et dans n'importe quelle disposition. Par quoi donc l'âme connaîtra-t-elle, percevra-t-elle ce tout, cette unité ? par exemple ce que c'est que Dieu, que l'homme, que la chair, que l'os ? Il ne servira de rien que les éléments soient dans l'âme, si les rapports mêmes et la synthèse de ces éléments ne s'y trouvent pas. Chaque élément de l'âme connaîtra son analogue objectif, mais il n'y aura en elle rien pour connaître l'os, l'homme, etc., à moins que l'homme et l'os n'y soient également. Or il est bien inutile de dire que cela est impossible : car qui a jamais élevé un doute sur la question de savoir s'il y a dans l'âme une pierre ou un homme, etc.[1] ? »

Qui en a douté? Mais Aristote lui-même, comme nous le verrons plus loin, et s'il explique que le sujet reçoit et contient, selon son mode propre d'existence, l'objet qu'il connaît, pourquoi supposer que les autres penseurs n'ont pas conçu le phénomène dans le même sens, et non dans un sens littéral et matériel ?

« Si par éléments on veut entendre autre chose que les éléments matériels, si l'on entend les principes de l'être, il faut remarquer que l'être a plusieurs significations : il se dit de l'essence individuelle[2], de la qualité, de la quantité, et

---

[1] *De Anim.*, I, 5, 4, 5 et 6.
[2] L'être concret individuel désigné dans Aristote par les locutions diverses τὰ καθ' ἕκαστα, τὸ ἀριθμῷ ἕν, τὰ τινά, ὁ τὶς ἄνθρωπος (*Categ.*, 2. *Anal. Post.*, I, 24) τόδε τι. (*Metaph.*, V, 8.) C'est la forme définie de l'être individuel, ὁ λόγος καὶ ἡ μορφή, ϑ τόδε τι ὂν τῷ λόγῳ χωριστόν ἐστιν (*Metaph.*, IX, 1), séparable dans l'esprit, mais non dans la réalité de l'être auquel elle appartient par essence.

des autres catégories que nous avons établies. Alors on se demande si, dans cette hypothèse, l'âme sera composée de toutes les catégories, de manière à en être la synthèse, ou non¹? » L'analyse, en effet, détermine dix idées ou notions générales entre lesquelles se répartissent tous les attributs qu'on peut affirmer d'un sujet : c'est ce qu'on appelle les catégories ou figures de l'attribution, σχήματα τῆς κατηγορίας. Mais l'esprit ne peut pousser l'analyse jusqu'à résoudre ces genres de l'être les uns dans les autres ou à les faire rentrer dans un genre supérieur qui les contiendrait et les envelopperait tous². « Il n'y a pas de genre commun des catégories, il n'y a pas d'éléments qui soient communs à toutes. » L'âme ne saurait donc être la synthèse ou le genre supérieur qui contiendrait les éléments communs à toutes les catégories : car il n'y en a pas de tel, quoi qu'il soit vrai que les neuf dernières s'unissent, sans se confondre, dans une relation commune à la première, dont elles sont comme les accidents et à laquelle elles sont pour ainsi dire suspendues.

« Dira-t-on que l'âme ne sera formée que des éléments qui appartiennent à la catégorie de la substance : mais alors comment connaîtra-t-elle, en vertu du principe invoqué, les éléments des autres catégories ? Dira-t-on que chaque genre de l'être, chaque catégorie a ses éléments et ses principes propres ? Mais si l'on veut composer l'âme de toutes ces catégories, qui ont, chacune, leurs principes et leurs éléments propres, l'âme sera sans doute une essence, mais elle sera aussi une qualité, une quantité ; car il n'est pas possible qu'une essence formée des éléments de la quantité ne soit pas une quantité³. »

« On peut relever dans cette théorie une contradiction flagrante et qui en fait sentir l'absurdité. D'une part on dit que le semblable n'a aucune action sur son semblable, et d'autre part on soutient que le semblable peut seul percevoir et connaître son semblable, tout en avouant que percevoir, connaître, penser, sont des états passifs de l'âme, des mouvements subis par elle⁴. » Démocrite avait, il est

---

¹ *De Anim.*, I, 5, 7.
² C'est la doctrine constante d'Aristote. *Metaph.*, V, 28. *Id.*, XI, 9. *Phys.*, III, 1. *Anal. Post.*, I, 22.
³ *De Anim.*, I, 5, 7.
⁴ *De Anim.*, I, 5, 8.

vrai, soutenu, seul de tous les philosophes, l'opinion contraire : à savoir que ce qui agit et ce qui pâtit sont choses semblables et même identiques[1]. La communication du mouvement suppose, selon lui, entre les deux choses quelque ressemblance. Aristote adopte en partie cette opinion et en partie l'opinion contraire qu'il concilie ainsi : ce qui est absolument semblable, parfaitement identique, est sans action sur son semblable et n'en peut à son tour rien subir. Car alors l'être individuel, malgré son identité, pourrait se modifier lui-même, et rien ne serait immuable. D'un autre côté les choses de genres différents sont également sans action les unes sur les autres. La ligne n'a rien à souffrir de la blancheur, ni la blancheur de la ligne, si ce n'est par accident. Il faut que l'agent et le patient soient des contraires ; mais les contraires doivent appartenir au même genre : il n'y a de contraires que d'un extrême à l'autre dans un seul et même genre. Il faut donc qu'il y ait entre le moteur et le mobile, l'agent et le patient, identité de genre et différence d'espèce.

« Empédocle compose l'âme d'éléments corporels dont chacun connaît l'élément extérieur qui lui est semblable : mais voici des faits manifestes qui déposent contre cette hypothèse, pleine d'ailleurs de tant d'autres difficultés. Il y a dans les êtres vivants des parties qui ne sont faites que de terre, par exemple : les os, les nerfs, les poils[2]. Ces parties devraient connaître les éléments extérieurs qui leur sont identiques : or, non seulement elles ne connaissent pas ces éléments, mais elles n'ont aucune sensation, elles ne sentent et ne perçoivent rien et sont absolument insensibles[3]. »

« Bien plus : chaque élément ne connaissant que son semblable ignore tous les autres, en sorte qu'en chacun de ces principes, l'empire de l'ignorance a une étendue beaucoup plus grande que celle de la science. Il en résulte, pour Empédocle, cette conséquence que Dieu, étranger à la discorde, Νεῖκος[4], est de tous les êtres le plus ignorant : car seul de tous les êtres il ne connaît pas, puisqu'il ne le contient pas, l'élément de la discorde, tandis que les mortels

---

[1] *De Gener. et corr.*, I, 7.

[2] Du moins dans la théorie d'Aristote conforme à celle du *Timée*. Conf. *De Anim.*, III, 13, 1.

[3] *De Anim.*, I, 5, 9.

[4] Principe de la division, de l'opposition, de la distinction, de la différence.

connaissent toutes choses, précisément parce que chacun d'eux est formé de tous les éléments divers et opposés et les contient dans son essence[1]. »

« On ne voit pas, dans l'hypothèse d'Empédocle, pourquoi toutes les choses n'ont pas une âme, puisque toutes ou sont éléments, ou sont composées ou d'un ou de plusieurs ou de tous les éléments : elles devraient toutes connaître, celles-ci un seul élément, celles-là plusieurs, les autres tous les éléments qu'elles renferment[2]. »

« Autre difficulté grave : ces éléments sont matériels et multiples ; c'est en quelque sorte une matière. Qu'est-ce qui donne à cette matière la forme, à cette pluralité l'unité, τί τὸ ἑνοποιοῦν αὐτά? Cette force, quelle qu'elle soit, qui embrasse et contient dans l'unité de l'être les éléments multiples, est nécessairement une force souveraine et toute-puissante ; mais peut-il y avoir une force plus puissante, plus maîtresse que l'âme? Et il est encore plus impossible qu'il y ait une force supérieure à la raison ; car il est manifestement vrai que la raison est par nature antérieure et supérieure à tout, le premier né et le plus noble des êtres, tandis que ces philosophes prétendent que les éléments sont les êtres premiers[3]. »

« Tous ceux qui, pour expliquer que l'âme connaît et perçoit les choses, l'ont composée d'éléments, comme aussi ceux qui la conçoivent comme une nature extrêmement mobile, ne voient pas que leur définition ne s'applique pas à toute âme, car il est faux que tous les êtres capables de sentir soient doués de la faculté de se mouvoir. Il y a des animaux qui semblent être immobiles et ne point se déplacer : or le mouvement dans l'espace est le seul que, dans le système, l'âme paraisse donner à l'animal. » Toutes les âmes ne meuvent donc pas ; et la définition de l'âme qui en fait l'être le plus capable de mouvoir et d'être mue ne s'applique pas à

---

[1] *De Anim.*, I, 5, 10. Aristote reproduit encore cet argument, *Metaph.*, III, 4, 1000, b, 2 : « C'est pourquoi il aboutit à cette conclusion que Dieu est à la fois le plus heureux et le moins intelligent des êtres; car il ne renferme pas la discorde, et la connaissance va du semblable au semblable : la terre, dit-il, est connue par la terre, l'eau par l'eau, l'air par l'air, le feu par le feu, l'amour par l'amour, la discorde par la discorde. »

[2] *De Anim.*, I, 5, 11. Qu'il n'y ait pas de corps sans âme ni d'âme sans corps, c'est une doctrine qu'Aristote modifiera sans la repousser, et qu'acceptera sans hésitation et sans réserve Spinoza, *Ethic.*, II. Prop., XII, *Schol.*

[3] *De Anim.*, I, 5, 12.

toute la chose à définir. « Les autres, qui composent l'âme d'éléments tombent dans le même défaut ; car il semble que les plantes vivent et n'ont pas cependant la faculté de la locomotion ni celle de la sensation ; parmi les êtres vivants, beaucoup n'ont pas la pensée[1]. » Or c'est pour expliquer la sensation et la pensée qu'ils composent l'âme d'éléments : leur système laisse donc sans explication la nature de l'âme des êtres qui ne sentent pas et ne pensent pas. Leur définition, quels qu'en soient d'ailleurs les autres défauts, ne s'applique donc pas à tout le défini.

« Quand bien même, on voudrait distinguer entre l'âme, et l'intelligence ou la sensation considérées comme ses parties, la définition aurait toujours le même vice, elle ne s'appliquerait pas à toutes les âmes, ni même à une seule âme tout entière[2], » c'est-à-dire considérée dans son tout et dans son unité. Elle ne s'applique pas à toutes les âmes ; car toutes n'ont pas la pensée ; elle ne s'applique pas même à une seule dans son essence complète, parce qu'il y a des fonctions de l'âme autres que la sensation et la pensée, et qui ne sont point expliquées par les éléments dont on compose l'âme ; enfin, elle n'explique pas l'unité de l'âme, parce qu'elle n'exprime pas la cause qui fait de ces facultés multiples et diverses une seule âme et une âme mue. Aristote cite en exemple une maxime tirée « des poèmes qu'on appelle Orphiques[3], où il est dit que l'âme pénètre dans l'individu, où elle est portée par les vents, du sein du grand Tout, ἐκ τοῦ ὅλου, et qu'elle s'y introduit par la respiration. Mais ce n'est point ainsi que la chose peut se produire dans les plantes, ni même dans certains animaux : car il n'est pas vrai que tous les animaux respirent. Ceux qui soutiennent cette opinion ne se sont pas aperçus de cette conséquence, à savoir, qu'il n'y aurait d'âme que dans les animaux qui respirent ; proposition fausse : car on connaît des êtres qui vivent et qui par conséquent ont une âme, et néanmoins ne respirent pas.

« Si même on voulait composer l'âme d'éléments, il n'était pas nécessaire d'y introduire tous les éléments pour qu'elle pût les connaître. Car un seul des termes de l'opposition

---

[1] *De Anim.*, I, 5, 13.
[2] *De Anim.*, I, 5, 14.
[3] Conf. Lobeck, *Aglaoph.*, I, 339 et 753.

suffit pour connaître l'autre et lui-même. Une règle droite nous permet de juger ce qui est rectiligne et ce qui est curviligne, tandis qu'une règle courbe ne nous permet de juger ni d'elle-même ni de la ligne droite[1]. » L'exemple d'Aristote prouve que ce n'est pas l'un des termes de l'opposition pris au hasard qui peut servir de commune mesure, et il oublie de nous dire comment on pourrait appliquer aux éléments constitutifs de l'âme le principe qu'il vient de poser.

« D'autres pensent que l'âme est mêlée et répandue dans l'univers, et c'est probablement en s'appuyant sur cette idée que Thalès disait : tout est plein de Dieux ; mais cela n'est pas non plus sans quelques difficultés. Si l'âme est répandue par tout et en toute chose, simple ou composée, pourquoi l'âme, qui est dans le feu et dans l'air, ne produit-elle pas un animal, comme elle le fait dans ces éléments combinés les uns avec les autres, où l'âme paraît être plus parfaite[2]. Car, si on le contestait, on pourrait demander pourquoi l'âme serait, dans le feu et dans l'air, plus parfaite et plus immortelle que dans les animaux[3]. »

« Des deux côtés on arrive à l'absurde, et l'on révolte le bon sens : comment oser dire que le feu, que l'air est un animal ? Comment oser dire qu'une chose qui possède en soi une âme n'est pas un être vivant ? Il semble que cette opinion qui donne une âme à ces éléments vient de ce qu'on suppose que le tout est identique en espèce à ses parties : d'où il était nécessaire, s'il est vrai que les animaux deviennent animés parce qu'ils absorbent quelque partie du tout qui les envelopent, de conclure que l'âme est identique en espèce à ses parties. Mais l'expérience réfute cette bizarre hypothèse. Divisez l'air en autant de parcelles que vous voudrez, chacune des parties sera, il est vrai, identique en espèce au tout d'où elle a été tirée, et en possédera les propriétés essentielles. Mais il n'en est pas ainsi de l'âme : elle est anhoméomère, c'est-à-dire que si, on la divise, les parties n'en seront pas identiques en espèce au tout ; ici il y aura certaines propriétés d'elle qui ne se trouveront pas là. On ne peut donc pas dire que l'âme est présente dans n'importe quelle

---

[1] *De Anim.*, I, 5, 16.

[2] *De Anim.*, I, 5, 17 et 18.

[3] *De Anim.*, I, 5, 19.

partie du tout, à moins de dire qu'elle est homéomère[1], » erreur qu'Aristote trouve sans doute si manifeste, qu'elle n'a pas besoin d'être réfutée.

On peut donc conclure de la discussion qui précède : 1° Que la connaissance n'est pas produite dans l'âme parce qu'elle est composée des éléments ; 2° Que l'on a eu parfaitement tort de dire que l'âme se meut.[2] » L'âme ne se meut dans aucune des catégories du mouvement, si ce n'est par accident.

Outre les erreurs qu'Aristote vient d'y relever, ces théories ont encore à ses yeux le grave inconvénient de présenter de nombreuses lacunes et de laisser sans réponse des questions psychologiques considérables.

« L'âme est le principe du mouvement local chez les êtres animés. Les activités de l'âme sont la connaissance, la perception sensible, l'opinion ou la représentation, d'une part ; le désir, la volonté, les appétits en général, d'autre part ; et enfin la locomotion, dont le principe chez les animaux est l'âme, la faculté de s'accroître, d'atteindre son plus haut point de développement, puis la nécessité de dépérir. Eh! bien, chacun de ces actes, appartient-il à l'âme tout entière de le produire ? Est-ce avec toute l'âme que nous pensons, que nous percevons, que nous nous mouvons, etc., ou, au contraire, chacune de ces fonctions correspond-elle à une partie différente et propre ? La vie réside-t-elle dans l'une quelconque de ces parties ou dans plusieurs d'entre elles, ou dans leur ensemble ? Ou la vie a-t-elle une autre cause, un principe différent[3] ? »

« Il en est qui prétendent que l'âme est divisible ; qu'autre chose est la pensée, autre chose le désir : quel est alors le principe qui réunit ces parties, si l'âme est divisible, et qu'est-ce qui en fait l'unité ? Car il semble que c'est plutôt la fonction de l'âme de contenir le corps dans l'unité ; en effet, quand elle l'a quitté, il se disperse dans l'air ou tombe en pourriture. Si c'est quelque autre principe qui donne l'unité à l'âme, c'est à ce principe, » dépositaire de la force qui crée et maintient l'unité, « qu'il faut réserver le nom d'âme. Mais maintenant il faudra rechercher si ce principe lui-même est

---

[1] *De Anim.*, I, 5, 21.

[2] *De Anim.*, I, 5, 22.

[3] *De Anim.*, I, 5, 23.

un ou multiple ; si on le fait un, pourquoi ne pas dire tout de suite aussi que l'âme est une unité ; si on le fait multiple, il faudra de nouveau rechercher qu'est-ce qui lui donne l'unité, et l'on va à l'infini[1]. »

« D'autres questions s'élèvent encore sur les parties de l'âme : quelle fonction chacune remplit-elle dans le corps? Si l'on dit que c'est l'âme tout entière qui contient dans l'unité tout le corps, il faut accorder que chaque partie distincte de l'âme accomplit sur une partie distincte du corps cette puissance d'unification. N'est-ce pas une chose impossible? Car il est difficile même de se représenter en imagination sur quelle partie du corps la raison exercera cette action unifiante et quel sera le mode de cette action[2]. » La division de l'âme en parties rend inexplicables certains faits. Par exemple, les plantes et quelques insectes mêmes, quand on les coupe en parties, vivent encore ; chaque partie a donc la même âme en espèce que le tout, sinon la même en nombre, puisqu'on obtient par la section une pluralité d'individus absolument de la même espèce. Chaque partie coupée sent et même se meut, au moins pendant un certain temps. Sans doute ces mouvements ne durent pas ; cela n'est pas étonnant, puisque les organes nécessaires à la conservation de la vie font défaut. Mais il n'en est pas moins vrai que toutes les parties et facultés de l'âme se retrouvent dans chaque partie du corps ainsi divisé ; les parties de l'âme obtenues par la division sont donc de même espèce les unes que les autres et que le tout de l'âme, puisque, d'une part, elles ne sont pas séparables dans le même individu, et d'autre part, que, l'âme ayant été partagée, elle reste entière et complète en chaque individu nouveau[3]. »

« Mais il faut observer que l'âme des plantes paraît être un principe spécial et à part : car c'est le seul qu'aient en commun les animaux et les végétaux. Or ce principe est séparable du principe de la sensation, quoique la sensation ne puisse appartenir qu'à un être qui possède l'âme végétative[4]. » Il semble donc acquis que l'âme est susceptible d'être partagée en parties où on ne retrouve pas la totalité

---

[1] *De Anim.*, I, 5, 24.

[2] *De Anim.*, I, 5, 25.

[3] *De Anim.*, I, 5, 26.

[4] *De Anim.*, I, 5, 27.

des propriétés de la première et qui ne sont identiques en espèce ni entre elles ni avec le tout, conclusion absolument opposée à celle que nous avons rencontrée tout à l'heure. C'est par ces questions et ces contradictions posées et non résolues que se termine la partie historique et critique, c'est-à-dire le premier livre du traité *De l'Ame*.

Mentionnons encore une définition qu'Aristote rapporte dans les *Topiques*[1], et qu'il trouve mauvaise de tous points, et c'est pour cela sans doute qu'il ne lui a pas fait place dans sa longue énumération des doctrines psychologiques de ses prédécesseurs. Un philosophe qu'il ne nomme pas, qu'on serait tenté de croire un socratique, peut-être le sophiste Lycophron[2], avait défini l'âme un être capable de science, opinion qu'Aristote réfute trop brièvement par cette observation que l'âme est tout aussi susceptible d'ignorance que de science, et que par conséquent la science ne peut pas être sa propriété essentielle, son essence, ni par conséquent sa définition.

[1] *Top.*, VI, 14.
[2] *Metaph.*, VIII, 1045, b, 10. Ce personnage, d'ailleurs parfaitement inconnu, disait que la cause de l'unité de l'être humain était la présence en lui, συνουσία, de l'âme, et que la science est le propre de la faculté de savoir et de l'âme.

CHAPITRE QUATRIÈME.

THÉORIE PSYCHOLOGIQUE D'ARISTOTE.

§ 1.

PRINCIPES MÉTAPHYSIQUES.

Après avoir réfuté et renversé les opinions qu'on s'était faites jusqu'à lui de l'âme, et reconnu par cette analyse critique ce qu'elle n'est pas, Aristote entreprend de nous en donner une définition plus exacte et plus complète, et de nous dire enfin ce qu'elle est.

Bien qu'Aristote enseigne partout et rappelle même dans le IIe chapitre du second livre *De l'Ame* que la science doit se proposer de tirer l'inconnu du connu, de passer du plus connu à ce qui l'est moins, il ne prend pas immédiatement ce chemin et ne suit pas cette méthode, tant recommandée par lui, de l'induction et de l'observation. Il débute au contraire par poser ses principes métaphysiques, et s'en réfère, avant de définir l'âme, aux notions de l'être, de la substance, de la puissance, de l'acte, de la matière, de la forme, du mouvement, qu'il nous faudra bien essayer d'éclaircir, si nous voulons comprendre sa définition, obscure dans les termes peut-être, mais profonde autant qu'originale et qu'on n'a pas remplacée. A partir du quatrième chapitre jusqu'à la fin de son ouvrage, nous le verrons, dans l'analyse des diverses facultés de l'âme, reprendre cette méthode qui suit dans l'exposition scientifique l'ordre même de la génération des phénomènes, et s'élève des idées les plus basses, les plus communes, aux idées les plus hautes, comme la nature des choses s'élève, par une série continue et progressive, des êtres inférieurs aux êtres supérieurs[1].

---

[1] *De Part. anim.*, 4, 5, 681, a, 12. ἡ γὰρ φύσις μεταβαίνει συνεχῶς ἀπὸ τῶν ἀψύχων εἰς τὰ ζῷα διὰ τῶν ζώντων μὲν οὐκ ὄντων δὲ ζῴων, οὕτως ὥστε δο-

Il ne faut pas s'étonner ni s'inquiéter, pour les résultats, de cette méthode double et diverse. Il ne faut pas s'en inquiéter, car la notion de l'âme se ramène à celle de la vie, la notion de la vie à celle du mouvement, qui est le moyen terme entre la puissance et l'acte et les contient tous deux; cette opposition et toutes celles qui en dérivent sont donc tirées de l'observation de l'âme où elles se révèlent; il n'y a pas lieu de s'inquiéter de les voir appliquer à l'étude de l'âme, puisque c'est elle qui les a fournies, et on aurait tort de les considérer comme des prémisses abstraites, d'où la réalité ne saurait être déduite. Il ne faut pas non plus s'en étonner: la méthode inductive n'est pas la seule que connaisse et recommande Aristote; il en est une autre, la méthode syllogistique, qui doit partir de l'universel, fin de la nature et principe de la pensée, pour descendre aux faits particuliers, et c'est précisément celle-là qu'Aristote considère comme la vraie méthode scientifique et philosophique. En fait, il les unit et les concilie constamment; particulièrement dans sa philosophie de la nature, et l'âme est un objet de la nature, on le voit passer de la considération de l'universel à celle du particulier. Il pose d'abord comme un fait immédiat qui ne se laisse ni discuter, ni contredire, ni prouver, le mouvement, le principe essentiel de la nature; de là il descend à l'explication des phénomènes et êtres successivement plus spécifiés, d'abord du ciel, puis des corps célestes, puis des éléments, puis des lois universelles qui président à la génération et à la corruption des choses, d'abord dans le domaine de la nature inorganique. Arrivé sur le terrain des êtres organisés et vivants, la méthode change. Les livres de l'*Histoire des animaux* ne sont qu'une description des particularités de ce règne dans ses genres, classes et espèces, des fonctions internes et externes propres à chaque être. Dans les livres des *Parties des animaux*, Aristote reprend la méthode scientifique et explique tous les faits par l'application du principe des causes finales. Cette double méthode

κεῖν πάμπαν μικρὸν διαφέρειν θατέρου θάτερον τῷ σύνεγγυς ἀλλήλοις. Conf. *Hist. anim.*, 8, 1, où il répète la même chose en insistant sur le fait que les espèces intermédiaires, et qui forment la limite des règnes, offrent des caractères si complexes qu'on ne sait auquel elles appartiennent, ποτέρων ἐστίν. C'est la théorie même de Leibniz, cette belle loi de la continuité, dont il disait à tort, mais avec réserve, « que j'ai peut-être mise le premier en avant. » *Théod.*, part. III, n. 348.

n'est pas employée par Aristote à son insu, et comme obéissant à la pression inconsciente des objets auxquels elle s'applique : il signale lui-même les δύο τρόποι τῆς ἕξεως, à savoir la méthode scientifique, ἐπιστήμη, qui procède par la déduction, et la méthode critique, qui procède par l'analyse et l'observation[1].

On ne sait une chose et toute chose que lorsque nous sommes parvenus à en connaître la cause première. Les causes premières, dont toutes les autres dépendent et dérivent, sont au nombre de quatre :

1. L'élément matériel dont une chose est faite où d'où elle provient, qui sert de fondement, de substrat à son être et est au dedans d'elle, ἐνυπάρχει.

2. La forme, le modèle, l'idée de la chose, c'est-à-dire, la raison de son essence, et les différentes espèces de cette forme : c'est le principe qui détermine la matière et en fait un être déterminé.

3. Le principe premier des changements que l'être éprouve, la cause initiale de son mouvement et de son repos ; car cette détermination de la matière a pour cause un mouvement, une cause motrice.

4. Enfin le pourquoi de ces changements, le but où tendent ces mouvements, la fin où ils s'arrêtent et se réalisent. Cette fin est le bien de l'être ; car tout être tend naturellement à sa perfection[2]. Cette fin est ou intermédiaire ou définitive.

Le but est l'unité supérieure où se concentrent les trois dernières de ces quatre causes, qu'on peut ramener à deux : la nécessité et le but. La nécessité a son fondement dans la matière ; mais la matière est dominée par l'activité immanente de la forme spécifiante, où le but est contenu. En effet l'idée, la forme, l'essence d'une chose ne diffère pas de la fin où elle tend et se réalise, puisque toute activité finale ne se peut entendre que de la réalisation d'une idée, d'une information ;

---

[1] *De Part. anim.*, I, 1, 639, a.
[2] *Phys.*, II, 3. *Metaph.*, I, 3 ; V, 2, 1023, b, 25. τὸ γὰρ οὗ ἕνεκα βέλτιστον.
Les quatre causes d'Aristote ne sont pas toujours étudiées et énumérées dans le même ordre. La *Physique* les ordonne ainsi : 1 Matérielle ; 2 Formelle ; 3 Motrice ; 4 Finale. La *Métaphysique* les dispose dans cet ordre : 1 Formelle ; 2 Matérielle ; 3 Motrice ; 4 Finale. Le traité de la *Génération des animaux* le change comme il suit : 1 Finale ; 2 Formelle ; 3 Matérielle ; 4 Motrice. Le traité du *Sommeil* nous en présente encore un différent : 1 Finale ; 2 Motrice ; 3 Matérielle ; 4 Formelle.

mais le vrai moteur n'en diffère pas davantage ; car c'est ce but à atteindre, c'est cette perfection à réaliser qui est le principe du mouvement et sa cause véritable, que cette cause soit d'ailleurs interne et immanente à la chose, et son âme, ou qu'elle soit externe et que le mouvement vienne à la chose du dehors, comme il arrive dans l'art ; car c'est encore une idée, conçue par l'artiste, une forme qu'il veut donner à une matière, qui détermine et produit le mouvement de sa volonté, puis des organes et instruments nécessaires, appropriés à la production de son œuvre.

Ainsi ces causes se ramènent à l'opposition de la matière et de la forme, qui se transforme, sans s'y confondre, dans l'opposition de l'acte et de la puissance. Maintenant, quand on demande d'une chose quelconque, et de l'âme par exemple, qu'est-ce qu'elle est, quel genre d'être elle est, puisqu'il faut la définir par sa cause, on demande par laquelle de ces quatre ou de ces deux causes on doit la définir.

La substance d'un être ne peut appartenir qu'à lui-même et à lui seul, elle ne peut jamais être l'attribut d'une proposition ; donc l'universel, qui n'est qu'un rapport commun à une pluralité d'individus, qui est toujours attribut, ne saurait être substance. Or la matière est un universel, car elle est absolument indéterminable ; pouvant recevoir toutes les formes, elle n'en a aucune en réalité, par elle-même. L'universalité abstraite de la matière est tout ce qu'il y a de plus contraire à la nature concrète et déterminée de la substance : il ne faut donc chercher la définition de la substance, et par conséquent la définition de l'âme, que dans la forme, ou dans sa notion substantielle, dans le τὸ τί ἦν εἶναι.

Cette forme substantielle n'est pas placée, comme l'idée platonicienne, en dehors de la chose dont elle est la forme : au contraire, elle y est enfermée, ἐνυπάρχει. Elle n'est pas commune à plusieurs choses ou êtres : au contraire, elle est propre à chaque chose, à chaque être ; elle est contenue dans et déterminée par la notion de la chose, et constitue une essence pure de tout élément matériel, parfaitement une, simple, éternelle[1].

J'ai déjà fait remarquer que c'était là la grande difficulté du système d'Aristote, qui, d'un côté, pose, comme Platon,

---

[1] *Metaph.*, VII.

qu'il n'y a de science que de l'universel, et qui, de l'autre côté, contrairement à son maître, soutient que les substances, les réalités existantes sont individuelles.

On peut encore concilier cette contradiction, en supposant que, dans l'esprit d'Aristote comme dans celui de Hegel, l'universel ne se sépare pas de l'individuel, que ce n'est qu'en s'individualisant que les universaux se réalisent, et en effet Aristote a dit: l'acte divise[1]. Ce qu'il y a de substantiel dans l'individu, c'est l'espèce qu'il représente, qu'il manifeste, qu'il réalise. Voilà pourquoi il y a quelque chose d'incorruptible, d'éternel dans l'individu ; voilà comment il se fait que plus une individualité est grande et forte, plus et mieux elle exprime et représente les vrais caractères de son espèce. Socrate, en la réalisant, nous donne une idée non seulement plus belle, mais encore plus vraie de l'humanité. La forme substantielle d'Aristote n'est que l'idée de Platon : elle est par conséquent un universel ; mais cet universel n'a qu'un être en puissance ; il n'existera en acte que dans l'individu qui se trouve alors n'être qu'un rapport, une limite, la limite commune où se touchent et se pénètrent l'individuel et l'universel. L'individu n'est pas hors du genre, ni le genre hors de l'individu. Chaque individu porte en lui le genre ; il est le genre lui-même, puisqu'il en est l'actualité, la réalité, l'entéléchie. Ainsi, puisque les deux éléments se pénètrent, chacun d'eux représente, et en chacun d'eux se reconnaît et se retrouve son co-élément, συστοιχεῖον[2]. Nous revenons ici à la conception pythagoricienne et même à la technologie de cette École.

Si la forme substantielle constitue la vraie nature de l'être, cela veut dire que l'être n'est pas seulement matière, mais cela ne veut pas dire qu'il n'est pas du tout matière.

On est arrivé à reconnaître dans la substance ce double élément de la forme et de la matière, par l'analyse d'un fait, le devenir, le changement, le mouvement. Car tout ce que nous venons de dire ne s'applique qu'à l'être soumis à la loi du devenir et du changement : les êtres qui ne le subissent pas, s'il en est, sont sans matière[3].

Le changement, le mouvement dans les êtres nous sont

---

[1] *Metaph.*, VII, 13.

[2] Michelet, *Examen crit. de la Métaph. d'Arist.*, p. 244, 296.

[3] *Metaph.*, VIII, 5, 1045, b, 27.

attestés par l'expérience : il serait contraire aux principes mêmes de la science de démontrer un fait évident, dont le sens est juge et le seul juge compétent. Celui qui n'admet pas le mouvement nie la nature même[1], dont il est la condition. L'observation des faits de la nature nous apprend que tout ce qui devient devient quelque chose, τί, en venant de quelque chose, ἐξ οὗ, et cela par quelque chose, ὑπό τινος[2]. Ainsi il y a quelque chose qui devient ; ce quelque chose, où le changement se produit, qui le souffre, est la matière de la chose, et, pour cette chose, le devenir consiste en ce que sa matière reçoit une certaine forme, une certaine détermination qu'elle n'avait pas, et c'est précisément parce qu'il n'avait pas et en tant qu'il n'avait pas cette forme, que ce quelque chose, où cette forme s'introduit, est appelée matière.

Maintenant la forme, qui est le but où tend la chose en mouvement et qui devient, doit exister avant le mouvement, dont elle est la condition nécessaire et le principe. Si on suppose cette forme elle-même produite par une autre forme, on arrivera, puisque cela ne peut aller à l'infini, à une forme qui n'est pas produite, à une forme éternelle. « S'il n'y avait rien d'éternel, il n'y aurait pas de devenir.[3] »

Par la même raison le devenir pose également une matière, et une matière éternelle. Il est le rapprochement, le contact, le concours, ἡ σύνοδος, de la forme et de la matière.

Le devenir est donné par l'évidence de l'expérience : mais, comment est-il possible ? Ce n'est pas l'*être* qui peut devenir, car il est, et n'a pas besoin de devenir pour être ; ce n'est pas non plus, et encore moins le non-être : car de rien rien ne peut venir. On n'explique pas le devenir en le supprimant, comme l'a fait Parménide, qui niait la réalité et l'évidence ; on ne peut comprendre le devenir qu'en admettant que ce qui devient vient d'une chose qui, sous un rapport, est, et, sous un autre rapport, n'est pas. Cette chose inconnaissable par elle-même, et connaissable par analogie seulement, qui, en dehors de la relation qui la lie à la forme, échappe à l'esprit, qui ne peut la définir[4], ne peut cependant pas être un pur néant. Sans doute elle n'est pas ce qu'elle va devenir, ce

---

[1] *Phys.*, 3, 1. ἀγνοουμένης αὐτῆς (le mouvement) ἀγνοεῖσθαι καὶ τὴν φύσιν.
[2] *Métaph.*, VII, 7 ; IX, 8 ; XII, 3.
[3] *Métaph.*, III, 4, 999, b, 5.
[4] *Métaph.*, VII, 11, 1036, a, 9.

serait supprimer le devenir même ; mais, puisqu'elle est quelque chose, nous ne pouvons la concevoir et nous la représenter que précisément comme la possibilité de devenir ce qu'elle va devenir en effet. Voici un homme qui devient musicien ; avant de devenir musicien, certes il ne l'était pas, mais certes aussi il était capable de le devenir. On peut donc dire que la matière est la possibilité, ou la puissance, opposée à la réalité, à l'actualité, à l'acte. On peut la comparer à la femelle qui coopère avec la forme à la production de l'être ; la forme est la cause opérante, le mâle, que désire la matière, comme le laid désire le beau ; mais toutes deux sont néanmoins nécessaires à la production de l'être réel, qui est toujours un composé, τὸ σύνολον, τὸ συνειλημμένον[1].

Dans tous ces changements et transformations il y a quelque chose de permanent, capable de devenir chacun des contraires, mais qui n'a pas de contraire. L'homme peut devenir musicien et non musicien, mais il n'a pas lui-même de contraire. Les contraires, musicien et non musicien, n'ont rien de nécessaire et permanent ; mais l'homme, au regard de ces contraires, bien entendu, l'homme leur est nécessaire et il demeure. Dans ce cas donné, l'homme est la matière, la puissance, la possibilité de devenir musicien ou le contraire. Ce qui devient est ainsi toujours un composé qui contient ce qui devient quelque chose et ce que il devient ; un substrat, comme l'homme, l'airain, la pierre, et l'une des qualités contraires comme musicien, statue, table, etc. Mais le substrat lui-même, à le bien analyser, numériquement un, est rationnellement, intelligiblement double ; car il renferme la matière comme telle et la négation de la forme à venir ou la privation, στέρησις[2]. La privation est la matière considérée dans son rapport à la forme qu'elle n'a pas encore, c'est-à-dire dans un rapport négatif de la forme en acte ; mais d'un autre côté, quelque bizarre que cela paraisse, on peut aussi dire que la privation est forme, parce qu'étant la négation d'une forme déterminée, et non de toute forme, elle ne peut être conçue que comme la forme opposée à celle qu'elle nie, la négation d'une forme déterminée, et l'affirmation de la forme contraire.

Nous voici donc, par l'analyse du devenir, en possession

---

[1] De Gener. anim., II, 1, 732, a, 10.
[2] Phys., I, 6, 7, 8, 9, 10.

de trois notions primitives et nécessaires : 1° la forme, qui est presque identique à l'acte ou entéléchie ; 2° la matière, qui correspond en partie à la possibilité ou puissance ; 3° la privation, qu'on peut considérer soit comme forme, soit comme matière. Le devenir, τὸ γιγνόμενον, est le composé, le résultat de ces deux co-éléments, produit par le mouvement qui conduit l'être de la matière à la forme, de la puissance à l'acte. Car l'unité ou la synthèse de ces deux éléments dans l'être exige un principe actif, une cause efficiente, qui est le mouvement, dont le principe à son tour est la puissance, ἡ δύναμις.

Le mot puissance [1] désigne deux choses assez différentes [2] : il désigne d'abord la puissance d'action qu'une chose exerce sur une autre, ou sur elle-même, en tant qu'autre. On peut en effet distinguer ; la puissance de construire s'exerce sur un objet différent de celui en qui se trouve cette puissance ; mais un médecin qui a la puissance de guérir peut l'exercer non seulement sur les autres, mais encore sur lui-même ; seulement ce n'est pas en tant que médecin qu'il est guéri par le médecin, c'est en tant qu'autre, c'est-à-dire en tant que malade, c'est-à-dire autre que le médecin. Ce n'est qu'accidentellement que le malade se trouve ici être un médecin. La puissance peut donc être la force d'action qu'une chose exerce sur elle-même, mais en tant qu'autre. Dans ce sens la puissance est le principe du mouvement ou du changement opéré dans un autre.

Cette puissance première est ou active, comme celle de bâtir, qui se trouve dans l'architecte, ou passive, comme celle d'être guéri, qui se trouve dans le malade : distinction qui est loin d'être une vaine subtilité, car la maladie diminue, mais ne supprime pas, la force inhérente à la vie, et qui fait que tout être vivant tend toujours, par un effort secret mais réel, à durer, à se rétablir, à reconstituer l'ordre des fonctions de son organisme troublé. La *vis medicatrix naturæ* n'est pas un état indifférent à la santé et à la maladie ; c'est une vraie puissance, quoique passive, de la santé, qui vient en aide à la puissance active du médecin. C'est dans ce sens que tous les arts, toutes les activités intellectuelles créatrices,

---

[1] Il est à remarquer que ce terme et son opposé sont rares dans les ouvrages de *Logique*, et très fréquents dans la *Métaphysique* et la *Physique*.

[2] *Metaph.*, V, 12, 1019, et *id.*, IX.

ποιητικαί, sont des puissances, des pouvoirs de produire un changement dans un autre, ou dans le même en tant qu'autre. Dans cette puissance, dont le contraire est l'impuissance, on distingue deux qualités : le changement qui s'opère est ou un mal ou un bien, le passage de l'état actuel à l'état nouveau est ou facile ou difficile. La puissance peut être entendue dans un autre sens ; elle peut être définie : ce dont le contraire n'est pas nécessairement faux ; ou ce dont la nature est telle qu'il admette les contraires ; ou encore, ce dont la réalisation au moyen de l'acte n'est pas contradictoire, n'enferme aucune impossibilité[1].

Cette série de définitions a besoin de quelques éclaircissements, qu'Aristote ne donne que sous forme d'exemples : ainsi on dit que dans un morceau de bois il y a un Hermès en puissance, que dans une ligne donnée, la moitié se trouve en puissance. Tandis que, dans la première de ses significations, le mot exprimait une sorte de force latente capable de produire un changement, de tendre au moins à le produire, de se prêter naturellement au mouvement et à l'action, dans la seconde, la puissance se réduit au fait que le morceau de bois *peut* devenir une statue, quoiqu'il ne contienne aucune tendance interne à le devenir, quoiqu'il n'aille pas de lui-même au devant de l'action qui le fera devenir tel. La puissance alors n'est pas plus apte à la forme qu'elle subit qu'à celle qu'elle ne subit pas et à la forme contraire ; c'est une simple possibilité passive, et en appliquant ce terme à une chose, on veut dire simplement qu'elle possède certaines conditions nécessaires pour qu'une autre chose en provienne, qui peut également bien n'en pas provenir. Dans ce cas la puissance n'est guère que la matière, puisqu'elle est le sujet des contraires, le fond indifférent d'où l'acte ou la forme engendrera la chose déterminée, différenciée. Du moins la matière peut et doit toujours être considérée comme une puissance réduite à la pure possibilité. Le bois est la matière de la statue ; il est la condition de la possibilité de cette statue ; il la contient donc en puissance, il est la statue même en puissance.

L'acte est l'existence réelle de la chose, son existence en acte : sans doute cette définition où entre la chose à définir ne satisfait pas aux règles de la logique ; mais, dans ce sujet

---

[1] *Metaph.*, V, 12, 1019, b, 22 ; IX, 3, 1047, a, 30.

comme dans celui de la matière, dans la définition de ces notions primitives, il faut savoir se contenter d'analogies[1]. Si l'on pose, par exemple, d'un côté un homme qui en ce moment même construit une maison, et de l'autre un homme qui est en état d'en construire une, un homme éveillé et un homme endormi, un objet confectionné auquel le travail a donné une forme, et un objet resté brut et informe, on a l'opposition de l'acte et de la puissance.

De ces exemples, les uns considèrent le rapport de l'acte à la puissance comme le rapport du mouvement à la faculté du mouvement, les autres, comme le rapport de l'être déterminé à la matière indéterminée. Ainsi l'opposé de la puissance est tantôt le mouvement qui conduit la chose à sa forme parfaite, tantôt cette perfection même. Il reste donc dans cette notion de la puissance quelque chose d'obscur et d'équivoque, puisque, ayant deux contraires, elle est tour à tour et peut être à la fois la négation de chacun d'eux, et qu'on ne sait duquel des deux elle devrait précisément l'être. Aristote, parlant de l'infini, dit que la puissance dans l'infini est de telle nature qu'elle ne peut jamais se réaliser, sinon idéalement, γνώσει ; car la divisibilité est infinie, et l'infinité de cette division montre que son acte est d'être en puissance, que l'acte de l'infini est la puissance même, car cet acte n'existe jamais réellement. Mais n'est-ce pas là confondre les notions primitives, universelles, nécessaires de l'acte et de la puissance, sur la profonde distinction desquelles devait être fondée la vraie et claire explication des choses?

Les deux notions voisines de la puissance et de la matière ont leur source commune dans la nécessité d'expliquer le changement, la génération des choses; comme elles répondent au même élément intégrant de l'être réel produit, elles sont rapprochées et parfois confondues, comme l'acte est rapproché de la forme et souvent identifié avec elle. Cependant il y a quelque différence entre ces deux couples d'idées, différence qui réside, il est vrai, moins dans leur contenu, que dans le point de vue d'où on les considère. On nomme ὕλη, matière, toute chose en tant qu'elle n'est pas encore déterminée par une forme quelconque, et puissance d'une chose, ce qui est tel que la chose en question peut en provenir. Ainsi la forme et la matière expriment comme les différentes

---

[1] *Phys.*, I, 7, 191, a, 7. *Metaph.*, IX, 6, 1048, a, 36.

parties intégrantes, simultanément existantes, d'un objet ; l'acte et la puissance, les états successifs et les moments différents de ce même objet. L'un de ces couples marque le rapport de la substance à la qualité, l'autre le rapport causant des propriétés antérieures aux propriétés postérieures ; le premier enveloppe la notion de l'essence persistante et immuable, l'idée du repos de l'être, le second la notion du développement et par conséquent du mouvement. On ne peut concevoir la matière comme un sujet en soi, et on doit concevoir la forme comme tel, c'est-à-dire comme un sujet en soi et même pour soi : ce sont deux choses opposées. Mais il n'en est pas ainsi de l'acte et de la puissance ; quand l'acte d'une chose est réalisé, la puissance s'est évanouie ; tandis que la matière et la forme coexistent nécessairement, la puissance et l'acte s'excluent nécessairement ; ce sont deux moments qui se succèdent, se chassent, se nient l'un l'autre.

Ce n'est pas qu'une même chose, un même moment ne puisse être dit à la fois en acte et en puissance : mais ce n'est pas sous le même rapport. L'airain est à la fois puissance et acte ; mais il est puissance de la statue et acte de l'élément terre d'où il est produit ; la fleur est à la fois puissance du fruit et acte du bouton. S'il est des circonstances où l'on peut négliger ces différences, il en est d'autres où elles sont importantes. Si l'on demande quelle est la matière d'une chose, on devrait répondre en donnant la matière première, celle qui est le plus éloignée de la forme de cette chose ; car les autres matières, la matière prochaine, ne méritent ce nom qu'en tant qu'on considère que, tout en ayant une forme, elles n'ont pas la forme même de la chose déterminée dont il s'agit. Mais si l'on demande quelle est la puissance de cette chose, il faut au contraire avoir soin de donner la puissance la plus prochaine, τὴν προσεχεστάτην. Une chose est en puissance, lorsque toutes les conditions de l'existence de la chose sont réunies, soit en elle, soit hors d'elle. Par conséquent la puissance active, rationnelle, existe, aussitôt que celui auquel on attribue la puissance, a voulu la chose, si nul obstacle extérieur ne s'y oppose ; la puissance passive existe, lorsqu'il n'y a dans la chose même aucun obstacle à sa réalisation. La matière d'un édifice peut être dite l'édifice en puissance, lorsqu'il n'y a rien à ajouter, rien à retrancher pour que l'édifice puisse être construit ; mais la semence n'est pas l'homme en puissance, la terre n'est pas la statue en puissance, car ni l'une ni l'autre ne contient toutes les conditions requises pour que l'homme naisse et que la statue soit faite ; la semence doit auparavant être reçue dans un autre être, et y recevoir là une modification nouvelle ; la terre, avant de devenir la puissance de la statue, doit être soumise à une transformation analogue et devenir airain.

On ne peut donc dire que la puissance est absolument identique à la matière ; il faut des réserves, et dire : la matière est la puissance la plus éloignée, la puissance est la matière la plus prochaine. La langue grecque a des termes particuliers, dont Aristote se sert pour préciser ces fines distinctions. On dit en effet qu'une boîte est ξύλινον et non ξύλον, que le bois est γήϊνον et non γῆ, et d'une manière générale qu'une chose est ἐκείνινον et non τόδε. Il est facile de remarquer que dans ces exemples c'est toujours le second terme, l'élément postérieur dans l'ordre de la production, qui est réellement l'être en puissance, δυνάμει ἁπλῶς. C'est pourquoi on ne dit pas que la boîte est γήϊνον, ni γῆ, mais qu'elle est ξύλινον ; car c'est le bois et non la terre qui est la boîte en puissance ; c'est la matière prochaine et déjà déterminée, la dernière matière, ἐσχάτη, ἴδιος, οἰκεῖα, à laquelle convient le nom de puissance. Le bois en général est la matière de la boîte en général, ce bois particulier et déterminé est la matière et aussi la puissance de cette boîte particulière et déterminée. Les adjectifs en ινος marquent précisément la puissance, la puissance du substantif dont ils sont dérivés ; lorsqu'on arrive à une chose qu'on ne peut déterminer par une autre au moyen d'un adjectif en ινος, c'est qu'on est arrivé à la matière première, qui n'a pas de puissance, qui est substance et essence, ὡς τόδε τι, οὐσία[1]. Cette expression singulière qui détermine l'indéterminé même, à savoir la matière première, sans qualité ni forme, qui semble ôter à la puissance la puissance même et lui donner l'existence en acte dont elle est la contradiction, qui fait de la matière première le dernier, τὸ ἔσχατον[2], montre ce qu'il y a encore d'obscur, de confus, de contradictoire peut-être dans l'idée que cherche à se faire Aristote de la nature de l'acte et de la puissance. Ce sont des termes corrélatifs.

---

[1] *Metaph.*, IX, 1049, a, 27.
[2] *Metaph.*, IX, 1049, a, 27. Quelques lignes plus bas.

Si l'on donne une existence absolue à la matière, on lui donne l'existence en acte et on lui retire la puissance ; si la matière n'est qu'une puissance, il faut dire ce qui la contient en puissance, et si ce qui contient en puissance la matière est encore une puissance, on va à l'infini. Si on dit que c'est l'acte qui contient la matière en puissance et qui, par conséquent, contient la puissance, toutes les oppositions que nous avons essayé d'établir entre ces deux idées s'évanouissent ; on retombe dans l'unité de force et de substance, et alors se pose le problème : comment l'acte pur peut-il contenir la puissance, c'est-à-dire sa négation ? Comment le parfait peut-il contenir l'imparfait, et se nier lui-même ?

Quoi qu'il en soit, pour en revenir aux explications d'Aristote, le τόδε τι, l'οὐσία s'oppose à l'ἐκείνων ; l'un est le sujet, l'acte, la forme : la boîte, par exemple ; l'autre est l'attribut, la puissance, la matière : ξύλινον. Le premier porte le nom de *ceci, cela,* τόδε τι ; c'est un substantif ; l'autre est un adjectif dérivé marquant un état, une modification, πάθος ; celui-là est toujours individuel, celui-ci toujours universel. Ainsi l'homme, le corps, l'âme, voilà des sujets ; musicien, blanc, magnanime, voilà des πάθη exprimés par des adjectifs. Si l'art de la musique vient à appartenir à l'homme, on ne dira pas : l'homme musique, mais l'homme musicien, etc.; les ἐκείνυα ne sont jamais que quelque chose d'une autre chose, la propriété ou l'état d'un sujet, la matière d'une forme, la puissance d'un acte[1]. Parmi les puissances, les unes sont acquises, les autres sont innées. Les puissances acquises supposent un acte antérieur, par lequel elles sont arrivées à cette possession, tandis que les puissances innées ne le supposent pas ; dans les puissances innées, aussitôt que l'élément actif et l'élément passif se rencontrent, ils se mettent nécessairement en communication, ce qui ne se produit pas nécessairement pour les autres ; enfin les puissances acquises peuvent les deux contraires ; les puissances innées n'en peuvent qu'un seul.

Il importe d'observer d'abord que la matière et la puissance ne sont pas des éléments nécessaires de tous les êtres ; il en est qui n'ont pas de matière, parce qu'ils ne sont pas

---

[1] C'est une chose remarquable que l'importance qu'Aristote attache aux formes grammaticales, et la profondeur de conscience philosophique qu'il accorde à l'esprit créateur du langage. Conf. *Metaph.*, VII, 7, 1033, a, 5.

soumis à la loi du changement : ils sont actes purs[1]; en second lieu, que ni la puissance ni la matière n'ont de contraires : ce qui est premier n'a pas de contraire. La matière n'est pas le contraire de la forme, puisqu'elle la contient en puissance ; elle n'a pas de contraire, parce qu'elle peut précisément être tous les contraires et qu'elle en est le sujet. La puissance n'est pas le contraire de l'acte, qui la produit. L'opposition des contraires est enfermée dans la sphère du changement et du devenir, dans le monde des êtres où se trouvent des formes positives et privatives.

Quoiqu'en exposant les significations diverses de la puissance dans la philosophie d'Aristote, nous ayons, par cela même, déjà indiqué le sens du terme corrélatif, l'acte, nous croyons utile de donner quelques explications complémentaires. L'acte porte deux noms, le nom d'*énergie*, ἐνέργεια, et celui d'*entéléchie*, ἐντελέχεια, souvent confondus, parfois différenciés. La puissance, nous l'avons vu, contient les conditions nécessaires pour qu'une chose puisse se produire ; c'est l'acte qui fait passer à l'effet ces conditions de la chose, de telle sorte que ce qui était comme caché en elle se montre, que ce qui était enveloppé se développe. Tous les êtres de la nature qui se développent peuvent servir d'exemples pour éclaircir cette notion qui s'applique également aux opérations et aux phénomènes de la pensée. La géométrie, dans ses démonstrations, ne fait que réaliser par des constructions, par des lignes qu'elle trace, ou des surfaces qu'elle fait mouvoir, ce qui est en puissance dans la figure : la démonstration n'est donc qu'une actualisation de la puissance[2]. On connaît les propriétés des figures, les accidents qui leur sont essentiels, quand on les voit se développer de leur principe, être créés sous nos yeux par un acte qui les démontre en les engendrant. Pourquoi les rayons d'un cercle sont-ils tous égaux ? C'est parce qu'en réalité il n'y a pas plusieurs rayons : il n'y en a qu'un seul, comme on le voit si on engendre un cercle en faisant tourner sur un centre fixe une même corde ; à quelque moment qu'on arrête le mouvement générateur, on a toujours le même centre, le même rayon qui n'a fait que changer de place.

Quand on veut établir quelque distinction dans les termes,

---

[1] *Metaph.*, VIII, 5, 1044, b, 27. *Phys.*, III, 1, 200, b, 26.
[2] D'où le mot de Vico : *Geometrica demonstramus quia facimus.*

on dit que l'*énergie* exprime l'actualisation, la réalisation, l'action même, et l'*entéléchie*, la réalité, l'actualité, l'acte. L'énergie semble contenir l'idée de la force qui conduit la chose à sa perfection ou entéléchie, l'idée de l'effort, de la tendance et presque du mouvement ; l'entéléchie, celle de l'état achevé, accompli, du repos. L'énergie est la force et le travail de la force ; l'entéléchie est l'état de développement entier et complet où une chose est amenée, le point où elle entre en possession de sa fin et s'y repose, et en même temps la force qui l'y conduit.

L'acte est lié à la puissance : lequel de ces deux éléments, de ces deux moments, de ces deux facteurs, est-il l'antérieur ? Avant de discuter cette question, résumons les traits principaux de l'exposition de ces deux notions.

La puissance est ou la force productrice du changement, ou la faculté de le subir. Ce qui est en puissance n'est pas en acte : le malade, qui a la faculté de recouvrer la santé, et qui est sain en puissance, ne possède pas actuellement la santé qu'il attend. L'être en puissance est donc le non-être en acte ; tout l'être de la puissance est de se prêter à l'acte où cette puissance se réalise et s'évanouit en tant que puissance. Ce qui peut être et n'est pas, est indéterminé ; l'indétermination de la puissance ne peut se transformer en une détermination que par une transition, un mouvement ; le mouvement est ainsi l'acte du possible en tant que possible ; il n'est pas l'acte : il est l'effort qui y conduit, l'intermédiaire qui sépare et à la fois rapproche l'acte et la puissance, leur limite commune et leur point de coïncidence. Le mouvement est un acte imparfait. L'acte est lié par lui à la puissance, et si bien lié à la puissance qu'il en est la fin. La puissance n'est quelque chose que parce qu'elle est la puissance de quelque chose. La puissance de recouvrer la santé est certainement quelque chose, mais pourquoi ? Parce que la santé en acte, qui est une réalité, est sa fin. Ainsi l'existence de la puissance est due tout entière à l'acte. L'enfant est en puissance un homme ; mais l'homme est déjà en quelque façon dans l'enfant, et préexiste : or, l'homme est l'acte de l'enfant. L'acte est ainsi antérieur et supérieur à la puissance, et cela de toutes façons, parce qu'il est la cause finale, formelle et même efficiente. Dans le germe informe reposent, dorment, mais existent les formes. Le tout, sous un point de vue, n'est pas ; sous un autre, il est puisqu'il sera ; c'est le tout qui règle et produit chaque pas, chaque phase dans le cours entier du développement. C'est la puissance du tout qui, avant même qu'il soit réalisé, agit afin qu'il se réalise : *est quod futurus est,* comme dit S. Augustin. Le germe est le tout à venir dans sa possibilité et son aptitude, et ce qui n'est pas encore non seulement déjà existe, mais agit, et ce qu'il y a de remarquable, l'organisme, au lieu de s'épuiser dans son acte, reproduit sa propre possibilité et puissance ; le germe aboutit à produire un germe, et prolonge, multiplie ainsi sa propre vie. L'organisme revient à lui-même ; dans ce retour il se divise, mais de telle sorte que dans chacune des parties produites par cette division, se retrouve le tout complet. L'individu périt, l'espèce est immortelle.

Maintenant l'acte est antérieur à la puissance dans quelque sens que l'on entende la puissance, et en y comprenant la nature, ἡ φύσις, c'est-à-dire en considérant comme puissance tout ce qui est principe interne de mouvement et de repos[1]. L'acte est antérieur à la puissance : 1° dans la notion, λόγῳ ; 2° dans la substance, οὐσίᾳ ; 3° et même, sous un certain point de vue, dans le temps ; je dis : sous un certain point de vue, car, sous un autre, elle lui est postérieure.

1° L'acte est antérieur à la puissance dans la notion ; car la première puissance, la puissance véritable n'est que la possibilité de l'acte ; la notion de cette possibilité suppose évidemment la notion de l'acte dont elle est la possibilité ; on ne peut comprendre ce que c'est que la vue en puissance, si on n'a pas antérieurement la notion de la vue en acte.

2° L'acte est antérieur à la puissance dans le temps, en ce qui concerne l'espèce, mais postérieur en ce qui concerne l'individu, l'être en nombre ; car l'homme est antérieur à l'enfant qu'il engendre, quoique dans le même individu l'enfant, puissance de l'homme, soit antérieur à l'acte. Dans l'ordre des phénomènes intellectuels nous retrouverons le même fait. Ainsi le musicien ne peut être devenu tel que par les leçons d'un musicien en acte, et par l'acte répété de faire de la musique. Il en est ainsi de toutes les facultés ou puissances rationnelles et acquises ; car pour les puissances innées, tels que les sens, ou les propriétés essentielles de la

---

[1] C'est là, nous le verrons, une des déterminations de l'âme. Cependant l'âme n'est pas une puissance, mais un acte : nous reviendrons sur ces contradictions.

matière, cela n'est pas exact. La puissance ou faculté de croître ne suppose pas un acte antérieur, pas plus que la pesanteur ; la pierre n'acquiert pas, par la chute en acte, la puissance de tomber en bas, c'est-à-dire la pesanteur.

3° L'acte est antérieur à la puissance dans la substance, οὐσία. L'enfant, puissance de l'homme, ne puise sa substance que dans la substance de l'homme en acte qui l'a engendré. De plus, la fin, qu'elle soit renfermée dans la nature, ou qu'elle ne soit qu'une conception mentale, est le vrai principe du devenir : or la fin est acte, τέλος δ' ἡ ἐνέργεια. La puissance n'a d'autre raison d'être, d'autre cause d'existence que sa fin, son acte.

Ainsi, dans toute chose où se succèdent l'acte et la puissance, l'acte est antérieur. Mais il y a des substances dont le propre est d'être en acte et de n'avoir pas de puissance : ce sont les êtres premiers, éternels et nécessaires, qui sont la condition de toute existence et ne sont conditionnés par rien. Il est manifeste qu'ici l'acte encore est antérieur à toutes les puissances qu'il conditionne. Mais en même temps qu'il est antérieur, l'acte est supérieur, au moins en tout ce qui concerne les choses bonnes en soi. La santé, qui est un bien, la santé actuelle est supérieure à la santé en puissance, tandis que la maladie en acte est moins bonne que la puissance de recouvrer la santé. Mais à considérer l'ensemble des choses, le mal est postérieur ; il n'est jamais ni principe, ni fin. Le mouvement, par lequel la puissance réalise son acte, est difficile à définir, parce qu'il n'est ni privation pure, ni puissance pure, ni acte pur. Le mouvement diffère de la force violente, βία, qui est contre la nature, tandis qu'il est naturel en soi. On a déjà dit que c'est un acte imparfait : acte, parce que la puissance commence à se réaliser ; imparfait, parce qu'il contient de la puissance. L'acte est fin, le mouvement n'est qu'un passage ; le degré de développement qui n'est que mouvement tend à disparaître et à s'évanouir ; il devient et périt sans cesse : l'acte demeure. La vie est acte, le bonheur est acte, la pensée est acte, parce que ce sont des fins. Il ne faut pas entendre ceci dans un sens absolu, mais relatif ; car dans la sphère du devenir à laquelle appartient l'homme, il n'y a pas place pour l'acte vrai, pour la fin dernière et absolue. On pourrait peut-être mieux distinguer le mouvement de l'acte, dans les êtres soumis à la loi du changement, en disant que le mouvement enveloppe un temps d'arrêt dans le développement, que ne subit pas l'acte. La maigreur, la marche, la construction sont des mouvements, parce qu'ils peuvent et doivent s'arrêter ; le bonheur, la vie, la pensée sont des actes, parce qu'ils ne s'arrêtent pas, ou ne devraient pas s'arrêter ; le point d'arrêt n'est pas de leur essence.

L'ἀλλοίωσις, par laquelle une chose en devient une autre, diffère de l'acte en ce que l'acte, par exemple la pensée, réalise les perfections de l'être, et il ne peut être confondu avec le mouvement qui fait perdre à la chose son essence, et l'altère, *alienatio*. C'est pourquoi l'ἀλλοίωσις ne s'applique qu'aux choses physiques et aux modifications violentes qu'elles subissent, et qui en changent la nature. L'âme n'est pas sujette à l'ἀλλοίωσις ; car la vertu ne fait que couronner son essence, que le vice même ne peut lui faire perdre.

L'ἕξις est une manière générale d'être, une tendance constante et fixe, une activité générale qui, par la répétition fréquente, est devenue comme une possession assurée et certaine de l'être, une habitude. C'est d'elle que procèdent les actes individuels et isolés ; on ne doit pas la confondre pour cela avec la puissance, dont elle diffère en ce qu'elle n'engendre jamais les contraires, ce qui est le propre de la puissance. Il y a de la puissance dans l'entendement, car il peut comprendre et aussi ne pas comprendre ; il y en a dans la volonté, car elle peut vouloir le bien et aussi vouloir le mal ; il n'y a pas de puissance dans le courage, qui est une ἕξις, parce qu'il ne produira jamais un acte de lâcheté.

C'est à l'aide de ces distinctions et de ces notions, dont il ne nous explique pas l'origine, qu'Aristote rend compte des phénomènes et des lois de la nature, de la vie, de l'âme, de la pensée. Il était donc indispensable de les connaître avant d'entrer dans l'analyse de sa théorie psychologique.

§ 2.

DÉFINITION DE L'AME.

Nous savons ce que l'âme n'est pas : elle n'est pas un corps composé des éléments de la nature ; elle n'est pas une substance mixte composée de parties les unes matérielles, les autres idéales ; elle n'est pas un nombre, pas même le nombre qui se meut lui-même ; elle n'est pas harmonie : qu'est-elle donc ? Et rappelons-nous « que la définition que nous cherchons doit nous donner la vraie essence, τί ἐστι, et être la plus étendue possible, » c'est-à-dire s'appliquer à l'âme de tout être animé.

Parmi les diverses catégories de l'être on compte et au premier rang la substance, οὐσία. Par substance on peut entendre :

1° La matière, qui est la puissance, ce qui n'est pas par soi-même un être individuel, déterminé, un τόδε τι.

2° La forme ou espèce, qu'on donne pour attribut essentiel dans la définition à cet être déterminé[1].

3° La synthèse de ces deux éléments, qui les réalise, car ils n'existent, au moins dans la région du mouvement et du changement, que dans et par ce rapport. C'est l'être individuel, qui seul existe réellement et mérite éminemment le nom de substance : Callias, par exemple.

La matière est puissance, la forme est acte, et elle est acte de deux façons que nous comprendrons mieux par des exemples. La science, par exemple, est acte, ou du moins une activité qui ne peut être confondue avec la puissance, qui est susceptible des contraires ; mais la science du géomètre, sans cesser d'être active, n'est pas toujours actuelle ; sans cesser d'être géomètre, le géomètre ne fait pas toujours de la géométrie : la science, dans ce cas, qui sommeille et n'agit pas, est plutôt une ἕξις, c'est-à-dire une activité générale toute prête à passer à l'acte qui divise, incapable des contraires, et qu'il y a lieu de distinguer de cette forme pleine et complète de l'acte, qui s'empare de son objet et le voit actuellement, θεωρεῖ.

Dans lequel de ces sens divers, l'âme est-elle une substance ? « Les corps semblent être par-dessus toutes choses substances, et parmi les corps, surtout ceux de la nature, »

---

[1] C'est cette forme que désigne Aristote dans le passage suivant de la *Métaphysique*, V, 8, 1017, b, 10. « Le mot substance se dit des corps simples, tels que l'eau, le feu, la terre, de l'eau ; des corps qui sont composés de ces corps élémentaires ; ainsi les animaux, les êtres divins et leurs parties. On leur donne le nom de substances parce qu'ils ne sont pas les attributs d'un sujet, mais sont au contraire sujets. Enfin dans un autre sens on appelle substance la cause qui fait qu'une chose est par sa présence dans ces sortes d'êtres qui ne sont pas dits d'un sujet, comme l'âme qui est dans l'animal. »

c'est-à-dire ceux que la nature engendre. Car les corps que paraît former l'art humain ne sont jamais que des corps de la nature, auxquels la main et l'esprit de l'homme ajoutent une forme nouvelle. L'art est l'homme ajouté aux choses. « Parmi les corps de la nature, les uns ont la vie, les autres ne l'ont pas. La vie[1] consiste essentiellement dans la force que possède un être de se mouvoir lui-même et d'arrêter lui-même son mouvement, dans sa capacité de produire lui-même un changement en lui-même, dût ce changement se borner, comme dans la plante, à la faculté de se nourrir, de croître, de décliner, de périr même, φθίσις : mot remarquable, qui montre, jusque dans le dépérissement et la mort, une phase, un mode, une fonction de la vie, et par conséquent la vie même. « Tout corps produit par la nature et participant à la vie doit être donc appelé substance. » Mais ce nom ne lui appartient ni dans le premier ni dans le second des sens que nous avons déterminés : le corps n'est substance qu'en tant que composé de forme et de matière, d'acte et de puissance.

Maintenant tout corps est un corps déterminé ; le corps naturel est un corps qui a une âme. Le corps est ici substrat des déterminations de la forme : il n'est donc pas de ces êtres qui sont attributs des autres ; il appartient à la catégorie des sujets ; il est donc substance, mais en tant que sujet et que matière. L'âme est aussi substance et ne saurait être corps ; car, puisque l'être vivant et l'être qui a une âme sont une seule et même chose[2], si le corps est substance comme matière, l'âme qui lui donne la forme et la vie peut bien être et est nécessairement aussi substance, mais non comme matière et au contraire comme forme. L'âme est substance encore à un autre point de vue : la différence des substances se manifeste dans la différence de leurs mouvements et de

---

[1] Toute vie consiste dans la force du mouvement propre et spontané. Tout mouvement suppose un moteur et un mobile, une forme et une matière, et dans les choses qui se meuvent elles-mêmes, ces deux éléments se trouvent réunis. Tout être vivant est donc un composé : le corps est sa matière, le mobile ; le moteur, la forme, considérée comme force motrice, qui ne diffère pas de sa fin ; ce qu'Aristote appelle entéléchie sera donc l'âme, et l'âme est nécessairement distincte du corps comme le moteur est distinct du mobile, comme la forme est distincte de la matière, comme l'acte est distinct de la puissance.

[2] *De Anim.*, II, 2, 413, a, 20. « L'être qui a une âme, ἔμψυχον, se distingue de l'être qui n'a pas d'âme par la vie, τῷ ζῆν. »

leurs activités naturelles, parce que, s'ils sont naturels à la substance, ils ont leur principe dans l'essence même de la chose ; la différence spécifique qui distingue l'être vivant du non-vivant, c'est que le premier seul se meut, se nourrit, croît, dépérit, et cela par nature et par essence. Il y a donc entre l'être vivant et l'être non vivant une différence substantielle, ce sont deux substances différentes : or, comme les principes d'une substance appartiennent à la catégorie de la substance[1], l'âme, principe de la substance de l'être vivant, principe de la vie, est également substance, et elle est substance comme forme et forme d'un corps ; la substance comme forme est acte ou entéléchie en tant que force motrice, en tant que fin. Mais le corps est matière ; la matière est une puissance ; l'âme sera donc l'entéléchie d'un corps naturel, ayant la puissance de vivre, ou la vie en puissance.

Nous avons vu que l'entéléchie se prend en deux sens : ou comme ἕξις, ou comme acte actuel, ou comme la science générale, ἡ ἐπιστήμη, ou comme la connaissance ou plutôt la cognition actuelle, τὸ θεωρεῖν. Dans quel sens l'âme est-elle entéléchie ? Evidemment comme ἕξις ; elle est l'activité vivante en général, la source première d'activité et de vitalité, d'où s'épanchent les actes particuliers et singuliers de la vie, la diversité des fonctions, et leurs développements. C'est pour ainsi dire la vie surprise à l'état de sommeil, en son germe et comme en son berceau, état dont chaque acte particulier de vie sera comme un éveil successif ; car il y a dans l'âme deux états qui correspondent et ressemblent à la veille et au sommeil. La veille est analogue à l'acte actuel de connaître ; le sommeil à la science qui possède et n'agit pas, ἔχει καὶ μὴ ἐνεργεῖ.

Pour connaître tel ou tel théorème de géométrie, s'en représenter actuellement le principe, les procédés de démonstration, les conséquences, il faut avoir au préalable la science de la géométrie : de même la vie ou la vitalité, l'ἕξις de la vie, est antérieure, dans le même individu, à ses manifestations particulières. L'âme est l'entéléchie première du corps naturel ayant la puissance de vivre. Par entéléchie première, il faut entendre cette activité générale qui ne fait que commencer un minimum d'acte et de forme, suffisant cependant pour donner une efficacité vivante aux puissances nues, pour donner l'éveil à la vie endormie, et

---

[1] *Metaph.*, XII, 4.

qui, malgré les distinctions d'Aristote, retombe presque fatalement sinon dans la puissance, du moins dans le mouvement, dans l'effort, c'est-à-dire dans un acte imparfait. Il ne faut pas confondre cette entéléchie naissante et première[1] avec ce qu'il appelle τὸ πρῶτον ἐντελεχείᾳ, l'être premier en acte, la fin qui n'est pas moyen, l'acte qui ne contient plus de puissance, la forme pure affranchie de toute matière[2].

La définition n'est pas encore complète : le corps naturel ayant la vie en puissance est un organisme. L'organisme est un système de parties ayant chacune une fonction vitale déterminée. Les plantes sont des organismes ; leurs parties sont des organes, parce qu'elles ont des fonctions utiles à la vie de l'individu : la feuille sert à envelopper et à protéger le péricarpe, le péricarpe à envelopper et à protéger le fruit ; les racines sont comme une bouche qui, plongeant dans la terre, y suce et en attire à l'être la nourriture. C'est la fonction, ou la fin à laquelle elle est destinée par la nature, qui fait de la partie un organe, c'est-à-dire un moyen pour remplir une fin, un instrument pour exécuter une fonction déterminée ; c'est le système des fonctions et des fins qui fait de la totalité des parties et de leur unité un organisme. Sur cette question de l'organisme, il est bon de se rappeler la théorie d'Aristote : il distingue dans les êtres des choses homéomères, et des choses anhoméomères[3]. Les premières sont celles qui sont parfaitement unes dans leur substance et toujours semblables à elles-mêmes, et qui se laissent diviser en parties où l'on retrouve toute l'essence du tout divisé ; ainsi, coupez de la chair en parties, divisez du sang en gouttes, sciez un os, les parties obtenues seront encore de la chair, du sang, de l'os ; elles présentent ainsi plutôt le caractère de la matière que de la forme. Les choses anhoméomères, composées des homéomères, ont le caractère plutôt de la forme que de la matière ; ce sont les parties organiques du corps, appropriées à une fin. Coupez en parties une main, un visage, un œil, vous ne retrouvez plus dans les parties obtenues l'essence du tout, qui était une forme ; séparez-les même du corps auquel elles appartiennent, et elles perdent

---

[1] Et l'âme est telle, puisqu'elle est présente et active même dans le sommeil, où la vie est ralentie, sinon suspendue.

[2] *Metaph.*, XII, 5, et IX, 8.

[3] *De Part. anim.*, I, 1, et II, 1, 646.

aussitôt leur nature et leur vie qu'elles devaient au tout : une main coupée n'est plus une main. Les organes des plantes sont encore à peine élevés au-dessus du degré des parties homéomères : ils sont extrêmement simples, ἁπλᾶ, c'est-à-dire presque inorganiques, ou du moins placés à cette limite vague où l'inorganique cesse, mais où s'ébauchent à peine les formes de l'organisation[1]. La définition complète de l'âme, s'étendant à toute espèce d'âme, est donc celle-ci : l'entéléchie première d'un corps naturel organisé.

Rappelons-nous enfin que l'âme est substance, mais qu'elle n'est substance que comme forme ; c'est une forme substantielle, qui donne par sa présence et son union au corps la forme et la vie, qu'il perd quand elle se retire, qui vivifie la matière ; elle n'est pas substance, comme l'être vivant même, l'être animé, qui devient, meurt, s'accroît, se nourrit, se divise, mais elle est le principe de vie du vivant, le principe interne de l'être animé[2] ; elle n'est pas substance en tant que matière ; car la matière demeure quand l'être meurt, et l'âme n'y reste plus ; elle ne peut pas être la matière de l'acte puisqu'elle en est la forme, et que la forme et la matière sont les deux éléments différents dont l'unité constitue, dans le monde du changement et, du devenir, l'être individuel, concret, qui seul est, au sens propre et vrai, substance.

Il résulte de ces déterminations qu'il n'y a même pas lieu de poser deux questions qui embarrassent tant de systèmes psychologiques, et qui se trouvent déjà résolues par la définition d'Aristote : à savoir, si l'âme et le corps font un seul être, et si l'âme diffère du corps ; car il ne faut pas de tout objet rechercher quelle est la matière et quelle est la chose dont cette matière est la matière[3]. Pour répondre à la première question, il suffit de rappeler ce que nous venons de dire : dans la sphère des êtres soumis au changement, tout être réel et concret est le composé de deux éléments, de deux facteurs qui n'ont qu'une substance, qu'une existence idéale, en dehors de l'être concret où ils se réalisent ; l'un est la matière, mais

---

[1] *De Anim.*, II, 1.

[2] *De Anim.*, II, 1, et *Metaph.*, VII, 1035, b, 14. « L'âme des êtres vivants est ce qui constitue la substance, οὐσία, des êtres animés, mais la substance dans la notion, dans l'essence, dans l'idée, ἡ κατὰ λόγον καὶ τὸ εἶδος.

[3] *De Anim.*, II, 1.

toujours la matière d'une forme ; l'autre est la forme, mais toujours la forme d'une matière. Comment demander si l'âme et le corps ne font qu'un, puisque c'est cette unité, ce rapport le plus intime possible, qui les fait être tous deux, et fait l'être du tout concret qui les contient. Le rapport de l'âme et du corps est analogue au rapport de la cire dans laquelle le cachet a fait une empreinte, et de l'empreinte qu'y a faite le même cachet dans ladite cire. Les deux éléments sont des corrélats par essence, et par conséquent il sont par essence une seule chose, un seul être concret et réel. L'unité et l'être, bien qu'on donne ces noms à plusieurs choses, l'unité et l'être, proprement dit, c'est l'acte. Par là même, l'âme est distincte du corps : car si l'unité de l'âme et du corps se réalise et se révèle dans le vivant, leur différence est manifeste, puisqu'ils sont l'un à l'autre ce que l'acte est à la puissance, et la matière à la forme. Cela n'empêche pas Aristote de prouver par d'autres arguments la différence des deux principes, on peut dire sans erreur, des deux substances, si l'on se rappelle quel est le sens qu'on doit attacher au mot substance, quand on l'applique à la forme et à la matière idéalement séparées l'une de l'autre.

Le corps est matière, l'âme est forme ; le corps est tangible, visible ; l'âme n'est ni l'un ni l'autre ; le corps est multiple, divers, incapable par lui-même de constituer un tout ; l'âme est une, simple, indivisible ; c'est par elle que le corps vit et est un : car ce qui fait l'unité des corps qui sont ici-bas, ἐνταῦθα, c'est l'âme ou une partie de l'âme ou quelque chose d'analogue ; sans ce principe il n'y a que multiplicité et dispersion, πολλὰ καὶ διαλύεται[1]. En tant qu'essence et forme, l'âme est éternelle, impérissable ; elle ne naît pas, elle se réalise seulement ; ou bien si elle périt et naît, c'est dans un objet qu'elle abandonne ou vient habiter, sans pour cela périr ou naître en soi : elle est incréée et éternelle[2]. Tandis que le corps est sujet au mouvement, au changement, à l'altération, l'âme est immobile, en tant qu'acte, dans les trois catégories du mouvement, dont elle est cependant le principe ; elle n'est pas sujette au changement ni à l'altération, si ce n'est dans sa partie sensitive, ni au mouvement local, si ce n'est par accident. L'âme n'a point de lieu ni de position

---

[1] *Metaph.*, XIII, 2, 1077, a, 21.
[2] *Metaph.*, VIII, 3 ; VII, 5.

dans l'espace ; elle n'est point grandeur, point élément, point composée d'éléments ; elle n'est donc pas corps, pas même le plus subtil et le plus ténu[1]. Enfin l'âme se distingue du corps parce qu'elle lui commande, et que le corps est fait pour lui obéir[2] ; car elle est dans tout être vivant ce qu'il y a de plus précieux, de plus excellent : tout acte est supérieur à la puissance, et l'âme est l'acte de la puissance qui est le corps[3].

L'âme est donc substance, mais substance en tant que forme, en tant qu'idée, présente à la raison, substance pour la raison, οὐσία ἡ κατὰ λόγον, c'est-à-dire qu'elle est l'essence, τὸ τί ἦν εἶναι, d'un corps ayant telle qualité déterminée. Des exemples achèveront d'éclaircir cette notion. Voici une hache, dont la fonction, le but, l'essence est de couper le bois ; cette fonction, cette substance ou essence formelle de la hache, peut-elle être dite son âme ? Non ; et pourquoi ? Parce que ce n'est pas toute fin remplie par un corps qui est âme, et l'âme de ce corps, c'est la fin à laquelle tend ce corps par sa nature même. C'est nous qui coupons le bois avec la hache : l'instrument n'est point un corps de la nature, tendant de lui-même à la fin, et contenant le principe initial du mouvement vers la fonction. Cette fin de tailler, cette notion, cette fonction, sans laquelle la hache ne serait plus la hache, ne peut cependant pas être considérée comme son âme, parce que la matière de la hache n'est pas le sujet interne, vivant, mais l'instrument mort d'une action dont le principe lui est extérieur. Mais si la hache était un corps naturel vivant, le tailler du bois serait son âme[4].

C'est quand le corps est engendré par la nature, quand il a la vie en puissance, c'est-à-dire quand il a en lui-même le principe du mouvement et du repos, qu'on peut dire que sa forme substantielle, son essence, sa fonction, sa fin idéale est une âme, et son âme[5]. L'âme est ce qui meut le corps de la puissance à l'acte, τὸ κίνησαν ἐκ δυνάμεως εἰς ἐνέργειαν ; mais elle est en même temps la fin et l'acte où le corps vivant en

---

[1] *De Anim.*, I, 5.

[2] *Polit.*, I, 2, 10 ; IV, 1, 4 ; VI, 3, 13. *Top.*, V, 1, 126, b, 19. L'argument est tout platonicien.

[3] *De Anim.*, I, 5. *Top.*, III, 1. *Magn. mor.*, I, 2.

[4] Conf. Kuno Fischer, *Gesch. d. Neuern. phil.*, t. II, Leibniz, p. 390.

[5] *De Anim.*, II, 1.

puissance tend et aspire. L'âme n'est pas le vivant, qui est l'unité du corps et de l'âme ; et cependant la vie est dans l'âme, ἐν τῇ ψυχῇ ; l'âme participe à la vie, τῆς ζωῆς κοινωνεῖ[1], et n'est pas seulement le principe, par lequel les êtres vivants se distinguent des autres.

Autre exemple : l'œil est un organe d'un être animé ; mais supposons qu'il soit lui-même un animal, un être vivant : son essence, sa forme substantielle, qui est la vue, serait son âme. Privé de la vue, l'œil ne serait pas plus un œil que s'il était de pierre ou n'existait qu'en peinture, et cependant il n'aurait rien perdu de sa matière. Ce que nous venons de dire d'un organe, nous pouvons le transporter au corps entier ; car les rapports sont analogues. Ce qu'un organe particulier est à une fonction particulière, le corps entier considéré comme un organisme sensible l'est à la fonction générale de la sensation. Ce n'est pas le corps privé de son âme qui a la vie en puissance, c'est le corps qui la possède. Avoir la vie en puissance, c'est avoir l'âme[2].

Il faut bien remarquer que le corps humain n'est pas un être en puissance de vivre, comme la semence est tel corps, le fruit, tel arbre en puissance ; le corps humain a la vie en puissance, quand il a l'âme, et il perd, en perdant l'âme, cette puissance de vivre que seule elle lui communiquait. Ce n'est que sous cette condition que le corps est ce qui est en puissance de vivre, et l'âme, l'acte de cette puissance. Ainsi couper, voir, sont des actes comparables à l'état de veille ; la vue, la puissance de couper, sont comme l'âme, par rapport à la puissance, qui est le corps. Ce qui veut dire[3], que l'âme est l'acte premier, c'est-à-dire le principe général des fonctions et des actes particuliers de la vie, plutôt ἕξις que entéléchie pure et vraie ; c'est une activité qui n'est pas un acte actuel, qui manque de cet acte second et parfait, et est en quelque sorte la puissance de l'acte même. Il y a donc

---

[1] *Metaph.*, VIII, 6, 1045, b, 21 ; IX, 8, 1050, a, 35. Ce n'est pas le moment de relever ce qu'il peut y avoir d'obscur et peut-être de contradictoire dans ces analyses. Nous réservons pour une autre partie la critique de toute la théorie.

[2] Ainsi l'âme, qui est l'acte du corps ayant la puissance de vivre, est en même temps le principe de cette vie en puissance du corps. Le principe d'organisation et de vie est donc identique à l'âme.

[3] Si je comprends bien cet obscur passage, que les commentaires de Trendelenburg laissent sans explication et que M. Torstrick déclare mutilé.

l'acte parfait ou second, l'acte premier ou imparfait, qui est l'âme, et la puissance qui est la matière; et de même que dans le sens visuel on distingue la vision actuelle, la vue ou faculté de voir, l'œil matériel composé de la pupille et autres éléments, de même il y a dans l'homme, formé de leur synthèse, l'acte actuel et éveillé, l'activité générale, c'est-à-dire l'acte à l'état naissant, premier, endormi, et le corps. L'œil réel est l'unité de ces éléments comme le vivant est l'unité de l'âme et du corps[1].

Il est nécessaire de résumer cette obscure démonstration. Aristote veut prouver que l'âme est substance, et ses arguments s'enchaînent dans la série suivante: la différence des substances se révèle et ne peut se révéler à nous que par la différence de leurs opérations, fonctions, mouvements naturels. Nous voyons des êtres qui pensent, sentent, se meuvent, se nourrissent, croissent, dépérissent, naissent et meurent, et à qui ces fonctions sont naturelles: nous les appelons vivants; nous voyons d'autres êtres qui n'ont aucun de ces mouvements, du moins par nature: nous les appelons non-vivants; et nous sommes autorisés à conclure qu'il y a entre le vivant et le non-vivant une différence substantielle, essentielle, manifestée par la différence essentielle de leurs fonctions et mouvements naturels. Cette différence est la vie même, ce par quoi le vivant se différencie substantiellement du non-vivant, ou, ce qui revient au même, ce par quoi ce qui a une âme se différencie substantiellement de ce qui n'a pas d'âme, διωρίσθαι τὸ ἔμψυχον τοῦ ἀψύχου; car le principe, la cause de l'être et de la vie, choses identiques pour l'animal, c'est l'âme, αἰτία δὲ καὶ ἀρχὴ τούτων (l'être et la vie), ἡ ψυχή. Le vivant est substance; l'âme principe de la vie du vivant est donc substance; car les principes sont différents pour les différentes substances, et les principes de substances sont substances assurément. En effet, on donne ce nom de substance: 1° aux principes matériels des êtres réels, des êtres au sens propre; 2° aux parties intégrantes de ces mêmes êtres, qui font partie de la définition; et enfin 3° aux principes et causes intrinsèques de l'existence de ces mêmes êtres qui sont toujours sujets et non attributs. L'âme est donc substance et essence de l'être animé[2].

---

[1] *De Anim.*, I, 1, 11.
[2] *Metaph.*, V, 8.

Mais maintenant l'âme, substance de l'être animé, est-elle une cause et un principe interne de cet être, ou bien une substance différente de lui, un principe extérieur à sa substance et placé en lui comme un matelot dans une barque[1]? L'âme est-elle séparable du corps comme le matelot peut sortir de son bateau ? Le corps et l'âme font-ils un seul être ? La réponse, d'après ce que nous avons dit, est évidente. Nous avons vu que tout être soumis au changement est nécessairement le composé d'une matière et d'une forme, l'unité de l'acte et de la puissance. Dans l'être vivant la forme et l'acte, c'est l'âme ; la matière et la puissance, c'est le corps ; le lien qui unit l'âme au corps est donc le lien indissoluble et nécessaire qui lie l'acte à la puissance et la forme à la matière. Les rapports de l'acte et de la puissance sont des rapports internes et nécessaires. La puissance n'est pas le contraire de l'acte : elle en est le corrélat et la coexistence virtuelle des opposés. L'être en acte ne fait qu'un avec l'être en puissance. Le corps qui est uni à l'âme l'a toujours possédée en quelques manières, sans cela, il n'eût pas été corps ; car ce n'est pas tout corps qui reçoit toute âme, comme l'ont rêvé les Pythagoriciens. De même la matière immédiate, prochaine, et la forme sont une seule et même chose, parce que la matière immédiate est déjà formée[2]. Voilà pourquoi l'homme, l'être animé, est un par essence et n'est double que par accident[3]. L'acte de tout être ne se réalise que dans l'être en puissance, qui ne fait qu'un avec lui ; la forme ne se réalise que dans la matière propre, naturellement destinée à la recevoir, et qui, déjà, en quelque façon, dans quelque mesure, la possédait à l'état latent, endormi. Il n'y a de perfection, d'entéléchie, que pour la chose qui possède la puissance de cette entéléchie et, ce qui revient au même, qui possède cette entéléchie en puissance.

Il y a deux sortes d'entéléchies : l'une, première, imparfaite, naissante ; l'autre, seconde, parfaite, réelle. Le corps est puissance, mais il y a deux sortes de puissances : l'une, propriété passive, qui ne fait que se prêter au mouvement ; l'autre active, principe d'un mouvement et qui est déjà une

---

[1] Ou comme le père, principe et cause de l'enfant qu'il engendre, reste une substance, un être différent de lui.

[2] *Metaph.*, VIII, 6.

[3] *Metaph.*, V, 15.

force. Il n'est donc pas douteux que l'âme et le corps, l'une entéléchie première, l'autre puissance active, force, ne fassent qu'un seul et même être indissoluble ; car on a bien de la peine à les distinguer, et ils semblent parfois, dans l'esprit d'Aristote, être non pas les deux facteurs, mais deux degrés différents d'un seul et même être. Ainsi l'âme n'est point séparable du corps, dont elle est l'acte ; les parties de l'âme, si tant est qu'elle ait des parties, ne sont point séparables des parties du corps dont elles sont les actes ; car les parties du corps ont aussi leurs entéléchies particulières, du moins certaines ; car il n'est pas impossible que certaines parties de l'âme ne soient pas liées à certaines parties du corps, ne soient liées à aucune partie du corps, soient par conséquent acte pur, et non l'acte ou l'entéléchie du corps. Les parties de l'âme seraient alors accidentellement dans le corps, avec lequel elles n'auraient aucun lien substantiel, et en pourraient sortir comme le matelot peut sortir de sa barque, où il n'est qu'accidentellement. Mais c'est là un point encore obscur[1]. Ainsi l'âme est unie au corps, de façon à faire du composé un tout un ; cette union se peut produire de trois façons :

1° Le corps est uni à l'âme qui n'a que la faculté de se nourrir, de croître, de se propager : les êtres résultant de cette union forment le règne végétal.

2° Le corps est uni à l'âme qui, outre ces fonctions de la vie végétative, est douée du désir et des facultés qui l'accompagnent nécessairement : les êtres produits par cette union forment le règne animal.

3° Le corps est uni à l'âme qui, outre les fonctions de la

---

[1] On remarquera la gravité de ces réserves : s'il y a dans l'âme deux parties dont l'une soit l'acte du corps, dont l'autre ne le soit pas, que devient l'universalité de la définition qui présente l'âme comme l'acte d'un corps organisé ? C'est précisément la partie la plus noble et par conséquent la partie essentielle de l'âme qui est exclue de la définition, qui doit donner l'essence. De plus quelle est la nature de la différence de ces deux parties ? Est-ce une différence substantielle et y a-t-il deux âmes ? Alors qu'est-ce qui en fait un seul être, qu'est-ce qui en fait l'unité pendant la vie ? La différence est-elle accidentelle ? Alors comment s'expliquer qu'elles aient des fonctions et opérations, des propriétés essentielles et naturelles, si différentes, puisque c'est par la différence des fonctions naturelles et essentielles que se manifeste la différence des substances ; or quoi de plus essentiellement différent qu'une âme liée au corps et inséparablement unie à lui, et une âme liée au corps mais séparable de lui ? Mourir est un changement dans la substance.

vie végétative et de la vie animale, jouit de la faculté supérieure et noble entre toutes, de l'intelligence : les êtres produits par cette réunion forment le monde de l'humanité[1].

§ 3.

DE LA SUBSTANCE ET DE L'ORIGINE DE L'AME.

La définition que nous avons donnée de l'âme est une définition très générale et sur laquelle il est nécessaire d'insister et de revenir, en suivant cette règle de la méthode qui prescrit de passer du connu à l'inconnu, ou plutôt de ce qui, en soi obscur, est plus clair pour nos faibles yeux à ce qui est en soi clair et rationnellement plus intelligible[2]. Une bonne définition ne doit pas se borner à exposer dans une proposition le fait de l'existence de la chose : elle doit contenir la cause et la rendre manifeste. Les vraies définitions sont en quelque sorte des conclusions. Si l'on demande qu'est-ce que la quadrature, on n'a pas suffisamment répondu en disant que c'est le fait qu'un rectangle équilatéral est égal à un rectangle étéromèque : il faut fournir la cause de ce fait, qui repose dans la moyenne proportionnelle qu'il faut avoir trouvée. Mais pour connaître cette cause générale, il faut que l'esprit humain se résigne à la chercher dans les faits particuliers qu'elle produit, et qui, quoique en soi plus obscurs, puisqu'ils ne s'expliquent pas par eux-mêmes, sont cependant par rapport à nous, πρὸς ἡμᾶς, plus connus. Par quels faits connus, par quelles opérations, quelles fonctions, quels

---

[1] *Metaph.*, XII, 5, 1070, b, 36. Ainsi Aristote distingue : 1° Le règne inorganique, le non vivant, ἄψυχος, dominé par la loi de la pesanteur, et dont les êtres ne sont capables que d'une seule espèce de mouvement. Les puissances qu'ils renferment sont comme mortes et ne peuvent en produire d'autre par elles-mêmes. 2° Le règne organique, le vivant, capable de plusieurs mouvements et en sens contraires. C'est l'âme qui fait la différence. La division du règne organique n'est souvent que bipartite (*Metaph.*, IX, 2 ; *Top.*, V, 5 et 6 ; *Ethic. Nic.*, VI, 1), comprenant : 1° des êtres ayant des facultés rationnelles ; 2° des êtres n'ayant que des facultés sans raison.

[2] Sur cette théorie que l'universel, considéré comme loi de la nature, est le dernier dans l'ordre de la connaissance humaine, qui commence par les faits particuliers, dont la cause et le principe sont cependant dans l'universel, voir *Top.*, VI, 4, 141. *Anal. Post.*, I, 2, 71. *Phys.*, I, 1, 184. *Metaph.*, VII, 4.

mouvements, quels pouvoirs qui font reconnaître son essence et prouvent son existence, l'âme se manifeste-t-elle, c'est ce que nous allons rechercher.

La définition de l'âme n'est pas la définition de l'être animé, et avant d'approfondir et de démontrer la première, il ne sera pas sans intérêt d'exposer les principes d'Aristote sur la définition du second. L'homme, par exemple, comment et par quoi doit-il être défini? C'est un être sensible, contenant une matière; il ne pourra pas être défini exactement, si l'on ne fait pas entrer dans la définition les parties sensibles de son être[1]; mais, d'un autre côté, ces parties matérielles ne sont parties de l'homme que si elles ont reçu de l'âme la fin où elles doivent tendre, la forme qu'elles doivent réaliser, la fonction qu'elles doivent remplir. Il n'en est pas de la définition des êtres de la nature, comme de celle des êtres mathématiques, du cercle, par exemple, dont la définition ne doit pas contenir la matière dont il peut être formé: car le vrai cercle est sans matière, et la matière avec laquelle on le forme ou on le figure est absolument accidentelle et étrangère à sa notion. Il en résulte que la définition doit contenir ces deux éléments essentiels de l'être animé, mais que c'est l'âme qui y joue le rôle prépondérant, parce qu'elle y est la forme, l'essence, la fin. L'homme est un être double; la double notion qui le constitue doit être contenue dans la définition. Ne considérer l'homme que comme une âme, c'est rompre le lien intime qui existe dans la réalité des choses entre l'âme et le corps en général, comme entre tel corps et telle âme en particulier; c'est méconnaître la vérité et la réalité.

Les parties d'un être sont antérieures ou postérieures au tout, c'est-à-dire, qu'elles ont moins de compréhension et plus d'extension, ou plus de compréhension et moins d'extension, selon qu'elles sont parties de sa forme ou parties de sa matière. Les parties matérielles sont postérieures; les parties de la forme substantielle sont antérieures, ou du moins quelques-unes.

L'âme est la forme substantielle de l'être animé: chaque

---

[1] *Metaph.*, II, 3, 1043. « L'âme est l'essence et l'acte d'un corps; l'âme et l'essence de l'âme, ψυχῇ εἶναι, c'est la même chose; mais l'homme et l'essence de l'homme, ce n'est pas la même chose, à moins qu'on ne dise que l'âme est l'homme même. »

partie de l'être animé ne pourra donc être définie que par sa fonction, c'est-à-dire par une certaine action de l'âme qui la détermine[1]. Les parties de l'âme humaine ou au moins quelques-unes sont antérieures à l'homme, et cela est vrai de l'homme universel comme de l'individu.

L'âme se présente ici comme un but, une fin, et c'est à ce titre qu'elle est antérieure, parce que, si elle ne crée pas proprement la matière du corps, elle n'en agit pas moins souverainement sur elle. L'efficacité du but est ce qu'Aristote appelle τὸ ἐξ ὑποθέσεως ἀναγκαῖον[2]. C'est le but qui est l'hypothèse ; car il est une idée qui n'est pas actuellement réalisée, mais qui se réalise en réglant, en déterminant, en produisant la série des développements, l'enchaînement des parties de l'être, en pénétrant dans la nature intime de la matière pour en tirer le produit. Le but est cause, cause première : voilà pourquoi on peut dire d'un organe que l'âme, qui y réside, l'a créé. Elle lui est donc antérieure. Il peut y avoir tout un système de buts intermédiaires qui s'échelonnent entre la puissance première et l'acte dernier. Ce sont des effets, puisqu'ils sont intermédiaires ; ce sont des buts, puisqu'ils sont en même temps des causes. Si la cause, qui est le but dernier, se retrouve dans chacun des effets ou buts intermédiaires, les changements que l'être éprouve par le mouvement naturel de la vie ne sont pas des altérations, ἀλλοιώσεις. Au contraire, ce progrès de la nature qui se développe ne fait que rappeler l'être à lui-même, ἐπίδοσις εἰς αὑτό[3], le rendre à lui-même. C'est pourquoi l'altération, ἀλλοίωσις, n'atteint pas l'âme[4].

Le corps et les parties du corps qui doivent également entrer dans la définition de l'homme sont au contraire postérieurs à l'essence de l'homme, c'est-à-dire à l'âme. Le corps humain se divise en parties matérielles ; l'homme lui-même, le composé, τὸ σύνολον, subit également cette division, mais

---

[1] *De Part. anim.*, I, 1, 641, a, 1, et 645, b, 14.

[2] *Phys.*, II, 9. *De Part. anim.*, I, 1, 11. Terme emprunté sans doute aux mathématiques.

[3] *De Anim.*, II, 5. Grande pensée sur laquelle Hegel a insisté, mais qui se trouve déjà complète et parfaitement claire dans Aristote qui en a trouvé la vraie formule, ἐπίδοσις εἰς αὑτό.

[4] *Phys.*, VII, 3, p. 246.

non pas l'essence[1]. Cependant, postérieures à l'essence, les parties matérielles sont antérieures au tout, du moins sous un certain rapport. On peut dire qu'elles sont antérieures puisque le tout, l'être concret, en est composé[2]; mais d'un autre côté on ne peut réellement dire qu'elles lui sont antérieures puisque des parties ne sont parties que d'un tout; elles ne peuvent exister séparément, en dehors de ce tout, et par conséquent antérieurement à lui. Le tout est le but de ses parties. Le doigt est toujours le doigt d'un homme vivant; séparé du corps animé, il n'est doigt que de nom, comme un cadavre à qui l'on conserve le nom d'homme, sans avoir plus rien de ce qui fait l'homme[3]. Supprimez le tout, il n'y a plus de parties. La raison qui fait qu'il en est ainsi, c'est que les parties de l'animal sont, il est vrai, nécessairement liées à une matière, mais ne sont pas cependant uniquement matière[4]. Ce n'est pas la matière seule qui constitue la partie, ni même sa forme externe, c'est sa forme interne, sa fonction, sa fin, qui est ou l'âme, ou une partie de l'âme, ou du moins ne peut exister sans l'âme : car, l'âme disparue, il n'y a plus d'animal, et les parties ne sont plus ses parties, si ce n'est par homonymie. Certaines parties matérielles paraissent, il est vrai, comme le premier substrat où résident le principe et la cause de la vie ; ces parties semblent posséder par elles-mêmes l'essence et la substance de l'être, et sont appelées pour cette raison « maîtresses de l'essence, κύρια τῆς οὐσίας[5] ». La partie essentielle de l'animal, qui n'est ni antérieure ni postérieure à l'âme, qui existe en même temps qu'elle, c'est le cœur[6]. C'est le premier organe qui apparaît dans l'être animé. Mais l'âme est la forme d'une matière déterminée, organisée, d'un corps : elle n'est donc pas corps, mais quel-

---

[1] Il est difficile de comprendre comment l'essence reste indivisible dans une division qui atteint l'être réel, unité de l'essence et de la matière. Ni Plotin ni Porphyre ne l'ont compris.

[2] Omnis pars naturaliter prior est suo toto (Roscelin, dans *Abélard*, éd. Cousin, p. 491) : c'est l'expression du principe de la cause efficiente; le tout est naturellement antérieur aux parties (Arist., *Polit.*, I, 2, 1253), c'est l'expression du principe des causes finales.

[3] *De Part. anim.*, I, 1, 640, b.

[4] *De Part. anim.*, I, 3, 643, a.

[5] *Metaph.*, V, 27, 1024, a.

[6] *Metaph.*, V, 1, 1013, a. *De Somn.*, 2, 456, a. *De Juv.*, 3, 468, b. *De Part. anim.*, II, 1, 647, a, et 703, a.

que chose du corps. Elle n'est jamais sans corps et de plus elle est dans quelque partie du corps ; cette partie sera le cœur, ou le sperme, partie « maîtresse de l'essence »[1]. L'âme non seulement est le principe de la vie, mais elle participe à la vie, τῆς ζωῆς κοινωνεῖ[2].

Aristote cherche alors à trouver un corps moins corporel que les éléments et différent d'eux, qui puisse contenir l'âme et à la vie duquel l'âme pourrait participer sans perdre sa nature.

En effet, si l'âme et le corps n'avaient rien de commun, comment expliquer le rapport intime de l'âme avec tel élément corporel et non avec tel autre, puisqu'il y aurait entre elle et chacun d'eux toujours une différence absolue d'essence. Il cherche donc à combler par un intermédiaire l'opposition de l'âme et du corps, soit en les réduisant chacun à n'être que des corrélats, sans existence réelle en dehors du rapport substantiel qui constitue l'être concret, soit en cherchant comme une autre substance dont participent également le corps et l'âme, et dans laquelle ils participent l'un de l'autre. « La puissance de l'âme, de toute âme, c'est-à-dire le principe premier, le germe de l'âme semble participer à la nature d'un corps différent de ceux qu'on appelle les éléments et plus divin qu'eux. » L'importance du passage exige que je le transcrive dans le texte original : « πάσης μὲν οὖν ψυχῆς δύναμις[3] ἑτέρου σώματος ἔοικε κεκοινωνηκέναι καὶ θειοτέρου τῶν καλουμένων στοιχείων. »

Ce corps, cette nature, φύσις, est différente, suivant les différents degrés de noblesse ou de bassesse qui séparent et distinguent les différentes espèces des âmes. « Il y a dans tous les animaux un principe contenu dans le sperme et immanent à lui, ἐνυπάρχει, qui fait qu'il est fécond et générateur, γόνιμα : c'est la chaleur. La chaleur n'est pas le feu ; ce n'est pas non plus une force de cette espèce : c'est un *esprit*, πνεῦμα, qu'enveloppe et contient en soi le liquide écumeux de la semence. La nature de cet *esprit*, Νοῦς, est quelque chose

---

[1] *De Vit.*, I, 467, b. *De Gener. anim.*, II, 737, a. τὸ δὲ τῆς γονῆς σῶμα ἐν ᾧ συναπέρχεται τὸ σπέρμα, τὸ τῆς ψυχικῆς ἀρχῆς.

[2] *De Gener. et corr.*, II, 3, 736, b. *Top.*, IV, 3, 2, 125, a, 25.

[3] L'âme, ainsi *est* une puissance à un de ses moments de développements, puisqu'elle *a* une puissance.

d'analogue à la substance sidérale[1]. Ce calorique est un corps, sans doute supérieur en dignité aux corps sublunaires, et semblable au principe divin de la matière sidérale, un corps délicat, léger, subtil, aériforme, mais enfin un corps. C'est ce corps qui contient l'âme à l'état de puissance, et qui est le sperme de l'âme, le sperme du principe psychique, τὸ σπέρμα τῆς ψυχικῆς ἀρχῆς, dont une partie est séparable du reste du corps dans les êtres où il enveloppe l'élément divin, c'est-à-dire le Νοῦς, et dont une partie est inséparable[2]. Nous voyons ici, non sans un certain étonnement, deux corps, l'élément très corporel, très matériel de la semence, appelé le germe de l'âme, et le corps formé des quatre éléments, eau, feu, air, terre; ce qu'il y a de plus étrange, c'est que le corps de la semence est séparable, en certains êtres et en certaines de ses parties, de ce que nous appelons notre corps.

De quelque façon qu'on tourne et qu'on retourne le passage, on arrive forcément à la conclusion que la puissance de l'âme ou l'âme en puissance est un corps, c'est-à-dire que la matière et la puissance sont le germe de la forme et de l'acte, que le corps est la puissance de l'esprit.

Et cependant dans ce même chapitre, Aristote enseigne que la raison vient à l'âme du dehors, est divine, et que son acte, sa réalité n'a rien de commun avec la réalité du corps[3]. Je ne trouve aucun moyen de concilier cette théorie de la raison venant du dehors avec celle qui la considère comme enveloppée dans l'élément psychique émis avec le sperme[4]. La question de savoir si ce sperme du principe psychique est

---

[1] *De Gener. anim.*, II, 3, 736, b. τὸ ἐμπεριλαμβανόμενον ἐν τῷ σπέρματι... 737, a...

[2] τὸ μὲν χωριστὸν ὂν σώματος, ὅσοις ἐμπεριλαμβάνεται τὸ θεῖον (τοιοῦτος δ' ἐστὶν ὁ καλούμενος νοῦς), τὸ δὲ ἀχώριστον. Ainsi la semence enveloppe un esprit..., et cet esprit, sperme de l'âme, a deux parties, dont l'une enveloppe l'élément divin, l'autre non, et cependant ce sperme de l'âme est dans son tout, dans sa nature, un élément, un corps divin, ou du moins y participe, ἑτέρου σώματος καὶ θειοτέρου κεκοινωνηκέναι...

[3] *De Gener. anim.*, II, 3, 736.

[4] Du reste, Aristote, qui a conscience des difficultés de ces questions, avertit de ne pas exiger sur ces points plus de clarté qu'il n'est possible d'en fournir: « Quant à la raison (νοῦς), quand, comment, elle participe à ce principe (l'âme), et d'où viennent les participants à ce principe, τὰ μετέχοντα ταύτης τῆς ἀρχῆς, c'est une grosse difficulté, et il faut s'encourager à le comprendre autant qu'on le peut, mais dans la mesure du possible.

l'éther, ou quelque autre substance analogue[1], a moins d'importance que la contradiction où nous nous trouvons amenés sur la substance propre de l'âme. L'âme est primitivement un corps aqueux qui, plus tard, se subtilise, se spiritualise, πνευμάτοῦται. Cet esprit vital, animal, se présente comme chaleur : toutes les parties des animaux et leur corps dans son ensemble ont une chaleur naturelle née avec lui et qui fait partie de leur nature, σύμφυτον. C'est dans le cœur que cette chaleur réside : c'est là le foyer, pour ainsi dire, où s'embrase, où s'allume la flamme de l'âme, τῆς ψυχῆς ὥσπερ ἐμπεπυρευμένης[2]. Le principe de la vie disparait lorsque la chaleur qui a sa part dans ce principe, κοινώνουν αὐτῆς, n'est pas tempérée par un refroidissement suffisant : la vie, c'est un feu qui se consume lui-même[3]. La naissance est le commencement de la communication de l'âme nutritive avec la chaleur ; la vie est la persistance de cette communication ; la jeunesse est le temps du développement de la partie cause du refroidissement nécessaire au maintien de la vie, parce qu'il tempère les excès de la chaleur ; la vieillesse est le temps de l'affaiblissement de ce principe.

Ainsi l'âme, suivant Aristote[4], n'est ni l'effet ni l'harmonie

---

[1] La fameuse *quintessence*, dont on lui attribue à tort la découverte : (quintam quamdam naturam censet esse e qua sit mens, Cic., *Tusc.*, 1, 10), se trouve déjà dans Philolaüs.

[2] *De Vit.*, 4. *De Respir.*, 8, 474, a, 25. *Id.*, 16, 478. διὰ τὴν ἐν τῇ περδίᾳ τῆς ψυχῆς ἐμπύρωσιν.

[3] *De Resp.*, 17 et 18.

[4] Il ne sera pas sans intérêt de citer ici l'opinion de Leibniz sur cette obscure et profonde question. *Théodic.*, part. III, § 397. « J'ai fait voir ci-dessus (part. I, § 86 sqq.) que les âmes ne sauraient naître naturellement ni être tirées les unes des autres, et qu'il faut ou que la nôtre soit créée, ou qu'elle soit préexistante. J'ai même montré un certain milieu entre une création et une préexistence entière, en trouvant convenable de dire que l'âme, préexistante dans les semences depuis le commencement des choses, n'était que sensitive, mais qu'elle a été élevée au degré supérieur, qui est la raison, lorsque l'homme, à qui cette âme doit appartenir, a été conçu, et que le corps organisé, accompagnant toujours cette âme depuis le commencement, mais sous bien des changements, a été déterminé à former le corps humain. J'ai jugé aussi qu'on pouvait attribuer cette élévation de l'âme sensitive (qui la fait parvenir à un *degré essentiel* plus sublime, c'est-à-dire la raison), à l'opération extraordinaire de Dieu. Cependant il sera bon d'ajouter que j'aimerais mieux me passer du miracle dans la génération de l'homme, comme dans celle des autres animaux, et cela se pourra expliquer en concevant que dans ce grand nombre d'âmes et d'animaux, ou du moins de corps

des organes ; elle est le principe producteur de l'organisation même ; elle est une force. Mais il est difficile de distinguer cette force de l'organisme qu'elle crée et avec lequel elle semble s'identifier. De plus, il y a deux espèces d'âme : l'une entéléchie d'un corps, l'autre qui n'est l'entéléchie d'aucun corps ; dans l'homme ces deux âmes n'en font qu'une, sans qu'on sache comment est opérée cette unité. L'esprit vient à l'homme du dehors, comme un étranger qui pénètre dans une demeure par la porte et y demande l'hospitalité pour un moment, et semble dans la nature humaine un accident inexplicable et non un élément essentiel.

Les oppositions purement rationnelles de l'individuel et de l'universel, de la forme et de la matière, de la puissance et de l'acte, semblaient nous conduire à l'unité de force et de substance, et nous aboutissons à une théorie de deux âmes substantiellement différentes, différentes comme l'éternel diffère du périssable.

§ 4.

LES PARTIES, LES FACULTÉS ET LES FONCTIONS DE L'AME.

Pour connaître l'âme, il ne suffit pas d'avoir déterminé sa forme et, si l'on peut l'appeler ainsi, sa substance matérielle, sa puissance et son acte : il faut encore rechercher quels sont ses accidents essentiels, ses fonctions passives et actives, énumérer ses parties si elle a des parties : ce sera la définir par la cause, puisque les facultés, étant des puissances, sont des causes. Or, la définition par la cause est la seule qui explique vraiment la nature de la chose, que la cause contient et qui s'en développe. La définition par la substance et la forme

---

organiques vivants qui sont dans les semences, ces âmes seules, qui sont destinées à parvenir un jour à la nature humaine, enveloppent (c'est la traduction presque littérale de la phrase d'Aristote, ὅσοις ἐμπεριλαμβάνεται τὸ θεῖον, τοιοῦτος δ' ἐστὶν ὁ καλούμενος νοῦς) la raison qui y paraîtra un jour, et que les seuls corps organiques sont préformés et prédisposés à prendre *un jour* (?) la forme humaine... Cette production est une manière de *traduction*, mais plus traitable que celle qu'on enseigne vulgairement ; elle ne tire pas l'âme d'une âme, mais seulement l'animé d'un animé, et elle évite des miracles fréquents d'une nouvelle création, qui feraient entrer une âme neuve et nette dans un corps qui doit la corrompre. »

était la plus universelle; la définition par la cause sera la plus propre.

L'être animé se distingue de l'être inanimé parce qu'il vit. L'âme est le principe de la vie. La vie se manifeste par l'un quelconque de ces quatre phénomènes que certains êtres réunissent : 1° l'intelligence, 2° la sensation, 3° le mouvement et le repos dans l'espace, 4° le mouvement d'accroissement et de dépérissement, résultat de la fonction de nutrition. Là où se manifeste une seule de ces fonctions, là est la vie. La plante est donc un être vivant; elle se nourrit, elle a une forme interne, un principe en elle-même qui produit son développement en sens contraires, en haut et en bas, c'est-à-dire qu'elle applique à toutes ses parties la nourriture absorbée. Nulle partie de la plante n'est dérobée à ce tourbillon, ce qui constitue l'organisme et la vie; enfin la plante vit par et pour un but, et sa vie n'a d'autre limite de durée que la limite où s'arrête sa fonction de nutrition [1].

La fonction de nutrition est indépendante des autres fonctions de l'âme, en ce sens qu'elle peut, comme cela est manifeste dans les végétaux, qui, de toutes les puissances de l'âme, ne possèdent que celles-là, en être séparée et subsister cependant, tandis que dans les êtres mortels du moins, les autres fonctions ne peuvent exister sans la nutrition, qui est ainsi la condition nécessaire, le fondement de toutes les autres fonctions, la vie sous sa forme première et la plus humble. La vie est la fonction même de l'âme; c'est par l'âme que les êtres vivants vivent. La nutrition, qui est une forme de la vie, suppose donc une forme de l'âme, une âme nutritive. C'est cette âme, cette force et ce principe que *paraissent* posséder les végétaux, puisqu'ils *paraissent* vivre [2]. La plante vit, mais elle n'est cependant pas un animal [3]. Le caractère principal et premier, distinctif et spécifique de l'animal, c'est de joindre à la nutrition le phénomène de la sensation. Tout être qui a la faculté de sentir, quand bien même il n'aurait pas celle de se

---

[1] « La vie est dans le mouvement des molécules qui entrent et qui sortent pour entretenir le corps de l'animal. » Cuvier, *Règne animal*, t. I, p. 11.

[2] Chose singulière, dans Aristote le système est dogmatique et affirmatif; la forme est très réservée et presque timide; on rencontre à chaque ligne ces formules, *il semble, il paraît*.

[3] Platon (*Tim.*) avait déjà fait cette distinction. « L'être vivant, dit-il, ζῶν, est différent de l'animal, τὸ ζῶον.

mouvoir et de changer de place, non seulement vit, mais est un animal.

De tous les sens par lesquels s'exerce la faculté de la sensation, le premier, le primitif, nécessaire et commun à tous les animaux, comme la fonction de nutrition est nécessaire et commune à tous les êtres vivants, c'est le toucher, le sens du tact[1]. L'instrument de ce sens est le plus matériel de tous nos organes : c'est pour lui servir que sont créées toutes les parties du corps, os, nerfs, peau, veines, même les poils, les cheveux, les ongles, qui donnent quelques sensations tactiles[2].

Tous les animaux possèdent le toucher : nous verrons que le goût est aussi un caractère nécessaire et commun à tous les animaux, parce qu'il est indispensable à l'alimentation et qu'il n'est guère qu'une sorte de toucher. De même que l'âme nutritive peut exister indépendamment de la fonction du toucher et de toutes les autres fonctions de la vie sensitive, de même le toucher, qui est conditionné par la fonction de nutrition, peut exister indépendamment de toutes les autres sensations, qui ne peuvent exister sans lui.

Aux fonctions de la nutrition, de la sensation, il faut ajouter celles de la pensée et du mouvement ; à ces fonctions correspondent des facultés : mais ces facultés constituent-elles chacune une partie de l'âme, ou la même âme suffit-elle à toutes ces fonctions? Si l'âme a des parties, ces parties sont-elles distinctes les unes des autres seulement dans la pensée et par la pensée, ou sont-elles réellement séparées et placées dans des lieux séparés? Ce sont des questions dont quelques-unes sont faciles à résoudre, mais dont quelques autres offrent de sérieuses difficultés[3].

L'âme n'est pas vraiment une substance, un être par soi et en soi ; sans quoi toute matière pourrait avoir une âme et avoir toute espèce d'âme. On ne voit dans cette hypothèse pythagoricienne et platonicienne aucune raison pour que l'âme d'une bête ne passe pas dans le corps d'un homme et réciproquement : ce que l'expérience dément et réfute[4] ; elle

---

[1] *De Anim.*, II, 2, 5. Conf. *De Part. anim.*, II, 8. Cuvier est plus vague ; il pose comme signe caractéristique de la vie animale tantôt la sensibilité, tantôt la respiration.

[2] *De Part. anim.*, II, 8.

[3] *De Anim.*, II, 2.

[4] Car ces âmes animales manifesteraient leur présence par des opérations

nous montre que ce ne sont que des corps ayant telle et telle constitution et propriété qui ont une âme, et une âme appropriée à leur corps, en sorte que, si le corps éprouve un changement qui porte atteinte à l'être lui-même, la mort par exemple, l'âme cesse d'habiter ce corps qui ne peut plus être sa demeure. L'âme détermine elle-même l'essence de son corps : elle n'est autre chose que l'acte du corps vivant. C'est par là que s'explique un autre phénomène qui prouve que les parties de l'âme, ou au moins quelques-unes, peuvent être réellement séparées et former des âmes distinctes et séparées, à savoir le phénomène merveilleux de la scissiparité ou fissiparité.

Nous savons par expérience de certaines plantes que, si on les coupe, dans chacune des parties coupées les fonctions de la vie végétative s'opèrent, que la vie continue de se manifester par ses actes, parce qu'il y a dans la plante une âme, une en acte, multiple en puissance. Dans quelques insectes, c'est-à-dire dans des animaux qui ont une autre espèce d'âme, se produit un phénomène analogue : si on les coupe en deux parties, nous voyons ces deux parties posséder chacune la sensibilité, nous voyons chacune se mouvoir, par conséquent avoir l'imagination et le désir sensible, puisque là où il y a sensation, là aussi il y a peine et plaisir ; et là où il y a peine et plaisir, il y a aussi désir et représentation de l'objet pénible ou agréable. D'un seul être, l'opération de la scission en a fait deux qui sont non seulement des substances corporelles, mais aussi animées. La division de la substance corporelle a donc multiplié les âmes. Dans l'hypothèse où l'âme est étrangère au corps et forme une substance en soi et pour soi, on ne comprend pas le phénomène, qui trouve une explication toute naturelle aussitôt qu'on ne considère l'âme que comme l'actualité d'un corps. Coupez un triangle en deux, et vous obtenez deux triangles qui existaient en puissance dans ce qui était le triangle unique en acte. De même coupez certains corps animés et vivants: où il n'y avait qu'une vie, qu'une âme en acte, il y en a plusieurs en puissance ; la pluralité des

---

conformes à leur nature, ce qu'elles ne font pas ; et quand même on supposerait que le corps où elles sont ne leur permet pas de manifester leur existence par des actes conformes, l'union d'une âme et d'un corps qui ne seraient pas faits l'un pour l'autre n'aurait pas de but. Or la finalité est la loi qui domine la nature entière et tous ses phénomènes.

principes de vie est en puissance dans l'unité de la plante et de l'animal, et ils n'attendent pour passer à l'acte que la section même, qui a comme coupé les liens qui les retenaient dans la puissance[1]. Il est vrai que ces parties n'ont pas une vie qui dure[2]. Mais cela ne fait rien à la chose ; cela vient de ce qu'ils n'ont pas les organes nécessaires à la conservation de leur être[3], comme si à un être parfait et complet, on fermait les organes propres à la nourriture.

Nous venons de voir que l'âme végétative se sépare de l'âme sensitive en acte, puisque les végétaux ne possèdent que la première : elle forme donc un genre d'âme à part, et pouvant exister séparément des autres. L'intelligence, la raison, semble également être une âme différente des autres en espèce, et pouvant s'en séparer comme l'éternel se sépare et s'isole du périssable[4]. Cette espèce d'âme n'est pas l'actualité d'un corps; elle n'est pas quelque chose du corps. Alors elle n'est plus ce par quoi l'être vit, mais elle est ce qui vit même. Dans Dieu, le Vivant éternel et parfait[5], l'âme[6] est identique à l'ἔμψυχον, et le ζῶον est appelé *la vie*, Ζωή.

Ainsi certaines parties de l'âme sont des parties qui peuvent être séparées les unes des autres : nous verrons plus loin à quelles conditions et sous quelles réserves.

§ 5.

RAPPORTS DE L'AME ET DU CORPS.

Toutes ces facultés et fonctions, en y comprenant la pensée, sont communes à l'âme et au corps ; car l'imagination, comme nous le verrons, a son principe dans la sensation, qui ne peut opérer ses actes sans les organes ; et la raison elle-même ne peut exercer sa fonction sans images, et par conséquent sans

---

[1] Brandis, *Arist.*, p. 1010, 1037, 1097, 1282.
[2] *De Anim.*, II, 2.
[3] Aristote n'en connaissait pas d'exemple, *De Longitud.*, 6, 467 a, 20 ; *De Juvent.*, 2, 468 b, 5.
[4] *De An.*, 1, 5, 411 b, 22.
[5] *Met.*, 12, 7, 1072 b, 29.
[6] ψυχὴ θεοῦ, *De An.*, l. 1, 5, 402 b, 7.

la sensation ; ainsi il n'y a aucune fonction de l'âme qui soit absolument affranchie des conditions matérielles du corps et qui puisse s'exercer sans corps[1]. La vie est un mouvement dont l'âme est le principe, sans y participer elle-même, et précisément parce qu'elle n'y participe pas. Mais les mouvements, qui n'atteignent pas l'âme, se produisent dans le corps[2] par l'influence qu'exerce sur lui l'âme, dont il est l'instrument, et l'esclave naturel complètement soumis[3].

Le corps est fait pour l'âme précisément parce qu'il n'existe que pour une fin, pour une certaine action dont l'âme est la cause et dont il n'est que l'instrument. De même chaque partie, chaque organe du corps a sa fonction pour laquelle et par laquelle il est produit, et que la sage et prévoyante nature lui a assignée[4].

C'est donc la nature de l'âme qui détermine la nature du corps et des organes ; le rapport qui existe entre eux est le rapport intime de la fin aux moyens. Le corps n'est que le système des moyens nécessaires, appropriés à la réalisation d'une fin, et cette fin est l'âme. Ce n'est pas parce qu'il a des mains que l'homme est le plus intelligent des animaux : ce serait renverser l'ordre des essences ; ce serait faire provenir le plus noble de ce qui l'est le moins. Au contraire, c'est parce que l'homme est, en puissance, le plus intelligent des animaux, que la nature lui a donné un corps approprié à cette fin, des organes, instruments nécessaires pour la remplir, et entre autres la main, le plus utile, le plus parfait de ses organes, l'instrument des instruments[5].

Il ne faut pas se laisser tromper par les apparences[6] : ce

---

[1] *De Anim.*, I, 1, 12.

[2] *De Mot. anim.*, 6.

[3] *Polit.*, I, 5. « L'âme exerce sur le corps un empire despotique, tandis que l'empire que la raison, ὁ Νοῦς, exerce sur le désir est un empire politique et royal, » c'est-à-dire qu'il y a dans le désir, fonction de l'âme, une force propre et capable de résistance, qui ne se retrouve pas dans le corps considéré comme matière, puisque toute sa force est dans la vie qui l'organise, et que le principe de la vie est l'âme.

[4] *De Part. anim.*, I, 1. *Id.*, IV, 8 et 10 ; III, 1.

[5] *De Part. anim.*, IV, 10.

[6] Ces apparences sont si fortes qu'Aristote s'y laisse quelquefois prendre lui-même : il dit en effet « que l'homme est le plus intelligent des animaux, parce que c'est chez lui que le sens du toucher est le plus parfait; » (*De Anim.*, II, 9, 421, a.) « que parmi les hommes ceux-là ont une intelligence

qui est pour nous, πρὸς ἡμᾶς, dans le développement réel et dans le temps, le dernier, est dans l'essence, dans la vérité, le principe déterminant et par conséquent le vrai *prius*, l'antérieur, la fin, la cause[1]; c'est l'âme qui détermine le corps destiné à lui servir d'instrument. L'âme est donc la vraie essence de l'être vivant, et si bien, que la définition de l'âme humaine est une définition de l'homme[2].

La pensée d'Aristote sur les rapports de l'âme et du corps dans l'être vivant, et en général sur les rapports de l'esprit et de la matière, du monde et de Dieu, n'est pas parfaitement claire, ni même parfaitement constante. L'âme se sert du corps, comme le musicien de la flûte; mais le musicien ne peut obtenir de la flûte que des sons et des effets d'une certaine nature et qui dépendent de la matière et de la forme de l'instrument. « L'âme est la cause du corps, τοῦ σώματος αἰτία. » Cela veut-il dire que l'âme crée son corps de toutes pièces, sa matière comme sa forme; il ne semble pas que telle puisse avoir été la pensée d'Aristote qui conçoit Dieu non comme un créateur *ex nihilo*, mais comme un ordonnateur, un architecte du monde. L'âme est dans le corps, dit Aristote, mais dans un corps qui a une forme déterminée, τοιούτῳ, et en harmonie avec elle. Mais de qui la matière de ce corps a-t-elle reçu cette forme déterminée qui la rend propre à être le corps de cette âme? L'acte de chaque chose reçoit de la nature sa destination dans une puissance propre et dans une matière propre, ἐν τῷ δυνάμει ὑπάρχοντι καὶ τῇ οἰκείᾳ ὕλῃ πέφυκεν ἐγγίνεσθαι[3]. Qu'est-ce que c'est que cette nature qui approprie le corps à l'âme qu'il doit recevoir? Est-ce l'âme même, et la même âme ou une autre âme? Et en supposant que ce soit l'âme même qui crée les formes et aptitudes du corps, de son corps propre, est-ce elle aussi qui en crée la matière et la puissance? Mais la matière, dans la théorie d'Aristote, n'est qu'un facteur

---

supérieure, qui ont une chair plus délicate et une sensibilité plus raffinée. » (*Metaph.*, I, 1, 980, b.) On trouve encore (*De Part. anim.*, II, 2; IV. 10. *De Resp.*, 13) quelques contradictions qui sont ou des négligences de langage, ou des résultats du double point de vue où l'on peut tour à tour se placer pour déterminer l'antérieur et le postérieur

[1] *De Anim.*, II, 4, 3. ἔστι δὲ ἡ ψυχὴ τοῦ ζῶντος αἰτία καὶ ἀρχή. *De Part. anim.*, I, 5.

[2] *Metaph.*, VII, 1037. *Top.*, V, 1, 4.

[3] *De Anim.*, II, 2, 14.

idéal, une abstraction en dehors de l'être concret où elle se réalise en s'unissant à la forme ; la puissance, même passive, a toujours quelque rapport, quelque aptitude, quelque harmonie interne et intime avec son acte propre ?

Ce sont autant de questions que nous ne pouvons résoudre dans le système d'Aristote, et sur lesquelles nous ne pouvons donner, en l'analysant, plus de détails et répandre plus de clarté, qu'il n'a fait lui-même. Le principe des causes finales domine, dans le système d'Aristote, la nature entière et se manifeste avec éclat, surtout dans l'être organisé et vivant, petit monde, μικρὸς κόσμος, où se réfléchit le grand[1]. Toutes choses sont déterminées par leur fonction, leur opération, leur puissance ; toute chose a un but déterminé, une fin où tend son mouvement et qui constitue sa nature[2]. Aussi les causes matérielles sont-elles insuffisantes à expliquer et à définir l'organisme, parce qu'elles sont insuffisantes à le produire. La chaleur peut aider à l'alimentation, peut concourir au développement du corps[3]; mais la vraie cause de ce mouvement, comme de tous les autres mouvements et fonctions de l'organisme, est l'âme, parce qu'elle est le point inétendu et immobile, d'où partent et où retournent tous les mouvements, parce que c'est l'âme qui les règle, les mesure, les conduit à un résultat déterminé, à un but. Le feu, au contraire, livré à lui-même, produirait un développement sans limite et brûlerait tant qu'il trouverait une matière[4]. Tout ce qui est un être constitué par la nature a une limite, un rapport mesuré de grandeur, un terme de son développement, et tout cela est le fait de l'âme, d'une raison, plutôt que d'une matière. Empédocle a donc eu tort de chercher à expliquer par l'action seule du feu, comme élément matériel, le phénomène de la végétation et celui de l'accroissement qui en est la suite. La cause qui fait que le feu et la terre, éléments intégrants des plantes, sont unis en elles, en une seule forme inséparable, et que de plus elles sont

---

[1] *Phys.*, VIII, 2, 252, b.

[2] C'est pour cela que le moteur, absolument ou relativement premier, est toujours absolument ou relativement immobile. Car c'est la fin qui est le principe du mouvement, et la fin d'un être, qui le meut, ne peut changer, puisque cette fin, c'est sa nature même.

[3] *De Anim.*, II, 4. τὸ συναίτιον. C'est la cause coopérante du *Timée*.

[4] *De Anim.*, II, 4.

comme poussées dans tous les sens contraires et que leur volume s'accroît, cette cause n'est et ne peut être que l'âme, sans laquelle ils se disperseraient et se sépareraient les uns des autres, chaque élément retournant en son lieu propre.

La formation de l'organisme ne s'explique que par l'âme, qui en est la cause finale; qu'il s'agisse de l'organisme du plus humble animal ou de celui de l'homme, ce n'est pas en nous en faisant connaître la matière qu'on nous le fera connaître lui-même. Il faut rendre compte de sa forme entière, τῆς ὅλης μορφῆς. Celui qui veut nous donner une idée vraie de la maison ne se borne pas à énumérer les matériaux, bois, briques, mortier, qui entrent dans la construction; de même le physiologiste ne doit pas se borner à l'énumération des matières de l'organisme de l'animal, mais montrer le système, la synthèse, l'essence totale, τῆς ὅλης οὐσίας, le lien et l'unité des parties qui donne sa forme au tout, et cette force, cette cause de l'unité et de l'essence, que peut-elle être que l'âme? Sans doute ces matières elles-mêmes contiennent des formes élémentaires, comme, par exemple, la force naturelle d'attraction qui pousse les molécules semblables à s'agréger[1]; mais jamais on n'a vu cette attraction moléculaire de la matière inorganisée produire ni un organisme complet, ni quelques parties d'un organisme.

Il y a, pour expliquer l'organisme enveloppé dans le fétus, comme pour le produire, une cause à part: c'est la vie, c'est l'âme. C'est parce que le flux sanguin de la femme est déjà un organisme complet en puissance, que cet organisme s'en développe en acte sous certaines conditions. La formation du fétus est conditionnée par deux principes, l'un passif, matériel, l'autre actif, formel; l'un est mâle, l'autre est femelle; lorsqu'ils se rencontrent et se touchent, la puissance se transforme en acte. L'organisme caché dans les éléments sanguins du flux menstruel se réalise en un germe actuellement, réellement vivant. Les choses de l'art sont produites à l'aide d'instruments, ou plutôt à l'aide du mouvement de ces instruments: ce mouvement est réellement ainsi l'acte, l'énergie de l'art, ἡ ἐνέργεια τῆς τέχνης, et l'art lui-même sera la forme déposée par ce mouvement dans une autre chose en tant qu'autre, ou le principe de cette production. Il en est de même de l'âme; c'est l'âme, force interne de l'animal et du végétal, qui

---

[1] *De Gener. anim.*, II, 4, 740, b.

produit et compose tout d'abord l'être naturel, τὸ φύσει γιγνόμενον, qui opère ensuite par l'alimentation son développement et son accroissement, en se servant comme d'instruments de la chaleur et du froid. La chaleur et le froid sont des forces; mais c'est l'âme qui les met en mouvement, qui les conduit, les contient, les dirige, et donne ainsi la forme au produit vivant. Toute chose produite suivant une forme est produite par une âme, lieu des formes, τόπος εἰδῶν[1].

La nature, c'est l'âme même. La nature d'une chose est primitivement et proprement l'essence ou la forme essentielle de l'être qui a en lui-même, et en tant qu'il est ce qu'il est, le principe de son mouvement et de son repos[2]. Or, c'est là la définition de l'âme, et, comme l'âme, la nature est nécessairement liée à un sujet, à un substrat matériel, ἐν ὑποκειμένῳ ἐστὶν ἡ φύσις ἀεί[3]. Cette activité concrète et régulière qui se porte sans contrainte à une fin qui est sa perfection[4], qui vise toujours au bien et fait tout pour le mieux[5], qui met et conserve partout l'ordre et la beauté, c'est la vie, et donner la vie, c'est l'œuvre de l'âme[6].

La nature, qui n'est autre chose que l'âme, ne produit rien, ne fait rien en vain[7]; elle crée l'organisme : chaque organisme aura sa fonction; chaque organe son opération; on n'en voit aucun inutile, aucun qui apparaisse avant d'être nécessaire ou utile, aucun qui se développe, quand son développement n'aurait plus de but. La nature n'est point avare, πανυγρῶς; on la voit souvent déployer une richesse, une magnificence admirables; mais il ne faut pas croire que dans ces créations mêmes elle n'a pas de but : l'ordre et la beauté sont des fins dont la nature ne se désintéresse pas[8]. La nature n'est point avare, mais elle est économe et sage; comme une bonne ménagère, elle ne laisse rien perdre; elle ne multiplie pas les organes, quand elle est assurée que sans ce luxe les fonctions seront convenablement remplies. Elle règle l'ordre

[1] *De Gener. anim.*, II, 4, 740, b.
[2] *Metaph.*, V, 5, 1015, a.
[3] *Phys.*, II, 1.
[4] *Phys.*, II, 8. *De Anim.*, III, 12. *Polit.*, I, 8.
[5] *Phys.*, VIII, 7. *De Gener. et corr.*, II, 10.
[6] *Phys.*, VII, 1 et 1. *De Gener. et corr.*, IV, 2.
[7] *De Gener. anim.*, II, 6, 744, a.
[8] *De Part. anim.*, III, 14, 675, b. *Polit.*, I, 2, 1252, b.

dans lequel chaque partie de l'organisme doit apparaître, et elle apparaît juste au moment où elle devient nécessaire à une fonction. Il faut bien entendre qu'il ne s'agit pas d'une création d'organes, mais simplement d'un développement; car les parties essentielles de l'organisme ne sont ni antérieures ni postérieures à l'âme : elles existent en même temps qu'elle.

La finalité, qui implique l'âme, car une fin est une pensée, éclate partout dans le monde organisé; elle constitue le rapport même de l'âme au corps. Tout animal est pourvu des organes qu'exigent ses conditions d'existence et le but auquel il est appelé. Les causes matérielles ne sont que des moyens, des instruments, mis en mouvement par les causes finales, seules essentielles. La matière est insuffisante à expliquer même l'organisme et la vie, à plus forte raison l'âme. Malgré l'intimité des rapports entre le corps et l'âme, c'est donc par l'ensemble des facultés, des fonctions de l'âme, qu'il faut chercher à la bien connaître.

Lorsque nous savons, ce par quoi nous savons est d'une part la science, que l'âme possède, d'autre part l'âme capable de posséder la science; lorsque nous sommes bien portants, ce par quoi nous sommes bien portants, c'est, d'une part, la santé que possède notre corps ou quelque partie de notre corps; de l'autre, notre corps ou quelque partie du corps qui possède la santé et est capable de la posséder. Qu'est-ce donc que la santé? C'est la forme et l'acte du corps qui avait la puissance de se bien porter; qu'est-ce que la science, c'est la forme et l'acte de l'âme qui avait la puissance de savoir. Pourquoi en est-il ainsi? Parce qu'en toute chose les éléments agissants, l'influence efficace et effective, l'activité a son siège, réside d'une façon intime, naturelle et immanente dans les éléments passifs, dans la puissance. De même, ce par quoi nous vivons, sentons, pensons, c'est d'une part la forme et l'idée, l'âme, l'élément actif, et d'autre part le corps, l'élément passif, mais qui possède naturellement et intimement la puissance de recevoir et de subir cette action.

Cependant de ces deux éléments par lesquels nous vivons, sentons, pensons, on doit dire que le principe essentiel, le principe premier, sinon dans le temps, du moins dans l'ordre de l'essence, c'est l'âme et non le corps, parce que l'âme est la forme, antérieure et supérieure, comme cause idéale du corps, postérieur et inférieur, comme effet idéal de l'âme.

Ces deux éléments de la vie sont dans le rapport de l'acte et de la puissance, et de même qu'il n'y a pas de puissance sans acte, ni d'acte sans puissance, il n'y a pas d'âme sans corps ni de corps sans âme. L'âme n'est pas un corps, puisqu'elle n'est pas une puissance pure ; elle est quelque chose du corps, puisqu'elle est un acte toujours lié, dans les choses sujettes au changement, à une puissance. Voilà pourquoi et comment elle a son siège naturel dans le corps ; non pas dans un corps quelconque, mais dans un corps disposé et composé de telle manière. Car toute chose prise au hasard ne peut pas recevoir en soi la première chose venue ; l'acte d'une chose ne se réalise que dans la puissance propre de l'acte de cette chose, et dans la matière naturellement disposée à recevoir cette forme. Il n'y a d'acte que pour la chose qui possédait en soi la puissance de devenir cet acte. L'acte et la puissance sont liés par des rapports internes indissolubles. La puissance n'est pas le contraire de l'acte : elle est la coexistence virtuelle des opposés de la forme et de la privation. L'être en acte ne fait qu'un avec l'être en puissance. Le corps qui est uni à l'âme l'a toujours possédée en quelque manière : sans cela il n'eût pas été corps, et le corps de cette âme. Ce n'est pas tout corps qui possède toute âme. La matière immédiate et prochaine est une seule et même chose avec la forme, parce que la matière prochaine est déjà formée. Voilà pourquoi l'être animé est un par essence, et n'est double que par accident [1].

§ 6.

UNITÉ DE L'AME ET SES DIVISIONS.

En quel sens peut-on dire que l'âme a des parties, et combien en a-t-elle ? C'est une question que pose Aristote et à laquelle il est loin d'avoir répondu avec précision, et surtout d'une manière constante. Chose assez singulière, c'est à la fin de son ouvrage [2] qu'il donne à ce sujet les plus grands détails, bien que la question se présente tout au commencement du second livre : il est, en effet, nécessaire de la résoudre pour définir l'âme, puisqu'il n'y a pas d'âme en général, et que la

---

[1] *De Anim.*, II, 2. *Metaph.*, VIII, 6; V, 15.
[2] *De Anim.*, III, 9, 2.

définition de l'âme ne peut être une que comme l'est la définition de la figure en géométrie. En géométrie, toute figure est déterminée, c'est un triangle, un carré, un pentagone. Eh ! bien, toute âme est aussi une âme déterminée. On peut sans doute trouver une notion commune qui convienne à toutes les figures et à toutes les âmes déterminées, sans être exclusivement propre à aucune; mais il serait absurde de chercher pour les âmes, comme pour les figures géométriques, une notion commune qui ne serait ni propre à aucune des choses en question, ni relative à une espèce particulière.

Il faut donc chercher quelles sont les espèces déterminées de l'âme pour en bien connaître et définir l'essence vraie. Car l'âme n'existe réellement que dans son espèce et encore partiellement. L'âme, si ce n'est dans l'homme, n'est pas un être vivant; elle est la forme d'un être vivant, le principe de ses fonctions vitales. Elle n'a donc pas proprement de parties : ce sont les êtres vivants dont elle n'est que la forme qui peuvent se prêter à une division, à une classification d'espèces, que l'on reporte ensuite à l'âme même, par une opération mentale plutôt que réelle.

Les fonctions vitales sont non seulement diverses, mais séparables et séparées. Cette division peut être envisagée à un double point de vue : ou certaines fonctions sont placées dans certaines parties du sujet, de la substance réelle, de l'être vivant; certaines autres, dans d'autres parties; ou certaines fonctions vitales sont propres à certaines espèces d'êtres vivants; car il est d'expérience que tous les êtres vivants qui participent aux unes ne participent pas également aux autres. Le premier principe nous fait séparer dans l'âme une partie mortelle, correspondant au corps mortel dans lequel elle est placée et dont elle est l'acte et la forme, et une partie immortelle qui n'est point liée au corps, qui n'est pas l'acte d'un corps, mais acte pur, forme pure. Le second principe de division nous amène à distinguer des parties, et Aristote dit quelquefois, des âmes séparées en plus grand nombre.

Il faut remarquer en passant qu'il ne serait pas exact de dire qu'il y a autant d'espèces d'âmes qu'il y a de fonctions distinctes; car certaines fonctions vitales distinctes, telles que la sensation et le désir, sont inséparablement unies : l'être vivant qui a l'une des deux a nécessairement l'autre. Pour qu'il y ait véritablement parties de l'âme, il faut que nous trouvions des fonctions existant seules par elles-mêmes, dans des espèces distinctes d'êtres vivants, et attestant par leur opération la présence d'une âme déterminée. Nous devrions donc voir établies par Aristote les parties de l'âme ou les âmes, comme il suit : 1° une partie nutritive, la seule que possèdent les plantes ; 2° une partie génératrice, car Aristote croyait que beaucoup de plantes et même d'animaux ne se reproduisaient pas par génération, en sorte que la fonction nutritive pouvait, chez certaines espèces, n'être pas accompagnée de la fonction de génération ; 3° une partie sensitive, s'exerçant par le toucher et le goût, sens de l'alimentation, qui n'est qu'une espèce du toucher. Ces deux sens déterminent la sensibilité qu'accompagne l'appétit ; car l'appétit est désir, passion et volonté. L'être sensible connaît la peine et le plaisir, et l'être sensible à la peine et au plaisir a le désir, qui est l'appétit de ce qui fait plaisir. Les êtres qui ont le toucher ont aussi l'appétit. Ont-ils aussi l'imagination, c'est ce qui est incertain ; 4° une partie sensitive, s'exerçant par les sens supérieurs ; 5° une partie motrice dans l'espace ; 6° une partie intellectuelle, possédée en propre par l'homme [1] ; peut être même une partie analogue ou même supérieure à la pensée et à l'intelligence, qui pourrait être possédée par les démons ou les Dieux [2].

Au lieu de cette division systématique, Aristote se contente d'une classification tripartite comprenant la partie ou l'âme végétative, la partie ou l'âme sensitive, la partie ou l'âme intellectuelle. On pourrait craindre que cette division ne porte atteinte à l'unité de l'âme ; car il semblerait que l'animal dût avoir deux âmes, et l'homme trois, puisque chacune des parties a en elle tout ce qui appartient à l'activité d'une substance réelle. Mais il y a entre elles un lien intime, un emboîtement, un engrenage, un *ineinander* qui rétablit l'unité compromise. L'âme animale dépend de la végétative, qui lui construit ses organes, et l'intellectuelle dépend de l'âme animale qui, par la sensation, lui prépare les images sans lesquelles elle ne pourrait penser [3]. Pour les âmes comme pour les figures, le terme qui suit contient en puissance le terme

---

[1] Conf. Brentano, *Die Psych. des Arist.*, p. 65.

[2] *De Anim.*, II, 3. *Metaph.*, XII, 8.

[3] A son tour l'intelligence agit sur la sensibilité et la sensation sur le corps qu'elle meut.

qui le précède; de même que le triangle est dans le carré, le carré dans le pentagone, de même la nutrition est enveloppée dans la sensibilité et la sensibilité dans l'intelligence. Les facultés inférieures sont antérieures dans le temps et les supérieures sont antérieures dans l'essence et dans la nature; mais, au fond, les inférieures dépendent des supérieures, puisque celles-ci sont le but de celles-là, et que le but, la fin est cause et principe.

Il y a donc entre les fonctions et parties de l'âme la série progressive suivante : sans nutrition point de sensibilité; mais la nutrition est séparée de la sensibilité, comme on le voit dans les plantes. Sans le toucher, point de sensibilité; mais le toucher peut exister sans les autres sens; car beaucoup d'animaux n'ont ni la vue, ni l'ouïe, ni l'odorat. Parmi les êtres sensibles, il y en a qui possèdent la locomotion, d'autres qui en sont dépourvus. Enfin, sans la sensibilité point de raisonnement et de pensée, facultés qui appartiennent à un très petit nombre d'êtres vivants; mais ceux qui possèdent la raison ont aussi toutes les autres facultés. Ainsi, pour chaque être, il ne suffira pas de donner la définition générale de l'âme; il faut chercher spécialement quelle est l'espèce d'âme dont il est doué, quelle est l'âme de la plante, l'âme de la bête, l'âme de l'homme. La définition qui convient le mieux à chacune de ces fonctions vitales sera la meilleure définition de l'âme.

A cette division de l'âme en parties s'ajoute une division des facultés qu'Aristote n'a jamais établie d'une façon systématique : tantôt il accepte la division habituelle due à Platon et peut-être à Pythagore[1], c'est-à-dire qu'il distingue comme Platon[2] une partie λόγον ἔχον et une autre ἄλογον. Il détermine cependant avec plus de précision la dernière qui est double; car elle comprend la faculté végétative, τὸ φυτικόν, commune à tous les êtres vivants, et qui est cause qu'ils peuvent se nourrir et croître : on en reconnaît la présence jusque dans les germes et embryons, où elle se montre avec les mêmes caractères que dans les êtres formés. Cette faculté ne participe en rien à la raison, et elle a cela de remarquable que

---

[1] Division générale (ἐν τύπῳ, *Magn. Mor.*, I, 1, 1196, b. *Ethic. Nic.*, I, 13, 1102, a, 27) et dont on doit faire usage.

[2] *Magn. Mor.*, I, 1, 1182, a, 24.

c'est pendant le sommeil que son activité est le plus énergique, ἐνεργεῖ μάλιστα. La partie qualifiée d'ἄλογον comprend en outre la partie passionnelle et en général l'appétit, τὸ ἐπιθυμητικὸν καὶ ὅλως ὀρεκτικόν, qui semble un moyen terme, puisqu'elle participe à la raison dans une certaine mesure, parce qu'elle peut l'écouter et lui obéir, comme on défère aux conseils d'un père et d'un ami, mais qui peut aussi lutter contre elle et lui tenir tête [1].

La partie raisonnable et pensante est également divisée en deux facultés: la faculté délibérative, τὸ βουλευτικόν, c'est-à-dire la volonté, et la faculté du savoir, la raison, comme faculté de connaissance, τὸ ἐπιστημονικόν, capable de posséder la vérité [2]. Mais il y en a d'autres encore et, pour ainsi dire, il y en a un nombre infini, dont plusieurs ont entre elles plus de différences et des différences plus grandes que celles que nous venons d'énumérer. Telles sont le θρεπτικόν, partie de l'âme et faculté commune aux animaux et aux végétaux; le τὸ αἰσθητικόν, qu'on ne pourrait sans difficulté rapporter ni à l'ἄλογον, ni au λόγον ἔχον; le φανταστικόν, qui diffère par son essence de toutes les autres et qu'on ne saurait ni séparer d'aucune ni unir avec aucune, si l'on suppose les parties de l'âme réellement séparées; en outre l'ὀρεκτικόν, qui paraît logiquement et en puissance distinct, mais inséparable en fait des autres. En effet si l'âme est raison, passion, θυμός, appétit sensible, ἐπιθυμία, l'ὀρεκτικόν se trouvera dans chacune des trois parties; car il y a un désir dans la raison qui constitue la volonté, comme il y a un désir dans la passion, θυμός, et dans l'appétit sensible, ἐπιθυμία. On peut distinguer encore parmi les facultés la locomotion dans l'espace; le mouvement d'accroissement qui semble produit par le γεννητικόν et le θρεπτικόν; enfin l'aspiration et la respiration, le sommeil et la veille sont aussi des facultés distinctes de l'âme.

Aristote paraît n'avoir attaché qu'une importance secondaire à ces divisions et subdivisions qu'on peut multiplier, sinon à l'infini, du moins très librement, selon la nature de l'objet spécial qu'on se propose d'étudier: elles n'ont qu'une existence idéale, λόγῳ, dans l'unité de l'âme, et surtout dans l'unité vivante de l'être concret. Il semble que cette unité ait

---

[1] *Ethic. Nic.*, I, 13, 1102.
[2] *Ethic. Nic.*, I, 13, 1102; on en trouve une autre légèrement modifiée. *Id.*, I, 7, 1098.

paru à Aristote si manifeste qu'il n'ait pas senti le besoin de prouver que cette division de l'âme, soit en parties, soit en facultés, n'y portait point atteinte. On peut néanmoins déduire de ses principes métaphysiques une preuve qui n'est pas sans force. D'abord, nous avons vu que, dans les êtres qui réunissent plusieurs fonctions vitales, séparées dans d'autres espèces, la fonction supérieure enveloppe et contient l'inférieure sans la détruire ni l'absorber ; il y a donc unité de substance et de force et multiplicité de fonctions : *essentia simplex, officiis multiplex,* suivant la formule de saint Augustin. De plus, ces êtres n'ont qu'un corps et un corps un ; or l'unité d'une substance matérielle lui vient de la forme : le corps étant un, il n'a qu'une forme ou âme une et simple. L'être et l'unité sont choses identiques : τὸ ὂν καὶ τὸ ἓν ταὐτὸν καὶ μία φύσις [1]. C'est l'âme qui donne l'être et la vie à tous les êtres ; elle leur donne en même temps l'unité : ce qui donne l'unité ne saurait être multiple ; l'âme est donc une ; et ce qui le prouve encore, c'est que la mort fait cesser à la fois et tout d'un coup toutes les fonctions vitales, et non pas successivement, comme il arriverait s'il y avait plusieurs principes de vie. Toutes les fonctions de la vie ont un même centre, quoique leur circonférence soit d'un diamètre inégal.

[1] *Metaph.*, IV, 1003, b, 22 ; III, 4, 999, b, 21.

CHAPITRE CINQUIÈME

L'AME VÉGÉTATIVE OU NUTRITIVE.

« Il faut chercher pour chaque espèce d'êtres quelle est son âme, τίς ἑκάστου ψυχή, ainsi étudier quelle est l'âme du végétal, quelle est l'âme de l'animal, quelle est l'âme de l'homme. » Et comme ces âmes se distinguent entre elles par la différence de leurs fonctions et facultés, l'étude de l'âme se ramène à l'étude des diverses facultés considérées et observées, surtout dans les espèces d'êtres qui les possèdent à part. Or, nous l'avons vu déjà, il y a trois grandes espèces d'êtres vivants, dans le monde des êtres soumis au mouvement et au changement. Ce sont les végétaux, les animaux, l'homme. Nous étudierons donc successivement quelles sont les facultés de l'âme dans chacune de ces grandes espèces. Pour bien connaître la faculté, il faut connaître préalablement sa fonction et son acte ; car les fonctions et les actes sont rationnellement antérieurs aux facultés, puisque la faculté a une fin qui est précisément la fonction, et que la fin est cause et principe. Pour connaître les actes, il faut connaître leurs objets, ἀντικείμενα, c'est-à-dire les objets sur lesquels chaque faculté exerce son acte,[1] ou qui exercent leur action sur elle, et déterminer avec précision ces objets[2]. Ainsi, pour bien connaître ce que c'est que la faculté de la pensée, de la sensibi-

---

[1] La raison en est que la connaissance et toute autre action des facultés s'opèrent par une sorte d'assimilation, d'affinité, καθ' ὁμοιότητά τινα καὶ οἰκειότητα, entre l'objet et le sujet. L'objet doit avoir la puissance d'être saisi par le sujet ; il y a nécessairement entre les deux un rapport qu'on découvre dans l'étude de celui des deux termes qui est le plus connu pour nous, πρὸς ἡμᾶς, bien que l'autre soit en réalité plus rationnel.

[2] *De Anim.*, II, 4. *Magn. Mor.*, I, 35. *Ethic. Nic.*, VI, 2. La raison est que ces objets sont à leur tour antérieurs aux actes de la faculté, car ce sont eux qui les réveillent de la puissance et les font passer à l'acte.

lité, de la nutrition, il faut savoir ce que c'est que l'acte de penser, l'acte de sentir, l'acte de se nourrir, et pour connaître la nature de ces actes, il faut savoir ce que c'est que l'objet intelligible, l'objet sensible, l'objet alimentaire ou nourriture.

Nous commencerons naturellement par la faculté nutritive, puisque c'est le degré le plus humble des fonctions de la vie, qui s'échelonnent, comme nous l'avons vu, par une série de degrés progressive et croissante, jusqu'à la pensée, forme supérieure de la vie humaine, qui trouve en Dieu son couronnement et sa perfection [1]. C'est par là que le lien des êtres est continué. L'espèce humaine, non seulement pense et sent, mais elle vit, et l'on doit croire qu'il en est ainsi même de Dieu, quoiqu'en lui s'effacent les oppositions de forme et de matière, d'acte et de puissance. Comme l'homme, Dieu pense, il se pense éternellement lui-même ; mais d'un côté, l'homme n'est pas absolument étranger à cette contemplation pure du bien parfait, de l'Éternel désirable, quoique ce ne soit qu'à de bien rares intervalles et pendant de bien courts moments qu'il puisse s'élever à cette pensée divine [2]. L'homme est ainsi relié à Dieu, qui a de son côté quelque chose de commun avec l'homme ; il vit, lui aussi, et connaît même le plaisir, ἡδονή μακαριότητι διαφέρουσα. Dieu n'est pas un Endymion plongé dans un sommeil éternel. Il vit, car la pensée est une vie, et il n'y a pas de vie sans âme. Il éprouve même une sorte de sensibilité, de volupté pure et divine, αἰεὶ μίαν ἁπλῆν χαίρει ἡδονήν [3]. Dieu est acte, et le plaisir est inséparable de l'acte, qu'il achève et couronne. Dieu est le Vivant parfait et éternel. Bien plus, il est la Vie même dans sa durée éternelle et sa parfaite félicité [4]. Ainsi la vie et la pensée sont entre Dieu et l'homme un lien qui renoue la chaîne des êtres et reforme

---

[1] *De Part. anim.*, IV, 5, 681, a. « La nature s'élève par un mouvement de progression continue depuis les êtres sans vie jusqu'aux animaux, par l'intermédiaire d'êtres qui vivent, mais ne sont pas des animaux, de sorte que de l'un à l'autre de ces êtres il n'y a pour ainsi dire pas de différence, tant ils sont rapprochés les uns des autres. » *Hist. anim.*, VIII, 1. La continuité fait presque évanouir la limite, et on ne sait auquel des deux termes qui le suivent et le précèdent appartient le terme moyen, τὸ μέσον.

[2] *Metaph.*, XII, 7, 1072, b, 14. *Ethic. Nic.*, X, 8, 1178, b, 27.

[3] *Ethic. Nic.*, VII, 14.

[4] *Metaph.*, XII, 7. ὥστε ζωή... ὑπάρχει τῷ θεῷ· τοῦτο γὰρ ὁ θεός.

la série continue dont il est le principe et le but, la cause et la fin.

L'âme nutritive, dont la notion est, de toutes les espèces d'âme, la plus étendue et la moins compréhensive, est la racine commune d'où se développent toutes les autres formes de la vie, et le fondement nécessaire sur lequel repose tout le système riche et compliqué de la vie. Les corps naturels, qui sont tous les instruments d'une âme, tout ce qui a la vie, et même tout ce qui a l'être possèdent cette sorte d'âme[1] depuis le moment où ils naissent et la conservent jusqu'au moment où ils périssent. Indispensable à toutes les autres fonctions, elle est la seule qui puisse exister par elle-même et indépendamment, à part des autres âmes. Elle est le premier mode constitutif de l'individualité vivante, la première manière sous laquelle se présente ce rapport d'une forme et d'une matière, qui fait l'être réel[2]. C'est la première faculté de l'âme, comme la plus universelle; c'est par elle que les êtres vivants ont la vie, qui consiste, comme nous l'avons vu, dans la puissance d'une chose d'être le principe de son propre mouvement et du repos qui le suspend, ce mouvement ne fût-il que celui de l'accroissement de volume, conséquence de l'alimentation[3].

La fonction de cette âme est double : la nutrition d'une part, la génération de l'autre ; par la nutrition, elle conserve et accroît l'individu ; par la génération elle conserve l'espèce. Créer un être semblable à soi est la fonction la plus naturelle aux êtres vivants, du moins à ceux qui sont complets, entiers ou ne sont pas le produit d'une génération équivoque ou spontanée, car les êtres engendrés par une génération spontanée, αὐτόματος, qui ne sont pas nés d'un être semblable en espèce à eux-mêmes, ne sont pas non plus capables d'en produire un de leur espèce[4]. La plante engendre au contraire une plante, l'animal un animal de son espèce; l'homme engendre l'homme[5], la forme engendre une

---

[1] *De Anim.*, II, 4, 5; III, 12, 434, b, 22.
[2] *De Resp.*, VIII, 5.
[3] *De Anim.*, II, 1, 412, b, 9; 412, a, 13.
[4] *De Gener. anim.*, III, 11, 761. *Hist. anim.*, VI, 593.
[5] Aidé du soleil cependant, comme s'exprime Aristote, τὸν ἄνθρωπον γεννᾷ ὁ ἄνθρωπος καὶ ὁ ἥλιος.

forme, la nature une nature semblable[1], tout être vient de son synonyme[2].

Le désir instinctif que possèdent tous les êtres vivants, cet acte naturel et universel qui est la fin de toutes leurs autres activités naturelles, est aussi la plus noble des fonctions de cette âme ; car il est la marque et l'effet de l'essence immortelle, du principe divin que tout être porte en soi, du moins en germe et en puissance. L'être vivant n'est donc pas porté à l'acte de génération par l'instinct de la volupté qui l'accompagne et le seconde, mais par le but supérieur de participer, dans la mesure où il peut l'atteindre, à l'éternel et au divin. Cet acte se propose une fin, et une fin double, comme le sont toutes les fins, c'est-à-dire une fin absolue, et une fin relative. La fin relative c'est le bien, la perfection de l'être qui accomplit l'acte et qui se réalise pour lui par l'acte même qu'il accomplit ; la fin absolue atteinte par ce même acte, c'est la conservation, la perpétuité des espèces. La génération fait passer à l'acte la puissance d'immortalité et de divinité que la vie cache en ses obscures profondeurs. L'être fini, dans sa forme la plus humble et dans son état le plus abject, porte en lui l'infini, vers lequel il soupire, et vers lequel il ne pourrait pas tendre ainsi par sa nature et son essence, si sa nature et son essence n'étaient déjà l'infini en puissance. Chaque chose, chaque être cherche son semblable, ἑκάτερον γὰρ ζητεῖ τὸ ὅμοιον.

Sans doute il y a deux sortes d'êtres, les êtres éternels et divins d'une part, et d'autre part ceux qui peuvent être et n'être pas, les êtres contingents et périssables. Mais par sa propre nature le parfait est éternellement cause de la perfection relative des êtres imparfaits, et du développement toujours plus excellent qui se manifeste dans les êtres contingents[3]. Ce qui n'est pas éternel est contingent ; il peut être et n'être pas ; il peut participer au meilleur comme au pire ;

---

[1] *De Part. anim.*, II, 1, 646, a.

[2] *Metaph.*, XII, 3, 1070, a, 4.

[3] *De Gener. anim.*, II, 1, 731, b, 23. C'est la doctrine platonicienne, sauf un point important. Cette cause parfaite paraît à Aristote un principe interne, immanent à l'être, et inséparable de son essence ; dans Platon cette cause est transcendante et ne fait que se communiquer partiellement. Aristote sans doute, par sa théorie de l'acte pur, séparé et distinct de la nature, revient à la transcendance, mais sans nous expliquer comment il la concilie avec l'immanence.

or l'âme est meilleure que le corps ; par suite l'être animé, vivant, qui a une âme, est meilleur que l'être qui n'en a pas ; l'être est meilleur que le non-être ; vivre est meilleur que ne pas vivre. Or la nature tend toujours au meilleur ; telle est la raison pour laquelle il y a génération des êtres, διὰ ταύτας τὰς αἰτίας γένεσις ζώων ἐστίν. Puisqu'il était impossible que les êtres naturels, tous contingents, fussent individuellement éternels, qu'ils participassent à l'éternel et au divin par la continuité de leur être, sans quoi ils changeraient de nature, ils s'efforcent de l'être, à la manière et dans la mesure qu'ils peuvent, les uns plus, les autres moins. Ce ne sera pas l'individu qui subsistera éternellement ; ce sera presque lui, οὐκ αὐτὸ ἀλλ' οἷον αὐτό ; ce ne sera pas l'individu numérique, ce sera l'espèce individuelle, ἀριθμῷ μὲν οὐχ ἕν, εἴδει δ' ἕν. Le genre humain, le genre animal, le genre végétal sont éternels, grâce à la fonction de génération dont est douée l'âme nutritive [1].

C'est par cette succession périodique que la nature, qui fait tout pour le mieux, fait participer à l'éternité les êtres contingents [2] ; l'individu ne peut rester perpétuellement identique à lui-même, un en nombre ; la nature supplée de son mieux à cette fragilité de l'être imparfait, en perpétuant les espèces ; il demeurera quelque chose de semblable à lui, et on peut ajouter quelque chose de lui.

Le corps est vivant ; l'âme est cause de ce corps vivant, et de la vie de ce corps. Elle en est la cause sous les trois rapports ou modes dont on peut entendre l'idée de cause. D'abord l'âme est cause en ce qu'elle est le principe du mouvement ; elle est cause, en tant qu'elle est fin, c'est-à-dire ce en vue de quoi le mouvement a lieu, οὗ ἕνεκα ; enfin elle est cause en tant qu'elle est l'essence, la forme des corps animés. On démontre ce dernier point comme il suit : l'essence est pour tous les êtres la cause de leur être. Pour les êtres vivants, la vie est l'être même, et c'est l'âme qui est la cause de la vie. On peut également le prouver par le principe que la perfection d'une chose, son entéléchie, est la raison d'être de la puissance ; or l'âme est la perfection du corps ; elle est donc sa raison d'être, et comme la perfection d'une chose est son essence, l'âme est cause en tant qu'essence [3]. Le second

---

[1] De Gener. anim., II, 1, 731, b, 23. De Anim., II, 4.
[2] Œcon., I, 3... ἀναπληροῖ ταύτῃ τῇ περιόδῳ τὸ ἀεὶ εἶναι.
[3] Ainsi le corps n'a pas d'essence à lui, et comme l'essence est l'être même,

point se démontre ainsi : l'esprit, lorsqu'il agit, agit en vue d'un but ; la nature fait de même ; elle aussi se propose un but. Le but dans les êtres vivants dont l'organisation est conforme aux lois de la nature, c'est l'âme. L'âme est la fin qu'ils aspirent à réaliser ; tous les corps naturels ne sont que les instruments d'une âme, même les corps inanimés, même les éléments qui ont une sorte de vie[1]. Les corps des végétaux comme ceux des animaux n'existent que pour l'âme. La fin, nous l'avons déjà vu, s'entend de deux façons : soit la fin véritable et absolue, soit la fin relative, qui n'est qu'un moyen, c'est-à-dire l'être pour lequel ce but est poursuivi. L'âme est cause et fin dans les deux sens ; elle est la fin du corps, et c'est pour elle que le corps réalise cette fin[2]. Enfin l'âme est cause, comme principe du mouvement : 1° du mouvement dans l'espace, faculté qui n'appartient pas à tous les êtres vivants, et en particulier à la plante ; 2° du mouvement d'altération et d'accroissement. L'âme, sans doute, ne participe pas à ce mouvement d'altération ; l'âme se développe, se perfectionne, s'achève : elle ne s'altère pas ; elle ne se meut dans aucune des catégories du mouvement, ni dans le lieu, ni dans la quantité, ni dans la qualité. Quant à la génération, elle n'est pas mouvement, parce que le mouvement a toujours lieu d'un contraire à un contraire, et que la substance, l'être réel, produit de la génération, n'a pas de contraire. Les qualités ou propriétés constantes, ἕξις, soit de l'âme, soit du corps, ne sont pas des altérations proprement dites ; car si ce sont des vertus, elles sont des achèvements de l'essence ; si ce sont des vices, ce sont des destructions et non des altérations, quoique ces états ne se produisent pas sans quelque altération. Il n'y a donc pas de mouvement

---

si l'essence du corps est l'âme, elle est aussi la vraie réalité. La réalité substantielle du monde matériel s'évanouit. Il n'y a entre les deux qu'une différence de degrés, de moments, et Hegel pourra s'appuyer sur Aristote quand il dira que la matière est l'idée à l'état de sommeil, de puissance ; l'esprit, l'idée à l'état éveillé.

[1] De Anim., II, 4, 5. Polit., I, 5, 1254. De Gener. anim., IV, 10, 778, a, 2. βίος γάρ τις καὶ πνεύματος.

[2] C'est la distinction subtile du τὸ οὗ ἕνεκα et du τὸ ᾧ, que Thémiste (In Lib. de anim., f. 76, b) explique par des exemples : le τὸ οὗ, c'est par exemple le bonheur ; le τὸ ᾧ, c'est l'être à qui ce bonheur arrive.

d'altération qui atteigne l'âme¹ ; mais il y a altération par l'âme, κατὰ ψυχήν. La sensation en acte, en effet, est une sorte d'altération qu'éprouvent les êtres qui ont une âme, mais non l'âme même ; ce n'est pas l'âme qui sent : c'est l'animal par l'âme. La sensation est en effet un mouvement qui se passe dans le corps lorsque le sens vient à éprouver une impression ; car les sens changent et s'altèrent. Mais nul être ne sent s'il n'a une âme. L'âme est donc cause du mouvement d'altération qui se produit dans la sensation². Elle l'est également du mouvement d'accroissement et de dépérissement ; car nul être ne s'accroît et ne dépérit, par des moyens naturels, qui ne se nourrisse, et nul être ne se nourrit qui ne participe à la vie, et par conséquent n'ait une âme.

Il est impossible que les autres facultés de l'âme existent sans la faculté nutritive, tandis que celle-ci peut exister sans les autres ; c'est un fait d'expérience. Mais à son tour la faculté nutritive ne peut exister sans le feu naturel, parce que c'est dans le feu que la nature a pris la flamme nécessaire à la vie, a pour ainsi dire allumé l'âme, ἐκπεπύρευκεν αὐτήν. C'est par la digestion que s'accomplit la nutrition. La digestion ne saurait se faire qu'à l'aide d'une certaine chaleur ; car c'est par le feu que tous les phénomènes vitaux s'opèrent³. C'est pour cette raison que tout être animé a de la chaleur. Mais cette chaleur n'est pas, comme on l'a cru, la cause unique du phénomène de l'accroissement produit par la nutrition. Le feu n'est pas proprement, réellement, une cause, ἁπλῶς αἰτία ; il n'est qu'un auxiliaire de la cause, un coopérateur, συναίτιον μέν πως. La condition, même nécessaire et sans laquelle un effet ne pourrait pas se produire, ne doit être confondue

---

¹ La pensée, ou du moins l'expression d'Aristote, est peu constante sur ce point. On trouve dans la *Physique* (VII, 3, 246, a, 7) : « Quand la partie sensible de l'âme, τοῦ αἰσθητικοῦ μέρους, est altérée, et elle est altérée par les objets sensibles » « Le plaisir et la peine sont des altérations de la partie sensible. » « Etre altéré et l'altération se produisent dans les objets sensibles, et aussi dans la partie sensible de l'âme, mais dans aucune autre, si ce n'est accidentellement. » Cependant on verra, dans la théorie de la sensation, que suivant Aristote les choses sensibles ont pour effet de faire passer à l'acte la puissance du sens, et ce passage de la puissance à l'acte ne peut être que la perfection du sens et de l'âme sensitive, et non une réelle altération.

² *De Anim.*, II, 4, 6. *De Somn.*, 2, 3. *Phys.*, VII, 4.

³ *De Resp.*, 8.

ni avec la cause finale ni même avec la cause efficiente, qui seules ont l'énergie suffisante pour le produire[1]. La vraie cause de la digestion, de la nutrition, de la croissance, c'est l'âme. La raison en est évidente : le feu, étant une matière, se propage et s'accroît sans limite qui lui soit propre ; tant qu'il trouve un élément combustible, il brûle ; il n'a en lui aucun principe de rapport de grandeur, de mesure, de limite, d'ordre, de fin, tandis que tous les êtres de la nature ont cette limite, ce rapport mesuré de grandeur, cet ordre, cette fin, qui leur donne leur forme. Mais c'est là l'œuvre de l'âme qui est forme et fin, principe d'ordre et de mesure, partant une vraie cause, et la cause de l'accroissement dans tout ce qui vit. C'est l'âme qui impose à la chaleur une mesure et la mène à un effet déterminé, qui est son but. L'âme, comme la nature, est cause de l'ordre, αἰτία τῆς τάξεως πᾶσι[2].

Ainsi Empédocle a eu tort d'expliquer comme il l'a fait le phénomène de la croissance des végétaux. Il prétend en effet que les racines croissent en se dirigeant vers le bas, parce que c'est le sens dans lequel se dirige naturellement la terre dont elles sont composées, et que le tronc, les rameaux et les feuilles se développent vers le haut, parce que c'est la tendance naturelle du feu qui entre dans leur matière. Cette explication toute mécanique d'un phénomène vital en méconnaît la vraie nature. D'abord le haut et le bas, dans les plantes, ne sont pas ce que se les imagine Empédocle. Il y a analogie entre les êtres des divers règnes de la nature[3] ; cette analogie nous montre que les racines des plantes en sont vraiment la tête ; car elles remplissent les fonctions de la bouche, qui est placée dans la tête des animaux : or c'est par les fonctions que se distinguent ou se rapprochent les organes. Les organes supérieurs déterminent la partie supérieure : ainsi le haut est pour les végétaux leurs racines.

---

[1] *Phys.*, II, 9, 200, a, 32.

[2] *Phys.*, VIII, 1, 252, a, 11. *De Gener. et corr.*, II, 9. *De Part. anim.*, I, 1. Leibn., *Théod.*, P. III, § 379. « Ceux qui ont cru un chaos avant que Dieu y eut mis la main y ont cherché la source du dérèglement. C'était une opinion que Platon avait mise dans son *Timée*. Aristote l'en a blâmé dans son IIIe livre du *Ciel*, ch. II, parce que, selon cette doctrine, le désordre serait original et naturel, et l'ordre serait introduit contre la nature. »

[3] *Metaph.*, V, 6, 1016, b, 31. *De Part. anim.*, I, 5, 645, b, 26. τὸ κοινὸν κατ' ἀναλογίαν. *De Part. anim.*, I, 4, 644. τὰ γὰρ πολλὰ ζῷα ἀνάλογον ταὐτὸ πέπονθεν.

Mais de plus, et surtout si l'on n'admet pas une âme dans la plante pour en expliquer l'accroissement mesuré et ordonné, comment croire que la terre et le feu, éléments matériels qui en forment la substance matérielle, ne suivront pas chacun la direction contraire qui les entraine avec une force fatale et ne se sépareront pas l'un de l'autre, en détruisant l'unité et la forme de l'être, dont on ne s'explique plus ni la conservation ni l'origine. Qu'est-ce qui réunit la terre et le feu dans une seule et même action, si ce n'est l'âme? Si le tourbillon qui entraine les molécules de la matière reçoit une loi, une mesure, un ordre, quelle est donc la force qui peut produire ces effets, si ce n'est l'âme[1]? Il faut donc conclure que c'est l'âme qui est encore cause des mouvements d'accroissement, d'altération, de locomotion et de génération. C'est la même âme qui préside à ces fonctions, et la plante est l'être vivant qui n'a pas d'autre âme que cette âme qu'on appelle nutritive. La première forme sous laquelle apparait la vie est la végétation, c'est-à-dire, l'accroissement du volume de l'être par un principe interne et un mouvement spontané. Tout corps qui a une âme est organisé : avec la plante, qui a l'âme nutritive, l'organisation commence, et l'organisation est le composé, l'unité de toutes les formes d'agrégats dont la matière est susceptible. L'être organisé a pour matière et fondement son organisme même, c'est-à-dire l'unité de ses parties anhoméomères. Cet organisme à son tour a pour matière et fondement les parties homéomères, lesquelles enfin ont pour matière ce qu'on appelle les éléments dont les deux couples opposés sont l'un, le froid et le chaud, éléments actifs, l'autre le sec et l'humide, éléments passifs[2]. La vie est l'unité de cette synthèse.

Dans la plante, l'âme réduite à la fonction de nutrition et de génération est une nature incomplète où la forme et l'acte ne sont pas encore vraiment réalisés. Tandis que l'être en acte met en activité toute l'énergie qu'il possède, c'est-à-dire qu'en lui la possession et l'acte se confondent, ἐνεργεῖ ἔχων, la plante possède l'âme et pour ainsi dire n'en use pas. Tournée uniquement vers le dedans, elle est plongée dans un état de repos constant qu'on peut comparer à un sommeil

---

[1] *De Anim.*, II, 4.
[2] *De Gener. anim.*, I, 1, 715, 9. *Metaph.*, IV, 1.

sans réveil¹. La vie est en elle moins action que possession, ἕξις, tant la matière y abonde et y assoupit l'âme.

L'organisme du végétal est imparfait, ἀτελές, et extrêmement simple, ἁπλᾶ, parce qu'il n'a pas de centre propre qui domine la vie et l'organisation². Ses membres sont mal formés, ἧττον διήρθρωται, mal distingués, ἀδιόριστα. Ils sont en petit nombre, parce qu'il est attaché au terrain qui le voit naître, et ne s'en peut détacher. Il a pour ainsi dire partout des tiges et des racines. La distribution des fonctions dans les organes n'a rien de fixe et de net. La plante semble ne pas exister pour elle-même, et n'avoir d'autre fin que de servir à l'alimentation de l'animal. Aussi n'a-t-elle guère d'autre fonction que la nutrition. Cette fonction même à laquelle elle est presque réduite n'a pas son organisme complet. En effet, presque tous les êtres animés qui se nourrissent ont trois appareils destinés à cette fin : l'un sert à appréhender la nourriture ; l'autre à l'emmagasiner ; le troisième à rejeter le superflu des aliments que la chaleur vitale n'a pas su ou pu utiliser et convertir en la substance propre du corps de l'animal³. Or, la plante n'a pas ce dernier organe, et c'est à peine si elle a le second.

Le fruit et la semence peuvent à toute force être considérés comme le περίττωμα de la plante, qui n'a pas besoin d'un organe spécial pour être expulsé, puisqu'elle tire sa nourriture toute préparée de la terre ; c'est ce qui explique aussi pourquoi elle n'a pas d'organe pour amasser les aliments ; elle n'a donc besoin que d'un appareil propre à saisir sa nourriture, et ce sont les racines qui remplissent cette fonction ; c'est par elles qu'elle tire, suce l'eau et la terre qui l'alimente⁴, et on peut, à cause de cette fonction, les comparer aux veines ombilicaires qui, dans les animaux, portent de l'utérus à l'embryon son aliment propre.

La fonction de génération est le but dernier de la fonction

¹ *De Gener. anim.*, V, 1, 778... τὸ δὲ τῶν φυτῶν πάθος τὸ ἀνάλογον τῷ ὕπνῳ ἀνέγερτον. *De Somn.*, c. 1, sub fin.

² μεσότης, qui de sa nature est un et unique, ἕν καὶ μία.

³ *Hist. anim.*, I, 2, 488, b, 29.

⁴ La partie nutritive de cette terre et de cette eau est le doux, τὸ γλύκυ, que prépare la chaleur vitale, qui est maintenue de son côté par l'alimentation et la température de l'air ambiant, sans que le végétal ait besoin, pour entretenir cette chaleur, de la respiration. (*De Gener. et corr.*, II, 8. *De Sens.*, 4. *De Part. anim.*, II, 3.)

de nutrition ; la génération exige un principe qui fournisse la matière du produit futur : c'est l'élément féminin ; et un principe qui donne le mouvement et la forme à cette matière : c'est l'élément mâle, qui doivent s'unir pour la reproduction[1]. Dans tous les animaux qui marchent, à ces deux principes correspondent deux appareils distincts et séparés en deux individus : le mâle et la femelle. Dans la plante, les deux organes sont réunis dans le même individu. Les sexes n'y sont pas séparés ; comme la vie de l'individu ne semble pas avoir d'autre but que la reproduction de l'espèce, la nature semble l'avoir facilitée en réunissant dans un même individu les organes nécessaires à cette fonction. « Les deux principes générateurs se confondent dans un perpétuel embrassement[2]. » Il résulte de cette confusion des organes que l'unité, l'individualité, dont l'hétérogénéité est la condition et la marque, sont faibles. L'âme qui est dans le végétal n'est en acte qu'une seule âme : en puissance, elle est plusieurs âmes. La pluralité subsiste en puissance sous l'unité de l'acte, et cela explique comment, en divisant le corps de la plante, ces âmes multiples se réalisent. Le centre de vie, racines et tiges, est pour ainsi dire multiple, et répandu par tout le corps du végétal. C'est là un des procédés de reproduction qu'on retrouve dans certains animaux et qui s'explique par les mêmes raisons. Le mode régulier est la reproduction de la semence, de la graine, qui contient en soi la possibilité de la vie.

Il en est un troisième, la génération spontanée, ὥσπερ αὐτοματιζούσης τῆς φύσεως, c'est-à-dire par un mouvement propre de la nature. Les plantes font par là exception à la loi qui veut que tout être vienne de son synonyme, de son homogène. Elles prennent parfois naissance dans la terre pourrie, parce qu'il s'y trouve de l'humidité, et que dans toute humidité il y a une chaleur psychique, en sorte qu'on peut dire que dans la nature tout est plein de vie et d'âme, ἐν δ' ὕδατι πνεῦμα, ἐν δὲ τούτῳ παντὶ θερμότητα ψυχικήν, ὥστε τρόπον τινὰ πάντα ψυχῆς εἶναι πλήρη[3]. Comme c'est par l'alimentation que cette âme se distingue des autres, et que les facultés se doivent étudier par leurs actes et ces actes par leurs objets, ἀντικείμενα, pour

---

[1] De Gener. anim., I, 27.
[2] De Gener. anim., I, 23 et 22.
[3] De Gener. anim., I, 1, et III, 11, 762, a, 18.

bien connaître l'âme nutritive et la fonction de nutrition, il faut savoir ce que c'est que l'aliment[1]. On peut soutenir à l'égard de l'aliment[2] deux opinions : on peut dire que le contraire nourrit son contraire, que l'eau par exemple nourrit le feu ; mais on peut dire aussi que le semblable nourrit son semblable, que l'eau, par exemple, nourrit l'eau, le feu nourrit le feu.

Il n'est pas impossible de concilier ces opinions, qui ne sont contradictoires qu'en apparence. Ainsi il est vrai que le contraire nourrit son contraire ; mais ce ne sont pas tous les contraires qui servent d'aliments à leurs contraires. La nutrition produit la croissance, qui est un changement dans la quantité ; il faudra donc que d'un contraire à l'autre qui lui sert d'aliment, il y ait autre chose qu'un changement de qualité, comme nous le montre l'opposition de l'homme sain et de l'homme malade, où l'un vient de l'autre sans changement quantitatif. Pour que le contraire soit un aliment, il faut que non seulement les deux contraires s'engendrent mutuellement, mais qu'il y ait dans l'un d'eux une augmentation quantitative, un accroissement de volume produit par l'autre, et ce dernier sera l'aliment du premier. En outre, dans les contraires dont l'un sert d'aliment à l'autre, il ne doit pas y avoir de réciprocité : ainsi l'eau sert d'aliment au feu, le feu ne sert pas d'aliment à l'eau. Mais c'est surtout dans les corps simples que le rapport de l'aliment à la chose alimentée est simple et ne peut être réciproque. Dans la riche organisation et les fonctions variées et multiples des êtres vivants qui exigent l'hétérogénéité des parties, il en paraît être autrement. Du moins, c'est ici que la contestation s'élève et qu'on semble autorisé à dire : le semblable nourrit son semblable. En effet, l'aliment est ce qui fait croître l'être, c'est-à-dire ce qui le fait changer dans sa quantité ; or l'accroissement quantitatif ne peut être opéré que par une matière de même espèce et de même nature que la matière du corps à

---

[1] Aristote avait traité ce sujet dans un ouvrage spécial (*De Anim.*, II, 4, 416, b, 30. *De Somn.*, 3), mais il ne nous en reste rien, et aucun catalogue ne mentionne un ouvrage sous ce titre, περὶ τροφῆς. Les onze premiers chapitres du VIIIe livre de l'*Histoire des animaux* traitent la question.

[2] Les plantes doivent servir d'aliment, et c'est la nature de leur nourriture propre qui leur donne, soit à elles-mêmes, soit à leurs graines ou leurs fruits, cette saveur et cette couleur qui charment le goût et la vue et excitent le désir de s'en nourrir.

nourrir ; car l'addition d'une matière étrangère n'augmenterait pas la quantité du corps, puisqu'elle ne formerait pas une seule chose avec elle ; elle se juxtaposerait à côté d'elle et en resterait distincte et séparée : donc c'est le semblable qui nourrit son semblable. Mais les autres répondent que c'est une chose impossible, parce que le semblable n'est pas de nature à être modifié par son semblable. Car que lui apporterait-il qu'il n'ait déjà ? L'aliment est digéré[1]; partant, il subit un changement. Or tout changement est un mouvement d'un contraire à son contraire ; car les intermédiaires eux-mêmes sont des contraires. Donc le contraire est nourri par son contraire. D'ailleurs la nourriture digérée, assimilée par celui qui se nourrit, subit une modification passive par lui, mais lui n'est pas, par rapport à elle, dans un état passif, πάσχει τι. L'agent est opposé au patient ; car le semblable ne peut rien éprouver de son semblable. L'être qui se nourrit est à l'égard de la nourriture comme l'ouvrier à l'égard de la matière qu'il travaille et façonne : il la modifie, il n'en est pas affecté. Le changement qui s'opère en lui n'est que celui du repos à l'acte. Ainsi, soit qu'on considère les deux termes du rapport qui constitue l'alimentation, soit qu'on oppose l'aliment comme objet passif, au corps nourri comme sujet actif, c'est le contraire qui nourrit son contraire.

Entre ces deux opinions opposées se trouve la vraie solution. Qu'entend-on précisément par nourriture ? donne-t-on ce nom aux choses alimentaires absorbées, digérées, sous leur dernière forme, ou au contraire à ces mêmes matières avant que la digestion ne les ait modifiées et altérées ? Si on appelle ainsi indifféremment les choses alimentaires sous leurs deux états, on peut admettre les deux explications : en tant que l'aliment n'est pas encore digéré, transformé, assimilé, c'est le contraire qui nourrit son contraire ; en tant qu'il est digéré, transformé, assimilé, c'est le semblable qui nourrit son semblable. Nous retrouvons ici l'opposition universelle de l'acte et de la puissance. Dans le mouvement de nutrition le semblable est affecté par le semblable, parce que c'est par un être en acte, une matière devenue un aliment, assimilée,

---

[1] Nous n'avons pas ici à considérer la nature des aliments en eux-mêmes. Car une matière ne devient alimentaire que par la forme que lui donne l'âme nutritive. Voir sur cette étude physique et chimique *Hist. anim.*, VIII, 2. *De Gener. anim.*, II, 6, 744. *De Sens.*, 5.

que l'acte de l'objet en puissance est réalisé, et le contraire est affecté par le contraire, parce que, avant d'entrer en acte, c'est-à-dire avant d'être l'objet qui le meut, l'objet mû était en puissance et différent de son moteur[1].

Etudions maintenant dans leur essence et leur principe les phénomènes de nutrition, de croissance, de génération : nous reconnaîtrons qu'ils sont distincts et que cependant ils ont tous pour cause la même espèce d'âme active et agissante. Tout ce qui se nourrit a la vie ; tout ce qui a la vie, a l'âme, ἔμψυχον. Donc tout corps qui se nourrit a l'âme : par suite l'idée de nourriture, loin de s'appliquer indifféremment à toute chose et par exemple à l'eau ou au feu, a un rapport essentiel au corps animé, et à l'âme qui l'anime. La fonction de nutrition enveloppe donc nécessairement l'existence d'une âme. Mais la fonction de nutrition n'est pas identique à la fonction d'augmentation : c'est en tant qu'il est une quantité que l'être qui a une âme est susceptible d'accroissement ; c'est en tant qu'il est tel corps spécial, tel être déterminé qu'il y a pour lui nourriture. La nourriture a pour fin de conserver l'essence de l'être, qui subsiste tant qu'il se nourrit. Elle n'engendre pas, elle ne crée pas l'être qu'elle nourrit : car elle est en quelque sorte l'être nourri lui-même, puisqu'elle s'assimile à lui ou plutôt puisqu'il se l'assimile, et qu'elle n'est une nourriture que par cette assimilation, dont l'âme nutritive est la cause active. En effet l'essence, l'être animé existe déjà quand commence la fonction de nutrition. Aucun être ne s'engendre lui-même, il ne fait que se conserver ; par conséquent la nourriture n'engendre pas : elle conserve. Ainsi, l'âme, sous cette forme première et naissante, ἡ πρώτη ψυχή, est la force capable de conserver l'être qui la possède, dans sa nature et son essence ; l'aliment met cette force en état de passer de la puissance à l'acte : voilà pourquoi, privé de nourriture, l'être périt ; la puissance de l'âme ne parvient plus à se réaliser.

Dans le phénomène complexe que nous étudions, il y a trois choses que nous devons bien distinguer : ce qui est nourri, ce qui nourrit, ce par quoi celui-ci nourrit le premier. Ce qui est nourri, c'est le corps, mais le corps qui a une âme, qui a vie ; ce qui nourrit, c'est l'âme ; ce par quoi l'âme nourrit le corps, c'est l'aliment. L'aliment peut s'entendre

---

[1] *De Anim.*, II, 5, 3.

en deux sens. Ainsi, ce par quoi on gouverne un bateau, c'est d'une part la main qui meut le gouvernail, d'autre part le gouvernail qui meut le bateau, mais qui est mû par la main ; de même ce par quoi le corps est nourri peut s'appliquer à deux choses différentes, l'une joue le rôle de gouvernail, est mue et meut, κινοῦν καὶ κινούμενον : c'est au propre la matière alimentaire ; l'autre, dont le rôle est celui de la main qui meut le gouvernail, a une fonction purement active, purement motrice, κινοῦν μόνον : c'est la chaleur. Car si on a eu tort de croire que la chaleur accomplissait toute seule la fonction de nutrition, il est juste de reconnaître qu'elle a une part, et une grande part dans le phénomène. Toute matière alimentaire pour être une nourriture doit être digérée, et pour être digérée, doit être soumise à l'action de la chaleur. La chaleur opère donc, pour une part, le phénomène de la digestion. C'est pour cette raison que tous les êtres animés qui se nourrissent ont de la chaleur. Mais la chaleur elle-même, comme la main, n'est qu'un moteur mécanique, un agent physique ou chimique aux ordres du véritable agent, moteur propre et non mû. L'âme se sert de la chaleur comme d'un intermédiaire, d'un instrument pour opérer la digestion. Les analogies du procédé de la génération naturelle et de la production de l'art feront encore mieux comprendre le *processus* du phénomène de la nutrition.

Dans la génération des animaux la femelle est séparée du mâle, parce qu'ils ont une autre fin que celle de se reproduire ; la femelle fournit l'élément matériel, le mâle le principe du mouvement. Dans les choses de l'art, au lieu de dire qu'elles sont produites par les instruments, διὰ τῶν ὀργάνων, il serait plus exact de dire qu'elles sont produites par le mouvement des instruments ; car ce mouvement est l'acte de l'art, l'art en acte, et l'art est la forme des choses qui sont produites dans une autre chose ; de même la puissance de produire la croissance et la conservation de l'être, dans les plantes comme dans les animaux, appartient à l'âme nutritive, qui, pour réaliser ces fins, emploie la chaleur et le froid comme des instruments. Car c'est dans la chaleur et le froid que consiste le mouvement dont l'âme est le principe [1]. C'est pourquoi chaque chose ainsi produite est produite avec mesure et proportion, ce qui révèle l'activité d'une âme.

[1] *De Gener. anim.*, II, 4, 740, b.

Ce ne sont donc pas les forces aveugles, illimitées de la nature qui président à la génération comme à la conservation de l'être : ces forces motrices sont mues elles-mêmes par une âme qui les règle, les maîtrise, les gouverne, et leur imprime la forme de l'ordre dont elle a le principe [1].

Jusqu'ici nous avons appelé cette âme nutritive ; mais c'est par leur fin qu'il faut dénommer les choses ; la fin de l'être qui se nourrit n'est pas seulement de se conserver, mais de se conserver éternellement ; dans les êtres de la nature la conservation éternelle de l'individu est impossible, et l'être ne peut prolonger sa vie que par la génération d'un individu semblable à lui-même ; la fin de la nutrition est la génération : il vaudrait donc mieux appeler cette première âme, l'âme génératrice, d'après la fin absolue qu'elle se propose, au lieu de l'âme nutritive, dénomination qui ne rappelle qu'un moyen, ou au plus une fin toute relative. La question, au fond, a peu d'importance ; quel que soit le nom qu'on lui donne, l'âme génératrice et l'âme nutritive ne sont qu'une seule âme, ἡ αὐτὴ δύναμις τῆς ψυχῆς [2].

Pour affirmer l'unité de l'âme qui préside aux fonctions si diverses de la nutrition, de l'accroissement et de la génération, Aristote ne se fonde pas sur de simples analogies purement externes. La matière par laquelle s'accroît l'être vivant, selon lui, est la même matière que celle dont il a été formé à sa génération première. L'être naturel est dès le principe complet, et par conséquent ce qu'il deviendra ; il est en puissance tout ce qu'il sera en acte [3]. De telle sorte que la faculté qui fait cette opération de l'accroissement, c'est celle-là même qui agissait, au principe, pour créer l'être : seulement elle est d'un degré plus grande et plus puissante. L'âme nutritive qui opère l'accroissement, opère également la génération, parce que, comme nous venons de le dire, c'est la même matière et que les mêmes facultés ont les mêmes objets, ἀντικείμενα.

Quelle est cette matière ? C'est le sang. L'être vivant s'accroît par la nourriture ; la dernière forme sous laquelle se présente la nourriture, c'est le sang, et le sperme d'où naît l'animal n'est que l'excès de la nourriture qui a subi une

---

[1] *De Gener. anim.*, II, 4, 740, b. ἐν γὰρ τούτοις ἡ κίνησις ἐκείνης (de l'âme) καὶ λόγῳ τινὶ ἕκαστον γίνεται.

[2] *De Anim.*, II, 4, 9.

[3] *De Gener. anim.*, II, 4, 740, b. ἐξ ἀρχῆς συνίστησι τὸ φύσει γινόμενον.

transformation, sous l'influence de la chaleur. C'est ainsi par la chaleur que l'animal se nourrit, s'accroît, est rendu propre à la génération. Ce qu'on appelle ici chaleur, ce n'est pas le feu proprement dit, ni une force physique analogue ; c'est un souffle, une sorte de vapeur, d'esprit, πνεῦμα, enveloppé dans la matière écumeuse du sperme. La nature qui subsiste dans cet esprit est analogue à la matière des astres. En effet, le feu n'engendre aucun être vivant, tandis que la chaleur du soleil, comme celle des animaux, a un principe capable de donner la vie, ζωτικὴν ἀρχήν. Ce corps de la semence contient le germe du principe psychique[1] qui s'écoule avec elle, ἐν ᾧ συναπέρχεται τὸ σπέρμα τὸ τῆς ψυχικῆς ἀρχῆς[2]. Ce principe psychique est double : une partie est séparable du corps, dans les êtres chez lesquels il enveloppe une essence divine : c'est ce qu'on appelle la raison, ὁ Νοῦς, dont l'acte n'a rien de commun avec l'acte du corps ; c'est pourquoi elle ne peut venir à l'âme que du dehors, θύραθεν ἐπεισιέναι. L'autre en est inséparable : c'est le sperme corporel qui, malgré sa nature humide et aqueuse, se subtilise et se vaporise, διαλύεται καὶ πνευματοῦται[3]. La force psychique étant identique, la matière, le sang, étant identique, les instruments, chaleur et froid, étant identiques, on est autorisé à croire que l'âme nutritive suffit seule aux fonctions de nutrition, d'accroissement, de génération.

Cette âme unique, c'est pour chaque être sa nature individuelle et propre, ἡ φύσις ἑκάστου, principe interne, existant au sein de toutes les plantes et de tous les animaux. Mais bien que le végétal se nourrisse, s'accroisse, engendre un être

---

[1] La semence de la femelle donne au produit son corps, celle du mâle son âme. *De Gener. anim.*, II, 4. 738, b. 25. τὸ μὲν σῶμα ἐκ τοῦ θήλεος, ἡ δὲ ψυχὴ ἐκ τοῦ ἄρρενος. De même que l'artiste qui crée une statue ne crée pas le bois ou la pierre qu'il travaille et se contente de lui donner la forme et la vie idéale, de même la semence de l'homme ne contribue en rien à la formation de l'embryon matériel et se contente de donner à cette matière contenue dans la femelle la vie, l'âme (*De Gener, anim.*, I, 21 et 22), où se trouvent la forme et la raison. ... ἢ λόγος ὑπάρχει καὶ τὸ εἶδος. (*Id.*, II, 1.) La semence de la femelle et celle du mâle sont cependant de la même matière, un περίττωμα de la nourriture, mais inégalement travaillées par la chaleur. C'est pourquoi les femelles peuvent quelquefois produire sans la coopération du mâle (*Id.*, II, 5), par exemple des œufs sans germe. La femme est un homme arrêté à un degré inférieur de développement πεπηρωμένον. (*Id.*, II, 3.)

[2] *De Gener. anim.*, II, 3.

[3] *De Gener. anim.*, II, 3, 736, b.

semblable à lui-même, bien que par conséquent il ait un organisme, cependant ce n'est pas un animal, qui se caractérise par la sensation¹. La sensation manque à la plante, quoiqu'elle ait une âme, quoiqu'elle soit affectée par les choses tangibles, puisqu'elle s'échauffe et se refroidit; la sensation lui manque parce qu'elle n'a pas de centre, de moyen, μεσότης, ni aucun autre principe analogue, capable de recevoir la forme des choses sensibles, sans la matière : elle est affectée par la matière de la chose extérieure et la reçoit en elle². Aussi son organisme est extrêmement élémentaire et simple, et les appareils des fonctions sont souvent incomplets, confondus ou renversés. La plante a, comme nous l'avons dit, pour ainsi dire la tête en bas et les pieds en haut, τὰ μὲν ἄνω κάτω, τὰ δὲ κάτω ἄνω. C'est pour cela que le phénomène de la génération s'observe mieux dans les animaux, quoique les fonctions soient analogues. Lorsque le fœtus est formé, il se comporte comme la semence jetée en terre ; car les semences ont aussi en elles ce même principe vital à l'état primitif, ἡ ἀρχὴ ἡ πρώτη. Lorsque ce principe, qui existait d'abord en puissance, se détache de la plante qui le portait, il en pousse des racines et des feuilles : car le végétal a besoin de croître. De même et surtout dans le fœtus est renfermé en puissance le principe précurseur, ἡ ἀρχὴ πρὸ ὁδοῦ, de toutes les parties de l'animal. Voilà pourquoi le cœur se forme distinctement et séparément le premier en acte ; l'expérience et l'observation nous attestent le fait, qu'explique la raison. Lorsque le fœtus a été séparé des deux êtres qui l'ont formé, pour qu'il se suffise à lui-même il faut bien qu'il ait en lui un principe de vie, et le principe même qui présidera au développement postérieur du corps. Ce principe ne pouvait être externe et introduit postérieurement : d'abord, parce qu'on pourrait demander à quel moment il a été introduit ; ensuite, parce que chaque partie de l'organisme étant destinée à être séparée ou distincte, il faut que le principe d'où toutes les parties tirent leur mouvement et leur force d'accroissement existe avant elles et soit formé le premier. Ce ne sont donc pas, comme le croyait Démocrite, les parties extérieures de l'animal qui sont formées les premières, mais bien les parties internes. Il n'en

---

¹ Voir sur la différence du ζῶν et du ζῶον *De Anim.*, II, 2, 4. *De Juvent.*, I. *De Gener. anim.*, I, 23, et II, 1.

² *De Anim.*, II, 12, 4.

est pas de même des animaux de pierre et de bois, parce qu'ils n'ont pas en eux-mêmes leur principe; mais tous les animaux de la nature, les êtres vivants l'ont, et en tous il est interne. Ainsi, chez tous les animaux qui ont du sang, le cœur se forme le premier, se sépare distinctement le premier de la masse encore informe du fœtus. Comme il a besoin de nourriture, on peut l'appeler le principe de l'animal et de tout le système des organes; car c'est par lui que l'être s'accroît et se développe.

La chaleur a son siège dans le cœur, d'où partent les veines qui contiennent le sang ou les analogues du sang, dernière nourriture de l'animal. Les éléments de tout être organisé sont, d'une part, la matière organisée (les parties homéomères), d'autre part, les organes appropriés aux fonctions (les parties anhoméomères). La matière organisée se compose de deux couples de contraires : le sec et l'humide, qui jouent le rôle passif, qui forment la puissance et la matière; le chaud et le froid, qui jouent le rôle actif de forme et d'acte : car toute cohésion, toute limitation, toute détermination de la matière vient de la chaleur et du froid. Cependant de ces deux derniers instruments de l'âme génératrice, la chaleur est le seul vraiment actif; car le froid opère surtout par destruction[1], quoique la chaleur elle-même, quand elle n'est plus proportionnée à l'essence des êtres et qu'elle dépasse la mesure qui leur convient, puisse aussi être cause de la destruction des êtres. De là la nécessité d'un appareil destiné à produire un refroidissement régulier de la chaleur, dans les êtres organisés.

La chaleur produite par le mouvement du soleil dans le plan de l'écliptique est la source de toute chaleur, même de la chaleur vitale. Ce n'est pas l'homme tout seul qui engendre l'homme, c'est aussi le soleil : ἄνθρωπος γὰρ ἄνθρωπον γεννᾷ καὶ ἥλιος[2]. Toutefois on pourrait admettre que la chaleur de la vie est un corps encore plus divin, plus céleste que la chaleur solaire, c'est-à-dire l'éther; car la puissance de toute âme semble participer à un corps plus divin que les éléments et analogue à celui des astres[3].

---

[1] *Meteor.*, IV, 388, b.

[2] Bain, *The Senses*, I, p. 65. « La force qui anime l'organisme humain et entretient les courants du cerveau a son origine dans la grande source première de force vivifiante, le soleil. »

[3] *De Gener. anim.*, II, 3. Il résulte de ce passage que le corps auquel

La chaleur est le grand instrument dont l'âme nutritive se sert pour accomplir les fonctions de la nutrition qui conserve et accroît l'animal, et de la génération qui perpétue les espèces. Tout ce qui croît doit nécessairement prendre de la nourriture. La nourriture se compose de matières sèches et de matières humides. La transformation et la digestion, πέψις[1], de ces matières sont opérées par la chaleur. Les animaux et les végétaux doivent donc avoir pour cette fonction, quand bien même ils ne l'auraient pas pour d'autres raisons, un principe de chaleur interne et naturelle qui opère la cuisson des aliments. Le principe de l'alimentation n'est donc pas dans l'aliment même, mais dans la chaleur qui les assimile, laquelle est à son tour liée au phénomène de la respiration. La chaleur animale est une chaleur vitale[2].

La naissance de l'être est le commencement de sa participation à l'âme nutritive, et cette participation à l'âme nutritive, dont la vie est la durée prolongée, la mort l'arrêt, commence dans la chaleur[3]. La respiration commence lorsque la chaleur, dans laquelle se trouve l'âme nutritive, prend un degré plus élevé d'intensité[4]. Le principe de la génération est également dans la chaleur. Tous les animaux et végétaux sont engendrés dans la terre et dans l'humide, parce que dans la terre il y a de l'eau, dans l'eau une vapeur subtile, un esprit, πνεῦμα, et dans cette vapeur, une chaleur psychique, θερμότητα ψυχικήν, parfaitement pure[5] : dans la nature tout est plein d'âme[6].

---

l'âme *participe*, κοινωνεῖ, n'est qu'un analogue de l'éther et non l'éther même, et que la *participation* de l'âme à un corps ne l'identifie pas à ce corps même : ce qui est d'autant plus évident qu'Aristote appelle nettement la chaleur et le froid des *instruments*, ὄργανα, de l'âme. Cependant on ne peut nier que le langage d'Aristote semble parfois les confondre, et l'on pourrait croire que ce corps éthéré est l'âme en puissance.

[1] πέψις est l'achèvement parfait, τελείωσις, de la nourriture ; πέπανσις, la maturation, est une sorte de πέψις des fruits ; ἕψησις est une cuisson à l'étuve ; ὄπτησις, une cuisson par le rôtissement. En l'absence de termes plus propres, on est bien obligé, dit Aristote, de se servir de ces expressions bizarres et inexactes. *Meteor.*, IV, 2 et 3.

[2] *De Part. anim.*, II, 3. *De Gener. anim.*, II, 4.

[3] *De Resp.*, 18.

[4] *De Resp.*, 21.

[5] *De Gener. anim.*, II, 744, a.

[6] *De Gener. anim.*, III, 2, 762, a, 20.

La chaleur et le sang, instruments et agents de la nutrition et de la génération, ont leur siège dans le cœur. C'est pourquoi le cœur, siège et presque principe de l'âme nutritive, est un organe central nécessairement placé entre les deux parties distinctes et opposées dont se compose le corps de tout être vivant, même du végétal, c'est-à-dire le haut et le bas. C'est le premier lieu du corps; et c'est dans la première partie de ce lieu que doit se trouver la première forme de l'âme. Il est placé et il devait être placé au centre, entre le lieu du corps qui reçoit la nourriture et celui qui en rejette le résidu inutile, afin d'être en rapport avec chacun d'eux, et de là répandre et distribuer la chaleur innée dont le corps des animaux et toutes les parties du corps ont besoin [1].

Les faits nous attestent cette loi de formation; dans les plantes mêmes, c'est du centre que part toujours le développement; car toutes les graines ont deux valves, et le point où elles se soudent est précisément ce milieu [2]. Ce centre, qui est le cœur pour les animaux qui ont du sang, n'a pas reçu de nom particulier pour les plantes, mais il n'en existe pas moins. La faculté nutritive, sans laquelle ne peuvent exister les autres facultés de l'âme, ne peut à son tour exister sans le feu naturel, dont le siège est le cœur. C'est là qu'est la vie et le foyer qui entretient la chaleur indispensable à la vie : aussi tant qu'ils vivent, le cœur des animaux est chaud; s'il se refroidit, ils meurent [3]. L'âme végétative n'est pas absolument, malgré le vague des formules, confondue avec la flamme du feu vital, puisque l'être qui se sert d'une chose diffère de la chose dont il se sert, et que l'âme se sert de la chaleur comme d'un instrument, et comme la main se sert de la flûte. Elle s'en sert pour cuire les aliments, les assimiler, produire la croissance et la génération.

Nous avons dit que la plante passe sa vie dans une sorte de sommeil : c'est là une façon de parler métaphorique et inexacte, car il n'y a pas de sommeil si on ne se réveille pas. Ce qu'éprouvent les plantes n'est qu'un analogue d'un sommeil sans réveil, et non un sommeil véritable; c'est plutôt une disposition semblable à celle du fœtus dans le sein de la

---

[1] *De Vita*, 4.
[2] *De Juvent.*, 3.
[3] *De Resp.*, 8. *De Juvent.*, 4.

mère[1]. Le sommeil est comme l'enchaînement de l'âme sensible et l'immobilité de la sensibilité ; la veille est la délivrance de l'une et l'exercice de l'autre. Par conséquent, tout être qui dort doit posséder la sensibilité qui est le caractère essentiel de l'animal ; les végétaux qui ne la possèdent pas ne sont donc pas sujets aux alternatives de la veille et du sommeil[2]. Le sommeil et la veille sont des affections de l'âme sensible, mais produites par l'âme végétative, qui a ainsi la fonction d'endormir, qu'elle n'exerce que lorsqu'elle a un objet sur lequel elle puisse l'exercer, c'est-à-dire, la sensibilité. Mais que ce soit elle qui exerce cette fonction, on s'en convaincra en remarquant, d'une part, que c'est pendant le sommeil que les animaux croissent davantage, que la vie végétative en eux est d'autant plus active que la vie sensible l'est moins ; et d'autre part, que le sommeil n'est pas toute impuissance de sentir : c'est l'impuissance de sentir qui vient de l'évaporation de la nourriture[3]. Aussi est-ce le cerveau, la partie la plus froide de tout le corps, qui est le siège principal du sommeil.

Le réveil a lieu quand la chaleur redevient dominante, et l'emporte sur le refroidissement causé par l'évaporation des aliments. C'est parce que la sécrétion du sang devient moins active, après l'ingestion de la nourriture, que le sommeil arrive, et il dure jusqu'à ce que le sang le plus pur se sépare et remonte vers le haut du corps, tandis que la partie la plus épaisse descend vers le bas. Quand cette séparation est faite, les êtres délivrés de la lourde chaîne de la nourriture s'éveillent. Le sommeil est ainsi une sorte de catalepsie du premier sensorium qui le met hors d'état d'agir. C'est comme une limite entre vivre et pas vivre ; de l'être qui dort on ne peut pas dire qu'il vit, ni qu'il ne vit pas. Vivre, pour l'être animé, c'est sentir[4]. C'est donc l'état de veille qui constitue la vie, parce qu'il est accompagné de la plénitude de la sensation[5].

Le but du sommeil est de reposer l'être des fatigues de la sensation, dont il ne pourrait supporter l'activité longtemps

---

[1] *De Gener. anim.*, VI, 779, a.
[2] *De Somn.*, 1 ; *De Gener. anim.*, V, 1.
[3] *De Somn.*, 3.
[4] *De Somn.*, 3. *De Juvent.*, I, 3.
[5] *De Gener. anim.*, I, 778, b.

prolongée. Ce repos est même son salut, σώζει γὰρ ἡ ἀνάπαυσις. La cause du sommeil est la répercussion violente produite sur le sensorium premier par l'élément matériel de la nourriture, emporté vers le haut du corps par la chaleur interne. C'est donc bien l'âme nutritive qui enchaîne dans une sorte d'impuissance momentanée la faculté de sentir, et c'était à elle qu'il fallait rapporter, comme à leur cause, les phénomènes de la veille et du sommeil. C'est encore à elle qu'il faut rapporter ceux de la jeunesse et de la vieillesse, de la longueur et de la brièveté de la vie, de la naissance et de la mort[1]. Elle est en effet le premier principe de la vie, avec laquelle la chaleur a de si intimes rapports[2]. Tous les animaux qui participent à la vie sont soumis à la loi de la naissance et de la mort. La naissance, c'est la première participation, μέθεξις, de l'âme nutritive avec la chaleur; la vie en est la permanence. Le phénomène qui, dans les animaux, s'appelle la vieillesse et, dans les plantes, le dessèchement, αὔανσις, est la diminution de cette participation de l'âme avec la chaleur; la jeunesse en est l'accroissement; la mort, la fin. La mort naturelle, comme la mort violente, est l'extinction de la chaleur; quand le feu vital se détruit de lui-même, comme dans la vieillesse, on appelle le phénomène consomption, μάρανσις; quand il est détruit par les contraires, comme dans le cas de maladie ou de mort violente, il prend le nom d'extinction, σβέσις. La mort a lieu lorsque le refroidissement, nécessaire à la conservation et à l'entretien de la chaleur vitale, qui sans cela se consumerait elle-même, cesse d'être assez actif pour

---

[1] Il est remarquable que parmi les fonctions de l'âme végétative, Aristote n'ait pas mentionné la santé et la maladie, que le fils d'un médecin, un Asclépiade, n'aurait pas dû oublier. Le chapitre XXI de la *Respiration*, le § 3 du chapitre I de la *Longévité*, en tout dix lignes, sont tout ce qu'il consacre à cet important sujet. Il semble toutefois avoir eu l'intention de l'étudier. (*De Longit.*, 1.) Pacius croit que la fin de la *Respiration* est le commencement d'un mémoire inachevé ou mutilé où il remplissait sa promesse. M. Waddington a cru devoir rattacher tous ces phénomènes à l'âme sensitive, parce qu'Aristote dit (*De Sens.*, I, 3) : « Il y a encore d'autres fonctions dont les unes appartiennent en commun à tous les êtres vivants, et dont les autres ne sont accordées qu'à quelques-uns; par exemple la veille et le sommeil, la jeunesse et la vieillesse, l'inspiration et l'expiration. » Mais comme la cause de ces phénomènes est due à l'âme nutritive, j'ai pensé qu'il valait mieux adopter un autre ordre d'exposition, et rattacher immédiatement les effets à leur cause.

[2] *De Resp.*, 17. τὸ θερμὸν τὸ κοινωνοῦν αὐτῆς.

maintenir la combustion intérieure qu'on appelle la vie. Le feu de la vie que n'attise plus suffisamment le jeu des soufflets du poumon ou des branchies endurcis, s'affaiblit et s'éteint. Dans les végétaux, le refroidissement, conservateur de la chaleur naturelle, a lieu par les organes de la nutrition, qui à la fois les échauffe et les refroidit. Quand ces organes deviennent insuffisants et impuissants, la vie s'éteint. Dans la vieillesse, où l'être a déjà dépensé une grande partie de sa chaleur vitale, et où il n'en conserve plus qu'une flamme insensible, le moindre accident suffit pour causer la mort. La plupart du temps, c'est insensiblement et sans douleur que se délient les nœuds qui attachaient l'âme à la chaleur et le corps à la vie[1]. La destruction se produit au centre de l'animal, là où résidait la vie, c'est-à-dire à la limite commune de la partie supérieure et de la partie inférieure de l'animal. Dans les plantes, c'est le milieu entre la tige et les racines; dans les animaux c'est le cœur, ou, dans ceux qui n'ont pas de cœur, l'appareil qui en fait la fonction.

Quelle est la cause qui fait vivre naturellement certains individus et certaines espèces plus longtemps que d'autres? Je dis naturellement, parce qu'il faut exclure la maladie ou les causes violentes qui réduisent parfois la durée de vie. Il y a pour chaque espèce de chose des causes de destruction spéciales. Dans les corps naturels les contraires se détruisent et s'engendrent les uns les autres : l'humidité chaude est la cause du développement de l'être comme de sa vie; c'est quand cette humidité se dessèche que l'être vieillit, c'est quand elle est complètement desséchée qu'il meurt. Les êtres vivent donc plus ou moins longtemps, selon qu'ils ont plus ou moins d'humidité et qu'ils la perdent plus ou moins vite, et comme les végétaux sont ceux qui en ont le plus, c'est parmi eux que se trouvent les êtres qui vivent le plus longtemps.

C'est encore à l'âme nutritive que se rattache le phénomène de la respiration. Aristote ne dit pas positivement que les plantes ne respirent pas, mais il ne dit nulle part qu'elles respirent, et il semble distinguer dans les êtres vivants des espèces qui ne respirent pas[2]. C'est néanmoins l'âme nutritive qui est

---

[1] De Resp., 17, 18.
[2] De Juvent., I, 1.

la cause de ce phénomène vital qui ne se manifeste que chez les animaux, ou se manifeste surtout chez eux.

Nous avons vu que l'âme et la vie ne peuvent subsister qu'à la condition d'une certaine chaleur, parce que la digestion ne saurait se faire sans chaleur, et sans l'âme qui s'en sert. De plus, le feu vital, pour durer, a besoin d'un refroidissement régulier qui le modère et le protège contre ses propres excès. C'est la fonction de la respiration. Elle commence à se manifester quand la chaleur augmente dans l'appareil où est l'âme nutritive. En s'augmentant, la chaleur dilate le cœur et gonfle le poumon dont le jeu est semblable au jeu des soufflets de forge. Le poumon soulevé laisse pénétrer l'air extérieur, qui, par le froid qu'il apporte, apaise l'ardeur excessive du feu. La chaleur diminue, et par suite le poumon se contracte et expulse l'air inspiré, qui s'est échauffé au contact de la chaleur interne. Ce double mouvement alterne d'inspiration et d'expiration constitue la vie, qui consiste à respirer, du moins dans les animaux qui respirent.

Ainsi l'âme nutritive est le premier rapport réel d'une force psychique et d'une matière appropriée, rapport qui constitue l'être individuel vivant. C'est elle qui maintient la vie par la nutrition, la digestion, la veille et le sommeil, la respiration, et qui la prolonge au moyen de la génération qui opère la perpétuité des espèces, et assure même à l'individu une sorte d'immortalité. Inséparable du corps, puisque la vie n'est que le rapport d'un corps et d'une forme, elle meurt avec le corps qu'elle vivifie. Cette mort est complète, définitive. Si l'âme était dans le corps comme la science est dans l'âme, la mort pourrait être relative, comme la science qui ne meurt pas lorsque l'âme qui la possède vient à mourir. Mais telle n'est pas la nature du rapport qui lie l'âme au corps. L'âme n'est pas dans le corps accidentellement, mais par essence, par nature, en sorte que le corps, dont elle était la forme, étant détruit, l'âme, à ce qu'il semble, φαίνεται, doit périr avec lui; car elle n'existait que dans un rapport qui s'évanouit quand l'un des termes est détruit. L'âme est un être de la nature, φύσει ἐστί; elle se réalise dans une matière; elle est la forme d'une matière, elle a donc une matière; comme tout ce qui a une matière, elle est placée dans le domaine de l'opposition des contraires, de la passion et de l'action, qui se conditionnent réciproquement. L'âme a donc un contraire. Or les contraires qui sont dans les substances, c'est-à-dire qui sont eux-mêmes substances, ne sont jamais détruits accidentellement; car la substance n'est jamais l'attribut d'aucun sujet. Ils sont donc détruits en tant que substances, c'est-à-dire substantiellement détruits. Tout ce qui est soumis aux contraires appartient au monde du changement, du devenir, de la mort. Ce qui n'a pas de contraire seul est éternel; mais la matière et ce qui a matière n'est jamais sans son contraire. La mort est le contraire de la vie[1]. Placée au centre de l'être vivant, l'âme nutritive a quelque affinité de nature et d'essence avec la chaleur, essentielle à la vie, et en est au moins une cause coopérante. Malgré la diversité de ses fonctions elle est une en acte, et cette unité persiste, quand des fonctions supérieures, celles de la sensation par exemple, viennent agrandir sa sphère d'action et s'ajouter à son essence primitive, l'achever, la compléter sans la détruire ni l'altérer. La première, dans l'ordre du temps et par rapport à nous, l'âme nutrititive est la dernière dans la dignité et dans l'ordre de l'essence[2].

[1] *De Longit.*, 2, 465.
[2] *De Anim.*, II, 4. *Ethic. Nic.*, I, 13.

CHAPITRE SIXIÈME

L'AME SENSITIVE.

§ Ier.

L'AME SENSITIVE EN GÉNÉRAL

La nature s'élève d'une manière continue des êtres inorganiques aux animaux par le degré intermédiaire des êtres vivants qui ne sont pas animaux. Après avoir étudié la nature de l'âme des êtres qui forment ce degré intermédiaire, nous allons nous occuper de l'âme des animaux, qui a pour caractère distinctif la faculté de la sensation, dont le végétal est dépourvu. Nous savons déjà, par la théorie d'Aristote, que toute forme supérieure de la vie enveloppe la forme inférieure, comme le carré enveloppe le triangle, en sorte que chez les animaux il n'y a pas deux âmes séparées dans un même corps, pas plus qu'il n'y a en acte deux figures dans le carré. Pour une seule matière il ne peut y avoir qu'une seule forme propre ; car la matière est en soi, *an sich*, en puissance, la chose même dont la forme est la réalité; la matière a par elle-même un rapport, une relation à la forme. De même donc qu'une seule âme suffit aux fonctions de la nutrition, de l'accroissement, de la génération, une seule et même âme suffit aux fonctions de la nutrition, de l'accroissement, de la génération et de la sensation.

De même que dans le tétragone existe en puissance le triangle, de même dans l'âme sensitive existe en puissance l'âme nutritive, comme, en général, dans tout être supérieur existe en puissance l'être immédiatement placé au-dessous de lui dans la série progressive et continue des êtres, et qui l'a précédé dans le temps. Quoique les végétaux nous présentent en fait l'âme nutritive existant séparée de l'âme sensitive, et qu'on ne puisse nier par conséquent que la séparation entre elles puisse se réaliser, jamais ni nulle part on ne trouve l'âme sensitive existant séparée de l'âme nutritive, comme aussi l'âme pensante contiendra en puissance les deux âmes inférieures, quoique l'âme sensitive existe séparée de l'âme pensante dans les animaux. Le supérieur, par une loi de la nature, enveloppe l'inférieur, τὸ γὰρ μεῖζονι καὶ κυριωτέρῳ προσέθηκε τοὔλαττον[1].

L'âme est donc une. C'est pourquoi le cœur est le centre unique et commun de la vie de nutrition et de la vie de sensation ; la partie irrationnelle de l'âme, τὸ ἄλογον, ne diffère de la partie raisonnable, τὸ λόγον ἔχον, que comme dans une circonférence le concave diffère du convexe ; ces parties sont inséparables par leur nature même[2].

La sensation est la marque distinctive et le caractère essentiel de l'animal. L'animal a nécessairement la sensation et l'être animé ne commence à être un animal que lorsqu'il commence à sentir[3]. L'âme de l'animal préside à la fois à ses fonctions de nutrition et à ses fonctions de sensation. Pourquoi les plantes, qui ont une certaine partie de l'âme, et qui sont affectées par les choses tangibles qui se réchauffent et se refroidissent, n'ont-elles pas la faculté de la sensation, quoique l'une des premières et des principales sensations du toucher soit celle du chaud et du froid? C'est qu'elles n'ont pas de milieu central, διὰ τὸ μὴ ἔχειν μεσότητα, ni aucun principe analogue capable de recevoir la forme de l'objet sensible, sans la matière, tandis que les animaux possèdent cette faculté, qui est pour ainsi dire la sensation même ; car la sensation est une espèce de moyenne, μεσότης τις, entre les qualités opposées des choses sensibles : c'est par là que la sensation peut juger les choses sensibles. En effet, pour juger, il faut un terme moyen qui, en relation avec chacun des deux extrêmes, tient à la fois de l'un et de l'autre.

La vie sensible renferme plusieurs degrés : au plus bas degré est la sensation du toucher. Le toucher suffit pour constituer l'animal, parce qu'il lui donne une sensation[4] : il

---

[1] *De Part. anim.*, IV, 10, 687, a, 21.

[2] *Ethic. Nic.*, I, 13. Avec cette différence que le concave ne peut jamais se séparer du convexe, tandis que l'âme végétative se peut séparer de la sensitive, et l'âme sensitive de l'âme pensante.

[3] *De Gener. anim.*, V, 1, 778, b, 32.

[4] *Hist. anim.*, I, 489, a, 17.

s'y joint presque universellement le goût, qui est une espèce du toucher. Là où il y a goût et toucher, c'est-à-dire la plus commune des sensations, il y a plaisir et peine, et là où il y a sensation de plaisir et de peine, il y a nécessairement désir, car le désir a pour objet le plaisir. La faculté du désir, fût-ce le seul et grossier désir de la nourriture, est ainsi une propriété propre et commune à tous les animaux, comme la faculté du toucher. Au désir se lie l'imagination qui se représente l'objet agréable et désiré; l'imagination suppose la mémoire. Les animaux ont ainsi tous, ou presque tous, avec le désir, l'imagination et la mémoire. La locomotion, au contraire n'est pas une faculté commune à tous les animaux; il y a des êtres animés, qui possèdent la sensation, qui sont par conséquent des animaux, et qui cependant ne se meuvent pas ou du moins ne se déplacent pas.

La sensation est un mouvement dont l'âme est le principe, mais qui se passe dans le corps, et au moyen d'organes corporels. Comme tout organe matériel ne peut exercer sa fonction que pendant un temps limité, après lequel il tombe dans l'impuissance de la continuer, il en résulte qu'il faut que cette fatigue soit suspendue pour laisser aux organes le temps de réparer leur forces épuisées. Cette suspension regulière et périodique de la fatigue des organes de la sensation, c'est le sommeil, qu'accompagne souvent le phénomène psychologique du songe. Tous les animaux ont besoin du sommeil; aucun ne dort toujours, car il n'aurait point la sensation; aucun ne veille toujours, car, par une veille prolongée, l'animal tomberait naturellement dans l'impuissance de sentir, quoiqu'il y ait doute en ce qui concerne les coquillages, sur lesquels, dit Aristote, on n'a pas encore fait d'observations directes[1]. Les défaillances, les évanouissements, le délire sont encore des effets ou des états de l'âme sensitive.

Voilà quels sont les états actifs et passifs, πάθη τε καὶ ἔργα, de l'âme sensitive. On peut les diviser en deux : d'une part, la locomotion, qui n'appartient pas à tous les animaux, de l'autre, la faculté qu'Aristote appelle τὸ κριτικόν, commune à à tous les animaux et qui leur permet de séparer, de discerner, de distinguer, faculté qui est le fond de la perception et même de la pensée. Aussi paraissent-ils tous avoir une sorte de puissance naturelle de chacune des facultés qu'on retrouve

---

[1] *De Somn.*

à l'état développé dans l'homme. La vie morale, la vie intellectuelle se manifeste par quelques traces obscures dans certains d'entre les animaux, qui se montrent doux ou féroces, lâches ou courageux, stupides ou intelligents. Ils ne restent pas absolument étrangers à la pensée et à la raison, τῆς περὶ διάνοιαν συνέσεως ; ils ont aussi en partage une sorte de science acquise par l'étude, κοινωνεῖ τινὸς μαθήσεως καὶ διδασκαλίας, ou par des leçons qu'ils reçoivent des hommes et se transmettent entre eux[1]. On peut trouver dans leurs manières d'être et de vivre beaucoup de ressemblances, ὁμοιότητες, avec l'homme[2].

Si l'animal possède ces facultés qui manquent à la plante, c'est parce qu'il a dans son organisation un centre d'unité, un principe d'individualité, un moyen, μεσότης. La sensation est un rapport ; nous avons des sensations différentes ; nous sentons que les choses diffèrent, nous sentons leurs différences. Pour juger de ces différences, il faut qu'il y ait en nous un principe unique qui saisisse en un même instant les deux termes de l'opposition. C'est un point central, le point de rencontre des extrêmes, à la fois divisible et indivisible : divisible, puisqu'il doit recevoir les contraires ; indivisible, puisqu'il les reçoit en même temps et en un même point : δεῖ ἑνί τινι ἄμφω δῆλα εἶναι. C'est comme la limite dans l'espace, l'instant dans le temps, qui rapproche et à la fois sépare l'en deçà et l'au delà, le futur et le passé[3].

A ces fonctions supérieures correspond un organisme plus compliqué, plus développé, plus parfait. L'organe central de la vie, correspondant à cette faculté centrale de la sensation, c'est le cœur qui en est le siège primitif, et qui, avec la sensation, donne à l'animal le mouvement. Certains animaux paraissent, il est vrai, dépourvus, comme les plantes, de ce centre de vie unique et un. Ils n'ont bien qu'une âme en acte : en puissance ils en ont plusieurs. Ces sortes d'animaux d'une individualité très imparfaite ressemblent chacun à une pluralité d'animaux unis par la nature[4]. Aussi peut-on les couper comme les plantes, et chacune des parties constitue un animal nouveau

---

[1] *Hist. anim.*, IX, 1.

[2] *Hist. anim.*, IX, 7. *Metaph.*, I, 1.

[3] *De Anim.*, III, 2. *Phys.*, IX, 8, 262, a, 20.

[4] *De Juvent.*, 2. *De Gener. anim.*, I, 23. *De Part. anim.*, IV, 5. *De Resp.*, 17. *De Incess. anim.*, 7.

de même espèce, complet et vivant. C'est une sorte de composé de parties homéomères, où l'organisation est à peine ébauchée. C'est pourquoi ces animaux sont privés de la faculté de sentir, parce qu'ils sont incapables de recevoir les formes des choses extérieures sans leur matière, de faire cette distinction, cette séparation dont l'acte constitue proprement la sensation [1].

Sauf cette exception, tous les autres animaux, précisément parce qu'ils ont la sensation, possèdent ce point, ce milieu, cette moyenne, qui peut recevoir la forme pure sans la matière.

La faculté de la sensation admet une grande variété de degrés et de formes, depuis les éponges qui n'ont que la sensation du tact, jusqu'à cette riche organisation de l'homme composée de cinq sens, maximum qui n'est pas susceptible d'être augmenté [2], comme nous le verrons plus loin. La sensation consiste essentiellement dans un *mouvement reçu*, dans une impression passive dont le siège est dans le corps ; elle constitue une *sorte d'altération* [3], que l'être animé et sentant subit fatalement et dont la cause est l'objet sensible extérieur. Ce mouvement n'est pas subi par le corps seul ; car alors il n'arriverait pas à la conscience ; il n'est pas le mouvement de l'âme, car l'âme est immobile et inaltérable ; il appartient en commun à l'âme et au corps, à l'être vivant et sentant, qui est le rapport et l'unité de l'un et de l'autre. C'est par cette raison, je veux dire, parce que l'activité de l'âme dans la sensation n'est pas pure, parce qu'elle dépend du corps auquel elle est unie, parce qu'elle est à la merci des objets extérieurs, c'est par cette raison que la vie de l'animal, qui n'a pas la raison, est encore, malgré la sensation qu'il possède, une vie incomplète et imparfaite.

---

[1] *De Anim.*, III, 12.

[2] *De Anim.*, III, 1, 1. Démocrite avait soutenu l'opinion contraire.

[3] Il ne faut pas prendre trop rigoureusement ce mot d'*altération*, ἀλλοίωσίς τις, pas plus que celui de mouvement dans la définition du traité du *Sommeil* (ch. I) : « la sensation est une *sorte de mouvement de l'âme* produit par le corps. » L'âme ne se meut ni ne s'altère dans la sensation, qui, étant, comme on va le voir, un passage de la puissance à l'acte, achève, réalise l'essence de l'âme, et est plutôt une τελείωσις qu'une ἀλλοίωσις. La sensation pour Aristote n'est que relativement passive : au fond elle est une action de l'intelligence, mais de l'intelligence engagée dans la matière. Les sensations sont λόγοι ἔνυλοι.

La sensation ne se sent pas elle-même ; il n'y a pas sensation de la sensation. Le feu, la terre et les autres éléments qui entrent dans la composition du corps où l'impression a lieu, ne suffisent pas à produire la sensation : il faut un objet étranger et extérieur pour la faire naître ; ce qui prouve que la sensation n'est pas dans l'âme primitivement un acte, mais une puissance qu'actualise l'objet sensible [1]. Ce n'est point par une sorte d'apprentissage, d'éducation que les sens passent à l'acte : on apprend à bien voir, on n'apprend pas à voir. Leur plus ou moins grande perfection seule est affaire de jugement et de réflexion, non de sensation proprement dite. L'âme sensitive, créée par le mâle dans l'acte de la génération, est complète du moment que l'être est né. Antérieurement à la naissance, sa vie est purement végétative ; aussitôt après la naissance, l'âme sensitive arrive du coup, instantanément, à une certaine possession de la science et de la sensation [2]. Cet état est une ἕξις, c'est-à-dire une sorte de puissance et une sorte d'acte, comme on voudra, semblable à l'état d'un homme qui, possédant la science de la géométrie ou de la grammaire, n'en fait pas, à un moment donné, usage. La puissance et l'acte sont susceptibles de degrés qui comblent la distance qui les sépare, par une série de moments divers, liés et progressifs. Ce qui, à un certain degré, est puissance, devient en se réalisant un acte, par rapport au degré qu'il quitte, mais reste en puissance, par rapport au degré supérieur qu'il n'a pas encore atteint.

Sentir, c'est être mû ; être mû, c'est être dans un état passif, πάσχειν ; mais, au moins en ce qui concerne la sensation, être mû, être dans un état passif, et être en acte, c'est la même chose. Car la sensation est une puissance qui est mise en acte par un sensible en acte, et pour arriver à un acte, il a fallu un mouvement : or le mouvement est acte, quoique acte imparfait : donc être mû, et être en acte, c'est ici la même chose. Tout ce qui est mû est mû par un moteur ; ce moteur qui agit est nécessairement en acte, et il agit pour mettre en acte la puissance sur laquelle il agit. On peut donc dire tantôt que le patient souffre de son semblable, tantôt de son dissemblable ; car après le mouvement reçu, le patient est en acte comme le moteur qui l'y a mis.

---

[1] *De Anim.*, II, 5, 2.
[2] *De Anim.*, II, 5.

La sensation est donc tour à tour, selon le point de vue où l'on se place, acte ou puissance, et est produite par une action du semblable ou du dissemblable.

Il y a deux degrés, deux moments de l'acte : d'un être qui a la vue et l'ouïe nous disons qu'il voit et qu'il entend, quoique, au moment même où nous le disons, il soit endormi ; et nous disons la même chose d'un être qui voit réellement, et au moment où nous le disons, un objet déterminé. Il y a aussi deux degrés, deux moments de la puissance : ainsi l'homme appartenant au genre des êtres qui sont capables de science, on peut, par cela seul, dire qu'il est savant en puissance ; mais on peut également le dire de l'homme qui, outre cette puissance générale de la science, a une science déterminée, personnelle, mais dont il ne se sert pas actuellement, tout en pouvant s'en servir, quand il le voudra, si un obstacle extérieur ne l'en empêche pas. Enfin il y a le savant en acte proprement dit, κυρίως ἐπιστάμενος, celui qui connaît actuellement et voit des yeux de son esprit un objet déterminé d'une science particulière qu'il possède. Il est clair que le mouvement par lequel l'ignorant, l'enfant par exemple, passe à la science, et qui détruit en lui l'ignorance, n'est pas le même que le mouvement qui fait passer à l'acte réel et actuel le savant géomètre qui avait laissé dormir sa science. L'acte n'est pas le contraire de sa puissance propre, puisqu'il en est l'actualisation. Si on veut dire qu'en tant que mouvements, ces deux mouvements sont des états passifs, πάσχειν, il faut distinguer deux sens de ce mot : dans l'un il exprimera la destruction de l'état antérieur et par le contraire, φθορά τις ὑπὸ τοῦ ἐναντίου ; ainsi la science que l'étude donne à l'enfant est le contraire de l'ignorance qui est détruite en lui par elle, et le met dans une disposition privative de l'état antérieur, ἐπὶ τὰς στερητικὰς διαθέσεις μεταβολήν[1]. En l'employant dans l'autre sens, on voudra dire que la puissance antérieure est conservée, confirmée, loin d'être détruite ; car assurément ce n'est pas en mettant en acte sa science, que le savant en perdra la puissance, et bien loin de là. Il n'y a plus ici de contraire qui détruise un contraire, un état dont on soit privé par un état opposé qui lui succède, comme la science nous dépouille de l'ignorance et lui succède ; c'est plutôt un semblable qui agit sur son semblable, un être en acte qui agit sur un être en

---

[1] *De Anim.*, II, 5.

acte : c'est un retour de l'être à lui-même et à l'acte, εἰς αὑτὸ γὰρ ἡ ἐπίδοσις καὶ εἰς ἐντελέχειαν[1]; c'est l'état d'un homme qui après un léger évanouissement revient à lui. On peut même dire qu'il y a un vrai développement de son être, puisqu'il entre par ce mouvement dans une possession plus pleine de lui-même, puisqu'il réalise sa fin, ce qui achève en lui la nature[2]. Est-ce là vraiment un état passif, est-ce là une altération? On ne peut le soutenir, et il est nécessaire, dans l'emploi de ce mot, ἀλλοίωσις, de bien distinguer les sens auxquels on doit l'entendre.

On dit qu'il y a altération quand le non-être passe à l'être, ἐκ τοῦ μὴ ὄντος εἰς τὸ ὄν[3]. Ce premier changement pour l'âme sensitive est opéré par celui qui engendre, c'est-à-dire le mâle qui la crée de toutes pièces[4], τὸ ἄρρεν ἐστί τὸ τῆς τοιαύτης ποιητικὸν ψυχῆς..... ἐμποιεῖ γὰρ τὴν αἰσθητικὴν ψυχήν. Toutes les facultés sensibles sont déposées par l'acte de la génération dans l'être qui reçoit la vie, et elles n'y sont pas conduites de la puissance à l'acte par une éducation, un apprentissage, διδασκαλίαν; le vrai nom qui appartient à ce mouvement est le devenir, ἡ γένεσις. On appelle encore altération[5] le mouvement qui réalise dans l'être et achève son essence et sa fin: ni l'un ni l'autre ne sont des altérations véritables, et il ne faut pas oublier cette distinction quand nous dirons que la sensation, qui au fond est une action, est une *sorte* de mouvement.

Si la sensation est une sorte de mouvement, il faut y distinguer, comme dans tout mouvement, un moteur et un mobile. L'objet sensible est l'objet par lequel le premier coup est porté sur le sujet, ce qui donne le premier branle du changement; le sujet sentant est l'être dans lequel ce changement se réalise, le terme où il aboutit; l'un est l'acte et la forme, l'autre est la puissance et la matière. La sensation est réalisée dans le sujet sentant par l'objet senti: cette réalisation s'opère

---

[1] *De Anim.*, II, 5.

[2] *De Anim.*, II, 5.

[3] *De Gener. anim.*, II, 5, 741, b.

[4] Pour l'origine de l'âme sensitive, Aristote est donc, pour nous servir des termes de l'École, *traducianiste*; pour l'origine de l'âme intellective, il est au contraire *créatianiste*.

[5] La définition propre de l'ἀλλοίωσις, c'est le mouvement ou changement qualitatif, κατὰ τὸ ποῖον, κατὰ τὸ πάθος. *Phys.*, V, 2. Conf *Phys.*, III, 1, et VIII, 7.

par une sorte d'empreinte, dans le sujet sentant, de la forme de l'objet senti. Pour que cette empreinte, par laquelle l'un s'assimile la forme de l'autre, soit possible, il faut qu'il y ait, entre l'objet et le sujet, le rapport de l'acte à la puissance. Ce rapport consiste, comme nous l'avons vu, en ce que les deux choses différentes soit néanmoins semblables, et que l'une peut devenir ce qu'est l'autre, οἷον ἐκεῖνο[1]. Or ce rapport de la puissance à l'acte n'existe pas et ne peut pas exister entre le sujet sensible, l'âme, et l'objet sensible, qui est matière. L'âme ne saurait, puisqu'elle est forme, devenir, dans la sensation, réellement semblable en acte à la matière, par exemple, à l'or dont l'anneau est fait. Forme, elle ne peut devenir que forme et jamais matière. Mais de même qu'une cire amollie prend la forme du cachet d'or qu'on imprime en elle et n'en prend pas la matière, de même l'âme est susceptible de recevoir et de prendre l'empreinte de la forme des objets matériels sans leur matière[2]. L'âme est au propre le réceptacle de la forme qui est acte, parce qu'elle-même est acte et forme.

L'âme sensitive peut donc être et est en puissance ce que l'objet est déjà en acte; elle en diffère et elle lui ressemble; elle en diffère comme la puissance diffère de l'acte; elle lui ressemble en ce que, forme potentielle et générale, elle peut devenir la forme même de l'objet senti : la différence s'évanouit quand la sensation a lieu, πεπονθὸς δ'ὁμοίωται καὶ ἔστιν οἷον ἐκεῖνο[3]. Il y a acte de part et d'autre, ou plutôt c'est un seul et même acte. En effet, la sensation ne se produit que dans l'instant où l'objet sensible agit sur le sujet et le met en acte, et où celui-ci reçoit sa forme. L'acte de l'un et l'acte de l'autre se confondent donc dans un seul et même acte. La sensation est l'acte commun, et pour ainsi dire la limite où se rencontrent, se pénètrent, se réalisent, s'identifient et la forme de l'objet et la forme de l'âme[4]. Mais la forme est un universel; qu'appellera-t-on donc notions sensibles? Celles

[1] *De Anim.*, II, 5.
[2] Si l'on objectait à Aristote que nous avons la perception non seulement de la forme, mais aussi de la matière des objets sensibles, il répondrait qu'il y a une forme de toute matière en tant que matière, c'est-à-dire des propriétés de la matière.
[3] *De Cœl.*, II, 3, 286, a, 33.
[4] *De Anim.*, III, 2, et II, 12.

qui, tout en aboutissant à une forme universelle et immatérielle, ont pour point de départ un objet individuel, matériel, concret. Le même *prozess* se répète dans la science pure, τὸ θεωρεῖν : elle a aussi besoin d'un objet en acte pour se réaliser dans l'entendement, jusque-là en puissance et passif. La différence consiste en ce que pour la sensation l'être en acte, qui fait passer l'âme de la puissance à l'acte, est extérieur, ἔξωθεν, visible, tangible, tandis que la science pure a pour objet les universaux, τὰ καθόλου, qui sont dans l'âme même en quelque sorte ; ce qui fait qu'on n'a pas eu tort d'appeler l'âme le lieu des formes, τόπος εἰδῶν[1]. Il ne dépend donc que de l'âme de les penser. La sensation, au contraire, ne dépend pas uniquement de l'âme ; nous ne pouvons sentir qu'un objet extérieur, individuel, et qui est à la portée de nos sens. Elle est comme le siège premier où réside la puissance de l'âme de recevoir les formes[2], de les séparer de la matière, en un mot de penser ; la raison nous apparaîtra comme un second instrument, plus parfait et plus riche, pour opérer en nous une connaissance d'un ordre plus élevé.

La sensation est, comme nous venons de le dire, un rapport naturel et déterminé du sujet à l'objet. Il résulte de là d'abord que les propriétés sensibles des choses, quand elles dépassent une certaine mesure, quand elles ne sont plus en rapport avec nos sens, ne sont plus senties, parce que le rapport qui constitue la sensation est détruit ; ces excès peuvent aller jusqu'à détruire l'instrument destiné à recevoir et à transmettre la sensation. Une trop grande et trop vive lumière peut rendre pour toujours aveugle et nous faire perdre la vue. Ensuite il résulte de ce même fait que ce qui est capable de sentir ne sent jamais que les choses avec lesquelles il est mis par la nature dans le rapport de la puissance à l'acte, et il ne les sent que par les moyens particuliers dont il est pourvu pour sentir. Ainsi, chaque sens a ses sensibles propres qu'il perçoit ou directement ou par un intermédiaire ; l'œil ne sent que les choses visibles, et le sujet ne les sent que par la vue ; l'oreille n'entend que les sons et le sujet n'entend que par l'ouïe. Il est vrai qu'il y a certains objets sensibles communs tels que le mouvement qui est perçu par tous les sens, la figure qui est perçue par plusieurs ; mais ces sensibles com-

---

[1] *De Anim.*, III, 4.

[2] *De Anim.*, II, 12.

muns ne sont sensibles que par accident[1]. Le propre de la sensation étant d'être un rapport déterminé à un objet déterminé, la sensation commune n'est pas vraiment une sensation.

Enfin, de ce que la sensation est un rapport, il résulte que nous devons avoir plusieurs sens et non un seul, et que nous ne pouvions pas en avoir un plus grand nombre que les cinq que nous possédons, quoiqu'il semble, au premier abord, que nous devrions en avoir un nombre infini pour correspondre au nombre infini des choses perceptibles[2]. Grâce à la multiplicité des sens, nous ne sommes pas exposés à confondre les propriétés sensibles et communes des corps, tels que le mouvement, la figure, la grandeur, avec les objets et propriétés sensibles propres, la grandeur par exemple, avec la couleur. La distinction de ces deux sortes de propriétés également perceptibles semble être le but que s'est proposé la nature, et la fin qu'elle a atteinte en affectant à la perception des unes des sens spéciaux, tandis que les autres sont perçues en même temps par plusieurs sens différents. Ainsi de ce que la grandeur est perçue à la fois par la vue et par le toucher, on comprend et on ne peut se refuser à comprendre que la couleur exclusivement perçue par la vue ne peut être identique avec l'étendue. La clarté de nos idées sensibles qui intéressent la conservation de notre être physique et de notre être intellectuel, c'est-à-dire une intention prévoyante et sage de la nature, telle est la vraie cause pour laquelle nous avons plus d'un sens.

Pourquoi n'en avons-nous que cinq? Pourquoi, les objets sensibles étant en nombre infini, n'avons-nous pas un nombre infini de sens? Nos sensations ne se divisent pas à l'infini, parce que les corps eux-mêmes ne se divisent pas à l'infini, si ce n'est en puissance; en acte, ils ne se prêtent qu'à une divisibilité limitée. Supposons, en effet, que les corps soient réellement divisibles à l'infini; tout ce qui produit une sensation a une grandeur; car on ne peut sentir qu'un objet est blanc s'il n'occupe un certain espace et n'a une certaine grandeur. S'il en était autrement, ce qui est sensible serait composé de parties non sensibles, c'est-à-dire d'êtres mathématiques abstraits, comme le soutiennent les atomistes, malgré l'évidente impossibilité. Tout sensible n'est donc pas

---

[1] *De Anim.*, II, 6, et III, 1.
[2] *De Sens.*, 6, 1.

en acte divisible à l'infini; par conséquent, leurs corrélats, les sensations en acte, sont en nombre limité, quoiqu'en puissance elles soient illimitées comme leurs objets. Nous pouvons, en effet, dire qu'en puissance nous avons la sensation du dièze, la sensation de la 10,000ᵉ partie d'un grain de blé, puisque nous avons la sensation du ton et du grain dont ils sont des parties. Mais, en réalité, en acte, nous n'avons une sensation que des objets sensibles qui produisent une impression d'une certaine mesure, d'un certain degré, au-dessous desquels nous ne percevons plus rien.

Ce qui est sensible est en outre limité, par la raison que tout ce qui est sensible est soumis à l'opposition des contraires, comme blanc et noir, dur et mou, etc..., et que les contraires forment les extrêmes d'une proportion entre lesquels on ne peut insérer qu'un nombre limité de moyens[1]. Il n'en est pas de la connaissance, même sensible, comme de la ligne qui ne s'arrête pas dans ses divisions; la pensée a besoin de points d'arrêt. Aussi celui qui parcourt si facilement une ligne dont les divisions sont infinies, n'en saurait compter les divisions, c'est-à-dire en connaître le nombre. Si, pour la pensée, il y avait entre les deux extrêmes de l'opposition une série infinie de moyens, l'esprit devrait en faire le nombre, et puisque ce nombre est infini, il n'aurait jamais fini de les compter: on n'épuise pas l'infini. La science, la connaissance humaine exige entre le commencement et la fin un nombre d'intermédiaires limités ou limitables, en rapport avec les facultés de connaître; pour l'homme il est toujours un point où il faut de toute nécessité s'arrêter, ἀνάγκη στῆναι[2]. La nature seule est le domaine du continu; dans la sensation qui est connaissance, les proportions sont discrètes. L'étendue en tant qu'étendue est continue, et ne peut être composée que d'étendues; la division n'y ayant pas de terme concevable, la continuité suppose la divisibilité à l'infini[3]. Mais même dans l'étendue l'infini n'est qu'en puissance et ne peut jamais être en acte; l'infini n'est jamais : il devient[4].

Les sensations qui sont en acte ne peuvent donc se diviser à l'infini; leur nombre est limité; mais qu'est-ce qui les limite

---

[1] *De Sens.*, 6.
[2] *Metaph.*, II, 2.
[3] *Phys.*, VI, 1.
[4] *Phys.*, III, 7.

au nombre de cinq? La sensation est un rapport entre l'objet senti et le sujet sentant, une action de l'un sur l'autre; donc les conditions d'existence des objets sensibles devront déterminer celles du sujet sentant. Or, il n'y a que quatre éléments: l'eau, l'air, le feu, la terre. Il ne doit donc y avoir que quatre sens: la *vue*, qui en rapport avec l'eau et dont l'organe, l'œil, est formé d'eau; l'*ouïe*, qui est dans les mêmes rapports avec l'air; l'*odorat*, qui est dans les mêmes rapports avec le feu; et enfin le *toucher*, qui est dans les mêmes rapports avec la terre. Le cinquième sens, le *goût*, n'est qu'une espèce de toucher[1].

On peut fournir une autre explication de ce fait que nous avons cinq sens, et de l'impossibilité pour l'homme d'en avoir un plus grand nombre[2]. De tout ce dont il y a sensation, il y a toucher; c'est-à-dire que toute sensation a pour cause un contact. Ce contact peut être immédiat, sans intermé-

---

[1] *De Sens.*, 2.
[2] Voir Lessing, t. XI, p. 64, éd. Leips., 1857. *Litt. Nachl.*, *Dass mehr als fünf Sinne für den Menschen sein können*. C'était aussi l'opinion de Démocrite. Plut., *Placit. Phil.*, IV, 10, 3. Galen., ch. XXIV, p. 303. Il est assez curieux de remarquer que Lessing s'appuie sur les mêmes principes qu'Aristote pour arriver à la conclusion opposée. Suivant lui aussi, ce qui pose les limites des sens et les détermine, c'est la matière, dont chaque atome peut servir d'organe, de sens à une âme. Les atomes qui servent à l'âme pour un sens déterminé constituent ses éléments matériels homogènes (Urstoffe), et si l'on pouvait savoir combien de masses homogènes le monde matériel peut contenir, on pourrait aussi savoir combien nous *pourrions* avoir de sens. Mais à quoi bon? Il suffit que nous sachions d'une manière certaine qu'il existe plus de cinq espèces de masses homogènes pour être assuré que nous *pouvons* avoir plus de cinq sens, et que nous les aurons un jour; quoique le nombre de ces sens encore inconnus ne puisse pas être déterminé, il suffit de savoir qu'il ne peut pas être infini, mais qu'il est déterminé, s'il n'est pas par nous déterminable.
Sur la dernière page de ce fragment resté incomplet, Lessing a eu raison d'ajouter: « Dieses mein System ist gewiss das älteste aller philosophischen Systeme. Denn es ist eigentlich nichts als das System von der Seelenpræexistenz und Metempsychose. » Leibniz conçoit aussi la possibilité de la présence d'un plus grand nombre de sens, même dans l'organisme humain actuel: *Monadol.*, § 25. « Il y a quelque chose d'approchant dans l'odeur, dans le goût et dans l'attouchement, et peut-être *dans quantité d'autres sens qui nous sont inconnus.* » Stanley Jevons (*Principles of science*, p. 405): « Pourquoi les insectes ne communiqueraient-ils pas entre eux à l'aide de perceptions sonores, inaccessibles à notre oreille? Pourquoi n'aurions-nous pas possédé autrefois un sens capable de percevoir les phénomènes électriques? Il se serait atrophié par suite de son inutilité relative. »

diaire, αὐτῶν ἁπτόμενοι, ou au contraire médiat, par des intermédiaires, τῶν μεταξὺ καὶ μὴ αὐτῶν ἁπτόμενοι. Les intermédiaires sont l'air et l'eau; ni la terre ni le feu n'en peuvent faire fonction. Les organes des sens qui ont besoin d'intermédiaire, la vue, l'odorat, l'ouïe, sont composés de ces deux corps simples, c'est-à-dire d'air et d'eau; les organes dont la fonction peut s'opérer par contact immédiat, sans intervention d'un milieu, le goût et le tact, contiennent dans leur constitution matérielle un élément de terre. Tous ont besoin de la chaleur, du feu, pour remplir leur office; par conséquent tout ce qui est composé d'un mélange des éléments, c'est-à-dire tout le monde des faits et phénomènes est susceptible d'être senti par nos cinq sens, et la nature, qui ne fait et ne crée rien inutilement, ne devait pas, ne pouvait nous en donner un plus grand nombre, puisque tout autre sens eût été inutile ou superflu : à moins qu'il n'y ait d'autres corps simples ou d'autres propriétés des corps que ceux qui naissent de la composition des éléments ci-dessus désignés.

Il y a des objets de genres différents qui sont sensibles par l'intermédiaire d'un seul élément : par exemple, la couleur et le bruit qui se transmettent tous deux par l'intermédiaire de l'air; il pourra se faire que certains animaux n'aient qu'un organe pour ces deux sensations, à la condition qu'il soit composé d'air. Au contraire, plusieurs éléments différents peuvent se rapporter au même objet sensible. Ainsi l'air et l'eau, étant tous deux diaphanes, ont également rapport à la couleur, et l'animal qui aura dans son appareil sensitif un seul des deux éléments pourra avoir les sensations des objets qui sont sentis par l'intermédiaire de chacun d'eux[1]. Quant aux sensibles communs, ils n'ont pas besoin de sens propre, précisément parce qu'ils sont perçus par plusieurs sens. Les appareils des sens sont composés de parties homéomères, précisément parce que chaque sensation appartient à un seul genre déterminé d'objets, que chacun doit recevoir, tandis que les parties organiques de l'animal (la main, le pied, le visage), sont des composés anhoméomères[2].

La pensée est une vision, θεωρία, et dans sa perfection, qui est aussi son essence, un acte indéfectible et continu de vision. Pour cela il faut que l'objet soit constamment présent au sujet;

---

[1] *De Anim.*, III, 1.
[2] *De Part. anim.*, II, 1.

la pensée parfaite est donc la pensée qui trouve en elle-même son objet, la pensée de la pensée, c'est-à-dire l'identité de l'objet et du sujet. La pensée chez l'homme n'a jamais ou a bien rarement cette perfection ; elle est chez lui soumise à une dualité nécessaire, et tout ce qu'il peut faire est de diminuer, jusqu'à la rendre presque nulle, la différence et pour ainsi dire la distance entre l'objet pensé et le sujet pensant, c'est de faire que l'esprit devienne semblable à la chose pensée[1]. Cela même est la connaissance. La sensation est donc une sorte de connaissance, puisque l'âme s'y assimile les formes des choses. L'âme est en quelque sorte les choses mêmes et toutes choses, puisqu'elle s'assimile à elles. Les choses sont ou sensibles ou intelligibles. La science est pour ainsi dire la chose sue ; la sensation la chose sentie, mais la chose sans sa matière ; car il est clair que la pierre qu'on voit sur son chemin n'entre pas dans l'âme, qui n'en prend que la forme. L'âme est forme, puissance de formes, jusqu'au moment où un objet sensible ou intelligible en fait telle forme déterminée. La sensation ou l'âme dans la sensation est la forme des choses sensibles ; la raison est la forme des formes. Dans l'un comme dans l'autre de ces actes, l'âme sépare, distingue, compare, juge : c'est là connaître[2] ; connaître est donc le fait de la sensation comme de la raison, et si bien, que les anciens philosophes n'admettaient qu'un seul mode de connaissance, la sensation[3].

La sensation est une puissance innée de discernement, δύναμιν σύμφυτον κριτικήν, une faculté naturelle de percevoir les rapports et les différences des choses, en un mot de juger[4]. La sensation, condition de l'imagination, sans laquelle l'homme ne peut penser, est le fondement sur lequel s'élève et repose tout l'édifice de la science humaine. En quoi la sensation diffère-t-elle de la raison qui, comme elle, est une faculté de juger et de distinguer ?

L'unité est la loi de la connaissance comme la loi de l'être ; pour la connaissance, l'unité est exclusivement formelle. Dans la sensation, la forme sentie est la limite où se rencontrent, le point unique et commun où se touchent et se pénètrent les deux éléments corrélatifs, constitutifs de l'être sensible, c'est-

---

[1] *De Anim.*, III, 5.
[2] *De Anim.*, III, 9.
[3] *De Anim.*, III, 3.
[4] *Anal. Post.*, II, 19. *Metaph.*, IX, 10.

à-dire la forme et la matière. C'est là un fait à la fois certain et inexplicable. L'âme s'assimile dans la sensation la forme seule de l'objet; et cependant elle perçoit aussi le rapport de cette forme à une matière dans laquelle la forme lui est donnée : sans quoi nous ne distinguerions pas les formes sensibles des formes intelligibles. La réalité du monde matériel s'évanouirait, et nous tomberions dans le système de l'idéalisme subjectif. La sensation ne perçoit qu'une forme, mais la forme d'une matière ; elle écarte cette matière sans doute; mais par cela même elle est, d'une façon quelconque, en rapport avec cette matière qu'elle élimine, puisqu'elle s'en sépare, et qu'elle la sépare de la forme. La sensation, de plus, pose toujours dans les catégories de l'espace et du temps une existence individuelle, singulière, un τόδε τι, quoique la sensation ne soit jamais que la sensation d'une forme ou d'une qualité, c'est-à-dire, d'un général. C'est toujours la qualité d'une substance sensible, individuelle, matériellement existant [1].

L'être est l'unique objet de toute connaissance [2]; mais comme la chose sensible renferme de la matière, principe de l'accident et du hasard, elle est un être imparfait qui contient du non-être ; la sensation ne nous donnera également qu'une connaissance imparfaite et contiendra la possibilité de l'erreur. Cela n'empêche pas le lien nécessaire de la sensation et de la pensée pure; dans la pensée pure les formes sensibles servent de matière ; aucune pensée n'est possible sans la sensation. Comme aucune chose sensible n'existe séparée d'une étendue perceptible aux sens, c'est dans les formes sensibles que se trouvent les formes intelligibles, et celles qui sont obtenues par l'abstraction et celles qui consistent dans les qualités constantes des choses sensibles. Quant aux notions premières dont la source supérieure est l'intellect agent, ces notions sont, il est vrai, distinctes des images, mais ne sauraient néanmoins être pensées absolument sans image. Il y a toujours dans l'acte d'intuition pure quelque représentation de l'imagination, ὅταν θεωρῇ, ἀνάγκη ἅμα φάντασμά τι θεωρεῖν. A nos pensées les plus pures se mêle toujours quelque image. Or les images sont en quelque sorte des objets sensibles, ὥσπερ αἰσθήματα, moins la matière.

On peut donc dire que si l'être vivant ne sentait pas, il

---

[1] *De Anim.*, II, 5, et III, 8. *Anal. Post.*, I, 31.
[2] *Anal. Post.*, II, 19. *Metaph.*, IV, 2.

ne penserait pas; il ne pourrait absolument rien savoir, rien comprendre[1]. Par conséquent, si un sens venait à manquer à l'organisation humaine, la science ou l'art qui y correspond périrait en même temps; car les propositions générales, les principes propres de toute science déterminée ne peuvent être découverts que par l'induction, qui repose sur la sensation[2]. On peut ainsi dire que la supériorité intellectuelle de l'homme tient en grande partie à la supériorité de son organisme sensible, ou du moins qu'il y a entre ces deux fonctions de la sensation et de la raison une relation intime et une influence mutuelle. Ce qui prouve que l'organe central, le cœur, est formé de la chaleur la plus pure, c'est que l'homme est le plus intelligent des animaux, et la supériorité de son intelligence est la marque de cette parfaite pureté[3]. Il est vrai qu'Aristote ailleurs renverse les termes du rapport. Le sang plus épais et plus chaud donne à l'être plus de force; le sang plus léger et plus froid lui donne des sensations et des pensées plus parfaites[4].

Il est certain que la nature du sang chez les animaux a des effets nombreux et puissants sur leur caractère moral et sur leur faculté de sentir[5]. Aristote dit tantôt que si l'homme a été doué par la nature de mains, qui sont comme l'instrument des instruments, c'est parce qu'elles étaient nécessaires à l'être le plus intelligent de la nature, et tantôt il soutient que si l'homme est le plus intelligent des animaux, c'est parce qu'il a le sens du tact plus délicat, plus fin, plus développé[6]; et que parmi les hommes ce sont ceux qui ont la chair la plus molle, la sensibilité la plus délicate qui ont le plus d'intelligence[7]. De ces assertions contradictoires, au moins en apparence, il faut conclure que les rapports de la constitution physique et de l'intelligence sont si intimes et si réciproques qu'on peut hésiter, dans le détail des faits particuliers, à considérer l'un ou l'autre comme la cause ou l'effet.

Quoique tout l'édifice de la science repose sur la sensation,

---

[1] *De Anim.*, III, 8.
[2] *Anal. Post.*, I, 18.
[3] *De Gener. anim.*, II, 6. δηλοῖ δὲ τὴν εὐκρασίαν ἡ διάνοια.
[4] *De Part. anim.*, II, 2.
[5] *De Part. anim.*, II, 4.
[6] *De Anim.*, II, 9.
[7] *Metaph.*, I, 1.

la sensation ne constitue jamais à elle seule une science[1], parce que la sensation se ramène toujours à un individuel, et que l'universel, la cause, la raison, l'unique objet de la science échappe à la sensation. Même si l'on pouvait *voir* que la somme des angles d'un triangle est égale à deux angles droits, on ne le *saurait* pas, parce qu'on ne connaîtrait qu'un fait particulier, et non la cause générale et nécessaire du fait; or la connaissance des causes, des raisons universelles des choses constitue seule la science[2]. Mais sans constituer la science, la sensation y joue un grand rôle, et il ne faut pas s'en étonner. Le général, l'universel, objet de la science est enveloppé dans l'être individuel, objet de la sensation, et il y est enveloppé de manière à n'en pouvoir être séparé que par abstraction. Avoir séparé l'universel de l'individuel, en avoir fait un être distinct, existant par soi et pour soi, non seulement en puissance, mais aussi en acte, et coexistant aux individus, c'est précisément l'erreur de Platon. L'universel ne se réalise que dans les individus, l'unité du genre que dans les unités multiples et individuelles[3], la généralité intelligible que dans la forme de l'individualité sensible.

L'individu est dans le genre, mais le genre à son tour est dans l'individu; en dehors de l'individu, le genre n'est qu'une possibilité indéfinie, une pure puissance qui ne s'actualise que dans les individus. Les individus seuls existent par eux-mêmes, seuls sont substances; car les vraies substances ont pour caractère d'être seulement sujets et jamais attributs. Comme le dit excellemment M. Ravaisson, « la généralité détachée des individus est une matière logique, qui enveloppe dans sa puissance une multitude de particularités différentes, et que celles-ci enveloppent dans leur acte : elle s'étend à toutes et est comprise dans chacune[4]. » C'est par cette raison, à savoir que le général est compris dans l'individuel, qu'on est embarrassé pour classer la sensation quand on adopte la division de l'âme en âme raisonnable, et âme dépourvue de raison. Car il n'est pas facile de montrer d'une part que la sensation est sans raison, ἄλογος, puisqu'elle est une connaissance, qu'elle enveloppe l'universel et atteint la forme,

---

[1] *Anal. Post.*, I, 31.
[2] *Anal. Post.*, I, 31. *Metaph.*, XIII, 10.
[3] *Metaph.*, XIII, 9. *Anal. Post.*, I, 11. ἓν κατὰ πολλῶν.
[4] *Metaph. d'Arist.*, t. I, p. 480.

et d'autre part qu'elle possède la raison, puisqu'elle ne saisit que les formes concrètes, les raisons engagées dans la matière, et non les raisons pures et les causes universelles. La matière se trouve toujours entre l'âme et l'objet, et empêche l'assimilation, qui est l'acte même de la connaissance, d'être parfaite. L'objet n'entre pas tout entier dans l'âme, et n'y peut pas entrer tout entier : il ne peut donc être complètement connu : de là la possibilité de l'erreur. Les choses sensibles appartiennent au monde matériel où se joue l'opposition des contraires : la sensation est la mesure de cette opposition. La connaissance n'est parfaite que lorsque tout intermédiaire a disparu ; la connaissance que donne la sensation, reposant sur ce moyen terme, μεσότης, qui n'est ni l'âme ni l'objet, mais seulement le point où ils se rencontrent et se pénètrent, ne peut être qu'une connaissance incomplète de la chose, que l'âme ne peut pas recevoir complètement en soi.

Nous avons vu que la sensation se divise en genres particuliers correspondant aux genres différents des objets que l'âme doit s'assimiler : mais c'est une division qui ne porte point atteinte ni à l'unité de l'âme sensitive, ni à l'unité de l'âme qui reste en soi parfaitement une et indivisible. On a prétendu que les impressions sensibles diverses qui nous révèlent un objet numériquement un, par exemple un son, pouvaient être successives, c'est-à-dire n'être pas perçues dans un temps numériquement un et indivisible. Ce serait alors par erreur, par une sorte d'illusion que nous croirions à l'unité de ces sensations, à l'unité du temps où nous les percevons, à l'unité de l'objet senti. Il y aurait entre les sensations un temps réel qui les séparerait, mais si petit qu'il ne serait pas perçu. Mais comme nous sentons que nous sentons, et que ce sentiment est la sensation de la vie et la vie même[1], il résulterait de cette hypothèse qu'il y aurait un temps où nous ne vivrions plus réellement.

Il n'en saurait être ainsi : un objet numériquement un ne nous apporte qu'une seule et même sensation perçue dans un seul et même temps, par un seul et même acte d'une seule et même âme. Nous percevons les choses dans leur unité et leur totalité ; il n'y a pas dans la sensation de solution de continuité : ce serait admettre une solution de continuité dans la

---

[1] *Ethic. Nic.*, X, 9.

vie même. C'est là une nouvelle preuve que l'âme sensitive est une.

Nous avons déjà dit qu'outre les sensibles propres il y a des sensibles communs, c'est-à-dire des propriétés des objets sensibles, que nous percevons par plusieurs sens, tels que le mouvement, la figure, le nombre, l'unité ; d'un autre côté nous distinguons les unes des autres les perceptions des divers sens, nous les comparons entre elles, nous les ramenons à l'unité numérique d'un même objet ; enfin nous avons conscience de nos sensations[1]. Les sens en effet sentent les propres les uns des autres, mais par accident, et non pas en tant qu'ils sont ce qu'ils sont, c'est-à-dire non pas en tant que la vue est la vue, l'ouïe l'ouïe ; mais en tant qu'ils ne font tous qu'un seul sens, ἀλλ' ἦ μία, c'est-à-dire en tant qu'ils se ramènent à un sens général, à une unité sensitive générale comprenant les cinq sens. Lorsqu'une sensation double, celle du jaune et de l'amer par exemple, se rapporte à un même objet, la bile, aucun sens isolé ne peut dire que la bile, chose une, ἕν, est ces deux choses, ἄμφω, à savoir, jaune et amère : c'est donc le sens général unique qui seul peut le dire, et de là une source d'erreur lorsqu'on croit qu'une chose est de la bile parce qu'elle est amère.

Lorsque l'on compare deux sensations de genres différents, le blanc et le doux, par exemple, et que l'on juge que l'un est autre que l'autre, pour que ce jugement soit porté, il faut que les deux propriétés apparaissent à un même sujet sentant ; car si elles étaient senties par deux sujets différents, chacune par chacun, ce serait comme si deux personnes différentes sentaient deux choses différentes ; la comparaison ne serait pas possible. Pour que la comparaison puisse avoir lieu, pour que le rapport de différence soit senti, il faut nécessairement que ce soit un être un et unique qui affirme cette différence, qui dise que le doux est différent du blanc, et si un seul et unique être peut le dire, c'est qu'un seul et unique être peut le sentir et le savoir, δεῖ ἑνί τινι ἄμφω δῆλα εἶναι[2]. En effet le jugement, qui est forme, qui est l'unité du sujet et de l'attribut,

---

[1] *De Sens.*, 7.

[2] *De Sens.*, 7. *De Anim.*, III, 2. On voit ici la sensation et la raison se réunir dans l'acte du jugement ; mais pour ces sortes de jugements la raison ne pense les choses extérieures que lorsqu'elles lui sont transmises par la sensation : elle les connaît en même temps que l'organe les sent. *De Sens.*, 6, 3.

qui met l'un dans l'autre ou hors de l'autre, ne peut évidemment être porté que par un seul être qui les saisit à la fois tous les deux pour les unir ou les séparer. Il n'est pas possible de juger, par des facultés séparées, d'objets séparés : il faut qu'ils soient rapprochés quelque part pour que leur différence soit vue et affirmée. Par la même raison, il faut que le jugement soit prononcé par un être un et indivisible, et dans un temps un et indivisible. Si quelqu'un dit que le mal diffère du bien, il dit aussi que le bien diffère du mal, et il dit les deux choses en même temps : il affirme en ce moment qu'ils diffèrent et qu'ils diffèrent en ce moment. Les deux objets existent dans un même temps indivisible, puisqu'ils ne sont pas séparables l'un de l'autre, puisque le temps de l'un est le temps de l'autre, dans l'existence comme dans l'affirmation [1].

Chaque sens a ainsi une fonction propre et une fonction commune : la fonction propre à la vue est de voir ; la fonction propre à l'ouïe est d'entendre ; mais de plus il y a une faculté commune qui accompagne l'exercice de chaque sens, et qui en diffère ; l'animal sent qu'il voit et qu'il entend ; mais il ne voit pas qu'il voit, il n'entend pas qu'il entend. Cependant ce sentiment qu'il voit, qu'il entend est une sensation ; or la sensation est une ; il voit, et par le même acte il sent qu'il voit ; donc l'âme sensitive qui est le premier principe de cet acte de sensation-conscience, qui est le sujet où réside cette faculté, est nécessairement une [2].

C'est par la sensation que l'animal se distingue de ce qui n'est pas animal. Tous les animaux ont donc, outre les sens propres, un sensorium commun, où les sensations aboutissent et qui leur sert de fondement, de tige commune, ἀναγκαῖον εἶναι τὸ πάντων τῶν αἰσθητηρίων κοινὸν αἰσθητήριον [3]. Une seule âme remplit ces fonctions diverses. On pourrait objecter que le même être indivisible ne peut pas recevoir en un même temps indivisible des mouvements contraires. Si l'impression d'un objet doux meut d'une certaine façon la sensibilité et la pensée, l'impression d'un objet amer, d'un objet blanc les meut d'autre façon. Comment le sujet peut-il être indivisible ? On résoudra cette difficulté en disant que le sujet jugeant, τὸ

---

[1] *De Anim.*, III, 2.

[2] *De Somn.*, 2.

[3] *De Juvent.*, 1. *De Vit.*, 469, a, 11.

χρόνον, τὸ κριτικόν, est indivisible dans l'existence, et divisible dans l'essence, ce qui n'est pas impossible. En puissance, l'âme est une ; en acte elle se divise, comme le point qui est à la fois divisible et indivisible [1].

La sensation est un moyen terme entre les oppositions qu'elle mesure : or tout moyen est divisible et indivisible par rapport aux deux extrêmes auxquels il appartient également. Tout point pris sur une droite, à une section quelconque, est la fin de la partie antérieure et le commencement de l'autre [2]. Quand l'être est en acte, il ne lui est pas possible d'être à la fois noir et blanc ; mais en puissance il est l'un et l'autre, c'est-à-dire également apte à devenir réellement l'un ou l'autre. La sensation est de même dans l'impossibilité de recevoir en acte la forme du blanc en même temps que celle du noir ; mais, en puissance, c'est son essence même de le pouvoir [3].

Le sens qui juge de l'opposition et des différences de tous les sensibles propres est donc un, indivisible en puissance ; en tant que moyen, μέσον, μεσότης, il appartient aux deux extrêmes dont il mesure la différence et dont il est le rapport ; en acte, il se divise et n'est plus un, c'est une limite. L'acte divise, χωρίζει ἡ ἐνέργεια. Cette unité est ce qu'Aristote appelle tantôt la sensation commune, ἡ κοινὴ αἴσθησις, tantôt le sensorium premier, τὸ πρῶτον αἰσθητικόν, la source première, la racine, le fondement de la puissance de sentir, et d'où se développent les cinq sens. Le siège de cette puissance une, qui se diversifie en fonctions multiples, est un appareil central composé de parties homéomères, en opposition aux organes proprement dits, aux parties organiques composées de parties anhoméomères. Cet appareil est le cœur, qui forme dans l'animal comme un animal, tant il semble avoir une vie propre. Autour de ce centre physiologique se développent le corps et tout le système organique, qui, au lieu d'être une accumulation d'êtres séparés, comme dans la plante, où l'unité est toujours près de se disséminer, est un tout parfaitement un, malgré la riche diversité de son organisation compliquée.

Le cerveau, qui ne sert qu'à rafraîchir le sang et à modérer la chaleur qui vient du cœur, n'est ni l'organe ni la cause de

---

[1] *De Anim.*, III, 2.

[2] *Phys.*, 262, a, 20.

[3] *De Anim.*, III, 2.

nos sensations, et n'a aucune relation directe avec les organes des sens : il est complètement insensible, et c'est une erreur des Platoniciens d'en avoir fait le siège de l'âme sensitive. Seulement deux des organes des sens sont placés dans le cerveau, et un, celui de l'odorat, entre le cerveau et le cœur ; mais néanmoins tous les sens, même ceux qui ont leur siège au cerveau, ont leur principe au cœur avec lequel ils sont en communication par les canaux des pores, qui s'étendent des organes au cœur. Le cœur prépare le sang par la chaleur vitale, en remplit les canaux de communication ; ce n'est pas par le sang même que les sensations se communiquent et se transmettent, c'est par la matière homéomère du cœur, qui va directement aux sens du toucher et du goût, par la chair, et indirectement aux trois autres[1], qui ont rapport avec le cerveau, parce qu'ils ont besoin d'un sang plus pur et moins chaud ; c'est sur ces pores-vaisseaux que sont tous les sensoriums particuliers, celui des yeux comme les autres[2].

La fonction de génération n'étant plus la fin de l'être, il n'est plus utile ni avantageux que les deux sexes soient constamment unis dans un même être ; cet accouplement perpétuel, énervant et absorbant leur activité, détournerait l'animal de sa fonction supérieure. Les deux sexes sont séparés en deux individus qui ne s'unissent qu'à des intervalles assez éloignés et quelquefois périodiques. Les zoophytes et les coquillages font exception à cette loi. En général, il semble que la locomotion accompagne la séparation des sexes.

Sensible à la peine et au plaisir, connaissant le désir et l'aversion qui en est la conséquence, doué même, du moins dans la plupart des espèces, d'une sorte d'imagination sensible, l'animal se meut. La chaîne qui liait la plante à la terre est ici brisée. La locomotion amène avec elle une richesse d'organisation et en même temps une beauté de proportions inconnue dans le règne végétal.

Les sens servent à une division nouvelle et symétrique de l'être ; on appelle le devant la partie où sont placés les organes des sens ; le derrière, la partie opposée. Comme tout mouvement suppose un point d'appui sur lequel porte la partie mobile, le corps tout entier se divise en organes parallèles et opposés, mais parfaitement semblables, dont

---

[1] *De Part. anim.*, II, 10.
[2] *De Gener. anim.*, 743, b, 36.

chacun sert tour à tour de point d'appui pour le mouvement[1]. Tous les organes sont ainsi doubles, même ceux qui servent uniquement à la nutrition et à la vie végétative, et dont quelques-uns paraissent simples et ne le sont pas. La cause en est dans la constitution bipartite du corps, qui, dans tous les animaux, a un haut et un bas, un devant et un derrière, une droite et une gauche; l'encéphale même, comme chacun des organes des sens, est double[2]. Aux fonctions supérieures correspond un organisme plus parfait, qui dans l'homme s'élève à une beauté, qui devient la mesure de la beauté de toutes choses.

L'action de l'objet sensible sur le sens n'est pas immédiate : la sensation a besoin d'un milieu, d'un intermédiaire qui transmet l'un à l'autre, qui, mû par l'objet, meut le sujet. Ce milieu, différent de nature pour chaque sens, est nécessaire à tous[3]. Pour la vue, c'est la lumière; pour l'ouïe, l'air; pour l'odorat, l'humide. Quant au toucher et au goût, ils ont un médium commun, la chair. Si la perception sensible s'opère ainsi par un médium qui, mû par l'objet, meut le sujet, il est évident qu'elle a besoin d'un certain intervalle de temps pour se réaliser. Et, en effet, celui qui est plus près d'un corps odorant sent l'odeur plus tôt que celui qui en est plus éloigné; le bruit d'un coup n'arrive à l'oreille qu'un certain temps après qu'il a été frappé[4]. Il est vrai qu'il ne semble pas en être ainsi de la lumière, parce que, grâce à sa nature, elle ne se transmet pas par un mouvement; nous la percevons immédiatement, parce que non seulement c'est la lumière que nous voyons, mais c'est par la lumière que nous voyons la lumière.

Pouvons-nous percevoir par plusieurs sens un seul et même objet? Oui, parce que le mouvement pour chaque sens, étant propre et particulier, peut leur arriver à tous en même temps. Peut-on percevoir plusieurs sensations par un seul et même sens? Non; car, ou bien ces sensations sont de même

---

[1] *De Incess. anim.*, 3 et 4. Aristote prétend en outre que le mouvement doit commencer à droite, parce que c'est la partie la plus noble, et donne aux chapitres VIII et X des détails curieux sur la constitution de l'appareil et le mécanisme du mouvement.

[2] *De Part. anim.*, III, 7.

[3] *De Anim.*, II, 7.

[4] *De Sens.*, 6.

genre, et alors elles se confondent en une seule ; ou elles sont de genres contraires, et alors, si elles ont chacune une intensité égale, elles se détruisent les unes les autres, et si leur intensité est inégale, on ne perçoit que la plus forte. Un seul et même sens ne peut, dans un même instant indivisible, par un seul et même acte, avoir conscience de deux sensations distinctes ; il ne peut y avoir qu'un seul et même acte d'une seule et même puissance, dans un seul et même instant.

Nous avons raisonné jusqu'ici dans l'hypothèse où ces sensations égales ou inégales, semblables ou opposées, appartiennent au même sens ; mais la conclusion où nous sommes arrivés sera plus évidente encore si elles appartiennent à des genres différents. Il est vrai que les deux yeux concourent à une seule et même perception, et que leur acte est commun ; mais dans la sensation même, si l'acte est un, l'objet doit l'être également. Ce qui sent doit être comme ce qui est senti, et si l'objet est deux, il faudra que l'âme soit deux, c'est-à-dire que les sensations soient successives. Un seul et même sens ne peut pas sentir en même temps plusieurs sensations ; c'est toujours une seule âme et toujours la même qui sent tout[1].

En résumé, la théorie générale de la sensation donne les résultats suivants :

1. Toute sensation s'opère par un contact.

2. Tout contact sensible s'opère par un médium ; ce médium, dans l'odorat, l'ouïe et la vision est un corps étranger à la fois à l'objet senti et au sujet sentant ; dans les deux autres sens, il est placé dans le corps même du sujet sentant, et on serait alors tenté de dire que le contact est immédiat ; mais c'est une erreur, comme nous le verrons[2].

3. Puisque toute sensation est un mouvement et que le mouvement suppose un contact, elle n'est qu'une puissance qui, pour passer à l'acte, a besoin d'un objet qui touche l'âme, lui soit étranger et extérieur. L'âme n'est pas libre de sentir quand elle le veut.

4. La sensation a un organe central spécial et commun, le cœur.

5. La sensation est une connaissance.

---

[1] *De Sens.*, 7.
[2] *De Anim.*, II, 7, et III, 2.

6. La sensation se connaît elle-même, quoique accidentellement[1].

7. Dans la sensation, l'âme est à la fois active et passive; quoique plutôt passive en apparence, elle est au fond un acte[2].

8. La sensation est susceptible de degrés; elle est plus ou moins vive, claire, nette[3].

9. Elle a pour objets propres des êtres particuliers et concrets, c'est-à-dire des raisons engagées dans une matière, des unités numériquement indivisibles; elle perçoit donc l'unité; mais comme elle se distingue de son objet, elle perçoit également la pluralité.

10. La sensation a pour objet des grandeurs, des corps; l'absolument indivisible, l'atome, lui échappe[4].

11. La sensation a pour objet des êtres en mouvement, dans toutes les catégories du mouvement, par conséquent susceptibles d'altération dans leurs qualités, de différences dans leur quantité, de changement de lieu, de génération et de destruction; ils sont périssables[5]; il faut en excepter les astres et le ciel, substances sensibles, il est vrai, mais éternelles et qui ne sont sujettes qu'au changement de lieu[6].

12. Chaque sensation juge avec une certitude infaillible de son objet propre, parce qu'elle ne juge pas de la cause.

13. Le sens commun enferme un jugement, et par conséquent peut faillir.

14. La sensation, qui n'atteint pas l'universel, qui ne juge pas de la cause, n'est pas la science.

15. La sensation est la condition et comme la matière de la science; elle est la science en puissance. Des deux sortes de principes de la science, les principes propres et spéciaux sont tirés par l'induction qui repose sur la sensation.

16. L'art ou l'activité poétique, et la vie pratique empruntent également à la vie sensible leurs matériaux et leurs mobiles[7].

---

[1] *Metaph.*, IV, 5, 1010, b; XII, 9.
[2] *Metaph.*, V, 15. *De Anim.*, III, 7.
[3] *Ethic. Nic.*, X, 4. *De Anim.*, III, 3, 7.
[4] *De Sens.*, 7.
[5] *Metaph.*, IV, 5; VII, 15; XI, 1; XII, 1.
[6] *Metaph.*, III, 2; XII, 8. *De Cœl.*, I, 9.
[7] *De Sens.*, I.

§ 2.

LES SENSIBLES COMMUNS.

On sait que pour connaître les facultés de l'âme, il faut en étudier d'abord les fonctions, et que pour en étudier les fonctions, il faut en rechercher les objets. Cette méthode qui se fonde sur la nature de la connaissance, qui est une assimilation, une appropriation de l'objet par le sujet, s'applique manifestement à la sensation qui est une connaissance.

Parlons donc d'abord des objets des sens. Il y en a de trois sortes :

I. Les objets essentiellement sensibles, les sensibles vraiment propres qui se rapportent à un sens particulier affecté spécialement à la sensation qu'on en peut avoir, et qui sont tellement appropriés à ce sens qu'ils ne peuvent être sentis par aucun autre [1]. Ainsi la couleur est perçue par la vue et ne peut l'être par l'ouïe; le son est perçu par l'ouïe et ne peut l'être par la vue. Ces sens ont pour caractère de ne pouvoir se tromper : chacun juge infailliblement de son objet propre. L'erreur provient non du sens, mais du jugement, lorsque ce jugement, au lieu de se borner à dire que ceci est une couleur, cela un son, veut déterminer la nature, l'essence, le τί ἐστί de la chose colorée ou sonore, et le point précis que cette chose occupe dans l'espace.

II. Les objets essentiellement sensibles, qui n'ont pas de sens propre affecté à la sensation qu'on en peut avoir, et qui sont sentis en commun par plusieurs sens et même par tous, quoique par les uns plus, par les autres moins clairement. Ces sensibles communs qui modifient également la faculté passive de sentir sont le mouvement et le repos, le nombre et l'unité, la figure, l'espace ou la grandeur, le temps [2].

III. Les objets accidentellement sensibles, mais qui sem-

---

[1] *De Anim.*, II, 6. τὰ ἴδια κυρίως... πρὸς ἃ ἡ οὐσία πέφυκεν ἑκάστης αἰσθήσεως. *Id.*, III, 2. C'est la qualité d'un objet qui est le principe, la cause efficiente de l'altération ou modification du sens, et qui sert, en tant que corrélat naturel de la faculté passive de sentir, à déterminer la nature du sens même.

[2] *De Anim.*, II, 6; III, 1. *De Sens.*, 1.

blent perçus par un seul sens : c'est ce qui, dans la sensation éprouvée par le sujet, appartient à l'objet qui la cause, sans être la cause de la modification éprouvée; ainsi quand on dit : cette chose blanche est le fils de Diarès. Dans ce cas on a la sensation certaine et infaillible de la couleur blanche ; mais c'est un accident de cette couleur d'être le fils de Diarès ou de Cléon. On a donc ici une sensation accidentelle, c'est-à-dire une notion qui n'est réellement pas une sensation. On dit sans doute, mais assez improprement, qu'on voit le fils de Diarès; car ce qu'on voit ce n'est que la couleur. Chaque sens ne sent qu'un seul objet[1].

Quoique les deux premières classes d'objets soient des sensibles en soi, καθ' αὐτά, cependant les véritables sensibles, τὰ κυρίως αἰσθητά[2], sont ceux auxquels s'applique essentiellement et par nature un sens particulier, exclusivement destiné à leur perception. On peut même dire que les sens spéciaux ne nous donnent qu'accidentellement les perceptions des sensibles communs. Il n'y a pas et il ne peut pas y avoir de sens spécial et propre pour les sensibles communs, parce que tous, mouvement, repos, figure, grandeur, nombre, unité, temps, nous sentons tout cela par le mouvement; car pour connaître le repos, il faut connaître le mouvement dont il n'est que la négation; pour connaître le mouvement, il faut comparer les points de l'espace parcouru par le mobile ; pour connaître la grandeur, il faut mesurer les distances de ces points ; pour connaître la figure, qui est une espèce de grandeur, il faut tracer une ligne qui circonscrit et réunit ces points : il y a là partout mouvement, et mouvement perçu par les sens. Quoique la notion de l'unité, principe du nombre, nous soit donnée par chacun des sens qui perçoivent chacun leur objet comme un, nous l'obtenons aussi par le mouvement; mais le nombre est la négation de la continuité, c'est une division, une séparation du continu opérée par un mouvement, ne fût-il que mental; le temps à son tour est le nombre du mouvement.

---

[1] *De Anim.*, III, 1. ἑκάστη γὰρ ἓν αἰσθάνεται αἴσθησις.

[2] C'est pour cette raison sans doute que dans le passage si obscur (*De Anim.*, III, 1, 6), Aristote appelle accidentels, κατὰ συμβεβηκός, ces sensibles communs qu'il a appelés (*de Anim.*, II, 6, 1) sensibles en soi. Ils sont accidentels par rapport aux sens isolément pris, dont ils ne sont pas les objets propres; ils sont sensibles en soi, parce que c'est une sensation réelle qui nous les fait connaître.

Ainsi tous les sensibles communs ne sont connus que par le mouvement, dont la connaissance est une sensation. Maintenant, chaque sens percevant le mouvement, c'est un sensible essentiellement commun à tous, et il est impossible qu'il y ait un sens propre ni pour le mouvement lui-même, ni pour tous ces sensibles communs qui sont connus par le mouvement.

Si les sensibles communs avaient eu un sens qui leur fût propre, il serait arrivé quand ils auraient été perçus par les autres sens, ce qui arrive de la douceur du miel quand il est perçu par la vue : c'eût été une sensation accidentelle, c'est-à-dire au fond autre chose qu'une sensation. Pour qu'il y ait sensation commune, il faut que nous ayons à la fois la sensation des deux choses, de la couleur, du mobile, par exemple, et du mouvement de cet objet coloré ; il fallait donc que la sensation du mouvement et la sensation de la couleur fussent remises à un seul sens, si l'on voulait qu'elles coïncidassent et ne fissent qu'une sensation. Si au contraire divers sens avaient agi, l'un pour percevoir le mouvement, l'autre pour percevoir la couleur, la coïncidence des deux actes eût été impossible ; la couleur et le mouvement n'eussent pas été liés par une unité immédiate, l'unité du temps, par le fait d'une sensation unique et indivisible, mais seulement par un acte de jugement, de la raison qui ne les eût liés qu'accidentellement ; comme il arrive quand par suite d'une expérience répétée, nous disons que nous sentons que tel objet jaune que nous voyons est doux, que tel objet blanc est le fils de Cléon ; au vrai, nous ne sentons pas qu'il est le fils de Cléon ; nous sentons, nous voyons qu'il est blanc, et il est tout à fait accidentel à cet objet blanc d'être le fils de Cléon. Il n'y a pas là sensation, ou du moins il n'y a qu'une sensation accidentelle. Tandis que pour les sensibles communs, nous en avons sensation ; cette sensation est commune et elle n'est pas accidentelle ; par conséquent il n'y a pas pour eux de sens propre.

Les sens peuvent percevoir accidentellement les objets propres les uns des autres, non pas en tant qu'ils sont ce qu'ils sont chacun, non pas en tant qu'ils sont séparés et ont une fonction propre, mais en tant qu'ils ne font tous qu'un seul sens, ἀλλ' ἢ μία ; comme il arrive lorsque deux sens nous donnent connaissance d'un seul et même objet, par exemple, quand le goût nous fait sentir l'amertume et la vue la couleur jaune de la bile. Aucun des deux sens ne peut dire à la fois que la bile a ces deux propriétés. Mais l'unité de l'objet met en acte l'unité de l'âme sensitive, comme la différence générique des qualités sensibles avait mis en acte les sens différents que la puissance générale et commune, la puissance une, ἡ μία, de sentir, contient en germe. De la bile, objet un, on sent qu'elle est amère, par un sens, et par un autre qu'elle est jaune; mais auquel de ces deux sens appartient-il de dire que cette chose une, ἕν, est ces deux choses, ἄμφω, à la fois? Ni à l'un ni à l'autre : et voilà pourquoi cette affirmation est sujette à l'erreur; car ce n'est plus une sensation qu'on éprouve, c'est une opinion que l'on émet, οἴεται, lorsque l'on dit en voyant un liquide jaune que c'est de la bile. L'erreur appartient à une autre faculté que la sensation, qui ne se trompe jamais.

Mais les sensibles communs sont l'objet d'une sensation véritable, quoique commune à tous les sens. Le mouvement, l'unité, la figure, etc., sont réellement sentis en même temps que la couleur, par la vue. On peut, il est vrai, se demander pourquoi tous les sens participent ainsi à la perception des sensibles communs, et pourquoi la nature n'a pas attribué à un seul sens de les percevoir. Il semble qu'elle ait eu en vue de nous permettre d'éviter les erreurs, de nous empêcher de confondre ces sensibles communs avec les sensibles propres dont la sensation est concomitante, ἀκολουθοῦντα. Si un sens, en effet, la vue par exemple, était seule à connaître la grandeur, dont la sensation coïncide avec la sensation de la couleur, on serait disposé à confondre la grandeur et la couleur; mais comme, au contraire, la notion de la grandeur nous est aussi donnée par un autre sens, le toucher par exemple, que la grandeur est dans un objet sensible autre que l'objet où la vue nous a montré la couleur, cela nous apprend que couleur et grandeur, que les objets propres et les objets communs de nos sens sont des choses différentes.

§ 3.

LE SENS COMMUN.

Nous venons de voir que si deux sens différents peuvent nous donner la notion d'un seul et même objet, c'est que derrière ces deux sens, à leur fondement, à leur racine, il y a une puissance une, ἡ μία, de sentir; tous les sens particuliers nous ramènent et aboutissent à un sens un, commun et général, τῶν ἰδίων αἰσθητηρίων ἕν τι κοινόν ἐστι αἰσθητήριον[1], qui est le premier sensorium, πρῶτον αἰσθητικόν[2], le principe de l'âme sensitive, cette âme même dans son unité primitive et sa puissance générale, non encore divisée par l'acte[3]. C'est cette faculté générale de la sensation, dont l'organe immédiat est le cœur, qui opère, dans l'acte des sens particuliers, la sensation commune des sensibles communs, τῶν δὲ κοινῶν ἔχομεν αἴσθησιν κοινήν[4]. Cette faculté, que possèdent tous les animaux, est une puissance innée de séparation, d'abstraction, δύναμις σύμφυτος κριτική[5], qui abstrait les formes de la matière et annonce et prépare l'entendement. Elle est « la limite où se rencontrent les sens particuliers et le terme moyen qui les mesure[6]. » C'est cette faculté générale qui, accompagnant toutes nos sensations particulières, nous fait sentir que nous voyons et que nous entendons[7]. C'est ce que la philosophie postérieure appelle la conscience. Enfin c'est cette faculté qui nous fait connaître les différences des objets sensibles entre eux et les différences de nos sensations entre elles[8]. Nous avons établi le fait pour les deux premières fonctions que nous venons d'énumérer : il nous reste à l'établir pour les deux dernières.

Il est certain que nous avons la sensation de nos sensations : celui qui voit a le sentiment qu'il voit ; celui qui entend a le sentiment qu'il entend ; celui qui marche, a le sentiment qu'il marche ; et de même, dans toutes les autres sensations, il y a quelque chose en nous qui sent que nous agissons, que nous sommes passés de la puissance à l'acte, ὅτι ἐνεργοῦμεν, de sorte que nous pouvons sentir que nous sentons et penser que nous pensons : ce qui revient à dire que nous sentons ou que nous

---

[1] *De Juvent.*, I, 467, b, 28. *De Vit.*, 3, 469.

[2] *De Mem.*, I, 450, a, 10.

[3] *De Sens.*, 7, 449, a, 5. ἀνάγκη ἄρα ἕν τι εἶναι τῆς ψυχῆς, ᾧ ἅπαντα αἰσθάνεται... ἐπὶ τῆς ψυχῆς τὸ αὐτὸ καὶ ἓν εἶναι ἀριθμῷ τὸ αἰσθητικὸν πάντων... αἰσθάνοιτ' ἂν ἅμα τῷ αὐτῷ καὶ ἑνί.

[4] *De Anim.*, III, 1, 7.

[5] *Anal. Post.*, II, 19, 99, b, 35.

[6] M. Rav., t. I, p. 435.

[7] *De Somn.*, 2.

[8] *De Anim.*, III, 2.

pensons que nous sommes ; car être, c'est sentir ou penser [1]. Mais puisque nous sentons que nous voyons, que nous entendons, il est nécessaire que cette sensation de la vue, par exemple, nous soit donnée par le sens même de la vue ou par un autre sens. Si chaque sens se perçoit lui-même dans son acte, si c'est la vue qui nous fait sentir que nous voyons [2], il faut dire que nous voyons que nous voyons; mais qu'est-ce que voir? C'est percevoir par la vue une couleur ou un objet coloré : tel est en effet l'objet unique et propre de la vue. Donc tout ce qui est vu ou visible est ou une couleur ou un objet coloré ; or si on voit la vue, la vue devient nécessairement, pour pouvoir être vue, ou une couleur ou un objet coloré ; c'est-à-dire qu'elle sera ou un sensible propre, le sensible propre de la vue, ou un sensible commun : dans le premier cas, où *le premier voyant*, τὸ ὁρῶν πρῶτον, c'est-à-dire le sens qui voit immédiatement les objets, est une couleur, on détruit le principe même sur lequel repose toute la théorie de la sensation. Car la couleur est un objet matériel que les objets matériels, en tant que tels, peuvent recevoir en soi, mais que le propre de l'âme, dans la sensation, est précisément d'exclure ; l'âme ne reçoit que la forme sans la matière, εἶδος ἄνευ τῆς ὕλης ; or la forme est immatérielle : elle n'est point couleur, ni colorée, ni par conséquent visible.

Si la vue de ce premier voyant était un objet sensible commun, il faudrait que, comme tous les autres sensibles communs, il fût senti en même temps que la couleur et par la couleur dans un seul et même acte de vision, le sensible commun et le sensible propre se rapportant à un seul et unique objet, à un seul et même être. On voit une pierre blanche ; la blancheur est le sensible propre ; la grandeur et la figure sont les sensibles communs ; mais blancheur, grandeur et figure ne sont que les propriétés d'une seule et même chose et dont l'unité même est donnée dans la sensation. Comment pourrait-on confondre dans une seule et même chose et la pierre vue et le sens qui la voit : ce qui arriverait nécessairement si ce dernier était un objet sensible, même commun.

Sans doute on peut dire que l'acte de l'objet sensible et

---

[1] *Ethic. Nic.*, IX, 9. *De Anim.*, III, 2.
[2] Et même qu'on goûte qu'on goûte, qu'on odore qu'on odore.

l'acte de la sensation sont un seul même acte ; mais l'être de ces deux actes est différent, τὸ δ'εἶναι οὐ ταὐτὸν αὐταῖς[1], parce que les êtres dans lesquels chacun d'eux se passe sont des êtres numériquement différents. La sensation est l'âme en tant qu'elle reçoit les formes sans la matière, comme la cire reçoit l'empreinte de l'anneau sans le fer ou l'or dont l'anneau est fait, et garde cette empreinte d'airain ou d'or, mais non pas en tant qu'or ou airain. La sensation est l'organe primitif dans lequel est cette puissance : elle est donc identique à l'objet senti ; mais son être est différent, τὸ δ'εἶναι ἕτερον[2] ; autrement ce qui sentirait pourrait être une grandeur, tandis que nous savons que ce qui sent, et la sensation elle-même, n'est pas une grandeur, mais un certain rapport, et une certaine puissance de l'objet senti, λόγος τις καὶ δύναμις ἐκείνου.

Prenons pour exemple le son en acte et l'ouïe en acte ; car on peut, tout en ayant l'ouïe, ne pas entendre, et un corps sonore ne résonne pas toujours. Mais quand ce qui peut entendre agit, et que ce qui peut résonner résonne, alors l'ouïe en acte se produit en même temps que le son en acte ; de sorte qu'on peut dire de l'un des actes qu'il est l'audition, de l'autre la résonance. Puisque le mouvement, l'action, la modification sont à la fois dans la chose qui est en train de se faire, il est nécessaire que le son et l'ouïe en acte soient dans l'ouïe en puissance ; car l'acte de ce qui fait et de ce qui meut se passe dans la chose qui souffre l'action et le mouvement. C'est même là la raison pour laquelle il n'est pas nécessaire que le moteur soit mû. Ainsi donc l'acte du sonore est ou le son ou la résonance ; l'acte de ce qui peut entendre est l'ouïe, ou l'audition : car il y a deux espèces d'ouïe et deux espèces de son, l'une en acte et l'autre en puissance.

On appliquerait le même raisonnement aux autres sens et aux objets qu'ils perçoivent. De même que l'action et la modification sont dans l'être qui souffre et non dans l'être qui agit, de même l'acte de l'objet sensible et l'acte de ce qui sent sont dans l'être qui sent, sont un seul et même acte, mais l'être qui sent et l'objet qui est senti sont deux êtres différents, et ainsi on ne peut pas admettre que le sens qui voit une pierre soit un sensible commun ; car alors on serait obligé de réunir dans un seul et même être et la chose perçue

---

[1] *De Anim.*, III, 2.

[2] *De Anim.*, II, 18.

et la chose percevante dont l'acte est un, sans doute, mais qui diffèrent dans l'être, c'est-à-dire sont deux êtres numériquement différents[1]. Il en sera ainsi pour la vue. Sous un certain rapport, être vu est un voir; le voir de l'un est le être vu de l'autre; mais on ne peut pas dire pour cela que la chose vue soit la chose qui voit[2]; la chose vue, pendant qu'elle est vue, n'a besoin de rien par quoi ce fait même puisse être modifié; car le mouvement est dans le mobile et non dans le moteur, et nous ne devons pas ici suivre les trompeuses indications du langage qui désigne le être vu comme une passion, le voir comme une action, tandis qu'en réalité c'est le voyant qui est dans un état passif. Ainsi il est évident que le voyant est tout au plus vu par accident, et que si nous percevons que nous voyons, cette sensation ne peut être une sensation de la vue, dont le voyant ne saurait être ni le sensible propre, ni le sensible commun[3].

Cette sensation de la vue et des autres sensations est donc opérée par l'activité d'un autre sens, et on ne doit pas dire que chaque sens se perçoit dans son acte propre. Il y a un sens général qui nous donne la sensation de nos sensations particulières, τῶν ἰδίων αἰσθητηρίων ἕν τι κοινὸν αἰσθητήριον[4].

Chaque sensation a rapport à son objet sensible propre, et elle se trouve, elle a son siège dans le sens en tant que sens[5]. Chaque sensation juge, κρίνει, les différences de l'objet propre qu'elle est destinée à sentir : par exemple, la vue peut juger le blanc comme le noir; le goût, le doux comme l'amer, et par conséquent elle peut les distinguer, en sentir les différences. Mais il y a plus : nous pouvons en outre juger du blanc et du doux, et comparer chaque genre de sensibles l'un avec l'autre, et alors on se demande quel est le sens qui nous fait connaître que ces choses diffèrent; car nécessairement c'est par un sens que nous jugeons qu'elles diffèrent, puisque l'un

---

[1] *De Anim.*, III, 2.

[2] *De Anim., l. l. Phys.*, III, 3, 202, a, 13-18.

[3] Conf. Brentano, *Psychol. d. Arist.*, p. 86 sqq.

[4] Il faut remarquer que cette objection qui vient d'être discutée, à savoir que s'il y a une sensation de chaque sensation, une vue de la vue, il faut que la sensation sentie ait des qualités sensibles, soit communes, soit propres, cette objection s'applique à la seconde alternative d'un sens général, comme à la première hypothèse, que chaque sens se perçoit lui-même dans son acte.

[5] C'est-à-dire en tant que sens propre et distinct.

comme l'autre, le doux comme le blanc sont des objets sensibles et même des sensibles propres? Ce ne peut être ni le goût ni la vue qui peuvent juger que le doux est autre que le blanc : il faut que les deux qualités apparaissent en même temps à un même sens. Car le jugement de deux sens séparés est semblable à deux jugements de deux personnes, dont l'une sent telle chose et l'autre telle autre chose. Sans doute les choses seraient différentes, mais ni l'une ni l'autre des personnes n'en pourrait décider, parce qu'elles n'auraient point de commune mesure pour les rapprocher et les mesurer. Il faut pour porter ce jugement que ce soit le même être qui dise qu'elles diffèrent, et qui ne le peut dire que s'il le pense ou s'il le sent. De même il est impossible que des sens séparés jugent de choses séparées et affirment leur différence.

Nous sommes donc obligés d'admettre un sens différent des sens particuliers, qui rapproche et compare les sensations propres qu'ils lui transmettent, et en soit la commune mesure. Il faut même que ce jugement soit prononcé dans un seul et même instant indivisible et non dans des temps séparés, et voici ce qui le prouve : quand on compare le doux et le blanc, comme quand on compare le bien et le mal, si l'on dit que celui-ci est différent de celui-là, on dit en même temps que celui-là est différent de celui-ci ; c'est la même personne qui affirme en ce moment que les deux objets diffèrent, et qu'ils diffèrent en ce même moment. Les deux objets existent en même temps pour la personne qui affirme leur différence ; ils ne sont pas séparés et ne sont pas pour elle dans un temps séparé. Si nous jugeons que des objets sensibles sont différents, et si nous en jugeons par la sensation, ce ne peut donc pas être par des sens séparés, dont l'acte est séparé, mais par un sens commun et général.

Il est vrai qu'une objection se présente. Il semble en effet impossible qu'un même être indivisible sente à la fois, dans le même temps indivisible, des propriétés sensibles contraires, ce qui équivaut à dire qu'un même être pourrait, au même instant indivisible, être mû par des mouvements contraires dans des directions contraires ; car l'impression d'un objet doux donnera à ce sens commun un tel mouvement, au moment même où l'objet blanc lui en donnera un tout contraire.

Voici comment on peut répondre à l'objection : il n'est pas impossible que ce sens commun, qui doit juger des différences des objets sensibles, soit tout à la fois indivisible et inséparable numériquement, et séparable et séparé dans la notion et dans l'essence, τῷ εἶναι. Si cela n'est pas impossible, alors comme divisible, le sens commun sentira les choses divisées, et il les sentira comme non séparées en tant qu'indivisible, car il est l'un et l'autre.

Mais c'est là la question : est-il possible qu'une même chose soit à la fois indivisible et divisible ? Sans doute en puissance, le même peut être divisible et indivisible ; il peut être les contraires ; dans l'être, dans la réalité, cela est impossible ; l'acte divise ; il n'est pas possible qu'une chose soit en acte à la fois noire et blanche ; et il n'est pas possible non plus que ni la sensation ni la raison en acte, εἰ τοιοῦτον, et il s'agit ici de la sensation en acte, reçoive à la fois les formes du blanc et du noir. Pour lever la difficulté, il faut avoir recours à une comparaison : le point est un, et réellement un, un en acte, et cependant il est aussi deux ; car il est la limite commune de deux lignes obtenues par la section d'une ligne qu'on coupe : il est la fin de l'une et le commencement de l'autre [1]. Il est donc à la fois et en acte divisible et indivisible. Eh bien ! il en est de même du sens commun ; il est une limite commune, une et pourtant divisible en tant que limite. En tant qu'indivisible, le principe qui juge, τὸ κρῖνον, est un, et cependant comme il juge les différences des objets sensibles et des sensations, il est simultanément aux deux perceptions ; en tant que divisible il n'est pas un ; il se sert deux fois du même point et en même temps ; et en tant qu'il se sert de la limite comme double, il juge les deux choses qui s'y rencontrent ; en tant qu'il se divise, il les juge séparées, et en tant qu'un, il les rapproche dans le temps et les unit, ᾗ δ'ἕν, ἑνὶ καὶ ἅμα.

Les objections contre l'existence de ce sens commun ne sont pas encore épuisées : il en reste encore trois à examiner. D'abord, si l'on suppose qu'il y a, pour nous donner la sensation de la vue, un sens qui perçoive cette sensation, qu'est-ce qui nous donnera la sensation de cette sensation nouvelle ? un autre sens ? Alors on va à l'infini ; cette sensation nouvelle aura-t-elle le privilège d'avoir la sensation d'elle-même ? alors pourquoi refuser ce privilège à la vue, à la sensation primitive [2] ? En second lieu, le sens commun s'appliquerait à la

---

[1] *De Anim.*, III, 2. *Phys.*, VIII, 8. Ou bien encore le centre d'une circonférence, qui est la limite commune d'où partent tous les rayons.

[2] Il n'est pas facile de distinguer dans le texte du *De Anima* quelle est

fois à la vue et à la couleur, sensible propre de la vue ; il y aurait donc, contre tous nos principes, deux sens pour le même objet ; la couleur sera sentie par la vue et le sens commun ; le son par l'ouïe et le sens commun, et ainsi de suite. Enfin, pour écarter l'hypothèse que la différence des sensibles pourrait être perçue par chaque sens propre, par les sensations simultanées des sens différents, nous avons prétendu que cela était tout aussi impossible que si l'on soutenait que deux personnes différentes, dont l'une sent un objet au même instant que l'autre sent le même objet ou un autre, pourraient en affirmer l'identité ou la différence. Mais cette prétention est-elle fondée ?

De ces trois objections, la première n'est nulle part résolue ni discutée par Aristote : en se mettant au point de vue des principes généraux d'Aristote, on peut seulement dire qu'après avoir démontré qu'il est impossible qu'on voie qu'on voit, qu'on goûte qu'on goûte, s'il s'arrête au sens commun, et ne va pas à l'infini, c'est que c'est pour lui un principe qu'il faut s'arrêter quelque part, ἀνάγκη στῆναι. Quant aux deux autres objections, il les a relevées et réfutées lui-même. Pour commencer par la dernière, les sensations de la vue et du goût, par exemple, dit-on, ne sont pas séparées en réalité comme celles de deux personnes différentes : la partie sensitive de l'âme est une ; les différentes sensations des divers sens sont ramenées à un seul organe, le cœur, de sorte qu'elles peuvent très bien s'y trouver simultanément et réunies. N'en peut-il pas être de l'âme comme des choses elles-mêmes ? Une seule et même chose peut, tout en gardant son unité numérique, être blanche, douce et beaucoup d'autres choses encore ; pourquoi, dans l'organe qui sent toutes ces propriétés, n'y aurait-il pas à la fois sensation de la couleur,

la véritable opinion d'Aristote, et s'il admet un sens spécial interne qui nous donne la conscience de nos sensations diverses, ou s'il croit que cette conscience nous est donnée simultanément dans chaque acte et par cet acte sensible, ainsi ne fasse qu'un avec l'acte même de la sensation. Cette dernière opinion semble clairement exprimée dans la *Métaphysique*, A, 9 : « La science, la sensation, l'opinion, le raisonnement, ont toujours, semble-t-il (φαίνεται), un objet différent d'elles-mêmes, et ne se prennent elles-mêmes pour objet de leur acte qu'accessoirement, subsidiairement, ἐν παρέργῳ. Conf. *Metaph.*, A, 1, p. 1072, b, 20. On la retrouve même dans le chapitre II du IIIe livre *De Anim.* V. *Psychologie vom empirisch. Standpunkte*, par Brentano, I, 171, et H. Schell, *Die Einheit d. Seelenlebens aus d. Principien d. Arist. Philosophie.* Freiburg, 1873.

sensation de la douceur, et en un mot une pluralité de sensations ? Puisque les propriétés d'une chose ne sont pas séparées les unes des autres, et que la manière d'être seulement est différente pour chacune d'elles, pourquoi n'en serait-il pas de même pour l'âme ? Pourquoi ce qui perçoit en elle toutes les sensations ne serait-il pas une seule et même chose, qui ne se différencierait que par sa manière d'être suivant que les choses senties appartiennent au même genre ou à des genres différents ? Si l'âme perçoit les choses sensibles en même temps, par une seule et même faculté qui ne se divise que rationnellement, idéalement, λόγῳ, pourquoi supposer l'existence d'un nouveau sens, du sens commun, puisque nous pouvons en faire l'économie, et expliquer, sans cette hypothèse, la distinction des objets sensibles de genres différents. Les sens ne sont pas plus séparés que les qualités sensibles; ils sont dans un seul et même sujet, l'âme sensitive, et puisque cette âme une peut saisir par deux facultés en même temps deux sensibles, elle doit être par là-même en état de les distinguer[1]. Au fond la sensation est une, et le vrai organe de la sensation est un : ἔστι μὲν γὰρ μία αἴσθησις καὶ τὸ κύριον αἰσθητήριον ἕν[2]..... τὸ δὲ ἔσχατον αἰσθητήριον ἕν[3].

D'ailleurs admettre une nouvelle faculté sensible, n'est pas sans difficulté ; cette faculté distincte est soumise à la même loi que les autres facultés sensibles ; elle ne pourra éprouver, à un seul et même moment, qu'une et unique sensation ; aucune matière n'a deux formes, aucune puissance n'a deux actes en même temps. En outre, si nous donnons à un seul sens la faculté de connaître à la fois le doux et le blanc et leur différence, il en résultera que pour une seule et même faculté sensitive nous aurons deux objets propres : ce qui est contre tous les principes jusqu'ici posés ; car nous avons prouvé que chaque sens avait son sensible propre et exclusif.

Mais les objections ne sont pas aussi fondées qu'elles le paraissent ; pour expliquer la connaissance des différences de deux objets sensibles, il ne suffit pas de poser l'unité de l'organe sentant, si celui-ci n'est pas un en tant qu'organe, en tant que sujet de la faculté de sentir, car la sensation est

---

[1] *De Sens.*, 7.

[2] *De Somn.*, 2.

[3] *De Anim.*, III, 7, ou ce qui revient au même, τὸ πρῶτον. *De Anim.*, II, 12, 2.

dans l'organe en tant qu'organe, ὑπάρχει ἐν τῷ αἰσθητηρίῳ ἡ αἰσθητήριον. Distinguer, différencier, c'est avoir la sensation d'une différence ; or toute sensation est l'acte d'une puissance de sentir, et d'une seule puissance de sentir, parce qu'aucun acte ne peut se trouver dans plus d'une puissance, de même qu'aucune forme n'actualise deux matières. Si donc nous distinguions le doux du blanc par les deux puissances qui y correspondent, nous distinguerions les deux objets par deux actes ; nous les distinguerions doublement ; nous les connaîtrions doubles, ou plutôt nous ne les distinguerions pas du tout, parce que par aucune des deux facultés, ni par le goût ni par la vue, nous ne sommes en état d'avoir cette double sensation. Il n'est donc pas inutile d'admettre un sens distinct, le sens commun.

Venons à l'impossibilité prétendue de l'admettre. Certes pour que la différence des objets soit sentie, il faut que le sujet sentant soit un, et que le temps de la sensation des deux objets soit également un ; nous l'avons déjà reconnu ; mais peut-on nier qu'un seul et même sens connaisse ces différences, que le goût connaisse le doux et l'amer, c'est-à-dire des contraires ; et pourquoi un seul et même sens ne connaîtrait-il pas des objets de genres différents ? Nous avons résolu la difficulté en montrant que l'instant, l'unité de temps qui doit réunir les deux sensations, est semblable au point où se réunissent et se confondent le commencement d'une ligne partagée et la fin de l'autre. Si l'oreille entend deux sons l'un immédiatement après l'autre, l'instant où l'une des sensations succède à l'autre est la limite une des deux ; c'est dans cet instant à la fois divisible et indivisible que nous percevons la succession des deux sons et leur différence.

Passons à l'autre objection : si, dit-on, nous connaissions la différence entre le doux et le blanc par un seul sens, le sens commun, un seul sens serait capable de percevoir deux choses, il aurait deux sensibles propres, et d'un autre côté plusieurs sens percevraient le même objet, le sens commun percevrait à la fois et la vue et la couleur, et la couleur serait perçue par le sens commun et par la vue. Mais c'est tout à fait inexact ; l'objet propre du sens commun est nos sensations et non les objets de nos sensations ; il nous fait sentir que nous voyons et non percevoir la couleur ; et si par lui nous percevons la différence des objets sensibles de genres différents, c'est parce que de la différence de sensations dont il est juge, nous concluons par analogie à la différence des objets sensibles dont il n'est pas proprement juge.

Où est la différence de rechercher comment l'âme distingue les choses qui sont dans un même genre ou dans des genres opposés? Soit en effet A le blanc, B le noir, et que C, la sensation, soit à D comme A est à B; si C et D sont dans un même sens, la vue, par exemple, le rapport de C à D nous révélera le rapport de A à B, et si A et B sont l'un le blanc, l'autre le doux, le rapport des deux sensations C et D nous indiquera de même le rapport des deux objets; car soit A le blanc, B le doux, soient C et D les deux sensations du blanc et du doux, l'une dans la vue, l'autre dans le goût, soient enfin E et F dans un rapport à ces deux sensations semblable au rapport de ces deux sensations à leurs objets : si maintenant E et F sont dans un même sens, le sens des sensations, le sens commun, alors dans ce sens le rapport de E à F nous montrera le rapport des deux sensations C et D, et par suite le rapport des deux objets A et B, le blanc et le doux[1].

Ainsi nous devons sans scrupule admettre ce sens commun qui nous fait connaître la différence des objets sensibles par la différence de nos sensations, qui nous fait percevoir les sensibles communs, qui nous fait affirmer l'unité d'un objet dont un sens nous révèle une propriété, un autre sens une autre, et qui enfin nous donne la sensation de nos sensations, et même de toutes nos autres opérations sensibles. C'est en un mot la conscience, excepté pour tous les faits de l'âme qui se rattachent à la raison, qui se sert à elle-même de conscience; car nous pensons que nous pensons[2]. Nous avons ainsi deux consciences, l'une sensible, l'autre intellectuelle. Le sens commun, quelque hautes et importantes que soient ses fonctions, appartient à tous les animaux, même aux espèces inférieures, qui n'ont d'autres sens que le toucher et le goût; car la fonction du sens commun accompagne tous nos sens, et par conséquent le toucher, qui dans certaines espèces animales est séparé des autres sens.

---

[1] *De Anim.*, III, 7. Conf. Brentano, *Die Psychol. d. Arist.*, 92, sqq.

[2] *Ethic. Nic.*, IX, 9. νοοῖμεν ὅτι νοοῦμεν. Grote (Bain, *The Senses*, p. 642) dit : « Sir Will. Hamilton has remarked that the word consciousness has no equivalent usually or familiarly employed in the Greek Psychology. » En effet le mot συναίσθησις d'Aristote est pris dans un autre sens; mais le γνῶναι ἑαυτόν, ἐπιστήμη ἑαυτοῦ de Platon, et la συνείδησις des Stoïciens et de Plotin s'en rapprochent beaucoup.

§ 4.

LES CINQ SENS. LA VUE.

Aristote commence l'analyse des sens particuliers par le plus délicat et le plus important de tous pour la vie intellectuelle et morale de l'homme, quoique le moins nécessaire à sa vie animale. L'objet propre de ce sens, la couleur, évidemment ne nourrit pas l'animal, pas plus que ne le font l'odeur et le son. La couleur ne peut ni accroître son corps, ni le faire dépérir; c'est une de ces sensations dont la fin est non pas précisément la vie, mais le bien de l'être vivant et sa conservation[1]. La vue est le privilège des espèces douées de la locomotion. Ce sens leur était nécessaire, parce que leurs mouvements et leurs déplacements, au milieu de tous les corps de la nature, mettraient leur existence en péril, s'ils étaient, comme d'autres animaux, privés de la vue[2]. C'est de tous les sens celui qui s'exerce à la plus grande distance. C'est la sensation par excellence : l'ouïe ne l'est que par accident[3]. Nous aimons sentir; abstraction faite de l'utilité que nous en pouvons retirer, nous aimons par elles-mêmes nos sensations et surtout celles de la vue. Il ne faut pas croire que c'est seulement parce qu'elle nous sert à la vie active et pratique que nous aimons par-dessus toute autre sensation la sensation de la vue; la cause de cette préférence universelle est plus noble : tous les hommes désirent naturellement savoir; or la vue est celle de nos sensations qui, nous découvrant le plus de différences et de rapports dans les choses, nous permet de les connaître le mieux[4]. Tous les corps, en effet, étant colorés, c'est par la vue que nous pouvons le mieux connaître les propriétés sensibles qui leur sont communes, c'est-à-dire le mouvement, la figure, la grandeur, le nombre[5]; c'est la vue qui fournit à l'imagination les images, qui, transportées dans le langage, vivifient

---

[1] *De Anim.*, III, 12.
[2] *Ethic. Nic.*, VI, 13.
[3] *De Anim.*, III, 12. μάλιστα αἴσθησις. *De Sens.*, 1.
[4] *Metaph.*, I, 1.
[5] *De Sens.*, 1.

et animent le style et la pensée, et, avec la couleur et le mouvement, leur donnent la vie et la beauté. Les plaisirs que les sensations de la vue nous procurent sont ainsi des plaisirs intellectuels, et ils ont par cela même leur noblesse. Mais il n'en est ainsi que lorsque la réflexion, φρόνησις, vient s'ajouter au sens de la vue; aussi ces plaisirs délicats sont propres aux hommes : ils sont refusés aux animaux même doués de la vue. Cependant, si de toutes les facultés la plus importante pour les besoins intellectuels de l'animal, ainsi qu'en elle-même, c'est la vue, l'ouïe, quoique indirectement, est plus importante encore, comme nous le verrons, parce qu'elle nous fait connaître les différences de la voix humaine, c'est-à-dire du langage : or, c'est par le langage, composé de sons, c'est-à-dire de signes vocaux, que l'homme s'instruit. C'est donc l'ouïe qui, en percevant ces sons, signes de nos idées, rend les plus grand services à la pensée.

Les sensations de la vue, en tant qu'elles nous sont agréables, ne touchent pas très profondément l'âme, dont elle ne peut saisir que la manifestation extérieure et pour ainsi dire superficielle. Les arts plastiques, qui relèvent de ce sens, sont à cet égard, et dans leur rapport à la vie morale, inférieurs aux arts musicaux, parce qu'ils ne descendent pas comme eux au fond de l'âme. Comme ils n'expriment pas l'action et la vie, qui est mouvement, comme ils ne peignent pas les caractères, les sentiments, les idées, dans leur développement total, nécessairement successif, les arts plastiques ne prennent et ne doivent prendre qu'une part modeste et sévèrement mesurée dans l'éducation de l'enfant et de l'homme, qui est avant tout une éducation morale[1]. Néanmoins ce sont des plaisirs purs et innocents, parce qu'ils n'ont pas pour cause un besoin satisfait, et ne sont accompagnés d'aucune douleur, comme le sont les plaisirs corporels.

Ce dont il y a vue est le visible en soi, et le visible en soi c'est la couleur et ces corps qu'on peut décrire dans une périphrase, mais qui n'ont pas de nom propre. Aristote probablement veut parler des lumières phosphorescentes que certains corps dégagent, et qui brillent et que l'on voit briller dans l'obscurité, sans qu'elles soient précisément des couleurs. La couleur est ce qui est sur la surface du visible en soi; et le visible en soi est ce qui a en soi la cause qui le rend visible.

---

[1] *Polit.*, V, 5.

Tous les objets sensibles sont des grandeurs, et toutes les grandeurs ou corps ont une couleur : c'est par cette couleur répandue sur leur surface qu'ils sont visibles[1].

Pour savoir quel est le corps qui compose naturellement les organes des sens, on s'est adressé quelquefois aux corps élémentaires, et comme il n'était pas facile de rapporter les sens, qui sont au nombre de cinq, aux quatre éléments, on en a imaginé un cinquième. C'est ainsi qu'on a généralement fait la vue de feu, se fondant sur un phénomène dont on ignorait la vraie cause, à savoir que lorsqu'on se frotte l'œil dans l'obscurité, il semble qu'il en sorte du feu et des étincelles, et alors, comme il est impossible qu'on ne sache pas qu'on voit quelque chose qu'on voit, il arrive que l'œil se voit lui-même, phénomène qui ne se produit pas quand l'œil est au repos et qu'on ne le frotte pas : mais voici l'explication. Les corps lisses brillent naturellement dans l'obscurité sans produire cependant de lumière. Pourquoi voit-on du feu quand on frotte l'œil ? Ce n'est pas par ce qu'il en contient, mais parce qu'il est lisse et que la rapidité du mouvement par lequel on divise l'œil, en quelque sorte, fait que l'organe devient deux et qu'une de ses parties voit l'autre : voilà comment on peut dire que l'œil se voit lui-même.

Si l'œil était de feu, comme l'assurent Empédocle[2] et l'auteur du *Timée*, si la lumière sortait de l'œil comme d'une lanterne, pourquoi ne verrait-il pas dans l'obscurité ? Car dire que la lumière s'éteint, et s'éteint dans l'obscurité après être sortie de l'œil, ce sont des assertions pures et qui n'ont pas de sens. L'œil n'est pas de feu ; au contraire il est d'eau, comme a eu raison de le dire Démocrite, qui toutefois se trompe quand il soutient que la vue n'est que l'image de l'objet. Sans doute il se produit une image dans l'œil, parce

---

[1] *De Anim.*, II, 7.

[2] Aristote cite ici neuf vers d'Empédocle contenus sans doute dans son poème *De la Nature* :

De même que celui qui se propose de sortir s'arme d'une lampe,
Dont le feu brûlant l'éclairera dans l'obscurité de la nuit,
Et se munit d'une lanterne pour se garder de tous les vents et écarter leur souffle ;
Parce que la lumière, perçant les parois, aussi loin qu'elle peut s'étendre
Éclaire la route de ses rayons brillants,
Ainsi le feu, enfermé par la nature dans les membranes de l'œil,
Sort de ces enveloppes légères et éclaire l'orbe de la pupille,
Et, tandis que celles-ci contiennent l'eau abondante qui les entoure,
Le feu les traverse, et en sort aussi loin qu'il peut s'étendre.

que c'est un corps lisse ; mais la vue ne consiste pas dans cette propriété accidentelle de refléchir des objets, puisque d'autres corps ont la propriété de former des images sans avoir la sensation de la vue : la vue n'est pas dans l'œil, mais dans ce qui voit, ἐν τῷ ὁρῶντι.

L'œil est d'eau ; mais ce n'est pas en tant qu'il est de l'eau qu'il voit, mais en tant qu'il est diaphane, comme l'air. Comme l'eau conserve le diaphane et le reçoit mieux encore que l'air, la nature a fait d'eau la pupille de l'œil. Il est absurde de prétendre que l'œil voit par quelque chose qui sort de lui, par une lumière qui se combine à une certaine distance avec la lumière extérieure. Qu'est-ce qu'une combinaison de lumière à lumière, et comment cette combinaison pourrait-elle être opérée ? Le premier corps venu ne se combine point avec le premier corps venu ; il y a d'ailleurs entre les deux lumières une membrane qui les sépare.

Comme tous les sens, la vue se réalise par un contact de l'organe avec son objet et non par des émanations[1]. Dans l'hypothèse adoptée par les anciens, que les couleurs sont des émanations des corps, et que c'est là la cause qui nous les fait voir, ce contact est immédiat. Mais tout prouve qu'il y a un intermédiaire indispensable à toute sensation, et que c'est cet intermédiaire qui, mû par l'objet sensible, produit la sensation par un contact médiat, au moyen d'un médium. Il en est ainsi pour la vue. Ce qui prouve que pour que la vision s'opère il faut un médium, c'est que, si vous placez l'objet sur l'œil même, il ne verra pas[2]. Et si, comme le croyait Démocrite, l'espace qui sépare l'objet de l'œil était vide, le mouvement qui part de la couleur ne pourrait pas arriver jusqu'à l'organe, puisque le moyen de transmission n'existerait pas : l'intermédiaire est, pour la vue, le diaphane en acte, que met en mouvement la couleur en acte. C'est la lumière qui met en acte le diaphane, c'est-à-dire qui rend diaphanes les corps à travers lesquels doit passer le mouvement imprimé par la couleur et qui doit arriver jusqu'à l'œil ; il n'y a donc pas de corps visible sans lumière, et la couleur n'est visible qu'à la lumière.

Il faut ainsi, pour comprendre le phénomène de la vision, savoir ce que c'est que le diaphane, la lumière et la couleur,

---

[1] *De Anim.*, II, 7.
[2] *De Anim.*, II, 7. *De Sens.*, 2 et 3.

en nous rappelant qu'il faut distinguer en eux l'acte de la puissance. Ce qui est visible et vu, c'est la couleur; l'essence propre de la couleur est de mouvoir le diaphane, l'intermédiaire placé entre l'œil et la couleur, et qui doit à son tour mouvoir l'œil. Le diaphane ne peut mouvoir l'œil qu'à la condition d'être actuellement diaphane, c'est-à-dire d'être éclairé par la lumière, et la lumière est par accident la couleur du diaphane. Le diaphane n'est donc pas visible par lui-même, mais par une couleur étrangère.

Le diaphane est quelque chose de réel; on peut l'appeler ce qui est visible, non en soi, mais par une couleur étrangère. C'est le plus souvent l'air, l'eau, et même quelques solides, non pas en tant qu'eau, en tant qu'air, mais en tant qu'ils contiennent en eux une certaine nature, φύσις τις, identique à celle du corps supérieur éternel. Le diaphane en acte, c'est la lumière; la puissance corrélative à cet acte est l'obscur. La lumière n'est donc qu'accidentellement la couleur du diaphane, puisqu'il faut un corps igné dans le diaphane pour qu'il y ait lumière; mais elle est l'acte du diaphane en tant que diaphane, et elle n'en est la couleur que lorsque le diaphane a été actualisé par le feu, ou par quelque autre cause, par exemple l'élément supérieur dans lequel se trouve quelque chose de semblable, d'identique même au feu. Ce que l'on appelle diaphane n'est ni le feu, ni même un corps, ni une émanation d'aucun corps; c'est une nature et une force commune à tous les corps, plus grande dans ceux-ci, moins dans ceux-là, et qui n'existe pas séparément d'eux. La lumière est la présence et une action du feu dans le diaphane. C'est pour cela que le diaphane ne peut pas être un corps, parce qu'alors il y aurait deux corps en un même lieu [1]. La lumière étant le contraire de l'obscurité, l'obscurité est la non-présence et la non-action du feu dans le diaphane. C'est de l'élément supérieur, de l'éther que part le principe qui fait passer le diaphane de la puissance à l'acte. Ce passage est instantané: ce n'est donc pas à proprement parler un mouvement; il ne demande pas, comme l'odeur et le son, un intervalle de temps [2].

---

[1] Je me représente le diaphane d'Aristote comme un état vibratoire des corps, produit par l'éther lumineux du ciel.

[2] *De Sens.*, 6. Cela n'empêche pas la vision de s'opérer par un mouvement; car la lumière, tout en ne subissant pas de mouvement, imprime un mouvement à l'air qui la contient, et c'est par le mouvement de ce médium que s'opère la vue.

La diffusion de la lumière venant du ciel se produit dans un instant, dans un temps qui n'a pas de durée perceptible, appréciable ; elle parvient à la terre en même temps qu'elle traverse et baigne l'espace qui les sépare, et non, comme le croit Empédocle, après avoir mis, dans ce mouvement intermédiaire, un temps pendant lequel elle n'était pas visible pour nous.

La figure est la limite d'un corps en tant qu'il est une chose étendue ; la couleur n'est donc pas la limite du corps même : elle marque seulement la limite du corps, non plus en tant qu'il est étendu, mais en tant qu'il est lumineux et diaphane. La couleur est la limite du diaphane dans un corps déterminé, c'est-à-dire d'une figure déterminée et précise ; elle se dépose sur la surface éclairée du corps, de manière à être visible, quoique la couleur, ou du moins la couleur du diaphane, c'est-à-dire la possibilité d'être coloré, pénètre à l'intérieur même de la substance du corps. La couleur n'est visible que dans et par la lumière ; mais elle a cela de remarquable qu'elle seule est visible, en sorte que la lumière elle-même, c'est-à-dire le diaphane en acte, n'est visible que par la couleur.

L'air et l'eau non seulement sont diaphanes, mais ils sont colorés, ils ont une couleur, et puisqu'ils ont une couleur et que la couleur est la limite des corps en tant que diaphanes, ils ont une limite en tant que tels. Mais comme ces corps, l'air et l'eau, sont, en tant que corps, indéterminés, cette limite du diaphane en eux est si incertaine, si vague, qu'on pourrait presque dire que le diaphane y est illimité, indéterminé. C'est dans ce diaphane indéterminé qu'est la nature de la lumière. Ce que j'entends comme il suit : la nature de la lumière se manifeste surtout dans le diaphane indéterminé, c'est-à-dire dans l'air, où le diaphane est indéterminé par la nature même du corps où il se trouve.

La sensation de la vue, comme toute sensation, est l'acte commun de la vue et de l'objet vu. La vue en acte suppose un objet vu actuellement ; ces deux actes sont simultanés, corrélatifs, ou plutôt ils n'en font qu'un[1]. C'est pour cela qu'on ne peut sentir à la fois le noir et le blanc, et quoiqu'il soit faux de dire que les couleurs n'ont d'existence que dans nos perceptions, il est certain que la couleur en acte est celle-là

---

[1] *De Anim.*, III, 2. *De Somn.*, 1. *De Sens.*, 6.

seulement qui est actuellement vue[1]. Nous avons dit que ce qui voit doit en quelque façon être susceptible de la couleur, c'est-à-dire être incolore ; car c'est une chose incolore qui reçoit la couleur. Le diaphane est incolore et à peine visible, si ce n'est invisible ; je parle du diaphane en puissance ; car le diaphane en acte, la lumière, est visible. Il faut donc qu'il y ait, au dedans de l'œil, de la lumière ; car la lumière est ce qui est susceptible de la couleur. Dans la sensation le sujet doit s'assimiler à l'objet. Mais ce qui doit voir le blanc et le noir ne peut être en acte ni l'un ni l'autre, afin de conserver la puissance de devenir tour à tour l'un et l'autre[2].

Chaque sens a pour objet des êtres soumis à l'opposition des contraires ; ces contraires sont, pour la vue, le noir et le blanc, qui sont dans les corps solides ce que sont dans le diaphane la lumière et l'obscurité[3] ; mais le blanc paraît être par excellence l'objet de la vue ; car il épure et détermine pour ainsi dire la vue, que trouble et confond le noir, qui n'est guère qu'une sorte de négation, et comme un refus de la vue de voir[4]. Il y a sept couleurs qui dérivent toutes d'une seule, puisque le noir est plutôt une négation : ce qui dans l'air est l'obscur, c'est-à-dire la privation de la lumière, est dans les corps le noir. Les couleurs naissent de la combinaison du blanc et du noir, et l'on va voir à quel nombre elles peuvent s'élever. Ici on peut admettre deux hypothèses : ou bien de petites parcelles de noir et de blanc posées très près les unes des autres ne laisseront percevoir ni blanc ni noir, et cependant le résultat des deux couleurs sera visible, et comme il n'est ni blanc ni noir, et que cependant il est visible, il faut bien qu'il ait une couleur d'une autre espèce ; ou bien les deux couleurs primitives se superposent et, paraissant l'une à travers l'autre, engendrent une couleur nouvelle et différente. Mais dans le premier cas il faudrait admettre que ces petites parcelles, les unes blanches, les autres noires, cessent d'être visibles par elles-mêmes, quoiqu'elles soient des grandeurs, ou que, le temps dans lequel chacune des deux couleurs est perçue à part étant insensible, elles n'en font qu'une pour l'impression, et nouvelle et différente, parce qu'elles sont pour ainsi dire

---

[1] *De Anim.*, III, 2, 8.
[2] *De Anim.*, III, 2.
[3] *De Sens.*, 3.
[4] *De Anim.*, II, 2. *Top.*, III, 5 ; VII, 3. *Meteor.*, III, 4.

perçues dans le même temps ; mais ce sont là deux propositions également inadmissibles ; car nous avons prouvé qu'il n'y a pas de grandeur qui soit invisible ni de temps qui soit insensible.

La deuxième hypothèse n'est pas exposée aux mêmes difficultés : elle est donc préférable. Dans les deux cas, la multiplicité et la variété des couleurs s'explique de la même manière, c'est-à-dire par la différence de proportion entre les parties de blanc et les parties de noir qui entrent dans la combinaison soit par juxtaposition soit par superposition. Lorsque ces rapports numériques peuvent être évalués en nombres simples, comme les accords musicaux, les couleurs engendrées sont agréables et on peut les appeler harmonieuses; lorsque le rapport est incommensurable, ou ne peut s'évaluer qu'en nombres ne formant pas une proportion simple, régulière, ordonnée, c'est tout le contraire [1]. Nous retrouvons dans la série des couleurs la même loi d'harmonie et de proportion qui détermine la série des sons consonnants. Il y a sept couleurs comme sept saveurs [2].

Il y a des objets qui sont visibles dans l'obscurité et invisibles à la lumière, par exemple, les corps en ignition ou brillants, tels que les champignons qui se forment à la mèche des lampes, la corne, la tête, les yeux, les écailles des poissons. Mais ces corps nous présentent tous alors le même aspect, et on ne peut pas dire qu'on en voit la couleur. Comment se fait-il donc qu'ils soient visibles? il y a donc autre chose que la couleur qui est visible? Aristote ne répond pas directement à cette objection qu'on peut résoudre comme il suit en partant de ses principes. Ce qui est tantôt la lumière, tantôt l'obscurité, est le même être, le diaphane, tantôt en acte, tantôt en puissance ; ainsi l'obscurité est encore de la lumière à un état latent, faible. Ces corps dont nous venons de parler, qui brillent dans l'obscurité, contiennent en eux ce feu, ce principe actif par lequel le diaphane en puissance devient actuellement diaphane ; mais s'il est possible de définir cette chose visible et qui n'est pas la couleur,

---

[1] Le traité *Des Couleurs* contient une théorie différente; il appartient probablement à Théophraste. Goethe l'a fait connaître dans son mémoire *Zur Geschichte der Farbenlehre*.

[2] Nous ajouterions sept notes; mais les anciens ne connaissaient pas la gamme.

on n'a pas pu lui donner de nom : ἀνώνυμον δὲ τυγχάνει ὄν[1]. La couleur propre et distincte de ces objets lumineux n'apparaît qu'à la lumière; car la couleur est ce qui est visible à la lumière.

Il est impossible de voir sans lumière, et si l'on voit parfois dans l'obscurité, c'est qu'il y a au dedans de l'œil, comme au dehors, de la lumière. Selon qu'ils contiennent plus ou moins de diaphanéité, les corps en ont tous plus ou moins, ils sont plus ou moins susceptibles d'être colorés. La couleur qui se montre comme un éclat changeant avec le point de vue du spectateur, dans le diaphane indéterminé de l'air et de l'eau, se montre comme couleur fixe dans la nature déterminée des autres corps, c'est-à-dire, comme nous l'avons déjà dit, la couleur est la limite du diaphane dans un corps déterminé.

La vue s'applique à l'invisible comme au visible : car l'obscur est invisible, et cependant la vue le perçoit. L'extrême clarté est aussi en quelque sorte invisible, et c'est encore la vue qui la perçoit. Mais il faut remarquer que ce mot invisible, qui, au propre, se dit de ce que la vue est dans l'impossibilité absolue de percevoir, s'applique aussi à ce qui ne réunit pas toutes les conditions nécessaires pour être bien vu. C'est ainsi qu'on dit d'un cheval qu'il n'a pas de jambes, quand il court mal, d'un pays qu'il n'a pas d'oliviers, quand il en a très peu.

L'organe de la vue est double comme les organes de l'odorat et de l'ouïe : il consiste essentiellement dans la pupille; car c'est là que réside, comme son essence et pour ainsi dire son âme, la faculté de la vision. Aussi lorsque la pupille est malade, la vue s'affaiblit et parfois se perd. Plus parfait chez l'homme que chez la plupart des animaux, ce sens est protégé par les paupières et les cils qui lui font comme une espèce de rempart mobile qu'il peut abaisser lorsque la lumière le blesse par un trop vif éclat, ou lorsque les couleurs l'offensent par les objets qu'elles lui présentent ou les sentiments qu'elles éveillent, tandis que certains animaux à yeux durs et sans paupières ne peuvent se soustraire à la nécessité de voir ce qui est placé à la portée de leurs yeux dans la lumière[2].

L'œil, pareil en cela à l'organe de l'odorat, est formé d'une partie du cerveau, la plus humide et la plus froide de toutes

---

[1] *De Sens.*, 11.

[2] *De Sens.*, II, 9.

les parties du corps. Le dedans de l'œil est de l'eau, par la raison que l'eau est l'élément où le diaphane se manifeste de la manière la plus appropriée à la vision. On ne voit pas plus en dedans qu'en dehors sans lumière; il fallait que le dedans de l'œil fût d'eau, puisque par d'autres raisons il ne pouvait pas être d'air. En effet, c'est au dedans que se fait, et là seulement que peut se faire la vision; car c'est l'âme qui voit, et ni l'âme ni le sensorium de l'âme, τὸ αἰσθητήριον τῆς ψυχῆς, ne sont placés à la surface extérieure et dernière de l'œil. L'âme est en dedans[1]. Il faut donc que le dedans de l'œil soit diaphane pour recevoir la lumière intérieure et la conserver, comme le dehors de l'œil, pour recevoir et conserver la lumière du dehors; car c'est toujours le mouvement passant par l'intermédiaire qui produit la vision[2]. Nous avons déjà montré qu'il n'était pas raisonnable d'admettre que la vue voit par quelque chose qui sort d'elle, et que la lumière sortie de l'œil se combine à une certaine distance avec la lumière extérieure. Dans cette hypothèse même, il vaudrait mieux admettre que la combinaison des deux lumières a lieu dans l'œil même plutôt qu'au dehors.

La couleur, pour être perçue, comme la saveur, n'a pas besoin de subir une sorte de combinaison et de mélange avec le milieu qu'elle parcourt. Grâce à ce milieu, qui est comme son premier sensorium, elle peut être perçue à distance, quoique cette distance ait ses limites[3]. S'il est vrai que toute grandeur est visible, il faut observer encore ici la distinction de l'acte et de la puissance. Toute grandeur est visible en puissance, mais non pas en acte. La dix-millième partie d'un grain de blé échappe à notre vue, n'est pas visible en acte, quoique notre vue la parcoure, puisqu'elle parcourt le grain entier dont elle est une partie. Il y a des limites aux impressions causées par les couleurs, les saveurs, les sons. Ce n'est pas dans une position quelconque dans l'espace que la vue peut voir et que la chose peut être vue; non seulement tout ce qui est perceptible à nos sens, a une certaine grandeur déterminée, car il n'y a pas d'indivisible qui soit perceptible pour nous,

---

[1] Nous avons vu qu'il y a au centre de l'organisme un lieu où aboutissent toutes les sensations et où elles peuvent être comparées par l'âme, qui n'est donc pas à l'extrémité de chacun de ses organes.

[2] *De Sens.*, II, 9, 10.

[3] *De Anim.*, II, 11.

mais les distances d'où l'on ne peut pas voir une chose sont infinies, et celles d'où on peut la voir sont très limitées. Il y a un point dernier dans la distance d'où l'on ne voit pas, et un point premier où l'on voit. Ce point au delà duquel il est impossible de voir la chose et en deçà duquel, au contraire, on doit la voir, est nécessairement indivisible, et comme tel n'est pas perceptible, en acte, à nos sens. Car si un indivisible était perceptible, en le plaçant à la limite de la vision, il serait à la fois visible et invisible : ce qui est manifestement impossible et absurde[1]. Cette limite nous révèle la faiblesse de nos organes. La vue, en effet, résulte d'un mouvement de l'objet ou plutôt du médium sur l'organe : elle en dépend donc et est, sous ce rapport, passive. La vue se produit ainsi par une modification, une sorte d'altération du sens, opérée par l'objet ; mais il y a réaction, et si la vue éprouve quelque chose de l'objet, elle agit aussi sur lui et y cause un mouvement[2].

Cette altération est parfois si forte que nos perceptions en sont toutes troublées : c'est que l'impression, τὸ πάθος, persiste dans les organes, même quand ils ont cessé d'agir et de sentir. L'œil qui a longtemps regardé un objet d'un rouge éclatant voit rouges les autres couleurs ; quand on passe rapidement du soleil à l'ombre, on reste quelques moments sans pouvoir voir. Le mouvement rapide de certains objets, comme des eaux d'un fleuve, produit des effets semblables. L'effort trop violent que nous faisons parfois pour voir des objets très éloignés cause des désordres semblables dans l'organe et altère la netteté et la clarté des impressions qu'il communique. Ainsi quand nous cherchons à voir les étoiles, le mouvement de l'âme qui veut voir donne et imprime au sens comme un tremblement, que nous attribuons ensuite aux étoiles dont nous croyons voir scintiller la lumière[3].

Ce ne sont pas seulement les couleurs trop éclatantes ou trop éloignées qui altèrent ainsi l'organe ou la sensation : le fait seul de voir, la vision en soi, est pénible, du moins selon quelques savants. Mais c'est une douleur dont l'habitude fait disparaître ou émousse le sentiment. Sentir, c'est vivre, et

---

[1] De Sens., 6 et 7.
[2] De Anim., II, 11. αἰσθανόμεθα τῷ τὸ μεταξὺ ποιεῖν τι ἡμᾶς. Conf. Top., I, 14. De Sens., 2. Phys., VII, 2. Metaph., V, 15. De Somn., 11.
[3] De Cœl., II, 8. Meteor., III, 4. De Sens., 7.

vivre est une souffrance : ἀεὶ γὰρ πονεῖ τὸ ζῶον... τὸ ὁρᾶν... εἶναι λυπηρόν¹.

En résumé, l'analyse de la vision donne les résultats suivants :

1° La vue est au nombre des sens (vue, odorat, ouïe) qui ne s'exercent que par un médium.

2° Pour la vue, ce médium est le diaphane.

3° La couleur de l'objet meut le diaphane.

4° Le diaphane en acte communique son mouvement à l'œil extérieur.

5° L'œil extérieur le communique à l'œil intérieur.

6° L'œil intérieur le communique au cerveau.

7° Le cerveau le transmet au cœur, organe central où toute sensation est sentie par l'âme sensitive qui y réside.

§ 5.

L'OUÏE. — LA VOIX. — LE LANGAGE.

L'objet propre de l'ouïe est le son ; le son et l'ouïe, comme la couleur et la vue, sont en acte ou en puissance ; car ni l'ouïe n'entend toujours, ni le corps sonore ne résonne toujours. Quand l'ouïe entend et que le corps résonne, leur acte commun, qui a son siège dans l'oreille, leur limite et leur mesure communes, prend le nom d'audition, ἄκουσις, et de résonance, ψόφησις, suivant qu'on considère plus particulièremnt l'objet ou le sujet. La sensation de l'ouïe place le sujet dans un état plutôt passif qu'actif². L'objet meut le sens, et l'ouïe s'assimile au son en acte, parce qu'elle le contenait en puissance. Certains corps, tels que l'éponge, la laine, sont privés de sonorité ; les autres, qu'on dit posséder la sonorité, sont ceux qui peuvent résonner, mais qui ne résonnent pas toujours réellement. Les corps sonores sont surtout les corps lisses et durs.

La loi qui exige, pour la sensation en acte, l'interposition d'un milieu entre l'objet et le sujet, se manifeste par consé-

---

¹ *Ethic. Nic.*, VII, 15. Le mot de saint Paul : *Omnis creatura ingemiscit*, n'est qu'une traduction de cette réflexion mélancolique d'Aristote, à qui du reste saint Paul a fait de fréquents emprunts.

² *De Anim.*, III, 2. *Top.*, V, 2 ; I, 14.

quent dans l'ouïe. La sensation du bruit se produit par un contact, mais qui n'est pas immédiat. Le mouvement parti du corps sonore est communiqué au médium, et par le médium à l'organe; placé immédiatement sur l'appareil auditif, le corps sonore ne résonnerait pas. Bruire, résonner, c'est précisément produire un son en acte dans le médium placé entre le sens et le corps sonore. Ainsi ce médium doit éprouver lui-même d'abord la modification qu'il est chargé de transmettre au sens. Dans la sensation de l'ouïe, c'est généralement l'air qui est ce milieu, quoique parfois ce soit aussi l'eau. Cette modification du milieu, qui est en même temps un état et une force, s'appelait dans la sensation de la vue le diaphane, qui, actualisé, prenait le nom de lumière : dans la sensation de l'ouïe, elle n'a pas de nom spécial, non plus que dans l'odorat. Mais l'air et l'eau, milieux dans ces deux sensations, n'en éprouvent pas moins en commun une affection analogue[1] et différente : analogue, puisqu'elle a la vertu de transmettre ; différente, puisqu'elle transmet des choses différentes. Au dire de Thémiste, les commentateurs appelaient cette modification διηχές, et dans la sensation de l'odorat, δίοσμον, mots qu'Aristote n'a pas employés, et qui sont peut-être empruntés à Théophraste[2].

Mais ce n'est ni l'air ni l'eau qui sont la cause propre et véritable du son. Le son en acte est produit par la percussion de certains corps solides les uns contre les autres ou contre l'air. Il y a donc toujours, outre le médium, un objet qui choque un autre objet : ceci implique un mouvement, et le mouvement implique un lieu où il se produise. Ainsi le son suppose trois choses : le mouvement, un corps frappé, un corps frappant.

Dans la production du son, la nature des corps qui se choquent n'est pas indifférente : il faut qu'ils soient sonores en puissance, pour que, par leur choc, ils deviennent sonores en acte. Les corps les plus sonores sont les métaux lisses et creux. Le corps frappant imprime un mouvement à l'air, qui rebondit contre le corps frappé et en est repoussé. De plus, il faut que le corps frappant ait un mouvement assez rapide pour que l'autre puisse lui résister, ne pas se disperser, ne pas s'ouvrir ni céder trop facilement au choc, et soit au con-

---

[1] *De Anim.*, II, 7.
[2] *Them.*, f. 79, b. Torstrick, p. 115. Trendel., p. 377. Philop., L, f. 2, b.

traire capable de renvoyer l'air ou l'eau qu'on jette contre lui. C'est par un mouvement rapide, à l'aide d'une baguette, qu'on peut produire un bruit, en frappant une colonne d'air ou un tas de sable en mouvement, tandis que si le mouvement de la baguette n'était pas plus vif que celui de l'air ou du sable, on n'entendrait rien[1].

L'écho est produit par la réflexion. Si l'on suppose de l'air enfermé dans un vase, de telle sorte qu'il ne puisse s'échapper et se répandre, cet air forme une sorte de corps compacte et un; maintenant, qu'une autre masse d'air mise en mouvement par un corps sonore vienne à frapper contre le premier, elle rebondira comme une balle : c'est l'écho. Ce phénomène de l'écho se produit toutes les fois qu'il y a un son en acte produit ; mais il n'est pas toujours perçu. Il en est ainsi de la lumière, qui est toujours réfléchie et réfractée, quoiqu'on ne le remarque pas toujours. On a dit que c'était le vide qui était la vraie cause de l'audition : c'est parce qu'on s'imagine que l'air est le vide. Ce qui réellement nous fait entendre, c'est l'air, qui n'est pas le vide. L'air est un corps continu par lui-même, c'est-à-dire qui n'est pas formé de parties simplement juxtaposées et séparées par des interstices ; mais comme il est diffluent par nature, il doit, pour devenir sonore, former un corps un, ἕν ; ce qui arrive lorsque la surface du corps contre lequel l'air est lancé est elle-même une, c'est-à-dire lisse. Car la surface lisse d'un corps est une, et, servant comme de vase à paroi lisse à l'air, donne à celui-ci sa propre forme, l'unité. En effet, il ne faut pas croire que n'importe quel corps frappant contre un corps quelconque produise un bruit : une pointe d'aiguille choquant contre une pointe d'aiguille n'en produit aucun, car il n'y a pas, dans ce cas, rejaillissement continu d'une masse d'air compacte, dense, une, puisque la pointe de l'aiguille traverse et divise très facilement l'air.

Lorsque l'air est devenu un, par la continuité de sa substance, grâce aux circonstances que nous venons d'indiquer, s'il est mû, il propagera de proche en proche le mouvement qu'il a reçu, à toute sa masse, jusqu'à ce qu'il arrive à l'oreille intérieure. En effet, de même qu'au dedans de l'œil il y a de la lumière, de même au dedans de l'oreille il y a ce qu'on peut appeler le διαχές, soit en acte, soit en puissance, c'est-à-dire

---

[1] De Anim., II, 8.

un air enveloppé dans les conduits sinueux de l'organe et placé derrière la membrane du tympan, capable de devenir sonore, ou l'étant déjà. Cet air interne, qui semble faire partie intégrante de l'appareil auditif, et de même nature, ἀκοῇ συμφυής, cet air susceptible de mouvement, pourvu, pour ainsi dire, de vie et d'âme, ἔμψυχον, se trouvant lui-même dans l'air, ne peut manquer d'être mis en mouvement par l'air extérieur mû par le choc des corps sonores. Ainsi c'est l'air intérieur, placé au dedans de l'oreille, qui, mû par le mouvement de l'air parti de l'oreille extérieure, produit la sensation de l'ouïe.

Puisque le son exige, pour être perçu, un médium, l'ouïe perçoit, comme la vue, à distance; et, comme elle encore, à une distance limitée. Ainsi non seulement il y a des sons imperceptibles, le dièse, par exemple, qui nous échappent, comme une goutte de parfum qui se perd dans la mer où on la jette, parce que cet intervalle musical n'est perceptible qu'en puissance, dans la quantité totale dont il fait partie; mais encore il y a une distance limitée où on commence et où on finit d'entendre les sons même perceptibles[1]. Ce fait même se comprend mieux pour l'ouïe que pour la vue; car la transmission des sons se fait par un mouvement, et le son lui-même est un mouvement. Or tout mobile se meut d'un lieu vers un autre, de telle sorte qu'il faut nécessairement un certain temps pendant lequel il se meuve de l'un à l'autre. Le mouvement parti du corps résonant agit d'abord sur le milieu qu'il traverse avant d'agir sur l'oreille : aussi le bruit n'est perçu qu'un certain temps, plus ou moins long, après le coup qui l'a produit. Il y a donc ici succession. En admettant même que dans la sensation il n'y ait point de génération successive, c'est-à-dire, que la sensation du son qu'on entend se confonde toujours avec la sensation du son qu'on vient d'entendre, qu'il n'y ait pas entre elles d'intervalle appréciable et apprécié de temps, il y en aura toujours dans le phénomène lui-même. Cela est manifeste par l'expérience, puisque le son parvient à l'oreille dans un temps qui succède au temps où le coup a été frappé. N'arrive-t-il pas souvent, en entendant parler, que les assistants ne perçoivent pas nettement les mots ni leurs éléments phoniques? C'est que, traversant un milieu, ces molécules sonores, cet air en mou-

---

[1] *De Sens.*, 6 et 7.

vement ont eu le temps, avant d'arriver aux auditeurs, de s'altérer et de se déformer. Le son est le mouvement d'une chose qui se déplace, et il est tout simple que la sensation ne soit pas simultanée à sa cause. C'est par parties, successivement, et non tout d'un bloc, que s'altère ce milieu, que se meut l'air qui reçoit et transmet le mouvement.

Néanmoins Aristote soutient que non seulement toutes les perceptions partielles qui entrent dans la sensation d'un son, mais que les perceptions de deux notes, l'une grave et l'autre aiguë, qui forment un accord harmonique, arrivent à l'oreille dans un seul et même instant, comme toutes les choses dont les extrêmes sont des contraires. Pour un objet un, et l'accord harmonique est une unité, il y a une seule sensation. On a dit, les Pythagoriciens ou les musiciens de leur École, sans doute, on a dit que les sons des accords musicaux étaient successifs, et que, si nous les croyons simultanés, c'est une illusion qui vient de ce que le temps qui sépare chaque sensation est imperceptible et n'existe pas pour nous. Aristote répond ici comme il l'a fait dans la théorie de la vision : aucune partie du temps n'est imperceptible, n'est perdue pour la conscience. Si nous perdions un seul moment la sensation du temps, nous perdrions par la même raison la sensation de la vie, qui est la vie même[1].

Le même son est perçu au même instant par plusieurs personnes, et si l'on objecte que ce son, qui est un, doit alors se partager entre elles et se diviser, il faut répondre que le son, du moment qu'il est perçu et approprié par plusieurs, demeure spécifiquement un et identique, mais devient numériquement plusieurs et autre : ce que démontre l'expérience; car c'est un fait que le même son ne produit pas chez les différentes personnes qui l'entendent une sensation absolument identique. De même que la vue nous donne la sensation de l'obscur aussi bien que celle de la lumière, de même l'ouïe nous donne la sensation du silence, opposé du bruit, parce que les contraires se perçoivent l'un par l'autre[2]. Mais les extrêmes nous échappent également; un très petit bruit est en quelque sorte insensible pour nos oreilles; il en est de même d'un bruit trop grand et trop violent : nous en avons déjà donné la raison. La sensation est une mesure, un

---

[1] *De Sens.*, 7.
[2] *De Anim.*, II, 10. *De Cœl.*, II, 9. *Metaph.*, I, 1.

rapport, auquel se dérobe tout ce qui est incommensurable. De même, les sensations excessives peuvent détruire l'organe de l'ouïe comme celui de la vue. Si une trop grande lumière peut nous rendre aveugle, un bruit trop violent peut nous rendre sourd[1].

L'oreille est un organe double, comme celui de l'odorat et celui de la vue; on peut même dire que tous les organes des sens sont doubles, parce que le corps humain est double : il a sa droite et sa gauche[2]. L'organe du toucher semble faire exception ; mais ce n'est qu'en apparence, parce que le vrai et premier sensorium du toucher n'est pas la chair, mais un organe interne qui se dérobe à nous. Si nous ne pouvons pas affirmer qu'il est double, comme semble le prouver la loi d'analogie, nous pouvons encore moins le nier ; car notre négation ne s'appuierait sur rien : tout sens est double, διμερής; la langue, qui sert d'organe au goût, lequel n'est qu'une sorte de toucher, est visiblement divisée en deux parties.

L'oreille est le seul organe par où se puisse exercer l'ouïe, par la raison qu'aucune autre partie du corps ne réunit les conditions nécessaires, à savoir, qu'un certain air ayant pour ainsi dire vie et âme, ἔμψυχος, soit comme emmagasiné, emmuré, ἐγκατῳκοδόμηται, à l'intérieur de l'organe, de manière à ne pas être mû de l'extérieur. Il faut que cet air soit à l'abri des mouvements extérieurs, afin de percevoir nettement toutes les différences qui peuvent se produire dans l'air par le choc de deux objets[3]. Ce n'est pas que cet air intérieur soit vraiment immobile : au contraire, il a un mouvement constant, mais un mouvement propre, et qui n'est accompagné d'aucun bruit. Mais le mouvement qui produit le son est distinct et différent de ce mouvement propre; car si l'on entend un bruissement continu dans les oreilles, comme lorsqu'on en approche une corne, c'est un signe que l'organe est malade. On peut entendre dans l'eau, qui est, comme l'air, mais moins que l'air, un véhicule du son; mais c'est à la condition que l'eau ne pénétrera pas jusqu'à cet air intérieur qui fait partie de l'organe auditif interne, συμφυής, et qu'elle

---

[1] *Probl.*, XI, 1. *De Anim.*, III, 2 ; III, 13.

[2] *De Part. anim.*, II, 10.

[3] Ainsi cet air intérieur n'est sensible qu'à ceux des mouvements de l'air extérieur qui contiennent du son.

ne remplira pas les conduits de l'oreille extérieure ; car alors le mouvement ondulatoire engendré dans l'air extérieur ne se peut plus communiquer à l'air intérieur pour y être perçu.

Comme le son est le mouvement d'un objet apte à être mû de telle sorte que l'air soit repoussé par lui et rebondisse de sa surface d'une façon continue, συνεχείᾳ[1], il est clair que ce n'est ni l'objet frappant seul, ni l'objet frappé seul qui résonne : ce sont les deux objets qui font le bruit dans leur acte commun, par leur coopération simultanée. Comme l'odorat, l'organe de l'ouïe est formé de pores, πόροι, qui se dirigent tous vers l'air du dehors[2]. Ces vaisseaux sont pleins de l'air de l'oreille intérieure et se terminent aux veines, φλέβια, qui sont tendues du cœur à l'encéphale. Nous avons donc encore ici :

1. Le choc de deux objets extérieurs, qui meut l'air extérieur.

2. L'air extérieur qui est mû par ce choc et qui meut l'air intérieur.

3. L'air intérieur qui est mû et transmet son mouvement à l'encéphale.

4. L'encéphale qui le transmet au cœur par les veines.

Les différences de sonorité des corps sonores sont perçues dans les sons entendus. Les différentes espèces de sons sont comme les différentes couleurs, et, de même que celles-ci se ramènent à l'opposition du blanc et du noir, celles-là se ramènent à l'opposition du grave et de l'aigu. Ces termes métaphoriques, empruntés au sens du toucher[3], expriment moins un caractère quantitatif qu'un caractère qualitatif des sons. Sans doute, le son aigu imprime au sens dans un temps moindre un plus grand nombre de vibrations ; le son grave, dans un temps plus long, en imprime un plus petit ; sans doute l'aigu met en mouvement une plus petite masse d'air avec une plus grande force, et à une plus grande distance ; le grave meut une plus grande masse d'air avec une force moindre et à une distance plus petite[4]. Mais néanmoins le son n'est pas en soi une quantité du mouvement, il ne l'est que par accident. Le son a sa nature, son essence, sa qualité propre. Seulement le

---

[1] *Probl.*, XXXI, 30. *De Part. anim.*, II, 10. *De Gener. anim.*, V, 2, et II, 6.

[2] *De Gener. anim.*, II, 6.

[3] *De Anim.*, II, 8.

[4] *De Gener. anim.*, V, 7. *Probl.*, XI, 9.

mouvement constitutif du son tire sa qualité essentielle tantôt de la rapidité, tantôt de la lenteur ; et voilà pourquoi on a confondu souvent ce qui n'est qu'un accident du son avec sa qualité essentielle.

C'est un fait que nous entendons mieux quand nous retenons notre haleine que lorsque nous respirons. Les causes du fait sont obscures. Peut-être doit-on l'attribuer au grossissement des vaisseaux qu'amène la suspension de la respiration ; peut-être aussi, au mouvement ascensionnel du sang ; peut-être au contraire la respiration, accompagnée toujours de quelque bruit, a-t-elle pour effet de distraire et de troubler l'ouïe dans la perception des autres sons[1].

L'ouïe, inutile à la nutrition et par conséquent n'intéressant pas strictement et immédiatement l'existence de l'animal, ne se trouve, comme l'odorat et la vue, que chez les animaux doués du mouvement. Cependant, chez ces derniers, ce sens contribue à la conservation de l'être : il les avertit, comme l'odorat et la vue, de ce qui le menace et de ce qui peut lui être utile[2]. Les animaux qui sont privés de l'ouïe peuvent avoir une certaine intelligence, comme les abeilles[3], mais, ils ne peuvent rien apprendre ; pour pouvoir apprendre quelque chose, il faut posséder à la fois l'ouïe et la mémoire.

L'ouïe est de tous nos sens le plus exposé à être endommagé ou détruit. Serait-ce par suite du rapport intime qui lie ce sens avec la voix ; car tous deux semblent appartenir au même principe. La faculté du langage est celle qui se développe et se perfectionne le plus difficilement : c'est longtemps après la naissance que nous commençons à parler, en bégayant encore, et l'homme est le seul des animaux qui parle. C'est elle aussi qui peut être le plus facilement altérée et détruite ; et nous la voyons détruite dans tous les animaux, sauf l'homme. Or l'ouïe et la voix se rapportent au même principe ; car le principe de l'ouïe est un certain bruit, une certaine voix ; et alors, comme la voix est une faculté qui se détruit facilement et qu'elle est liée à l'ouïe, l'ouïe serait non par essence, mais

---

[1] *Probl.*, XI, 41.

[2] *De Anim.*, III, 12. *De Sens.*, I, 9.

[3] *Metaph.*, II, 980, a, 28. Dans l'*Histoire des animaux* (IX, 40), Aristote est moins affirmatif : on ne sait pas, dit-il, si les abeilles ont ou n'ont pas le sens de l'ouïe.

par accident, celui de tous les sens qui peut être le plus facilement altéré et détruit[1].

En opposition à la couleur, qui se perçoit seulement en ligne droite et en avant, le son se propage dans tous les sens et se perçoit de tous les côtés. C'est pour qu'il puisse remplir cette fonction utile à l'être, que la nature a placé l'organe auditif au milieu de la circonférence cérébrale[2]. La voix est une espèce de son propre aux êtres animés ; aucune chose inanimée n'a de voix ; c'est par pure métaphore qu'on dit : la voix, le langage, le chant des flûtes et des lyres. Tous les êtres animés n'ont pas une voix ; ceux d'entre eux en sont seuls doués qui ont du sang et qui respirent l'air.

La respiration, liée à la pulsation des veines et liée en outre, comme celle-ci, à la cuisson des sucs alimentaires opérée par le cœur, a une double fonction[3] : elle doit d'abord refroidir et tempérer l'excessive chaleur du cœur et de toutes les parties qui avoisinent la région du cœur. Outre cette fonction vitale, indispensable à l'être, elle en remplit une autre, dans le seul des êtres, à nous connus, qui participe de la divinité : cette fonction, qui a pour but non pas la vie, mais le bonheur, le bien de la vie[4], c'est le langage, dont nous pouvons parler ici, puisque cette faculté repose en partie sur le sens de l'ouïe et est liée avec ce sens par d'intimes rapports. C'est par le phénomène de la respiration de l'air que se produisent la voix et le langage qui distingue l'homme de tous les êtres vivants et de ceux même qui ont une voix. L'organe de la respiration est le larynx, qu'Aristote semble confondre avec le pharynx et la trachée-artère[5], appareil en vue duquel a été créé le poumon, qui peut en être considéré comme une partie. Quand l'animal respire, l'air entre dans ce canal cartilagineux ; cet air aspiré est lancé et frappé par l'âme qui réside en cette région de l'organisme[6] contre les parois du canal, et ce choc produit la

---

[1] *Probl.*, XI, 1.

[2] *De Part. anim.*, II, 10.

[3] *De Resp.*, 20. *De Anim.*, II, 8.

[4] *De Anim.*, II, 8. *De Part. anim.*, II, 10.

[5] *Hist. anim.*, IV, 8. Conf. ma *Philosophie de la science du langage*, p. 313, et V. Egger. *La Parole intérieure*.

[6] L'âme est la vraie force motrice, le principe de la vie et de tous les mouvements.

voix[1]. Pour émettre la voix, il faut retenir son souffle, et l'on ne peut émettre une voix ni au moment où l'on respire, ni au moment où l'on aspire l'air ; car c'est avec cet air seul qu'on peut produire le choc constitutif du son : il faut donc l'avoir pour pouvoir s'en servir.

La voix est autre chose encore que le son produit par le choc que nous venons de décrire ; car tousser n'est pas émettre une voix. Il faut que cette force vitale, que cette âme qui donne le coup et lance l'air contre les parois de la trachée-artère soit une âme capable de représentation, douée d'une sorte d'imagination : la voix est un son qui a une signification, qui exprime une sensation ou une pensée. Les animaux qui ont des poumons ont seuls une voix, et chaque espèce a sa voix particulière, qui sert aux individus de l'espèce à former entre eux société et à s'entretenir les uns avec les autres. Les animaux ont, en effet, une sorte de représentation obscure, une espèce d'imagination de ce qu'ils désirent, faculté que ce désir même implique.

Le langage, la parole, ἑρμηνεία, διάλεκτος, est une fonction supérieure à la voix et différente. Le langage est une réduction à un petit nombre déterminé de membres, διάρθρωσις, une articulation du corps de la voix, qui s'opère surtout au moyen de la langue et des lèvres. Pour produire des sons vocaux, il est nécessaire et suffisant d'avoir des poumons et une trachée-artère : cela ne suffit pas pour parler. La parole exige de plus une langue et des lèvres, afin d'opérer cette analyse de la voix qui la constitue, et pour ainsi dire la construit, en un système de voix élémentaires et simples, comme un corps organisé est composé de membres. Les êtres qui ont une voix ne sont donc pas pour cela capables du langage, comme par exemple les animaux, les enfants, les muets. C'est qu'il ne suffit même pas, pour être apte à la parole, que l'animal ait une langue, ait des lèvres ; pour articuler, il faut une langue, telle qu'elle est dans l'homme seul, libre, déliée[2], très douce, large et en même temps capable de se rétrécir ; il faut des lèvres molles, souples, humides, charnues, d'un mouvement libre et

---

[1] *De Anim.*, II, 8.

[2] Le bégaiement et le zézaiement viennent de ce que la langue n'est pas suffisamment dégagée et libre. (*De Resp.*, XI, 1.)

s'ouvrant facilement ; il faut même des dents, surtout des dents de devant et une cavité buccale [1].

La langue est un appareil compliqué ; avec sa partie postérieure sont en relation et en communication le larynx et l'épiglotte, qui est placée entre les canaux qui vont du nez à la bouche : le larynx et l'épiglotte sont pour ainsi dire une partie de la langue. C'est cet appareil admirable qui permet les coups de langue, les contacts, les rapprochements, les ouvertures des lèvres nécessaires à la formation des sons élémentaires, στοιχεῖα, c'est-à-dire à l'articulation. Si la langue n'était pas ainsi faite, si les lèvres n'avaient pas cette souplesse, il y a bien des lettres qu'on ne pourrait prononcer ; car elle ne pourrait à volonté se rétrécir et s'allonger. L'importance de cet organe de la langue est si grande qu'il semble qu'il suffise à la parole, et qu'Aristote a pu dire que, si la nature a donné l'ouïe à l'homme pour que les autres puissent lui communiquer leurs pensées, elle lui a donné la langue pour qu'il pût communiquer les siennes aux autres.

Le langage permet à l'homme de s'instruire, d'instruire les autres et d'être instruit par eux : il est perçu par l'ouïe, mais accidentellement et non en soi. Je dis accidentellement, parce que le langage se compose de mots, et que les mots ne sont que des signes. L'ouïe perçoit les sons ; mais c'est l'esprit qui comprend qu'ils sont des signes, et saisit leur rapport aux choses qu'ils signifient. Le sens de l'ouïe est par là le sens supérieur pour l'éducation intellectuelle et morale de l'homme, et c'est pour cela que les aveugles de naissance sont plus intelligents que les sourds-muets [2]. Les enseignements de la vue, en effet, sont individuels ; chaque individu est obligé de refaire pour lui-même les expériences qui doivent l'instruire. Le langage contient le dépôt des connaissances générales, le fruit des expériences passées, dont chaque individu profite ; si l'on objectait à Aristote que le sens de la vue est nécessaire pour lire, il aurait répondu que l'écriture n'est que le signe visible des mots, qui peuvent exister sans elle, en sorte qu'il a raison de dire que le langage dépend surtout de l'ouïe et des fonctions vocales intimement liées elles-mêmes à l'ouïe.

Le mot ἑρμηνεία qu'Aristote emploie quelquefois en l'ap-

---

[1] Voir ma *Philosophie de la science du langage*, p. 315.
[2] *De Sens.*, I, 10.

pliquant aux animaux, aux oiseaux par exemple, qui se servent de leur langue pour exprimer et se communiquer les uns aux autres leurs sensations et les représentations qu'ils se font des choses[1], est le plus souvent synonyme de διάλεκτος, la communication des hommes les uns avec les autres au moyen de la parole[2]. Le langage est l'instrument le plus parfait dont l'homme puisse se servir pour exprimer ses pensées ; c'est le plus fidèle interprète de son âme. Les voix articulées du langage humain se distinguent des voix inarticulées des animaux, ἀγράμματοι ψόφοι, en ce que ces dernières ne peuvent former un mot, quoiqu'elles aient une signification, une expression, δηλοῦσι γέ τι. Les mots sont des signes symboliques de ce qui se passe dans notre âme. L'écriture est un système de signes visibles symboliques des modifications de la voix, c'est-à-dire représentatifs des mots. Comme leurs signes graphiques, les mots peuvent différer chez les différents peuples, tout en représentant les mêmes états, affections, idées de l'âme, et les objets ou faits réels, πράγματα, dont ces idées sont les ressemblances dans l'âme, ὁμοιώματα[3]. Il y ainsi deux sortes de langages : le langage du dehors, variable suivant les pays et les temps, et le langage du dedans, le langage de l'âme, identique chez tous les hommes comme ses objets[4].

La voix est un signe du plaisir et de la douleur : les animaux dont la nature n'est susceptible que de plaisir et de douleur ont donc dû avoir la voix pour s'en donner les uns aux autres les signes ; mais l'homme, qui a pour caractère éminent et distinctif d'avoir la sensation et l'idée du bien et du mal, du juste et de l'injuste, et des autres idées de cette sorte, devait avoir, pour les exprimer, le langage[5]. Entre le langage du dehors et celui du dedans, y a-t-il quelque rapport fondé dans la nature des choses ? Quoique Aristote dise « les noms et les verbes ressemblent à la pensée, ἔοικε τῷ...νοήματι »,

---

[1] *De Part. anim.*, II, 17.

[2] *De Anim.*, II, 8. *De Resp.*, XI, *Top.*, VI, 1.

[3] *De Interp.*, 1, 16.

[4] *Anal. Post.*, I, 10. *De Interpr.*, I, 16. Il y a donc : 1 l'écriture, représentant les mots ; 2 les mots représentatifs des idées, ou le langage du dehors ; 3 les idées représentatives des choses, ou le langage de dedans ; 4 les choses.

[5] *Polit.*, I, 2.

il semble d'avis que le langage est le produit d'une convention[1], κατὰ συνθήκην. Que veut-il dire précisément par là? Il n'y a de vrai langage que celui qui se sert de mots; or le mot n'est pas un produit naturel, il ne pousse pas tout seul, comme la feuille et la tige, d'un germe et d'une racine; c'est un produit du libre esprit de l'homme, une création de son intelligence, de sa volonté, de son âme; car s'il parle, c'est surtout parce qu'il a des idées morales à exprimer. La vérité, comme l'erreur, n'appartient ni aux représentations isolées que nous nous faisons des choses, ni aux mots isolés qui les représentent. La pensée est un rapport; c'est par le rapport des idées et des mots que naît la pensée et le langage. Cette combinaison se manifeste par l'affirmation et la négation, et le rapport affirmé ou nié entre deux notions constitue la proposition, λόγος, dont les mots sont les éléments simples[2], obtenus par l'analyse, c'est-à-dire par une opération de notre esprit: ils ne sont donc pas donnés par la nature.

Aristote ne dit pas que le nom est antérieur au verbe; il dit seulement que le premier des mots (dont il va parler), c'est le nom; or le nom est un mot dont la signification, toute de convention, n'embrasse pas l'idée de temps, et dont aucune partie, prise isolément, n'a de signification. Ce n'est pas le langage qui, d'après Aristote, est le résultat d'une convention; car il y a une expression naturelle des sensations et des impressions, même dans les cris inarticulés des animaux; mais il n'y a pas de mots sans convention. Les mots n'existent pas dans la nature; ils ne sont pas produits par elle; ils sont créés et ne sont quelque chose qu'en tant que signes[3].

Toute langue est significative; mais elle exprime les idées, non comme l'organe d'un corps naturel remplit sa fonction, οὐχ ὡς ὄργανον, sans le savoir ni le vouloir, par une loi fatale de la nature, mais au contraire par une délibération de la volonté, par une convention sociale, par une loi humaine, οὐ φύσει, ἀλλὰ νόμῳ[4]. L'individu n'aurait en effet ni la pensée ni la puissance de créer une langue: c'est là une idée profondément juste. La langue est une création collective, elle est faite par tous comme

---

[1] De Interpr., 1 et 2.
[2] De Interpr., 1 et 2.
[3] De Interpr., 2.
[4] De Interpr., 3. Ethic. Nic., V, 8 et 10.

pour tous. Malheureusement Aristote ne s'est pas expliqué sur ce sujet plus clairement et plus complètement[1].

Ce n'est pas seulement par ses rapports avec le langage que l'ouïe est peut-être de tous nos sens le plus précieux; c'est aussi par son rapport avec les arts musicaux, comme les appelle Aristote; mais c'est un sujet qui sera mieux à sa place dans l'analyse de l'Esthétique de notre philosophe.

§ 6.

L'ODORAT ET L'ODEUR.

Comme les sens sont en nombre impair, et que tout nombre impair a un milieu, il semble que l'odorat tienne une sorte de place moyenne, d'une part entre les sens qui touchent directement leurs objets, je veux dire le toucher et le goût, et de l'autre entre les sens qui ne perçoivent que par intermédiaire, je veux dire l'ouïe et la vue[2]. Mais cette différence n'est qu'apparente, car le médium existe en réalité pour tous les sens; seulement dans les deux sens du toucher et du goût, il est plus difficile à reconnaître[3]. Le médium de l'odorat tient le milieu, comme le sens général de l'odorat entre les sens.

L'odorat, comme la vue, manque complètement à certains animaux[4]; ce sens est donné, comme tous les sens qui opèrent à distance, aux animaux qui le possèdent, dans l'intérêt de leur conservation, et pour leur permettre de sentir de loin leurs aliments, de rechercher ceux qui leur sont bons, d'éviter ceux qui leur sont nuisibles; aux animaux qui jouissent des privilèges de la raison, il sert à améliorer leurs conditions d'existence[5]. Il est des odeurs qui ne font que révéler à l'animal la présence de l'aliment, ou des êtres qui lui sont utiles ou nuisibles; elles tiennent des saveurs, qui sont une affection, πάθος, de l'âme nutritive. Les odeurs des aliments

---

[1] Voir ma *Philosophie de la science du langage*, p. 342.
[2] *De Sens.*, V, 16.
[3] *De Anim.*, II, XI, 7.
[4] *De Anim.*, II, 3.
[5] *De Sens.*, 1.

même agréables ne lui sont agréables que quand il a faim ; elles cessent de lui plaire quand il est repu. Ainsi elles ne sont agréables et désagréables que par accident, et non en elles-mêmes ; c'est par leur rapport à l'alimentation qu'elles ont ces caractères ; aussi les bêtes les perçoivent aussi bien que l'homme et peut-être même mieux ; car ce sens, chez lui, n'est pas très parfait : l'homme n'a pas un bon odorat, et la preuve, c'est qu'il ne peut pas avoir la sensation des odeurs sans qu'il s'y mêle l'élément, étranger à la perception même, du plaisir ou de la peine. Chez un grand nombre d'animaux il est beaucoup plus délicat[1]. Mais il y a des odeurs qui ne nuisent pas à la santé, ni ne lui sont utiles, qui ne révèlent pas la nourriture, qui n'excitent pas l'appétit et le détournent et le distraient même ; parmi ces odeurs il en est d'agréables, qui alors sont agréables par elles-mêmes, et non par leur rapport avec les fonctions de l'alimentation : par exemple, l'odeur des parfums et des fleurs. Aussi l'homme est-il le seul qui les sente pour le seul plaisir de les sentir, et qui éprouve un bien-être et une satisfaction de cette sensation pour elle-même. Cela tient à l'organisation de l'homme, qui a, relativement à la grandeur, un cerveau plus humide et plus gros que le reste des animaux, et la chaleur et le mouvement de ces sortes d'odeurs sont précisément en rapport avec l'excès d'humidité et de fraîcheur du cerveau[2].

Nous savons que ce qui sent doit devenir semblable à ce qui est senti. Pour cela, il faut d'une part qu'il ne le soit pas déjà, et d'autre part qu'il soit apte à le devenir. Ce que l'odoration est en acte, l'organe qui odore doit l'être en puissance. Ce qui voit est de l'eau ; ce qui entend est de l'air ; ce qui odore, dans l'acte de l'odoration, est du feu. Dans le traité *De l'Ame*, ce point est omis. Dans le traité *De la Sensation*, on voit que cette doctrine qui fait de l'odeur une exhalaison fumeuse participant en même temps de l'air et de la terre, est celle de quelques philosophes, d'Héraclite par exemple, qui en concluait que, si tout venait à être réduit en fumée, ce serait le nez qui connaîtrait toutes choses. Tous ceux qui ont traité de l'odeur se jettent dans cette explication, qui en fait tantôt une vapeur venant de l'eau, tantôt une exhalaison fumeuse

---

[1] *De Anim.*, II, 9.
[2] *De Sens.*, V.

venant du sec, c'est-à-dire de l'air et de la terre. Mais l'odeur ne paraît être ni l'un ni l'autre ; car la vapeur, c'est de l'eau, et il est impossible qu'une exhalaison fumeuse se produise dans l'eau ; or, les êtres qui vivent dans l'eau ont la sensation de l'odeur : donc l'odeur n'est pas une exhalaison fumeuse [1]. En second lieu, ces exhalaisons fumeuses ressembleraient beaucoup aux émanations par lesquelles Empédocle et Platon essaient d'expliquer la sensation de la vue : or si cette hypothèse n'est pas admissible pour la vue, elle ne l'est pas non plus pour l'odorat.

L'objet de l'odorat est le sec ; de même que l'humide, filtrant à travers le sec et le terreux, produit la saveur, de même la saveur produit l'odeur en se répandant, soit dans l'air, soit dans l'eau, où elle trouve un milieu propre à la dégager et à la transmettre. Ce qu'on appelle diaphane et qui est commun à l'eau et à l'air est aussi odorable, non pas en tant que diaphane, mais en tant que capable de dissoudre et de répandre le sec sapide [2]. En effet, l'odoration a lieu non seulement dans l'air, mais aussi dans l'eau : ce qu'on voit par les poissons qui perçoivent les odeurs, bien qu'il n'y ait pas d'air dans l'eau ; car lorsqu'il y en a, il remonte à la surface et s'en dégage ; et d'ailleurs les poissons ne respirent point. Si donc on admet que l'eau et l'air sont tous deux humides, l'odeur sera la nature, l'essence du sec sapide dans l'humide, et le corps qui aura cette propriété sera un corps odorant. Ainsi toute cette modification, cet état des corps, ἅπαν τὸ πάθος [3], dépend de la saveur ; cela est prouvé par l'observation des choses qui ont de l'odeur et de celles qui n'en ont pas. Aussi les éléments, le feu, l'air, la terre et l'eau sont inodores, parce que, à l'état pur et quand ils sont sans mélange, leurs parties sèches comme leurs parties humides sont privées de saveur. La mer au contraire a de l'odeur, parce qu'elle a de la saveur et contient un élément sec, le sel. La pierre est sans odeur

---

[1] *De Sens.*, V. Conf. *Probl.*, XII, 10. « Les odeurs sont-elles une fumée, de l'air, ou une vapeur? Ce n'est pas là une chose indifférente ; car la fumée vient du feu, tandis que l'air et la vapeur se produisent sans le feu. »

[2] *De Sens.*, V, 1.

[3] Ce qui paraît résulter de ces explications, qui sont loin d'avoir la clarté désirable, c'est que l'odeur est une sorte d'énergie, de mouvement, d'état, communiqué en acte à certains milieux par certains corps, mais que ces milieux, comme aussi le sujet sentant, possèdent déjà en puissance.

parce qu'elle est insipide; les bois sont odorants parce qu'ils ont une saveur.

Ce qui odore doit devenir analogue, s'assimiler à ce qui est odoré : donc ce qui odore, dans l'acte de l'odoration, devient du feu. Or le cerveau est froid de sa nature ; mais il est propre et apte à devenir chaud ; il pourra donc s'assimiler l'odeur qui vient du sec et du feu. Voilà pourquoi l'odorat est placé près du cerveau : la matière du froid est, comme on sait, précisément le chaud en puissance[1]. Ce qui n'empêche pas que le principe premier de l'odorat ne soit dans le cœur, centre de toutes les sensations[2]. Précisément parce que l'odorat est intermédiaire entre les sens du toucher et du goût, d'une part, et les sens de la vue et de l'ouïe d'autre part, l'odeur est à la fois une qualité des aliments qui sont tangibles et dégustables, et une propriété des milieux nécessaires à la vue et à l'ouïe. L'odorable est donc quelque chose de commun à ces milieux qui sont l'air et l'eau, et se trouve également dans le milieu propre du toucher et du goût, dans celui de l'ouïe et dans celui de la vision ou diaphane. C'est donc avec raison qu'on a pu assimiler l'odeur à une sorte de suc sapide et sec, qui est dans l'humide et dans le fluide; il est extrait de l'eau comme de l'air, par cette force, cette énergie, qu'on peut appeler δίοσμον, semblable à ce diaphane qui rend l'air lumineux[3].

Le sens de l'odorat est le plus imparfait des sens que l'homme possède : ce que prouve le fait que les sensations qu'il nous donne ne nous font connaître aucune propriété distincte et précise des choses, et qu'elles sont inséparables d'un sentiment de peine ou de plaisir, qui trouble et obscurcit la sensation même[4]. Inférieur aux animaux dans tous les sens, sauf le toucher, l'homme est, dans l'odorat, pour ainsi dire inférieur à lui-même. Les impressions en sont si confuses qu'elles n'ont même pas de nom : aussi c'est un sujet sur lequel il est plus difficile que sur tout autre d'avoir des notions justes et précises, et au fond on ne sait pas positivement ce que c'est que l'odeur.

---

[1] *De Sens.*, II et V.

[2] *De Somn.*, 2. *De Part. anim.*, II, 10; III, 4. *De Mot. anim.*, II. *De Gener. anim.*, V, 2, et II, 6.

[3] *De Sens.*, V.

[4] *De Sens.*, IV. *De Anim.*, II, 9.

Les caractères distinctifs et les différences des odeurs sont si difficiles à saisir qu'on est obligé, pour les désigner, d'en emprunter les dénominations au sens du goût, qui, du reste, a non seulement de l'analogie, mais une certaine affinité d'essence et est en relation intime avec l'odorat[1]. L'affection de l'odeur est à peu près de même nature que celle du goût[2], quoiqu'elle ne se manifeste pas dans les mêmes organes ni dans les mêmes objets. Ce que la saveur est dans l'eau, l'odeur l'est dans l'air et dans l'eau. Le froid et la gelée, qui émoussent les saveurs, font également disparaître les odeurs, parce qu'ils détruisent la chaleur interne qui actualise la puissance des milieux et du sujet sentant. Il ne faut donc pas s'étonner si, pour déterminer la nature de l'odeur et les différentes odeurs, nous prenons les qualités des saveurs, et leur donnons les noms de douces, âpres, fortes, aigres, qualités qui nous sont bien connues, parce que le goût est une sorte de toucher et que le toucher est le plus parfait de nos sens, et est un sens plus parfait chez l'homme que chez aucun autre animal[3].

Cependant, malgré leurs rapports, il y a quelquefois contradiction entre les impressions de ces deux sens, et l'objet dont la saveur est agréable peut avoir une très désagréable odeur, et réciproquement. Ces impressions ne se correspondent que lorsque les sensations de peine et de plaisir qui accompagnent les odeurs sont liées aux désirs qu'excitent les objets du goût. Car il y a, on l'a vu, deux sortes d'odeurs, et celles dont nous venons de parler ont un rapport avec la conservation de l'être, et sont comme les auxiliaires de la vie humaine[4].

L'odorat nous fait connaître ce qui est odorant et aussi ce qui est inodore, nom qu'on donne non seulement aux objets qui n'exhalent aucune odeur, mais encore à ceux qui n'en exhalent qu'une très faible. Les animaux qui ont du sang, ceux qui n'en ont pas, les mollusques, les crustacés, les insectes, les animaux qui vivent dans l'air[5] ont ce sens comme

---

[1] *De Sens.*, V.

[2] *De Sens.*, IV.

[3] *De Anim.*, II, 9.

[4] *De Sens.*, V. πρὸς βοήθειαν ὑγιείας.

[5] *Hist. anim.*, IV, 523, b. *De Gener. anim.*, I, 720, b, 5. *De Part. anim.*, IV, 678, a, 30.

l'homme; mais ce que l'homme et les animaux terrestres qui respirent ont de particulier, c'est qu'ils n'odorent qu'en aspirant[1]. Lorsqu'au contraire ils expirent ou retiennent leur haleine, ils ne perçoivent pas l'odeur : il en est de même lorsqu'on pose l'objet odorant en dedans du nez et sur la membrane pituitaire même, parce qu'alors on supprime le milieu nécessaire à l'exercice de ce sens. On pourrait donc croire que les animaux que nous venons de désigner ont un autre sens, qui, au lieu de l'odorat, les avertit des propriétés des choses que l'odorat manifeste à l'homme; mais puisque certaines odeurs les tuent comme elles tuent l'homme, et que les odeurs ne sont perçues que par l'odorat, il est certain que c'est par l'odorat et non par un autre sens que ces animaux perçoivent les odeurs[2].

L'appareil olfactif, chez l'homme et les animaux qui ont du sang, double comme ceux de la vue et de l'ouïe, a une organisation particulière : c'est un tégument qui s'ouvre quand ils respirent, parce que les veines et les pores viennent alors eux-mêmes à s'ouvrir : aussi ne peuvent-ils odorer dans l'eau, parce qu'ils n'odorent qu'en aspirant, et qu'ils ne peuvent aspirer dans l'eau[3].

Comme le son, l'odeur ne peut agir que sur les êtres qui peuvent odorer, tandis que les saveurs et les qualités tangibles agissent même sur les corps qui ne sont pas capables de sentir. Sentir une odeur, c'est percevoir, c'est avoir une sensation; l'air qui nous transmet l'odeur et qui en est comme baigné ne la sent pas, et ne fait que nous la rendre sensible. Mais les corps dans lesquels se trouvent ces odeurs peuvent agir sur les autres corps, non pas en tant qu'odorants ou sonores, mais en tant que sapides et tangibles[4]. Il y a une lacune visible dans la théorie d'Aristote; l'air devient semblable à l'objet odorant; pourquoi donc ne sent-il pas, puisqu'il possède la condition passive de la sensation ? On peut répondre, dans l'esprit même de son système, que la sensation est au fond un acte plutôt encore qu'un état passif : c'est ce qu'observe sur ce passage et très justement le cardinal Tolet[5].

---

[1] *De Anim.*, II, 9.
[2] *De Anim.*, II, 9. C'est, je crois, le sens de ce passage obscur.
[3] *De Anim.*, II, 9.
[4] *De Anim.*, II, 12.
[5] V. trad. franç., B. S.-Hilaire, p. 252.

Les plaisirs qui accompagnent nécessairement les opérations de ce sens font partie de ces plaisirs purs que ne précède et ne corrompt aucune douleur[1]. L'odeur, comme telle, ne contribue pas à la nutrition, mais seulement à la santé de l'être, et c'est une erreur des Pythagoriciens d'avoir cru que certains animaux se nourrissaient d'odeurs[2]. Dans son rapport à l'alimentation, la fonction de l'odorat est de discerner les aliments : et il est presque uniquement relatif, par cette fonction, aux besoins de la vie physique, tandis que la vue et l'ouïe s'élèvent au-dessus de la nécessité et de la matière et nous font participer au bien et au beau. C'est entre ces sens plus nobles et ceux dont nous allons parler que l'odorat tient le milieu. Plus actif que le toucher et le goût, c'est comme un sens passif où l'objet agit sur nous, sans qu'il y ait rien de nous renvoyé par émission : ce qui d'ailleurs est commun à toutes les sensations. La preuve qu'en voyant nous recevons quelque chose du dehors et que nous n'émettons rien hors de nous, c'est que le phénomène de la sensation s'opère ainsi dans tous les autres sens, et qu'il n'y a pas lieu d'admettre pour la vue seule un mode différent d'action. Dans le phénomène de l'odoration en particulier, y a-t-il quelque chose qui va du sens à l'objet ou seulement quelque chose qui va de l'objet au sens, en imprimant un mouvement continu et constant à l'air ambiant ? Evidemment, c'est cette dernière alternative qui seule est conforme au fait. S'il y avait une émission matérielle des particules de l'objet, l'odeur s'affaiblirait avec la distance ; or, nous voyons au contraire que les corps les plus odorants, et qui devraient, dans l'hypothèse, émettre et par conséquent perdre une plus grande quantité de leurs particules odorantes, conservent au contraire le plus longtemps leur odeur[3].

Comme dans toutes les sensations et par la même raison, à savoir que la faculté de sentir est une sorte de rapport et de moyen terme entre des extrêmes, une certaine mesure est nécessaire dans les odeurs pour qu'elles soient perceptibles et perçues. Agréable ou désagréable, une odeur trop forte nous échappe, et si même cet excès dépasse une certaine limite, si

---

[1] *Ethic. Nic.*, X, 2.
[2] *De Anim.*, III, 12. *De Sens.*, V.
[3] *Probl.*, XII, 10.

l'odeur attaque les organes du toucher avec lesquels elle est dans un rapport intime, et qui est lui-même dans un rapport intime avec la vie, l'odeur trop intense peut indirectement causer la mort : telles sont les odeurs du soufre, du bitume, etc. C'est un des caractères par lesquels se manifeste la différence de l'intelligence et de la sensibilité; celle-ci sent moins bien quand la sensation est trop forte; l'intelligence, au contraire, pense et comprend d'autant mieux que l'objet est plus intelligible. La raison de cette différence, c'est que le phénomène de la sensation dépend du corps et que l'acte de l'intelligence en est à peu près indépendant[1].

§ 7.

LE GOUT ET LA SAVEUR.

Nous avons déjà fait remarquer l'analogie, l'affinité même qui se trouve entre l'odorat et le goût, l'odeur et la saveur. L'odeur est l'essence du sec qui a une saveur dans l'humide : c'est donc une certaine forme de la saveur qui produit l'odeur.

La saveur est produite par l'humide filtrant à travers le sec et le terreux : elle ne se rencontre donc que dans l'humide qui est comme sa matière, et, de même que l'objet de l'odorat est proprement le sec, l'objet du goût est proprement l'humide, qui est le seul sapide. Or l'humide est tangible, c'est un corps, et voilà pourquoi et comment l'objet sapide est en quelque sorte touché : le goût est une sorte de toucher. Comme il semble en apparence que le tact n'ait pas besoin, pour s'exercer, de l'interposition d'un milieu, il semble aussi que la saveur peut être perçue directement, immédiatement[2]. Aucun objet ne peut donner la sensation de la saveur s'il n'est humide, soit en acte, soit en puissance : tel est le sel, par exemple, qui en liquéfiant pour ainsi dire la langue, se liquéfie lui-même.

Les animaux ont tous en commun, pour caractère distinctif et propre, de posséder nécessairement les deux sens du toucher et du goût : la possession de ces deux sens consti-

---

[1] *De Anim.*, III, 4.
[2] *De Anim.*, II, 10.

tue l'animalité. Le sens du goût a pour fin l'alimentation, c'est lui qui permet à l'animal de discerner ce qui lui plaît et ce qui lui répugne, et l'invite à éviter l'un et à rechercher l'autre. Ce guide, donné par la nature et qui est essentiel à la conservation de la vie, est une affection propre à la partie inférieure de l'âme, à l'âme nutritive, τοῦ θρεπτικοῦ μορίου πάθος[1].

La nature de la saveur, sans l'être encore beaucoup, est cependant plus claire pour nous que celle de l'odeur, qui est très obscure, comme nous avons pu nous en apercevoir. La raison en est que le goût est une sorte de toucher, et que le toucher est le plus parfait de nos sens. Puisque l'objet sapide est essentiellement humide, on pourrait croire que l'eau est l'objet du goût : en tant que l'eau est le principe de l'humide, on a raison. Mais on peut entendre la chose de trois manières différentes. Ou bien on suppose, comme Empédocle, que l'eau a en elle toutes les variétés des saveurs, que leur délicatesse seule dérobe à nos sens : mais cette opinion ne peut se soutenir, puisque nous voyons changer et se modifier les saveurs des fruits, une fois détachés de l'arbre, sous l'influence de la chaleur du soleil ou de celle du feu. Il est clair que ce n'est pas l'eau qui, dans ce cas, en a modifié la saveur, puisqu'ils ne sont plus en rapport avec l'arbre, dont la sève leur fournissait le principe aqueux. Ou bien l'on suppose, c'est sans doute l'opinion de Démocrite qu'indique ici Aristote, que l'eau renferme une sorte de matière qui est comme le germe universel des saveurs, πανσπερμίαν χυμῶν[2]. Toutes les saveurs viendraient ainsi de l'eau, les unes, d'une partie de cette matière, les autres, d'une autre : hypothèse réfutée par le fait que

---

[1] Il est singulier de voir un *sens* rapporté à une autre âme que l'âme *sensitive*. Aussi a-t-on proposé d'adopter la leçon des manuscrits L et V, qui donnent γευστικοῦ au lieu de θρεπτικοῦ. Mais qui a jamais entendu Aristote parler d'une âme du goût. Je crois qu'il faut simplement entendre que le goût appartient à l'âme nutritive de l'animal, où elle prend des fonctions qu'elle n'a pas dans la plante. Le goût et le toucher sont au dernier degré de la vie sensitive, dont ils forment la condition universelle. Ils sont la limite qui sépare et aussi unit les deux degrés de la vie végétative et animale, et il n'est pas étonnant qu'ils pénètrent dans les fonctions de la vie nutritive avec laquelle ils sont, chez l'animal, intimement mêlés. Ils n'en appartiennent pas moins à l'âme sensitive, puisqu'ils sont accompagnés du désir, accompagné lui-même d'une représentation des choses désirées, phénomènes interdits à l'âme végétative.

[2] *De Sens.*, IV.

d'une même eau naissent des saveurs très différentes. Il est donc nécessaire d'admettre la troisième alternative et la dernière hypothèse possible sur l'origine des saveurs, à savoir, que la saveur est bien en réalité une puissance de l'eau, mais que l'eau étant sans saveur, la cause effective des saveurs vient d'une modification qu'elle éprouve. La cause de cette modification elle-même n'est pas exclusivement la puissance de la chaleur, qui n'est qu'une cause coopérante; car tous les liquides sapides deviennent plus épais quand on les chauffe, et l'eau seule, non sapide, ne s'épaissit pas lorsqu'on la soumet à l'action de la chaleur. La chaleur n'est donc pas la seule cause qui produit la saveur. Il faut, en outre, que cette chaleur actualise les propriétés de la terre, dissoute dans l'eau, en tant que ces propriétés peuvent servir à l'alimentation et constituent une nourriture. Ainsi donc, pour qu'il y ait saveur il faut trois choses : l'humide, son contraire le sec, par qui seul l'humide peut être modifié, enfin la chaleur par laquelle ce mouvement de transformation est opéré. Un certain agent naturel, filtrant, drainant l'humide, et l'extrayant, à l'aide de la chaleur, qui donne le mouvement, d'un corps terreux, sec et propre à la nutrition, et lui donnant par là une certaine affection particulière, voilà la saveur, dont la manifestation première ou primitive est le potable et le non-potable[1].

La modification du sec affecte à son tour le sens du goût, et le fait passer de la puissance à l'acte en se l'assimilant. Sentir n'est pas devenir ce que l'on n'était pas, comme lorsqu'on apprend ce qu'on ignore, c'est devenir en acte ce que l'on était déjà en puissance, comme lorsqu'on voit actuellement des yeux de l'esprit une chose que l'on savait, mais à laquelle on ne pensait pas dans le moment. L'objet du goût, essentiellement liquide, est ainsi un certain état, une certaine qualité de l'humide, qualité qu'il reçoit par l'intermédiaire de la chaleur, qui le fait passer à travers un corps sec, terreux et nutritif. Cette dernière condition est nécessaire, et la preuve, c'est que les matières absorbées ne sont nutritives qu'en tant qu'elles sont goûtées ou susceptibles d'être goûtées. Une matière absolument sans goût et sans saveur n'est pas alimentaire; ce qui est nutritif dans les aliments est en effet le

---

[1] *De Sens.*, IV.

doux en soi, τὸ γλυκύ¹, ou du moins ce qui contient un mélange de doux. Or, le doux est évidemment perceptible au goût.

Maintenant, aucune matière alimentaire et nutritive n'est absolument sèche ou absolument liquide : il n'y a qu'un mélange de ces deux sortes de matières qui puisse nourrir. Si donc l'aliment est nécessairement goûté, la saveur est nécessairement une qualité de l'aliment. D'un autre côté, il n'est pas moins certain que la chaleur est une condition nécessaire à la production de la saveur; car des aliments absorbés par les animaux, il n'y a que les parties sensibles au toucher qui puissent faire croître et développer l'animal, ou au contraire le faire dépérir. Or, c'est la chaleur de ces parties qui est cause de l'un de ces effets, c'est le froid qui est cause de l'autre. L'effet que la chaleur extérieure produit sur l'extérieur des corps, elle le produit aussi dans l'organisation intérieure, naturelle, des animaux et des végétaux. C'est la chaleur qui augmente le volume de l'animal, en élaborant, en travaillant, en fabriquant la nourriture, δημιουργεῖ τὴν τροφήν, en vaporisant et en attirant vers le haut les parties douces et légères, en éliminant les parties salées et lourdes, inutiles à la nutrition : car c'est le doux qui nourrit. Si les saveurs autres que le doux, les saveurs acides ou salines, entrent dans les aliments, ce n'est que comme assaisonnement; elles se mêlent au doux, à la glucose nutritive, pour faire équilibre à ce que ces parties glucosées auraient précisément de trop nutritif. Ainsi la chaleur prépare la nourriture; la nourriture a toujours une saveur perceptible par laquelle elle est nourriture; toute nourriture est un mélange de l'humide et du sec : on voit donc comment la saveur est produite par le concours des trois causes ci-dessus désignées : l'humide, le sec et la chaleur.

Chaque sens ne paraît sentir qu'une seule sorte d'oppositions, de contraires. Les objets du goût se ramènent à l'opposition fondamentale de l'amer et du doux, dont les autres saveurs ne sont que des combinaisons et des dérivés. L'amer est impotable; le doux est potable. L'un correspond au noir, au grave; l'autre au blanc et à l'aigu. De même que les couleurs se forment du mélange du noir et du blanc, de même les saveurs se forment de l'amer et du doux. Les nuances

---

¹ On connaît la division des substances alimentaires en glucosées, azotées, graisseuses ou alcooliques.

varient selon les proportions du mélange. Les saveurs agréables sont celles où le rapport des deux éléments s'exprime en nombres simples. Il y a sept saveurs, comme sept couleurs, et de même que le noir est, dans le diaphane, la privation du blanc, de même le salé et l'amer sont, dans l'humide nutritif, la privation du doux.

L'organe du goût, la langue, est double, ou du moins elle est divisée en deux parties bien visibles[1]. Elle est placée dans la bouche, sous le voile du palais, chez tous les animaux, sauf le crocodile fluvial. C'est à sa partie postérieure que semble surtout placé le sens; car c'est au moment de la déglutition que se fait sentir le plaisir du goût, et qu'on goûte les saveurs. Dans toutes les espèces animales, la langue est placée dans la partie antérieure de l'être[2], comme le sont tous les organes des sens, plus ou moins directement : les yeux, le nez, les oreilles ; seul l'organe du toucher est répandu par tout le corps et n'a pas de siège déterminé. C'est même par la position des organes des sens que le corps de l'animal se divise en deux parties, dont l'une, la partie antérieure, est celle où la nature a placé ces organes[3]. Chez plusieurs espèces animales la langue, outre ses fonctions de percevoir la saveur, concourt à la production de la voix, ainsi que nous l'avons déjà dit, comme la bouche, où elle est placée, sert à la fois à l'élaboration des aliments, au travail de la déglutition, à la fonction de respiration et du langage. L'homme a une langue libre et détachée, d'une chair très souple, très douce et très large, afin qu'elle puisse suffire à toutes les fins pour lesquelles elle a été faite.

La langue est un milieu entre les deux extrêmes du sec et de l'humide, précisément parce qu'elle est destinée à mesurer le rapport de ces deux qualités opposées. Quand ce rapport dans les objets n'est pas en harmonie avec sa propre nature, quand il y a un excès soit de l'élément doux, soit de l'élément amer, l'organe est dérangé, altéré. La saveur est une perception toujours accompagnée d'un sentiment de peine et de plaisir : or, les choses nous plaisent par la proportion. Cette proportion est nécessaire, non seulement pour qu'elles

---

[1] *De Part. anim.*, II, 10 et 17.
[2] *Hist. anim.*, I, 15.
[3] *De Anim. incess.*, 4. *De Part. anim.*, IV, 11.

nous plaisent, mais encore pour que nous les sentions. La sensation est un rapport; tout excès ou la rend douloureuse et désagréable, ou même va jusqu'à la détruire[1].

Le goût est une sorte de toucher; il semble, comme le toucher, s'exercer par un contact immédiat[2]; mais nous verrons tout à l'heure que pour le toucher lui-même il y a un médium, et même deux. A plus forte raison le goût, qu'on ne doit pas absolument confondre avec le toucher, doit-il avoir un médium. La différence du goût et du toucher consiste en ce que la chair du corps, qui est le milieu commun des deux sens, ne peut pas, comme la chair de la langue, par une seule et même partie, sentir à la fois les choses tangibles et les choses sapides; et en outre en ce que le goût seul a pour objet nécessaire un corps à la fois tangible, nutritif et sapide. Sans doute on peut mettre sur la langue un corps qui n'est pas nutritif ni sapide; mais alors elle ne le goûte pas : elle le touche simplement et opère comme les autres parties de la chair. On a donc eu raison de distinguer et de séparer les deux sens[3].

Le centre général et commun de tous les sens, le cœur, est aussi le lieu où tend directement le goût comme le toucher[4]. Quoique le goût soit, après le toucher, le plus parfait de nos sens, et que ce soit par ces deux sens que l'homme l'emporte sur les animaux, auxquels il est inférieur par les trois autres, cependant il ne nous donne aucune idée morale, il n'a aucun rapport avec les affections morales de l'âme[5], il n'entre pour rien dans les plaisirs des arts. Seulement comme ses plaisirs propres sont susceptibles de mesure et d'excès, ils fournissent une matière à la vertu et au vice de la tempérance et de l'intempérance[6]. On peut se demander à cette occasion pourquoi les excès des plaisirs qui se rattachent aux sensations du goût et du toucher sont flétris comme des vices par des dénominations particulières, tandis que les hommes qui se livrent avec excès aux sensations de la vue et de l'ouïe ne reçoivent pas d'appellations semblables ou analogues. C'est

---

[1] *De Anim.*, III, 3.
[2] *De Anim.*, II, 10. *De Sens.*, V.
[3] *De Anim.*, II, 11; III, 13.
[4] *De Sens.*, II. *De Part. anim.*, II, 10. *De Juvent.*, 3.
[5] *Polit.*, VIII, 5. μηδὲν ὑπάρχειν ὁμοίωμα τοῖς ἤθεσι.
[6] *Ethic. Magn.*, I, 22.

probablement parce que, des cinq sens, les deux sens du goût et du toucher sont ceux qui nous sont communs avec les autres animaux et qu'ils ne servent qu'aux fonctions les moins nobles, quoique les plus nécessaires, de la vie. Or, se laisser vaincre par les plus méprisables, les plus vils des plaisirs, est naturellement chose vile et méprisable.

De plus ce sont les deux seuls sens qui, par essence, procurent du plaisir à l'animal. Si, en effet, l'homme jouit de voir ou d'entendre certaines choses, ce n'est pas la vue, ce n'est pas l'ouïe même qui lui cause cette jouissance : il jouit parce que les choses qu'il voit ou qu'il entend serviront à la satisfaction d'un besoin matériel : χαίρει ὅτι ἀπολαύει. Ce besoin satisfait, il n'a plus aucun plaisir à voir ou à entendre ce qui l'a satisfait. Ainsi l'odeur de la sardine ne nous est agréable que quand nous avons appétit et faim : l'odeur de la rose, au contraire, conserve toujours sa douceur et son plaisir[1].

On peut compléter, en la développant, la solution proposée sous forme dubitative par Aristote. Les sensations du goût et du toucher sont les seules qui procurent par elles-mêmes des plaisirs et des peines à l'animal, et à l'homme, en tant qu'animal : or, les plaisirs et les peines sont la matière de la vie morale. Au contraire, les sensations de la vue et de l'ouïe ne procurent pas par elles-mêmes des plaisirs : on pourrait dire qu'elles sont par nature pénibles, si l'habitude ne nous les rendait indifférentes. Il n'y a donc pas, dans ces sensations indifférentes, matière à des dispositions morales ; il n'y a ni vice ni vertu à les rechercher ou à les fuir. Voir, entendre, c'est connaître, et les plaisirs de la connaissance, quoique liés, comme la connaissance elle-même, à l'exercice des sens et au corps, sont cependant des fonctions de la vie supérieure, dans lesquelles la nature s'achève, se complète, se réalise, loin de s'altérer, de changer, de se mouvoir. La nature ici use et jouit de ce qu'elle est, de ce qu'elle possède ; elle passe de l'ἕξις à l'acte, entre en jouissance d'une disposition acquise, habituelle. Il n'en est pas ainsi des fonctions de la vie inférieure auxquelles servent surtout les sens du toucher et du goût ; la nature souffrant d'une lacune, d'une privation, ἐνδεῶς, passe par un changement réel d'un état à un état contraire, et cherche à se constituer telle qu'elle doit être[2].

---

[1] *Probl.*, XXVIII, 7. *Ethic. Nic.*, III, 13.
[2] *Ethic. Nic.*, IX, 15. Conf. M. Ravaisson, t. II, p. 99.

La vertu, comme le vice, n'appartient pas à la pensée, à la connaissance, mais à la partie de l'âme qui est susceptible de passions, de plaisirs, de peines, à la sensibilité en ce qu'elle a d'aveugle, en ce qui est en elle étranger à la raison[1]. La connaissance est essentiellement un acte; la sensibilité, en ce qui concerne le goût et le toucher, est éminemment une passion, une passsion aveugle, sans raison, un mouvement inconscient de la nature. Voilà pourquoi elle fournit la matière de la vie morale, matière à laquelle l'éducation, qui forme les habitudes, et la raison, qui les règle et les éclaire, donnent sa forme[2].

§ 8.

LE TOUCHER ET LES OBJETS DU TOUCHER.

Le toucher a cela de particulier qu'il n'a pas pour objet une seule opposition de contraires, entre lesquels se placent les intermédiaires participant de chacun d'eux dans une proportion différente, comme la vue qui donne la sensation de l'opposition unique du blanc et du noir, comme l'ouïe qui donne la sensation de l'opposition unique du grave et de l'aigu. Le toucher donne la sensation de plusieurs oppositions, celles du chaud et du froid, du sec et de l'humide, du dur et du mou, et d'autres encore. Or comme il semble qu'à chaque opposition corresponde un sens propre, on serait disposé à croire que le toucher est plutôt un agrégat de sens qu'un sens unique. Il est difficile de repousser cette conséquence; car si l'on dit que les objets de l'ouïe ont aussi des différences opposées qu'on ne peut ramener à une seule opposition, telles que l'intensité et la faiblesse, la douceur et la rudesse du son, du moins on sait quel est précisément l'objet propre de l'ouïe : c'est le son; mais quel est l'objet propre du toucher? On ne le sait pas. Tout ce qu'on peut dire, c'est qu'il a pour objet les différences des corps en tant que corps, c'est-à-dire les propriétés qui les caractérisent tous, ou spécifient chacun des éléments matériels dont ils sont composés, à savoir : le grave et le léger, le chaud et le froid, le sec et l'humide. Comme tous les sens, le toucher est un rapport; c'est

---

[1] *Magn. Mor.*, I, 1.
[2] *Polit.*, VII, 12.

le rapport entre les couples de contraires qui sont son objet, et dont il est la mesure. Le toucher est en puissance chacun d'eux, c'est-à-dire qu'il est capable, par l'acte de l'objet, de s'assimiler à cet objet même, de devenir réellement l'un des deux opposés qu'il possède en puissance. Voilà pourquoi nous ne sentons pas les objets qui sont ou aussi chauds ou aussi froids, ou aussi durs ou aussi mous que l'organe du toucher. Nous ne pouvons saisir que les différences, et encore, lorsque le rapport des propriétés sensibles de l'objet avec celles du sens sont dans un rapport sans proportion commensurable ou simple, la sensation est douloureuse, et quand l'excès est trop grand, elle est détruite et en même temps l'organe est lésé.

Une autre question est de savoir quel est le véritable organe du toucher ; il semble que ce soit la peau et la chair, puisque la sensation se produit au moment et seulement au moment où l'on touche les objets[1]. Ce sens perçoit les choses directement, ou semble être le seul à percevoir directement les choses, et il n'a même reçu sa dénomination que de ce fait qu'il paraît sentir par lui-même et se mettre sans intermédiaire en contact avec les objets[2]. Mais cette différence n'est qu'apparente, et il y a pour ce sens, comme pour tous les autres, un intermédiaire ; cet intermédiaire, c'est ce que nous prenions pour l'organe même, qui est ailleurs, c'est-à-dire la chair et la peau.

Il faut se rendre bien compte d'abord de ce que c'est que le contact vrai et réel : car ce sont deux choses différentes que le contact et la limitation. L'un est relatif ; le limité n'est en aucune façon relatif[3]. Le contact n'a pas lieu indifféremment avec toute chose, tandis que la limite se montre en toutes choses, universellement, même dans les nombres. La continuité diffère aussi du contact, en ce que si tout contact a lieu entre des choses continues, deux choses continues, deux nombres qui se suivent, par exemple, et entre lesquels il n'y a aucun nombre intermédiaire, ne sont pas pour cela en contact[4]. Enfin l'homogénéité n'est pas non plus le

---

[1] *De Anim.*, II, 11.

[2] *De Anim.*, III, 13.

[3] *Phys.*, III, 8. Simplic., fol. 120. οὐ γὰρ πρός τι, ἀλλὰ πρὸς ἑαυτὸ τὸ πεπέρανθαι.

[4] *Phys.*, V, 5.

contact : sans doute un corps n'est homogène qu'à la condition que les parties qui le constituent soient en contact parfait, mais deux corps en contact parfait ne constituent pas par cela seul un corps homogène[1]. Toucher se dit au propre des choses dont les extrémités sont ensemble, et quand ces extrémités se confondent si bien qu'il n'y a plus qu'une seule chose, il y a homogénéité. Or nous ne pouvons comprendre comment une sensation pourrait se produire, si un objet touchait directement, immédiatement l'organe, de manière à ne faire plus qu'un avec lui[2]. Non seulement donc l'analogie de ce qui se passe pour les autres sens doit nous conduire à admettre l'interposition d'un médium, mais encore on peut prouver, d'une part, que la peau et la chair sont placées de manière à empêcher le contact réel, qu'elles sont un médium qui sépare et distingue l'objet qui est externe et le sens qui est interne, et d'autre part, que tous les corps organisés de la nature, étant baignés soit dans l'air soit dans l'eau, on ne peut les toucher qu'à travers cet intermédiaire. On appelle intermédiaire ce par quoi une chose qui change doit naturellement passer avant de parvenir à l'autre extrême dans lequel elle se change, quand elle change selon sa nature et d'une manière continue[3]. Or nous savons que la sensation est précisément une altération de cette sorte.

Reprenons ces arguments : tout corps a les trois dimensions; deux corps, entre lesquels s'en trouve un troisième, ne peuvent se toucher ; les corps sont plongés ou dans l'eau ou dans l'air qui les enveloppe : leurs limites et leurs surfaces terminales sont donc entourées ou d'air ou d'eau, et l'eau et l'air sont des corps ou possèdent un corps. En sorte que dans l'hypothèse où la chair et la peau seraient l'organe du sens du toucher, il ne saurait y avoir entre l'organe et le corps tangible un contact immédiat : ils seraient toujours séparés par l'air dans lequel ils sont tous deux baignés. Maintenant il est impossible qu'un corps animé et vivant soit exclusivement composé ou d'eau ou d'air ; il faut toujours qu'il ait quelque chose de solide, qu'il soit même de terre, comme la chair, par exemple. Entre cette chair terreuse et l'air ou le liquide qui enveloppe tous les corps, il ne saurait y avoir qu'un contact,

---

[1] *Phys.*, V, 1, 1.
[2] *De Anim.*, II, 11.
[3] *Phys.*, V, 5, 5.

parce que cet air et cette eau ne peuvent, par leurs parties extrêmes, se fondre en un seul corps, en une seule et même chose homogène. Ainsi la chair ne touchera jamais que l'air ou l'eau, et non les corps qui y sont plongés [1].

Mais d'un autre côté, si l'on suppose une membrane étendue sur la chair, la sensation du toucher n'en est pas altérée; elle est tout aussi distincte, si on place l'objet sur la membrane que si on le pose sur la peau nue; et si l'on suppose en outre que cette membrane est une partie de notre corps, ἔμφυες, la sensation sera encore plus rapidement et plus nettement perçue. Or cette membrane ne serait certainement pas l'organe du toucher, et cependant si nous ignorions qu'elle nous isole des corps que nous touchons, puisque, par hypothèse, elle nous enveloppe tout entiers, nous serions disposés à croire et à affirmer qu'il y a contact immédiat et sans médium. Donc, de ce qu'en posant les objets sur la peau, on éprouve une sensation vive et nette, on n'a pas le droit d'en conclure que la chair est nécessairement l'organe de la sensation. Il semble plutôt que la chair de la peau nous enveloppe, comme le ferait une couche d'air circulaire; si cet air faisait une partie naturelle de notre corps, la peau servirait, comme le ferait cette couche d'air, de milieu, d'intermédiaire, dans la sensation du toucher. Il est donc possible, et l'analogie rend probable que pour ce sens comme pour tous les autres, il y a un intermédiaire, et que si on posait l'objet immédiatement sur l'organe, il n'y aurait pas de sensation.

Il y a cependant quelque différence : si le toucher s'exerce par un intermédiaire, au lieu que l'intermédiaire agisse sur nous et nous modifie, nous sommes, c'est-à-dire le sujet sentant et le milieu, modifiés dans un seul et même instant. C'est comme un homme frappé au travers de son bouclier; on ne doit pas dire que c'est le bouclier, frappé d'abord, qui frappe ensuite celui qui le porte : l'homme et son bouclier ont été frappés instantanément et simultanément. Si l'on peut dire que le bouclier fait pour ainsi dire partie du soldat, à plus forte raison le peut-on dire de la peau et de la chair. La différence consiste donc en ce que, dans les autres sens, le milieu nous est extérieur et étranger, et que dans le toucher il est une partie de nous-mêmes.

---

[1] C'est ainsi seulement qu'on peut rattacher les §§ 4 et 5 du chapitre XI à l'argumentation générale.

Il résulte de ces faits que c'est à l'intérieur qu'est placé le véritable organe sensitif du toucher. Il n'a pas de nom, probablement parce que, plus intérieur que les organes des autres sens, il était plus difficile de le découvrir, et aussi moins utile de le connaître; en effet, comme il est commun à tous les animaux, on ne peut s'en servir pour distinguer et classer les diverses espèces[1]. Ce que du moins on peut affirmer avec certitude, c'est que non seulement il a son principe au cœur, siège commun de tous les sens, mais que l'organe même est placé dans le voisinage de cet appareil, parce qu'il n'y a que la terre qui puisse servir d'instrument du toucher[2]. Or le cœur est principalement formé de terre, comme l'encéphale est principalement formé d'eau.

Ainsi tout se passe pour le toucher comme pour les autres sens. L'organe qui perçoit les différences des corps, en tant que corps, est l'organe qui touche ; car le sujet mû, touché par l'objet, le touche à son tour, c'est-à-dire qu'il y a action et réaction[3]. Le sens suppose une influence du dehors : il est donc une simple puissance, et non une activité, un acte, pour les oppositions qu'il est de sa fonction de sentir. C'est par l'influence de l'objet qu'il devient en acte, comme c'est par l'influence du sujet que l'objet même est actualisé, en tant que sensible. Pour cela il faut qu'ils diffèrent ; car s'ils ne différaient pas, c'est-à-dire si le sensorium était déjà l'un ou l'autre des deux contraires, il ne pourrait plus percevoir leur différence et mesurer le degré de leur opposition ; il ne pourrait plus discerner ses objets, comme si on mettait sur notre chair un objet qui aurait exactement le même degré de chaleur ou de froid, de sécheresse ou d'humidité, que la chair même.

La sensation du toucher est un rapport. Ce sens, commun à tous les animaux et qui leur est à tous indispensable, condition première de la première condition de la vie, à savoir de l'alimentation, ce sens a cela de particulier que l'excès et la violence de la sensation qui lui est propre, n'ont pas pour seul effet de la supprimer ou d'en détruire l'organe : ils vont parfois jusqu'à faire périr l'animal. Cela se comprend : l'excès des qualités sensibles peut détruire le sens destiné à les per-

---

[1] *Hist. anim.*, I, 3. *De Part. anim.*, II, 10.
[2] *De Part. anim.*, l. l.; III, 4. *De Sens.*, 2, 13.
[3] *De Gener. et corr.*, I, 6. *Probl.*, XXXV, 1.

cevoir; or le sens du toucher étant essentiel à l'animal, à sa conservation, à sa vie, ce sens détruit, l'animal lui-même est détruit, et il est le seul sens dont la perte entraîne nécessairement la mort, parce qu'il est le sens de l'alimentation. Il est le sens de l'alimentation en ce que toutes les choses alimentaires sont tangibles, et c'est en tant que tangibles qu'elles sont susceptibles de produire l'accroissement de volume de l'animal[1].

Où manque le sens du tact, tous les autres sens manquent, et l'animal disparaît. Mais de même que l'âme nutritive, commune à tous les êtres vivants, existe isolée chez certains d'entre eux, de même le sens du tact se rencontre isolé chez certains animaux[2]. C'est parce que l'homme a ce sens plus parfait qu'il est le plus intelligent des animaux. Cette perfection du toucher, qui tient à la mollesse et à la souplesse de sa chair, détermine aussi les différences entre les hommes, sous le rapport de l'esprit. Les plus intelligents sont ceux qui ont les chairs plus molles, parce qu'ils ont le toucher plus fin et plus délicat[3]. Les sens sont distribués aux animaux de telle sorte qu'ils forment une série ascendante d'êtres de plus en plus parfaits. Au plus bas degré sont ceux qui n'ont que le toucher et le goût; au degré supérieur se placent ceux dont la vie sensible s'enrichit et se développe graduellement par les autres facultés. Avec le toucher s'unit le désir, ne fût-ce que le désir de la nourriture. Ce désir ne peut se séparer d'une vague représentation de son objet, sorte de sensation prolongée et affaiblie, effet postérieur du mouvement qui agit dans la sensation[4]. C'est l'imagination sous sa forme primitive, et encore toute passive et confuse[5].

Au désir satisfait est lié nécessairement le plaisir, dont l'opposé est la peine. La plupart des êtres vivants ont conscience de leurs représentations passées en tant que passées: ils ont en quelque manière la notion du temps[6]. A l'imagination s'associe donc, outre le désir et le plaisir, la mé-

---

[1] *De Anim.*, II, 3; II, 10.

[2] *De Anim.*, II, 2; III, 13.

[3] *De Anim.*, II, 9. *De Sens.*, IV. *Hist. anim.*, I, 15. *De Part. anim.*, II, 16.

[4] *Rhet.*, I, 2.

[5] *De Gener. anim.*, I, 11.

[6] *De Mem.*, 1.

moire, que beaucoup d'animaux possèdent sans s'élever à la réminiscence, privilège de l'homme ; car la réminiscence est la faculté qui, par une sorte de méthode syllogistique, peut à volonté reproduire ce qui a été saisi par la mémoire ; c'est l'acte de la mémoire unie à la pensée[1].

Tous ces phénomènes psychologiques, liés à la vie de sensation par un rapport intime, sont, comme elle, liés avec l'organe central de la vie sensitive, le cœur ; ils sont tous des actes communs de l'âme et du corps[2]. Il est naturel que nous les étudiions après la sensation qui en est la racine, et au-dessus de laquelle ils s'élèvent, pour former une transition à la vie rationnelle. Quelques animaux les possèdent ; mais comme ce ne sont pas des propriétés qui leur soient communes à tous, comme au contraire ils sont la propriété commune de tous les hommes, chez lesquels quelques-uns sont plus parfaits, c'est dans l'homme, surtout, qui y ajoute les fonctions supérieures de l'intelligence et de la volonté, que nous allons les étudier : nous les trouverons chez lui plus clairs, plus marqués, plus visibles.

---

[1] *De Mem.*, 2.
[2] *De Anim.*, II, 3 ; III, 7 ; III, 10. *De Somn.*, 1. *De Anim.*, I, 1.

CHAPITRE SEPTIÈME

L'AME SENSITIVE DANS L'HOMME

§ 1ᵉʳ.

LE DÉSIR, LE PLAISIR ET LA PEINE, LES PASSIONS.

Sentir est une chose semblable à dire ou à penser. Quand la sensation est agréable, la sensation est une sorte d'affirmation de l'âme qui recherche l'objet ; quand elle est désagréable, c'est une sorte de dénégation de l'âme qui le fuit. Avoir du plaisir et de la douleur est un acte de ce milieu sensitif, μεσότης αἰσθητική, qui est le principe de toute sensation. Partout où est la sensation, même dans sa forme la plus humble, le toucher, il y a plaisir et peine; partout où il y a plaisir et peine, il y a désir[1], et il n'y a pas de désir sans imagination, sans une représentation quelconque que se fait l'âme de l'objet désiré.

Comme le toucher est commun à tous les animaux, il résulte que tous les animaux ont en commun le plaisir et la peine, le désir, et une sorte d'imagination. Le plaisir est la poursuite du bien et la fuite du mal. Avoir du plaisir ou de la douleur, c'est agir à l'égard du bien ou du mal, en tant que les choses sont l'un ou l'autre. La haine en acte pour l'un, le désir en acte pour l'autre, ne sont que la douleur et le plaisir. Le principe qui, dans l'âme, désire et celui qui hait ne sont pas deux principes différents l'un de l'autre, ni différents de l'âme sensitive : ils ne font qu'un seul et même être ; l'essence seule, la manière d'être, est différente[2]. On pourrait, d'après ce passage, croire que le désir en général appartient à la faculté

---

[1] Tantôt (*De Anim.*, II, 2) ὄρεξις et ἐπιθυμία désignent la même faculté de l'âme; tantôt (*De Anim.*, II, 3) ὄρεξις est considéré comme le genre qui enferme les espèces : ἐπιθυμία, θυμός, βούλησις. Conf. *De Somn.*, I.

[2] *De Anim.*, III, 7.

sensitive de l'âme ; il n'en est rien cependant, du moins le désir ne lui appartient pas exclusivement. La force par laquelle l'être animé aspire et tend à un but qu'il se propose et se représente, car tout désir a une fin, appartient à toutes les facultés de l'âme, et non exclusivement à une seule. C'est ce qu'Aristote démontre, lorsque, contestant l'exactitude de la division, faite par Platon, des parties de l'âme, il lui objecte non seulement que cette division porte atteinte à l'unité substantielle de l'âme, mais encore oblige d'admettre dans chacune des trois parties, raison, désir sensible, passion, un désir spécial, ὄρεξις[1].

Ailleurs il dit encore : la cause dernière du mouvement qui porte les êtres animés à se mouvoir et à agir, c'est le désir. Or, le désir se manifeste, soit par la sensation, soit par l'imagination, soit par la pensée; car tous ceux qui font quelque chose produisent ou agissent, ποιοῦσι ἢ πράττουσι, sous l'influence soit de l'appétit sensible, soit de la passion, θυμός, soit du désir en général, ὄρεξις, soit de la volonté; mais la volonté n'est que l'union du désir et de la pensée : on peut donc dire que la sensation, la passion, l'appétit, la raison désirent. Le désir n'appartient point ainsi exclusivement ni à la sensation, ni à l'imagination, ni à la raison : il est au contraire lié à chacune de ces activités de la vie, qui, d'ailleurs, malgré leurs différences essentielles, ont en commun cet attribut d'être des moyens de connaître, de distinguer, de juger, κριτικὰ γὰρ πάντα[2].

Le caractère essentiel et propre du désir, c'est de mouvoir l'animal, du moins d'être le principe et la cause de son mouvement dans l'espace. Il est vrai que, si la locomotion est liée au désir, il n'en est pas le maître absolu, οὐδ' ἡ ὄρεξις κυρία τῆς κινήσεως[3]. En effet l'intelligence, l'imagination, la volonté, meuvent également l'animal. Mais tous ces actes se ramènent à la raison et au désir, puisque la volonté, la colère, ou la passion, l'appétit ne sont que le désir sous des formes différentes, et la volonté est un acte commun à l'intelligence et au désir : en sorte que les deux principes du mouvement sont le désirable et le pensable, τὸ ὀρεκτὸν καὶ τὸ διανοητόν[4].

[1] *De Anim.*, III, 9.
[2] *De Anim. mot.*, 6 et 7.
[3] *De Anim.*, III, 9.
[4] *De Anim. mot.*, 6 et 7.

Mais l'objet intelligible et la raison qui le pense ne sont capables de mouvoir que lorsque le désir s'y joint. L'esprit ne peut mouvoir le corps que par le désir[1]. En effet, ce n'est pas toute chose pensée qui produit le mouvement : ce sont, parmi les pensées, celles qui se peuvent réaliser dans une action, celles qui ont une fin. Or, tout désir a une fin, et la chose qui est l'objet ou la fin du désir est le principe de la raison pratique, parce que la fin du désir est le commencement de l'action. Quelle est cette fin du désir, qui commence l'action et cause le mouvement? C'est le bien, qui est, par rapport à une certaine autre chose, une fin. Il suffit que ce bien soit apparent, que cette chose soit agréable, pour qu'elle meuve, à la condition absolue qu'elle soit praticable, et appartienne ainsi à l'ordre des choses contingentes, qui peuvent être autrement qu'elles sont. Sous cette réserve on peut dire que pour l'être animé l'unique moteur est le désir, le désiré, le désirable.

Il faut distinguer ici trois termes : le moteur, ce par quoi le moteur meut, et le mobile. Le moteur peut être immobile, ou à la fois mû et moteur. Le vrai moteur, le moteur premier est le désirable, c'est-à-dire le bien, soit réel soit apparent, conçu par la pensée, vu par l'imagination, perçu par la sensation. Le moteur qui est à la fois mû et moteur est la faculté de désirer, qui, mue par le désirable, meut l'être animé. Il en résulte que le désir en acte est un mouvement[2]. Ainsi dans la notion, εἴδει, le principe du mouvement est unique; c'est le désir dans l'âme, et en dehors d'elle le désirable; mais comme il y a dans l'âme plusieurs facultés, dont chacune a son bien propre, apparent ou réel, ce moteur unique se ramifie, se diversifie, se multiplie : il y a plusieurs espèces de choses désirables, plusieurs formes du désir.

Le mobile est l'animal; l'animal est une âme inséparablement unie à un corps; mais l'âme ne saurait être mue; c'est donc le corps seul qui est le mobile; par conséquent l'instrument par lequel le désir meut le corps doit aussi être corporel. Cela ne veut pas dire qu'il est un corps, mais qu'il

---

[1] *De Anim.*, III, 10.

[2] Les manuscrits Υ et Φ de Bekker, au lieu de la leçon vulgaire ἡ ὄρεξις κίνησίς τις ἐστιν ἧ ἐνέργεια, écrivent ἥ ἐνέργεια, que Brandis change en ἦ ἐνεργεῖ, et Torstrick en ἣ ἐνέργεια. Je proposerais de lire κίνησίς τις εἰς ἐνέργειαν. Toute faculté a une tendance à entrer en acte; le désir est le commencement de ce mouvement, est ce mouvement même vers l'acte.

participe de la nature du corps, qu'il est lié au corps. Il résulte de là que le mécanisme de la locomotion ne pourra être connu et expliqué que par la connaissance des fonctions communes au corps et à l'âme.

D'un autre côté, il n'y a pas de désir sans imagination ; il y a deux sortes d'imagination, l'une est l'imagination raisonnée, qui donne naissance à des désirs raisonnés, comme la volonté, qui n'est qu'un désir raisonné du bien ; car personne ne veut que la chose qu'il pense être un bien ; l'autre est l'imagination sensible, qui donne naissance à des désirs non raisonnés, comme la colère : c'est la seule forme d'imagination que les animaux possèdent, quand ils possèdent le désir[1]. On peut, il est vrai, se demander si, parmi les animaux, ceux qui sont au dernier degré, qui n'ont d'autre sens que le toucher, comme les mollusques, les zoophytes, sont capables du désir et doués d'imagination. Il ne semble pas possible d'en douter ; en effet, ils éprouvent le plaisir et la peine; ils désirent donc éviter l'une et jouir de l'autre. Mais à ce désir joignent-ils l'imagination ? Sans doute, puisque sans une certaine représentation de l'objet qui l'excite, on ne peut comprendre le désir. De même que chez ces animaux inférieurs, imparfaits, les désirs sont vagues, indistincts, indéterminés et pour ainsi dire imperceptibles, de même l'imagination chez ces espèces est confuse, sourde, obscure, non développée; mais chez ces animaux même, le désir inconscient et aveugle, ἀλόγιστος, exige, comme condition concomitante, une représentation plus ou moins vague, qui ne peut être fournie que par l'imagination.

Toute volonté enveloppe un désir, mais le désir, en tant que tel, n'enveloppe pas nécessairement un acte de volonté. La volonté, c'est ce qui délibère, τὸ βουλευτικόν. Lorsqu'un être peut se dire : faut-il faire ou ne pas faire ceci ou cela, il fait un acte de raison, il fait un raisonnement. Il faut qu'il possède en lui une mesure unique, l'idée du bien, du meilleur, que par sa nature il désire et poursuit, afin de rapporter à cette mesure l'action à accomplir, de la mesurer, de la peser à ce poids unique. Il est donc nécessairement en état de rapprocher les unes des autres les représentations qu'il se fait, et de les rassembler en une pensée. Toute pensée est un rapport, et cette pensée décide de l'action. Or tout cela, c'est un raisonnement,

---

[1] *De Anim.*, III, 10. *Rhet.*, I, 10.

c'est un syllogisme. Les animaux qui n'ont pas la raison ne peuvent donc avoir cette sorte de désir qui naît du raisonnement[1].

La volonté contient un élément rationnel, quoique, parfois, le désir pur puisse l'emporter sur la volonté et la mettre en mouvement, comme aussi la volonté peut mouvoir le désir et lui imprimer une direction particulière. Un troisième cas peut encore se présenter, celui où le désir l'emporte sur un autre désir; car il y a dans l'âme des désirs opposés les uns aux autres, comme il arrive quand le désir raisonné et le désir sans raison se combattent et se disputent pour ainsi dire l'action. C'est encore ce dernier cas qui se présente lorsque, la raison étant pour ainsi dire absente, ou du moins impuissante et sans force, ἀκρασία, l'homme est poussé à l'action presque mécaniquement; le plus fort des désirs l'emporte sur les plus faibles, avec une puissance irrésistible, semblable à celle qui agit dans le système céleste, où la sphère supérieure, toujours plus puissante que la sphère inférieure, commande au mouvement de cette dernière[2].

Les trois cas sont donc :

1. Le désir pur l'emporte sur le désir accompagné de raison, c'est-à-dire sur la volonté.

2. La volonté l'emporte sur le désir pur.

3. Les désirs purs luttent entre eux, et le plus fort l'emporte et décide le choix[3].

Brandis entend autrement la classification d'Aristote, et la comprend comme il suit :

1. Le désir pur l'emporte.

2. Le mouvement, issu de ce premier désir, se transmet de désir en désir, comme le mouvement se communique de sphère en sphère.

3. Enfin il est un mouvement conforme à la nature, et dans lequel la volonté commande au désir.

Nous avons déjà vu que l'imagination, faculté intermédiaire

---

[1] *De Anim.*, III, 11.

[2] C'est le sens adopté par Thémiste, Saint Thomas, les Coïmbrois, Trendelenburg, Brandis, Zeller. Simplicius, suivi par M. Barthélemy Saint-Hilaire, entend σφαῖραν σφαῖρα κινεῖ « comme une balle pousse une balle. »

[3] *De Anim.*, III, 11.
   1. νικᾷ δὲ ἐνίοτε καὶ κινεῖ τὴν βούλησιν (ἡ ὄρεξις).
   2. ὅτε δὲ ἐκείνη (la volonté), ταύτην (le désir).
   3. ἢ ὥσπερ σφαῖραν σφαῖρα ὄρεξις ὄρεξιν.

entre la sensation et la raison, est la condition du désir, que ce désir soit conduit et éclairé par la raison, ou qu'il reste purement sensible. L'imagination est ou rationnelle ou sensible : l'une pèse les raisons tout en les revêtant d'une image ou odieuse ou agréable ; l'autre s'assimile les impressions des sens et les transforme en images. Du désir, principe du mouvement, naissent les passions[1]. Les passions sont un des trois grands phénomènes de l'âme ; car il n'y a en elle que des facultés ou puissances, δυνάμεις, des habitudes qui sont presque des actes, ἕξεις, et enfin des passions, πάθη.

Les passions sont : le désir sensuel, ἐπιθυμία[2], la colère, la crainte, l'audace, l'envie, la joie, l'amour, la haine, le regret, πόθος, l'émulation, la pitié, et en général tous les mouvements et phénomènes de l'âme qui sont suivis de plaisir ou de peine, et sont capables de nous mouvoir. Les passions ne sont guère, comme on le voit, que des tranformations et comme des espèces du désir ; car c'est par elles que l'homme est mis en mouvement, et le désir est le principe général du mouvement[3], mais elles en diffèrent en ce que les passions sont toutes accompagnées d'un mouvement corporel, sont liées à l'organisme[4]; elles ont en outre un caractère propre : c'est d'être accompagnées d'un sentiment de plaisir ou de peine. Il importe donc, avant tout, de se rendre compte du phénomène psychique qu'on appelle le plaisir.

Le plaisir est lié à l'acte, et comme il y a autant d'actes que de puissances dans l'être, le plaisir ne peut pas appartenir à une faculté plutôt qu'à une autre, ni constituer une faculté spéciale. Il est vrai que dans la *Physique*[5], il est dit que les plaisirs et les peines sont « des altérations de l'âme sensitive, » ou plutôt que leur génération est accompagnée d'une altération; mais comme dans la même page Aristote nie que le plaisir soit une génération, parce qu'il est lié à l'acte, qui n'est pas mouvement, il faut conclure que le passage ne signifie que ceci : « certains plaisirs et certaines peines sont des altérations

---

[1] Il est étrange que le traité *De l'Âme* ne contienne pas l'analyse des passions; celle qu'en donne *la Rhétorique*, ayant surtout un but technique, ne supplée qu'imparfaitement à cette lacune.

[2] Défini (dans le *De Anim.*, II, 3): le désir (ὄρεξις) de l'agréable.

[3] *Ethic. Nic.*, II, 4.

[4] *De Anim.*, I, 4. μετὰ σώματος.

[5] *Phys.*, VII, 3. ... μετ' ἀλλοιώσεως· αὗται δὲ οὐκ εἰσὶν ἀλλοιώσεις...

de l'âme sensitive ou sont accompagnées d'altérations dans cette partie de l'âme ; » car il y a des plaisirs qui viennent de la connaissance pure, et même le vrai plaisir n'appartient pas à la vie sensible[1].

Nous n'avons à rechercher ici que la nature du plaisir qui, né de la sensation, engendre le désir et par le désir les passions. Le plaisir, même le plaisir sensible, n'est ni un mouvement, ni un devenir, γένεσις, ni la satisfaction d'un besoin de la nature, comme le croyait Platon, car dans ce dernier cas il ne serait pas un bien, et le plaisir est un bien. Il n'est pas non plus un devenir, car aucun devenir, aucun mouvement, n'est homogène à la fin vers laquelle il tend, comme il est de la nature du plaisir de l'être. Sans doute il y a lieu ici de distinguer, et ce qu'on doit dire de quelques-uns de nos plaisirs, on ne peut pas le dire de tous. Il est des plaisirs accompagnés de douleur, qui n'ont pour but que la guérison de certains maux, par lesquels nous sommes remis dans notre état naturel, par lesquels la nature, ayant souffert d'un besoin, se satisfait et s'assouvit. Ces plaisirs-là sans doute sont des devenirs et des mouvements. Mais il en est d'autres, dans lesquels le besoin et la souffrance qui l'accompagne ne sont pour rien, que la nature goûte quand elle est dans son assiette, dans son état sain et parfait. Tels sont manifestement les plaisirs intellectuels, qui ne sont ni des devenirs ni des états accompagnés d'un devenir. Or ce sont là les vrais plaisirs ; car lorsque la nature assouvit un besoin dont elle souffre, alors, égarée par cette souffrance, elle peut prendre pour un plaisir la chose la plus contraire au plaisir.

Loin d'être un devenir, le plaisir vrai est plutôt acte et fin, tout ensemble ; il n'a pas lieu en devenant, en se produisant, mais parce qu'on en use, et l'on n'use que de ce que l'on possède déjà. La fin n'est pas, pour le vrai plaisir, quelque chose de différent du plaisir même ; il n'en est ainsi que pour les plaisirs qui servent à compléter la nature, quand la nature a conscience de son imperfection : ceux-là sont des affections corporelles.

Le plaisir est l'acte d'une qualité conforme à la nature, et au lieu de l'appeler sensible, on ferait mieux de l'appeler libre, ἀνεμπόδιστον. S'il nous paraît un devenir, c'est que

---

[1] *Ethic. Nic.*, X, 5. *Metaph.*, XII, 7. *Ethic. Nic.*, VII, 12 ; X, 2.

nous croyons que le bien, et le plaisir est un bien, est lui-même un devenir, tandis qu'il est tout autre chose[1]. Les plaisirs des sens nobles, l'odorat, l'ouïe, la vue, ne sont pas des devenirs, puisqu'ils ne correspondent à aucun changement dans l'être, à aucun besoin dont ils puissent devenir la satisfaction, et qu'ils ne sont précédés d'aucune souffrance[2].

Le plaisir n'est pas non plus un mouvement : c'est une sorte de tout indivisible : on ne saurait en effet trouver un plaisir qui, en subsistant plus longtemps, devienne dans sa nature et son essence plus complet, plus parfait qu'il n'était d'abord. Tout mouvement s'accomplit dans un temps donné et vise à une certaine fin. Les mouvements sont donc incomplets dans les parties successives de ce temps, et ces mouvements partiels diffèrent en essence tous les uns des autres, et du mouvement total. On ne saurait donc trouver dans un de ces temps partiels un mouvement qui soit complet. Au contraire, le plaisir est quelque chose de complet dans quelque temps qu'on le considère ; il ne présente, quand il est actuel, aucune différence de vitesse ou de lenteur ; il échappe au temps, parce qu'il forme une chose entière et complète, un tout parfait tout d'abord, placé dans l'instant indivisible et présent. On a donc tort de dire que le plaisir est un devenir et un mouvement[3] : il n'est ni l'un ni l'autre, car il est un tout, ὅλον τι.

Le plaisir est la forme sous laquelle le bien provoque et éveille dans toute âme le désir, et par laquelle il la détermine à l'action et l'être au mouvement. Tout être qui sent est susceptible de plaisir et de peine, recherche l'un et fuit l'autre, parce que l'un est le signe, la forme de son bien réel ou apparent, l'autre est le signe de son mal. Le bien d'un être n'est pas un objet étranger, différent de cet être même ; c'est sa fin, la fin du mouvement par lequel il se réalise, s'actualise, par lequel il atteint sa perfection et son essence. La fin diffère selon les divers genres de l'être, le plaisir différera également. Chaque être, chaque genre d'êtres, chaque faculté de l'être ayant sa fin propre, son acte propre, aura son plaisir propre[4].

---

[1] *Ethic. Nic.*, VII, 11.

[2] *Ethic. Nic.*, X, 2.

[3] On trouve cependant (*Rhet.*, I, 11) le plaisir appelé un mouvement de l'âme ; mais il ne faut pas attacher aux définitions d'un ouvrage si spécial une trop grande importance philosophique.

[4] *Ethic. Nic.*, X, 1176, a, 3.

Ainsi il y a le plaisir de la sensation et de chaque sensation, le plaisir de la pensée poétique, de la pensée pratique, de la pensée théorétique. Le plaisir le plus délicieux et le plus parfait est celui de l'être qui est dans la meilleure disposition possible, par rapport à l'objet le plus parfait de ceux qui sont de son domaine.

Pour l'homme, ce qui lui plaît le mieux et le plus, c'est l'action, soit de ses sens, comme lorsqu'on jouit actuellement de l'objet sensible, soit de l'esprit, comme lorsqu'on contemple l'essence d'une chose, ou qu'on s'en souvient, ou qu'on se la représente par l'imagination, ou qu'on l'attend et qu'on l'espère[1]. Il n'y a pas de plaisir sans action : penser, sentir, vivre est un plaisir, parce que ce sont des actes[2]. L'état de veille est une activité : voilà pourquoi il plaît. Si le repos, le jeu, le sommeil ont leurs charmes, c'est qu'ils réparent en nous les forces épuisées et nous préparent à recommencer l'action[3]. Le repos en lui-même n'est pas une fin : il n'existe qu'en vue de l'activité[4], et parce que la continuité de l'effort pénible, qui l'accompagne chez l'homme, nous est interdite par notre nature. Ces jeux eux-mêmes, ces distractions où nous remontons les ressorts fatigués de notre âme, sont encore des formes de notre activité[5]. Dans une conversation comme il faut, ὁμιλία τις ἐμμελής, il faut savoir dire ce qui convient et le dire comme il convient ; il faut savoir même écouter comme il faut : et tout cela ce sont autant d'actes. Le jeu ne détend l'esprit et ne le repose que par un mouvement ; mais ce mouvement de l'esprit, c'est son entrée en acte[6], et voilà pourquoi il est un plaisir. Le plaisir n'est pas précisément l'acte même : c'est un je ne sais quoi qui l'achève et le complète : c'est comme le couronnement de l'acte.

L'acte, en effet, ne suffit pas pour produire le plaisir. L'acte de la vision, comme l'acte de la pensée, n'est pas toujours un plaisir ; quelquefois c'est une douleur, et souvent du moins un effort laborieux et pénible. Mais quand il y a harmonie

---

[1] *Rhet.*, I, 11. *Ethic. Nic.*, IX, 7.
[2] *Ethic. Nic.*, X, 6. *Metaph.*, XII, 7.
[3] *Ethic. Nic.*, X, 6.
[4] *Ethic. Nic.*, X, 6.
[5] *Ethic. Nic.*, IV, 14.
[6] *Polit.*, VIII, 2.

entre la puissance qui entre en acte et l'objet qui la détermine à y entrer, quand, par exemple, l'œil est sain, et que l'objet est en harmonie avec l'essence de la vue, l'acte s'accomplit avec une facilité et une perfection suprême qui constituent le plaisir ; c'est comme une sorte de fin qui s'ajoute par surcroît à l'acte, qui cependant est déjà lui-même une fin. Le plaisir est, par rapport à l'acte, comme cette grâce charmante et fugitive qui embellit la force et la santé florissante de la jeunesse[1].

Ainsi donc, en tout genre d'être et en tout être, tant que l'objet sensible ou l'objet intelligible demeure ce qu'il doit être en lui-même et par rapport au sujet, tant que d'autre part le sujet sentant ou pensant demeure en bon état, et en lui-même et par rapport à l'objet, le plaisir ne peut manquer de se produire : il suit l'acte et en est l'accompagnement[2].

Le plaisir n'est pas continu, parce que l'acte ne l'est pas. Aucune faculté ne peut agir toujours ni même longtemps ; l'âme se fatigue ou se dégoûte ; l'acte alors n'a plus son énergie et sa fraîcheur premières ; il se relâche, et le plaisir languit ou s'évanouit. La vie est une sorte d'acte qui, comme tout acte, a sa perfection et par suite son plaisir. Si tous les êtres sensibles aiment le plaisir, c'est qu'ils aiment tous la vie. Le plaisir qui achève et couronne l'acte, achève et couronne également l'acte de la vie que nous aimons, que nous désirons tous avec ardeur. Le plaisir et la vie sont tellement liés l'un à l'autre qu'il est impossible de décider si l'on aime la vie parce qu'on aime le plaisir, ou si l'on aime le plaisir parce qu'on aime la vie. Mais on peut toujours dire : sans acte point de plaisir, et le plaisir est toujours nécessaire pour compléter l'acte.

Les plaisirs qui complètent les actes sont différents comme les actes qu'ils complètent. Chaque plaisir est propre à son acte, et chaque plaisir accroît l'intensité de l'acte qui lui est propre. C'est là un fait d'expérience : on fait mieux les choses qu'on a du plaisir à faire. De même que deux actes simultanés et différents, deux plaisirs différents et simultanés se nuisent

---

[1] *Ethic. Nic.*, X, 4. οἷον τοῖς ἀκμαίοις ἡ ὥρα.

[2] Mais si le plaisir est la perfection de l'acte, l'acte parfait, il est éminemment acte. Le mot ἐπέτει ne voudrait-il pas dire que le plaisir est la conscience, la sensation de l'acte même? Ce serait alors, comme Aristote le disait tout à l'heure, l'acte d'un acte, la fin d'une fin.

et s'affaiblissent : ainsi ce n'est pas comprendre son plaisir que d'aller au théâtre pour y manger des friandises. Nous avons dit que les plaisirs sont aussi nombreux que les actes auxquels ils correspondent, et qu'ils diffèrent les uns des autres comme le font les actes. Les plaisirs des sens diffèrent de ceux de la pensée, et les plaisirs dans chacun de ces deux ordres d'activité diffèrent spécifiquement les uns des autres. Il semble même qu'il y a pour chaque animal un plaisir qui lui est propre ; il y a un plaisir propre à chaque espèce, un plaisir propre à chaque individu ; il y a un plaisir propre à l'âge, à la santé, à la situation.

Les plaisirs des méchants ne sont pas des plaisirs : l'honnête homme seul goûte le vrai plaisir, parce que les actes qu'il accomplit sont des actes qui répondent à la vraie fin de l'homme [1]. Si le désir naît du plaisir qu'il recherche, si le plaisir apparaît dans l'être aussitôt qu'il sent, il est lié par sa nature, cependant, moins à la sensation qu'à l'imagination ; c'est l'imagination qui fait apparaître au sujet la représentation de l'objet qui lui a été agréable, représentation qui a pour condition un acte de mémoire [2]. Par l'imagination et la mémoire le désir se rattache à l'intelligence et a d'étroits rapports avec elle. Le désirable ne peut être désiré qu'en tant qu'il est conçu comme désirable, et le premier, le vrai désirable, c'est le premier, le vrai intelligible. L'objet premier de l'intelligence et l'objet premier du désir ne font qu'un seul et même objet. Car le désirable, c'est ce qui *paraît* beau ; l'objet premier de la volonté c'est ce qui est beau. Nous désirons une chose parce qu'elle nous *paraît* bonne ; or c'est à notre esprit qu'elle paraît ainsi. L'opinion est une faculté de notre intelligence, et la faculté par laquelle les choses nous *paraissent* telles ou telles. Ainsi le principe du désir est la pensée. L'ordre du désirable est l'intelligible en soi et pour soi [3]. On dit, il est vrai, que le désir et la raison pratique sont les seuls principes du mouvement ; car le désirable seul meut, et si la raison pratique meut, c'est parce que son principe à elle est le désirable [4]. Mais une analyse plus profonde fait évanouir ces

---

[1] *Ethic. Nic.*, X, 4 et 5.
[2] *Phys.*, VII, 3. *Rhet.*, I, 11.
[3] *Metaph.*, XII, 7.
[4] *De Anim.*, III, 10.

distinctions logiques : à leur source première, le désirable et l'intelligible se confondent.

Le désir a des rapports non moins certains avec la moralité. Il y a dans l'âme trois principes qui disposent en maîtres de l'action, comme ils connaissent de la vérité. Ce sont : la sensation, la raison, ὁ Νοῦς, le désir. Le premier, la sensation, ne saurait jamais être le principe d'aucune action morale, voulue et refléchie, comme il est manifeste dans les bêtes. Mais ce que sont, dans l'entendement discursif, l'affirmation et la négation, la poursuite et l'aversion le sont dans le désir, en sorte que, la vertu morale étant une disposition constante à préférer, à choisir certaines choses, et cette faculté de préférer, ἡ προαίρεσις, n'étant que le désir accompagné de délibération, on voit que, pour l'action morale, il faut unir à la justesse de la raison qui saisit le vrai, un désir, qu'elle rend vrai, comme elle, ἡ ὀρθὴ ὄρεξις. La vérité est l'objet unique de l'acte de l'intelligence; mais quand il s'agit de la pratique, le but, c'est la conformité de la vérité avec le désir droit. Ainsi le principe de l'action morale, c'est le choix, la détermination, la résolution, qui donne l'impulsion et commence le mouvement; mais le principe de cette résolution, c'est le désir, joint, il est vrai, à un acte de raison, λόγος, en vue d'un but que l'âme poursuit avec conscience. L'intelligence en elle-même ne meut pas; ce qui meut, c'est l'intelligence se proposant un but; or ce but lui est révélé à elle-même par le désir. Ainsi le choix moral est un désir raisonné, ou une raison qui désire; et l'union de ces deux principes forme un principe nouveau qui est l'homme même : ἡ τοιαύτη ἀρχὴ ἄνθρωπος[1]. Nous retrouverons ce rapport du désir à la volonté dans l'analyse de la raison pratique.

Parmi les plaisirs et les désirs de l'homme, il en est de nécessaires : ce sont ceux qui sont relatifs au corps, tels que les désirs de la nourriture, de la génération; il en est de supérieurs, qui ne sont pas nécessaires à la vie physique : ce sont ceux qui sont relatifs à l'âme, tels que les désirs et les plaisirs de l'orgueil, des arts, de la science, de la vertu[2]. Mais dans

---

[1] *Ethic. Nic.*, VI, 2. M. Stuart Mill (*System. of Logics*, l. VI, ch. 4, col. III, c. 6) parle aussi de cette sorte de chimie psychologique, qui de deux idées, de deux facultés qui se combinent, produit une troisième idée, une troisième faculté, différente de leurs éléments intégrants, comme l'acide sulfurique est le produit de la combinaison du soufre et de l'oxygène.

[2] *Ethic. Nic.*, VII, 6 et 8.

un cas comme dans l'autre, ce n'est jamais qu'à l'âme qu'appartient le sentiment du plaisir comme de la peine[1]. Le plaisir est un acte de la *moyenne sensible* de l'âme, dans son rapport au bien et au mal[2]. Cependant toutes les passions de l'âme, et l'âme semble passive dans le plaisir, sont accompagnées d'un mouvement du corps, μετὰ τοῦ σώματος. Le corps, dans le plaisir, jouit et souffre pour ainsi dire avec l'âme[3]. Nos pensées mêmes dépendent en quelque mesure du corps et de ses mouvements ; de même le corps semble s'associer aux phénomènes et aux passions de l'âme, et sympathiser avec eux, comme cela est manifeste dans l'amour, la douleur, le plaisir[4]. Les plaisirs de la pensée sont eux-mêmes accompagnés d'une sensation physique : nous avons chaud ou froid, nous rougissons ou nous pâlissons sous l'influence de nos propres idées[5]. Le plaisir propre à certains arts se manifeste par un frémissement de tout notre être, par un frisson délicieux et sacré, le frisson de la beauté[6]. Le plaisir et la peine semblent donc être des affections communes à l'âme et au corps, comme la sensation, la mémoire, la passion, θυμός, le désir sensuel[7], on pourrait dire même la pensée, puisque la pensée est accompagnée presque nécessairement d'une image, et que l'imagination est liée à la sensation[8]. Cependant quoique ce soit la conséquence logique du système, Aristote cherche à affranchir le désir et le plaisir de ce lien nécessaire, de cette dépendance du corps ; car il en fait comme l'acte d'un acte, reconnaît chez l'homme, quoiqu'à de rares intervalles, un acte pur d'intelligence, et enfin introduit le plaisir et le désir jusque dans la vie divine.

L'Être suprême trouve sa félicité dans la pensée de sa pensée ; l'intelligible en lui est identique au suprême désirable comme au suprême aimable ; Dieu ne peut ainsi se penser sans s'aimer et sans se désirer, et sa pensée, sa vie, sa félicité ne sont que son amour même.

---

[1] *Ethic. Nic.*, III, 10, et I, 8.
[2] *De Anim.*, III, 7.
[3] *De Anim.*, I, 1. *Physiogn.*, I.
[4] *Physiogn.*, I, 1.
[5] *De Mot. anim.*, VIII, 1 et 2 ; VIII, 9 et 11. *Polit.*, VIII, 5 et 7.
[6] *Poet.*, XIV, 2.
[7] *De Sens.*, I, 2. *De Anim.*, I, 1, 12. κοινὰ καὶ τοῦ ἔχοντος.
[8] *De Anim.*, I, 1, 12.

§ 2.

L'IMAGINATION, LE SOMMEIL ET LES RÊVES.

Il n'y a pas de désir ni de pensée sans images [1]. Il n'y a pas d'image sans sensation. L'imagination est ainsi placée entre la sensation qui en est la condition et le désir qu'elle conditionne, d'une part, et de l'autre, la raison, à laquelle elle fournit les matériaux de la pensée et de l'action morale. On définit l'âme par deux notions : la première est la faculté de mouvoir; la seconde, la faculté de connaître, qui comprend la pensée, le jugement et la sensation. On pourrait croire et on a cru que la pensée n'est qu'une forme de la sensation, parce que toutes les deux sont des phénomènes de l'âme, renferment un jugement et une comparaison, et constituent ainsi une connaissance. Les anciens sont tombés dans cette erreur de confondre la connaissance intellectuelle et la sensation, et il semble que cela vient de ce qu'ils concevaient que l'une et l'autre sont un contact du semblable avec le semblable.

Cette théorie de la connaissance est incomplète, parce qu'elle ne rend pas compte de l'erreur. Pour l'admettre, à moins que l'on ne prétende que toutes nos connaissances sont vraies, on est contraint de soutenir que l'erreur est un contact du dissemblable. Car ce contact est le contraire du contact du semblable avec le semblable, lequel constitue, dans l'hypothèse, la connaissance vraie. Mais il est évident que les contraires sont le dissemblable. Or, dans la connaissance vraie, l'âme se comporte vis-à-vis des contraires absolument de la même manière que dans l'erreur [2]. Celui qui connaît exactement l'un des contraires connaît également et avec la

---

[1] *De Anim.*, III, 10, 3, 7. *De Mem.*, I.

[2] Thémiste, f. 86, a, semble comprendre un peu différemment : « En outre, parce que la connaissance vraie des contraires est une seule et même chose, de même que la non-connaissance, ἄγνοια, de ces contraires est aussi une seule et même chose. Celui qui connaît que le bien est utile sait aussi que le mal est nuisible, et celui qui se trompe sur l'un se trompe aussi sur l'autre. Il faudrait donc que l'âme, le sujet qui connaît, s'assimilât à la fois aux deux contraires, lorsqu'elle connaît ces contraires, et qu'elle devînt dissemblable aux deux contraires lorsqu'elle se trompe sur les deux. Or l'une et l'autre de ces conclusions est également impossible. »

même exactitude l'autre contraire ; celui qui erre dans l'un n'erre pas moins dans l'autre. On ne peut donc pas dire que le contact du semblable, c'est-à-dire de l'un des contraires, soit la cause de la connaissance vraie, et que le contact du dissemblable, c'est-à-dire de l'autre contraire, soit la cause de l'erreur ; l'une et l'autre portent également sur les deux contraires à la fois : c'est un contact simultané de l'un et de l'autre. Par conséquent, dans la connaissance vraie, il y a contact du dissemblable ; dans l'erreur, il y a contact du semblable. D'où il faut conclure que ce système est faux qui confond l'intelligence avec la sensation, parce qu'il ne rend pas compte de l'erreur, faute d'autant plus grave que l'erreur est un état propre à la nature humaine, et dans lequel elle demeure plus longtemps que dans la connaissance vraie.

En outre, la sensation est commune à tous les animaux ; la pensée est propre à quelques-uns, à ceux qui possèdent la raison. La sensation des objets propres à chaque sens est constamment vraie et droite ; la pensée a son vice comme sa vertu. Sa vertu est la pensée juste et sage, φρόνησις, la science, l'opinion vraie ; son vice, ce sont les contraires. Il n'y a donc pas identité entre la sensation et la connaissance.

Enfin il est un dernier argument contre cette confusion : l'imagination, qui diffère de la pensée et cependant s'en rapproche et semble même en faire partie[1], diffère également de la sensation avec laquelle elle a aussi des rapports intimes et certains. L'imagination ne se produit pas sans la sensation ; sans l'imagination il n'y a pas de pensée ; mais l'imagination n'est identique ni à la sensation ni à la pensée[2]. C'est une faculté passive, soumise à notre empire, à notre volonté, et à notre raison qui l'éclairent, la conduisent et la continuent. En effet il nous est possible, il dépend de nous, de nous remettre sous les yeux en esprit, πρὸ ὀμμάτων ποιήσασθαι, un objet qui n'est plus présent, et d'en créer l'image représentative, εἰδωλοποιοῦντες[3], par un acte semblable à celui par lequel dans la mnémonique on attache à des lieux ou objets réels les idées dont nous voulons conserver la mémoire. Au contraire, nos opinions et nos pensées ne dépendent pas de nous ;

---

[1] *De Anim.*, III, 3, 5. τούτου (τοῦ νοεῖν) τὸ μὲν φαντασία δοκεῖ εἶναι.

[2] Je lis avec la Vulgate φαντασία au lieu de νόησις que semblent avoir eu sous les yeux Philopon et Simplicius.

[3] Il est impossible de mieux décrire l'imagination représentative.

car elles sont nécessairement ou vraies ou fausses : et comment seraient-elles jamais fausses s'il dépendait de nous qu'elles fussent vraies. De plus, quand nous avons la connaissance certaine, ou même quand nous avons seulement l'opinion ferme et claire qu'un danger terrible nous menace, nous éprouvons immédiatement un sentiment douloureux, conforme à la pensée que nous nous formons de la chose. Mais lorsque l'imagination évoque devant nous des images que nous savons n'être que de vains fantômes, nous les regardons, non sans impression, mais avec cette sorte d'impression que font naître dans l'âme les tableaux qui représentent des scènes terribles ou horribles.

L'imagination est la faculté par laquelle il se produit en nous quelque image : par conséquent, à moins de détourner l'expression par une altération métaphorique de son vrai sens, ce qui arrive quelquefois même à Aristote[1], l'imagination devra être l'une des facultés par lesquelles nous émettons des jugements susceptibles d'erreur[2] comme de vérité ; telles sont la sensation, l'opinion, la raison et la science : car ce sont là les facultés qui jugent et comparent. Cependant elle n'est aucune de ces facultés. L'imagination n'est pas sensation ; car la sensation est en puissance comme la vue, et en acte comme la vision. L'acte de cette faculté dépend ainsi de la présence réelle des objets propres qui l'actualisent, tandis que nous formons en nous des images, dans le sommeil par exemple, sans qu'il y ait ni acte de vision, ni même simple puissance de voir, ni objets visibles réels et présents pour faire passer la puissance à l'acte. En effet, on voit dans le sommeil ; la vue n'y est pas réduite à la puissance, et cependant ce n'est pas un acte, puisque le sens est endormi et que l'organe clos ne peut agir. L'imagination n'est donc ni puissance ni acte[3].

---

[1] Par exemple : *De Anim.*, I, 1, 8. ἀποδιδόναι κατὰ τὴν φαντασίαν περὶ τῶν συμβεβηκότων, où il ne s'agit nullement d'images.

[2] L'imagination se meut presque absolument dans le domaine de l'erreur et du mensonge, αἱ δὲ φαντασίαι γίνονται αἱ πλείους ψευδεῖς ; mais elle est cependant, elle aussi, capable de saisir la vérité, καὶ ἀληθῆ καὶ ψευδῆ.

[3] μηδετέρου τούτων ὑπάρχοντος. Que peut-elle donc être, dans un système qui ramène tout à l'acte et à la puissance ? Si l'on dit que c'est un mouvement, elle sera, comme le mouvement, un acte imparfait. Dans la *Rhétorique* (I, 11), Aristote dit que l'imagination est une sorte de sensation affaiblie, c'est-à-dire un effet postérieur du mouvement qui a agi dans la sensation.

L'imagination n'est pas sensation, parce que la sensation est toujours présente dans l'animal, tandis que l'imagination est intermittente. Il n'y a nul effort à faire pour voir et entendre, nulle résistance à vaincre. Quand l'organe est sain, quand le sensible propre est présent, l'acte se réalise immédiatement. Il n'en va pas ainsi de l'imagination, au moins dans l'homme ; l'imagination même simplement reproductive a un effort à faire qui n'est pas toujours fait, une résistance à vaincre qui n'est pas toujours vaincue.

L'imagination en acte n'est pas la même chose que la sensation en acte ; car alors elle appartiendrait à tous les animaux, qui ont tous sans exception quelques sens : or il ne paraît pas qu'il en soit ainsi, et certaines espèces, telles que les abeilles, les fourmis, les vers, paraissent destitués d'imagination [1]. Il ne faut pas prendre cette proposition dans un sens absolu ; car elle est contraire aux principes d'Aristote qui soutient que partout où il y a plaisir et peine, il y a désir, et que partout où il y a désir, il y a imagination. Si on refuse l'imagination aux animaux inférieurs il faudrait aussi leur refuser la mémoire qu'Aristote appelle la possession d'une image, ἕξις φαντάσματος [2]. D'ailleurs comment Aristote, qui compte l'abeille et la fourmi parmi les animaux politiques [3], qui leur accorde la sagesse, la prudence, l'intelligence [4], leur refuserait-il l'imagination ? Mais quelle sorte d'imagination pourraient-ils avoir ? et à quelle condition l'auraient-ils ? De même que les mouvements de ces êtres sont vagues et indéterminés, de même ils ont bien la sensation du plaisir et de la douleur, le désir, l'imagination, mais tout cela d'une manière confuse, obscure, vague : ταῦτ' ἔνεστι μέν, ἀορίστως δ'ἔνεστιν [5].

Aux preuves qu'il a déjà présentées de la différence de l'imagination et de la sensation, Aristote en ajoute encore deux autres. L'imagination n'est pas la sensation, parce que la sensation est toujours vraie par rapport à son objet propre ;

---

[1] De Anim., III, 3.

[2] De Mem., 451.

[3] Hist. anim., I, 1.

[4] De Part. anim., II, 2, 4. Metaph., I, 980, b, 22. Bonitz signale la contradiction (p. 39) : « Quæ num possint inter se conciliari, alii viderint ; equidem potius eam mihi videar agnoscere dubitationem, quam et de majoribus rebus et de minoribus sæpe reperias apud Aristotelem. »

[5] De Anim., III, 11.

les représentations de l'imagination sont souvent fausses, et ne dépendent pas de l'activité du sens, puisque l'on peut voir des images même les yeux fermés. Enfin le langage vient apporter son témoignage et confirmer la même vérité; car lorsqu'on a une sensation nette et claire, on ne dit pas qu'on *s'imagine* voir; on ne se sert de ce terme que lorsqu'au contraire la sensation n'est ni vive, ni forte, ni distincte. L'imagination n'est donc pas la sensation. Elle n'est pas davantage la science, c'est-à-dire la connaissance obtenue par la démonstration, ou la raison intuitive, Νοῦς, qui voit directement, parce qu'elle les possède en soi les premiers principes. En effet l'une et l'autre sont infaillibles; leurs opérations sont toujours suivies d'une connaissance vraie : or, nous savons que l'erreur peut se mêler et se mêle aux représentations de l'imagination.

Il reste à savoir si l'imagination n'est pas l'opinion, qui est aussi sujette à l'erreur. Mais l'opinion est suivie ou accompagnée de la confiance ferme à la réalité de son objet; il est impossible que lorsqu'on s'est fait une opinion, on n'ajoute pas foi à sa propre opinion. Cette adhésion vient de ce qu'on est convaincu ou persuadé, et l'on ne peut être convaincu ou persuadé que par la raison, qui manque à tous les animaux, tandis qu'ils ont tous ou presque tous l'imagination. Si elle n'est pas l'opinion même, elle n'est pas non plus l'opinion doublée de la sensation, ni une combinaison de ces deux facultés; car elle serait toujours une opinion sur l'objet perçu par le sens, et cela, non par accident, mais par essence, puisque l'opinion ne porte jamais que sur un objet qui appartient à la sensation. Mais alors comment expliquer que l'imagination se représente le soleil comme un disque d'un diamètre d'un pied, quand on a la conviction raisonnée, l'opinion fondée qu'il est plus grand que la terre, c'est-à-dire, comment peut-il se faire qu'on ait dans le même temps, d'une même chose, une opinion juste et une représentation fausse? Comment cela se peut-il faire, si imaginer n'est qu'avoir une opinion sur une chose sensible par essence? Il n'y a que deux alternatives également absurdes : ou il faut admettre que l'opinion vraie, qu'on avait de l'objet, s'est perdue, sans qu'on l'ait oubliée et sans qu'on ait changé d'opinion : ce qui est impossible puisque l'objet est resté le même; ou il faut que la même notion puisse être à la fois vraie et fausse, proposition manifestement contradictoire.

L'imagination n'est donc pas l'opinion accompagnée de

sensation, ni un produit mixte des deux facultés. Qu'est-elle donc? C'est un mouvement qui, parti des sens et produit par la sensation en acte, est éprouvé par l'être animé tout entier, par l'unité réelle que forment le corps et l'âme. Le mouvement appartient à l'âme sensitive et non à l'intelligence; mais il n'est pas identique au mouvement des sens, dont il est l'effet et la prolongation; il est seulement semblable à la sensation qu'il continue et qui l'a produit, et se rapporte aux mêmes objets. C'est une sorte d'idée sensible. On peut observer en effet que lorsque l'objet a disparu, les impressions n'en demeurent pas moins dans les organes, et y demeurent sensibles. Cette impression produite dans l'âme à la suite de la sensation est analogue à une espèce de peinture[1].

Tous les animaux n'ont pas cette persistance de l'impression sensible au delà de la sensation proprement dite; il en est chez lesquels cette persistance, en se développant, devient la raison, tandis que d'autres s'arrêtent au degré de l'imagination[2]. Comme l'imagination est un mouvement parti de la sensation, elle suppose, comme condition, la sensation et ne peut appartenir qu'aux êtres doués de sensation. Produit par la sensation en acte, ce mouvement de l'âme ne peut manquer d'être semblable à la sensation qui l'a engendré; cependant tandis que la sensation proprement dite est toujours vraie, ou du moins admet très peu d'erreurs, l'imagination, comme nous l'avons vu, est exposée à l'erreur. Voici comment on peut expliquer la chose. La sensation est toujours vraie quand elle n'a pour objets que ses objets propres; mais on dit aussi qu'il y a sensation du substrat qui porte la qualité sensible propre; par exemple, on dit qu'on voit un cygne; or, le cygne est un être qui porte la qualité de blanc, objet propre de la vue; mais cette sorte de sensation, enveloppant obscurément un jugement, est susceptible d'erreur.

Il en est de même de la sensation des propriétés générales des choses, telles que la grandeur, le mouvement, le nombre, etc. Or, puisque l'imagination doit avoir quelque ressemblance avec la sensation d'où elle part, on voit comment il y a place pour l'erreur dans les images qui viennent de la seconde et de la troisième classe de sensations. Les images nées de la première en sont seules affranchies, à la condition tou-

---

[1] *De Somn.*, II, 11.

[2] *Anal. Post.*, II, 19, 5.

tefois que la sensation soit actuelle au moment où l'image se forme; car lorsque l'objet est absent, l'image peut être fausse, et l'erreur est d'autant plus facile que les sensations directes sont plus éloignées. Maintenant, comme ces images, au lieu d'être instantanées et fugitives, comme les sensations, peuvent demeurer longtemps dans l'âme après que les objets de la sensation ont disparu, elles doivent nécessairement être causes de beaucoup d'impressions et d'actions, soit chez les animaux qui n'ont pas la raison pour principe d'action, soit même chez l'homme, quand ce régulateur de la vie morale a été comme assoupi ou troublé par la passion, le sommeil, la maladie.

L'imagination a emprunté son nom du sens de la vue, parce que la vue est le principal de nos sens, et comme ce sens ne peut agir sans la lumière, on a tiré de φάος le nom de φαντασία pour la désigner[1]. L'imagination a deux formes : l'une est l'imagination sensible que nous venons d'analyser ; l'autre est l'imagination raisonnée, délibérative, qui se rapporte à la raison pratique[2]. Nulle part Aristote n'a indiqué s'il a aperçu quelques rapports entre l'imagination et la faculté poétique ou esthétique dans le sens moderne du mot. On pourrait le conjecturer d'après la définition du mot ποίησις, qu'il ramène à l'imitation, μίμησις. Mais le mot grec φαντασία n'éveille pas les rapprochements que notre langue provoque entre l'imagination et l'imitation, et il ne faudrait pas se hâter de conclure qu'Aristote a vu ou entrevu ces rapports. D'un autre côté, il ne serait pas juste de le nier. L'image, τὸ φάντασμα, doit être semblable, ὅμοιον, à la chose perçue par la sensation : n'est-ce pas dire à peu près qu'elle en est l'imitation ? Néanmoins, je n'ai pas cru devoir rattacher à l'analyse de l'imagination celle de l'imitation esthétique qui, dans le système d'Aristote, a un caractère trop rationnel pour qu'on la sépare de la raison, comme le prouve suffisamment sa définition de l'art : une faculté créatrice accompagnée d'une conception vraie, ἕξις μετὰ λόγου ἀληθοῦς ποιητική. Il est d'ailleurs certain que Plotin est le premier qui ait distingué de l'imagination sensible et passive une imagination créatrice, capable de voir, de concevoir et d'exprimer la beauté[3].

Quelquefois l'imagination s'exerce pendant le sommeil;

---

[1] *De Anim.*, III, 0.
[2] *De Anim.*, III, 10, 11.
[3] *Ennead.*, IV, 3, 25-32.

l'image ainsi produite constitue le songe¹. Le songe n'est pas exclusivement un acte de la sensation, puisque le sommeil est une certaine impuissance de sentir, et que, si le songe était vraiment une sensation, on verrait réellement. Ce n'est pas non plus exclusivement un acte de l'opinion, δόξα; car nous ne nous bornons pas à affirmer par un jugement l'existence de l'objet vu en songe, nous sommes frappés de ses qualités sensibles, et nous ne pouvons l'être que par le sens. Cependant la raison agit dans le rêve : indépendamment et au delà des images qui nous apparaissent, l'intelligence pense encore autre chose, comme on peut s'en assurer, en reconstituant son rêve, tout éveillé. Mais il est évident que c'est la sensation qui produit la plus grande partie du phénomène, parce que la sensation est substantiellement la même faculté que l'imagination, quoique leur manière d'être soit différente : or le rêve est une sorte d'image.

Nous avons vu que, l'objet sensible disparu, les impressions senties ne s'effacent pas immédiatement chez tous les animaux. Chez ceux qui les conservent, elles demeurent dans les organes et y demeurent sensibles. Elles sont plus sensibles dans le sommeil que dans la veille, parce que la multiplicité et la diversité des mouvements agités qui se succèdent dans l'état éveillé en altèrent la vivacité ; au contraire, dans le sommeil, les débris des sensations éprouvées sont si puissants, le tourbillon des images si impétueux qu'ils occasionnent ces visions étranges et bizarres, ces erreurs de jugement si fréquentes dans le rêve². Il peut même arriver que des mouvements internes produits dans le corps, dont on n'a pas conscience dans l'état de veille, manifestent leurs effets dans le sommeil, et réciproquement, que le rêve, par les images qu'il présente à l'âme, soit cause de certaines déterminations pratiques, de certaines actions. C'est ainsi qu'on peut expliquer par des causes naturelles les rêves prophétiques³. Dans l'imagination, comme dans le rêve, l'image est une affection du sens commun⁴, qui n'est, comme nous l'avons vu, que la puissance générale dont les sens sont les puissances particulières.

---

¹ *De Somn.*, III, 13.
² *De Somn.*, I, 2, 3.
³ *De Divin.*
⁴ *De Mem.*, I, 4.

Le sommeil se rattache à la sensation non seulement parce qu'il en suspend l'exercice, mais parce qu'il est en lui-même un état de la faculté générale de sentir, d'où dépendent et d'où naissent les sens particuliers, un état de ce principe premier par lequel nous sentons tout. Il lie et enchaîne ce sens, et non les sens[1] ; il est l'état où le sens général est enchaîné ; la veille est l'état où ce sens est libre d'agir. Le sommeil naît de l'impossibilité où est l'être vivant d'être toujours en acte[2] ; l'activité a une limite ; en se prolongeant, elle s'épuise. Le sommeil à son tour ne peut pas toujours durer, parce que cela équivaudrait à une suppression totale, absolue, de la faculté de sentir[3]. L'alternance de ces deux états est donc nécessaire et commune à tous les êtres qui ont en partage la sensation, et elle n'appartient qu'à eux. Le sommeil est donc un signe caractéristique et distinctif de l'animal, qui le distingue du végétal, réduit aux fonctions de nutrition et de reproduction, et dont la vie est un sommeil sans réveil. Tous les animaux sont ainsi soumis à la loi du sommeil et du réveil, sauf, peut-être, les crustacés, auxquels ce n'est pas une raison de les refuser, parce qu'ils se dérobent en eux à notre connaissance.

Le but du sommeil est de conserver la quantité de force vitale nécessaire, que la prolongation de l'acte tarirait dans sa source ; il répare, délasse, repose l'être afin de le rendre plus frais et plus dispos pour l'activité éveillée qui est sa fin. Sentir et penser est la fin des êtres qui ont soit la sensation seule, soit la sensation avec la pensée. La fin du sommeil est la veille. C'est même en cela que consiste la différence du sommeil et des accidents pathologiques, comme les évanouissements, qui suspendent aussi l'activité sensible. Dans le sommeil, cette suspension est naturelle, et, comme tout ce qui est conforme à la nature, elle a une fin, qui est le bien de l'être[4].

Le siège du sommeil est dans l'âme sensitive, qu'il enchaîne et réduit pour ainsi dire à l'immobilité. Tout être qui dort doit donc avoir l'âme sensitive[5]. La cause naturelle de ce phénomène est dans les mouvements nécessaires de la nutrition :

---

[1] *De Somn.*, 2.
[2] *De Somn.*, 1.
[3] *De Somn.*, 1.
[4] *De Somn.*, 3.
[5] *De Somn.*, 1.

la chaleur vitale jette vers le haut du corps les vapeurs qui se dégagent des aliments ; rassemblées là, ces fumées appesantissent la tête et engendrent la somnolence, comme nous pouvons l'observer sur nous-mêmes après les repas. Refroidies dans le cerveau, la partie la plus froide de l'organisme, elles redescendent vers les parties inférieures, et arrivées au cœur, organe central de la sensation générale, elles le refroidissent et en arrêtent l'activité : c'est le sommeil. Cet état dure aussi longtemps que le travail de la digestion, et jusqu'à ce que la séparation du sang le plus pur, qui doit se rendre vers les parties hautes du corps, et du sang plus épais, destiné aux parties inférieures, ait été accomplie par ce travail [1]. La mort chez les êtres qui ont un cœur ou un organe correspondant vient, comme le sommeil, d'un refroidissement du cœur ou de l'organe, siège et source de la chaleur vitale ; c'est comme une flamme qui s'éteint faute de nourriture, soit parce que l'influence de matières étrangères et contraires au principe de la chaleur ne permettent plus au feu intérieur de cuire les aliments, soit parce que l'excès même de la chaleur dessèche et durcit les organes de la respiration qui, devenus plus raides, moins souples, moins mobiles, ne peuvent plus produire le degré de refroidissement nécessaire à l'entretien de la chaleur interne [2].

§ 3.

LA MÉMOIRE, LA RÉMINISCENCE, L'ASSOCIATION DES IDÉES.

Aristote, dans le traité *De l'Ame*, a négligé d'étudier les passions et la mémoire. Si l'*Ethique à Nicomaque* ne remplit que très imparfaitement cette lacune en ce qui concerne les passions, nous sommes plus heureux pour le sujet que nous allons aborder dans ce chapitre ; car la courte mais substantielle dissertation intitulée : *De la Mémoire et de la Réminiscence*, a laissé peu d'observations nouvelles à faire aux philosophes qui se sont occupés de ces faits intéressants et obscurs de la vie psychique.

Il faut distinguer la réminiscence de la mémoire : la mé-

---

[1] *De Somn.*, 1, 2, 3.
[2] *De Vit.*, 5. *De Resp.*, 1, 7.

moire est la faculté dont l'acte est le souvenir ; quand la volonté intervient dans la production du souvenir, c'est la réminiscence. L'objet propre de la mémoire n'est évidemment pas l'avenir, qui ne peut être l'objet que de l'espérance, ni le présent, qui est l'objet de la sensation : il n'y a de souvenir que du passé ; lorsqu'en l'absence des objets, soit sensibles, soit intelligibles, on en a soit la science, soit la sensation, c'est par un acte de la mémoire. On se dit alors, dans l'âme, qu'on a antérieurement senti ou pensé la chose. La condition première de la mémoire est ainsi la notion d'un temps écoulé ; elle enveloppe la notion du temps[1]. Parmi les animaux, ceux-là seuls posséderont donc la mémoire qui ont la perception du temps. Il y a deux sortes de mémoire, la mémoire des choses sensibles et la mémoire des choses intelligibles ; mais comme la pensée est nécessairement accompagnée d'une image, et qu'on ne peut penser même les choses qui ne sont pas dans le temps sans la notion du temps et sans la notion du continu ou de la grandeur, il en résulte que la mémoire même des choses intellectuelles est accompagnée d'une image. L'image appartient par son principe au sens commun ou général : par conséquent la mémoire est, comme l'imagination, un acte de ce principe premier et général de la sensation[2]. C'est même cette image qui est l'objet propre de la mémoire intellectuelle, en sorte qu'il n'y a mémoire de l'intelligible qu'indirectement, accidentellement. La mémoire est en soi une fonction du premier sensitif, τοῦ πρώτου αἰσθητικοῦ ; elle n'est pas une faculté de l'intelligence : ce qui explique comment elle se trouve chez des animaux qui n'ont pas la raison. La mémoire est une faculté de l'âme sensitive dans son principe premier et général, de qui relève également l'imagination, et à qui il appartient de connaître l'espace et le temps[3] ; elle est une habitude, une possession constante de cet état de l'âme qui est analogue à une peinture. Les choses qui sont par essence les objets de la mémoire sont aussi celles qui sont les objets de l'imagination ; et celles-là même qui n'appartiennent pas à l'imagination, par exemple, les choses

---

[1] *De Mem.*, I.

[2] *De Mem.*, I.

[3] L'espace et le temps sont donc des intuitions, des objets de l'expérience, pour Aristote comme pour Kant, qui ajoute, il est vrai, que ce sont des intuitions pures.

intelligibles, ne sont les objets de la mémoire que par accident. Dans l'une comme dans l'autre faculté, la persistance de l'impression sensible, μονὴ τοῦ αἰσθήματος, est le fondement de l'acte [1].

Il y a une difficulté : si la modification est présente, quoique l'objet qui l'a produite ait disparu, comment se fait-il qu'on dise que la mémoire a pour objet une chose absente ? C'est que l'on doit se représenter le phénomène comme il suit : le mouvement imprime dans l'âme une sorte de moulage de la sensation, τύπον τινά : il s'y fait comme une espèce de peinture, qu'on appelle la mémoire. C'est pourquoi les enfants chez lesquels toutes les impressions se succèdent, tous les mouvements vitaux s'accomplissent avec une extrême rapidité et une extrême violence, ont peu de mémoire : c'est comme si on plongeait un cachet dans une eau courante. Les vieillards n'en ont pas davantage par une raison contraire : semblable à un plâtre durci et séché [2], leur esprit ne peut plus recevoir assez profondément l'empreinte des choses, qui l'effleurent à peine. Mais cette description du phénomène ne résout pas la difficulté, et ne fait que la rendre plus claire. Est-ce de la modification *présente* qu'on se souvient, ou est-ce de l'objet *absent* qui l'a produite ? Si c'est de la modification présente, qui est actuellement sentie, comment s'y joint-il la notion d'un objet qui a été présent et ne l'est plus ? Si c'est de l'objet absent, comment s'expliquer cette sensation d'un objet qui n'est pas présent à l'âme ? Représentons-nous ainsi les choses : un animal est peint sur un tableau ; il y a là, d'une part, l'animal qui est peint, de l'autre la peinture de l'animal. Je puis ne penser, en le voyant, qu'à l'animal qui est peint, et ne voir que cette image ; mais ma pensée peut aussi établir la relation de cette peinture à l'objet qui y est peint. Eh bien ! si l'on compare le phénomène de la mémoire à une sorte de peinture qui se fait dans l'âme, en tant que nous la considèrerons en elle-même, nous aurons une représentation de l'esprit, une image ; si nous établissons et voyons le rapport de cette image à son objet, c'est comme une copie, c'est un sou-

---

[1] *Anal. Post.*, II, 99, b, 36. Dans les *Topiques* (IV, 4), Aristote soulève une objection dialectique contre cette théorie et particulièrement contre le terme d'ἕξις, qu'il donne ici à la mémoire.

[2] C'est une image empruntée à la peinture à fresque, fort usitée chez les anciens.

venir. La mémoire, comme l'imagination, est une continuation, un reste, un effet postérieur des mouvements primitifs de la sensation. Ces mouvements impriment dans l'âme une empreinte ; cette empreinte est l'image. Si de cette impression il résulte une représentation sans qu'on y reconnaisse la copie d'une perception antérieure, alors on a une pure image ; si on a, avec cette image, connaissance qu'on a eu antérieurement cette même perception, c'est un souvenir. La mémoire est donc bien la possession, ἕξις, d'une image en tant que copie de la chose dont elle est l'image : c'est pourquoi elle a son principe dans cette faculté générale de sentir, par laquelle nous percevons le temps, ᾧ χρόνου αἰσθανόμεθα [1].

On voit qu'il y a entre la mémoire et l'imagination des rapports si intimes que parfois nous ne savons si le phénomène psychologique est une perception ou une pensée actuelles, ou si ce n'en est que le souvenir ; parfois, au contraire, comme Antiphéron d'Orée, nous prenons pour des souvenirs ce qui n'est que des images pures de notre fantaisie : c'est-à-dire, nous sommes sujets à des extases ou à des hallucinations qui nous font prendre les images que voit notre esprit pour des réalités présentement ou antérieurement perçues [2].

La mémoire se fortifie et s'étend par l'exercice ; cet exercice consiste à considérer fréquemment l'image, non pas comme une chose en soi, mais comme l'image d'une chose, c'est-à-dire dans son rapport avec l'objet dont elle est l'image. La réminiscence est un phénomène qui a des rapports avec la mémoire et qui cependant en diffère. La réminiscence n'est pas l'acte par lequel on saisit une chose pour la confier à la mémoire, ni l'acte par lequel on la ressaisit ; en effet, quand on connaît ou qu'on perçoit une chose pour la première fois, on ne peut pas dire qu'on recouvre un souvenir, puisque antérieurement il n'y avait pas de souvenir ; on ne peut pas dire non plus qu'on saisit le souvenir, puisqu'il n'y a souvenir que lorsqu'il y a eu antérieurement prise de possession actuelle de la chose, ou une sensation éprouvée. Le souvenir ne se produit pas simultanément à l'impression produite.

Ressaisir une chose qui est dans notre mémoire n'est pas non plus toujours faire acte de réminiscence, parce que la chose ressaisie peut être ressaisie non par la mémoire, mais

---

[1] *De Mem.*, 2.
[2] *De Mem.*, I, 9.

par une nouvelle étude ou par une nouvelle expérience : car on peut apprendre deux fois la même chose. Se souvenir n'est pas se ressouvenir. Le ressouvenir consiste à reprendre la science ou la sensation qu'on avait eue antérieurement, à rentrer dans l'état que nous appelons mémoire ; pour qu'il y ait réminiscence, il faut que les choses aient existé antérieurement dans notre esprit, et qu'après en avoir disparu, elles y réapparaissent, mais incomplètement. Cet acte suppose qu'il y a, dans les choses que nous avons sues ou perçues, quelques-unes qui nous reviennent, d'autres qui ne nous reviennent pas. La mémoire a lieu quand le souvenir est entier, et qu'on se rappelle les choses dans toute leur étendue ; la réminiscence, au contraire, a lieu quand une partie des choses seulement se reproduit, et qu'à l'aide de ce fragment on reconstruit l'ensemble entier.

Sans doute, toute connaissance suppose une connaissance antérieure, et l'esprit n'est jamais absolument vide ; mais la réminiscence suppose quelque chose de plus. Le principe d'où elle part est plus plein de contenu[1] que celui d'où part l'esprit qui apprend ; elle suppose que l'esprit a conscience de quelques-uns de ses souvenirs. Maintenant il est dans la nature des choses que tel mouvement se produise après tel mouvement, et cette succession de mouvements est ou nécessaire ou habituelle. Nos idées et nos sensations ne sont que des mouvements[2]. Ces mouvements sont enchaînés les uns aux autres par des lois naturelles que l'observation découvre, et ils appartiennent à l'ensemble du système qui constitue l'homme, c'est-à-dire qu'ils sont à la fois physiques et intellectuels.

La réminiscence a lieu à la condition que nous nous donnions nous-mêmes quelques-uns des mouvements antérieurement éprouvés, jusqu'à ce que nous nous donnions précisément celui-là même après lequel tel autre mouvement doit suivre universellement et nécessairement ou le plus habituellement. Elle est ainsi une sorte de syllogisme, οἷον συλλογισμός τις ; car les mouvements physiques et intellectuels se tiennent et se contiennent l'un l'autre, de manière à se dérouler dans un

---

[1] πλείων ἀρχή, qui renferme le plus grand nombre de conséquences ou d'idées : celui qui apprend quelque chose qu'il ignore part pour ainsi dire du vide ; dans la réminiscence, le point de départ est un souvenir imparfait, et son but est de le compléter.

[2] σχήματα καὶ κινήσεις. C'est ainsi qu'Herbart réduit l'association des idées et les idées à des mouvements.

ordre observable et à pouvoir être produits par la volonté, aussitôt qu'on a réussi à produire le mouvement antécédent qui contient la série ordonnée de tous les mouvements conséquents. Ce n'est donc pas une opération instinctive, comme celle de la mémoire retentive, c'est une opération voulue, calculée, un travail réfléchi et combiné en vue d'une fin, un raisonnement délibéré, dont les animaux capables de mémoire ne sont pas tous capables. La réminiscence forme un trait caractéristique de l'homme qui, seul, a cette faculté, précisément parce qu'elle est un syllogisme. En effet, après avoir entendu ou vu antérieurement quelque chose, en conclure quelque chose, cela n'est possible qu'à ceux qui ont la faculté de délibérer, et la délibération est une sorte de syllogisme [1].

La mémoire est un de ces mouvements qui procèdent du centre sensationnel et des organes des sens à l'âme, et y frappent comme une empreinte [2]. Dans la réminiscence, les mouvements de l'âme et du corps sont unis [3]; mais le mouvement de la volonté qui cherche, qui délibère, qui conclut, qui va comme à la chasse du mouvement antécédent, est le principe initial qui communique le mouvement à la partie de l'organisme où les images sont déposées par la sensation et gardées par la mémoire [4]. Ce mouvement plus ou moins agité et inquiet, selon le tempérament des individus, ne s'arrête pas avant que ne se présente ce qu'on cherche et que ne soit enfin venu à s'éveiller le mouvement vrai duquel dépend ce qu'on cherche. On voit qu'il y a ici un acte intentionnel, un effort délibéré qui se propose une fin, qui est stimulé par le désir et la volonté de retrouver, à l'aide de certaines choses dont on se souvient, certaines choses qu'on a oubliées, à l'aide de certains mouvements dont on est encore maître, de provoquer certains mouvements dont on ne l'est plus. On est, il est vrai, souvent obligé de remuer, presque au hasard, une foule de choses avant d'arriver juste à ce mouvement qui amènera à sa suite la chose cherchée.

Avoir une faculté heureuse de réminiscence, c'est avoir dans l'esprit une force motrice assez vigoureuse pour tirer de soi-même et des mouvements que l'on a en soi, le mouvement

---

[1] *De Mem.*, 2. *Hist. anim.*, I, 1.

[2] *De Anim.*, I, 4. *De Mem.*, 1.

[3] *De Mem.*, 2.

[4] *De Mem.*, 2.

même qu'on cherche[1]. Cette recherche, cette poursuite d'un souvenir effacé, repose sur une conviction de la raison, à savoir que nos idées sont liées entre elles par des lois naturelles, et que par conséquent l'ordre de cette consécution est observable.

Quelles sont les lois de cette association ? Nous cherchons à provoquer le mouvement conséquent en partant du mouvement présent ou d'un autre quelconque, antérieur nécessairement, mais connu et conservé. Le mouvement ou présent ou antérieur est ou semblable ou contraire à celui qu'on cherche, ou à un mouvement qui est avec celui-ci dans un rapport de simultanéité ou de quasi simultanéité, τοῦ σύνεγγυς. Car il y a entre les mouvements ou des rapports de qualité, c'est-à-dire qu'ils sont ou ne sont pas les mêmes en espèce et en essence, ou des rapports de temps, c'est-à-dire qu'ils sont ou ne sont pas simultanés ou qu'il s'en faut de très peu. On peut donc faire un acte de réminiscence sans le vouloir, lorsqu'on tombe involontairement sur un mouvement qui en éveille toute une série liée par les lois de l'association naturelle des idées ou des mouvements. Il est clair cependant que lorsqu'on cherche à faire cet acte, il faut que parmi nos idées antérieurement acquises se trouve justement le mouvement, antécédent naturel de celui que nous cherchons, et que pour réussir à le trouver, il ne faut pas aller chercher bien loin ; au contraire il faut porter nos regards sur l'objet le plus voisin gardé par notre mémoire et qui se trouve, avec l'objet cherché, dans les rapports que nous venons d'indiquer. Si l'objet cherché ne dépend pas des mouvements dont nous sommes maîtres, il faut renoncer à le retrouver, et il vaut mieux le réapprendre. Au contraire, il nous sera facile de retrouver les choses qui ont entre elles un ordre constant et rigoureux, telles que les propositions mathématiques ; car l'ordre des mouvements intellectuels correspond à l'ordre des choses. L'important est donc de pouvoir saisir le vrai principe, le vrai mouvement antécédent.

Le vrai principe, ici comme dans le syllogisme et, on peut dire, en toute chose, c'est le moyen, parce que c'est de ce moyen, comme d'un centre, que les mouvements qui doivent et peuvent réveiller le souvenir perdu, se dirigent dans les deux sens. Cependant, même quand on a ce bonheur, on

---

[1] Voir Hamilton, note D de son édition de Reid.

ne retrouve pas toujours ce qu'on cherche, parce que d'un même commencement peuvent partir des mouvements différents : un même mot peut être le commencement de plusieurs vers, par exemple. Mais la série des mouvements dont l'ordre s'est enraciné en nous par une longue habitude est celle qui se renouvelle le plus facilement : car l'habitude est une seconde nature, et l'habitude d'enchaîner une série de mouvements les lie comme l'aurait fait la nature. Mais, de même que dans la nature les buts sont quelquefois manqués, par suite de l'influence du hasard qui y a sa place, de même et à plus forte raison, le désordre peut s'introduire dans les choses qui dépendent de l'habitude : il est possible que l'esprit se meuve à l'aventure, au hasard, qu'il soit emporté de çi de là, sans règle et sans ordre, comme il arrive quand, en cherchant à nous rappeler un nom, nous en trouvons un semblable que nous écorchons. Ce qu'il y a de plus important, c'est de bien établir la consécution du temps, soit avec une précision exacte, soit en gros. Le temps, comme l'espace, est mesuré, non pas directement, mais par des mouvements analogues ; car il y a dans l'esprit des figures et des mouvements qui ressemblent aux mouvements du temps et aux figures de l'espace.

J'imagine qu'Aristote veut dire que l'esprit a en lui un analogue des mouvements et des figures des choses placées dans le temps et dans l'espace, et que c'est sur ces mouvements internes et par eux qu'il mesure les mouvements externes. C'est par le nombre, l'intensité ou la durée des mouvements internes qu'on jugera et déterminera les autres. Ces mouvements et figures internes ont beau être plus petits que ceux qu'ils doivent mesurer ; ils n'en conservent pas moins avec eux leur proportion, en sorte que la mesure n'est pas moins exacte.

Si donc *le mouvement de l'objet* dont on cherche à retrouver le souvenir est simultané à celui du temps, on se souvient réellement ; si cette coïncidence n'a pas lieu et qu'on croie néanmoins qu'elle a lieu, il y a une illusion de réminiscence. On croit se ressouvenir et on ne se ressouvient pas. Enfin, si cette coïncidence n'a pas lieu et qu'on ait conscience qu'elle n'a pas lieu, alors on ne se ressouvient pas, et on sait qu'on ne se ressouvient pas.

Mais qu'est-ce que Aristote entend ici par *le mouvement de l'objet*, ἡ τοῦ πράγματος κίνησις ? Saint Thomas entend un mouvement réel de l'objet « *quando in anima simul occurrit motus rei memorandæ.* » Il y aurait donc trois mouvements : celui de la chose, qui cependant pourrait être en repos; celui de l'esprit et celui du temps. Pour moi, je suis porté à croire qu'il s'agit du mouvement produit dans l'esprit par la chose, par opposition à son mouvement propre et spontané, c'est-à-dire la persistance et la prolongation, la vibration, dans l'âme, de la sensation première. Si l'on peut établir entre cette impression et le temps où elle a eu lieu, un rapport soit exactement calculé, soit déterminé plus vaguement, mais enfin avec une précision suffisante, on retrouve son souvenir; car le mouvement du temps est double, suivant qu'on le mesure avec exactitude ou par approximation seulement.

La réminiscence se distingue de la mémoire, non seulement par le temps, mais en ce que cette dernière faculté se trouve dans un grand nombre d'animaux, tandis que la première, enfermant une délibération, une sorte de raisonnement, est le privilège de l'homme, seul capable de réfléchir et de conclure. Comme la réminiscence est la recherche que fait l'esprit d'une image qui a laissé une trace dans l'organe corporel de la sensation, il est clair qu'elle est liée à un état du corps. Les mouvements internes qu'elle excite, troublent, péniblement parfois, les gens qui font de vains efforts pour retrouver l'image oubliée qu'ils désirent. Telles sont les personnes dont l'âme est facilement excitable et vivement impressionnable par les images ; leurs propres mouvements sont si impétueux et si nombreux qu'ils n'en possèdent plus l'empire; ils ne peuvent plus arrêter l'ébranlement une fois imprimé, et si leur système sensible, nous dirions aujourd'hui leur système nerveux, est très délicat et très flexible, s'ils ont au siège de la sensation beaucoup d'humidité, cette humidité une fois mise en mouvement ne s'arrête pas avant d'avoir atteint le but. Jusque-là, tout est en désordre dans leur esprit et souvent en souffrance dans leur corps. C'est en vain qu'on veut arrêter les mouvements corporels qui se lient à l'effort de la réminiscence: ils nous emportent où nous ne voulons pas, comme lorsque certaines paroles, certains chants, c'est-à-dire certains mouvements imprimés profondément dans notre esprit et d'une manière persistante, agissent sur les organes de la voix, et nous les font chanter ou prononcer malgré nous. Aussi la réminiscence et la mémoire sont parfois dans un rapport inverse : les hommes d'un esprit lent ont ordinairement une bonne mémoire ; les esprits vifs et qui apprennent facilement ont une heureuse faculté de réminiscence. Il est rare de trouver les deux facultés réunies à un degré également supérieur chez le même individu [1].

§ 4.

LA LOCOMOTION.

L'âme des animaux a deux caractères essentiels et spécifiques : elle juge, c'est-à-dire distingue, tantôt par la sensation seule, tantôt par la raison et la sensation ; ensuite elle meut le corps dans l'espace [2]. On peut, sur ce dernier point, élever plusieurs questions : la force par laquelle l'âme meut le corps dans l'espace est-elle une partie de l'âme réellement, localement séparée des autres, ou n'en est-elle distincte qu'idéalement ? Cette force est-elle une des facultés que nous avons jusqu'ici reconnues dans l'âme, ou une faculté nouvelle et différente ? Au contraire, est-ce l'âme tout entière qui est indivisément le principe moteur de l'animal ? Laissant de côté la question discutée plus haut de savoir combien il faut admettre de facultés dans l'âme, quelle signification il faut attacher à cette division, nous nous bornerons ici à rechercher quel est le principe général qui est, dans les animaux, la cause du mouvement local, indépendamment du mécanisme dont ils se servent pour l'effectuer [3].

Il y a, comme on sait, quatre genres de mouvement : le mouvement dans la catégorie de la quantité, qui produit l'accroissement et la diminution de volume, et qui se manifeste chez les plantes et les animaux dans les phénomènes de nutrition ; le mouvement dans la catégorie de l'essence, si on peut l'appeler un mouvement, par lequel s'opère la génération et la destruction de l'être ; le mouvement dans la qualité, qui a lieu dans la respiration, le sommeil, la sensation, et qui est, au propre, une altération [4] ; enfin le mouvement dans le lieu, auquel se ramènent tous les autres, et qui se ren-

---

[1] *De Mem.*,

[2] *De Anim.*, III, 3 et 9.

[3] *De Anim.*, III, 3 et 9. *De Mot. anim.*, I.

[4] *Metaph.*, XII, 2. *Phys.*, III, 1 ; VII, 1. *Categ.*, 14. *De Anim.*, I, 3 ; III, 9.

contre chez les êtres animés, supérieurs d'organisation et de fin ; car tous les végétaux et plusieurs espèces animales en sont complètement dépourvus [1].

Dans tout mouvement on distingue la chose mue, le mécanisme qui transmet et reçoit le mouvement, enfin le principe qui le communique sans l'avoir reçu [2]. C'est ce dernier principe que nous avons à découvrir dans l'animal, en nous rappelant bien qu'il faut que les faits fondent la théorie [3]. Le moteur premier de l'animal, comme tout premier moteur, doit être immobile [4]; car il n'y a de mouvement possible qu'à la condition que quelque chose soit en repos. On le voit dans le mouvement des animaux, où un membre ne peut se mouvoir qu'en s'appuyant sur un autre qui reste immobile, et d'où part le mouvement. Ce point de repos, chez les animaux, est au dedans d'eux. A plus forte raison, il doit y avoir quelque principe immobile au dehors de l'animal en mouvement, différent du tout au tout de lui, et sur lequel il se puisse appuyer pour se mouvoir. Par conséquent, le principe qui met en mouvement le ciel entier doit non seulement être immobile, mais encore être en dehors du ciel. Pour les animaux, il faut deux points de repos : un en dehors d'eux, l'autre interne; ceci s'applique même au mouvement qui se passe dans l'être par l'altération et la croissance. C'est de lui-même que l'animal tire ses modifications et ses développements : il a donc en lui un point immobile d'où ils partent; mais primitivement, au début, c'est du dehors, c'est d'un être différent de lui qu'il reçoit le mouvement initial, principe de tous les mouvements subséquents.

On ne peut s'empêcher de remarquer la contradiction où se jette la théorie d'Aristote : l'âme est, suivant lui, immobile, et cependant primitivement elle reçoit le mouvement d'un être différent d'elle et du dehors : elle est donc à la fois mobile et immobile.

Les animaux se donnent à eux-mêmes le mouvement et le communiquent à d'autres êtres en vue de quelque fin : cette fin est le terme du mouvement. Les principes de ce mouve-

---

[1] *Phys.*, VII, 2 ; VIII, 10.

[2] *De Anim.*, III, 10. *Phys.*, VIII, 5.

[3] *De Mot. anim.*, I, 3.

[4] *De Mot. anim.*, 1. *Metaph.*, XII, 7. *Phys.*, VIII. *De Anim.*, III, 2, III, 5 ; III, 10.

ment sont la pensée, l'imagination, la volonté et le désir[1]. La sensation et l'imagination se rapportent à l'intelligence; car elles sont toutes deux des facultés de connaître; elles sont donc principes du mouvement. Pour les animaux qui ne se meuvent que provoqués par l'appétit ou la volonté, à la suite de quelque modification, soit dans leurs sensations, soit dans leurs imaginations, les moteurs premiers sont l'objet désiré ou l'objet conçu par la raison. Cet objet, pour provoquer le mouvement, doit être une fin, la fin où tend naturellement l'animal, et par conséquent un bien réel ou apparent. Le principe de tout mouvement est en effet ce qui est, pour l'être, à rechercher ou à fuir dans les choses que nous devons faire. L'action est la conclusion nécessaire que l'esprit tire de deux propositions qu'il voit en même temps, dont l'une est formée par l'appétit, l'autre par la raison, l'imagination ou la sensation. L'appétit dit : je veux boire ; la sensation dit : voici de l'eau ; alors on boit sur-le-champ. Ce qui meut l'animal, c'est donc l'appétit mis en mouvement par la sensation, l'imagination ou l'intelligence. C'est comme dans le mouvement des automates : il suffit de pousser un ressort pour que le mouvement se communique à toute la machine.

Toutes les pensées pénibles ou agréables sont accompagnées de chaleur ou de refroidissement dans le corps, comme on peut le voir dans les passions. De là le jeu facile du mécanisme organique du mouvement, des divers états des pièces qui composent les articulations et qui se prêtent par leurs propres changements aux mouvements que commande la pensée. Voilà pourquoi l'homme marche aussitôt que la pensée a dit : il faut marcher. Le mécanisme interne et externe obéit instantanément à cet ordre ; ce qui tient à ce que l'un est l'élément passif, l'autre l'élément actif, et que ces deux éléments sont relatifs l'un à l'autre. Le principe moteur premier n'est aucun des organes mus ; il est au delà et au-dessus de tout appareil en mouvement. Il faut en effet qu'il soit immobile.

Ce principe ne peut être ni à droite ni à gauche, il doit être au centre de l'animal mû, parce que le centre est la fin des extrêmes et est dans un rapport d'égalité parfaite avec tous les mouvements, d'où qu'ils partent. De plus il doit être

---

[1] Quelques éditions ajoutent la passion et la sensation ; leçon autorisée par le sens, mais non par les manuscrits.

simple : ce n'est donc pas le cœur, organe complexe, partie centrale du corps et siège de la sensibilité ; mais il est placé dans le cœur[1], c'est-à-dire dans une grandeur réelle, une en puissance et multiple en acte, parce qu'elle doit pouvoir simultanément mouvoir plusieurs membres. Simple et immobile, ce moteur premier ne peut être que l'âme. L'appétit, moteur et mû, est l'intermédiaire. Dans les animaux, ce principe intermédiaire, ce milieu est le souffle naturel de la respiration. Car il faut à tout moteur une certaine puissance, une certaine force par l'intermédiaire de laquelle il agisse. L'âme sert de point immobile sur lequel s'appuie le souffle mobile de la vie. C'est le même jeu que dans le mouvement mécanique des membres, qui s'appuie toujours sur le point immobile de l'articulation. Ce souffle vital est placé dans le cœur ou dans l'appareil qui en fait fonction. Voilà comment l'âme meut le corps.

Il n'est pas nécessaire que l'âme soit réellement présente dans toutes les parties : il suffit qu'elle soit placée en un lieu du corps favorable pour qu'elle puisse communiquer de proche en proche le mouvement, et entretenir entre toutes ces parties un rapport constant, qui est la vie. L'harmonie parfaite qui règne entre toutes les parties du corps fait que le mouvement venu de l'âme se communique de proche en proche, et alors les parties de l'animal se meuvent nécessairement. La même cause produit les mouvements involontaires du cœur, des parties génitales, du sommeil, du réveil, de la respiration. Cependant la pensée et l'imagination, en venant apporter à l'âme des images ou des notions des choses sont, pour quelques-uns de ces mouvements, les causes premières ; mais ces mouvements cependant sont dérobés à l'empire de notre volonté, parce qu'ils constituent comme un système, comme un animal séparé[2] : ce qui est vrai surtout de l'appareil de la génération, dans lequel le sperme est déjà une sorte d'animal, possédant une vie propre[3].

Dans les mouvements de l'animal il y a réciprocité : venu

---

[1] Conf. *De Respir.*, 16.

[2] Voici un passage en opposition avec l'animisme. Les mouvements inconscients sont séparés des mouvements conscients, comme un animal d'un autre animal. L'âme principe des uns est donc séparée de l'âme principe des autres.

[3] Le sperme contient en effet des animalcules vivants et de forme variée.

du moteur, le mouvement y retourne ; l'âme, après avoir ébranlé le corps, est souvent ébranlée par lui : tant sont intimes et profonds les liens qui les unissent l'une à l'autre, et qui ne sont autres que les liens indissolubles qui unissent l'acte à la puissance [1].

[1] *De Mot. anim.*

CHAPITRE HUITIÈME.

L'AME PENSANTE.

§ 1er.

LA RAISON EN GÉNÉRAL.

L'âme est le principe par lequel un corps organisé est vivant; vivre, c'est se nourrir, s'accroître, se reproduire, fonctions qui enferment toutes un mouvement dans l'espace, ne serait-ce qu'un changement de volume; vivre, c'est encore sentir, fonction à laquelle se rattachent les phénomènes du désir, du plaisir et de la peine, des passions, de l'imagination, de la mémoire, et qui enveloppe dans toutes ses opérations une comparaison, un jugement, une connaissance; vivre, c'est enfin penser, qui est aussi connaître, juger, comparer, actes dont la faculté est la raison, ὁ Νοῦς[1]. Ce qu'on appelle la raison ne se propose parfois dans la connaissance que la connaissance même; son acte alors consiste exclusivement dans la contemplation, dans la vision de la vérité; elle reste étrangère à l'action extérieure, et elle ne se prononce pas sur la question de savoir s'il faut fuir ou rechercher telle ou telle chose; en un mot, elle n'est pas principe de mouvement. C'est la raison théorétique.

Parfois aussi la raison ne se contente pas de considérer les choses et d'en prendre connaissance : elle ordonne, elle commande; elle prononce qu'il faut fuir ou rechercher ceci ou cela; elle pousse à l'action, et si elle n'en est pas seule maîtresse, si le désir a aussi la puissance de présider à l'action, et cela même contre les ordres de la raison, il n'est pas moins certain que la raison a un caractère impératif, possède une force capable de plier le désir, de vaincre la passion, en un mot

[1] *De Anim.*, III. 3. 10.

de se faire obéir du moins des hommes vertueux. C'est la raison délibérative ou pratique, qui, calculant, choisissant, en vue de quelque but qu'elle se propose, est un principe de mouvement et d'action [1].

L'action, πρᾶξις, se distingue de la production, ποίησις, sous deux points de vue, et par son origine et par son but. Le *faire* a son origine première dans la raison, comme l'action, mais dans une forme particulière de la raison qu'on appelle la raison poétique. La faculté poétique ou productive dépend de la raison, parce qu'elle est une sorte de connaissance, une science même, si bien qu'on l'appelle aussi science poétique, ἐπιστήμη ποιητική [2]. Mais à cette science il faut qu'il s'ajoute une certaine habitude constante et générale dirigée par elle, ἕξις μετὰ λόγου, et qui, se proposant pour fin une chose à produire, prend le nom d'art, τέχνη. Cet art, comme toutes les vertus acquises et les qualités constantes, a sa source dans une puissance ou simple faculté, δύναμις, susceptible des contraires, et qui n'aboutit pas nécessairement, en tout sujet, au talent, en possession constante de lui-même. La raison poétique ne dépend pas de la volonté ; aussi l'erreur volontaire de l'artiste vaut-elle mieux pour lui qu'une erreur involontaire, tandis qu'il en est tout autrement de l'agent moral, pour lequel l'erreur involontaire est moins grave que l'erreur volontaire [3].

Le but que ces deux activités de la raison poursuivent ne diffère pas moins que leur principe : la raison poétique a pour fin une œuvre différente de l'activité qui la produit; dans l'activité pratique, c'est l'action même qui est le but de l'agent, du moins la bonté et la beauté de l'action [4]. L'activité créatrice a un but au delà de l'action, et toute la valeur, tout le prix de cette activité est dans le produit, qui est supérieur à l'acte producteur [5]. C'est le contraire qui arrive dans l'action morale, où l'intention domine l'œuvre extérieure, où l'action peut rester tout interne, où le choix et la résolution constituent l'essence et la beauté de l'action même. Si distinctes qu'elles soient l'une de l'autre, ces deux formes de la raison ont un trait commun qui les distingue toutes deux de la première :

---

[1] *De Anim.*, III, 9, 10.
[2] *Metaph.*, VI, 1; IX, 2; XI, 7; XII, 9.
[3] *Ethic. Nic.*, VI, 5.
[4] *Ethic. Nic.*, VI, 4 et 5.
[5] *Ethic. Nic.*, I, 1.

c'est que leur objet est contingent, futur, individuel ; il peut être autre qu'il est ; au contraire, l'objet de la raison spéculative est l'être universel, immuable, actuel, nécessaire[1]. Toute activité rationnelle rentrant dans l'un de ces trois modes de la raison[2], qui cherche en tous la vérité[3], nous diviserons l'étude de la raison en trois chapitres, où nous traiterons successivement de la raison poétique, de la raison pratique et de la raison théorétique, en commençant par celle-ci.

§ 2.

LA RAISON THÉORÉTIQUE.

Par les degrés intermédiaires d'une série continue d'êtres qui ont la vie et ne sont pas encore des animaux, la nature s'élève des choses sans vie aux animaux, distribués eux-mêmes en espèces dont le rapprochement est si intime et si voisin qu'il n'y a jamais de l'une à l'autre qu'une très petite différence[4].

L'homme est le plus parfait d'entre les animaux les plus parfaits, et porte jusque dans la beauté de son organisme physique la marque de la fin supérieure à laquelle il est destiné : mais c'est surtout par son âme qu'il s'élève au-dessus de toutes les autres créatures animées, dont les plus parfaites n'ont que des traces de ces qualités morales et de ces facultés intellectuelles qui éclatent chez lui en traits si manifestes et si saillants[5]. Entre la beauté de son organisme et la fin que poursuit sa vraie nature, il y a plus qu'une correspondance significative : il y a un rapport intime et une dépendance réciproque. L'âme humaine n'est pas bornée aux

---

[1] *Ethi.c Nic,.* VI, 3 et 4. *De Part. anim.*, I. 1. ἡ δ' ἀρχὴ τοῖς μὲν τὸ ὄν, τοῖς δὲ τὸ ἐσόμενον.

[2] Cette division est reproduite mainte fois, par ex. *Metaph.*, XI, 7. *Top.*, VI, 6 ; VIII, 1. *De Cœl.*, III, 7. Elle est quelquefois ramenée à l'opposition de la science et de la pratique, par ex. *Metaph.*, II, 1. *Ethic. Nic.*, VI, 12. *De Mot. anim.*, 7.

[3] *Ethic. Nic.*, VI, 3, où il est fait mention de cinq parties, mais les deux derniers termes, σοφία, νοῦς, synonymes entre eux, embrassent et résument les trois premiers, τέχνη, ἐπιστήμη, φρόνησις, qui désignent les vertus dianoétiques.

[4] *De Part. anim.*, IV, 5, 681, a, 12.

[5] *Hist. anim.*, IX, 1, 588, a, 16 sqq.

fonctions inférieures de la vie végétative et de la vie sensitive; l'âme humaine possède un esprit, une intelligence, une raison, Νοῦς, faculté par laquelle elle est capable de raisonner, de comprendre, de délibérer, en un mot de penser[1]. Mais pour être capable de remplir cette fonction supérieure, il faut à l'homme un développement approprié de sa constitution phy-

[1] *De Anim.*, III, 4, 3... λέγω δὲ Νοῦν, ᾧ διανοεῖται καὶ ὑπολαμβάνει ἡ ψυχή...
La langue philosophique, et particulièrement la nomenclature technique de la psychologie, est loin d'être fixée, même dans la science moderne; il n'est pas étonnant qu'elle n'ait pas encore ces caractères de constance et d'universalité dans Aristote, qui le premier essaie de la fonder. Les termes nombreux et divers sous lesquels il désigne les modes et facultés de connaître autres que la sensation, tantôt correspondent à une seule et même idée, tantôt semblent exprimer des nuances et même des différences plus profondes. Nous voyons ici le Νοῦς, la raison, définie par les fonctions de la διάνοια et de l'ὑπόληψις, qui se présentent souvent comme synonymes entre elles, et chacune comme synonyme au Νοῦς, et dans cette acception large désignent toutes les activités intellectuelles de l'esprit, αἱ περὶ τὴν διάνοιαν ἕξεις. (*Anal. Post.*, II, 19, p. 100, b, 6.) Parmi ces activités, Aristote distingue par des noms particuliers l'ἐπιστήμη, la science infaillible et toujours vraie, la δόξα, l'opinion, et le λογισμός, le raisonnement, exposés tous deux à l'erreur. Le mot φρόνησις lui-même, outre son sens plus précis, a encore souvent la signification générale de connaissance, aussi bien des objets purement intelligibles que des objets pratiques, ἡ τῶν νοητῶν φρόνησις καὶ τῶν πρακτῶν. (*De Sens.*, 1.)
La διάνοια, qui s'oppose ainsi dans son sens large à la sensation, comme la connaissance rationnelle à la connaissance expérimentale (Trend., *Elem. log. Arist.*, p. 80), dans un sens plus spécifié, signifie l'acte de la raison qui sépare et lie les idées, la faculté qui raisonne, abstrait, combine, la raison discursive; l'ὑπόληψις est un terme ordinairement plus général, qui exprime l'acte ou l'activité par lesquels l'esprit prend conscience de la différence entre le vrai et le faux, et saisit immédiatement le rapport nécessaire du prédicat et du sujet, ὑπόληψις τῆς ἀμέσου προτάσεως. (*Anal. Post.*, I, 33.) Trend. (*De Anim.*, p. 469) : « ὑπολαμβάνειν eo pertinet ut quid res revera sit statuatur; διανοεῖν ut quid possit esse, quidve oporteat, perpendatur. » Il en résulte que l'ἐπιστήμη, la δόξα et la φρόνησις sont considérées parfois comme des espèces comprises dans l'idée générale de l'ὑπόληψις. (*De Anim.*, III, 3.)
Quant au Νοῦς, il est presque toujours l'expression propre pour l'intuition intellectuelle qui se porte immédiatement sur les principes de la raison : Themist., *De Anim.*, f. 71, b. τὸ νοεῖν μὲν ὅταν τοὺς ἁπλοῦς ὅρους καταλαμβάνῃ, τὸ διανοεῖσθαι δὲ ἐν τῷ συντιθέναι τούτους καὶ διαιρεῖν... νοεῖν μὲν οὐχ οἷόν τε ψευδῶς, διανοεῖσθαι δὲ οἷόν τε. — κἀκεῖνο μὲν ἐπιβολὴ καὶ θίξις ἐστὶ τοῦ νοουμένου, τοῦτο δὲ ὥσπερ κίνησις περὶ αὐτὸ καὶ ἐπέλευσις καὶ ἀσθένεια τοῦ κατασχεῖν ἀθρόον. C'est la lumière divine de l'âme. *Arist. Rhet.*, III, 10.
Mais rappelons que l'usage de ces termes, dans Aristote, n'a encore rien de fixe, et que leur signification, d'un ouvrage à l'autre, d'une phrase à l'autre, est flottante, et qu'il faut par conséquent toujours en chaque passage la déterminer par le contexte.

sique. Tant que le corps est trop lourd et mal proportionné, tant que la partie supérieure en est trop grande pour la partie inférieure, il semble que l'âme n'en puisse supporter le poids; l'animal ou rampe ou a besoin de quatre pieds pour donner le mouvement à cette masse. La pesanteur de son enveloppe matérielle semble rendre la pensée et même le sens commun lourds eux-mêmes. Mais lorsque la proportion parfaite s'établit entre la partie inférieure et la partie supérieure du corps, lorsque les pieds peuvent à eux seuls en porter le buste, l'animal, et l'homme est le seul animal de cette espèce, se tient droit[1], marche debout, a des mains; et tout cela parce que sa nature, son essence est divine, et que la fonction d'un être divin est de penser et de délibérer[2]. Ce n'est pas parce qu'il a des mains, comme le croyait Anaxagore, qu'il est supérieur aux animaux, mais c'est parce que, par sa fin et son essence, il est supérieur à eux, que la nature lui a donné des mains.

Raisonner, délibérer, connaître, penser, ce sont les actes d'une faculté de l'âme spéciale, distincte de la sensation. Si la sensation est déjà une sorte de connaissance[3], la raison est la connaissance même, c'est ce par quoi l'âme connaît et délibère[4]. Laissant pour le moment de côté la question de savoir si la raison est dans l'âme une partie qui se puisse ou non séparer des autres, et par conséquent du corps auquel est liée nécessairement l'activité de ces autres parties, si la raison en est séparable dans son substrat, dans sa substance, ou idéalement, logiquement, nous allons rechercher d'abord en quoi consistent ses caractères distinctifs et spécifiques, qui attestent qu'elle est une fonction et une faculté distincte de l'âme.

La raison a avec la sensation des rapports de différence en même temps que de ressemblance. Elle en est distincte; elle est une faculté spéciale de l'âme. Nous avons vu déjà plus haut que les facultés se distinguent par la diversité de leurs objets propres : or, s'il est en nous une faculté de connaître, qui, tout en percevant, comme le fait la sensation, les formes intelligibles des choses matérielles, sans leur matière, opère

---

[1] Hegel, *Phil. de l'Esp.*, t. I, p. 426. « L'homme ne se tient debout que parce qu'il le veut, ... bien qu'il n'y ait pas de conscience dans ce vouloir. »

[2] *De Part. anim.*, IV, 10, 686, a, 25. νοεῖν καὶ φρονεῖν.

[3] *De Gener. anim.*, I, 23, 731, a, 33. ἡ δ' αἴσθησις γνῶσις τις.

[4] *De Anim.*, III, 4, 429, a, 10. γινώσκει καὶ φρονεῖ.

cependant un acte de connaissance dans lequel aucun des objets propres des sens n'est représenté, cette faculté de connaissance sera distincte de la sensation. Nous sommes assurés qu'il en est ainsi ; nous avons conscience de posséder les idées générales[1], par exemple de la couleur, du son, etc. ; or, elles ne nous ont pas été données par les sens ; car la vue connaît bien le blanc, le noir ; mais la couleur en général, la vue ne la connaît pas ; car si elle la connaissait, elle la connaîtrait sous son mode particulier de connaître, c'est-à-dire ou comme blanche ou comme noire, et la couleur en soi n'est ni l'un ni l'autre, puisque si elle était une quelconque des couleurs déterminées, elle serait alors opposée à une autre couleur et ne pourrait pas en être affirmée. Or on dit : le noir est une couleur, tout aussi bien que : le blanc est une couleur. On peut répéter le même raisonnement en l'appliquant au son. Si donc les sens, dont les objets propres sont les couleurs et les sons déterminés, ne peuvent pas nous donner les idées générales de son et de couleur, les autres sens le pourront bien moins encore. Puisque nous avons ces idées générales, et que la sensation ne peut pas nous les avoir données, il faut qu'il y ait en nous une faculté spéciale pour les produire : c'est celle que nous appelons la raison.

Les idées mathématiques de surface, ligne, point, carré, etc., en un mot les derniers termes en mathématiques, dont il n'y a pas de définition, sont bien, si on veut, connus par une sensation ; mais ce n'est pas la sensation qui a ses sensibles propres, οὐχ ἡ τῶν ἰδίων ; c'est sans doute une sensation, mais d'une espèce particulière et toute différente ; c'est une sensation de la raison ; cette sensation, c'est la raison même[2]. Les idées métaphysiques de l'être, de la substance, de la

---

[1] *De Anim.*, II, 5, 417, b, 20. « L'acte de la sensation est analogue à l'acte de l'intuition ; ils diffèrent en ce que ce qui crée l'acte de l'un, ce sont les choses extérieures, l'objet visible, l'objet acoustible, et la raison de ce fait (à savoir que la cause de l'acte de la sensation est un phénomène extérieur), c'est que la sensation en acte a pour objet les choses individuelles, tandis que la science a pour objet les choses générales, les universaux, lesquels sont, non pas extérieurs à l'âme, mais en quelque sorte dans l'âme même. Voilà pourquoi l'acte de penser dépend de nous-mêmes ; nous pensons quand nous voulons : il n'en est pas de même de l'acte de sentir qui exige la présence réelle d'un objet sensible. »

[2] *Ethic. Nic.*, VII, 9, 1142, a, 30. ἐκείνης δ' ἄλλο εἶδος... *Id.*, VII, 12, 1143, b, 4. αὕτη δ' ἐστὶ νοῦς.

forme, de la cause, qui ne contiennent même pas la notion de l'espace, fondement nécessaire de toutes les qualités sensibles[1], ne peuvent pas nous être données par la sensation, et impliquent comme condition l'existence en nous d'une autre faculté réceptive des formes. En effet, autre chose est la grandeur même, l'eau même, dans leurs éléments matériels, autre chose l'essence de la grandeur, la forme substantielle de l'eau. Sans doute, cette différence qui s'applique à un très grand nombre d'objets ne s'applique pas à tous : il en est où l'essence de la chose et la chose même ne font qu'un. Mais dans les objets tels que la chair, la chair même et l'essence de la chair forment une dualité d'objets, parce que la chair n'existe pas sans la matière, pas plus que le camus n'existe sans le nez. C'est une essence, une forme déterminée dans une matière déterminée, τόδε ἐν τῷδε. Or il y a là deux catégories d'objets, une dualité irréductible, puisque la forme ne peut être ramenée à la matière ni la matière à la forme ; comme de ces deux genres d'objets le sens juge l'un, le froid, le chaud et toutes les propriétés dont la chair réelle est le rapport et la synthèse ; l'autre objet, l'essence de la chair, sera nécessairement jugé par une autre faculté de l'âme, puisque cet objet est sans matière ; et cette faculté doit être une partie séparable des autres, ou si c'est la même âme, ce sera l'âme modifiée, et étant à elle-même dans le rapport où se trouve la ligne brisée et courbée par rapport à elle-même lorsqu'elle est redressée. Il en est de même des choses qui n'existent que dans et par l'abstraction, le droit, le camus, qui ne sont que des abstraits en tant que continus[2]. Là encore il y a deux genres d'objets, le droit, le camus, et l'essence du droit et du camus ; par conséquent là aussi il faut, pour juger, ou une autre partie de l'âme ou la même âme, mais autrement disposée. En un mot, de même que les choses matérielles se partagent en deux éléments, les choses réelles mêmes, et les formes substantielles de ces choses, de même aussi se partagent les

---

[1] *De Sens.*, 6, 445, b, 14.

[2] La continuité absolue n'est donc qu'une abstraction ; l'idée des moindres changements et des très petites différences (*Hist. anim.*, IX, 1, 588, b, 21) ne supprime pas le saut réel entre les phénomènes, parce qu'elle n'équivaut pas à des différences et à des changements nuls. On ne comprendrait plus, dans l'hypothèse d'une continuité absolue, ni le changement ni le mouvement, qui ne sont que des rapports dont la continuité est une loi.

phénomènes et opérations de l'âme et de la raison[1]. Non seulement donc il y a dans l'âme une autre faculté de connaître que la sensation ; mais il y a lieu de distinguer la faculté qui abstrait et juge les abstraits, et la faculté qui saisit et contemple l'essence et la forme, qui, toutes deux, appartiennent à la raison.

Nous définissons ; or la définition porte sur la forme et l'universel : l'individuel ne se définit pas. La sensation ne donne que l'individuel[2] : la définition ne saurait donc être son œuvre. C'est l'œuvre d'une faculté différente et supérieure. La science est la connaissance du général et du nécessaire[3]. Connaître, c'est connaître l'essence, le τί ἐστιν ou ce qui revient à peu près au même, τὸ τί ἦν εἶναι ; or, l'essence d'une chose, c'est ce par quoi elle est ce qu'elle est, c'est-à-dire la cause, la raison pour laquelle elle est ainsi et ne pouvait pas être autrement, pour laquelle elle est nécessairement ainsi. L'accidentel ne peut pas être su ; nous savons seulement lorsque nous voyons l'impossibilité que la chose soit autrement qu'elle est. Mais ce qui est nécessaire est toujours égal à lui-même et se retrouve dans tous les êtres d'un même genre et d'une même espèce, ἐπὶ πᾶσιν, ce qui fait l'unité d'une pluralité. L'essence est un universel, τὸ δὲ τί ἐστι τῶν καθόλου ἐστιν[4], et la science est la science de la cause, de l'unité, de la forme, de l'essence, c'est-à-dire de l'universel et du nécessaire.

Maintenant la sensation ne peut pas nous fournir le principe de la science ; car elle ne nous donne le pourquoi de rien ; elle ne saisit que le particulier, qui change sans cesse dans tous les sens, que les choses individuelles, qui sont infinies en nombre et que par conséquent on ne peut connaître parce qu'on ne peut épuiser l'infini ; elle ne nous renseigne que sur les faits et non sur la cause. Il n'est pas possible de sentir l'universel qui se dérobe à tous nos sens, et qui seul cependant constitue la science. Il n'est donc pas possible de savoir par la sensation, οὐδὲ δι' αἰσθήσεως ἐστιν ἐπίστασθαι. Quand bien même on pourrait voir de ses yeux que la somme des angles d'un triangle est égale à deux droits, ce ne serait pas là une chose sue ; aussi longtemps qu'on n'aura pas vu la cause

---

[1] *De Anim.*, III, 4, 7.

[2] *Metaph.*, VII, 11, 1036, a, 28, et 1035, b, 34.

[3] *Ethic. Nic.*, VII, 6, 1140, b, 31.

[4] *Anal. Post.*, I, 14, 79, a, 23.

universelle, constante du fait, pourquoi il en est ainsi de tous les triangles, et pourquoi il n'en peut être autrement, on ne sait pas. La science a donc un autre principe que la sensation, et le principe de la science, qui doit contenir ces principes suprasensibles ou intelligibles, c'est la raison, c'est-à-dire la faculté de saisir le général, l'intelligible [1]. Nous venons de voir comment on peut dire à la fois que l'intelligible est dans les formes sensibles, et par conséquent en dehors de l'âme, ἔξωθεν τὸ ὁρατόν, et que l'intelligible est dans l'âme même, qui porte en quelque sorte en soi le savoir, qui n'a pas par conséquent d'objet extérieur, dont l'objet n'est pas différent d'elle-même. Remarquons seulement ici que l'intelligible n'est pas dans l'objet sensible, mais dans la forme sensible, et qu'il n'est dans l'âme, comme dans les choses sensibles, qu'en puissance et non en acte [2].

L'âme commande au corps, c'est-à-dire aux sensations qu'il nous transmet; elle exerce sur elles et sur lui un empire royal et même despotique; il y a donc en nous quelque chose qui commande au désir, résiste à la sensation, et par suite est différent d'elle : c'est la raison.

Enfin nous savons par expérience que nous sommes exposés à l'erreur : on peut même dire que l'erreur est l'état où l'âme de l'homme se trouve le plus ordinairement. Les animaux ne sont pas sujets à l'erreur, et cependant ils possèdent la sensation : comment cela pourrait-il se faire, si la sensation était identique à la pensée? L'erreur ne serait pas non plus pour nous possible, si nous n'avions d'autre faculté de connaître que la sensation; car la sensation est toujours vraie quand elle juge de ses objets propres. C'est dans la combinaison des données sensibles que peut se glisser et se glisse l'erreur; mais cette combinaison, qui est un fait, n'est pas et ne peut pas être opérée par la sensation : elle est donc le produit d'une autre faculté; c'est celle que nous nommons la raison [3]. Si la doctrine que la sensation et la raison ne sont qu'une seule et même faculté était vraie, il faudrait que tous les objets, tels qu'ils nous apparaissent, fussent vraiment ce qu'ils nous paraissent être : ce qui est contraire à l'expérience; ou bien que

---

[1] *Anal. Post.*, I, 31, 87, b. *Metaph.*, I, 1, 981, b, 10; III, 4, 999, a, 25; IV, 5. *Phys.*, I, 5, 189, a, 5.

[2] *De Anim.*, 417, b, 18; 432, a, 3.

[3] *De Anim.*, III, 6, 37; 8, § 3.

l'erreur naquit du contact du dissemblable ; mais c'est là une opinion contraire à la doctrine de tous les philosophes, qui soutiennent avec raison que la connaissance sensible et intellectuelle est une assimilation, que le semblable est senti et pensé par le semblable. L'erreur et la notion vraie du contraire embrassent les mêmes objets. L'erreur ne peut donc en aucun cas être le contact du dissemblable ; car la connaissance vraie de ce contraire serait également un contact du dissemblable, ce qui est impossible [1].

Mais si la raison se distingue de la sensation par ces caractères et par d'autres encore, à savoir qu'elle n'a pas d'organes, qu'elle n'est pas empêchée, troublée ou détruite dans son opération par l'excès en trop ou en moins des qualités intelligibles de son objet, comme il arrive à un trop grand bruit de nous empêcher d'entendre, à une lumière trop éclatante de nous empêcher de voir [2], elle a cependant avec cette partie de l'âme des analogies et des rapports de plusieurs sortes. D'abord l'une et l'autre sont des actes par lesquels l'âme juge et connaît quelque genre d'objets, τί τῶν ὄντων ; et sous ce point de vue l'analogie est si forte qu'elle a entraîné les anciens, Empédocle comme Homère, à les confondre. L'une et l'autre causent les actions de l'animal et déterminent ses désirs, parce que les images nécessaires à la formation d'un désir, dont l'objet doit être ou présent ou représenté à l'âme, sont semblables et intimement liées par leur nature et leur origine à la sensation [3]. Il y a même entre elles une analogie plus profonde : la raison est comme la sensation, en un certain sens impassible, en un certain autre passive. Elle est impassible en tant que puissance, car la puissance seule est vraiment impassible, mais cependant elle est passive, en tant qu'elle est le réceptacle de la forme, qu'elle devient semblable à la chose pensée, sans être toujours la chose même ; en un mot la raison se comporte vis-à-vis de l'intelligible, comme la sensation vis-à-vis du sensible.

La raison a des ressemblances avec la sensation, non seulement dans ses modes d'opération et dans sa fin, elle a encore avec elle des rapports d'origine. La raison suppose comme condition chronologique l'activité antécédente de

---

[1] *De Anim.*, III, 3.

[2] *De Anim.*, III, 4, § 5.

[3] *De Anim.*, III, 3, 15 ; 10, 1.

facultés inférieures ; de même que pour sentir il faut que l'être se meuve, se nourrisse, s'accroisse, de même pour penser, il faut d'abord qu'il sente. C'est de la perception sensible et de l'expérience que se développe graduellement et successivement la connaissance, depuis son degré le plus humble jusqu'à sa forme la plus haute, jusqu'à l'intuition parfaitement pure des principes intelligibles qui, dans l'esprit humain, si pure qu'elle soit, est toujours cependant accompagnée et comme conditionnée par une image.

Le savoir a pour objet l'être en tant qu'être, l'essence, l'essence universelle du réel[1]. Cette essence est la cause, la raison dernière et la plus universelle de la chose[2] : la plus haute science[3] est ainsi la science de l'être absolu, absolument inconditionné, éternel et nécessaire[4]. La sensation sans doute ne nous renseigne que sur le particulier, le contingent, l'accident : elle ne peut constituer la science[5] ; mais l'universel est, en puissance il est vrai, mais enfin il est dans l'individuel, en dehors duquel il n'a pas d'existence[6] ; le nécessaire est dans le contingent, la cause dans l'effet, en un mot, l'intelligible dans le sensible. Les formes intelligibles sont engagées dans les formes sensibles. Il n'y a aucun être, aucune réalité séparée d'une étendue sensible. Il est ainsi nécessaire qu'on ne puisse rien connaître, rien savoir quand on n'a pas la sensation : non seulement c'est un moment qu'il faut avoir traversé pour s'élever à la pensée pure, mais c'est un moment que l'esprit emporte avec soi dans cette haute région ; dans la notion la plus pure de l'intelligence humaine, on trouve encore une image[7] : or, qu'est-ce qu'une image, sinon une espèce de chose sensible dont la matière est éliminée ?

Sans doute ce n'est pas la sensation qui saisit dans les choses sensibles leur élément intelligible, c'est la raison ; mais quand la raison pense le sensible, il faut que ce sensible lui ait été fourni par la sensation[8]. Un sens de moins dans l'organisation

---

[1] *Metaph.*, IV, 2 ; III, 2 et 6 ; VII, 6 ; XIII, 10.
[2] *De Anim.*, II, 2.
[3] ἀρχικωτάτη, *Metaph.*, I, 2.
[4] *Phys.*, I, 1. *Metaph.*, I, 1 ; III, 2 ; IV, 3.
[5] *Anal. Post.*, I, 31.
[6] *Anal. Post.*, I, 11.
[7] *De Anim.*, III, 4.
[8] *De Sens.*, 445, b, 16.

humaine ferait disparaître une science correspondante ; car toute science part de principes propres que l'induction seule procure, et l'induction a son fondement dans la sensation [1]. Il ne faut pas s'en étonner : les sens eux-mêmes ne perçoivent pas la substance individuelle, mais certaines propriétés propres à chacun d'eux. Ces propriétés appartenant à d'autres substrats individuels sont véritablement des universaux, des τοιόνδε, et non des individus, des τόδε τι. Ainsi, quoique ces propriétés sensibles ne soient perçues que dans un sujet individuel et qu'elles ne soient jamais perçues sous la forme de l'universel par le sens, on conçoit qu'à l'aide de la mémoire, de la réflexion et de l'abstraction, la notion de l'universel s'en puisse dégager et s'en dégage [2].

L'individuel lui-même, considéré comme le substrat des propriétés qui le constituent, comme la totalité et l'unité des parties qui le composent, est au fond plutôt un objet intelligible qu'un objet sensible. Ceci paraît contraire à toute la doctrine d'Aristote : pour lever la contradiction qui n'est qu'apparente, il suffit de remarquer que la sensation, si elle se porte sur des propriétés en soi universelles, si elle enveloppe un universel, ne les saisit en acte que sous la forme de l'individuel, lorsqu'elles sont dans un individu, et en tant qu'elles sont individualisées. On peut donc dire qu'il n'y a sensation que de l'individuel, αἰσθάνεται τὸ καθ'ἕκαστον, et qu'il n'y a sensation que de l'universel, αἴσθησις τοῦ καθόλου.

Après avoir établi les différences et les analogies de la raison avec la sensation, il convient d'analyser en elle-même la raison dans ses fonctions, son caractère, son essence, sa fin. L'âme ne peut penser sans image [3] : le phénomène qui se passe dans l'intelligence quand elle pense est semblable au phénomène qui se passe quand, pour démontrer les propriétés d'une figure de géométrie, d'un triangle par exemple, on le trace sur le sable [4]. Pour la démonstration on n'a nul besoin et on ne fait aucun usage de l'élément quantitatif déterminé du triangle tracé, qui cependant a et ne peut pas ne pas avoir une mesure précise. Eh bien, quand on pense un triangle, sans que ses dimensions précises fassent l'objet de

---

[1] *Anal. Post.*, I, 18.

[2] *Anal. Post.*, II, 9; I, 4. *Metaph.*, VII, 13.

[3] *De Anim.*, III, 7.

[4] *De Mem.*, I, 1.

notre pensée, néanmoins la représentation intérieure que nous en avons est une image où il a une dimension, dont la pensée seule fait abstraction. Les images sont donc liées à nos pensées abstraites, et la cause en est que les facultés qui saisissent les formes sensibles et celles qui saisissent les formes intelligibles sont les facultés d'une même âme, une et simple dans son essence et multiple seulement dans ses opérations.

Nous savons que dans les objets il faut considérer deux choses : l'objet concret, le mixte de la forme et de la matière, l'objet individuel et substantiel revêtu de ses accidents et de ses propriétés, par exemple l'eau, la chair, etc. ; ensuite l'essence, la notion générale, pure de matière, par exemple l'essence de l'eau, l'essence de la chair. Puisque c'est par la différence de leurs objets que se révèle la différence des facultés de connaître, l'objet concret, qui n'existe pas sans matière, sera saisi par la sensation ; mais l'essence lui échappe. C'est bien toujours la même âme qui la connaîtra, mais une âme autrement disposée, ἄλλως ἔχοντι, dans un autre état qu'on peut comparer, dans son rapport à son état sensitif, au rapport d'une ligne brisée à elle-même quand elle est redressée. Le Νοῦς est l'état de l'âme redressée de la courbure, du pli que lui a donné la sensation ; c'est l'état de l'âme dont l'essence est d'être droite. C'est par elle que nous pouvons abstraire des corps réels leurs propriétés générales essentielles ; en un mot, tout ce qui, dans les objets, est séparé ou séparable de la matière est du domaine de la raison.

La raison est encore quelque chose de plus : elle est en outre et éminemment la faculté par laquelle l'âme saisit par un acte immédiat, une vue directe, par une sorte de contact, ἀφῇ, les premiers principes de la connaissance, les causes premières des choses qui échappent à la démonstration comme à la sensation, et sont en dehors de la science, qu'ils dominent et conditionnent. Cette intuition, τὸ θεωρεῖν, du suprasensible est analogue à la sensation en acte. La différence entre les deux opérations consiste en ce que, dans la sensation, ce qui met le sens en acte est un objet extérieur, individuel, matériel : le son, la couleur d'une chose particulière, tandis que la raison a pour objet les universaux, qui ne sont pas en dehors de l'âme, et au contraire sont en elle, en quelque façon du moins. En outre, tandis que pour sentir il faut que l'objet sensible soit présent, et que nous ne pouvons pas ne pas sentir en sa présence, la pensée qui porte en soi et toujours son objet dépend absolument de nous[1].

Nous venons de dire que les principes de la raison sont antérieurs à la démonstration qu'ils engendrent : en effet, toute connaissance suppose une connaissance antérieure à laquelle elle se lie et sur laquelle elle s'appuie[2]. Mais on ne peut pas aller ainsi à l'infini. Il est nécessaire qu'on s'arrête dans cette poursuite. Les principes premiers sont précisément ceux où l'esprit s'arrête par impuissance de remonter au delà, et qui ne se laissent pas démontrer par conséquent[3]. Il ne saurait y avoir aucune forme de la connaissance plus certaine que la science, si ce n'est la raison même ; car les principes des démonstrations sont assurément plus faciles à connaître que les démonstrations qui les supposent. Toute science vient de la raison ; mais les principes ne peuvent pas être trouvés ni cherchés par la science, qui les réclame pour se constituer, et comme il ne peut y avoir rien de plus vrai que la science, si ce n'est la faculté par laquelle nous en saisissons les principes inconditionnés et indémontrables, il est évident que c'est à la raison que ces principes appartiennent. La raison est le principe de la science, Νοῦς ἂν εἴη ἐπιστήμης ἀρχή[4]. Elle est le principe de la science, parce qu'elle nous fournit les termes derniers, ceux dont il n'y a pas de démonstration possible et dont on ne peut rendre compte[5]. L'acte par lequel nous les saisissons est une sensation, et cette sensation des termes derniers c'est la raison même[6] ; car c'est par une sorte de toucher interne que la proposition sans moyen terme est saisie. Il y a une sorte d'attouchement, de contact sans intermédiaire entre le sujet qui pense et l'objet pensé. Ce contact est beaucoup plus intime que dans la sensation proprement dite, qui suppose toujours un intermédiaire. L'esprit n'est qu'une puissance de penser ; cette puissance ne passe à l'acte que sous l'influence de son objet, c'est-à-dire de l'intelligible ; or il

---

[1] *De Anim.*, II, 5. νοῆσαι μὲν ἐπ' αὐτῷ.

[2] *Anal. Post.*, I, 1 ; I, 9. *Ethic. Nic.*, VI, 3.

[3] *Anal. Post.*, I, 2, 3. *Metaph.*, IV, 4.

[4] *Anal. Post.*, II, 19. *Ethic. Nic.*, VI, 6 et 7.

[5] *Ethic. Nic.*, VI, 9.

[6] *Ethic. Nic.*, VI, 12. αὕτη δ' (αἴσθησις τούτων) ἐστὶ νοῦς, « locus obscurissimus, dit Giphanius. » Conf. Trend., *Hist. Beitr.*, II, 180

dépend de nous de penser[1], non pas en ce sens que nous pensions toujours, mais en ce sens que nous n'avons besoin d'aucune excitation extérieure, d'aucune impulsion étrangère pour penser ; nous n'avons besoin que de nous-mêmes, et notre volonté suffit pour mettre la raison en acte. Il faut donc nécessairement que l'objet intelligible, que l'entendement actif soit en nous, et en quelque sorte dans notre âme, puisque la raison, qui a sans doute un objet quand elle pense, ne la reçoit pas du dehors. Les premiers principes sont donc dans notre âme[2]. L'âme ou le Νοῦς de l'âme est le lieu des formes intelligibles, et la forme de ces formes, τόπος, εἶδος εἰδῶν. Ainsi, pour penser, l'âme se pense elle-même et l'intelligence est en puissance l'intelligible[3]. Les idées ne sont pas dans la raison comme de l'eau dans un vase ; le contenant et le contenu ne font qu'un ; nos idées sont notre esprit même. Aussi non seulement nous avons, par le sens commun, conscience de nos sensations, mais nous avons conscience de notre raison ; elle se connaît elle-même, elle est à la fois νόησις, intelligence, et νοητός, intelligible, et intelligible à elle-même[4].

La connaissance est une assimilation, une identification du sujet et de l'objet : l'âme est donc en quelque sorte toutes les choses qu'elle connaît, puisqu'elle a en soi les formes, et que la forme des choses en est l'essence et la vraie réalité : les choses sensibles en tant qu'âme sentante, les choses intelligibles en tant qu'âme pensante[5]. Mais comme l'âme ne contient pas en soi la matière des choses qui ont une matière, l'âme n'est toutes choses qu'en tant qu'elle renferme en soi les formes des choses et les choses mêmes, πράγματα, qui sont formes pures. Ce qui connaît est en puissance la chose à connaître, et l'un des contraires doit être en lui, soit la forme, soit la privation : car l'âme connaît par les contraires ; et si quelque âme n'a pas besoin de contraire, si dans quelque acte l'âme n'a pas besoin de contraire, c'est qu'alors, séparée de la matière, purement en acte, elle ne connaît et ne pense qu'elle-même, αὐτὸ ἑαυτὸ γνωρίζει[6]. L'acte de la raison pure ne

---

[1] *De Anim.*, II, 5.
[2] *De Anim.*, II, 5 ; III, 8. τὸ εἶδος ἐν τῇ ψυχῇ.
[3] *De Anim.*, II, 4, 3.
[4] *De Anim.*, III, 4, 12.
[5] *De Anim.*, III, 8 ; III, 7 ; II, 5.
[6] *De Anim.*, III, 6, 6.

dépend que d'elle-même : il semble alors qu'il devrait être continu, constant, indéfectible ; et il y a lieu de se demander comment l'homme ne pense pas toujours [1]. C'est une question qu'Aristote se pose et à laquelle il ne répond pas expressément. D'après ses principes, on pourrait la résoudre comme il suit. Si pure qu'elle paraîtra, la pensée humaine dépend encore de la sensation ; l'homme ne peut penser sans images ; c'est dans les formes sensibles que l'âme trouve et pense les formes intelligibles ; c'est dans l'individuel qu'il trouve et pense l'universel. D'autre part, la raison dans l'homme est une puissance qui ne passe à l'acte que sous l'influence d'un autre Νοῦς, toujours en acte, qui est en elle sans être elle-même, qui lui vient du dehors, qu'elle n'a pas en sa pleine et entière possession, dont elle ne dispose pas toujours ni quand elle veut. On pourrait même dire que l'intellect en acte possède la raison humaine plus qu'il n'est possédé par elle ; la raison humaine est en quelque sorte une tablette sur laquelle il n'y a actuellement rien d'écrit, mais où tout est écrit en puissance, en germe. La raison humaine est une puissance. Le mouvement lui est nécessaire pour passer à l'acte, et quoique ce mouvement ne soit point une altération de sa nature, cependant il cause une fatigue, exige un effort qui ne peut se prolonger indéfiniment et réclame un repos. La raison ne peut donc pas penser toujours [2].

La raison est une puissance, venons-nous de dire, et l'âme, avons-nous dit déjà, est un acte ; comment la puissance peut-elle se concilier avec l'acte dans un même sujet ? Le savant en acte est celui qui peut passer à l'acte quand il le veut, et dont l'acte ne dépend que de lui-même. Ainsi un savant géomètre est un savant en acte ; car il ne dépend que de lui de penser les propositions géométriques, de se remettre sous les yeux les vérités de la science. Assurément il diffère de l'enfant qui, ayant la faculté d'apprendre la géométrie et de la savoir, est un savant géomètre en puissance ; mais il faut reconnaître que le plus savant géomètre ne pense pas toujours à la géométrie, et, quand il y pense, ne pense pas au même instant toutes les propositions géométriques. Dans ces moments déterminés sa science n'est pas en

---

[1] *De Anim.*, III, 4.

[2] Kant dit au contraire que si l'âme cessait un seul moment de penser, on ne comprendrait pas comment elle pourrait jamais recommencer à penser.

acte ; elle est ou totalement ou partiellement en puissance, quoique cette puissance diffère de celle qui était l'état de son esprit quand il ne savait encore rien de la géométrie[1]. Il en est ainsi de l'âme : elle est toutes choses en puissance ; elle n'est rien en acte avant de penser[2] ; elle est tout en puissance, mais de cette puissance qui n'exclut pas l'acte, mais au contraire le suppose. Ce n'est pas la tablette rase, un vide complet, absolu de la raison et de la conscience, et que les sensations seules seraient destinées à remplir, dans le sens que les sensualistes ont donné à cette comparaison fameuse et que M. Grote lui prête encore[3]. Les idées premières sommeillent, pour ainsi dire, dans la raison ; elles n'ont besoin pour passer à la vie éveillée, à l'acte, que d'une condition extérieure ; mais la sensation en est l'occasion plus que la cause. La vraie cause est l'âme, qui a la force de développer de soi ces idées latentes, d'écarter la cendre sous laquelle le feu de la pensée couve, et d'où il va jaillir, à la condition qu'un choc extérieur le meuve et l'agite, l'enflamme enfin réellement.

Par cette théorie, Aristote a voulu chercher un intermédiaire entre le sensualisme de l'école atomistique et l'idéalisme de Platon. L'a-t-il trouvé ? cela est douteux et sa pensée même est restée obscure. Il est bien difficile de trouver un moyen terme entre avoir conscience de ses idées et n'en avoir pas conscience. N'avoir pas conscience de ses idées, c'est véritablement n'avoir pas d'idées : que doit-on entendre par cette *puissance* de l'âme qui est en même temps un acte ? La comparaison dont Aristote se sert, lui qui blâme si sévèrement l'emploi des formules poétiques et des vaines métaphores, a besoin d'être développée pour être ramenée à son vrai sens. On peut se représenter comme il suit ce qu'il a voulu dire : l'âme est comme un livre sur les feuilles duquel toutes choses ont été écrites ; car s'il n'y avait rien d'écrit sur les feuilles et sur les pages, ce ne serait pas un livre. Mais on a écrit sur ces pages avec une encre telle qu'on ne distingue et on ne voit aucun caractère, et on peut, on doit croire qu'il n'y a réellement rien d'écrit. Or il est dans la nature de l'encre et dans la nature du papier qui en a reçu l'empreinte que sous l'influence de l'air extérieur avec lequel l'écriture est en commu-

---

[1] *De Anim.*, III, 4.
[2] *De Anim.*, III, 429, a, 22.
[3] Bain, *The Senses and the Intelligence*, p. 660.

nication, par une opération chimique naturelle, peu à peu les lettres, les mots, les lignes, apparaissent parfaitement visibles et lisibles [1].

Si la raison humaine, parce qu'elle est une puissance, ne peut penser toujours, du moins elle est infaillible dans son acte, et l'erreur ne peut y pénétrer. C'est le propre de la pensée discursive, διάνοια, et de l'opinion d'être susceptibles d'erreur : elles ont pour objet la région du changement, qui n'a lieu que d'un contraire à l'autre. La raison pure, ayant pour objet les notions simples, indivisibles et immobiles, échappe à l'erreur. En effet, l'erreur ne provient jamais que d'une fausse liaison de représentations simples ; elle n'a donc sa place que dans le jugement qui affirme cette relation, qui pose un attribut dans un sujet et qui peut le poser dans un sujet où il n'existe pas réellement [2]. Mais la connaissance des termes premiers, opérée par la raison pure, étant immédiate, n'ayant pour objet que des idées simples, des termes indivisibles qui ne diffèrent pas du sujet où ils se trouvent, consistant en une sorte de vision directe, d'attouchement mental, exclut la possibilité même de l'erreur. Quand on les voit, quand on les touche, on sait ; quand on ne les voit pas, quand on ne les touche pas, on ignore ; et il n'y a pas de moyen terme entre voir et ne pas voir, entre toucher et ne pas toucher.

Ce ne sont pas seulement des notions simples, ce sont aussi des propositions que la raison pure touche ainsi directement et immédiatement, et connaît avec une certitude infaillible. Quand l'esprit donne à un être une qualité dont la notion ne lui est pas venue du dehors, mais que, plongeant pour ainsi dire au fond de l'être, du τί ἐστιν, il en découvre et en déploie les propriétés essentielles, τὸ τί ἦν εἶναι, qui découlent de sa nature et ne sont que le prolongement, l'achèvement de l'être, considéré dans son essence pure et abstraction faite de toute matière, la proposition est immédiate et certaine [3]. C'est pour

---

[1] Hegel (*Werke*, XIV^{er} B^d, p. 342) conclut son interprétation par ces mots : « L'âme est un livre non écrit ; cela veut dire : elle est toute chose en soi, *an sich* ; mais elle n'est pas réellement, *in sich*, cette totalité. »

[2] *Categ.*, 4. *De Interpr.*, I, 16. *De Anim.*, III, 8.

[3] Le τί ἐστι est le mixte de la forme et de la matière, la forme engagée dans la matière, λόγος ἔνυλος ; le τὸ τί ἦν εἶναι est la forme substantielle, considérée à part de la matière.

cela qu'il y a une science indémontrable, qu'on peut définir la compréhension de la proposition immédiate.

Mais il reste à savoir, et c'est ce qu'Aristote ne nous apprend pas, comment le Νοῦς, qui devrait, pour échapper à l'erreur, ne saisir que des idées simples, des termes absolument sans parties, peut saisir immédiatement des propositions. Les propositions immédiates sont définies : la thèse indémontrable de l'essence[1] ; mais on ne nous dit pas comment l'esprit arrive à les poser avec une certitude infaillible. Quoi qu'il en soit, ce n'est que lorsque l'esprit dit une chose d'une autre qu'il peut se tromper. De même que la vue qui se porte sur son objet propre est toujours vraie, de même on voit toujours la vérité dans les choses sans matière, c'est-à-dire dans les espèces et formes intelligibles, et de même que la vue se trompe quand elle se détourne de son objet propre, quand par exemple elle affirme que ce blanc là-bas est un homme ou n'est pas un homme, de même la raison, quand elle sort de son domaine spécial et veut affirmer une chose d'une autre, devient sujette à l'erreur[2]. Etre dans l'erreur ou dans la vérité ne consiste que dans une composition ou une séparation ; or séparer et unir n'est pas l'acte naturel de la raison[3] ; l'acte vrai de la raison est de voir.

La vérité en général consiste en ce que la pensée est adéquate aux choses, à la nature des choses pensées[4]. Ce n'est pas évidemment l'acte de l'esprit qui constitue la vérité ou la fausseté des choses ; ce n'est pas parce que je dis : *tu es blanc*, qu'il sera vrai que *tu es blanc* ; mais c'est parce que *tu es blanc* que je suis dans le vrai en disant : *tu es blanc*. Maintenant il faut distinguer deux genres de choses : les unes sont composées, les autres sont simples. Par choses composées il faut entendre non pas les choses composées de plusieurs éléments, puisque toutes les choses en sont là, mais bien celles où à la substance se joint quelque accident, comme l'homme blanc, l'homme assis, etc... Dans ces sortes de choses la vérité consiste à unir dans l'esprit ce qui est uni dans la

---

[1] *Anal. Post.*, II, 10.
[2] *De Anim.*, III, 6.
[3] *Metaph.*, IX, 10.
[4] *De Interpr.*, 9. Conf. Bacon : « ea demum est vera philosophia quæ mundi ipsius voces quam fidelissime reddit, et veluti dictante mundo conscripta est, nec quidquam de proprio reddit, sed tantum iterat et resonat. »

chose, à séparer dans l'esprit ce qui est séparé dans la chose. Mais les accidents [1] sont, les uns, accidentellement unis à la substance, peuvent tantôt lui appartenir, tantôt ne pas lui appartenir; les autres, au contraire, sont éternellement inhérents à la substance, et la séparation en est impossible; d'autres, enfin, sont éternellement séparés de la substance, et il est impossible qu'ils lui soient unis. Alors, c'est-à-dire dans les choses composées, être, c'est être réuni, c'est être un; n'être pas, c'est être séparé, être plusieurs [2]. Maintenant il est clair que si la pensée se porte sur les choses qui ont des accidents accidentels, il y a place pour l'erreur, puisqu'on peut penser comme réuni ce qui est séparé, et comme séparé ce qui est uni; et la même proposition peut devenir successivement vraie et fausse, puisque l'objet peut changer d'accidents.

Mais, quant aux accidents essentiels qui ne peuvent pas se séparer de la substance, quant aux accidents contradictoires qui ne peuvent pas lui appartenir, la même proposition est éternellement vraie ou fausse. Quand je dis : cet homme est assis, cette proposition peut être tour à tour vraie et fausse; car l'accident est indifférent à la substance, et peut lui être tantôt uni, tantôt séparé. Si je dis : *l'âme est mortelle,* la proposition est éternellement ou vraie ou fausse.

Dans les choses non composées que se passe-t-il [3]? Qu'est-ce, là, que l'être et le non-être? Qu'est-ce que le vrai et le faux? L'être, là, n'est plus la composition, la synthèse de la substance et de l'accident, le non-être leur séparation, puisque la différence entre l'accident et la substance, l'acte et la puissance disparaît par la simplicité de l'être. La substance est ici acte pur, forme pure. L'accident est identique à la substance; car autrement l'être serait sujet au devenir et au changement. La vérité et l'erreur n'auront donc plus les mêmes caractères que lorsqu'il s'agit de substances composées. La connaissance des êtres simples ne peut se réaliser que par une sorte de toucher; on les touche ou on ne les touche pas; on les sait ou on les ignore; mais il ne saurait y avoir d'erreur à leur sujet, et si l'on se sert de ces termes, ce n'est qu'un

---

[1] τὰ συμβαίνοντα.

[2] *Metaph.*, IX, 10.

[3] *Metaph.*, IX, 10.

abus de langage¹, et parce qu'on appelle pensée pure, νόησις, ce qui est tout autre chose, par exemple, un acte de l'opinion ou de la pensée discursive. L'ignorance, dans ce cas, n'est pas au savoir comme la cécité est à la vue ; car la cécité est l'impuissance de voir, tandis que l'ignorance est la puissance de savoir, puissance qui n'est pas encore passée à l'acte.

Si, donc, on admet des êtres immuables, ils ne peuvent pas être des causes d'erreur ; or il est nécessaire de les admettre comme principes de nos connaissances. La *raison pure de notre âme*², qui les connaît, n'est pas sujette à l'erreur ; quand elle ne les voit pas, ce n'est pas par impuissance de voir, comme le serait la cécité ; c'est parce que la raison n'est qu'une puissance³, qui pour passer à l'acte a besoin de subir l'influence d'un autre acte. De là la nécessité de reconnaître dans la raison un élément passif, un entendement patient, Νοῦς παθητικός, et un élément actif, un entendement agent⁴, l'un, principe de la science, l'autre, principe du principe, ἀρχὴ τῆς ἀρχῆς⁵.

¹ *Metaph.*, IX, 10.
² *Metaph.*, II, 993, b, 10.
³ La raison est une puissance, puisqu'elle devient les choses qu'elle pense, et que, pouvant penser toutes choses, c'est-à-dire toutes les formes des choses, elle ne les pense pas toutes actuellement, et même n'en possède et n'en pense aucune déterminée. Elle doit être pure des formes, c'est-à-dire n'être en soi et pour soi aucune forme déterminée, précisément pour pouvoir les recevoir toutes. Car une forme en acte dans la raison l'empêcherait d'en recevoir une autre. C'est sur une tablette où il n'y a rien d'écrit que quelque chose peut être écrit. Si l'on voulait écrire sur une tablette où des caractères seraient déjà écrits, ce qui en paraîtrait troublerait, confondrait, effacerait les autres caractères et les nouveaux mêmes. La raison est le lieu des formes, mais des formes en puissance ; elle est les idées mêmes, mais les idées en puissance et non en acte. En un mot, la raison est la pensée en puissance ou la puissance de penser.
⁴ On ne trouve pas dans Aristote, dans le sens d'intellect agent, la locution Νοῦς ποιητικός, qu'il oppose dans les *Éthiques* au Νοῦς πρακτικός. mais on rencontre la formule équivalente τὸ ποιητικόν opposée à τὸ παθητικόν plusieurs fois, et par ex. *De Anim.*, III, 3, 2 ; II, 2, et p. 202, a, 23. ἐνέργεια ἄλλη τοῦ ποιητικοῦ καὶ τοῦ παθητικοῦ.
⁵ *Anal. Post.*, II, 19. C'est une question de savoir comment, si l'entendement agent fait partie de notre âme, l'attouchement avec l'entendement patient n'est pas constant, pourquoi l'âme ne pense pas toujours, du moins les universaux, et alors on retomberait dans la théorie des Idées de Platon. En outre, dans lequel de ces deux entendements les universaux sont-ils ? Quel est celui qui les voit ? Si l'entendement agent est la pensée divine, comment

Toute science repose sur deux sortes de principes : les principes propres à chaque science, lesquels sont fournis par l'expérience ; et les principes communs à toutes les sciences, qui sont universels, nécessaires à toute pensée, conditions de toute expérience, lois de toute démonstration ; ce ne sont pas des acquisitions de notre âme, qui ne peut rien acquérir que par eux ; ce sont des dispositions natives, essentielles, constantes, des possessions primitives[1] de toute âme humaine. Mais ces dispositions naturelles viennent-elles à se produire dans notre âme à un certain moment donné, antérieurement auquel elles n'y existaient pas ? ou y existent-elles de tout temps, sans que nous en ayons conscience ? Ni l'une ni l'autre de ces hypothèses n'est admissible. Examinons, en effet, la dernière. Puisque les principes sont plus intelligibles et plus certains que les conséquences, si nous avions les principes en nous sous forme de conceptions déterminées et en acte, comment pourrions-nous les ignorer ? Nous ignorerions le plus intelligible, nous ne verrions pas le plus clair de notre pensée ; on devrait dire que nous avons et à la fois que nous n'avons pas ces principes ; ce qui est contradictoire et absurde. Dira-t-on qu'elles nous arrivent à un moment donné ? Comment cela se pourrait-il faire, puisque la connaissance de ces principes exigerait un principe antérieur, une connaissance antécédente[2]. Il ne reste donc de possible que la proposition suivante : notre âme est douée d'une faculté capable de saisir les principes ; mais la connaissance qui résulte de l'opération de cette faculté n'est pas *en acte* supérieure en clarté à la connaissance démonstrative[3], ce qui revient à dire : c'est par l'expérience que ces principes, ensevelis, pour ainsi dire, dans un demi-sommeil, arrivent à la forme définie d'une pensée véritable ; c'est par une sorte d'induction, d'analogie, que nous arrivons à les saisir, et toute induction repose sur la sensation[4].

Par là se lient, s'unissent presque jusqu'à se confondre les facultés inférieures de l'âme intelligente avec les facultés su-

---

peut-il faire partie de notre âme? S'il n'en fait pas partie, qu'est-ce alors que notre propre raison?

[1] ἕξις.
[2] *Anal. Post.*, II, 19.
[3] *Anal. Post.*, II, 19.
[4] *Anal. Post.*, II, 19; I, 18. *De Mem.*, 1.

périeures. Le Νοῦς, la vie de la pensée se présente comme le développement, la perfection, comme l'acte de la vie de la sensation, d'où elle procède ; le Νοῦς alors peut être considéré tantôt dans son union avec la sensation et comme formant avec elle une unité concrète, c'est le Νοῦς παθητικός ; tantôt comme s'en distinguant et peut-être s'en séparant, et c'est le Νοῦς ποιητικός.

Voyons comment l'universel est saisi par la raison[1]. La sensation est déjà une faculté de connaître, c'est-à-dire de distinguer, de saisir les différences des choses, δύναμις κριτική. Quoique particulières, les sensations contiennent déjà l'universel ; car les formes individuelles ne sont pas seulement des τόδε, des individus, mais aussi des τοιόνδε, des qualités ou propriétés. Si ces qualités ou propriétés, qui sont universelles ou générales, n'arrivent à l'existence que dans l'individu, l'individu n'est et n'est ce qu'il est que par ces propriétés ou qualités, couleurs, sons, formes, figures... « Les formes sensibles individuelles sont les unités concrètes de l'universel et du particulier ; la forme est l'universel, ce que le particulier est dans son essence et dans son idée. L'esprit, en tant que raison, en tant que pensée, est la notion réalisée, existante, sans le particulier de la matière. La sensation a pour objet la forme individuelle, concrète, en tant qu'engagée et imprimée dans la matière, de sorte qu'il y a toujours ici une dualité, la

---

[1] Y a-t-il contradiction entre les *Analytiques* et le *Traité de l'Ame* sur ce point ? Les *Analytiques* (*Anal. Post.*, II, 19) nous enseignent que l'âme est par nature susceptible de pouvoir éprouver cette passivité de l'objet par l'intermédiaire des sens, par lequel toute pensée est réalisée. La sensation est la cause créatrice en nous de la notion universelle, constitutive de la science. La raison est une simple puissance de recevoir les idées. La possession habituelle de la connaissance rationnelle n'existe pas par nature en nous ; elle y naît. Nous ne la possédons pas *a priori*. Mais comme il n'était pas possible qu'elle naquît en nous, si nous étions dans une ignorance universelle et absolue, si nous ne possédions absolument aucune connaissance, μηδεμίαν ἕξιν ἔχουσι, puisque toute connaissance vient d'une connaissance antérieure, il faut que nous possédions quelque puissance, quelque faculté de connaître, mais non pas une puissance supérieure en dignité et en clarté aux connaissances qui sont le résultat de la démonstration. Cette ἕξις, c'est la sensation.

Mais la théorie de l'entendement agent nous apprend que la raison en puissance ne pense rien sans l'intervention de l'entendement agent, et fait de celui-ci une ἕξις supérieure en dignité à l'entendement passif, comparé, dans son rapport avec l'agent, à la matière dans son rapport au principe qui la forme.

matière et la forme. L'esprit pensant est lui-même l'universel, la puissance générale de saisir et de déterminer la forme; non pas qu'il soit en cela passif; au contraire, il est activité pure. Il est la forme de l'universel en puissance, mais non une forme précise et déterminée. On a donc eu raison de l'appeler le lieu des formes. Mais il n'est le lieu des formes qu'en tant qu'il pense; il ne l'est pas en acte, mais en puissance, et il n'arrive à l'acte que par sa liaison avec la sensation[1]. »

Ainsi le sensible contient l'universel : nous allons le voir plus manifestement encore. Les sensations se succèdent rapidement dans l'âme et la traversent pour ainsi dire en courant, en fuyant. Mais chez la plupart des animaux, ces sensations déposent dans l'âme une trace d'elles-mêmes : c'est l'imagination et la mémoire. Les images et les souvenirs multiples qui ont rapport à un seul et même objet constituent une seule et même expérience, parce que l'esprit se porte sur l'universel qui sert de fondement à la multiplicité des formes individuelles, gardées par la sensation. On a vu Callias, Coriscus, Socrate; ce sont des formes individuelles et différentes les unes des autres, mais qui toutes ont en elles un élément identique, par où elles ne diffèrent pas : c'est par exemple la forme de l'animalité, de l'humanité. Callias, Coriscus, Socrate sont tous trois des êtres animés, tous trois des hommes. Eh! bien, si dans ce tourbillon de sensations, d'images, de souvenirs qui se pressent et se succèdent dans l'âme, et la traversent comme en courant, un seul des éléments non différents, communs, vient à s'arrêter et résiste au choc des sensations nouvelles qui s'accumulent, voilà dans l'esprit un universel. Il n'est même pas nécessaire que nous ayons les sensations distinctes de plusieurs unités concrètes : une seule suffit. La vue de Callias peut arrêter en mon âme la notion universelle de l'homme, tout aussi bien que la vue de Callias, de Coriscus et de Socrate. Par la sensation propre on n'a, il est vrai, que la perception de l'individu Callias; mais il y a une sensation de l'universel, de l'homme en général. C'est comme sur un champ de bataille, théâtre d'une déroute : si un vaillant soldat vient à s'arrêter et à faire tête à l'ennemi, il rallie bientôt autour de lui les fuyards et l'armée entière se reforme. De même cette idée générale arrêtée en arrêtera bientôt une autre, celle-ci une troisième, et ainsi de suite jusqu'à ce qu'on arrive à des

---

[1] Biese, *Arist.*, t. I, p. 328.

universaux parfaitement simples[1], telles que les idées d'homme, d'animal, d'être, où l'on voit que sont contenues les idées inférieures des espèces[2].

Ainsi la connaissance suprasensible dépend tellement de nos représentations sensibles qu'elle naît par le moyen d'elles et en est toujours accompagnée. L'expérience et l'observation sont là pour l'attester : l'enfant qui vient de naître est évidemment incapable d'aucune connaissance[3] ; ce n'est qu'avec le développement de ses forces physiques, en devenant un homme, que son intelligence se débarrassera peu à peu des langes où elle est emprisonnée et arrivera à son activité.

La fatigue, le sommeil, la maladie, l'ivresse, qui sont des états physiques, nous enlèvent la faculté de saisir des vérités nouvelles et de nous représenter des vérités déjà connues de nous[4]. L'âge affaiblit la mémoire, non seulement pour les faits particuliers d'ordre sensible, mais même pour les vérités universelles, accessibles uniquement à la raison. Là où un sens manque, manque la science correspondante. L'aveugle-né, non seulement n'a l'idée d'aucune couleur, mais il n'a aucune idée de la couleur[5]. La connaissance sensible est donc la condition préalable de la production de la pensée suprasensible correspondante. Même les pensées les plus universelles ne se présentent jamais à notre esprit qu'accompagnées d'une image[6]. En démontrant ses propositions générales, le mathématicien a toujours sous les yeux ou dans son imagination une représentation sensible d'une figure particulière. C'est par cette intervention du corps dans l'activité intellectuelle que s'expliquent la fatigue et l'effort du travail mental et les désordres de l'esprit à la suite des désordres physiques.

La raison est à ces images dans le rapport où est le sens à ses objets ; le sens reçoit de l'objet l'image ; la raison reçoit

---

[1] *Anal. Post.*, II, 19, 100, a, 15. On appelle les genres généralissimes ἀμερῆ, parce que leur notion est indivisible, ne se composant pas d'un genre et d'une différence, d'une forme et d'une matière. Conf. *Metaph.*, XII, 7.

[2] *Anal. Post.*, II, 13.

[3] *Phys.*, VII, 3, 247, b, 18.

[4] *Phys.*, VII, 3, 247, b, 13.

[5] *Anal. Post.*, I, 18, 81, a, 38. *De Sens.*, 6, 445, b, 16, *De Anim.*, III, 8, 432, a, 8.

[6] *De Mem.*, I, 449, b, 30. νοεῖν οὐκ ἔστιν ἄνευ φαντάσματος. *De Anim.*, III, 5, 430, a, 25 ; 7, 431, a, 16 ; 8, 432, a, 8.

des images ses idées. De même qu'on ne peut pas voir s'il n'y a pas d'objet visible, de même on ne peut pas penser s'il n'y a pas d'images. La sensation est une espèce particulière de passivité par le sensible ; la pensée une espèce particulière de passivité par l'intelligible [1], et cet intelligible est dans les images : τὰ μὲν εἴδη τὸ νοητικὸν ἐν τοῖς φαντάσμασι νοεῖ [2] ... ἐν τοῖς εἴδεσι τοῖς αἰσθητοῖς τὰ νοητά ἐστι [3]. Mais les images sont dans la partie sensitive de l'âme ; et voilà comment le corps, auquel cette âme est unie et liée, agit sur la raison [4].

Si, comme le croyait Platon, les idées étaient des êtres intelligibles existant par eux-mêmes et séparés des choses sensibles, l'intelligence les saisirait par l'action de ces objets intelligibles ; mais comme, à ce qu'il semble, il n'y a aucune existence réelle séparée, au delà des grandeurs sensibles, comme par conséquent les idées intelligibles sont dans les idées sensibles, l'intelligence saisit les intelligibles dans le monde sensible qui nous environne, ou dans les images que nous nous en formons dans nos représentations sensibles, et c'est par l'action de la partie sensitive de l'âme, où sont les images correspondantes, que les pensées sont communiquées à l'intelligence. On le verra facilement en observant ce qui se passe dans la raison pratique. A la suite de la perception d'une chose, qui a été représentée comme agréable ou désagréable, vient une attraction vers l'objet réel auquel appartient la forme sensible perçue, ou une répulsion qui en éloigne ; de même, à la suite d'une notion rationnelle, quand il s'agit de vérités d'ordre pratique, vient une attraction vers l'objet dans lequel l'idée du bien a été trouvée présente ou absente, ou une répulsion qui en éloigne. Mais ici même ce que nous fuyons ou recherchons ce sont des choses sensibles ; par conséquent il est évident que les idées rationnelles, comme l'idée du bien l'est au plus haut point, sont connues dans les choses sensibles. Mais nous ne les y connaissons pas directement, immédiatement, comme le prouvent tous les phénomènes dans lesquels la dépendance de l'intelligence des opérations de la partie sensitive se ma-

---

[1] *Metaph.*, XII, 7, 1072, a, 30. νοῦς ὑπὸ τοῦ νοητοῦ κινεῖται.

[2] *De Anim.*, III, 7, 431, b, 2.

[3] *De Anim.*, III, 8, 432, a, 4.

[4] *Anal. Post.*, II, 19, 100, b, 5. καὶ γὰρ καὶ αἴσθησις οὕτω τὸ καθόλου ἐμποιεῖ. Conf. Brentano.

nifeste. Il ne reste donc qu'à admettre que nous connaissons les idées de la raison dans leurs images, dans les représentations sensibles ; et c'est là ce qui résout une autre objection contre l'opinion que la raison pratique puise ses idées dans le monde sensible, objection qui consiste à dire que la raison comme le sens ne peut percevoir et considérer qu'un objet actuellement présent dans le temps et dans l'espace, tandis qu'elle fait entrer en ligne de compte, dans ses décisions, l'espérance et les dangers de l'avenir le plus éloigné ; car ce calcul de l'avenir ne lui est possible que parce que la raison connaît ce qu'elle connaît dans les représentations sensibles, et que l'imagination peut alors lui montrer même des choses éloignées dans le temps comme dans l'espace[1].

Il en est de même dans toutes les notions de la raison qui ont rapport à la pratique, καὶ ὅλως ἐν πράξει, et, dans les connaissances d'ordre purement théorétique, il n'en est pas autrement ; car si la raison théorétique dit que quelque chose est vrai ou faux, si la raison pratique dit que quelque chose est bien ou mal, nous n'avons pas là deux espèces différentes de formes intelligibles ; la seule différence est que la vérité théorétique a une valeur absolue, la vérité pratique une valeur relative à une personne ; ce qui est théorétiquement vrai est vrai pour tout le monde ; ce qui est bon, n'est pas bon pour tout le monde[2]. On pourrait peut-être accorder cela sous le rapport des vérités physiques, mais élever des doutes en ce qui concerne les vérités mathématiques, et se demander si celles-ci peuvent être saisies dans des représentations sensibles, puisque les idées mathématiques sont exemptes de la matière sensible[3] : ce serait à tort. Dans la représentation

---

[1] *De Anim.*, III, 7, § 3, 4, 5.

[2] *De Anim.*, 7, 431, b, 10.

[3] Mais il y a deux sortes de matière (*Metaph.*, VII, 10, 1036, a, 9) : l'une sensible, l'autre intelligible ; la matière intelligible est celle qui se trouve dans les objets sensibles en tant qu'ils ne sont pas sensibles, par ex. les objets mathématiques.

Les notions et idées mathématiques sont libres de la matière sensible, mais non de la matière intelligible, c'est-à-dire les idées mathématiques renferment bien, il est vrai, quelque chose qui appartient aux corps, car la grandeur et la figure sont bien un κοινὸν αἰσθητόν ; mais elles ne contiennent rien qui soit, au sens propre, sensible ; elles font abstraction de tout ἴδιον αἰσθητόν. En effet, nous avons plusieurs sens, et par chacun d'eux nous consensible du camus, est contenue l'idée d'un nez, et l'idée de la courbure; les idées mathématiques n'existent pas en dehors de l'esprit et séparément des corps sensibles; elles sont en ces corps comme les idées physiques, et pénètrent avec eux dans nos représentations sensibles. Ainsi, quand la raison les conçoit, elle ne conçoit pas quelque chose qui soit séparé de la matière sensible, mais elle conçoit seulement comme séparé ce qui n'est pas séparé de cette matière, οὐ κεχωρισμένα ὡς κεχωρισμένα νοεῖ. C'est seulement si l'intelligence concevait l'idée d'un être suprasensible comme une substance séparée, c'est alors seulement qu'on pourrait dire que cette connaissance ne lui est pas donnée dans les images. Mais cela n'arrive ni dans les idées mathématiques, ni dans aucune autre, si nous en exceptons la connaissance de nous-mêmes et les idées plus universelles qui en sont abstraites ; aussi longtemps que l'intelligence est liée avec le corps, elle ne peut communiquer immédiatement avec d'autres êtres spirituels. Et maintenant, comme l'intelligence ne se peut connaître elle-même, que si, par l'action de la partie sensitive, elle est devenue pensante en acte [1], il est évident que même cette connaissance d'elle-même, qu'elle ne puise pas dans les

---

naissons les κοινὰ αἰσθητά unis à un ἴδιον αἰσθητόν différent. Par le sens de la vue nous percevons avec la couleur la grandeur, mais sans la qualité tactile; par le toucher nous percevons également la grandeur, mais sans la couleur, et c'est ainsi qu'il est possible à l'intelligence de saisir l'idée de la grandeur libre et pure des deux qualités sensibles.

[1] Parce qu'elle n'est réellement intelligence que lorsqu'elle est intelligente de quelque chose, lorsqu'elle pense les choses (III, 7, 431, b, 16), ὅλως δὲ ὁ νοῦς ἐστιν ὁ κατ' ἐνέργειαν, τὰ πράγματα νοῶν (mot omis dans certains manuscrits et éditions). L'intelligence connaît les choses. Si toutes les idées que l'intelligence conçoit, aussi longtemps qu'elle est liée au corps, se rapportent à des choses sensiblement corporelles, elle les tirera toutes du corporel sensible, *ainsi par conséquent des images*. Et tel est le fait, à l'exception de la connaissance de soi-même. Car il n'y a pas d'Idées, au sens de Platon. L'essence de la chair n'est pas une substance différente de la chair sensible; les substances spirituelles pures existant réellement, notre intelligence, aussi longtemps qu'elle est liée avec le corps, ne les connaît qu'en tirant de la connaissance d'elle-même l'idée générale d'un être spirituel, et ensuite en concluant des actions et effets d'un esprit pensant, qu'elle n'est pas elle-même tant qu'elle connaît dans le sensible, à l'existence d'un tel. Cette conclusion est évidente, puisqu'autrement (c'est-à-dire si nous concevions *immédiatement* les purs esprits, comme nous concevons les choses sensibles et nous-mêmes) personne, excepté un sceptique, ne douterait de l'existence de Dieu, tandis que l'on discute sur la question de savoir si de tels êtres existent ou n'existent pas.

images, ne lui est possible que par le moyen des images, et ainsi, pendant cette vie du moins, la proposition : jamais l'âme ne pense sans images, a une valeur tout à fait universelle.

Ainsi notre pensée, nos connaissances rationnelles et suprasensibles dépendent des images ou représentations sensibles. On voit par là de quelle importance est la sensation qui, pour ainsi dire, *crée* en nous l'universel ; on voit par là en quoi consiste l'induction par laquelle nous saisissons les premiers principes. Toute notion générale qui s'arrête dans l'âme, et une notion générale est une unité dominant et embrassant une pluralité, une notion se trouvant une et identique dans tous les individus de cette pluralité, peut conduire par une généralisation successive à l'universel parfaitement simple et sans parties. Ce procès n'est pas un mouvement ni de génération ni d'altération ; au contraire, ce que nous appelons savoir, connaître est un état de l'esprit qui se fixe, qui s'arrête, qui se repose[1]. C'est un temps d'arrêt et de calme dans le tourbillon des notions fournies par la sensation, et qui ne font que paraître et disparaître, passer et fuir. Il n'y a pas de mouvement pour prendre le repos ; il n'y a pas mouvement quand de l'ivresse, du sommeil, de la maladie on passe aux états naturels et sains de l'être : loin de là. De même, en entrant en possession de l'universel, qui constitue la pensée et le savoir, l'âme ne fait que sortir du trouble des sens, écarter l'obstacle qu'ils opposent à son activité pleine, se recueillir, reprendre possession d'elle-même, redevenir elle-même, atteindre sa vraie essence, sa perfection, son acte[2]. La pensée est acte ; elle n'est donc pas mouvement, et est plutôt un repos[3].

La connaissance de l'universel vient donc par l'expérience, mais est opérée tout d'un coup sans passer par les intermédiaires successifs d'une induction ni d'un syllogisme. Un seul cas suffit souvent. Dans l'acte qui s'opère, il y a simultanément un acte de la sensation et un acte de la raison.

Pour expliquer l'origine ou la présence de l'universel dans notre esprit, Aristote emploie surtout des images : ce qui est assez étrange de la part du métaphysicien austère qui a si vivement reproché à Platon ce langage enfantin et puéril. Si

---

[1] *Phys.*, VII, 3.

[2] *Phys.*, VII, 3, 247, b, 13. *De Anim.*, II, 5. εἰς αὐτὸ γὰρ ἡ ἐπίδοσις.

[3] *De Anim.*, I, 3.

ces images ont un sens, elles doivent signifier que la raison agit, en face de la pluralité dispersée, comme une force unifiante, comme une unité active et concrète : τὸ δὲ ἓν ποιοῦν, τοῦτο ὁ νοῦς ἕκαστον[1]. C'est donc l'expérience qui, pour ainsi dire, nous ouvre l'œil avec lequel nous voyons les principes[2]; mais l'expérience, où s'effectue l'unité de la sensation et de la raison, n'est pas la cause première qui fait que nous avons conscience de l'universel ; la vraie cause, c'est le Νοῦς ; car la sensation des individus est la raison même : τούτων (des individus) δεῖ ἔχειν αἴσθησιν· αὕτη δ'ἐστι Νοῦς. Ce que la vue est dans le corps, la raison l'est dans l'âme[3]. La raison est l'universel dans l'existence, l'indivisible vivant dirigé sur les principes universels et les formes indivisibles.

L'indivisible est pris en deux sens : l'indivisible en acte et l'indivisible en puissance[4]. Nous avons déjà dit que la raison n'est pas exposée à l'erreur quand elle fait son acte propre, quand elle pense l'absolument simple. Ce n'est qu'avec la combinaison et la séparation, qui supposent également la pluralité, que commence la possibilité de l'erreur. L'opposition de l'erreur et de la vérité ne se manifeste que par un acte de l'esprit qui unit un attribut à un sujet ou l'en sépare[5]. Cette distinction, cette pluralité, se rapporte à la région du changement, aux choses placées dans le temps qui ont été ou seront, mais ne sont pas éternelles et éternellement identiques. Lorsque la notion du temps s'ajoute à la notion des choses et en fait partie, on sort du domaine de la raison pure pour entrer dans celui de la raison discursive ; on quitte la région des indivisibles pour entrer dans celle des divisibles.

Mais, comme il y a deux sortes d'indivisibles, l'un en acte, l'autre en puissance, l'esprit peut penser l'indivisible même dans l'étendue, quoique la nature de l'étendue soit d'être divisible, et même rien n'empêche l'esprit de penser cet indivisible dans un temps indivisible, et cela parce que l'étendue comme le temps sont à la fois divisibles et indivisibles. On peut se représenter une étendue quelconque dans son unité,

---

[1] *De Anim.*, III, 4, 6.

[2] *Ethic. Nic.*, VI, 11. διὰ γὰρ τὸ ἔχειν ἐκ τῆς ἐμπειρίας ὄμμα, ὁρῶσι τὰς ἀρχάς.

[3] *De Anim.*, I, 7.

[4] *De Anim.*, III, 6.

[5] *De Anim.*, III, 6, 2.

dans sa grandeur qualitative simple, comme un tout un, et cela d'un seul coup d'œil et non successivement, parce que si elle est divisible en puissance, elle n'est pas encore divisée en acte, réellement divisée. On peut aussi faire le contraire : on peut penser isolément, et en les séparant mentalement, chacune des parties de cette étendue ; alors l'acte qui divise l'étendue divise aussi le temps, et lors même que l'esprit réunit les deux parties, en supposant qu'il n'ait fait que deux parties, dans un ensemble un, il peut, tout en les pensant dans un temps un, apercevoir et affirmer la distinction des deux parties dont cette unité de temps se compose. Ce n'est donc plus ici un indivisible que l'esprit considère : c'est un composé ; ce n'est plus un acte de la raison pure qui s'accomplit, mais un acte de la raison discursive [1].

Dans le premier cas, lorsque l'esprit pense l'indivisible même dans l'étendue divisible, il n'y a pas une partie d'étendue qu'on pense dans une partie de temps, et une autre partie d'étendue pensée dans une autre partie de temps ; le tout est embrassé simultanément dans un temps indivisible et par un acte indivisible. Ce que l'âme pense ainsi dans une unité indivisible de temps et par un acte indivisible, c'est une chose indivisible, non dans son quantum, mais dans son idée, dans son espèce, dans son essence [2] ; mais quand on pense dans ces objets l'élément accidentel, c'est-à-dire l'élément quantitatif, matériel, quand on ne les considère pas dans leur idée, alors ils sont divisibles aussi bien que l'acte par lequel on les pense, et le temps dans lequel on les pense [3]. C'est qu'en effet s'il y a en eux quelque chose d'indivisible, la forme intelligible, cette forme n'est pas pure ; elle ne peut exister par soi ni en soi ; or, c'est cette forme qui, par sa nature même, indivisible et une, fait l'unité de l'objet étendu, l'unité de la ligne par exemple, et aussi l'unité du temps dans lequel elle est pensée. Cette forme indivisible se retrouve dans toute chose continue, dans le temps comme dans l'espace. Ainsi, même dans les objets multiples et divisibles, la raison peut penser l'unité et l'indivisible.

Il y a un autre indivisible : le point par exemple, et toute

---

[1] *De Anim.*, III, 6, 4, p. 430, b, 13. Le passage est très obscur.

[2] *De Anim.*, III, 6, 4.

[3] Torstrick signale avec raison ce qu'il appelle en assez mauvais latin : *inextricabilem hujus loci confusionem*.

autre division de même nature. Cet indivisible se manifeste comme privation, comme négation ; car c'est par son opposition au divisible que se détermine l'idée de cet indivisible, comme c'est par son opposition au bien que se détermine la notion du mal. En effet, le point est la limite, et, en tant que limite, il nie l'étendue qu'il détermine et la prive de son extension possible.

Mais l'esprit peut arriver à penser encore un indivisible qui ne se détermine pas par son contraire et qui même n'a pas de contraire : il n'a pas alors d'autre objet que lui-même ; c'est l'indivisible dans l'existence, qui se pense lui-même, et ce qu'il pense est un objet en acte existant par soi et en soi [1]. La pensée est alors la pensée de la pensée. Les propositions et les termes immédiats pensés immédiatement par cette pensée souveraine sont les vrais indivisibles. L'homme ne saurait se les démontrer : il y croit [2]. L'acte par lequel il les saisit est semblable à l'acte par lequel il entend, à l'acte par lequel il voit [3].

Il y a donc trois espèces d'indivisibles :

1. L'indivisible dans la notion d'objets divisibles par essence, comme la ligne, comme les nombres.

2. L'indivisible par privation, par négation, comme le point.

3. L'indivisible vrai, comme les termes immédiats, l'indivisible à la fois dans l'essence et dans la notion.

Nous nous sommes étendus sur l'acte et l'objet de la raison pure ; nous devons maintenant analyser l'acte et l'objet des autres facultés de la raison. Le caractère commun de l'opinion, de la science et de la raison discursive, c'est que l'âme y a pour objet, comme il arrive dans la sensation, un objet différent d'elle-même [4] : de là la possibilité de l'erreur. L'opinion vraie est la conception d'une proposition immédiate, mais non nécessaire, ou qui n'est pas déduite par le raisonnement de propositions ou démontrées ou nécessaires [5]. Elle est accompagnée de la confiance, de la foi, de l'assentiment ; car on n'a

---

[1] *De Anim.*, III, 6, 4.

[2] *Anal. Post.*, I, 2. Sub fin. πιστεύει.

[3] *Anal. Post.*, I, 1, a, 3. *Metaph.*, VIII, 10. *Anal. Post.*, I, 10. *De Anim.*, III, 6, sub fin.

[4] *Metaph.*, XII, 9, 1074, b, 35.

[5] *Anal. Post.*, I, 33, 89, a, 2. *Metaph.*, VII, 15, 1039, b, 31. *Ethic. Nic.*, VI, 3, 1139, b. 18.

pas une opinion sans ajouter quelque foi à cette opinion : or cette confiance vient d'une persuasion, d'une conviction, qui suppose la raison[1]. On n'est jamais persuadé sans avoir quelque raison de l'être. Il y a donc de la raison dans l'opinion, qu'on peut considérer comme un produit commun de la sensation et de la raison. Puisqu'elle a pour objet un être autre que l'âme, outre qu'elle est évidemment soumise à la possibilité d'errer, c'est une faculté qui ne dépend pas de nous seuls, mais dépend en grande partie de son objet. Cet objet est le contingent, le variable, l'accident ; or comme la science a au contraire pour objet le nécessaire et l'immuable, il n'est pas possible d'avoir sur une même chose et en même temps une opinion probable et une science certaine[2]. On ne peut avoir une opinion que sur une chose sensible[3].

La relation des deux facultés de la raison et de l'opinion est tellement intime qu'Aristote les prend et les nomme quelquefois l'une pour l'autre[4]. Cependant l'opinion ne se rapporte pas aux déterminations objectives de la chose, mais aux représentations que l'individu s'en fait; elle est d'un caractère tout subjectif, et c'est un pur hasard si l'essence de l'objet correspond à la disposition mentale du sujet. Il peut y avoir ainsi une série infinie d'opinions erronées. L'opinion est donc opposée à la vérité, qu'elle ne surprend que par accident[5], comme un archer qui, tirant dans l'ombre, peut toucher le but sans le voir ni le savoir[6].

La raison discursive, ἡ διάνοια, est souvent, dans Aristote, la pensée en général, τὸ λογιστικόν, en opposition à la sensation, et alors elle se distingue à peine du Νοῦς[7]. Cependant elle en est aussi fréquemment distinguée. Par opposition au Νοῦς, qui est quelque chose de plus divin, d'impassible, la raison discursive représente l'unité des états[8] de l'être mixte, corps et

---

[1] *De Anim.*, III, 3, 428, a, 20.

[2] *Anal. Post.*, I, 33, 89, a, 2.

[3] *De Anim.*, 418, a, 27.

[4] Conf. Waitz, *Organ.*, t. I, p. 444.

[5] *Anal. Prior.*, I, 30. Conf. Biese, I, 163.

[6] C'est à peu près l'opinion de Platon (*Conv.*, 202, a) : « l'opinion est une sorte de milieu entre l'ignorance et la science. »

[7] *Anal. Post.*, II, 19. *Metaph.*, VI, 1. *Polit.*, VII, 2. *Ethic. Nic.*, I, 1, et VI, 2. *De Anim.*, III, 10.

[8] πάθη.

âme, qui constitue l'homme. C'est la faculté de séparation et de combinaison des notions acquises par les autres voies de la connaissance[1]; c'est l'activité du raisonnement, la puissance de la réflexion, la faculté de l'abstraction[2]. C'est elle qui produit les définitions, les propositions, λόγοι, d'où l'on part dans la discussion[3]. C'est donc elle qui donne naissance à ce qu'on appellera la logique et la dialectique, c'est-à-dire l'art de trouver et de démontrer la vérité. La raison pure saisit les termes simples; son opération, par cela même infaillible, consiste dans une sorte d'attouchement pour ainsi dire immobile, puisqu'il s'exerce du même au même; la raison discursive, qui consiste à faire un de plusieurs et plusieurs de un, se manifeste plutôt comme un mouvement, une marche qui témoigne une sorte de faiblesse et d'impuissance à se fixer, à se poser, à s'emparer fortement de l'objet, et à le serrer pour ainsi dire d'une prise toute-puissante. Elle est faillible[4]. Mais quand elle se propose des objets éternels, nécessaires, ou du moins qui se reproduisent le plus souvent de la même manière, ὡς ἐπὶ τὸ πολύ, elle fonde la science, qui a pour caractère la certitude absolue, la nécessité d'adhérer, l'impossibilité d'être dissuadé, et elle a pour organe la démonstration[5].

La science, quand on l'oppose à l'intuition immédiate et directe des premiers principes, démontre le particulier par l'universel, c'est-à-dire par ces principes; car c'est par les principes qu'est possible la connaissance d'une chose qui n'est pas elle-même principe. Les principes contiennent les raisons et les causes qui font et qui expliquent que la chose ne peut pas être autre qu'elle est[6]. La science ainsi est le rapport, l'union, le concours du particulier et de l'universel. Ce rapport doit être nécessaire : or, comme c'est par l'universel que le caractère de nécessité est donné à la pensée, c'est l'universel, connu par la raison, qui est l'élément essentiel, dominant, caractéristique de la science[7]. Il y a plusieurs espèces de

---

[1] *Metaph.*, VI, 4.
[2] Biese, I, p. 327 et 626.
[3] *Anal. Post.*, I, 12. *Soph. El.*, ch. 2 et ch. 33.
[4] Themist., *De Anim.*, 7, b, 0.
[5] *Phys.*, VII, 3. *Anal. Post.*, I, 2; I, 27. *Ethic. Nic.*, III, 4; VI, 3.
[6] *Anal. Post.*, I, 2, 4.
[7] *Anal. Post.*, I, 24.

sciences[1] : il y a une science absolue, parfaite, et une science relative, accidentelle, ou même hypothétique, c'est-à-dire reposant sur une hypothèse[2]. Mais ce n'est pas à la science de l'âme de déterminer les lois, les procédés et la méthode, propres et communs à toutes les sciences et à chacune d'elles. *Les Analytiques* et *les Topiques* apprendront à connaître dans ses opérations et dans ses mouvements particuliers ce merveilleux mécanisme, ou plutôt ce merveilleux organisme de l'esprit.

Il nous reste à examiner quelle est, au point de vue de la substance, de la réalité substantielle de la raison, du Νοῦς, la doctrine d'Aristote. Il pose la question dans les termes suivants[3] : le Νοῦς, est-il une partie de l'âme séparable des autres parties, ou bien ne peut-il en être séparé qu'en idée, que par abstraction, mais non dans son sujet substantiel? Ce qui revient à dire : le Νοῦς est-il une faculté de l'âme, ou est-il un être distinct, une essence unie accidentellement et temporairement à l'âme, mais pouvant et devant en être séparée, une essence existant en soi et pour soi ?

L'opération de la raison, nous l'avons vu, est analogue à l'opération de la sensation : alors il y a en elle, on peut le croire, une passivité; elle est affectée par l'intelligible comme la sensation par le sensible. S'il n'y a pas réellement passivité, c'est du moins un état qui, tout en étant autre que la passivité réelle, y ressemble[4]. Ainsi la raison est à la fois quelque chose d'impassible et quelque chose de réceptif : car elle est réceptive de la forme. En effet la raison n'est pas la forme même : elle n'en est que la puissance et un analogue; elle se comporte vis-à-vis de l'intelligible comme le sens vis-à-vis du sensible. Le Νοῦς est donc en quelque mesure, et sous un certain rapport, παθητικός. Il se présente comme l'unité concrète, le rapport vivant de la raison et de la sensibilité, degré inférieur de l'âme, mais condition nécessaire de son développement ultérieur et supérieur. Il se place en face de la réalité objective, en face de la nature, dont il cherche à pénétrer non les phénomènes, mais les lois, et il se comporte vis-à-vis d'elle

---

[1] *Anal. Prior.*, II, 21.

[2] *Anal. Post.*, I, 2, 3, 4. *Metaph.*, III, 6.

[3] *De Anim.*, III, 4, 9; II, 2.

[4] *De Anim.*, III, 4. Je n'ai pas besoin de rappeler de quelle obscurité est enveloppée cette phrase, que Brandis ni Zeller n'ont essayé d'éclaircir.

d'une manière à la fois conforme et contraire à la sensation. Tous deux s'approprient et s'assimilent la forme, mais dans la sensation l'âme s'assimile la forme en tant que particulière, en tant que sensible, ou dans son rapport à une matière; dans l'acte de la raison, l'âme n'admet la forme que dans son universalité; elle rompt le lien qui unissait cette forme à cette matière, et qui l'y tenait engagée et comme emprisonnée, λόγοι ἔνυλοι. Ainsi, par exemple, prenons une sphère matérielle : si cette sphère-matière était un objet alimentaire, l'âme nutritive, par le sens du goût et les organes de la digestion, s'en assimilerait à la fois la forme et la matière ; l'âme sensitive, par l'œil et le toucher, en saisirait la forme, mais la forme individuelle, la forme dans son rapport à cette matière déterminée ; mais le Νοῦς, rejetant et séparant absolument la matière, la notion du rapport à cette matière, et l'individualité qui en est la conséquence, s'élève à l'idée mathématique de la sphère universelle. Il n'en est pas moins vrai que le monde extérieur a eu sur la production de cette notion, sur le Νοῦς qui l'a produite, une action réelle quoique médiate, et que l'entendement, en la créant, s'est comporté réceptivement, passivement : il y a donc un entendement passif, un Νοῦς παθητικός. La raison pense toutes choses, et penser c'est s'assimiler. La science en acte est donc identique aux choses mêmes. Dans la pensée pure qui n'admet que les formes, il n'y a plus de distinction entre l'objet et le sujet, qui est forme lui-même. La raison, comme l'avait déjà vu Anaxagore, doit donc être absolument sans mélange, parfaitement simple, c'est-à-dire n'avoir aucun commerce avec la matière qu'au contraire elle rejette, διακρίνει, et qu'elle doit dominer, pour pouvoir connaître. Son essence ne doit être aucune des choses qu'elle connaît, pas même aucune de leurs formes : elle ne doit posséder aucune notion déterminée et distincte ; car un élément déterminé, étranger à sa puissance générale de penser, s'il venait à apparaître en elle, gênerait son opération et pour ainsi dire lui barrerait la lumière[1]. La raison n'est

---

[1] *De Anim.*, III, 4. παρεμφαινόμενον γὰρ κωλύει τὸ ἀλλότριον καὶ ἀντιφράττει. Hegel (*Werk.*, XIV Band, p. 430) traduit ainsi le passage : « denn hervorbrechend in seiner Wirksamkeit, hält er das Fremde ab und versäumt sich dagegen. » Malgré tous les traducteurs et commentateurs, je ne puis m'empêcher de faire de τὸ ἀλλότριον le sujet et non le régime. Ce passage reproduit la doctrine et presque les termes d'Anaxagore. Conf. *Fragm. Anaxag.*, Schaubach, p. 100. Conf. Arist., *Phys.*, VIII, 5.

donc pas autre chose et elle ne peut pas être autre chose que la puissance pure de penser, puissance non pas inerte, morte, nue, vide, mais puissance sourdement active, disposition prochaine à agir, et qui, tout en n'agissant pas actuellement, agira aussitôt que l'obstacle, qui vient des conditions externes de l'organisme physique, aura été levé. Aussi ce qu'on appelle le Νοῦς de l'âme, et il faut entendre ici le mot dans toute son extension et l'appliquer à la faculté générale par laquelle l'âme pense et connaît[1], le Νοῦς n'est en acte aucune des choses qu'il pense, avant de les penser. C'est une pure puissance ; c'est la raison possible ou la possibilité de la raison.

La raison, avons-nous dit, puissance de recevoir les formes, est impassible, mais non pas comme la sensation, où les extrêmes détruisent la sensibilité, tandis que l'intelligence est secourue et fortifiée par l'extrême intelligibilité. Alors on peut se demander comment la pensée est possible ; connaître, penser, c'est une sorte particulière de passivité, qui sans doute diffère de la passivité réelle, en ce qu'elle n'est pas une altération du sujet, et est au contraire sa perfection ; mais cependant pour recevoir les formes, la raison doit éprouver quelque passivité, par suite du rapport où elle est mise avec la chose connue. Penser implique un rapport, c'est-à-dire quelque chose de commun à deux choses dont l'une paraît agir, l'autre souffrir[2]. « De même que dans toute la nature il y a pour chaque genre de choses, d'un côté la matière, et la matière est ce qui est en puissance tous les objets déterminés d'un genre, de l'autre côté l'agent et la cause, τὸ αἴτιον καὶ τὸ ποιητικόν, parce que ce dernier élément fait la réalité de toutes les choses réelles, et se comporte comme l'art vis-à-vis de la matière ; de même se retrouvent nécessairement dans l'âme, qui est une chose de la nature, ces mêmes différences ; il y a d'un côté un Νοῦς en puissance, qui devient tout, et un Νοῦς qui, semblable à une sorte de possession, d'habitude, ὡς ἕξις τις, comme l'est la lumière[3], pourrait être dit le Νοῦς ποιητικός, parce qu'il fait tout, c'est-à-dire il fait que le Νοῦς en puissance, qui est la puissance de

---

[1] *De Anim.*, III, 4.

[2] *De Anim.*, III, 4, 9.

[3] Car on peut dire que, dans une certaine mesure, la lumière fait de couleurs qui n'étaient qu'en puissance des couleurs en acte.

tout, devienne tout en acte, tout ce qu'il pense sans doute ; mais il peut tout penser. On comprend maintenant comment la raison peut être dite à la fois passive et impassible, et comment, tout impassible qu'elle soit, elle peut penser, c'est-à-dire recevoir les formes. C'est que ces formes sont contenues en acte dans la raison agente, dans le Νοῦς ποιητικός, et que le Νοῦς παθητικός ne souffre rien d'un objet étranger et externe, et n'est en rapport qu'avec lui-même[1]. Entre les sens et la raison, il y a cette différence que ce qui fait l'acte des uns, l'objet visible, l'objet acoustible, etc., est extérieur, parce que la sensation en acte a pour objet les choses individuelles, tandis que la science en acte a pour objets les universaux et ceux-ci sont en quelque manière dans l'âme même[2].

La raison ou intelligence est en puissance les intelligibles mêmes ; et comme le sensorium est en puissance ce qu'est en acte le senti, on peut dire que l'âme est tous les êtres ; car ils sont ou intelligibles ou sensibles ; or, la science est en quelque façon les intelligibles, comme la sensation est les sensibles. La science en acte est identique à son objet, l'intelligence est identique à l'intelligible. La science en puissance a la priorité dans le temps, dans l'individu, mais prise absolument, elle n'a pas, même dans le temps, cette priorité. La science absolue, qui précède toute science en puissance, n'est pas[3] celle qui tantôt pense, tantôt ne pense pas. Elle est indéfectible dans son acte.

C'est une loi universelle que de l'être en puissance vienne l'être en acte par un être en acte. Ainsi l'homme vient de l'homme, le musicien du musicien. Tout être vient de son synonyme ou de son homonyme[4]. Afin qu'un possible devienne réel, il faut que son synonyme lui soit antérieur et soit en acte. La production de la pensée n'est pas affranchie de cette loi. Le Νοῦς est une puissance qui ne produirait pas la pensée réelle, si elle n'était mue et poussée à l'acte par un Νοῦς agent, par une pensée actuelle, une cause synonyme antérieure.

Mais ce Νοῦς agent, qu'est-il ? Il semble au premier abord

---

[1] *De Anim.*, III, 5, 1 et 2.

[2] *De Anim.*, II, 5, 6.

[3] Torstrick supprime οὐχ en tête de la phrase.

[4] Aristote ne fait pas de différence entre ces deux mots.

que c'est l'entendement divin, qui a en soi en acte tout intelligible. Dans cette hypothèse, c'est lui qui, éclairant les images, transforme en pensées réelles les pensées possibles de la raison. Rien n'est en dehors de la pensée divine, qui est cause de tout, et voit en elle-même, éminemment, tout ce dont elle est cause, parce qu'elle en voit la cause. Il ne faut donc pas croire, de ce que Dieu ne peut avoir d'autre objet de sa pensée que sa pensée même, qui est son essence et sa vie, qu'il ignore le monde réel et est le plus ignorant des êtres [1].

Il est vrai que la raison humaine aussi se connaît elle-même, mais seulement après qu'elle a connu autre chose, lorsqu'elle est devenue pensante en acte, parce qu'elle n'est réellement raison, intelligence, que lorsqu'elle est réellement intelligente de quelque chose, lorsqu'elle connaît ou a connu les choses mêmes, ὁ δὲ Νοῦς ἐστιν ὁ κατ' ἐνέργειαν τὰ πράγματα νοῶν [2]. Mais si la raison se connaît elle-même, elle devient un intelligible, et si on fait de l'intelligible un genre un et identique, c'est-à-dire si tous les intelligibles se ramènent à une même notion et à une même nature, il en résultera ou que les choses matérielles auront une intelligence, puisqu'elles sont intelligibles et que l'intelligence les connaît, ou que l'intelligence aura quelque chose de matériel, puisqu'elle se connaît et est pour elle-même un intelligible, si la matérialité est une condition de l'intelligibilité [3]. A ces difficultés

---

[1] *Metaph.*, III, 4, 1000, b, 3. *De Anim.*, I, 5, 410, b, 4. Cependant M. Ravaisson dit (t. I, p. 589) : « Dieu demeure tout en lui-même, et la pensée de la pensée ne sort pas de la pensée... Ce n'est pas l'Etre absolu qui s'abaisse à la considération du non-être... Ce n'est pas Dieu qui voit en lui les idées... Dieu ne descend point à gouverner les choses... Ce n'est pas Dieu qui pense tout ce qui est autre que sa pensée même; ce n'est pas lui qui ordonne pour lui-même tout ce qui est autre que lui. » Il est juste de dire que les notes des pages 589 et 593 restreignent ces jugements.

[2] *De Anim.*, III, 7, 431, b, 16. νοῶν est omis dans plusieurs manuscrits et plusieurs éditions.

[3] L'intelligence en se pensant doit se penser comme telle, c'est-à-dire comme pensante, et elle est tout ce qu'elle pense : elle est donc l'intelligible même. Or si l'intelligible est un genre, il est alors intelligence, puisque l'intelligence, se connaissant, est un intelligible pour elle-même. Alors les choses ayant l'intelligibilité auront l'intelligence : elles penseront. Si au contraire l'intelligibilité tient à la matérialité, comme on pourrait le croire par suite de l'intelligibilité des choses matérielles, alors, puisque l'on dit que la raison se connaît elle-même, elle aura quelque chose de matériel.

on peut répondre : les choses intelligibles sont ou sans matière ou matérielles. Les choses sans matière sont ou les principes universels et nécessaires, constitutifs de la raison ; ou les choses abstraites, les idées mathématiques, qui sont l'œuvre de l'intelligence ; elles ne sont donc toutes que des pensées, des actes de la pensée ; le sujet et l'objet de la connaissance sont identiques ; la raison se connaît par contact, par attouchement. Quant aux choses matérielles, ce qu'il y a de réel en elles, leur essence, leur idée, participe de la raison, et se retrouve en puissance dans l'intelligence, et là donc encore l'intelligence, en les pensant, se pense elle-même, l'intelligence et l'intelligible sont identiques.

L'alternative qu'on objecte n'a donc pas lieu d'être posée. Sans doute tout ce qui est reçu dans l'intelligence, qui reçoit tout, est intelligible de la même manière. Mais l'intelligibilité du corps reçu et connu et l'intelligibilité de l'intelligence qui se connaît elle-même peuvent être d'une même espèce, ἐν δέ τι τὸ νοητὸν εἴδει, sans que le corps ait aucune propriété commune avec la raison, de même qu'il est en dehors d'elle. Est intelligible ce qui est dans la raison, mais ce qui y est sous son mode de recevoir, c'est-à-dire d'une façon immatérielle, puisque la raison est immatérielle. Ainsi la raison ou les principes universels et nécessaires qui la constituent, s'ils sont pensés par la raison, sont immatériellement dans la raison. En ce qui concerne la raison, cela se comprend de soi-même, puisqu'elle est par essence immatérielle ; la chose corporelle est matérielle et elle le demeure, même quand elle est reçue dans l'intelligence, mais elle est alors dans la raison d'une manière immatérielle, et non comme elle est en dehors de l'intelligence. Car en dehors de l'intelligence elle est individuellement déterminée, puisqu'un universel ne peut avoir d'existence réelle sans une différence individuelle. Dans l'intelligence il perd cette détermination individuelle ; la ligne brisée est redressée ; et c'est dans cet état, qui lui est primitivement étranger, que même le matériel peut être dans l'intelligence.

L'intelligence est souverainement intelligible, tandis que les choses corporelles ne permettent qu'une connaissance générale indéterminée et ne sont pas également intelligibles dans toutes leurs déterminations. Nous les connaissons d'autant plus sûrement qu'elles sont devenues par l'abstraction plus complètement étrangères à leur mode naturel d'existence[1]. Elles ne sont intelligibles qu'en puissance. L'intelligibilité de l'intelligence et celle des choses matérielles, quoique placées dans le même genre, ne sont donc pas du même ordre ni du même degré, et de ce que l'intelligence se connaît elle-même, en même temps qu'elle connaît les choses corporelles, de ce qu'elle est, comme celles-ci, un intelligible, on n'a pas le droit d'en conclure ni que les choses aient une intelligence, ni que l'intelligence ait quelque chose de matériel.

Le Νοῦς est ainsi parfaitement intelligible à lui-même, et par conséquent absolument intelligible. Ce Νοῦς parfaitement intelligent et intelligible, qui se pense lui-même, c'est le principe auquel sont suspendus le ciel et la terre. Sa félicité est son acte même. C'est parce que la veille, la sensation, la pensée sont des actes, qu'elles causent même à l'homme de si vifs plaisirs. La pensée en soi est la pensée de ce qui est en soi le meilleur, et la pensée par excellence est la pensée de ce qui est le bien par excellence, à savoir la pensée. L'intelligence se pense elle-même en saisissant l'intelligible; car à ce contact elle devient elle-même intelligible. Il y a ainsi identité entre l'intelligence et l'intelligible; car la faculté de percevoir l'intelligible, c'est l'intelligence, et l'actualité de l'intelligence, c'est la possession de l'intelligible[2].

La raison est donc Dieu même, ou du moins la plus divine des choses que nous connaissons. Mais pour être telle, quel doit être son état habituel?

1. Si elle ne pensait rien réellement, si elle était comme endormie, c'est-à-dire éternellement en puissance, et jamais en acte, où serait sa dignité, sa divinité?

2. Si elle pense, mais que le fait qu'elle pense dépende d'une autre chose qu'elle-même, de l'objet pensé, son essence n'étant plus l'acte de la pensée même, mais la simple puissance de penser, on ne saurait plus la considérer comme la plus parfaite des choses; car ce qui donne à l'intelligence son prix, sa perfection, c'est de penser, τὸ νοεῖν.

3. Pour que la raison soit parfaite, il faut que son objet soit parfait, et qu'elle le pense sans changement; car si elle changeait d'objet, comme son objet doit être et est le plus parfait, elle passerait ou du plus au moins parfait, ou du

---

[1] Brentano, p. 136.
[2] *Metaph.*, XII, 7.

moins au plus parfait, et ce changement, quelle qu'en fût la direction, introduirait en elle le mouvement, de sa nature imparfait. La raison pure et souveraine est immobile et immuable. Elle ne peut jamais être en puissance ; elle est nécessairement toujours, éternellement en acte ; car si elle était en puissance, elle ne pourrait penser d'une façon continue et sans relâche, parce que tout ce qui est en puissance éprouve une lassitude de son action et ne saurait la prolonger à l'infini[1]. Enfin, si la raison était en puissance, l'objet intelligible lui serait supérieur en dignité. Or la puissance de comprendre s'étend à tous les intelligibles, et les pires choses de ce monde, étant intelligibles, deviendraient son objet ; elle ne serait donc plus au-dessus de tout, et le bien parfait.

Donc la raison n'est pas puissance, mais acte ; comme elle est la chose parfaite, et qu'elle seule est la chose parfaite, elle ne peut avoir qu'elle-même pour objet. La raison est la pensée, νόησις, c'est-à-dire l'acte même de comprendre ; la raison ou la pensée n'a pour objet qu'elle-même ; elle est la pensée de la pensée[2]. C'est Dieu.

Mais alors, pourra-t-on objecter, comment pourra-t-il se faire que dans la raison humaine, qui, de quelque façon qu'on l'explique, doit participer à la raison active[3], à l'intellect agent, puisqu'il n'est pas contestable qu'elle pense, comment pourra-t-il se faire que la science, la raison discursive, l'opinion, la sensation, aient toujours un objet différent d'elles-mêmes, et ne se prennent elles-mêmes qu'en passant pour objet. La pensée en soi est une d'espèce, ἐν τῷ εἴδει, et les lois de la pensée dans l'homme ne peuvent différer des lois de la pensée divine. La pensée est toujours la pensée, et nous venons de voir que toujours la pensée est la pensée de la pensée ; en outre, si chez l'homme l'acte de penser et l'intelligible sont choses différentes, on peut demander ici quel est celui des deux qui donne à la pensée sa perfection relative. Il suffit, pour répondre à cette double objection, d'observer que même dans l'homme, en certaines circonstances,

---

[1] *Metaph.*, 1050, b, 25. *De Somn.*, I, 454, a, 26 ; 455, b, 18.

[2] *Magn. Mor.*, II, 15. *Ethic. Eud.*, VII, 11.

[3] La raison se pense et se connaît elle-même : elle est donc un intelligible, et l'intelligible est un d'espèce. L'âme humaine, intelligible, ne fait donc qu'un en espèce avec l'intelligible divin, du moins dans sa partie supérieure immuable.

la connaissance est l'objet connu même. Ainsi, dans les arts, si on élimine par la pensée la matière de l'œuvre, la forme, dans les sciences théorétiques, la notion pure, donnée par la définition, sont à la fois et la pensée et la chose pensée.

Il est vrai que l'objet de la pensée humaine est composé, et que l'objet de la pensée divine est simple, puisqu'autrement elle serait obligée de traverser successivement les parties du tout intelligible, et qu'alors elle serait soumise au changement. Mais ce qui est sans matière est indivisible. L'intelligence humaine, qui a pour objet des composés, a parfois aussi des pensées qui ne sont pas successives ; ainsi, par exemple, ce n'est pas successivement qu'elle saisit le bien, qui n'est cependant pas absolument elle-même ; elle le saisit dans une sorte de tout indivisible. L'intelligence humaine se comporte, dans ces rares et rapides moments, comme l'intelligence divine le fait constamment et éternellement. « La raison pense toutes choses ; elle n'est donc aucune des choses qu'elle pense, avant de les penser ; voilà pourquoi ce qu'on appelle le Νοῦς de l'âme, et non pas l'âme tout entière, ne se mêle pas au corps ; car ce commerce supposerait que la raison a des propriétés sensibles et un organe[1]. »

C'est en ces termes trop concis qu'Aristote résout la question de la spiritualité, sinon de l'âme, du moins de la partie de l'âme qu'il distingue de la raison passive. On peut y reconnaître condensés et engagés l'un dans l'autre trois arguments :

1. En disant que l'âme est en quelque façon les choses mêmes qu'elle pense, Aristote entend qu'elle est ce qu'il y a d'intelligible dans la chose, c'est-à-dire d'immatériel.

2. Si la raison était mêlée au corps, elle aurait, comme chacun des sens, un organe matériel, et elle n'en a pas.

3. Quand la sensation est trop forte, les objets sensibles altèrent ou détruisent le sens ; au contraire, à proportion que l'intelligible est plus intelligible, la pensée est plus claire, et la raison plus forte. Cela vient de ce que le sens, comme forme d'un organe, est mêlé au corps, et cela prouve que la raison, qui ne subit pas cet effet d'altération, est affranchie du mélange avec le corps qui le produit dans la sensation.

La pensée d'Aristote, sur ce point, n'est ni ferme ni constante ; l'âme n'est pas, pour lui, une grandeur ; elle *paraît*

[1] *De Anim.*, III, 4.

être une sorte d'essence, de forme pure, sans matière. A l'objection que la pensée pure elle-même s'affaiblit, par des causes qui paraissent physiques, il a répondu qu'elle ne s'affaiblit pas en elle-même, puisqu'elle est impassible, mais parce que quelque autre chose vient à être détruite dans l'intérieur de l'être. Le Νοῦς est sans doute, ἴσως, quelque chose de plus divin que les autres facultés de l'âme[1]. Mais cela ne l'empêche pas de dire que l'âme, dans la plupart de ses fonctions, ne semble ni éprouver ni faire quoi que ce soit sans le corps. La fonction la plus propre à l'âme est de penser; mais la pensée même, si elle n'est qu'une espèce d'imagination, ou si elle ne peut se produire sans l'imagination, la pensée ne peut se produire sans le corps[2]. Elle y est donc mêlée; elle a quelque rapport au corps; elle est quelque chose du corps; or, l'âme est une; il n'y a pas plusieurs âmes, mais des parties de l'âme, et le Νοῦς n'est qu'une partie de l'âme. Sans doute Aristote ajoute : si donc il y a quelque fonction de l'âme qui lui soit propre et spéciale, elle pourrait être séparée du corps; alors ce serait l'âme tout entière qui serait séparable, c'est-à-dire spirituelle ; mais si elle n'a aucune fonction qui lui soit exclusivement propre, elle ne saurait en être séparée. » Que conclure de ces passages où l'on voit à la fois que la pensée est la fonction la plus propre à l'âme, et que cette fonction qui lui est si propre ne peut s'accomplir sans image, c'est-à-dire sans sensation, c'est-à-dire encore sans le corps ?

L'âme agit sur le corps, et elle a des parties. On peut se demander quelle action chaque partie de l'âme exerce sur le corps. Car si l'âme tout entière contient, συνέχει, le corps tout entier, chaque partie de l'âme aura une partie du corps à contenir. Mais il est difficile de se représenter, même en imagination, quelle partie du corps le Νοῦς sera chargé de contenir, et comment il la contiendra[3] ? De l'impossibilité de résoudre cette question, on peut conclure qu'Aristote admet que le Νοῦς n'a aucun rapport avec le corps et pour agir n'a point besoin d'organe.

On ne peut pas dire d'une façon absolue que l'âme ne soit pas séparable du corps, puisque, si par quelques-unes de ses

---

[1] *De Anim.*, I, 12 et 13.

[2] *De Anim.*, I, 1, 9.

[3] *De Anim.*, I, 5.

parties elle est entéléchie du corps, rien n'empêche que quelques autres soient séparables, qui ne sont pas des entéléchies du corps[1]. La partie végétative de l'âme qui ne peut se séparer du corps peut se séparer des autres parties de l'âme, comme il est évident par l'existence des êtres du règne végétal ; en est-il de même du Νοῦς, de la faculté théorétique de l'âme, jusqu'ici on n'en sait rien. Cependant il semble que ce soit un autre genre d'âmes, une âme d'un autre genre[2], qui seule peut être séparée du corps et des facultés inférieures liées au corps, comme l'éternel est séparable du mortel[3].

Les êtres mortels qui ont le raisonnement et la pensée ont aussi les autres fonctions, les autres parties de l'âme ; quant au Νοῦς, c'est une autre question[4]. Ce qui veut dire sans doute qu'il peut se faire qu'il y ait des êtres purement spirituels qui n'auraient pas, comme l'homme, ni la partie sensitive, ni la partie végétative, qui ne posséderaient que le Νοῦς. Si cela était prouvé, il serait prouvé en fait que le Νοῦς est séparable, c'est-à-dire absolument de nature spirituelle.

L'âme est donc, au moins dans l'une de ses parties, dans l'opinion probable d'Aristote, séparable du corps ; le Νοῦς n'est ce qu'il est que quand il en est séparé réellement, soit par la nature même de l'être, qui est alors purement spirituel, soit par la mort, qui dans l'homme sépare l'âme du corps. Mais ce Νοῦς de notre âme, reste-t-il, après la mort comme pendant la vie, une substance individuelle ?.

Aristote ne répond pas à cette question et même ne la pose pas : si on a recours aux principes généraux de sa *Métaphysique* pour essayer de la résoudre dans le sens de sa philosophie, on trouve des difficultés dans l'opposition de certains de ces principes. Ainsi pour Aristote, on le sait, l'universel, les essences idéales, τὰ εἴδη, l'unité, ἕν τι, n'a pas d'existence réelle en dehors de la pluralité individuelle[5]. Mais il soutient ailleurs[6] qu'il est impossible qu'il y ait une pluralité de subs-

---

[1] *De Anim.*, II, 1, 12.

[2] Mais dans cette hypothèse comment peut-on concevoir qu'elle soit une partie d'une seule et même âme.

[3] *De Anim.*, II, 2, 9.

[4] *De Anim.*, II, 3, 4 et 7.

[5] *Anal. Post.*, I, 11, 77, a, 4.

[6] *Metaph.*, XII, 8, 1074, a, 31.

tances purement immatérielles de la même espèce. Ainsi les âmes, et au moins la partie pensante des âmes étant, dans l'hypothèse d'une vie prolongée au delà de la mort, sans corps, des substances immatérielles de la même espèce, ne peuvent pas être individuellement et numériquement distinctes. Tout ce qui a une pluralité numérique, tout en étant un par la notion, et de même espèce, ὁμοειδῆ, doit cette individuation à la matière.

M. Brentano croit cependant pouvoir conclure que, d'après les principes bien entendus d'Aristote, l'âme humaine, ou du moins le Νοῦς de l'âme, devait conserver, après la mort, l'individualité qu'elle avait possédée pendant la vie. La dernière différence, dit-il, dans les choses et êtres matériels, est sensible, ne se confond pas avec la dernière différence de l'essence, avec la différence spécifique. L'espèce et l'individu ne se confondent pas ; il y a plusieurs individus d'une même espèce. Tandis que dans les êtres immatériels, ou du moins dans les hommes, la partie spirituelle a pour dernière différence une différence intelligible et spécifique. L'homme est physiquement et moralement un individu. Mais l'individualité de son âme est à la fois une différence spécifique et individuelle ; l'espèce et l'individu se confondent, et rien n'empêche d'admettre, dans la doctrine d'Aristote, la persistance de la vie individuelle de l'âme humaine après la mort[1].

Nous avons reconnu que le Νοῦς n'a aucun rapport avec le corps. Non seulement il est immatériel, mais il n'est pas engagé dans les liens de la vie physique : car autrement il participerait aux affections du corps, ou du moins il aurait, comme l'âme sensitive, un organe pour se mettre en communication avec ses objets, et nous ne lui connaissons aucun organe.

Lieu des formes, comme on a eu raison de l'appeler, la raison est, sinon en acte, du moins en puissance, les idées mêmes qu'elle pense, les intelligibles ; elle n'a pas besoin d'organes pour penser ; dans son opération elle ne dépend que d'elle-même, puisque, pour penser les principes, elle n'a qu'à se penser elle-même ; parfaitement simple, pure de tout mélange, à l'abri de toute action étrangère, de toute passivité, n'étant pas liée, même dans son existence, au corps qu'elle habite, la raison, qui ne naît pas avec le corps, ne périt pas avec lui et, quoique unie à lui, s'en peut séparer sans cesser

---

[1] Brentano, p. 129.

de vivre[1]. On peut même dire qu'elle n'atteint sa véritable et parfaite essence que lorsqu'elle en est séparée[2].

L'âme pensante, le Νοῦς, est donc une substance immortelle, bien plus, éternelle, qui n'a pas eu de commencement comme elle n'aura pas de fin. Elle est préexistante à son corps, parce qu'elle n'en est pas l'entéléchie, et si nous ne nous souvenons pas de la partie de son existence antérieure à la vie présente, c'est que le souvenir est une faculté de la raison passive et non de la raison active[3]. Ce n'est pas l'âme tout entière ni la raison tout entière que l'on doit concevoir comme immortelle; l'entendement passif, lié au corps, entéléchie de son corps, est périssable[4], et avec lui doivent disparaître toutes les fonctions psychiques dont il est le sujet d'immanence ou la condition nécessaire, comme la mémoire.

La raison active n'a rien de commun avec la nature du corps, puisqu'elle vient dans l'âme du dehors : seule elle en est l'élément divin. Les autres parties de l'âme sont enveloppées dans le germe de l'être physique[5]; la raison pure est une entéléchie en soi, une substance par soi, dont la vie est la pensée et dont la pensée est éternelle. Il n'en est pas d'elle comme de la raison passive, qui tantôt pense, tantôt ne pense pas[6].

Mais comment se transmet le principe pensant dans les êtres qui en ont le privilège? Aristote a cherché à résoudre la question dans son traité *De la Génération des animaux*, où il se demande comment naissent et se propagent l'âme principe de la vie et l'âme principe de la pensée. L'intelligence, la partie sensitive, la partie végétative, n'étant que des parties de l'âme, ne font dans l'homme qu'une seule et même subs-

---

[1] *De Anim.*, III, 4.

[2] *De Anim.*, III, 5. χωρισθεὶς δ' ἐστὶ μόνον τοῦτ' ὅπερ ἐστί.

[3] Il est vrai qu'on peut entendre les mots οὐ μνημονεύομεν dans le sens : « Comment peut-il se faire alors, (si l'entendement est impassible) que nous perdions la mémoire. » Cette interprétation, contraire aux anciens commentateurs, mais soutenue par Trendelenburg et Brentano, semble rompre le lien des idées.

[4] *De Anim.*, III, 5, 430, a, 25. ὁ δὲ παθητικὸς νοῦς φθαρτός. Cependant Aristote avait dit plus haut (I, 1, 403, a, 10) que si une fonction quelconque de l'âme, même passive, lui était exclusivement propre, l'âme pourrait être séparable, c'est-à-dire immortelle.

[5] *De Gener. anim.*, II, 3, 736, b, 3.

[6] *De Anim.*, III, 4.

tance. La partie sensitive et la partie végétative de l'âme sont liées à l'existence du corps ; le corps est né : l'âme est donc née. Les causes motrices, en tant que motrices, sont antérieures dans le temps à ce qui est mû par elles ; mais la notion et la forme des choses existe simultanément avec elles[1]. Il n'y a donc pas de raison pour admettre que les formes existent séparément et antérieurement. La santé n'existe qu'en même temps que l'homme sain. En tant que forme du corps, il n'y a donc pas lieu d'admettre que l'âme existe antérieurement à son corps. Elle naît avec lui. Comment ? « Les diverses espèces d'âme, dans les êtres qui en ont plusieurs, n'arrivent pas simultanément à l'existence : ils commencent par recevoir l'âme nutritive, qui, dans les végétaux sans sexe, c'est l'opinion d'Aristote, est contenue dans la semence[2]. En se développant, ils reçoivent l'âme sensible, par laquelle ils deviennent animaux ; car l'être ne devient pas en même temps animal et homme, animal et cheval, parce que la fin est postérieure, et le propre de la génération de chaque être, c'est sa fin. C'est pourquoi en ce qui concerne le Νοῦς, la question de savoir quand, comment et d'où les êtres qui participent à ce principe (l'âme pensante) viennent à le posséder, n'est pas sans grandes difficultés : néanmoins il faut faire tous nos efforts pour comprendre ce fait, dans la mesure où il peut être compris. Il faut admettre que les semences et les fœtus séparables ont l'âme végétative en puissance et non en acte ; ils n'ont l'âme en acte que lorsque, semblables aux fœtus séparés (de la mère), ils ont la force de prendre leur nourriture et de faire la fonction de l'âme nutritive : car tous ces êtres (qui ont à la fois l'âme animale et l'âme nutritive) commencent, à ce qu'il semble, par vivre de la vie d'un végétal. Or il est logique et conséquent d'appliquer ce que nous avons dit de l'âme sensitive à l'âme pensante : à savoir, que les êtres (qui les possèdent) les ont toutes en puissance avant de les avoir en acte[3]. »

---

[1] *Metaph.*, XII, 3, 1070, a, 24. *Anal. Post.*, II, 12.

[2] *De Gener. anim.*, I, 23, 731, a, 27.

[3] M. Brentano veut tirer de là la preuve que l'âme pensante n'est pas enfermée dans la semence, parce qu'elle n'arrive qu'après les âmes végétative et sensitive. J'en tirerais la conclusion contraire. La succession dans le temps ne concerne que les actes ; tout est simultané dans la puissance. Les hommes ont toutes les espèces d'âme en puissance : ils ont donc le Νοῦς en puissance. Mais quel est le rapport de la puissance à l'acte ? N'est-elle pas

Or, il est nécessaire ou qu'aucune de ces âmes n'existe antérieurement (à l'être qu'elle anime), et que toutes y arrivent d'ailleurs (ἐγγίνεσθαι); ou que toutes existent antérieurement; ou que les unes aient une existence antérieure, les autres, non. Celles-ci alors peuvent arriver à l'être, être introduites dans sa matière sans y être entrées par, avec et dans la semence du mâle, ou au contraire elles peuvent passer de cette semence dans l'être; dans cette dernière hypothèse elles viennent dans le mâle toutes du dehors, ou aucune n'en vient, ou les unes en viennent, les autres non.

Mais il n'est pas possible que toutes les espèces d'âmes aient une existence antérieure; car tous les principes dont l'acte est un acte corporel ne peuvent évidemment pas exister sans corps; ainsi le *marcher* ne peut exister sans pieds; il n'est donc pas possible que ces âmes-là viennent du dehors; elles ne peuvent pénétrer dans l'être ni seules, puisqu'elles sont inséparables d'un corps, ni y pénétrer dans un autre corps, puisque la semence n'est que le superflu de la nourriture transformée. Les âmes, qui sont les entéléchies d'un corps, ne peuvent s'introduire dans l'animal ni avec un corps, ni sans un corps. L'esprit seul, le Νοῦς, peut venir du dehors, parce que seul il est divin et que son acte n'a rien de commun avec un acte corporel.

Ainsi donc, la puissance de toute espèce d'âme semble participer d'un autre corps[1], et d'un corps plus divin que ce qu'on appelle les éléments; mais de même que les âmes diffèrent entre elles par leur bassesse ou par leur noblesse, de même cette nature (ce corps dont est formée toute âme), a aussi des différences. Car dans la semence de tous les êtres subsiste, ἐνυπάρχει, ce qu'on appelle la chaleur, qui fait que la semence est féconde; cette chaleur n'est pas le feu ni une nature analogue: c'est un esprit, πνεῦμα, enveloppé dans la semence et dans la substance écumeuse, et la nature qui est

le principe, le germe d'où l'acte se développe sous l'influence, il est vrai, d'un autre acte; mais si cet acte était créateur *de nihilo*, la puissance serait inutile ou annihilée. Or la puissance n'est pas rien : elle est la base du développement futur.

[1] ἑτέρου σώματος, c'est-à-dire autre que les quatre corps élémentaires. M. Grote a voulu tirer de ce dernier membre de phrase la preuve que le Νοῦς ne diffère des autres âmes que par le degré de perfection, et non en essence, et il soutient qu'il ne faut pas prendre au propre le mot θεῖον μόνον, appliqué au Νοῦς.

dans cet esprit est quelque chose d'analogue à l'élément constitutif des astres. C'est pourquoi le feu n'engendre aucun animal, et aucun animal ne paraît pouvoir vivre dans des matières soit solides, soit liquides, soumises au feu, tandis que la chaleur du soleil et celle des animaux, non seulement celle qui est dans la semence, mais celle qui se trouve dans quelque autre excédent, s'il en existe, de nature analogue, possèdent un principe vital.

Le corps de la semence, dans lequel est le sperme, en germe, du principe psychique qui s'écoule et sort avec elle, est en partie séparable du corps, dans tous les êtres chez lesquels il enveloppe l'élément divin, c'est ce qu'on appelle le Νοῦς, en partie inséparable [1]. Ce sperme de la semence se subtilise et se spiritualise, διαλύεται καὶ πνευματοῦται [2], malgré sa nature humide et aquiforme. C'est pour cela qu'il ne faut pas demander s'il se disperse toujours au dehors, et s'il n'y a, parmi ses parties, aucune qui soit la partie de la forme totale constituée [3]; de même qu'on ne doit pas se faire cette

[1] τὸ δὲ τῆς γονῆς σῶμα..... τὸ μὲν χωριστὸν ὂν τοῦ σώματος..... τὸ δὲ ἀχώριστόν. M. Brentano supprime, dans ce passage, le membre le plus important : « Dans tous les êtres chez lesquels il enveloppe l'élément divin, c'est ce qu'on appelle le Νοῦς; » qu'il considère comme une note marginale d'un commentateur inintelligent, mal à propos introduite dans le texte. Puis dans les mots χωριστὸν σώματος il entend le terme σῶμα, non du corps du fœtus ou de la semence, mais le corps de la femelle, dont se détache l'œuf, désigné par les mots τὸ τῆς γονῆς σῶμα. Aristote aurait donc voulu dire que l'œuf dans lequel a été reçue la semence écoulée du père est, dans quelques êtres vivants, séparé ou séparable du corps de la femelle; que l'on chercherait en vain dans cet œuf la semence même, quoiqu'elle n'en ait pas complétement disparu, parce que par une dissolution et une transformation elle s'est mêlée si intimement à toute la matière qu'elle ne forme plus un élément distinct et particulier.

[2] M. Brentano traduit : « löse sich auf und vergehe, » c'est-à-dire se dissipe et disparaît; le sens du mot πνεῦμα employé plus haut se refuse à cette interprétation.

[3] C'est-à-dire que par sa nature spiritualisée il se répand également dans toute la masse, et est présent tout entier dans chacune de ses parties; il n'est plus corps, matière; il n'a plus de parties : en un mot, il est esprit, âme, mais âme d'un corps.

Ce passage que nous venons de citer est le développement de la discussion qui se propose de résoudre la question : pourquoi, parmi les animaux, les uns, les plus parfaits, engendrent immédiatement des petits vivants, les autres médiatement par des œufs; pourquoi les uns pondent des œufs parfaitement formés, ou achèvent de former en petits vivants des œufs non complétement développés, pourquoi d'autres enfin, les animaux exsangues,

question sur le liquide constitutif du lait, car ce liquide se transforme, et aucune de ses parties n'appartient exclusive-

se propagent par des larves. Avant d'en arriver à la discussion même, Aristote se demande si les parties des animaux et des plantes sont formées par une force agissant du dehors ou par une force existant dans la semence et le germe (ἤτοι γὰρ τῶν ἔξωθέν τι ποιεῖ ἢ ἐνυπάρχει τι ἐν τῇ γονῇ καὶ σπέρματι, *De Gener. anim.*, II, 1); si cette force est une partie de l'âme, ou l'âme même, ou quelque chose qui a une âme; comment les parties se forment, si elles se forment simultanément, ou les unes après les autres, et dans ce cas de quelle manière, c'est-à-dire si elles se forment les unes des autres ou seulement les unes après les autres.

Pour résoudre ces questions, il part de son principe que dans la nature, comme dans l'art, l'être en puissance suppose un être en acte. Maintenant il tient pour impossible que dans la partie qui doit naître la première, soient déjà préexistantes les formes des autres, ou même que dans la semence se trouve déjà une partie des plantes ou animaux qui s'en doivent développer, et il n'est pas moins impossible qu'ils soient appelés à l'existence par une force agissant du dehors, οὐκ ἄρα ἔχει τὸ ποιοῦν τὰ μόρια ἐν αὐτῷ... ἀλλὰ μὴν οὐδ' ἔξω. *De Gener. anim.*, II, 3. Certaines qualités des membres animés, la dureté, la mollesse, etc., peuvent bien se ramener à l'action de la chaleur et du froid; mais ce par quoi ces membres, chair, os, etc., reçoivent leur détermination formelle, ne peut se ramener qu'au mouvement partant du générateur, en tant que celui-ci est en acte ce dont la puissance est contenue dans la matière, c'est-à-dire porte en soi déjà réalisée la forme que la matière peut prendre. Voilà comment on peut dire que le corps vient de la femelle, et l'âme du mâle. Maintenant, si les êtres vivants sont animés dans toutes leurs parties, l'âme doit être en puissance en elles, sans en être, pour cela, la cause; la cause est le premier moteur extérieur, le générateur. Car aucune chose ne s'engendre elle-même; mais lorsqu'elle est née, elle se développe elle-même. C'est pourquoi il faut que d'abord l'être naisse, et toutes ses parties ne naissent pas à la fois. Nécessairement doit naître d'abord ce qui a le principe de l'accroissement; car soit plante, soit animal, il faut qu'il possède le principe nutritif, qui a la faculté de produire un être semblable à lui-même; c'est la fonction de tout végétal, comme de tout animal complet...

Le sperme est un mélange d'eau et d'esprit (*De Gener. anim.*, II, 2), c'est-à-dire d'air chaud; il est par conséquent épais et blanc, et il engendre, par la force qui lui est propre, le principe nutritif, commun aux plantes et aux animaux, et le principe, propre à ces derniers, de la perception sensible; chacune de ces âmes est dans les spermes et dans les fœtus en puissance; mais chacune d'elles n'arrive à l'acte que lorsque les fœtus séparés (de la mère) sont capables de prendre leur nourriture et de faire la fonction de l'âme nutritive, et il est conséquent, ἑπομένως, d'appliquer ce que nous venons de dire (à savoir que l'âme est en puissance dans le fœtus et se développe postérieurement en acte) à la fois à l'âme nutritive, à l'âme sensitive et à l'âme du Νοῦς. »

C'est ce que Thémiste (*De Anim.*, 91) interprète ainsi : « Notre Νοῦς n'est pas surajouté, ἐπίθετον, mais enveloppé, au premier commencement de la génération. »

ment aux masses[1] qui se sont agrégées. Les fœtus, les germes ont donc une âme, non pas en acte, il est vrai, mais une âme en puissance[2].

Ce corps plus divin que les éléments, auquel est liée toute âme, est une sorte de substance gazeuse, dont la source est le corps céleste qui enveloppe le Cosmos. Ce corps, qui renferme les divinités du soleil, de la lune et des étoiles, est le grand réservoir de la vie universelle. Toute âme en procède, et si l'on en veut croire M. Grote, même le Νοῦς, qui n'a aucun caractère substantiel par où il se puisse distinguer des autres âmes. Si le Νοῦς vient du dehors, les autres âmes en viennent également.

Sans nier la difficulté de concilier les divergences de ce passage, je crois que M. Grote les exagère, dans l'intérêt de sa thèse bien connue. Oui, toute vie a quelque chose de divin; son principe, la forme, a son principe dernier dans le ciel, ce qui, à mon sens, veut dire qu'il se dérobe à la recherche humaine. L'origine de la vie est enveloppée d'une impénétrable et mystérieuse obscurité. Nous ne sommes sûrs que d'une chose, c'est qu'il y a là quelque chose qui dépasse la force de la nature, il y a là quelque chose de divin, θεῖον τι. La chaleur

---

Le mot ἔξωθεν est équivoque; toutes les âmes viennent du dehors en ce sens qu'elles viennent de la semence du générateur, ἀπὸ τοῦ γεννήσαντος; toutes n'en viennent pas, en ce sens qu'elles ne sont pas toutes divines.

M. Brentano veut absolument que l'âme pensante soit créée par Dieu et envoyée par lui dans le fœtus; et comme l'âme humaine n'est humaine que par la présence de l'âme pensante, ce n'est qu'au moment où cette âme pensante s'unit aux autres âmes et au corps, que le corps devient un corps humain. Il ne cite à l'appui de cette doctrine que les principes généraux d'Aristote, à savoir que c'est le principe agent, τὸ ποιῆσαν, la cause motrice, τὸ κινοῦν, qui fait une chose de plusieurs, qui fait que ce qui est en puissance devienne en acte, que l'âme et le corps, la forme et la matière deviennent un seul être. (*Metaph.*, XII, 10, 1075, b, 34; VIII, 6, 1044, a, 3; 1045, a, 31.) Mais le mouvement appartient aussi à la nature, et Aristote dit quelques lignes plus loin (1045, a, 33) : « C'est la nature même de la matière et de la puissance de passer à la forme et à l'acte; c'est la nature de la forme et de l'acte de déterminer la matière et d'achever la puissance. » Aussi proclame-t-il souvent que c'est l'homme (c'est-à-dire ce qui a âme et corps) qui engendre l'homme, et aussi le soleil. (*Metaph.*, XII, 4, 1070, b, 34.) Si c'est Dieu qui opère l'acte, qui fait que le Νοῦς entre dans le fœtus et le forme en fœtus de l'homme, à quoi peut servir l'opération du père?

[1] Je lirais volontiers ᾠῶν, comme plus loin, p. 737, a, 31, τὸ συνιστάμενον ᾠόν.

[2] *De Gener. anim.*, II, 3.

de la vie est plus noble encore que la chaleur du soleil : elle est divine.

Mais, ceci posé, il n'en semble pas moins établi par l'expérience que le principe de vie, quelle qu'en soit l'origine première et inexplicable, se transmet dans certains êtres avec leur corps, dont leur âme est inséparable ; que dans ces êtres l'âme ne peut être formée séparément du corps, dont elle est l'acte, et par conséquent ne peut pas venir à ce corps du dehors, parce qu'elle lui est liée par sa propre nature. Toutes ces âmes sont les âmes d'un corps déterminé ; tous les corps sont les corps de certaines âmes. Mais le Νοῦς n'est pas cela, il n'a pas de corps ; il n'a aucun rapport avec aucun corps, pas même avec ce corps céleste, cet éther chaud, plus pur et plus divin que les quatre autres éléments matériels connus, mais matériel aussi comme eux. Aristote ne dit pas que le Νοῦς est engagé dans un corps plus divin que la terre et l'eau : il dit qu'il n'est engagé dans aucun corps, et que par cela même il est divin, par opposition aux autres âmes, transmises par le germe de la femelle et le sperme du mâle, et dont Aristote dit expressément qu'elles ne peuvent pas venir du dehors : θύραθεν εἰσιέναι ἀδύνατον, tandis qu'il soutient que le Νοῦς seul en peut venir.

Mais alors il y a entre lui et les autres âmes une autre différence qu'une différence de degré dans le développement et l'actualisation d'une seule et même puissance. C'est une différence d'essence qui les sépare, une différence spécifique, qualitative, et non une différence quantitative et pour ainsi dire de dimension ou d'intensité. Pour connaître la vraie nature du Νοῦς, il ne faut pas le considérer dans l'homme, parce que dans l'homme, il n'est pas véritablement et entièrement séparé de la puissance, de la matière, de la passivité qui y est attachée.

L'impassibilité, ἀπάθεια, un des caractères du Νοῦς, se confond avec l'immuabilité ἀκινησία. Toute passivité renferme au contraire un mouvement, ou plutôt est un mouvement[1]. Or, tout mouvement suppose un moteur immobile : donc l'âme pensante dans l'homme contenant de la passivité, il doit y avoir, comme principe de sa pensée, qui est encore du mouvement, un principe immobile et impassible. Déjà dans l'homme, l'impassibilité, qui naît de l'identité du sujet pen-

---

[1] *De Gener. et corr.*, I, 7.

sant et de l'objet pensé, se réalise dans une certaine mesure, et à un degré beaucoup plus parfait dans la pensée pure que dans la sensation, qui elle aussi cependant possède une sorte d'impassibilité. La preuve, c'est que, par exemple, les sons trop violents émoussent la faculté de percevoir les sons, les couleurs trop éclatantes celle de percevoir les couleurs : la sensation modifie et altère le sens, et peut aller jusqu'à le détruire. Au contraire plus un objet intelligible est intelligible, plus la pensée aura pensé, plus et mieux elle sera en état de penser. L'impassibilité de la raison, encore mêlée de passivité et de mouvement, est donc plus parfaite, plus réelle que celle de la sensation.

Cette impassibilité n'est parfaite et réelle qu'en Dieu. Aristote ne nous dit pas comment il arrive que l'homme y participe. Etant donnée la théorie des deux entendements, il faut bien, d'une façon ou d'une autre, que l'élément divin du Νοῦς, qui vient du dehors, quitte le sein de Dieu, et qu'en s'introduisant dans l'individu humain, il y perde, par son contact avec la matière du corps, la plénitude de perfection dont il jouissait et dont il jouira à l'état séparé.

La doctrine des deux entendements est obscure et parfois contradictoire. Les caractères donnés comme l'essence du Νοῦς sont tels que, dans leur signification absolue, ils ne peuvent convenir qu'à Dieu. Cependant le lien des idées et le texte même du traité *De l'Ame*, obligent de le reconnaître dans l'homme : mais alors on ne peut plus lui conserver les mêmes caractères essentiels qu'à la condition de restreindre la signification des termes. Ainsi l'homme ne pense pas toujours[1], et la pensée comme la vie est parfois pour lui une fatigue[2], parce qu'il y a en lui un dualisme qui ne peut être vaincu; le sujet n'est jamais complètement identique à l'objet ; même dans la pensée la puissance n'est pas acte, et pour passer à l'acte a besoin d'un mouvement ; or, tout mouvement, même celui qui n'emporte ni changement ni altération, qui au contraire apporte une perfection, est encore un effort, une fatigue. La raison est sans doute une entéléchie, mais imparfaite. La pensée pure, qui se pense elle-même, qui est en acte par la

---

[1] *De Anim.*, III, 5. ὁτὲ μὲν νοεῖ, ὁτὲ δ' οὐ νοεῖ. Je ne vois pas de raison pour ajouter, comme on le fait souvent, le mot οὐχ en tête de la phrase, qui change alors complètement de sens. Conf. *De Anim.*, III, 4, 12. μὴ ἀεὶ νοεῖν.

[2] *Metaph.*, XII, 3.

seule possession d'elle-même, ἐνεργῆ ἔχων, n'appartient pas réellement à l'homme ; un petit nombre peut y atteindre comme par rapides éclairs ; mais cette supériorité chez eux-mêmes est contrebalancée par toutes sortes d'influences différentes, qui résultent des fonctions de la vie végétative et de la vie de sensation, dont l'homme ne peut s'affranchir : il en subit les conditions, et aussi les conditions limitatives de la vie sociale, domestique et politique. Ces conditions lui sont nécessaires pour remplir sa destinée propre, et pour vivre en homme, suivant un mot dont je ne puis rendre l'énergique et belle simplicité, πρὸς τὸ ἀνθρωπεύεσθαι ; sa nature n'est ni assez forte ni assez libre pour suffire à une vie exclusivement vouée à la pensée spéculative : c'est une vie parfaite qui est au-dessus de l'humanité, τοιοῦτος ἂν εἴη βίος κρείττων ἢ κατ' ἄνθρωπον[1].

Il faut donc admettre une certaine limitation aux expressions et aux propositions par lesquelles Aristote formule les caractères essentiels du Νοῦς. Il est séparable, il est divin ; il est simple, de toute éternité, immortel ; mais tout cela, non pas absolument et dans toute sa substance ; il est une entéléchie, mais imparfaite. Dans la raison de l'homme, comme dans toute la nature, à laquelle l'homme appartient, et ne peut cesser d'appartenir, il faut toujours reconnaître qu'il existe une distinction entre la matière et la forme, l'acte et la puissance, le mobile moteur et le moteur immobile. La pensée dans sa perfection absolue est un attouchement intime, une sorte de baiser, d'embrassement éternel de l'intelligence et de l'intelligible : dans la pensée humaine, qui ne peut s'effectuer sans images, il y a toujours mouvement, et par conséquent différence, séparation entre les deux termes dont l'unité n'est jamais qu'un rapport. C'est pour cela, peut-être, qu'Aristote se sert, pour désigner l'acte de la raison humaine, volontiers du mot ἐνέργεια, qui paraît renfermer dans sa notion quelque mouvement, et signifier que l'être fait un effort : ce qui annonce qu'il n'est pas encore dans la possession pleine de sa fin, ἐν-τελέχεια.

La matière, c'est la puissance ; mais la puissance, qui peut devenir tout, n'est rien actuellement. Il faut donc qu'il y ait une force, elle-même en acte, qui fasse passer toute puissance à l'acte, comme un artiste qui transforme une matière quel-

---

[1] *Ethic. Nic.*, X, 7. *Metaph.*, I, 983, a, 1.

conque et fait d'elle ce qu'il veut. De même, il faut pour l'âme, et plus précisément pour l'intelligence, qui est la puissance de devenir toutes les choses intelligibles, c'est-à-dire la puissance de penser, il faut qu'il y ait, soit en elle, soit hors d'elle, une force qui fasse passer cette puissance à l'acte, qui la fasse en réalité et actuellement penser. Pour expliquer le fait de la pensée, on est obligé d'admettre, outre l'intelligence puissance, outre l'entendement passif, une intelligence, un entendement en acte[1]. Il faut concevoir ainsi la chose : le Νοῦς possède d'abord, primitivement, une sorte d'état, de disposition prochaine à penser, semblable à l'état de la lumière. De même que la lumière est la cause qui fait que les couleurs en puissance deviennent des couleurs en acte, parce qu'elle même est l'acte de la couleur, de même l'entendement en acte fait que l'entendement passif, la pensée en puissance passe à l'acte et pense réellement. L'entendement passif est mortel ; il ne pense rien sans l'entendement en acte ; il est lié au corps ; il est en état du mixte, τοῦ κοίνου, c'est-à-dire de la synthèse du corps et de l'âme ; il est individualisé, et vraiment humain, soit qu'on le considère comme l'ensemble et l'unité de toutes les facultés de connaître inférieures à la raison pure, soit qu'on en fasse comme l'organe de la fonction du raisonnement et de la pensée discursive[2]. L'entendement actif, la pensée en acte, est supérieur en essence comme en dignité à l'entendement passif auquel il commande, comme la forme commande à la matière ; c'est l'entendement actif, qui, dans la mesure permise à la nature humaine, soumise au changement et au mouvement, est simple, immobile, impassible, éternel[3]. La raison pure agit, est en acte par son essence, par sa nature, par son être même, ἐνεργεῖ ἔχων.

---

[1] *De Anim.*, III, 5, 430, a, 14. D'après cette théorie, il semble qu'Aristote aurait dû distinguer trois entendements :
  1. L'entendement en puissance ;
  2. Ce même entendement devenu en acte ;
  3. L'entendement en acte qui actualise le premier. Conf. Franc. Tolet (*Comment. in lib. de Anim.*, p. 33) et S. Thomas (*in lib. de Anim. III, lect. VII*).

[2] Fr. Tolet, *De Anim.*, p. 133, rapporte aux Arabes et entre autres à Avempace (*Ibn Badja*), d'après Averroès, l'opinion que l'entendement passif est l'imagination.

[3] *De Anim.*, III, 5. L'entendement passif semble donc comme la matière de l'actif, la puissance de son acte ; par conséquent ils sont liés l'un à l'autre

Mais qu'est-ce enfin que cet entendement en acte? Est-ce une présence active, efficace, de Dieu même dans l'âme de l'homme, un rayon de sa lumière, un attouchement de sa pensée[1]? Est-ce un sujet substantiel, un esprit individuel différent de l'entendement passif, non seulement dans la fonction et l'essence, mais dans le substrat même et le sujet de l'essence, un autre genre d'âme, ἕτερον ψυχῆς γένος, c'est-à-dire une âme d'un autre genre que l'entendement passif[2]? De quelque manière qu'on résolve l'alternative, on se heurte à d'insurmontables difficultés[3]. Dans la première hypothèse, la pensée de l'homme ne lui appartient plus; c'est Dieu qui pense en lui, puisque c'est Dieu qui fait l'actualité de la pensée, dont les autres fonctions de l'âme n'ont fait que préparer les conditions et comme emmagasiner les matériaux. La raison pure serait alors un principe étranger dans son essence à l'âme humaine. De plus, nous avons vu que l'entendement passif est une puissance : mais de quel acte? Comment concevoir que l'entendement divin soit l'acte de l'entendement humain, et celui-ci la puissance de celui-là?

D'un autre côté, si l'on considère les termes θεῖον et l'expression θύραθεν ἐπεισιέναι comme des métaphores hyperboliques destinées à marquer plus fortement le caractère de grandeur, de noblesse, la nature vraiment supérieure de la raison, indépendante presque entièrement de l'organisme, et vivant par soi, si cette raison est d'un autre genre que l'âme végétative, tout en se confondant avec l'entendement passif, l'unité de l'âme et de l'homme ne peut plus être expliquée : car l'homme sera composé d'un corps et de deux âmes, dont la

---

comme la forme et la matière, mais non pas nécessairement substantiellement; car, dans l'art, par exemple, la forme vivante reste dans l'artiste et ne passe pas dans la matière.

[1] *Ethic. Nic.*, X, 7, 1177, a, 15.

[2] *De Anim.*, II, 2.

[3] Brandis, p. 1176 : « On se demande si Aristote, sous le nom d'entendement actif, a compris une fonction de l'esprit universel divin, agissant sur l'âme sensible, ou un esprit individuel. Pour la première interprétation semble témoigner l'expression : « Le Νοῦς seul vient du dehors dans le corps, et seul est divin. » Dans le même passage l'entrée du Νοῦς dans le corps est liée à la génération de l'âme mortelle : le Νοῦς n'est pas alors un principe primitivement étranger à cette âme et qui vient du dehors s'ajouter à elle pour compléter ses fonctions; en sorte que ces mots ne signifient que l'état d'indépendance du Νοῦς par rapport à l'organisme. »

différence est bien grande, puisqu'elles diffèrent comme le mortel diffère de l'éternel. Avec l'unité disparaissent la personnalité et l'immortalité personnelle, puisque la mémoire faisant partie de l'entendement passif est périssable comme lui.

Cependant il se pourrait que, par une contradiction, Aristote eût soutenu l'immortalité personnelle. Dans le dialogue de l'*Eudème*, que nous avons perdu[1], Aristote prétendait que l'état de l'homme dans la mort est plus heureux que son état dans la vie. De cette phrase on peut conclure que l'âme et la raison demeurent après la mort, puisqu'elles jouissent d'une félicité supérieure aux joies de la vie. Les morts, dit-il, sont meilleurs et plus heureux que les vivants. Mais la suite du dialogue, qui nous est rapportée par Cicéron[2], nous fait voir qu'il était question, dans ce passage, de l'interprétation d'un songe, et qu'il s'agissait des croyances et des superstitions populaires. Au contraire, dans l'*Ethique*, Aristote cite comme la marque de la stupidité et de la folie, de désirer des choses impossibles, comme, par exemple, de désirer être immortel. Mais on ne peut non plus rien conclure de cet exemple, qui ne signifie qu'une chose : c'est qu'il est absurde et insensé, de la part de l'homme, de vouloir ne pas mourir, et de désirer échapper à la loi universelle des êtres soumis comme lui au changement. On cite encore un extrait d'Aristote produit par Sextus Empiricus[3], où il est dit : « L'âme dans le sommeil, rendue à elle-même, à la pleine possession d'elle-même, de sa vraie nature, est capable de prédire l'avenir. Telle elle est aussi quand la mort l'a séparée du corps. » Mais ce fragment, emprunté probablement à l'*Eudème*, dialogue d'un caractère populaire, ne peut suffire à lui seul à fonder philosophiquement une doctrine aussi considérable que celle de l'immortalité personnelle de l'âme[4].

---

[1] Plut., *Consol. ad Apoll.*, 27.

[2] Cic., *De Divin.*, I, 25.

[3] *Adv. Math.*, IX, 20.

[4] On peut voir encore dans David (*Schol. Arist.*, p. 24, b, 30) un extrait des διαλογικά, où il est dit : « l'âme est immortelle, puisque par un instinct naturel les hommes font des libations aux morts, les prennent à témoins de leurs serments, et qu'on ne fait rien de tout cela à ceux qui ne sont plus. » Saint Augustin (c. *Julian.*, IV, 15) rapporte, d'après Cicéron, qu'Aristote comparait l'âme enchaînée au corps à un homme enchaîné à un cadavre. Proclus, *In Tim.*, 338, a dit qu'Aristote, dans ses dialogues, parlait des καθόδοι et des λήξεις τῆς ψυχῆς, absolument comme Platon. Tout cela ne prouve

De la psychologie générale d'Aristote, il ressort incontestablement, d'une part, que l'âme est liée au corps comme l'acte à la puissance ; ce lien est donc essentiel et indissoluble. On ne peut pas plus concevoir l'âme sans son corps, que la marche sans les pieds. L'âme meurt donc si le corps meurt, et avec lui. L'entendement passif est également mortel comme l'âme entéléchie du corps ; il n'y a donc d'immortel que l'entendement actif. Car que l'âme tout entière soit im-

qu'une chose, c'est que, dans les dialogues, ouvrages de sa jeunesse, Aristote était fidèle aux idées de son maître; mais il n'est pas moins certain que sur ce point de l'immortalité de l'âme, on ne trouve aucune trace, dans ses écrits conservés, de sa vraie doctrine.

D'après l'*Ethique à Eudème* (VII, 14, 1248, a, 25), Eudème le Rhodien, que Simplicius (*Phys.*, 93, b, m) considère comme le plus fidèle interprète de la pensée de son maître, le Νοῦς ποιητικός serait Dieu même : « Ce n'est pas la pensée, dit-il, qui peut être le principe de la pensée. De même que dans le tout de l'univers, Dieu, ὁ θεός, est le moteur, de même c'est le divin, τὸ θεῖον, qui meut tout en nous. Le principe de l'entendement n'est pas l'entendement, λόγου δ' ἀρχὴ οὐ λόγος, c'est quelque chose de plus parfait; or qu'y a-t-il de plus parfait que la science, si ce n'est Dieu ? Nous cherchions quel est le principe du mouvement dans l'âme, le voilà. » Au contraire, Théophraste (d'après le passage du V° livre de sa *Physique*, cité par Thémiste, *De Anim.*, f. 91) croit qu'Aristote considère les deux entendements, passif et actif, comme des facultés de l'âme ; cette âme est immortelle en son unité comme dans la partie supérieure et essentielle de l'homme. Même sur cette doctrine, il élève des difficultés et des objections, par exemple :

1. Si le moteur est inné en nous (σύμφυτος), il doit mouvoir dès le commencement et toujours.

2. Comment peut-il se faire, si le Νοῦς vient du dehors et est pour ainsi dire *surajouté*, ἐπίθετος, à notre être, qu'il soit cependant de même nature, συμφυής.

Cependant, par son interprétation de l'Ἔξωθεν, Théophraste ouvre lui-même la porte à une solution : ἀλλὰ τὸ ἔξωθεν, dit-il, ἆρα οὐχ ὡς ἐπίθετον, ἀλλ' ὡς ἐν τῇ πρώτῃ γενέσει συμπεριλαμβανόμενον θετέον. C'est-à-dire : il faut entendre le mot ἔξωθεν, non dans le sens d'une chose étrangère surajoutée à la nature de l'être, mais d'un élément enveloppé, συμπεριλαμβανόμενον, dans le premier moment de sa génération.

Alexandre d'Aphrodisée revient à la doctrine d'Eudème : le Νοῦς est l'intelligence divine même. L'homme n'arrive à la connaissance réelle que par l'action de ce principe de la connaissance, qui est en même temps le principe des choses, sur sa propre raison. Cette raison de l'homme n'est qu'un Νοῦς ὑλικός, résultat du mélange des divers éléments de son corps, dépendant par conséquent de ce corps et périssable comme lui. (*De Anim.*, I, f. 139, b, m).

Parmi les Arabes, qui paraissent avoir connu et goûté l'interprétation d'Alexandre, Avicenna (Ibn-Sina) sépare dans l'essence et dans l'existence l'entendement qui devient tout ou entendement possible, et l'entendement

mortelle, c'est là une chose impossible[1]. Mais d'autre part, dans l'homme, l'entendement actif est lié à l'entendement passif par ce même rapport de l'acte et de la puissance ; il en est la perfection ; c'est lui qui fait ce que l'autre souffre. Comment concevoir une différence de sujet et de substance entre ces deux entendements ? Si l'on dit que cette différence est sous-entendue par Aristote, malgré la contradiction qu'elle enferme, que devient l'unité de l'âme ? Il n'est pas facile de reconnaître la vraie pensée d'Aristote sur ce point. Quant à moi, je crois qu'Aristote n'a pas voulu séparer en deux êtres différents les deux formes de la raison. Il les distingue parce que, d'après lui, la raison humaine, tout en étant dans sa perfection idéale un repos, une identité parfaite du sujet et de l'objet, est, en fait, réellement un mouvement ; il y a dans l'âme une série de degrés, de phases de développement, une suite liée et progressive de mouvements successifs par où elle passe de la puissance à l'acte. L'âme humaine est une : partie de l'humble degré de la vie végétative, c'est la même âme qui, dans l'homme, s'élève à la sensation, de la sensation à ces formes de la raison qui, sous le nom d'entendement passif, enferment les fonctions et facultés de la mémoire, de l'imagination, de l'association des idées, de l'ana-

qui opère tout ou l'entendement agent. Le possible appartient à l'homme et fait partie de son être ; l'autre non.

Averroës (Ibn-Roschd) les sépare tous deux de l'homme sensible et en fait des substances purement spirituelles. M. Renan y voit quelque chose d'assez semblable à la vision en Dieu de Malebranche.

M. Trendelenburg fait des deux entendements deux facultés de l'âme humaine. L'entendement παθητικός, est l'ensemble et pour ainsi dire le nœud où se réunissent les facultés inférieures de la connaissance, et l'entendement actif, le degré supérieur de développement de l'autre. Mais cette supériorité de développement est telle que nous nous rapprochons par elle de la divinité. Il est non pas Dieu, mais le divin en nous.

M. Ravaisson revient presque à l'interprétation d'Alexandre : le Νοῦς ποιητικός est l'intelligence absolue, qui réalise toutes les formes possibles et produit en acte, dans le monde des idées, cette possibilité universelle qui est l'essence de l'entendement passif.

M. Zeller ne s'écarte pas beaucoup de cette manière de voir : c'est dans la raison divine, dans l'entendement actif, que nous apercevons les derniers principes des choses et les premiers principes des pensées. M. Denis, au contraire (*Rationalisme d'Aristote*) soutient que l'entendement actif n'est qu'une faculté.

Voir encore Uberweg, *Gesch. d. Philos.*, t. I, p. 144, 2ᵉ Ausgab. Prantl, *Gesch. d. Logik.*, I, p. 108.

[1] *Metaph.*, XII, 3. μὴ πᾶσα, ἀλλ' ὁ νοῦς· πᾶσαν γὰρ ἀδύνατον ἴσως.

lyse, de la synthèse, de l'induction, de la déduction. Au-dessus de ces facultés, et pour en expliquer le développement, pour leur servir à la fois de principe moteur et de cause finale, apparaît une faculté supérieure, dominante, τοῦ κυρίου τῆς ψυχῆς[1], qui contient dans son essence certaines idées universelles, certaines vérités nécessaires qui en sont le fond même, et dont l'origine inexplicable ne se peut mieux laisser exprimer que par un rapport obscur, mais certain, avec l'intelligence et la pensée suprême, Dieu. Il n'en est pas moins vrai que, faute d'explications suffisantes, si l'on veut, dans la psychologie d'Aristote, sauver l'immortalité de l'âme on compromet son unité; si l'on veut sauver l'unité, on compromet son immortalité.

Une des lacunes les plus graves de cette théorie de l'âme est celle qui concerne la personnalité. Le moi ne paraît pas, pour Aristote, la conscience de l'unité des phénomènes de l'âme : au contraire, ce qui est éternel et divin en nous, la forme parfaite à laquelle le développement de la vie amène l'âme, semble avoir pour conséquence d'entraîner la perte des facultés inférieures, et l'oubli de la vie dont elles faisaient les fonctions. De même que l'homme, en naissant, perd le sentiment de la vie végétative qu'il a menée dans le sein de sa mère, et en grandissant perd le souvenir des premiers mois, des premières années de sa vie, de même, dans la vie divine qui lui est réservée, il laisse tomber, par une loi générale d'oubli, ces souvenirs de la vie imparfaite qu'il a menée sur la terre : cette vie terrestre n'a fait que développer en lui une activité qui, devenue de plus en plus pure, se suffit à elle-même ; alors il se pense lui-même ; c'est l'universel qui pense l'universel. Toutes les fonctions de la pensée sensible n'ont pour but que d'actualiser en l'âme ce pur intelligible, éternel objet de la pure intelligence.

Mais alors, si l'âme, devenue raison pure, ne possède plus la raison discursive, ni l'amour, ni le souvenir, car ce sont là des affections de l'être composé que la mort a détruit, si elle ne peut ressentir ni plaisir ni joie, si elle ne peut prendre aucune détermination morale, puisque la volonté est le rapport et le lien de la raison avec les désirs, on se demande ce que c'est que l'immortalité sans conscience ni souvenir de l'identité personnelle ?

---

[1] *De Anim.*, III, 4.

Cependant, quoique nous ne sachions pas trop dans quel entendement placer la personnalité et la conscience, Aristote ne les supprime pas, même dans la mort. Sa pensée, sur ce point, semble hésitante et incertaine. Tour à tour on l'entend dire : « L'homme n'est-il donc heureux qu'après qu'il est mort ? N'est-ce pas là une hypothèse absurde, surtout quand on est convaincu, comme nous le sommes, que le bonheur est un acte. Ainsi nous ne pouvons pas admettre que les morts soient heureux[1]. » La raison indiquée ici plutôt que développée, c'est que la mort suspend l'activité à laquelle est attachée la félicité. Mais un peu plus loin et dans le même ouvrage[2], on lit : « Si l'on dit que dans la mort il peut y avoir place pour des biens et des maux dont on n'a pas le sentiment, comme cela arrive même pendant la vie, où parfois des maux nous frappent que nous ne sentons pas, on peut l'accorder toutefois avec quelques réserves..... L'impression de ces biens et de ces maux doit être nécessairement bien faible et bien obscure ou en elle-même, ou relativement aux morts, et en tout cas elle n'est jamais assez forte ni d'un tel caractère qu'elle puisse rendre les morts heureux, s'ils ne l'étaient déjà, ou leur enlever leur félicité, s'ils la possédaient. » Malgré des hésitations bien naturelles en un pareil sujet, je crois qu'au fond Aristote considère la mort comme le retour de l'individu dans le sein de l'universel, de l'homme dans le sein de Dieu où, loin de se perdre, il se retrouve. C'est dans l'être que se trouve notre vrai être : *in Deo sumus.*

§ 3.

LA RAISON POÉTIQUE. ESTHÉTIQUE D'ARISTOTE.

Aristote n'a pas consacré à la raison poétique une étude particulière, et l'on pourrait croire, en se fondant sur la division bipartite que nous mentionnions tout à l'heure, qu'il la confond avec la raison théorétique : « Toute science, dit-il, s'occupe de la recherche de certains principes et de certaines causes touchant les objets individuels dont la connaissance dépend d'elle. Telles sont la médecine, la gymnastique et cha-

---

[1] *Ethic. Nic.*, I, 11. Conf. *id.*, IX, 8.
[2] *Ethic. Nic.*, I, 11, 1101, b, 1.

cune des autres sciences créatrices ou mathématiques¹. » Les sciences poétiques, αἱ ἐπιστῆμαι ποιητικαί, ont donc pour objet la connaissance de certains principes. Mais il dit ailleurs : « De ces sortes de principes, à savoir, des puissances, δυνάμεις, on en trouve dans les choses sans vie et sans âme, ἀψύχοις, et dans les êtres vivants, dans l'âme et dans la partie de l'âme qui a la raison ; il est alors évident que de ces puissances les unes sont irrationnelles, les autres raisonnables. Voilà pourquoi tous les arts et toutes les sciences poétiques sont des puissances : c'est qu'ils sont des principes de changement ; ils sont les causes du changement qui s'opère dans un être autre que celui qui possède ce principe, et en tant qu'il est autre : « μεταβλητικαὶ ἐν ἄλλῳ ἢ ἄλλο². » Ici, tout en conservant la dénomination de sciences, les arts sont considérés comme des puissances capables de modifier la forme des choses, d'y produire un changement, comme des puissances motrices.

Enfin on trouve encore le nom de sciences appliqué aux arts dans le passage suivant : « Toutes les sciences et tous les arts rationnels sont susceptibles des contraires ; la médecine peut produire la maladie comme la santé³, » et Alexandre d'Aphrodisée observe qu'Aristote applique le mot science à l'architecture et aux arts de cette espèce, c'est-à-dire aux beaux-arts⁴.

On peut et on doit conclure de ces expressions, sinon que l'art est une science, du moins qu'il y a dans l'art un élément rationnel, une notion vraie : ce qu'on ne saurait contester. Mais, malgré cela, on ne doit pas croire que les œuvres de l'art aient été confondues par Aristote avec les actes de la raison, soit théorétique, soit pratique. La preuve en sera fournie par sa théorie même sur la raison poétique, que nous appellerions aujourd'hui la faculté esthétique.

Parmi les choses qui ne sont point éternelles et qui deviennent, les unes sont produites par la nature, les autres par l'art, les autres par le hasard. Tous les êtres qui proviennent de la nature ou de l'art ont une matière, car ils sont contingents ; ils pourraient ne pas être, et la contingence a sa source dans la matière.

---

¹ *Metaph.*, XI, 7.
² *Metaph.*, IX, 2.
³ *Metaph.*, XII, 9.
⁴ *Schol. anim.*, p. 689, 17. Conf. *Metaph.*, VI, 2.

L'être naturel est celui dont la cause productrice est une nature semblable à lui-même, mais placée dans un autre ; ainsi l'homme est un être de la nature, parce qu'il est produit par un homme, mais un autre homme. C'est une génération, γένεσις. Les productions autres que celles de la nature sont des créations, ποιήσεις.

Toutes les créations sont les effets ou d'un art ou d'une puissance ou d'une pensée [1]. L'art, τέχνη, semble pour Aristote l'inspiration du génie réglée par la raison ; la puissance, δύναμις, est ce même principe, mais considéré dans son germe, avant que la pratique et la raison ne l'aient développé en un art ; la pensée, διάνοια, la raison, est la pièce maîtresse même dans les productions du génie.

Dans l'art comme dans la nature, il y a place pour l'accident et le hasard, parce que leurs productions ont pour condition commune la matière [2]. Les œuvres et produits de l'art sont ceux dont la forme est dans l'âme qui les a conçus, et la forme est, pour chaque chose, son essence et sa nature première, sans matière, οὐσία ἄνευ ὕλης. Ainsi celui qui veut construire un édifice doit partir de la notion de cet édifice, qui en est la forme essentielle et immatérielle, et cette forme pure en est le principe. On peut donc dire que la maison vient de la maison, comme l'homme vient de l'homme. Parti de cette forme pure, l'esprit cherche les moyens par lesquels cette idée peut se réaliser et prendre un corps ; de moyen en moyen, il essaie d'arriver à celui qu'il est en sa puissance de mettre en œuvre, et quand il l'a trouvé, il redescend cette série de moyens et d'effets, jusqu'à la notion d'où il était parti, mais réalisée. Dans le premier de ces mouvements, c'est la pensée qui agit : on recherche la cause efficiente et motrice ; dans le second, qui part de cette cause pour arriver à l'effet qui est la réalisation de la notion, c'est l'art, ποίησις. Le dernier point étant trouvé par la raison, le mouvement créateur commence. Ainsi dans l'art la pensée précède l'exécution, et il y a un point où la pensée et l'exécution se rencontrent, se confondent, s'identifient. C'est le moment de la création, de l'enfantement esthétique [3].

La raison esthétique est dirigée vers l'extérieur : elle se

---

[1] *Metaph.*, VII, 7.
[2] *Metaph.*, VII, 7. *Phys.*, II, 8.
[3] *Metaph.*, VII, 7.

propose de réaliser dans et par le sensible des représentations internes, des idées, et elle veut produire une chose qui existe en dehors du sujet qui en a conçu la pensée, et réaliser cette pensée : en sorte que cette idée s'épuise ou du moins se mesure dans son produit. Non seulement l'intention, le bon vouloir ne suffit pas : mais c'est dans l'art un élément indifférent. Il m'importe peu que vous ayez l'intention sincère et ferme de bien jouer de la lyre, si vous en jouez mal.

L'art a sa source dans la raison : il commence par n'être qu'une simple faculté, une puissance ; par des actes répétés et réglés par la raison, il devient une habitude, une possession, une disposition dont le sujet reste constamment maître, et qu'accompagne une notion vraie, ἕξις μετὰ λόγου, mais qui se propose toujours de produire une œuvre extérieure et sensible, car l'art ne se renferme pas dans sa propre activité[1] : εἰσὶ τέλη τινὰ παρὰ τὰς πράξεις. Tantôt l'art accomplit, achève ce que la nature est impuissante à produire[2], tantôt il imite la nature. De cette faculté générale d'imitation et de perfectionnement de la nature sont nés des arts différents et en grand nombre. Les uns se proposent de créer des ouvrages utiles à la vie ou s'efforcent de procurer aux hommes le bien-être ou des plaisirs sensibles ; les autres ont pour but de les délasser tout en les instruisant, de reposer l'âme par une distraction aimable, d'alléger le poids et le labeur de la vie, d'en dissiper, pour un moment du moins, le profond et incurable ennui[3]. Ces arts nous procurent un passe-temps honnête et délicieux, une joie intime, innocente et pure : ils n'en ont pas moins leur utilité pratique, car ils contribuent puissamment à l'éducation de l'esprit et de l'âme[4].

Tous les arts qui se proposent cette pure délectation ont pour objet le beau, et sont tous des imitations[5] et des perfectionnements. Créer, c'est imiter la nature et en même temps achever son œuvre imparfaite.

Précisons davantage le rapport de la nature et de l'art. Il y a des choses qui se meuvent elles-mêmes ; le mouvement im-

---

[1] *Ethic. Nic.*, I, 1 ; VI, 4.
[2] *Phys.*, II, 8. τὰ μὲν ἐπιτελεῖ ἃ ἡ φύσις ἀδυνατεῖ ἀπεργάζεσθαι, τὰ δὲ μιμεῖται.
[3] ἀεὶ γὰρ πονεῖ τὸ ζῶον.
[4] *Metaph.*, II, 981, b, 17. *Ethic. Nic.*, IV, 14 ; IX, 11. *Polit.*, VIII, 5.
[5] *Polit.*, VIII, 7 et 5. *Poet.*, I, 1.

plique la double notion d'un principe moteur et d'une chose mue, d'une forme et d'une matière, d'une puissance et d'un acte. On appelle nature l'être qui a en soi le principe de son mouvement, du mouvement par lequel sa matière prend une forme ; sa puissance tend à l'acte et cherche à réaliser sa fin, qui est en même temps son acte et sa forme [1].

La nature est donc la puissance interne, innée et active, dépositaire de la forme qu'elle communique à la matière qui lui est propre, et dont elle est inséparable [2]. Toute nature est dans une matière. Principe du mouvement et du repos, cause de la forme dans le même en tant que même, c'est l'âme ; la matière, à laquelle toute nature est nécessairement liée, en est la condition, mais non pas l'essence. L'essence de la nature est la forme intelligible ; c'est une idée, εἶδος [3], une forme en une matière, mais une forme à laquelle la nature tend sans délibération, sans volonté, sans calcul, et toutefois non sans art, si l'on entend par ce mot *art*, l'opposé du hasard, l'accommodation des moyens à une fin.

Partout où il y a fin, il y a un ordre de développement dépendant de cette fin [4]. Dans les animaux comme dans les plantes, cette activité régulière et ordonnée est manifeste : il y a donc dans le sein de la nature un moteur qui poursuit une fin, et il serait absurde de nier cet art de la nature, parce qu'il est secret et que l'auteur ne s'en laisse pas voir [5]. L'art même des hommes est une inspiration soudaine et vive, qui agit sans délibération, sans réflexion et ne laisse pas surprendre son secret : ἡ τέχνη οὐ βουλεύεται [6]. Néanmoins qui pourrait contester que l'art se propose une fin, et comment nier que la nature possède un art, puisqu'elle aspire à une fin, qui est le bien, le mieux de l'être [7] ? C'est pourquoi elle a quelque chose de divin, parce qu'il y a en elle une raison, une pensée, parce qu'elle aussi aspire à l'ordre et cherche à réaliser la

---

[1] *Metaph.*, V, éd. Brand., p. 92, l. 27.

[2] *Phys.*, II, 1.

[3] *Metaph.*, VII, éd. Brand., p. 152, l. 22. *Phys.*, éd. Bekk, p. 193, a, 30.

[4] *Phys.*, II, 8.

[5] *Phys.*, II, 8.

[6] *Phys.*, II, 8.

[7] *De Gener. et corr.*, II, 10. *De Anim. incess.*, 2. *Phys.*, VIII, 7.

beauté, du moins dans la mesure de ce qu'elle peut[1]. Il faut ajouter cette restriction ; car, parce qu'elle contient de la matière, la nature contient de la puissance, et toute puissance est susceptible des contraires. De ces contraires l'un pour la nature est le bien, la forme; l'autre en est la privation. La puissance peut donc résister et résiste en effet au principe de l'ordre : de là l'accident, le hasard, le désordre, le mal. La nature manque assez souvent le but où elle aspire, et témoigne ainsi son impuissance. Si elle a quelque chose de divin, elle n'est pas divine, et est tout au plus démonique[2].

De tous les êtres de la nature l'homme seul participe vraiment à la pensée pure, par là à la divinité, dont la pensée est la fonction et la vie. La raison est l'élément divin de l'homme[3], et la raison est l'essence même de l'homme : il n'est pas étonnant qu'en imitant l'art de la nature, il puisse s'élever au-dessus de son modèle, en réparer les erreurs, en corriger les imperfections.

En résumé, la nature a une matière propre, et son activité, liée à cette matière, ne peut dépasser certaines limites qu'elle lui impose. Elle est un principe de mouvement dans le même en tant que même, ἀρχὴ ἐν αὐτῷ. Privée en soi de pensée, elle est souvent réduite à l'impuissance, condamnée à l'imperfection, sujette à l'accident et au hasard. Cependant il éclate en ses œuvres un art inconscient et secret, qui réalise ses fins, et est par suite capable de trouver et d'appliquer les moyens nécessaires pour y atteindre[4]. On y saisit un désir obscur, mais puissant, de l'ordre, de la beauté, du bien. La nature est un artiste amoureux de la beauté, et capable de la créer[5]. La plante, l'animal, l'homme sont ses œuvres et des chefs-d'œuvre : ils forment un tout parfaitement un, un système de parties qui se supposent et se conditionnent réciproquement.

Nous venons de voir en quoi la nature et l'art se ressemblent : voyons en quoi ils diffèrent. L'art est, comme la nature, créateur, ποιητικόν, parce qu'il est la cause, le prin-

[1] *Ethic. Nic.*, VII, 14. *Phys.*, VIII, 1. *De Gener. anim.*, IV, 2.
[2] *Divinat. p. somn.*, 2.
[3] *De Part. anim.*, II, 10. *Ethic. Nic.*, X, 7.
[4] *Phys.*, II, 8.
[5] Naudin, *Les Espèces*, 1874, p. 19 : « partout où une activité est en jeu, elle prend la forme rythmée. »

cipe d'un mouvement par lequel une chose en devient une autre; comme elle, il donne la forme à une matière; comme elle, il poursuit la beauté. Mais l'art est le principe créateur de la forme produite dans une chose par une chose autre; il est la cause du changement opéré dans un autre en tant qu'autre : ce qui veut dire que la matière à laquelle l'art donne la forme est à peu près indifférente à cette forme, ne lui est pas liée de telle sorte que l'artiste n'en puisse choisir une autre. L'activité de l'art a ainsi plus de liberté que celle de la nature; elle peut s'exercer sur toute espèce de matière, faire, par exemple, un homme de bois, de pierre, de bronze, à volonté; mais il résulte de là aussi que le produit n'est pas réellement vivant; car la vie est le rapport naturel d'une matière propre à sa forme propre. Or, ce rapport manque dans l'art, puisque la matière choisie à volonté n'a pas de rapport naturel et nécessaire à la forme choisie; elle ne contient qu'une pure possibilité passive de devenir l'objet, et ne possède, par rapport à cet acte, aucune puissance interne active. A cet égard, la création esthétique n'est qu'une imitation; le produit de l'art est sans vie, c'est-à-dire sans âme; il n'a de vie que dans l'âme de celui qui en a conçu l'idée et l'a réalisée: ἀπὸ τέχνης δὲ γίγνεται ὧν τὸ εἶδος ἐν τῇ ψυχῇ[1].

On pourrait compléter l'analyse d'Aristote en ajoutant que ce n'est pas là, comme on pourrait le croire, et comme le disait Platon[2], une infériorité de l'art par rapport à la nature. Les êtres réels sont individuels et sensibles : par conséquent, ils changent, ils périssent. La beauté que peut réaliser la nature est changeante et mortelle; les créations de l'art sont durables et immuables. Les êtres qu'il représente n'ont pas vécu, ne vivent pas, et ils sont immortels et d'une beauté qui ne passe et ne se flétrit pas. En outre, précisément parce que le produit n'a que la forme, celui qui le voit ou l'entend est, comme l'artiste, car lui aussi est un artiste, poussé à lui communiquer, idéalement, mentalement, cette vie, cette âme qui lui manque; et c'est même cette part d'activité créatrice, cette coopération qui constitue l'élément le plus important du plai-

---

[1] *Metaph.*, VII, 7.

[2] Qui n'aimerait mieux, disait celui-ci, posséder un bon bouclier que d'en posséder la peinture, pouvoir faire des hommes honnêtes et justes plutôt que de savoir les représenter et les imiter tels.

sir esthétique, parce que le plaisir ne manque jamais là où il y a acte.

De la sensation vient la mémoire ; de la mémoire, plusieurs fois appliquée à un même objet, vient l'expérience; de l'expérience, et de ces notions générales que les expériences multipliées laissent dans l'âme, vient la science, s'il s'agit de connaître les choses qui sont, et l'art, s'il s'agit de produire des choses qui ne sont pas[1]. L'art est donc une activité créatrice, ayant pour but une génération, une production guidée par une notion réfléchie et vraie des choses à produire. Il n'y a pas d'art qui ne soit une faculté de production guidée par la raison, et il n'y a pas de faculté de production guidée par la raison qui ne soit un art[2]. Tout art tend à produire, et pratiquer un art, τὸ τεχνάζειν, c'est, avant de l'exécuter, concevoir par la raison comment pourra être produite une de ces choses qui peuvent être et ne pas être. L'art est création et non action, πρᾶξις, parce que celle-ci se passe tout entière dans le sujet. Il n'y a pas d'art des choses qui sont éternelles et nécessaires; il n'y a pas d'art des choses de la nature[3], qui ne sont pas nécessaires, mais qui arrivent le plus généralement de la même façon. On peut appeler l'art la forme ou la raison du produit séparé de la matière, λόγος τοῦ ἔργου ὁ ἄνευ τῆς ὕλης[4]. Fondé sur une notion vraie et dont la vérité apparaît à la conscience du sujet, l'art peut voir ce qui, dans la nature, n'est pas conforme à cette vérité idéale, et par suite y suppléer dans son œuvre propre ; et lorsque l'art veut produire et qu'il n'est pas éclairé et conduit par une idée vraie, ce n'est plus l'art, c'est la négation de l'art, ἀτεχνία[5]. L'art vrai, au contraire, en imitant la nature l'embellit ; ses œuvres manifestent une beauté plus parfaite que celle que contient la réalité, comme on le voit dans les grands peintres de portraits qui, tout en reproduisant fidèlement la personne, savent la rendre plus belle, sans nuire à la ressemblance, ὁμοίους ποιοῦντες, καλλίους γράφουσιν[6].

---

[1] *Anal. Post.*, II, 19, 5.

[2] *Ethic. Nic.*, VI, 4. Aristote veut ici marquer le *moment* intellectuel, l'élément rationnel de la production esthétique.

[3] *Ethic. Nic.*, VI, 4.

[4] *De Partib. anim.*, I, 1

[5] *Ethic. Nic.*, VI, 4.

[6] *Poet.*, XV, 11.

Ce que l'art imite, c'est surtout la nature humaine, la nature morale de l'homme, et il l'achève en lui donnant une supériorité, une perfection morale que la réalité n'offre pas à notre admiration, mais qui n'en est pas moins conforme à notre essence vraie, telle que la conçoit la raison ; là encore l'art s'élève au-dessus de la nature, κρείττους τὰ ἤθη.

Dans la nature, le plaisir vient de la jouissance physique et détruit son objet pour se satisfaire ; il est accompagné d'un besoin douloureux, et disparaît avec ce besoin pour faire place à l'indifférence, à la lassitude, parfois au dégoût[1]. Mais l'art n'étant qu'une imitation, ses effets, quelque puissants qu'ils soient, ne sont jamais que des effets de sympathie, qui n'oppriment ni n'énervent l'âme en la touchant, et lui laissent goûter dans l'émotion la plus vive un sentiment délicieux de repos, de sérénité, de paix. Il respecte son objet, qui n'a d'autre réalité que celle de la notion dont il est l'imitation. La jouissance en est tout intérieure, tout intellectuelle, et ne laisse après elle ni fatigue, ni dégout, ni remords. C'est encore là une supériorité de l'art sur la nature, dont les plaisirs sont souvent corrupteurs, dont les émotions sont si déchirantes et si cruelles. La nature est un mystère que l'art nous aide à deviner ; il est un procédé rapide, une sorte de méthode facile pour la connaître. Il enveloppe comme premier moment une pensée, une connaissance des choses ; or, apprendre, admirer sont choses douces à l'homme, parce qu'elles sont conformes à son essence, τὸ μανθάνειν καὶ τὸ θαυμάζειν ἡδύ[2]. La perfection de l'imitation est également une jouissance, parce que ce n'est pas de l'objet qu'on jouit, οὐκ ἐπὶ τούτῳ χαίρει ; on jouit du rapport que l'esprit, aidé par la représentation, établit entre l'objet imité et son imitation. Ce rapport, c'est une sorte de syllogisme : on voit que ceci est cela ; c'est une connaissance et par conséquent un plaisir, car l'homme est fait pour penser et pour connaître. A tout acte est attaché par la nature un plaisir.

Nous venons de ramasser en quelques traits les principes dont l'ensemble constitue ce qu'on peut appeler l'Esthétique d'Aristote et auxquels nous croyons nécessaire de donner les développements conformes à leur importance dans la constitution de cette science, la philosophie de l'art. Le premier

---

[1] *Probl.*, XXVIII, 7. χαίρει ὅτι ἀπολαύει.
[2] *Rhet.*, I, 11.

principe d'Aristote, comme aussi celui de Platon, c'est que l'art n'est qu'une imitation, μίμημα, ὁμοίωμα[1], mais surtout une imitation de la nature, de la vie morale de l'âme, des caractères et des mœurs[2]. C'est précisément à cause de cela qu'il peut corriger et épurer la nature. L'art a pour objet de donner une forme à une matière ; mais la forme, l'essence vraie, c'est la vie, c'est l'âme. Or l'âme, principe de la vie et du mouvement, ne peut pas être réellement, complètement communiquée par l'artiste à la matière indifférente dans laquelle il veut l'imprimer. La matière choisie, n'étant dans aucun rapport naturel et nécessaire avec la forme, n'en est pas réellement, substantiellement pénétrée. La forme réelle reste dans l'âme de l'artiste qui a conçu l'œuvre d'art, elle peut passer dans l'âme du spectateur qui la contemple et la goûte, mais elle n'est jamais que prêtée, que supposée dans le produit, et cela par un acte de l'âme de l'artiste et du spectateur qui, par là, lui aussi, devient un artiste. L'œuvre d'art ne vit pas : elle semble vivre, elle n'a que l'apparence de la forme, elle n'en est que l'imitation, que l'image ; car le propre de l'image, de l'imitation, est de ne pas être ce qu'elle paraît être. Entre la réalité et l'image il y a ainsi une différence, une distance qui est infranchissable et qui se manifeste dans la différence des impressions produites : nous ne sommes pas maîtres de celles que nous cause l'objet réel, parce que la cause est un principe vivant, interne, qui ne dépend pas de nous ; au contraire, nous sommes maîtres des impressions faites par l'œuvre d'art, parce que nous en sommes en partie la cause. La forme n'a d'existence que dans notre esprit qui, s'associant à la pensée de l'artiste, la crée en lui par une activité propre, qui est la condition et la mesure du plaisir esthétique. Lorsqu'on dit qu'une œuvre d'art vit, c'est par une illusion toute volontaire, dont nous sommes l'auteur, en partie du moins, et dont, par suite, nous ne pouvons jamais être la dupe : voilà pourquoi cette illusion n'est pas une tromperie, mais un jeu, παιδία. L'âme se joue, en effet, en prêtant à une certaine matière certaines formes qu'elle sait bien qu'elle n'a pas et ne peut avoir, et c'est dans ce jeu que consiste l'imitation, et l'art qui est essentiellement imitation.

Nous avons vu que l'art imite surtout la nature morale de

---

[1] *Polit.*, VIII, 5. *Probl.*, XIX, 38.
[2] *Polit.*, VIII, 5.

l'homme, qui est essentiellement une activité. La vie est action, et dans l'action se manifestent et les caractères et les passions qui l'ont produite. Mais en quoi se montre cette imitation ? L'imitation la plus parfaite et la plus complète de la vie morale de l'âme se laisse voir dans les rythmes. Le rythme est l'ordre ou le nombre dans le mouvement. Les Pythagoriciens et les Platoniciens avaient bien vu que les rythmes, les harmonies, les nombres, lois vivantes et en même temps mathématiques de l'ordre et de la beauté, et qu'on retrouve jusque dans les choses soumises au sens de la vue[1], contiennent une image, et la plus fidèle image des actes et des passions de l'âme ; mais ils en avaient conclu que l'âme elle-même est une harmonie, un nombre, ou du moins se meut suivant le nombre et renferme en soi une harmonie[2]. Sans aller jusqu'à cet excès, qui est une erreur, il faut avouer qu'il y a entre les rythmes et l'âme une sorte de communauté de nature, συγγενεία τις[3].

« Non seulement nous aimons le rythme parce qu'il est un mouvement et un mouvement naturel ; nous l'aimons encore parce qu'il renferme un nombre facile à saisir, plein d'ordre, et parce qu'il nous imprime des mouvements conformes à l'ordre. Or les mouvements mesurés, ordonnés, appartiennent de plus près à la nature de l'âme, οἰκειότερα γὰρ ἡ τεταγμένη κίνησις φύσει[4]. La preuve, c'est que l'ordre en toutes choses conserve et fortifie l'être naturel, sa santé, sa beauté ; si l'harmonie et l'accord nous plaisent, c'est qu'ils sont un rapport des contraires, mesuré par une raison, et que la raison, étant ordre, est une chose agréable à la nature[5]. »

Si l'âme a une telle affinité avec le nombre, l'art, qui imite à l'aide des rythmes, l'art, création de l'âme, en est en même temps la manifestation la plus profonde et la plus vraie. En un mot, dans la pensée d'Aristote, l'imitation est expression, et sa théorie aboutit à cette conclusion : l'art est l'expression sensible de l'âme, puisqu'il est l'imitation des actions qui manifestent les caractères et révèlent les passions. C'est l'âme qui imite, et elle n'imite qu'elle-même ; elle cherche à

---

[1] σχηματιζόμενοι ῥυθμοί. *Poet.*, I, 1. Les rythmes réalisés dans des figures.
[2] *Probl.*, XIX, 27 et 29.
[3] *Polit.*, VIII, 5.
[4] Bossuet : « l'ordre est ami de la raison, et son propre objet. »
[5] *Probl.*, XIX, 38.

apparaître à ses propres yeux, à se faire voir et à se voir dans une chose autre qu'elle, à faire passer la forme qui est en elle dans une matière qui est indifférente et sans rapport naturel avec cette forme. L'âme n'est pas un mouvement, suivant Aristote, mais elle est le principe des mouvements constitutifs de la vie ; l'art est le prolongement de ces mouvements à l'extérieur et dans un être différent, différent sans doute, mais, pour certains arts, moins qu'on ne le suppose. L'âme exprime ses actes et ses passions, d'abord par les mouvements et les figures du corps, et les rythmes imprimés à ces figures et à ces mouvements, c'est la danse. Quand le ποιῶν ou ποιητής emploie pour cette expression des matériaux étrangers au corps humain vivant et à ses mouvements, par exemple les couleurs et les figures des corps solides, il crée les arts de l'architecture, de la sculpture, de la peinture. Ces matériaux morts semblent impuissants à représenter la vie ; inertes et immobiles, ils paraissent incapables de manifester le mouvement : il n'en est rien. Ces formes, couleurs, figures, sont des imitations, des imitations de notre âme, auxquelles sans effort, aidés par une ressemblance plus ou moins parfaite, nous prêtons une âme, et qui deviennent entre les mains d'un grand artiste, quoique à un moindre degré que la parole et le chant[1], pleines de vie, de mouvement, d'action, de passion.

En effet, ces lignes et ces formes et figures immobiles sont la trace visible et conservée des mouvements du corps vivant et animé par l'âme. Ce sont des mouvements suspendus, arrêtés et partant incomplets. La vie humaine ondoyante et diverse, variée, confuse, agitée, tumultueuse, ne peut être exactement et complètement rendue par la peinture et la sculpture, qui fixent et glacent l'expression dans un moment, une passion, une action donnés, et immobilisent le mouvement même. Mais chez les anciens, les arts plastiques se proposaient surtout de représenter la vie divine, supérieure aux tempêtes de l'âme humaine et qui, tout en participant aux sentiments et aux passions de l'humanité, ne perdait jamais sa sérénité et son calme, où ils trouvaient une marque de la beauté. Le calme est une beauté. Mais parce qu'ils ne peuvent pas représenter complètement la vie humaine, ces arts, quoique goûtés

---

[1] *Polit.*, VIII, 5. ἀλλ' ἐπὶ μικρόν.

et compris de tous[1], sont des arts imparfaits. Leurs œuvres sont moins des manifestations de l'âme qu'un signe extérieur, superficiel, dont le sens ne se laisse pas toujours deviner ni compléter[2]. Mais lorsque l'âme emploie pour se manifester au dehors, non plus les mouvements réels du corps vivant, comme dans la danse, non plus les mouvements arrêtés, les rythmes glacés de matières mortes, comme dans la peinture et la sculpture, lorsqu'elle emploie soit les sons musicaux, soit les sons du langage, alors on peut dire qu'elle se découvre, qu'elle s'ouvre et apparaît tout entière et dans son fond le plus intime. C'est pour cela que les arts musicaux produisent des effets si puissants qui troublent et bouleversent l'âme, et sont capables de lui inspirer une force morale toute nouvelle[3]. Cet enthousiasme est une sorte de passion qui s'ajoute au caractère moral, qui en est en soi exempt[4]. La vertu des sons est si profonde que, même isolés des paroles, ils ont encore, par le rythme et l'harmonie, leur puissance d'effets sympathiques. Les faits l'attestent; au son de certaines mélodies de flûtes ou de lyres, on sent s'apaiser ou se déchaîner l'orage des passions; car nos dispositions morales varient suivant le caractère des rythmes employés[5]. La musique et la poésie disposent de notre âme, et pour ainsi dire pétrissent à leur gré nos cœurs et nos esprits[6].

Mais d'où vient, en dernière analyse, cette ressemblance si parfaite des rythmes de la parole, du chant et même de la musique avec les sentiments et les passions de l'âme, si parfaite que, mettant l'âme à nu, ils exercent cette puissance de sympathie communicative que tant de faits attestent? Les *Problèmes*, dont il est vrai l'authenticité est contestée, mais qui, sans aucun doute, appartiennent à l'école d'Aristote et reproduisent des souvenirs de son enseignement, présentent, sous leur forme dubitative habituelle, l'explication suivante : « Pourquoi l'objet du sens de l'ouïe, seul de tous les objets

---

[1] *Polit.*, VIII, 5.

[2] *Polit.*, VIII, 5. ἐπὶ τοῦ σώματος.

[3] *Polit.*, VIII, 5.

[4] *Polit.*, VIII, 5. ὁ δ' ἐνθουσιασμὸς τοῦ περὶ τὴν ψυχὴν ἤθους πάθος (étrange association de mots).

[5] *Polit.*, VIII, 5.

[6] *Polit.*, VIII, 5.

sensibles, a-t-il un caractère moral[1], si bien que, même sans les paroles, le chant seul de la mélodie le conserve ? Est-ce parce que le son a un mouvement, est un mouvement qui se communique à nous ? Mais on pourrait répondre que la couleur aussi imprime des mouvements à la vue. Voici peut-être la vraie raison : c'est que nous avons conscience du mouvement déterminé qui suit tel son déterminé[2]. »

Par cette phrase obscure, si diversement interprétée, je ne puis entendre que ceci : les sons ne nous causent pas seulement, comme les couleurs, des mouvements qui se traduisent en perceptions ; mais avec la perception nous éprouvons des mouvements internes qui en sont la conséquence, ἑπομένης, et nous avons conscience que nous les éprouvons. Ainsi, par exemple, j'ai la perception du bleu et du blanc ; à ces couleurs différentes correspondent assurément des mouvements, mais dont je n'ai pas conscience, et qui semblent ne m'avoir apporté que la sensation même sans suite, sans effet ultérieur. Au contraire, voici une mèse et une paramèse qu'on fait sonner l'une après l'autre : sans doute je reçois aussitôt la sensation de ces deux sons déterminés, mais j'ai aussi autre chose : j'ai conscience d'un mouvement imprimé à tout mon organisme à la suite du son, d'un mouvement subséquent qui vient jusqu'à mon âme, l'ébranle, et l'ébranle diversement suivant la nature déterminée du son entendu, et j'ai conscience du rapport entre mes impressions différentes et les différents sons qui les produisent. En un mot les sons sont en soi des rythmes, des nombres, dont notre âme a conscience, et si les couleurs sont aussi des rythmes, ce qu'Aristote ne semble pas croire, ce sont des rythmes inconscients. Ainsi entre les mouvements causés par la vue et ceux causés par les oreilles, il y a une différence : les derniers seuls ont une analogie réelle, une similitude avec notre âme : ces mouve-

---

[1] ἔχει ἦθος.

[2] *Probl.*, XIX, 27. Le texte est très obscur : ὅτι κίνησιν ἔχει μόνον οὐχ ἥν ὁ ψόφος ἡμᾶς κινεῖ... ἀλλὰ τῆς ἑπομένης τῷ τοιούτῳ ψόφῳ αἰσθανόμεθα κινήσεως... Bekker lit μόνον οὐχί. M. Egger, *Hist. de la critique*, p. 398, néglige le sens de τοιούτῳ. Ed. Müller, *Gesch. d. Theor. d. Kunst.*, t. II, p. 352, entend : « Nous avons conscience qu'un mouvement succède à un mouvement ; nous saisissons entre chaque vibration, constitutive du son, un intervalle qui nous permet de mesurer la durée, qui lie et à la fois sépare les parties et en fait un tout de mouvements et d'efforts. »

ments sont des actions, et c'est par des actions que se manifeste notre âme [1].

La voix est une action de l'âme, qui y passe pour ainsi dire tout entière. Notre corps, comme tout corps, est sonore, c'est-à-dire que lorsqu'il est frappé il résonne; mais notre corps même n'est jamais frappé sans que l'âme dont il est l'organe ne le soit en même temps, et ne mette immédiatement en jeu l'appareil qui lui permet d'émettre des sons et qui est le même que l'appareil de la respiration, c'est-à-dire de la fonction la plus essentielle de la vie. A plus forte raison en est-il ainsi quand c'est l'âme qui est directement frappée. Tout corps frappé rend un son qui, s'échappant de son sein, du plus intime de son être, semble en révéler la composition interne et la vraie essence; de même, lorsque l'homme est touché par des émotions morales vives et fortes, comme s'il était mû par une cause physique, il pousse des cris, prononce des paroles, fait entendre des chants; ces sons ne sont que des mouvements de l'âme qui a agi sur les organes producteurs de la voix par une action souvent purement reflexe, c'est-à-dire involontaire ou inconsciente. L'homme est comme le poète :

> Son cœur est un luth suspendu :
> Sitôt qu'on le touche, il résonne.

Voilà comment on peut s'expliquer que la voix humaine et les sons des instruments qui l'imitent, sont l'expression profonde, fidèle et complète de l'âme, de sa vie et de son activité. La voix est action, et l'action, c'est l'homme même, τοῦτο δ' ἄνθρωπος [2]. Parole ou chant, la voix est esprit et vie [3]. La nature peint, dessine, sculpte, édifie, elle bruit même; mais elle ne chante ni ne parle, parce qu'elle n'articule pas, et elle n'articule pas parce qu'elle ne pense pas et ne veut pas. L'articulation est un fait volontaire et un acte de l'intelligence. La parole est une création de l'esprit, qui porte dans son essence presque immatérielle l'esprit même [4].

---

[1] *Probl.*, XIX, 27 et 29. κινήσεις εἰσὶν ὥσπερ καὶ αἱ πράξεις.

[2] *Ethic. Nic.*, X, 7, 1178, a.

[3] Herder, *Werk. r. Gesch. Und philos.*, t. XIX, p. 16. « Sie ist Geist verwandt mit der Natur innerster Kraft der Bevegung. »

[4] Dans un très savant et très intéressant mémoire, inséré dans la *Revue Philosophique*, VIIe année, p. 256, M. Ch. Lévêque a peut-être trop négligé

Quand Aristote dit que la voix est mouvement comme l'action humaine, et que l'âme est la cause de ces deux mouvements, il me semble qu'il a voulu expliquer par leur commune origine leur affinité d'essence. On pourrait faire à cette théorie l'objection que, si l'homme chante et parle uniquement parce qu'il vit, si ce ne sont là que des manifestations naturelles de son être intime, il ne faut plus parler ni d'art ni d'imitation, mais bien de nature ; car alors ces mouvements et changements auront leur principe et leur forme dans l'être même et non dans un autre en tant qu'autre : ce qui est le propre de l'art. La matière dans laquelle la forme cherche à passer et dans laquelle il semble même qu'elle passe tout entière, est la matière propre de l'âme, puisque c'est le corps qui lui est propre, qui résonne pour ainsi dire sous sa main. La distinction, si forte et si juste en même temps, entre l'activité de la nature et celle de l'art, semble détruite.

Mais Aristote ne resterait pas sans réponse : il pourrait dire qu'entre ces deux activités différentes et non contraires, il y a concours ; qu'il y a un art dans la nature et une nature dans l'art. Le son articulé et le son musical sont naturels dans un sens, artificiels dans un autre. Il est clair que la musique et la parole constituent des systèmes qui sont pour une partie arbitraires ou conventionnels, ce que prouve manifestement la diversité des langues. D'ailleurs le langage ni dans le dictionnaire, ni dans la grammaire, ni dans le système de l'accentuation, ni dans le rythme, n'est pas l'œuvre de celui qui l'emploie. C'est la création collective et successive de diverses générations et de temps différents. L'individu qui parle une

---

ce caractère, quand il cherche à mesurer la valeur esthétique des instruments de musique par la distance où se trouve chacun d'eux de la voix, considérée comme le plus parfait des instruments. A mon sens, la voix n'est pas, par essence, un instrument de musique, et les instruments de musique ne sauraient être appelés, si ce n'est par métaphore, des voix. Le double caractère essentiel de la voix est : 1° d'être articulée, et les intruments ne le sont pas ; 2° d'être l'expression d'une pensée formulée par des mots, et les instruments ne le sont pas davantage. Les sons des instruments et les sons de la voix ne sont pas des valeurs commensurables, parce qu'ils ne sont pas de même espèce. Il faut absolument que la voix humaine, même en chantant, prononce des mots exprimant des pensées et des pensées soumises aux catégories logiques. Il serait insensé de réduire la voix au rôle d'un instrument. Imagine-t-on une masse de voix faisant fonction d'instruments, et remplissant les unes les parties de clarinettes, les autres de flûtes, celles-ci de cimbales, et de tambours ; celles-là de grosse caisse. La voix est esprit.

langue ou chante dans un système musical quelconque, s'en sert non comme d'instruments qui lui sont propres, mais au contraire comme de matériaux étrangers, qui ne lui appartiennent pas, qu'il ne peut ni changer ni transformer, qui résistent souvent à l'effort qu'il fait pour se les approprier, pour les pénétrer de la forme qu'il a conçue, pour les imbiber de son esprit, les échauffer de la flamme de vie dont le foyer est dans son âme. Qui contestera que la langue, par exemple, est un instrument fort rebelle souvent, et dont les résistances ne peuvent être vaincues que par les grands artistes. Dans la manifestation de l'âme par le langage, surtout lorsqu'il est embelli par le rythme et l'harmonie, il y a un effort intentionnel et calculé fait par elle pour imprimer à la matière de la parole une forme idéale, pour modifier, suivant des idées et des conceptions qui sont en elle, un autre être en tant qu'autre, bien qu'il soit vrai de dire qu'il y a dans cet être autre, la voix, un rapport d'intimité, d'affinité et pour ainsi dire de congénéité avec notre âme.

Mais tout en reconnaissant que l'expression de l'âme par le langage est en partie l'effet d'un art, ne pourrait-on pas toujours soutenir que c'est là un de ces arts nécessaires, chargés de pourvoir aux besoins de la vie sociale, et non un des beaux-arts dont le but est de l'embellir et de la charmer, en un mot que ce n'est pas une imitation, de sorte que la distinction entre la vie réelle et la vie idéale s'efface ici. Naturel ou artificiel, le langage ne sera que l'expression de la vie vraie, de la vie pratique, il ne contient pas l'élément fictif, imitatif, constitutif des beaux-arts. Il n'en est rien : là encore il y a imitation ; la langue des poètes, et à plus forte raison les chants et mélodies des voix et des instruments sont des modifications des sons naturels qui n'ont pas pour principe les nécessités de la vie réelle ; les rythmes, les mesures, les mélodies contiennent un élément d'ordre, de nombre, de raison qui, bien qu'ayant un rapport intime à notre nature, la domine et la dépasse[1]. Ce n'est point certainement ainsi que l'âme, réellement frappée, manifeste son émotion dans la vie vraie ; mais c'est ainsi qu'on conçoit qu'elle pourrait et devrait parler dans une forme de vie supérieure.

L'imitation a sa source dans la nature ; le rythme, père du

---

[1] *Probl.*, XIX, 38.

vers, suivant le mot de Longin[1], et l'harmonie, qui sont des imitations, ont leur principe dans la nature ; pour que l'art naisse, il faut être sorti de ces tâtonnements grossiers et incertains, et il faut que le germe, déposé en nous par la nature, se soit développé et perfectionné[2].

Il nous reste à rechercher non plus les instruments et la matière dont se sert l'imitation, mais son objet, afin de montrer comment elle constitue le caractère propre des beaux-arts. L'art se propose d'imiter l'homme en tant qu'il est éminemment une activité morale et acquiert un caractère moral[3]. L'homme est ainsi le seul objet digne d'être représenté par l'art, et tous les genres qui ne se préoccupent pas de cet objet, qui seul intéresse l'homme, sont passés dédaigneusement sous silence par Aristote et écartés par son système, par exemple le paysage.

L'art qui imite la vie morale humaine est bien obligé de s'en faire une idée et une idée vraie ; la tragédie et la comédie par exemple supposent une connaissance de la vie réelle, de la vie pratique. Cette connaissance peut être tirée de l'observation des autres ou de nous-même : cette notion de la vie, fondée sur l'expérience, est comme une page de l'histoire naturelle de l'âme ; ce n'est pas évidemment une œuvre poétique, une imitation. Mais au lieu de se renfermer dans l'observation de l'homme tel qu'il est et tel qu'il se montre, nous pouvons, à l'aide de la raison, et en partant de ces données expérimentales, nous former une notion de l'homme tel qu'il doit être, concevoir une forme de la vie individuelle et sociale supérieure mais non contradictoire à la réalité, une forme belle et cependant vraie. Ainsi les grands peintres de portraits savent embellir une figure tout en la reproduisant avec fidélité[4] ; les poètes donnent à leurs héros des vertus plus grandes, des âmes plus fortes[5]. Il y a en effet trois genres de choses qui peuvent être représentées par l'art : d'abord le réel, le fait historique ; en second lieu le fait transmis par la tradition, le mythe tel qu'on s'imagine, sans le savoir au vrai, qu'a eu lieu l'événement. Dans ce second ordre de sujets sur lesquels l'art

---

[1] *Prolegom.*, 1.
[2] *Poet.*, IV.
[3] *Poet.*, II.
[4] *Poet.*, XV.
[5] *Poet.*, II.

peut s'exercer, il y a eu déjà un travail collectif et anonyme, opéré par l'imagination presque inconsciente, qui a pu, qui a dû altérer la réalité en cherchant à l'embellir. Mais cet embellissement, dont sont parés les mythes, ne vient pas de l'artiste, qui les reçoit tels qu'ils lui sont donnés par la tradition. Enfin en troisième lieu viennent les événements tels que notre raison conçoit qu'ils devraient être pour être conformes à nos idées de vérité et de justice absolues. Sous ces mots οἷα εἶναι δεῖ, Aristote comprend deux choses : d'abord l'essence vraie, l'éternelle vérité des choses, placée au-dessus des accidents qui les abaissent et les déshonorent ; en outre le caractère moral des individus qui, étant donnés certains antécédents, doit nécessairement en résulter[1] ; car, sans s'expliquer plus clairement, Aristote observe que la beauté dans l'art n'exclut pas une certaine laideur ; il y a, dit-il, un type de dureté et de cruauté que le poëte peut représenter[2].

En quoi donc consiste la beauté, la beauté idéale qui, tout en n'étant pas actualisée absolument et complètement, n'en existe pas moins dans le fond et dans l'essence de l'être et est le principe de ses perfections réalisées et de ses perfections non actuellement réalisées, mais possibles? Ce qui guide l'art et l'artiste, c'est une forme idéale, une idée ; la forme est l'essence, est l'acte ; l'acte est la perfection de l'être : c'est la fin où il s'achève et se réalise véritablement. La beauté a donc pour premier caractère l'idéalité, la chose telle qu'elle devrait être. Mais l'essence est un universel : ce n'est pas un individu, en tant qu'individu, que l'art doit représenter pour plaire ; c'est l'homme dans le fond universel et éternellement vrai de sa nature. Sans doute l'art peut représenter le réel, mais parce que le réel est soumis à des lois générales et les manifeste, quoique imparfaitement. On peut assurément prendre Alcibiade pour le héros d'une tragédie, mais non pas pour dire qu'il a fait ceci ou cela, mais pour montrer qu'étant tel, ayant tel caractère, telles vertus, tels vices, nécessairement ou vraisemblablement telles conséquences devaient en résulter[3]. Le second caractère de la beauté est donc la généralité : et voilà pourquoi la poésie est plus philosophique que l'histoire, parce qu'elle est plus universelle.

---

[1] *Poet.*, XXV.

[2] *Poet.*, XXV, παράδειγμα τῆς σκληρότητος.

[3] *Poet.*, IX et XIV.

C'est par là que l'art ou du moins certains genres de l'art n'excluent pas un certain degré, une certaine forme de la laideur morale. Je n'ose pas affirmer qu'Aristote ait appelé beauté le type de la cruauté ; mais puisqu'il l'admet dans l'art, il a dû y trouver un des éléments de la beauté, qui est d'agréer et de plaire. Le beau est le désirable en soi, ce qui est digne de louanges ; et il a deux caractères : il est bon et il fait plaisir. On ne peut pas dire que la laideur morale, dont la représentation par l'art nous agrée, est bonne en soi ; mais si elle nous fait plaisir, elle doit n'être pas absolument mauvaise et contenir quelque chose de bon, Aristote ne nous dit pas quoi. Est-ce la force d'âme, l'énergie de volonté que l'homme admire encore, en frissonnant de terreur au spectacle de ses violences redoutables, parce qu'au mal qu'ont fait ces êtres entraînés mais non souillés par la passion, il mesure le bien qu'ils auraient pu faire ? La force en soi est un bien. Est-ce que la peinture des faiblesses de la nature humaine est bonne au moins pour nous faire connaître l'homme tel qu'il peut devenir sous l'influence de la passion ? Cette connaissance serait alors la source du plaisir de l'art, qui est essentiellement un plaisir de l'intelligence.

Il est un troisième caractère de la beauté : dans le monde de la nature l'essence ne peut se réaliser que dans une matière ; l'acte y est toujours l'acte d'une puissance, et l'acte divise, sépare, individualise. Il n'y a d'êtres actuels, dans la nature, que des êtres individuels. Si l'art veut produire, s'il veut communiquer la forme à une matière, il est tenu de produire une œuvre qui sera non pas vivante, puisque la matière du produit n'a pas en soi le principe des changements qu'elle subit, mais du moins semblable à un être vivant, ὥσπερ ζῷον. Pour arriver à cette ressemblance, l'œuvre d'art devra posséder les deux conditions auxquelles est soumise la vie : l'unité et la totalité[1]. Tout être vivant est un et est un tout, entier, complet, parfait ; toute œuvre d'art, tableau, statue, poème, doit être une et entière, doit représenter une action une et entière[2], ayant son commencement, son milieu, sa fin ; c'est à ces conditions qu'elle pourra produire le plaisir qui lui est propre[3]. A défaut de la vie dont le principe reste dans

---

[1] *Poet.*, XXIII.

[2] *Poet.*, VIII.

[3] *Poet.*, XXIII.

l'âme du spectateur et de l'artiste, il faut que l'œuvre d'art ait l'unité, c'est-à-dire le lien de la pluralité des parties et leur harmonie, et qu'elle forme un tout parfait et complet, c'est-à-dire que cette unité ait toutes ses parties disposées en ordre.

C'est encore à cette définition que se ramène l'analyse de la *Métaphysique* : le beau est distinct du bien ; l'un n'a jamais place que dans l'action, l'autre se manifeste jusque dans les figures immobiles[1], mais l'un et l'autre ont un élément relatif. La beauté dans l'homme est différente suivant les différences d'âges[2], et en général suivant les différences de nature et d'essence des êtres. C'est à tort qu'on prétend que les mathématiques sont étrangères à la notion de la beauté ; elles s'occupent peu du bien, parce qu'il réside essentiellement dans l'action et implique nécessairement un mouvement. Il n'en est pas de même du beau qui, en partie du moins, s'applique à des choses immobiles. Les sciences mathématiques ont pour objet les formes générales de la quantité ; car rien n'est susceptible de nombre et de mesure que la quantité. Les mathématiques ont ainsi pour objet des essences idéales que la définition constitue dans l'ordre logique, et que l'art réalise et individualise. De plus, les mathématiques ont leurs raisons dernières dans l'arithmétique qui est la science des nombres. Les nombres ne sont que des rapports ; la géométrie n'est que la science des nombres ou des rapports entre les grandeurs étendues. Ces deux sciences font apparaître et recherchent partout la symétrie ou la proportion, l'ordre et la limite. Or ce sont là les formes les plus imposantes, les caractères les plus manifestes de la beauté, dont on peut dire qu'elle est l'ordre dans la grandeur ou dans la quantité[3]. Ainsi la beauté enveloppe comme condition première, une grandeur, ce qui revient à dire que la beauté esthétique est enfermée dans le monde des formes sensibles. Ces formes sensibles, où apparaît la beauté, sont mesurées et déterminées par le nombre et la figure. Le son est une quantité comme la figure, et une quantité dont les rapports sont également susceptibles d'être mesurés et déterminés par le nombre. Tout ce qui vit a une grandeur, et ce qui doit imiter la vie doit en reproduire les propriétés imitables. Ce n'est pas toute espèce ni toute mesure

---

[1] *Metaph.*, XIII, 3.
[2] *Rhet.*, I, 5. *Probl.*, X, 54.
[3] *Metaph.*, XIII, 3. *Poet.*, 7. *Polit.*, VII, 4.

de grandeur qu'exige la beauté ; sous la réserve d'autres conditions qui vont être exposées, on peut dire que l'objet le plus grand est par là même le plus beau dans son genre. L'homme petit peut être bien proportionné, élégant : il n'est pas beau. Pour avoir la vraie beauté du corps, il faut être grand ; pour avoir l'âme belle, il faut l'avoir grande [1].

Mais cette grandeur doit être conforme à l'essence de l'être, ὡς δεῖ, c'est-à-dire limitée, proportionnée, ordonnée. Tout ce qui vit a grandeur ; toute grandeur vivante, pour pouvoir être et être perçue, a une limite, une détermination qui, en la séparant de toutes les autres, constitue sa véritable essence. L'unité se sépare de toute autre unité : l'acte divise. Tous les êtres individuels se limitent les uns les autres ; leur limite est leur forme même. De plus, afin d'être perçues par nous, les œuvres d'art, qui n'ont d'autre objet que d'être perçues par nous, doivent avoir une limite. Ni nos sens ni notre esprit ne perçoivent rien d'illimité. Pour trouver les choses belles, il faut en outre que nos yeux, nos oreilles, notre imagination, notre mémoire, notre esprit les embrassent facilement dans leurs détails et dans leur ensemble. Si un animal est trop petit, il ne saurait être beau, parce que chaque petite partie est saisie dans un temps qui passe si rapidement que la perception s'en confond avec la perception de la partie voisine ou prochaine. On n'a par là qu'une perception confuse, qui ne satisfait ni les sens ni l'esprit. L'unité et la totalité se perdent et s'évanouissent. Il en est de même d'un animal trop grand, d'une action dramatique trop longue ; on ne peut saisir d'un même coup d'œil et l'ensemble et les parties [2].

Cette limite des choses a donc sa raison d'être en elles d'abord, et, pour ce qui concerne les œuvres d'art, en nous. Nos sens et notre intelligence étant limités ne peuvent s'assimiler, c'est-à-dire ne peuvent connaître que des choses limitées, et, surtout pour qu'elles puissent plaire, il faut qu'elles soient en harmonie parfaite avec eux. En demandant que l'œuvre d'art fasse un tout, ὅλον, Aristote avait déjà fait entendre que les parties de ce tout devaient être entre elles dans un rapport régulier, mesuré, proportionné, c'est-à-dire dans un rapport tel qu'on ne puisse ni augmenter ni diminuer leur

---

[1] *Ethic. Nic.*, IV, 7.
[2] *Poet.*, 7. *Probl.*, XVII, 9. L'unité a une limite ; la pluralité participe de l'illimité.

grandeur sans détruire le tout même ; car ou bien ce qu'on ajoute ne fait pas partie du tout, et alors en l'ajoutant on le détruit ; ou bien il en fait partie essentielle, et alors le tout n'était pas complet, n'était pas un vrai tout.

La proportion diffère peu de l'ordre, si ce n'est que l'une s'entend plutôt du rapport de grandeur des parties entre elles, rapport déterminé par la nature du tout lui-même, tandis que l'ordre consiste surtout dans un rapport de situation ou de succession des parties. Toutes les choses soumises au devenir et au changement partent d'un point de l'espace et du temps pour arriver à un autre, en traversant une série limitée d'intermédiaires, c'est-à-dire qu'elles ont un commencement, un milieu et une fin. Le commencement est la partie qui n'exige rien avant elle ; la fin, celle qui n'exige rien après elle ; le milieu, au contraire, est la partie qui est nécessairement précédée et nécessairement suivie d'une autre. Cet ordre est nécessaire à l'existence des choses de la nature, et n'est pas moins nécessaire à la beauté des œuvres de l'art ; et il est tel qu'il ne doit pas être possible de changer de place aucune des parties sans détruire ou ruiner le tout[1]. Car il ne suffit pas qu'un membre de l'organisme ait sa grandeur proportionnée, il faut qu'il soit à sa place, c'est-à-dire à la place que veut l'ordre, et il faut entendre cet ordre de la succession des parties dans le temps et de leur situation dans l'espace, de telle sorte que les parties et le tout se conditionnent réciproquement. En un mot la beauté dans l'œuvre d'art se ramène à ces trois conditions, l'idéalité, la généralité, l'unité. Cette dernière condition renferme les autres. L'unité est le point vivant, noyau et centre, qui contient en soi les parties et le principe de leur développement comme de leur ordre. Les êtres beaux dans la nature se distinguent de ceux qui ne le sont pas, les œuvres de l'art se distinguent des créations de la nature par l'unité, où la pluralité dispersée et isolée se ramène[2]. L'art fait ce que la nature a été impuissante à faire : il ramasse en une unité forte et claire les traits épars et dispersés des mouvements de l'âme, ou de leurs signes et de leurs caractères sensibles.

Malgré cet effort pour expliquer dans une sorte de définition la notion de la beauté, Aristote, si l'on en croit la tradition,

---

[1] *Poet.*, 8.
[2] *Polit.*, III, 6.

n'en aurait pas moins reconnu combien elle résiste à la définition. Pressé par un ami de définir la beauté, il lui aurait, dit-on, répondu que c'était la question d'un aveugle[1], voulant dire par là, non pas peut-être qu'elle était absolument indéfinissable, mais du moins incompréhensible à celui qui n'en a pas préalablement éprouvé le charme et senti la puissance.

Maintenant quel but se propose la raison poétique dans ses imitations ou ses créations? Quelle fin l'homme veut-il atteindre par cette activité spéciale, et quelle fin atteint-il en réalité? L'art n'a-t-il d'autre but que l'art même, ou vise-t-il à un but autre et supérieur?

Le bonheur est le principe et la fin de tous les actes possibles de l'homme[2]; le bonheur consiste pour l'homme dans l'accomplissement de la fonction qui lui est propre; cette fonction, c'est l'acte de l'âme conforme à la raison, ou du moins l'acte de l'âme qui ne se peut accomplir sans la raison. Le plaisir est l'accompagnement naturel et nécessaire de l'activité: il la stimule, l'achève et la récompense. Sans se confondre avec l'activité même[3], il en donne la sensation plus vive et plus fraîche; sans se confondre avec le bien[4], il en fait partie et est lui-même un bien, parce qu'il est, non un mouvement ni un devenir, mais une fin[5]. L'art, étant une activité accompagnée et guidée par la raison et la vérité, a nécessairement lui aussi pour accompagnement, pour stimulant, pour récompense, le plaisir; l'art concourt donc à la fonction propre et à la fin souveraine de l'homme, qui est le bonheur dans la vertu, τὸ εὖ πράττειν. La fin que l'art se propose est le plaisir d'une activité propre, le plaisir qui naît de l'imitation; l'art a donc son plaisir propre, et chaque genre de l'art a également son plaisir propre[6]. Ce plaisir a sa source dans la nature; car non seulement l'homme aime à imiter, mais il aime à voir les imitations; il jouit de son activité créatrice et imitatrice personnelle; mais il jouit aussi de cette activité plus passive qui consiste à goûter les belles imitations des

---

[1] Diog. L., V, 20. Stob., *Floril.*, LXIII. Heyne, *Opp. Acad.*, t. I, p. 4.
[2] *Ethic. Nic.*, I, 4, 8.
[3] *Ethic. Nic.*, X, 2, 18.
[4] *Magn. Mor.*, II, 9, 10.
[5] *Ethic. Nic.*, X, 2, 9.
[6] *Poet.*, 23 et 14.

autres, parce qu'elles éveillent et facilitent son activité propre.

Outre ces caractères qui lui sont propres, le plaisir esthétique en possède d'autres, ceux de l'activité pratique et de l'activité théorétique, qu'il s'approprie en les modifiant. Ce sont ces fins multiples qui opèrent ce qu'Aristote appelle la purification, κάθαρσις[1] : l'art a pour but un plaisir innocent, épuré. Nous avons vu déjà que l'art se propose d'imprimer une forme dans une matière qui n'est pas la matière naturelle et propre de cette forme. Il en résulte que ce n'est qu'une apparence, une image, que je ne puis appliquer à des besoins réels correspondants aux objets imités. Je ne puis pas jouir d'un fruit en peinture en le mangeant; le plaisir que le tableau me cause par la vue est pur de toute sensation, non seulement de toute sensation actuelle, mais du souvenir ou de la promesse d'une sensation[2]. L'imitation plaît en tant qu'imitation, et voilà pourquoi on peut jouir de la représentation d'objets odieux ou terribles. L'activité est ici désintéressée ; elle a son but en elle-même et non dans l'utilité positive que l'on peut retirer du produit. L'imitation est une fin : or tout ce qui a une fin est supérieur à ce qui a une fin et qui est moyen : elle est une fin, un bien, une fin non absolue sans doute, mais enfin, toute relative qu'elle est, c'est une fin.

Cela a des conséquences considérables. L'art représente l'homme moral, ses actions, ses sentiments, ses passions, son caractère ; la peinture de ces mouvements de l'âme, qui ne sont si souvent qu'orages et tempêtes, nous cause sans doute des émotions vives, nous donne une sensation de la vie plus forte que celle de notre vie ordinaire ; mais comme ce n'est qu'une imitation, comme nous avons conscience que ce n'est qu'un jeu, le plaisir de cette sensation n'est altéré par aucune douleur. Non seulement nous ne participons à ces sentiments que par sympathie, mais nous ne perdons pas un seul instant la conscience que ces figures, ces accents, ces chants ne sont

---

[1] La théorie de la purification se trouvait, à ce qu'il semble, complétement développée dans la *Poétique*, puisqu'Aristote, dans la *Politique*, nous y renvoie ; mais ces chapitres sont perdus ou n'ont jamais été écrits. C'est ainsi dans la *Politique* que nous pouvons en retrouver les fragments incomplets. On trouvera à la fin du volume deux notes sur la *Purification* et la Διαγωγή, contenant tous les textes sur lesquels s'appuie l'opinion et l'interprétation que j'expose ici.

[2] *Rhet.*, I, 2, 1171, b, 4.

pas ceux d'hommes réels, ou d'hommes qui soient réellement ce qu'ils paraissent être. L'art peut ainsi se plaire et il se plaît même surtout à éveiller les sentiments les plus douloureux, parce qu'il sait qu'il les guérit, les apaise, et transforme, par la magie qui lui est propre, les déchirements les plus tragiques de l'âme en une joie ineffable, et mêle aux larmes qu'il fait couler un rire divin[1].

La séparation de la forme et de la matière est ce qui opère ce prodige de l'art, et donne à ses œuvres cette vertu purificative. Il n'en est pas ainsi de nos émotions réelles, elles ont toujours quelque chose de trop profond pour qu'on en puisse jouer. Les joies de la vertu sont pures et n'ont pas besoin d'être purifiées; les remords du vice et du crime ne peuvent et ne doivent pas l'être. L'imitation, au contraire, nous plonge dans un monde autre en tant qu'autre, où nous sommes pour quelques instants affranchis de la réalité. L'art est un libérateur : il nous délivre non de la vie, qui est un bien, et le plus grand des biens, mais de ce je ne sais quel incurable ennui, quelle fatigue, quelle langueur secrète qui se mêle à la sensation de la vie[2] et corrompt la douceur même de nos voluptés les plus vives. Grâce à l'art, l'âme sent s'alléger le poids qui pèse sur ses ailes, et plane pour ainsi dire au-dessus de la terre[3]. Le monde qu'il nous ouvre est comme une halte délicieuse où elle se repose du grave ou pénible voyage, un moment d'arrêt où elle détend les ressorts de l'action positive, dont l'effort l'épuise, une trêve où elle se joue et pour ainsi dire s'oublie, mais d'où elle sortira plus vaillante pour les rudes combats de la vie[4].

Il ne faut pas croire que tout soit vain dans ces vains amusements : ils ne sont pas des fins absolues, et ne sont que des moyens pour des fins plus hautes : la vérité et la vertu, véritable fonction de l'homme. L'art est au fond un des moyens de l'éducation supérieure de l'esprit, une méthode par laquelle on peut arriver plus facilement, et plus agréablement à la connaissance des choses, à la science[5], but où tout homme

---

[1] *Hom.*, δακρύοεν γελάσασα.

[2] ἀεὶ γὰρ πονεῖ πᾶν ζῶον. Qui ne se rappelle le vers admirable de Lucrèce :
Surgit amari aliquid medio de fonte leporum.

[3] κουφίζεσθαι.

[4] πρὸς ἄνεσιν... παιδιᾶς ἕνεκα.

[5] πρὸς παιδείαν... φρόνησιν.

aspire, par cela seul qu'il est homme[1]. On comprend d'autant mieux le charme universel de l'art, si l'on réfléchit que ce qu'il apprend surtout à connaître, c'est l'homme, l'homme intérieur, dans son fond caché et secret, dans les replis les plus obscurs de son âme. Cette notion de l'homme que l'art présente à l'homme est sans doute idéale ; elle n'en est pas moins vraie, λόγος ἀληθής. Ce n'est pas seulement le spectateur, le lecteur et l'auditeur dont l'art fait l'éducation. L'artiste apprend en même temps qu'il enseigne ; car pour bien embrasser dans son tout et ses parties la forme idéale qu'il a conçue, il a besoin de l'exprimer, de l'objectiver. De là ce tourment qu'il éprouve de créer, tourment divin, qui est presque une folie, un délire, ou du moins une inspiration venant du ciel, une extase qui fait sortir l'homme de lui-même[2].

Le don de l'inspiration ne suffit pas ; il faut encore à l'artiste une faculté, que nous appellerions l'imagination ; car Aristote la définit, la puissance de mettre sous nos yeux et sous ceux des autres la chose que l'esprit a conçue[3]. Aristote la nomme le Génie, εὐφυΐα, et la caractérise par l'épithète d'εὔπλαστος, par laquelle il veut sans doute exprimer cette facilité de l'esprit à prendre la forme des choses, cette susceptibilité délicate, cette exquise sensibilité qui permet à notre âme d'être modifiée diversement et profondément.

Mais ni l'imagination ni l'inspiration ne suffisent encore, il faut que ces facultés soient contenues, éclairées, dominées par une raison supérieure, par une connaissance vraie des choses que l'on veut représenter. La raison est encore la pièce maîtresse de l'art, ἕξις ποιητικὴ μετὰ λόγου ἀληθοῦς. La pensée, qui gouverne le monde, gouverne aussi le monde de l'art[4].

Nous avons déjà dit que le jugement de goût suppose une certaine participation active de l'âme et de l'esprit ; c'est pour cela qu'il faut exercer les mains, les yeux, les oreilles,

---

[1] *Poet.*, 4. *Rhet.*, I, 2 ; III, 10.
[2] *Poet.*, 17. *Probl.*, XXX, 1. *Rhet.*, III, 7.
[3] *Poet.*, 17. *Rhet.*, III, 11.
[4] Néanmoins le hasard a son rôle dans l'art comme dans la nature, et, ainsi que le disait Agathon, l'art aime le hasard et le hasard aime l'art. *Phys.*, II, 5.

la voix des jeunes gens[1], car c'est dans cette activité créatrice qu'ils apprendront le mieux les choses, ποιοῦντες γιγνώσκουσιν. Mais pour goûter pleinement les œuvres d'art, il faut déjà être un honnête homme : les bassesses de l'âme dégradent le génie et corrompent jusqu'au goût. D'un autre côté l'art fortifie en nous et développe le sens moral[2] : il nous donne l'idée d'une humanité supérieure, et dans presque toutes ses créations met notre âme en présence des lois universelles qui régissent le monde moral, et lui fait concevoir une justice parfaite, un ordre de choses divin, quelque chose enfin qui est plus beau même que la beauté : ce qui achève de purifier les impressions les plus douloureuses qu'il nous cause. C'est ainsi que l'art purifie les passions qu'il éveille, et répand sur l'âme blessée un baume si doux qu'elle en vient à chérir sa blessure. Au fond, au-dessus de l'idéal esthétique plane et domine l'idéal moral, et il y a, répétons le avec Aristote, quelque chose de plus beau que le beau même, c'est le bien[3].

§ 4.

LA RAISON PRATIQUE. MORALE D'ARISTOTE.

De même que l'âme se divise en deux parties, l'une privée de raison, l'autre raisonnable, de même la raison se divise en deux parties, l'une spéculative et théorétique, qui a pour objet ceux des êtres qui ne peuvent jamais être autrement qu'ils sont ; l'autre, qui a pour objet au contraire les choses contingentes et changeantes : cette dernière est la partie de l'âme capable de calculer, de délibérer, de se déterminer ; car on ne délibère que sur des choses qui peuvent être ainsi et autrement[4].

Tandis que toute l'école Socratique confondait la vertu avec la science, Aristote, par cette distinction des deux formes

---

[1] *Polit.*, VIII, 6.
[2] *Polit.*, VIII, 5 et 7.
[3] *Ethic. Nic.*, VII, 2. αὕτη (ἡ διάνοια πρακτική) γὰρ καὶ τῆς ποιητικῆς ἄρχει.
[4] *Ethic. Nic.*, VI, 2, 4, 8. *De Part. anim.*, II, 640, a, 3. Aristote met ici de côté la raison esthétique ou poétique.

de la raison, fondait le premier la morale comme une science à part, en faisant remarquer que cette philosophie de la vie pratique ne pouvait pas prétendre à la certitude et à l'universalité véritables qui caractérisent la science même. Il y a donc dans l'âme une activité rationnelle qui se propose de réaliser dans une action une notion conçue par elle : c'est ce qu'Aristote appelle ἕξις, ou disposition prochaine à l'acte; cette ἕξις est un état de la raison en possession d'une notion vraie et se proposant pour but une action : elle est *pratique*, πρακτική, par rapport à ce qui est bien et mal pour l'homme, et obéit dans cette action à la raison[1]. Le traité *De l'Ame* appelle cette forme de la raison, la raison pratique, Νοῦς πρακτικός[2], et l'*Ethique* la désigne habituellement par le terme de φρόνησις, c'est-à-dire une vertu de la raison discursive par laquelle nous prenons des résolutions justes et sages à l'égard des biens et des maux, afin d'arriver au bonheur[3]. Distincte de la raison spéculative, comme nous l'avons déjà vu, elle diffère également de l'activité poétique qui se propose une fin différente d'elle-même, qui agit sur un être autre en tant qu'autre, tandis que la perfection de l'action pratique ou morale, εὐπραξία, est une fin tout interne et se dirige sur le même en tant que même[4].

Comme toutes les autres formes de la raison, la raison pratique suppose les facultés inférieures de l'âme comme condition de sa propre activité.

Toutes nos pensées enveloppent une sensation, puisqu'on ne peut rien penser sans image, et ces images sont comme les sensations de l'âme pensante[5]. Dans les êtres mêmes privés de raison, nous avons reconnu la présence active de la sensation, du désir, du plaisir, de la douleur. L'objet sensible paraît, par son acte, mettre en acte le sujet sentant, qui n'est qu'en puissance jusque-là. Ce passage de la puissance à l'acte n'est pour le sujet ni un mouvement réellement passif, ni un

---

[1] *Ethic. Nic.*, VI, 5.
[2] *De Anim.*, III, 10, νοῦς ὁ ἕνεκά του λογιζόμενος καὶ ὁ πρακτικός. *De Anim.*, I, 2. *Ethic. Nic.*, VI, 12, ὁ νοῦς .. ὁ μὲν κατὰ τὰς ἀποδείξεις... ὁ δ' ἐν πρακτικαῖς. *Polit.*, III, 4. *De Anim.*, I, 2, 5, ὁ κατὰ φρόνησιν λεγόμενος νοῦς.
[3] *Rhet.*, I, 9.
[4] *Ethic. Nic.*, VI, 5.
[5] *De Anim.*, III, 7.

mouvement d'altération véritable : c'est un mouvement d'un caractère tout à fait particulier, *sui generis ;* car le mouvement est l'acte de l'être imparfait, tandis que l'acte est la réalisation parfaite de l'être dans sa fin vraie. Ce mouvement est semblable en soi à un jugement affirmatif simple, par conséquent, à une pensée. Lorsque la sensation se borne à nous mettre en face d'un objet extérieur réel, il se révèle à nous nécessairement ou comme agréable ou comme douloureux. Le rapport dans lequel nous nous trouvons avec lui est pour ainsi dire celui de l'affirmation ou de la négation. L'âme le recherche ou le fuit ; l'impression externe semble une sorte d'interrogation, à laquelle l'âme répond oui ou non [1]. C'est ce qu'on appelle l'appétit. Ressentir du plaisir ou de la douleur, c'est l'acte de cette moyenne sensible, de cette conscience sensible, τῇ αἰσθητικῇ μεσότητι, dont nous avons déjà parlé, lors qu'elle a pour objets le bien et le mal en tant que tels, c'est-à-dire, quand elle ne perçoit pas les qualités sensibles des objets, couleurs, sons, etc., en tant que sons ou couleurs, mais quand elle perçoit le rapport de ces qualités au bien ou au mal du sujet sentant. C'est là la poursuite et l'aversion en acte. Le sujet qui éprouve l'attraction et le sujet qui éprouve la répulsion ne diffèrent pas l'un de l'autre, et ni l'un ni l'autre ne diffèrent du sujet sentant, si ce n'est dans l'essence, dans la notion, dans l'être idéal. Leur différence est d'ordre intelligible ; quant au substrat, il est le même.

La raison a en elle des images qui sont le fondement de ses pensées ; quand cette image est celle du bien, du bien pratique et moral, dont la possession ou la non-possession dépend de l'activité propre du sujet, qui a cette image, alors elle dit : oui ou non ; elle poursuit l'objet ou s'en éloigne [2]. Ainsi dans ces images qui déterminent l'âme au désir ou à l'aversion, ce n'est pas l'image même, mais la forme intelligible du bien, qui y est renfermée, comme toutes les formes intelligibles sont enfermées dans les formes sensibles, c'est cette forme intelligible du bien que saisit la raison ; et si un mouvement vient à suivre, ce mouvement ne vient pas de la sensation. L'objet à éviter ou à rechercher se détermine pour la raison dans les formes intelligibles, et appartient à une

---

[1] *De Anim.*, III, 7. *Ethic. Nic.*, VI, 2.
[2] *De Anim.*, III, 10.

sphère placée en dehors et au-dessus de la sensation [1]. Ainsi, par exemple, on voit un flambleau, et la sensation nous fait connaître que c'est un feu enflammé et qu'il se meut. Si on arrive à se dire qu'il y a là quelque danger, quelque chose qu'il faut éviter, ce n'est plus par la sensation, mais par le sens commun qu'on porte ce jugement. La raison voit dans l'âme les images ou plutôt les formes intelligibles du bien, enveloppées dans ces images. C'est avec elles qu'elle calcule, raisonne, délibère, et dispose l'avenir par rapport au présent. Quand elle se dit que la chose est agréable, elle la recherche ; quand elle se dit qu'elle est pénible, elle la fuit ; en un mot, elle va à l'action. Quand l'action ne suit pas, c'est que le jugement ne porte que sur le vrai et le faux, lesquels sont, il est vrai, placés dans le même genre que le bien et le mal, mais avec cette différence que le bien et le mal sont relatifs, et que le vrai et le faux sont absolus [2].

Le mouvement local, le désir et la volonté ayant entre eux des liens intimes, Aristote introduit sa théorie de la volonté par l'analyse du mouvement dans le lieu, et nous sommes par suite obligés d'y revenir avec lui.

On peut définir l'âme des animaux par deux fonctions : la fonction discriminative, le jugement, qui est l'œuvre commune de la sensation et de la raison, et la fonction de locomotion. Quel est dans l'âme le principe locomoteur ? est-ce une partie réellement distincte, localement séparée des autres facultés de l'âme ? ou n'en est-elle distincte que par notre manière de concevoir les choses ; et alors cette faculté est-elle une de celles que nous avons déjà reconnues, ou en est-ce une autre, spécialement affectée à cette fonction ? Enfin est-ce l'âme tout entière qui meut ? Cette difficulté particulière dépend de la question générale de savoir si l'âme a réellement des parties, et combien elle en a. En un certain sens on peut dire qu'elle en a une infinité, et que la division de l'âme en deux ou trois facultés est tout à fait insuffisante à rendre compte de la variété infinie des phénomènes psychologiques. Ainsi la vie de nutrition qui appartient à la plante comme à l'animal, la sensation qui est propre à ce dernier, l'imagination ne trouvent que difficilement une place dans la classification qui admet dans l'âme une partie raisonnable et une

---

[1] *De Anim.*, III, 7.
[2] *De Anim.*, III, 7.

partie sans raison, surtout si ces deux parties sont réellement séparées. Car comment séparer la sensation de la nutrition, puisque ces deux fonctions sont communes aux animaux ? Comment identifier l'imagination à l'une ou à l'autre de ces parties, et comment l'en séparer ? La difficulté est plus grande encore quand il s'agit de l'appétit qui, dans son essence, se distingue manifestement des autres parties de l'âme, sans en pouvoir être isolé ; car nous le retrouvons dans l'âme douée de raison sous la forme de la volonté, dans l'âme privée de raison sous la forme du désir et de la passion.

Lorsque Aristote cherche dans l'âme le principe du mouvement, il entend par ce mot, dit-il, non pas le mouvement d'accroissement ou de déperdition, non pas les mouvements de la respiration, non pas les mouvements du sommeil, dont le principe est l'âme nutritive, mais le mouvement de déplacement. L'âme nutritive n'en peut pas être le principe ; car ce mouvement poursuit toujours un but ; il est toujours lié avec les représentations de l'imagination, ou avec l'appétit. Nul être ne se meut s'il n'éprouve ou la crainte ou le désir. D'ailleurs si le principe du mouvement était l'âme nutritive, les plantes en seraient douées, et la nature leur aurait donné des organes appropriés à une fonction qui ferait partie de leur essence. C'est ainsi qu'elle a donné des mains à l'homme, parce qu'il est le plus intelligent des animaux et parce que cet organe lui était nécessaire pour accomplir sa fonction.

Ce n'est pas non plus l'âme sensitive qui est le principe de la locomotion, puisque beaucoup d'animaux doués de sensation par essence sont privés de cette espèce de mouvement. Or la nature, qui ne fait jamais rien en vain, n'oublie jamais de fournir aux êtres ce qui est nécessaire à l'accomplissement de leur fin.

Enfin, ce n'est pas non plus la raison, le Νοῦς, qui n'a pas pour objet les choses pratiques, qui ne nous dit rien sur la question des choses à rechercher ou à éviter : ce qui est le principe de tout mouvement. La raison théorétique n'a pas de force impérative ou prohibitive. Il est vrai qu'il y a une raison qui a cette puissance de commander, qui délibère sur les choses à faire ou à ne pas faire, qui nous dit de rechercher ceci ou de fuir cela ; mais il arrive souvent que malgré ses ordres le mouvement commandé n'a pas lieu, et que l'action faite est faite par la prédominance du désir sensible sur les ordres de la raison. Ainsi, dans les arts, dans l'art de la médecine, par exemple, la science ne se confond pas avec le savoir-faire, avec l'habileté pratique; celui qui sait la médecine ne guérit pas pour cela toujours, comme s'il y avait quelque chose encore, autre que la science, d'où dépende la science pratique. Mais, d'un autre côté, ce n'est pas non plus l'appétit sensible qui est le maître absolu de commander et d'imprimer le mouvement, puisque si l'intempérant peut résister à la raison qui commande la modération, le tempérant peut résister, en retour, à la violence des appétits qui le sollicitent, et agir conformément aux règles impératives de la raison. Ainsi donc deux principes paraissent provoquer le mouvement : la raison et l'appétit, si l'on compte la sensation en tant que faculté de connaissance, et, l'imagination, comme des formes de la raison[1], ou comme des espèces inférieures de la raison ; car l'imagination provoque aussi l'action. En beaucoup de circonstances, les hommes négligent les indications de la sagesse pour suivre les représentations de leur imagination, et les animaux qui n'ont pas la raison ne sont conduits dans leurs actes et leurs mouvements que par l'imagination qui en tient la place[2]. D'un autre côté, la volonté, βούλησις, le désir sensible, ἐπιθυμία, la passion, θυμός, sont des formes de l'appétit. On peut donc dire qu'il n'y a que deux principes moteurs. La résolution ou le choix, προαίρεσις, est l'œuvre commune de la raison et de l'appétit. Lorsque nous parlons de la raison comme d'un principe moteur, il s'agit, non de la raison spéculative, mais de la raison qui poursuit un but à l'aide du raisonnement, de la raison pratique, et il faut encore observer que ni la raison pratique, ni l'imagination ne meuvent sans le concours de l'appétit. L'appétit a toujours une fin ; quand on désire, on désire nécessairement quelque chose ; ce qu'on désire devient le principe de la raison pratique : ce qui revient à dire que là où l'appétit finit est le commencement de l'action[3]. On pourrait donc dire qu'il n'y a en réalité qu'*un* principe moteur : le sujet capable d'appétit. C'est en tant qu'il est susceptible d'éprouver un désir que l'animal est capable de se

---

[1] *De Mot. anim.*, 6.

[2] *De Anim.*, III, 12.

[3] *De Anim.*, III, 10. τὸ δ' ἔσχατον ἀρχὴ τῆς πράξεως.

mouvoir, et la chose désirée est l'unique principe du mouvement.

D'un autre côté, il n'y a pas de principe capable de désirer qui ne soit accompagné d'imagination, soit de l'imagination sensible, soit de l'imagination réfléchie et raisonnée : quels qu'en soient la forme et le degré, l'imagination se représente et nous représente un des biens désirés par l'appétit, et la raison nous en donne une notion intelligible.[1]

Tout mouvement suppose trois choses : le moteur, ce par quoi il meut, l'objet mû. Le moteur est double : ou immobile, et c'est le bien pratique ; ou mobile, et c'est la partie appétitive de l'âme, qui est à la fois motrice et mue. En effet, ce qui désire est mû par le désirable et meut à son tour l'animal. L'objet mû est l'être vivant, l'animal. Ce par quoi il est mû est l'appareil physique, le mécanisme organique locomoteur[2].

Le bien n'est capable de produire le mouvement qu'en tant qu'il est le but d'un être, en tant qu'il est la fin de ces sortes d'êtres qui ne sont pas fins d'eux-mêmes et ont une autre fin qu'eux-mêmes. Ce bien est le bien pratique, où l'on n'arrive que par le mouvement[3]. Il n'est pas nécessaire que ce bien soit réel pour être capable de mouvoir : sous ce rapport, le bien apparent ou faux tient la place du réel ; mais il est nécessaire que ce soit un bien pratique, c'est-à-dire une chose qui puisse être ou n'être pas. La représentation de ce bien met en mouvement l'appétit, qui meut l'être vivant par le moyen des organes locomoteurs. Lorsque la raison est d'accord avec le désir, le phénomène psychologique par lequel le désir se réalise est une sorte de raisonnement, de syllogisme ; car tout acte est particulier, et tout cas particulier est compris dans une loi générale[4]. Dans le raisonnement qui aboutit à l'action, il y a d'une part la proposition générale, de l'autre une seconde proposition qui a pour objet une chose individuelle et sensible. Lorsqu'une proposition unique est formée des deux notions, l'une générale, l'autre individuelle, il arrive nécessairement que l'âme affirme cette conclusion, ou quand le cas est pratique, qu'elle agisse conformément à cette conclusion. Si, par exemple, on se dit : il faut goûter à toute chose douce ; or cette

---

[1] *De Mot. anim.*, 6.
[2] *De Anim.*, III, 10.
[3] *De Mot. anim.*, 6.
[4] *De Anim.*, III, 2.

chose est douce : nécessairement celui qui dit cela passe immédiatement à l'action, s'il en a la puissance et s'il n'en est pas empêché[1].

Les syllogismes renferment le principe des choses pratiques, des actes à accomplir, parce que, dans l'action, nous partons toujours de cette prémisse : *ceci est la fin que nous devons nous proposer; c'est ce qu'il y a de mieux à faire*[2]. Dans la démonstration, l'entendement considère des termes immuables et premiers; mais dans les pensées pratiques, l'esprit considère le terme dernier, une chose contingente qui appartient à la mineure[3]; car ces pensées pratiques sont les principes du but, puisque l'universel se tire des faits individuels. Or ces faits ne peuvent être saisis que par la sensation ; mais la sensation d'un fait particulier, enveloppant le général, est la raison même[4]. Mais la raison pratique portant toujours sur le bien, sur ce qu'il y a de mieux à faire, en un mot sur la chose la plus désirable, c'est toujours ce qu'on appelle l'appétit qui est le principe moteur ; car le désirable n'est évidemment désirable qu'au désir.

Maintenant il arrive que des désirs sont opposés à d'autres désirs, fait qui se produit lorsque la raison, sous la forme de la volonté, et le désir sensible sont opposés l'un à l'autre : opposition qui ne se manifeste que dans les animaux qui ont la sensation du temps. Alors, en effet, seulement il y a opposition possible, parce qu'il y a une raison qui calcule et se demande ce qui résultera de l'action conseillée par le désir. Le désir vole à la jouissance du moment présent ; car le plaisir présent paraît le vrai et réel plaisir, le bien même, aux yeux du moins de la passion qui ne voit pas le lendemain. La réponse à la question de savoir si on fera cela ou si on ne le fera pas est évidemment l'œuvre d'un raisonnement, la conclusion d'un syllogisme. Il faut mesurer la chose à faire, et la chose ne peut être pesée, calculée, mesurée, que si on possède une unité de mesure. L'appétit poursuit toujours le bien le plus grand : il faut donc que l'être qui désire et délibère ait la notion du bien pour pouvoir y comparer la chose particulière proposée à l'activité, et en mesurer le rapport de grandeur avec cette

---

[1] *Ethic. Nic.*, VII, 5. *De Mot. anim.*, 7.
[2] *Ethic. Nic.*, VI, 11.
[3] *De Mot. anim.*, 7.
[4] *Ethic. Nic.*, VI, 12. Trendel., *Hist. Beitr.*, II, 364.

notion prise pour unité de mesure. L'imagination raisonnée, τὴν ἐκ συλλογισμοῦ, a en soi cette unité de mesure, et c'est pourquoi elle peut de plusieurs images n'en faire qu'une seule. Mais l'appétit n'a pas par lui-même cette faculté de délibération, puisqu'il agit dans des êtres dépourvus de toute faculté de raisonnement.

Dans les êtres qui possèdent la raison, tantôt c'est l'appétit qui l'emporte et meut la volonté, tantôt la volonté, qui est la raison doublée ou plutôt pénétrée par l'appétit, est la plus forte; tantôt enfin un appétit l'emporte sur un autre appétit et l'entraîne dans son mouvement, comme dans le système céleste la sphère supérieure plus puissante entraîne la sphère inférieure. La raison est la sphère supérieure de l'âme; unie au désir, elle peut imprimer le mouvement aux sphères inférieures, sans participer au mouvement dont elle est la cause. Nous avons vu que l'acte de la raison pratique comprend deux moments; l'un est la proposition générale qui dit: il faut que telle espèce d'êtres fasse telle espèce de choses; l'autre est le jugement singulier qui dit: cette chose-ci appartient à telle espèce de choses, et moi j'appartiens à telle espèce d'êtres. Quelle est de ces deux propositions de la raison pratique celle qui donne le mouvement et commence l'action? C'est la proposition particulière, ou si l'on veut soutenir que toutes les deux y concourent, ce sera sous la réserve que la raison, en prononçant l'une, reste à peu près immobile, et, en prononçant l'autre, participe au mouvement qu'elle imprime[1].

Quand la mineure est parfaitement claire, ce qui arrive le plus souvent, le syllogisme de l'action prend une forme plus simple. Au lieu de dire: tout homme peut marcher; je suis homme; puis de passer à l'action de marcher, qui est la conclusion du raisonnement pratique; au lieu de dire: nul homme ne peut voler[2]; je suis homme; puis de repousser l'action, ce qui est la conclusion; on peut se borner à se dire: il est bon et possible à l'homme de marcher, sans s'arrêter à remarquer cette vérité évidente, que l'on est homme, et alors on marche, c'est-à-dire on conclut pratiquement. Voilà comment s'explique la rapidité avec laquelle nous passons à l'action, sans raisonnement complet préalable: la sensation s'élance, l'ima-

---

[1] *De Anim.*, III, 10.
[2] *De Mot. anim.*, 7. Je change un peu l'exemple pour plus de clarté.

gination ou la raison nous entraîne, et sur le champ l'être satisfait son désir. Le désir dit : je veux boire, et aussitôt on boit ; car le désir est enveloppé dans l'acte de la sensation, de l'imagination et de la raison pratique [1].

La raison est pratique lorsqu'elle se propose un bien à accomplir, lorsqu'elle agit, en vertu de ce but, sur l'appétit pour en déterminer la direction. La volonté est essentiellement un appétit, l'appétit du bien, accompagné d'un raisonnement [2]. La volonté ne se distingue de l'appétit que parce qu'elle implique l'exercice de la raison, et se fonde sur l'opinion qu'on se fait du bien, opinion dont on peut se rendre compte, tandis que l'appétit en soi agit et meut sans motif raisonné, ἄλογος. Le désir du plaisir et la passion sont les deux formes de l'appétit, et ni l'un ni l'autre ne raisonnent [3]. Personne ne veut autre chose que ce que sa raison juge être bon et honnête. Si l'intempérant est intempérant, c'est qu'il ne fait pas ce qu'il sait qu'on doit faire : il agit alors contre sa volonté ; car faire une chose volontairement, c'est savoir contre qui, avec quoi, comment on agit. Or l'intempérant agit contre lui-même ; mais il ne le sait pas, et par conséquent il ne le veut pas [4].

Ici se présente une difficulté : si l'on dit que le bien seul est l'objet de la volonté, on risque de tomber dans une contradiction, à savoir, que ce que veut un homme, dont la détermination est mauvaise, n'est pas réellement voulu de lui, puisqu'on soutient que l'objet de la volonté est nécessairement un bien ; si au contraire on accorde que la volonté poursuit non seulement le bien, mais l'apparence du bien qui n'est pas un bien, il s'ensuit que l'objet de notre volonté n'est pas ce qu'il paraît être, que nous cédons, en agissant, à une opinion variable et changeante suivant les circonstances et les personnes.

Voici comment on peut résoudre l'objection : le bien est en vérité, et en parlant absolument, l'objet de la volonté de l'homme ; mais pour chaque homme en particulier le bien est ce qui lui apparaît comme tel. Ainsi pour l'honnête homme ce sera le bien véritable ; pour le méchant, ce sera le bien appa-

---

[1] *De Mot. anim.*, 7.
[2] *De Anim.*, III, 10.
[3] *Rhet.*, I, 10.
[4] *Ethic. Nic.*, V, 11.

rent[1]. Mais l'homme n'en est pas moins doué d'une libre volonté ; car s'il ne dépend plus de nous, une fois que nous sommes devenus méchants, de résister à notre caractère et de faire des actions vertueuses, il dépend toujours de nous de former et de réformer notre caractère et de devenir vertueux. Nous sommes donc les auteurs de nos actions et nous en avons la responsabilité. S'il est beau à nous de faire une bonne action, il est honteux à nous de ne pas la faire. Nous sommes toujours libres d'agir et de ne pas agir. Il n'y a aucune autre cause que nous-mêmes à qui nous puissions imputer nos actions morales : elles sont volontaires[2].

L'homme est le seul principe de ses actes, le père de ses actions comme de ses enfants[3]. Il est faux qu'on soit méchant malgré soi : la législation de toutes les nations, qui punit et récompense, l'opinion des hommes, qui honore et flétrit les actes individuels, reposent sur ce principe que l'homme en est l'auteur libre et responsable. Mais il faut remarquer que cette liberté même, nous pouvons presque la détruire. Par la répétition fréquente de certaines actions librement faites, nous pouvons nous donner certaines habitudes morales, certaines dispositions constantes en vertu desquelles nous ne sommes plus complètement libres, et qui nous rendent du moins bien difficile de faire ou de ne pas faire tel ou tel acte particulier[4]. C'est nous-mêmes qui créons en nous ce sens moral, cette direction constante d'esprit, cette ἕξις, cette imagination par laquelle nous arrivons à nous faire une représentation, une opinion vraie sur le bien, ou au contraire à n'en pouvoir saisir que l'apparence.

Si l'on dit que tout le monde désire le bien tel qu'il lui apparaît, que nous ne sommes pas les maîtres de notre imagination et des représentations qu'elle nous fournit, il faut le nier nettement, et dire au contraire, en faisant appel à notre propre expérience intime : chacun est, dans une certaine mesure, l'auteur de son caractère moral ; chacun est, dans une certaine mesure, le maître et l'auteur de son imagination[5].

Le principe de contradiction qui, entre l'affirmation d'une

[1] *Ethic. Nic.*, III, 6.
[2] *Ethic. Nic.*, III, 8.
[3] *Ethic. Nic.*, III, 5 et 7.
[4] *Ethic. Nic.*, V, 18.
[5] *Ethic. Nic.*, III, 7.

chose et sa négation, exclut la possibilité d'une troisième proposition doit souffrir dans les propositions pratiques une exception remarquable. Lorsque des propositions disjonctives ont rapport à un avenir qui dépend du hasard ou de notre volonté, il n'est pas vrai que, si l'une des deux alternatives est fausse, l'autre est nécessairement vraie, car cela supprimerait la possibilité qu'il en fût autrement, et par conséquent la liberté morale de l'agent. Ce qui est vrai et absolument vrai, ce n'est ni l'une ni l'autre des alternatives, c'est que la chose arrivera ou n'arrivera pas [1].

Le libre arbitre qu'on peut accorder, si l'on ne presse pas trop le sens du terme, aux enfants et même aux animaux, diffère de la détermination. Sans doute, la détermination est volontaire ; mais les deux termes ne sont pas identiques et convertibles ; l'un est beaucoup plus étendu que l'autre, qui ne peut s'appliquer à l'enfant et encore moins à l'animal.

Parmi nos actes il y en a de soudains, de subits, qu'on peut appeler volontaires et qu'on ne saurait dire résolus et choisis, faits sciemment et délibérément [2]. Toute résolution morale est volontaire, mais tout acte volontaire n'est pas délibéré et résolu. Le caractère propre de la résolution morale est d'être délibérée. L'objet de la délibération est le même que celui du choix définitif, sauf que la chose résolue est parfaitement déterminée, tandis que la délibération suppose que l'on cherche encore ; car ce qu'on appelle chose résolue, c'est ce qui a été, après délibération, choisi et préféré.

Le volontaire, τὸ ἑκούσιον, tout en différant de la chose délibérée et réfléchie, a néanmoins son siège dans la raison [3]. Ce qu'on fait involontairement, c'est ce qu'on fait sans le savoir et parce qu'on ne le sait pas [4]. L'involontaire est de trois sortes : 1° Ce qu'on fait par une nécessité de nature ; 2° Ce

---

[1] *De Interpr.*, 9. *De Gen. et corr.*, II, 11. Zeller (*Die phil. d. Griech.*, t. III, p. 157) remarque avec raison que nous aurions dit au contraire que l'une des deux alternatives seule est vraie, quoique nous ne sachions pas laquelle. Aristote est peut-être plus profond ; ce qui est vrai ne peut pas envelopper quelque chose que nous ignorions ni quelque chose qui puisse ne pas être. Il faut que la proposition vraie ne contienne aucun élément contingent ou inconnu. C'est à quoi Aristote arrive par la formule : il est absolument vrai que telle chose aura lieu ou n'aura pas lieu.

[2] *Ethic. Nic.*, III, 4.

[3] *Ethic. Eud.*, p. 1224, a, 6.

[4] *Ethic. Eud.*, p. 1225, b, 15. *Magn. mor.*, I, 16.

qu'on fait par contrainte, en cédant à une violence extérieure faite à notre volonté ; 3° Enfin l'acte qui n'est pas accompagné d'un acte de la raison [1]. L'objet sur lequel porte la délibération, principe de nos actions, n'est pas le but [2]. Car la fin nécessaire que se propose tout être dans son action, où se portent toute volonté et tout désir, est nécessairement le bien. Il n'y a pas là matière à choix et à délibération. La délibération et le choix se portent uniquement sur les moyens de réaliser le but. Ces moyens sont donc à notre disposition ; car on ne délibère que sur les choses qu'on peut faire ou ne pas faire. Comme ces choses dépendent toujours de nous, on peut définir la résolution : le désir réfléchi et délibéré de choses qui dépendent de nous. C'est par le bon ou mauvais choix habituel de ces moyens que notre caractère moral se constitue et se manifeste [3].

On peut encore appeler la résolution morale : la raison appétitive ou l'appétit raisonné ; car elle ne peut se produire sans la raison ni sans une habitude morale. Or ce principe, à savoir le goût inné du bien, doublé de l'intelligence, ou l'intelligence doublée de ce goût, c'est l'homme même [4]. Au fond l'homme est une âme, une raison qui connaît, aime et veut le bien, et il est impossible de concevoir quelque chose de plus grand, de plus puissant, de plus parfait que cette âme capable du bien [5]. C'est cette aptitude au bien qui fait à la fois l'essence et la dignité de l'homme. L'homme apparaît aussitôt que se manifeste la volonté et le pouvoir de délibérer entre deux partis et de se décider pour l'un d'eux. C'est là la marque distinctive qui l'élève au-dessus des animaux et l'en sépare [6].

L'objet nécessaire de la volonté humaine est le bien ; mais le bien d'un être n'est pas, comme se le représentait Platon, une idée universelle et abstraite, le bien en soi formant une catégorie supérieure aux catégories diverses de l'être et à laquelle elles participeraient toutes. La fin d'une chose est

---

[1] Il est impossible de nier que cette théorie de la volonté et du libre arbitre renferme presque des contradictions ou du moins des incohérences.

[2] *Ethic. Nic.*, VI, 2.

[3] *Ethic. Nic.*, III, 5; 4.

[4] *Ethic. Nic.*, VI, 2.

[5] *De Anim.*, I, 5.

[6] *De Part. anim.*, IV, 10.

renfermée dans les limites du genre auquel elle appartient ; c'est la fin du mouvement où s'achève la perfection de son essence : il y a donc autant de genres du bien qu'il y a de genres de l'être. Or l'homme est un corps qui a une âme ; l'âme est l'entéléchie du corps ; l'action est la fin de l'âme ; par conséquent le bien le plus universel de l'homme, renfermé dans les limites du genre humain, est l'activité naturelle de l'âme[1]. Cette activité n'est véritable que lorsqu'elle est libre, affranchie des lois fatales de la matière et de l'oppression des choses du dehors, des impulsions aveugles de la vie végétative et sensible. Si tout acte est accompagné d'un plaisir propre qui le complète et le stimule, le plaisir le plus vrai sera celui qui accompagne l'action véritable, l'action libre de l'âme. C'est le plaisir qui constitue le bonheur.

L'action se distingue du produit : elle est tout entière dans l'agent, dans son choix raisonné, dans sa résolution libre et conforme à la fin propre et vraie que la raison lui indique comme telle. Ceci veut dire que cette fin doit être voulue en tant que fin, et non comme moyen. Pour atteindre le vrai bonheur, il faut encore que cette conformité de l'action à la fin vraie et propre soit devenue une habitude, une disposition constante. La vie humaine ne se compose pas d'un seul jour, et la première hirondelle ne fait pas le printemps. Le vrai bien de l'homme, c'est l'activité continue, soutenue, de l'âme raisonnable dans une vie parfaite, et cette habitude de bien agir qui fait le bonheur, c'est aussi la vertu.

Mais la raison commande ; elle ne meut pas ; elle montre le bien ; le bien est beau, et l'attrait de cette beauté meut le désir, qui à son tour meut l'homme. Il meut l'homme vers le bien, réel ou apparent ; mais c'est la raison qui distingue les apparences de la réalité ; c'est donc la raison qui, indirectement il est vrai, conduit l'homme à son vrai bien et au bonheur. La vertu, sur laquelle le bonheur repose, consiste dans l'accord de la bonne volonté avec la science. Elle est une action et appartient par conséquent non à la raison théorétique, mais à la partie de l'âme où siègent les plaisirs et les peines, les désirs et les passions, les seuls principes moteurs. La droite raison n'est pas la vertu ; mais l'action ne reçoit que de la raison sa vérité et sa beauté. Aux impulsions aveugles de la nature, à la direction inconsciente et presque mécanique

---

[1] *Ethic. Nic.*, I, 6. *Ethic. Eud.*, I, 7 et 8. Rav., t. I, p. 411.

de l'éducation et de la tradition, la raison substitue une vie supérieure et parfaite, où les penchants naturels, soumis à l'intelligence, réglés et contenus par elle, deviennent des vertus. Par la raison, et par la raison seule, l'homme est un être moral[1].

La science qu'on appelle *Éthique* a pour objet les biens pratiques qu'il est en notre pouvoir de réaliser ; mais elle n'a pas pour but unique de les connaître : elle a aussi et surtout pour but de les acquérir. Il ne s'agit pas seulement de savoir ce que c'est que la vertu : le plus beau est de devenir vertueux[2]. La morale est une vie plus encore qu'une science, ou du moins la science n'en est pas l'élément le plus précieux. En tant que science, comme l'objet de la morale appartient à la sphère de la contingence, des actions soumises au mobile caprice de l'individu, elle ne peut prétendre à la rigueur démonstrative ni à la certitude des sciences théorétiques qui ont pour objet l'immuable et le nécessaire, les lois inflexibles qui dominent et gouvernent le changement[3]. Le but de la science pratique est l'action, dont la matière est le particulier. La science a pour but l'universel : l'*Éthique* ne peut pas ainsi prétendre à être une vraie science[4]. C'est le sens qui décide[5], non pas la sensation externe, mais cet acte de l'esprit qui saisit les conceptions morales concrètes, comme les perceptions mathématiques. Cette sensation est la φρόνησις, ou raison pratique ; c'est, au point de vue moral, l'œil de l'âme, comme l'appelle Aristote[6].

Il ne faut pas demander à toutes les sciences la même rigueur et la même exactitude ; mais en chacune il faut exiger la rigueur appropriée à son sujet et dans la mesure que comporte la science elle-même[7]. On ne peut pas toujours et partout trouver la cause, et on ne doit pas toujours la chercher. Dans certains cas, il faut se borner à montrer dans son vrai jour le fait même, comme lorsqu'il s'agit des principes, dont les uns sont saisis immédiatement par la raison, les autres

---

[1] Rav., t. I, p. 441-464.
[2] *Ethic. Eud.*, I, 1, 5. *Magn. mor.*, I, 1.
[3] *Ethic. Eud.*, p. 1222, b, 41. *Magn. mor.*, I, 11.
[4] *Ethic. Nic.*, VII, 5 ; VIII, 9.
[5] *Ethic. Nic.*, II, 9.
[6] *Ethic. Nic.*, VI, 8.
[7] *Ethic. Nic.*, I, 6.

sont obtenus par l'induction, ceux-ci sont donnés par la sensation, ceux-là acquis par une sorte d'habitude[1]. Le principe général admis dans la morale, c'est qu'il faut agir suivant la droite raison. Dire qu'elle consiste à tenir le milieu entre les deux excès contraires où nous emportent le plaisir et la douleur, c'est ne rien dire de clair; car ce milieu est vaste et vague, et y saisir le point juste et précis où la droite raison se trouve, est affaire de sentiment et de science[2]. Cependant il faut se rappeler que toute théorie qui roule sur les actions pratiques ne peut jamais être qu'une esquisse assez vague; on ne peut attendre de rigueur dans les raisonnements qu'autant qu'en comporte la matière où ils s'appliquent. Or les actions humaines, les choses utiles et avantageuses à la vie, ne peuvent recevoir aucune prescription fixe, pas plus que les conditions de la santé, et si l'étude générale de l'action morale présente ce caractère, à plus forte raison le rencontrerons-nous dans l'étude des actions particulières. Lorsqu'on agit, on se guide nécessairement d'après les circonstances dans lesquelles on est présentement placé. Les faits ici sont dans la conscience personnelle, dans le sentiment individuel, dans la conscience d'une personne morale qui a vécu et agi moralement. Les principes de la vie vertueuse ne peuvent donc être trouvés que dans et par une âme vertueuse qui les possède ou est en train de les acquérir[3].

De ces faits, que l'âme vertueuse trouve par l'observation d'elle-même, on peut, il est vrai, à l'aide de l'induction et de la déduction, remonter aux principes généraux de la science des mœurs, et conclure à des règles universelles et certaines; mais pourquoi? Parce qu'on suppose que ce qui se trouve dans la conscience d'un homme de bien se trouve, au moins en puissance, également dans la conscience de tous les hommes, tous également faits et aptes à la vérité et à la vertu. On peut donc, pour fonder cette théorie, prendre en considération non seulement l'expérience et l'observation personnelles de sa propre conscience, en la supposant d'ailleurs assez pure pour qu'elle puisse apercevoir la pureté, mais en outre observer les opinions qui ont généralement cours sur le terrain de la morale, parce que là, comme partout, la vérité

---

[1] *Anal. Post.*, II, 9.
[2] *Ethic. Nic.*, VI, 1; II, 9.
[3] *Ethic. Nic.*, I, 2.

est toujours d'accord avec les choses, et que l'erreur contient nécessairement une contradiction interne qui, à la longue, la révèle et la réfute[1].

Entrer dans l'exposition détaillée de ces principes spéciaux, de ces lois particulières de la vie humaine, serait sortir du domaine de la psychologie, même de la psychologie morale : je me reprocherais cependant de ne pas caractériser par quelques traits cette pure et noble morale qui n'en est pas moins sublime pour être sensée, humaine et pratique.

Le plaisir n'est pas le but de la vie ; mais il est le caractère sensible qui marque le vrai bien, et comme le vrai bien est le bien en soi, il faut que le plaisir éprouvé ne vienne que du bien. Trouver son plaisir dans le bien et le plaisir d'un autre, de tous, c'est la vertu et le bonheur : car c'est ce qu'on appelle aimer, et il est plus doux d'aimer que d'être aimé, comme il est plus doux de donner que de recevoir. L'amour suppose l'égalité[2], et la perfection de l'amour, c'est de confondre pour ainsi dire en une seule des personnalités distinctes. L'ami est un autre soi-même[3]. Poussée à ce degré, l'amitié est si rare qu'on peut dire que celui qui a beaucoup d'amis n'a pas d'ami. A un degré inférieur, l'amour naturel de l'homme pour l'homme[4] est le fondement de la société domestique comme de la société politique. La chose est évidente en ce qui concerne la famille ; elle l'est moins en ce qui concerne l'Etat, puisque Platon s'y est trompé. Platon croit que l'Etat ne s'est formé qu'en vue des besoins et des nécessités positives de la vie. C'est une grave erreur : le principe de la société politique n'est pas le besoin, mais le beau moral, le bien. L'homme est par nature un être sociable et fait pour la vie politique[5]. C'est pour cela que l'Etat est antérieur à la famille, comme le tout est antérieur à ses parties.

La justice est le fondement de tout état social, et comme la justice n'est qu'une autre face de l'amour, elle est plus belle à contempler que l'astre radieux du matin et la douce étoile du soir.

---

[1] *Ethic. Nic.*, I, 8. *Anal. Prior.*, I, 32.
[2] *Ethic. Nic.*, VIII, 7 et 8. *Polit.*, III, 11.
[3] *Ethic. Nic.*, IX, 9.
[4] *Ethic. Nic.*, VIII, 1. οἰκεῖον ἅπας ἄνθρωπος ἀνθρώπῳ καὶ φίλον.
[5] *Polit.*, IV, 4 ; I, 1.

CHAPITRE NEUVIÈME.

ÉTUDE CRITIQUE SUR LA PSYCHOLOGIE D'ARISTOTE.

Aristote, qui a fondé la logique, la métaphysique et même l'esthétique, est également le créateur de la psychologie, comme science. Il n'est sans doute pas le premier des philosophes qui ait essayé de formuler quelques vues sur la nature et sur les phénomènes de l'âme ; mais il est incontestablement le premier qui ait donné une forme systématique, c'est-à-dire la forme de la science, à ses conceptions et à ses observations sur ce sujet, et tenté d'expliquer par l'idée même de l'âme l'ensemble de tous les phénomènes qu'elle produit ou qui se produisent en elle. Avec quel succès il a exécuté cette vaste et délicate entreprise[1], c'est ce que je voudrais exposer dans les pages suivantes, avec quelque détail.

Examinons d'abord la question de la méthode, question capitale dans la constitution d'une doctrine qui prétend être scientifique, c'est-à-dire qui prétend fonder la forme comme le contenu de la recherche sur des principes rationnels.

On ne voit pas l'âme, dit Aristote; on ne saurait la toucher : il est peut-être plus facile de savoir ce que c'est que le feu que de savoir ce que c'est que notre âme. Cependant elle ne se dérobe pas à notre prise, et nous avons des moyens de la saisir. L'âme, en effet, peut s'interroger elle-même et s'examiner, et, puisque toute connaissance est une assimilation du sujet et de l'objet, où cette assimilation pourra-t-elle plus

---

[1] Hegel, *Philos. de l'esprit*, t. I, p. 6 : « Dans cet ordre de recherches, ce sont les livres d'Aristote sur l'âme, ainsi que sur ses états et ses facultés, qui ont la plus grande importance, ou, pour mieux dire, ce sont les seuls qui aient une valeur spéculative. » Renouvier, *Essais de psychol.*, t. I, p. 48. « On doit avouer que la théorie d'Aristote est un modèle... Sa psychologie est une physiologie générale, établie sur des principes rationnels. »

être complète, que dans la connaissance psychologique ? On ne peut assurément rien concevoir de plus proche, de plus intime, de plus semblable à l'âme, que l'âme même devenue l'objet de sa propre pensée.

L'observation de conscience, pour employer le terme aujourd'hui usité, est donc le premier des moyens de connaître l'âme, qui se présente à la recherche : mais ce n'est pas le seul, et il faut l'avouer, ce n'est pas celui qu'Aristote considère comme le plus efficace et le plus sûr. S'il ne va pas jusqu'à dire que « la contemplation de l'esprit par lui-même est une pure illusion[1] », cette méthode d'observation personnelle et directe lui paraît praticable sans doute, mais pleine de difficultés et d'incertitudes. Le procédé qu'il recommande surtout, c'est l'observation des autres ; car, dit-il, nous observons les autres mieux que nous ne nous observons nous-même[2], et, à leur tour, les autres nous observent mieux qu'ils ne s'observent eux-mêmes. Il faut donc recueillir avec soin les observations qu'ont faites les hommes les uns sur les autres, à la condition, bien entendu, de les vérifier et de les contrôler soi-même, c'est-à-dire de les refaire. Car on ne sait jamais que ce qu'on fait : ποιοῦντες γὰρ γιγνώσκουσιν ; l'acte de la connaissance est un acte de création mentale de son objet[3]. Si l'on objecte que puisque nous sommes tenus de refaire les observations d'autrui, il est assez inutile de se donner la peine de les rechercher, c'est une erreur. Chaque individu, abandonné à lui-même, renfermé dans le cercle toujours étroit de ses idées, de ses mœurs, de sa vie personnelle, n'éprouve directement et ne peut observer immédiatement en lui-même qu'un nombre assez restreint de phénomènes psychologiques ; pour connaître l'âme tout entière, tout ce qu'elle est, tout ce qu'elle peut souffrir et faire, πάθη τε καὶ ἔργα, il faut absolument consulter l'expérience universelle.

---

[1] Aug. Comte, *Cours de phil. posit.*, 1re leçon.

[2] Kant ne voit également dans l'observation de conscience qu'un procédé peu scientifique, dont le résultat peut aisément aboutir aux hallucinations et à la folie : elle ne fournit guère que la matière d'un journal autobiographique, et est d'ailleurs plus difficile peut-être que celle d'autrui. Néanmoins il ajoute en se corrigeant et presque en se contredisant : « La connaissance de l'homme au moyen de l'expérience interne a une grande importance, parce qu'en se jugeant lui-même il juge *en même temps* les autres hommes. »

[3] « Geometrica demonstramus quia facimus. » Vico.

L'histoire de la Psychologie est donc un document essentiel dans la constitution de la science de l'âme, et il faut même y ajouter cette masse énorme d'observations psychologiques déposées dans la poésie, les œuvres littéraires, les langues, les religions, les arts, qui nous renseignent sur les mœurs, les passions, les sentiments, les idées des hommes, en un mot sur les faces multiples de la vie.

Il y a plus : l'âme est un être de la nature, en ce sens du moins qu'elle est soumise à la condition du changement, à la loi du développement, à laquelle aucun être de la nature ne se peut dérober. Par conséquent l'âme a son histoire, comme tout ce qui change et qui passe, et sur cette histoire, l'expérience personnelle ne nous apprend rien ou peu de chose.

Enfin il est tout un ordre de faits, qui, sans être proprement psychiques, sont si intimement mêlés aux faits de cet ordre que la science de l'âme ne les saurait négliger sans risquer d'être inexacte ou incomplète. Ce sont les faits physiologiques, profondément mêlés aux phénomènes de la sensation, et même aux actes de la pensée, puisque, suivant Aristote, l'âme est le principe unique de la vie et de la pensée.

C'est ainsi, de l'ensemble des faits observés sur nous-même et sur les autres par les autres et par nous-même, qu'Aristote prétend arriver à connaître l'essence et à donner la définition de l'âme, et il est facile de voir que le procédé logique de la définition, qui doit poser la thèse indémontrable, de l'essence, n'est autre que l'induction. Or l'induction laisse toujours une place possible à l'erreur. Le sentiment inquiet de la possibilité de l'erreur perce dans les formules réservées et restrictives, que répète à chaque instant Aristote : *il me semble, il paraît, j'estime, je pense,* formules qui prouvent combien ce grand et profond esprit, *profundissimus Aristoteles,* comme l'appelle Leibniz, était éloigné de croire à l'infaillibilité de ses idées philosophiques, et particulièrement à la certitude absolue de ses théories sur l'âme.

Il est cependant un acte, un seul, où l'âme se saisit directement elle-même : c'est l'acte de la pensée pure, qui lui révèle à la fois sa perfection, son essence et la constitue.

La Psychologie est donc une histoire naturelle de l'âme[1],

---

[1] On voit que l'École anglaise n'a pas inventé cette dénomination, devenue comme un mot de bataille dans la philosophie nouvelle. On la retrouve dans le titre que donna de La Mettrie à la première édition de son ouvrage : *His-*

mais qui se lie à la métaphysique, c'est-à-dire à la théologie, parce que dans l'âme, être de la nature, il y a, comme dans la nature elle-même, un je ne sais quoi de divin, δαιμόνιόν τι. La Psychologie d'Aristote, comme toute sa philosophie, est le lien de la physique et de la théologie, ainsi que l'a remarqué l'un de ses plus anciens commentateurs : ψυσιολογῶν θεολογεῖ, θεολογῶν φυσιολογεῖ[1].

Ainsi l'observation de soi-même et des autres, l'histoire de la science ainsi acquise, l'étude de la vie, les peintures de l'âme qu'on trouve dans les langues, la poésie, les lettres, les arts, la connaissance des faits physiologiques liés aux faits psychiques, enfin le raisonnement, tel est l'ensemble des procédés qui constituent la méthode psychologique d'Aristote. Que faut-il en penser ?

Aristote a pratiqué systématiquement l'observation de conscience ; mais il est manifeste qu'il s'en défie. A-t-il raison et y a-t-il des raisons légitimes de s'en défier, et des raisons tellement graves, si l'on en croit les réformateurs modernes de la psychologie, qu'il faille renoncer absolument à une méthode pareille, si l'on veut constituer une connaissance vraiment scientifique de l'âme ? Et en effet, dit-on, les faits de conscience sont tout individuels, et dans l'individu même, ils sont momentanés, fugitifs, changeants, contradictoires. Le fait de conscience est un état de l'âme de celui qui s'observe dans le moment même où il s'observe ; mais ce moment passe si rapidement qu'on peut douter qu'il soit réellement saisissable et définissable ; on ne peut assurer qu'il se reproduira jamais absolument tel qu'il a été, et l'on pourrait plutôt assurer le contraire. La mémoire ne le retracera qu'avec des altérations certaines, dont on ne peut mesurer ni l'étendue ni la profondeur. Chaque instant apporte un nouveau changement dans l'objet observé, qui est en même temps le sujet qui observe, et ce flux perpétuel détruirait la vérité de toutes les observations, s'il n'en détruisait pas d'avance la possibilité même. « Supposons la conscience infaillible, dit M. A. Bain, cette conscience ne peut exister que pendant un court moment ; n'étant applicable qu'à un seul individu et pour un seul instant, elle contient le minimum d'informations. Si nous

---

toire naturelle de l'âme, qui prit dans les éditions suivantes (Amsterdam, 1753, 1764, 1774) le titre modifié : *Traité de l'âme*.

[1] David. *Schol. in categ.*, 27, a, 25.

voulons sortir de ce court moment, il faut avoir recours à la mémoire, et nous savons combien elle est faillible. Ainsi tant que l'infaillibilité dure, il n'y a pas de science ; et quand la science pourrait commencer, l'infaillibilité disparaît[1]. »

Si l'observation de conscience ne peut pas nous faire connaître notre âme propre et individuelle, comment pourrait-elle nous faire connaître l'âme même, l'essence de l'âme, ce qui fait qu'une âme est âme, en tout être qui possède l'âme. L'âme est soumise à une loi de développement, de changement dans l'individu et encore plus manifestement dans l'espèce. Si ce développement a des limites, nous ignorons où ces limites sont posées, et ne pouvons pas le savoir ; car elles sont mobiles et nous ne pouvons jamais être assurés de les avoir touchées. L'état mental d'un papou observé par lui-même, et l'état mental de Descartes et de Kant observé par eux-mêmes nous donneront de l'âme humaine une notion très différente.

Enfin l'acte d'observer est lui aussi un état mental : si l'esprit s'observe s'observant, cela va à l'infini ; si l'observation de conscience se dérobe à l'observation de conscience, voilà un état mental, et non pas l'un des moins considérables, qui ne nous est pas connu par la conscience : ce qui renverse la notion même de la conscience. En outre l'observation est un acte particulier qui modifie l'état de l'âme, qui ajoute un caractère nouveau, une forme nouvelle à l'objet observé et à la fois au sujet observant, de sorte qu'on ne peut même concevoir comment l'opération peut s'accomplir, et donner un résultat précis et déterminé.

Il semble donc démontré qu'on ne peut tirer de l'observation de conscience ni l'élément d'universalité, ni l'élément de permanence et de fixité qui constituent seuls la science. L'individu n'est ni universel ni immuable. Fondée sur l'observation nécessairement personnelle et individuelle, la psychologie est une pure illusion, le roman de l'âme, et tout au plus l'histoire d'une âme, comme Locke l'avoue : « Tout ce que je puis dire de mon ouvrage, c'est qu'il est une copie de *mon propre esprit*....., et tout ce que je puis faire pour en justifier la publication, c'est que *je crois* que les facultés intel-

---

[1] Ribot, *Psychol. anglaise*, p. 293.

lectuelles sont faites et opèrent de la même manière dans *la plupart* des autres hommes[1] ».

Ces arguments critiques, dont je ne pense pas avoir atténué la force en les reproduisant, ne sont pas, à mon sens, irréfutables : j'essaierai de les réfuter, et de démontrer à la fois la possibilité et la validité de la méthode d'observation psychologique. Je soutiens en effet qu'il y a des raisons suffisantes d'affirmer que l'esprit, non seulement de la plupart des hommes, mais de tous les hommes, est le même dans son fond, ce qui revient à dire que tous les hommes sont hommes ; et que l'observation faite par un homme sur lui-même peut donner des résultats qui dépassent la sphère de son propre esprit, et atteignent la sphère de l'universel. J'ajoute, en passant, que les observations de nous-même par les autres et des autres par nous-même n'ont de valeur que parce que nous pouvons vérifier les faits ainsi observés, en les reproduisant en nous-même ; c'est-à-dire en en prenant conscience, en repensant leur pensée[2]. Les observations sur la vie psychique des animaux ne reçoivent également que de notre conscience leur sens et leur valeur ; les faits de cet ordre se révèlent à nous par des signes ; mais nous ne pourrions comprendre ces signes, savoir que ce sont des signes, connaître ce dont ils sont les signes, si les phénomènes dont ils sont les signes ne s'étaient également passés en nous, si nous n'en avions pas pris, une conscience plus ou moins obscure, si nous ne les avions pas observés dans notre âme même.

Il est certain que la conscience est personnelle ; l'acte de conscience est un acte particulier ; c'est toujours un individu qui observe et qui s'observe, et qui observe et s'observe dans un moment et une circonstances donnés et particuliers. Mais on ne réfléchit pas que cette personne, cet individu, a la faculté, merveilleuse sans doute, mais réelle, certaine, de supprimer mentalement, de nier, comme dirait Hegel, cette limitation de l'individualité. Ce qui est observé en lui-même,

---

[1] *Rép. à l'évêque de Worcester*, p. 407.

[2] M. de Hartmann, qui n'est pas suspect, n'hésite pas à le reconnaître : « C'est à l'expérience interne qu'appartient en définitive la plus haute certitude ; c'est sur elle seulement que peut reposer la croyance à la réalité externe... L'expérience psychologique demeure donc la mesure invariable et solide à laquelle il faut rapporter, pour en apprécier la valeur, l'*expérience soi-disant externe* et les conséquences qui s'en tirent. » *De l'Inconscient*, t. I, p. 488.

non seulement par l'observateur philosophe, mais par celui qui se place au point de vue du sens commun, par le moraliste, par le poète, par l'orateur, par le musicien, le sculpteur, le peintre[1], ce n'est pas l'accident particulier, personnel, individuel[2], c'est le général, l'universel, l'essence identique et permanente, c'est l'homme en un mot et non pas tel homme. Lorsque Descartes dit : je pense, donc je suis, qui a jamais douté que cette proposition eût pour lui-même une valeur universelle[3], et signifiât : tout homme pense ; voire tout homme n'est homme qu'en tant qu'il pense ; l'homme est la pensée même ? Qui a jamais songé à réduire la vérité de cette observation à la personne seule de celui qui l'a faite ? La proposition universelle est donnée par le fait de conscience, tout individuel qu'il paraisse, et là, comme dans l'homme même, l'universel est le fondement, le support de l'individuel. L'individualité est remplie de l'absolu et enferme l'universel. En faisant vibrer la corde d'un instrument de musique on en fait résonner, avec la note fondamentale, toutes les harmoniques. L'acte de conscience, où l'âme se saisit et pour ainsi dire se touche et se frappe elle-même, éveille également toutes les harmoniques, toutes les *sympathies* de son essence, dont la plus haute est l'universel et l'absolu[4].

Et non seulement c'est l'homme que l'homme observe en lui, mais le sujet qui fait cette observation se dépouille, en la faisant, et pour la faire, de sa personnalité positive, de son moi mesquin, petit, vulgaire. Celui qui a le génie de l'observation philosophique se fait simplement homme pour observer en lui simplement l'homme. C'est *le même*, dirait Platon, qui

---

[1] L'esprit créateur du langage n'a pas procédé autrement. Les mots ne sont que des genres ou des espèces.

[2] Hegel, *Philos. de l'esprit*, t. I, p. 1 : « Connais-toi toi-même, c'est là un précepte qui n'a ni en lui-même, ni dans la pensée de celui qui l'a le premier proclamé, la signification d'une simple connaissance de soi-même, c'est-à-dire d'une connaissance des aptitudes, du caractère, des tendances et des imperfections de l'individu, mais d'une connaissance de ce qu'il y a d'essentiellement vrai dans l'homme. »

[3] Descartes : « Nous ne pouvons savoir que nous sommes, qu'à la condition de savoir ce que c'est qu'être. »

[4] « L'idée de l'absolu est en nous intérieurement comme celle de l'être... Nous avons la perception de cet absolu, parce que nous y participons... Si, à la différence des bêtes, nous pouvons réfléchir sur nous-même, c'est parce que nous concevons ce que c'est qu'être, ce que c'est qu'unité. » Leibniz.

veut, et qui seul peut connaître *le même.* C'est la raison seule qui peut observer la raison. La raison, comme le soutient Kant, est *notre* raison, en tant qu'elle dépend de la sensibilité et de l'entendement ; mais notre raison devient la raison, raison absolue en tant que pure, en tant qu'elle est l'organe d'une intuition immédiate. C'est même pour cela que l'observation psychologique est difficile et délicate ; l'individuel et l'universel sont des fils tellement mêlés dans le tissu de chacun de nos actes que la part à faire entre ces deux éléments ne peut être l'œuvre du premier venu : il y faut le don, le génie de l'observation philosophique.

Plus on y réfléchit, plus on analyse le fait même de l'observation de conscience, si on ne le conteste pas, et il est difficile de le contester, plus on se persuadera qu'elle est délivrée de ces limites où l'on prétend l'enfermer. En effet, le moment présent, le fait passager, l'instantané, τὸ ἐξαίφνης, pour me servir du terme de Platon, est un point insaisissable et inobservable ; il n'a ni durée, ni identité, ni essence ; il devient sans cesse autre qu'il était, et ce qu'il était s'écoule, passe et périt incessamment. L'instant n'a pas d'être : il n'est que la limite de l'être. Si donc on observe un acte psychique, c'est que, sous ce qui passe et change en lui, il y a quelque chose qui ne passe pas, quelque chose qui demeure. Si rien ne demeurait, si rien ne s'arrêtait dans cette série fugitive de sensations, de sentiments et d'idées, la connaissance ne saurait où se prendre ; l'observation n'aurait pas d'objet ni même de sujet. Les psychologues anglais ne voient dans l'âme que des groupes, des séries de phénomènes[1] ; mais ces groupes, ces séries,

---

[1] « Si nous parlons de l'esprit comme d'une série de sentiments, dit M. Stuart Mill, nous sommes obligés d'ajouter, pour être complets, une série de sentiments qui se connaît elle-même comme passée et comme future, et nous sommes réduits à l'alternative de croire que l'esprit, le moi, est quelque chose de différent d'une série de sentiments actuels ou possibles, ou bien d'accepter ce paradoxe que quelque chose qui, par hypothèse, n'est qu'une série de sentiments, peut se connaître elle-même comme série. » M. Herbert Spencer (*Principes de psychol.*, t. I, p. 425) dit à son tour : « La propriété que possède un être de connaître une variété d'objets externes, et d'accorder sa manière d'agir avec des phénomènes composés de diverses sortes, implique un pouvoir de combiner beaucoup d'impressions séparées... Ce pouvoir implique quelque centre de communication qui soit commun à toutes. Il est impossible qu'elles soient coordonnées sans cela. Ce centre de communication commun à toutes doit être un. » Il faut toujours en venir là : τί τὸ ἓν ποιοῦν. La μεσότης est précisément ce centre, tantôt le centre où se

quelle est la force qui les lie en un tout observable, qui leur donne l'unité permanente, nécessaire pour les rendre l'objet d'une observation, c'est ce qu'aucun ne veut ou ne peut nous dire.

Il ne faut donc pas restreindre la portée et réduire la valeur de l'observation de conscience. La conscience n'atteint pas uniquement le phénomène actuel, individuel, instantané. Si notre nature interne, notre être, n'était qu'une succession de phénomènes instantanés, nous serions insaisissables à nous-même, ou plutôt ces mots *nous, moi,* n'auraient plus de sens. Il est visible qu'ils embarrassent beaucoup la sincérité du plus illustre psychologue de l'école anglaise. L'individu s'attribue par la conscience tel acte particulier et s'en reconnaît l'auteur : comment cela se peut-il faire s'il ne se sait, s'il ne se sent une cause, et s'il n'a conscience d'être un pouvoir actif. Cette conscience que je suis une cause préexiste nécessairement ou du moins coexiste à la conscience que je suis la cause de tel acte particulier. Que cette conscience soit obscure et vague, nous l'accordons sans peine ; mais qu'elle soit en germe dans toutes les opérations de notre âme, c'est ce que l'on ne peut guère contester. La conscience dépasse la sphère du changeant et de l'individuel, précisément parce qu'elle est elle-même autre chose que changement et accident. Nous avons conscience de nous-même, dit Leibniz, et comme notre être a ses racines dans l'être absolu, comme nous sommes édifiés en lui, ἐνιδρύμεθα[1], nous ne pouvons pas prendre conscience de nous-même sans prendre connaissance et pour ainsi dire conscience de l'absolu, de ce Dieu qui est en nous et en qui nous sommes. Il y a longtemps que Plotin a dit : « Tu peux atteindre à Dieu, et tu n'auras pas à le chercher bien loin : πάντως που οὐ πόῤῥω βαλεῖς. » Mais tous les grands philosophes, sous une forme ou sous une autre, ont répété le mot. Ce n'est pas seulement l'idée de Dieu, c'est Dieu même qui est présent en nous : *intra nos habitat Deus*[2]. Les idées universelles et nécessaires sont non seulement l'objet de notre

---

réunissent les idées morales, tantôt le centre où se réunissent les idées sensibles et les idées intelligibles. C'est la conscience. Conf. Condillac, *Essai sur la connaissance humaine*, ch. I.

[1] Plotin, *Ennead.*, V, 1, 11, et V, v, 7.

[2] Senèq.

raison : elles sont notre raison même. L'individu ne peut se connaître sans les connaître.

Je n'ignore pas assurément que cette métaphysique profonde mais sensée, sur laquelle repose au fond toute psychologie scientifique, paraîtra à beaucoup une sorte d'archéologie philosophique, qui n'a d'autre valeur qu'une valeur historique, et qui n'a d'intérêt que pour les curieux d'érudition. Je sais qu'on donne aujourd'hui de la conscience des définitions qui, en supprimant en elle la dualité qu'elle contient en même temps que l'unité, la ramènent à l'inconscience absolue. « Avoir conscience, dit-on [1], ce n'est pas connaître ; car connaître, c'est percevoir un rapport, c'est-à-dire une différence ; c'est distinguer. Avoir conscience, c'est simplement *se trouver* [2] dans tel ou tel état de modification interne et subjective. La conscience est la force même, prise subjectivement ; c'est l'état intime de la force. »

Que de choses on pourrait relever dans cette définition, et de choses contradictoires ; par exemple, quel sens peut avoir le mot d'état subjectif pour un être qui ne connaîtrait pas l'état objectif? Est-il possible de séparer la notion de conscience d'une science quelconque ? Cette notion est même enveloppée dans les termes de la définition qui cherche à la dissimuler. Si la conscience est l'état subjectif d'une chose, cela ne peut signifier qu'une chose, à savoir que dans cet état la force est pour soi ce qu'elle est en soi, et qu'est-ce que veut dire être pour soi, si ce n'est, pour la force dont il s'agit, savoir qu'elle est ce qu'elle est, ce qu'elle ne peut savoir qu'en distinguant en elle deux états, l'état objectif et l'état subjectif. On n'a donc pas le droit de dire : « La sensation la plus complètement isolée, la plus indécomposable, un atome de sensation n'exclut pas la conscience. » Cet atome de sensation, qui d'ailleurs est une fiction, renfermera toujours, s'il est une sensation, les deux états subjectif et objectif, dont le rapport perçu est l'acte même de conscience.

Ce n'est pas qu'on ne doive admettre avec Leibniz et Herbart des sensations sourdes et obscures, des représentations qui sont dans la conscience sans que le moi en soit

---

[1] *Revue scientif.*, 7 sept. et 28 déc. 1872.

[2] *Se trouver* n'est pas identique à *être*. L'être qui *se trouve*, qui *trouve* qu'il *est* dans tel ou tel état, est double. Sans s'en apercevoir on rétablit la dualité dans la conscience, par la définition même qui prétend la supprimer.

actuellement conscient. On peut dire avec Wundt qu'il faut rapporter l'origine de la conscience au développement logique d'une activité inconsciente ; on peut admettre avec M. de Hartmann une transformation possible des idées inconscientes en idées conscientes [1], et reconnaître avec lui qu'on ne voit paraître aux plus hauts degrés du développement que ce qui était déjà présent en germe aux degrés inférieurs [2]. On peut même aller jusqu'à dire qu'il y a une âme inconsciente qui élabore en secret, à notre insu, les fondements de nos pensées ; « que l'immense majorité de nos richesses mentales demeure toujours hors de la sphère de la conscience. La sphère de nos modifications conscientes n'est qu'un petit cercle situé au centre d'une sphère plus vaste d'états passifs et actifs, dont nous n'avons conscience que par leurs effets. [3] » Mais si l'on peut accorder qu'il y a une sorte d'intelligence sans conscience, et comme une conscience inconsciente, c'est à la condition de reconnaître dans la pensée et dans la conscience, faculté qu'il ne faut pas confondre avec l'observation des faits de conscience, un état de puissance distinct de l'état d'acte. C'est là même un fait de conscience, parfaitement observé et décrit par Aristote, je veux dire que la conscience en s'observant distingue parfaitement en elle-même l'acte et la puissance, le *pour soi* et l'*en soi*. Si la transformation d'un état psychique inconscient en un état conscient est possible, c'est uniquement parce que la limite de la conscience et de l'inconscience n'est que la limite entre l'acte et la puissance de la conscience. Une idée inconsciente, au sens propre, serait non pas celle dont nous n'avons pas actuellement, dont nous n'avons jamais eu, dont nous n'aurons peut-être jamais conscience, mais celle dont l'esprit aurait conscience de ne pouvoir jamais prendre conscience. Ce ne serait plus alors une idée. Qu'il y ait des représentations inconscientes, soit ; mais qu'il y ait dans l'esprit des *représentations* dont l'essence même est d'échapper à la conscience, qu'il est impossible à l'esprit de refaire, à la conscience de ressaisir, c'est une chose contradictoire. Ce qui par nature échappe à la conscience, à la possibilité de la conscience, n'est plus psychique. Dans tous les faits de cet ordre, il n'y a entre l'inconscient et le conscient

---

[1] *De l'Inconscient*, t. I, p. 286.
[2] *De l'Inconscient*, t. I, p. 493.
[3] Hamilton, *Lectur. on Metaph.*, t. I, p. 339.

qu'une différence de degrés, de moments. « Notre conscience sort d'un principe qui n'a pas *encore* de conscience, notre pensée de quelque chose qui ne pense pas, notre réflexion de quelque chose qui est étranger à la réflexion, notre volonté de ce qui n'a point de part à la volonté, notre âme raisonnable de ce qui n'est pas *encore* une âme raisonnable. Une force mécanique, mais qui n'est pas nécessairement pour cela dépourvue de raison, voilà, en toutes choses, le point de départ.[1] » Accordons tout cela, mais ajoutons que ce qui n'a pas *encore* de conscience, et qui en aura, a déjà la puissance d'en avoir ; que ce qui ne pense pas *encore*, et qui pensera, a déjà la pensée en puissance, que ce qui n'est pas *encore* raisonnable et le deviendra, a déjà la puissance de le devenir ; enfin, que cette force, mécanique au point de départ, en laquelle on n'observe encore que le mécanisme, a déjà en soi et par soi la puissance de se développer en force intelligente et consciente.

L'observation de conscience est donc un procédé légitime et essentiellement scientifique : c'est le seul qui nous permette d'atteindre directement dans l'individuel, l'universel, sous le contingent et l'accident qui passent, l'essence qui demeure. Je ne suis pas étonné qu'Aristote l'ait employé : je suis étonné qu'il semble en avoir quelque défiance ; car ce rapport étrange, mystérieux et cependant certain de l'individuel et de l'universel est un des points sur lesquels il a le plus insisté, et où il complète Platon. Suivant Aristote, en effet, l'universel pénètre l'individu, comme l'individu se répand dans l'universel. L'individu est dans l'espèce quantitativement ; l'espèce est dans l'individu qualitativement. L'observation, comme le raisonnement, nous atteste que notre être individuel est un système, un tout, une unité et en même temps fait partie d'un autre système, est un membre d'un autre tout, une fraction d'une autre unité[2]. Or qu'est-ce qu'un

---

[1] Jacobi, *Lettres à la princesse Galitzin*.

[2] Bacon, *Dignit.*, l. VII, ch. I, p. 331 : « Il est, dans chaque chose, un appétit naturel inné, en vertu duquel elle tend à deux espèces de bien : l'un, par lequel elle est en elle-même un tout ; l'autre, par lequel elle fait partie de quelqu'autre tout plus grand. » Hegel, *Philos. de l'esprit*, trad. Vera, t. I, p. 314. « Ce qui fait l'être concret de l'individu, c'est l'ensemble des rapports essentiels ainsi que des rapports particuliers empiriques qui le lient aux autres hommes et au monde en général. Cette totalité constitue sa réalité. »

tout, si ce n'est une pluralité de choses qui se conditionnent les unes les autres, qui se limitent et par conséquent se pénètrent réciproquement, se compénètrent. Dans chaque partie se retrouve le tout qui la détermine, et s'il agit sur elle, elle agit aussi sur lui et le détermine à son tour : sans quoi elle ne serait pas une partie du tout. Le pas d'un petit enfant, la chute d'une feuille, font tressaillir le monde, et les mouvements des corps célestes qu'une distance effrayante, même pour la pensée, sépare de nous, ont une influence, indéterminable à nos calculs sans doute, mais réelle sur le vol d'un moucheron.

La pénétration réciproque du tout et des parties est encore plus intime dans les choses d'ordre spirituel. L'individualité et l'universalité s'y enveloppent l'une l'autre et s'y conditionnent réciproquement. Aristote l'a vu et l'a dit : l'âme est un être individuel, car elle vit ; elle est la vie même, et c'est dans la vie de l'âme que nous trouvons la notion et le type de l'individualité ; mais d'un autre côté elle est l'universel, car elle pense tout, et comme elle ne peut penser qu'en étant ou en devenant ce qu'elle pense, l'âme est en puissance tout.

La communication des pensées par le langage, qui les fait passer d'un esprit dans un autre, qui, pour ainsi parler, verse une âme dans une autre âme, ne se peut concevoir qu'à la condition que ces âmes se touchent et se pénètrent. Comment une pensée pourrait-elle nous être commune, si nous n'avions rien de commun ? La conviction qu'il y a d'autres esprits que le mien, et que les actes que je reconnais comme appartenant à l'essence de mon propre esprit appartiennent à l'essence des autres esprits, a, quoi qu'en dise Locke, une autre source que l'induction, et est autre chose qu'une opinion sans fondement rationnel.

On peut regretter qu'Aristote n'ait pas approfondi l'acte de l'observation de conscience, et qu'il n'ait pas analysé le caractère et la nature de cette faculté fondamentale de la raison ; mais on ne peut que le féliciter d'avoir appliqué à la psychologie d'autres procédés, d'un caractère plus expérimental et qui servent de contrôle à l'observation interne. Parmi ces procédés, je relève l'analyse des faits physiologiques. L'âme est pour Aristote un être naturel. Il est incontestable que des mouvements musculaires et nerveux se mêlent plus ou moins intimement aux phénomènes des sensations, des émotions et de la pensée même. Il n'est pas interdit à la science de l'âme de chercher à déterminer la nature de ce rapport, qui atteste la différence des deux termes opposés qu'il lie. Comme la conscience ne nous renseigne d'aucune façon ou du moins ne nous renseigne que d'une manière vague sur ces contacts des deux formes de la vie, qui ne font cependant qu'une vie, il est bon, il est nécessaire d'employer dans une sage mesure la physiologie.

Cela est d'autant plus utile qu'il y a, comme Aristote le proclame, il y a dans l'homme, présidant au développement de sa vie complexe, la vie est sensation et pensée, une loi de série, une loi d'évolution qui ne laisse pas de lacune ni d'opposition absolue entre les faits de l'ordre physique et les faits de l'ordre psychique. L'âme est le principe unique de cette double vie, et Aristote est fidèle à ses principes en cherchant à découvrir les rapports et le lien de l'une à l'autre.

Peut-être aurait-il pu faire remarquer que, si la conscience n'est jamais vide[1], son contenu se développe et s'enrichit, qu'il est soumis à la loi d'évolution, non seulement dans l'individu, ce qui est manifeste, mais dans l'espèce, dont l'individu recueille et résume l'expérience. On ne peut pas le nier : il y a une hérédité psychologique ; il est certain que de générations en générations les facultés vont se développant, et que les individus reçoivent, ne fût-ce que par le langage, sinon un trésor d'idées toutes faites, du moins des dispositions plus prochaines à les acquérir. Cela est visible dans les tendances des races, dans l'esprit national des peuples ; on a pu les mal déterminer, les exagérer : le fait n'est pas contestable. Aristote, qui soutient que la plupart des fonctions de l'intelligence discursive sont liées aux fonctions de l'organisme, aurait dû, lui surtout, admettre que le perfectionnement de l'organi-

---

[1] Fichte prétend qu'il y a une conscience vide et sans contenu *réel*, une conscience pure ou abstraite, qui n'est la conscience d'aucune chose *déterminée*, le moi, comme substance sans attributs ni modes. Kant l'avait dit avant lui (*Crit. R. pure*, t. II, p. 442, trad. Barni) : « Nous faisons tout à fait abstraction de ses propriétés (du sujet), quand nous le désignons par cette expression *vide de contenu* : moi, que je puis appliquer à tout sujet pensant, » et plus loin (*Crit. R. pure*, p. 459) : « Dans ce que nous nommons l'âme, tout est dans un flux continuel, et il n'y a rien de fixe, si ce n'est peut-être, si *on le veut absolument*, le moi, qui n'est si simple que parce que cette représentation n'a point de contenu, par conséquent point de diversité. » Malgré la fameuse comparaison de l'âme avec des tablettes, où rien n'est écrit, telle n'est pas, on l'a vu, la théorie d'Aristote.

sation, transmis par l'hérédité, amène le progrès des fonctions intellectuelles, qui y sont liées. Cette transmission héréditaire a des effets certains, mais limités, et limités surtout en ce qui concerne l'individu. C'est l'honneur et la grandeur de l'homme d'être une personne, de ne devoir qu'à lui-même ce qu'il est et ce qu'il devient, d'avoir la force de rompre la chaîne fatale de l'hérédité, marque de l'animalité. Le cheval de sang ne peut naître que d'un père et d'une mère de sang, et le degré de la pureté de race chez les parents est la mesure de la noblesse du produit. Il n'en va pas ainsi de l'homme. La loi supérieure de sa nature confère à chaque individu le soin, le droit, le devoir et le pouvoir de créer en lui une personnalité.

La méthode psychologique d'Aristote est donc légitime et la seule légitime devant la science. En réalité, il n'y en a pas d'autre, et ceux qui affectent de la mépriser, et qui se vantent d'en avoir découvert une autre, ne font illusion à personne et s'appuient constamment sur les résultats acquis [1] par elle. A l'aide de cette méthode, quel objet Aristote a-t-il posé à la psychologie et quels résultats a-t-il obtenus?

Depuis assez longtemps, en France, par une raison qui ne paraît pas légitime, on a réduit la psychologie à la science des facultés de l'âme. Ce que la conscience, dit-on, n'atteint pas dans l'âme n'existe pas pour la science de l'âme, et c'est folie que vouloir le trouver par un autre procédé. Or, l'observation de conscience, la perception interne n'atteint que des

---

[1] Les résultats de la méthode physiologique, en ce qui concerne les faits psychologiques, sont pour la psychologie à peu près nuls; c'est M. Wundt, peu suspect en cette matière, qui l'avoue lui-même (*Mensch u. Seele*, t. I, Vorrede, p. 5) : « Plus d'une fois, dans ces derniers temps, on a traité la psychologie au point de vue des sciences naturelles, sans qu'on puisse en conclure que ces *essais* constituent un progrès fondamental sur les systèmes spéculatifs antérieurs..... Aux faits de conscience que chacun peut trouver en soi-même par l'observation, rien n'a été ajouté depuis que l'homme pense et réfléchit. » Et M. Ribot, dans l'introduction à son excellent livre *La Psychologie allemande* (p. xxv), reconnaît que cette méthode « n'a produit encore que d'informes ébauches; » il est vrai qu'avec M. Wundt il espère « *qu'à l'aide de procédés qu'aujourd'hui nous ne soupçonnons pas,* » il sera créé une science véritable; « mais que révélera cette science *future? C'est ce qu'on ne peut dire, même par conjecture.* » Ainsi non seulement cette science n'existe qu'en espérance, non seulement elle n'a produit encore aucun résultat, mais les procédés scientifiques à l'aide desquels on doit les obtenir ne sont pas encore découverts. Est-ce être trop sévère que de ne pas traiter sérieusement une science qui ne peut produire ni ses résultats, ni sa méthode, qui n'est en possession ni de sa forme ni de son contenu?

faits, des phénomènes ; donc la psychologie ne peut avoir pour objet, on s'attend à la conclusion : que des faits, les faits psychiques ; mais la conclusion, volontairement ou involontairement, s'échappe au delà des prémisses et aboutit à donner pour objet à la psychologie l'étude des facultés de l'âme, c'est-à-dire des pouvoirs de l'âme de produire ces faits [1]. Quoi qu'il en soit de cette inconséquence, dans cette conception étroite, on exclut systématiquement de la psychologie toutes les questions sur la nature, l'origine, la fin de l'âme, en sorte que, malgré son nom si expressif, la psychologie renonce à être la science de l'âme, et n'essaie même pas d'en donner une définition. Je ne puis que louer Aristote de n'avoir pas eu ces scrupules et d'avoir, dans un traité *De l'Ame,* essayé d'embrasser tous les problèmes relatifs à ce sujet : il ne les a pas tous résolus, mais il les a presque tous posés, ce qui est déjà quelque chose.

L'âme même, toute l'âme, et toute âme, tel est l'objet de la psychologie d'Aristote. Par une telle définition, il donne à la science une profondeur et une étendue, pour ainsi dire sans limites, comme le pressentait le vieil Héraclite : « Quelque voie que vous preniez, vous ne trouverez jamais les limites de

---

[1] Herbart : « La psychologie construit l'esprit avec des séries de représentations... Les représentations ou faits de conscience, dont les lois peuvent être connues, telle est la matière de la psychologie... C'est une réduction à des lois. » Telle est également la définition de M. Renouvier (*Crit. phil.*, t. I, p. 132, 1872) : « La psychologie est la science des lois suivant lesquelles sont liés et opérés les faits de mémoire, sensation, sensibilité, conscience, raison... *Les substances ne sont rien.* » Kant est moins timide que son fervent disciple ; après avoir distingué la psychologie expérimentale de la psychologie rationnelle, il assigne à cette dernière pour objet d'étudier :

1. La possibilité de l'union de l'âme avec un corps organique ;
2. Le commencement de cette union, c'est-à-dire l'âme dans et avant la naissance de l'homme.
3. La fin de cette union, c'est-à-dire l'âme dans et après la mort de l'homme ;

Après avoir accordé qu'on ne peut réduire la notion de l'âme à celle de la matière, M. Renouvier conclut : « qu'il faut renoncer aux simplifications forcées de la métaphysique substantialiste. L'existence propre et concrète de l'âme devient aussi inutile à la psychologie que l'est à la physique l'existence de ce qu'on nomme le calorique. » Mais peut-on se débarrasser systématiquement et arbitrairement de la notion de substance, si elle est au fond de toutes nos idées, et constitutive de l'intelligence même ? Suffit-il de ne pas la regarder pour qu'elle n'existe plus, et, si elle existe, la science a-t-elle le droit de la traiter comme si elle n'existait pas ?

l'âme : c'est une science d'une insondable profondeur.[1] » En effet l'âme, d'après Aristote, n'est pas seulement le principe de la science, elle est encore le principe de la vie, et même de l'unité : or, où ne retrouve-t-on pas, au défaut de la pensée et de la vie, au moins l'unité, identique à l'être ? La psychologie d'Aristote, et à mon sens la psychologie même peut et doit être considérée comme la science des principes essentiels de tout être où se manifeste quelque vie ou quelque action.

« L'âme est l'entéléchie première d'un corps naturel constitué en organisme, et ayant la vie en puissance[2] », telle est, nous l'avons vu, la définition complète à laquelle arrive Aristote, après une longue discussion. Malgré l'effort manifeste de renfermer dans cette proposition, plus claire qu'elle ne semble l'être, les propriétés et les fonctions essentielles qui font que l'âme est ce qu'elle est, on ne peut s'empêcher d'y signaler des contradictions peut-être insolubles.

L'âme est un acte ; l'acte est forme pure, essence pure ; donc l'âme est différente du corps, comme la forme est différente de la matière, comme l'acte est différent de la puissance. On sait quel est le rapport de l'acte à la puissance : si on les considère dans deux êtres numériquement différents, l'acte est non seulement supérieur, mais il est antérieur à la puissance ; considérés dans un seul et même être, l'acte, toujours supérieur à la puissance, lui est postérieur dans l'ordre du temps et du développement. Or à quelque point de vue qu'on se place, que l'on regarde le corps et l'âme comme deux êtres numériquement différents, ou comme un seul être, il résulte

---

[1] Diog. L., IX, 7. ψυχῆς πείρατα οὐκ ἂν ἐξεύροι ὁ πᾶσαν ἐπιπορευόμενος ὁδόν· οὕτω βαθὺν ἔχει λόγον.

[2] M. Renouvier (*Essais de psychol.*, t. I, p. 48 sqq.) traduit assez inexactement : « L'âme n'est que l'accomplissement d'un corps naturel organique dont la vie en puissance passe à l'acte et se réalise... Les corps naturels sont les seules véritables essences, les êtres de la nature définis par leurs formes ou espèces. Lorsque ces corps possèdent la forme organique, l'âme s'accomplit en eux... Les parties de l'âme ne sont pas *séparables du corps* qui les unit, si du moins nous laissons de côté l'acte pur de l'intelligence pure... L'âme, telle *que la nature la réalise*, est donc composée d'une série de puissances qui viennent en acte, et dont la science se propose d'écrire l'histoire. » Je me borne à faire observer que, dans le système d'Aristote, l'âme c'est la nature, ou plutôt la nature c'est l'âme même ; en sorte que la phrase de M. Renouvier : *L'âme, telle que la nature la réalise*, non seulement n'exprime pas exactement la pensée d'Aristote, mais semble n'avoir pas de sens.

de la définition d'Aristote des conséquences qui soulèvent des doutes légitimes par leur incontestable gravité. Dans le premier cas, il y aura une âme antérieure au corps, et par suite sans corps, une âme acte pur, ce qu'Aristote n'admet que pour Dieu seul ; dans le second, il y aura un corps antérieur à l'âme, et par suite sans âme. Mais un corps sans âme, ce n'est pas un corps. Aristote le sait mieux que personne, et le sait si bien qu'il déclare dans sa définition que le corps dont l'âme est l'acte est un corps organisé, c'est-à-dire un ensemble de parties matérielles formant un tout, ayant des fonctions propres, un centre commun, vivantes sans doute, mais vivant par lui. L'âme est donc l'acte d'un organisme, d'un être organisé, vivant. Or quel peut être le principe de vie et d'organisation de cet être, si ce n'est l'âme[1] ? L'âme préexisterait donc à elle-même. Sans doute on peut répondre que ce n'est pas la vie que possède cet organisme : il n'en a que la puissance. Mais s'il ne s'agit que de la puissance inerte et passive, la pure possibilité, le corps n'est pas encore organisé ; s'il s'agit de la puissance active, du germe enveloppé d'où sortira spontanément la vie, qui, des degrés inférieurs de son essence et à travers une série progressive de développements, réalisera sa perfection, l'âme alors n'existe qu'en puissance, et d'autres difficultés surgissent. L'âme est l'entéléchie première, c'est-à-dire naissante, c'est le premier mouvement de la forme pour prendre successivement pleine possession d'elle-même et de sa fin ; en un mot, c'est un acte imparfait ; mais cet acte imparfait, c'est l'âme en puissance, et alors de la définition : l'âme est l'entéléchie première d'un corps ayant la vie en

---

[1] M. Cl. Bernard (*Introd. à l'étude de la médecine*, p. 160), après avoir reconnu que les propriétés vitales sont le produit d'une force vitale, cause formatrice ou organisatrice des corps vivants, soutient « qu'il faut renoncer à en scruter l'origine. » On peut tout au moins affirmer que son principe n'est pas dans le milieu inorganique, et que les forces physico-chimiques sont impuissantes à le produire et à l'expliquer. M. Lotze (*Psychol. physiologique*) prétend, il est vrai, qu'il n'y a pas d'idée organisatrice de la vie du corps; que les éléments corporels, recueillis de toutes parts dans le monde extérieur, se combinent successivement et s'additionnent pour former le corps organisé et vivant, que la force vitale n'est que la *résultante* de toutes les forces des diverses parties; mais cela est aussi contraire à l'expérience qu'à la raison : aucune combinaison chimique n'a encore donné un produit vivant; une résultante est quelque chose d'un; or quelle est la force, parmi ces forces multiples et souvent opposées, qui les rassemble toutes et elle-même en un tout un? On peut toujours demander τί τὸ ἓν ποιοῦν. La force unifiante est une, assurément.

puissance, il résulte que l'âme est la puissance de sa propre puissance.

Par là s'évanouit la distinction de l'âme et du corps qu'on pouvait croire si solidement fondée ; car, je viens de le rappeler, le mot puissance a deux sens dans Aristote : il exprime tantôt une possibilité pure, absolument inerte, indifférente à l'égard de la possession ou de la non-possession de la forme et de telle ou telle forme, comme est l'airain à qui il est indifférent de devenir vase ou statue, et qui ne tend pas plus à l'un qu'à l'autre ; tantôt il signifie un principe, qui ne se manifeste pas, mais qui est réel, de mouvement dans une direction donnée, une tendance obscure, une prédisposition latente vers une fin, comme le fœtus par rapport à l'animal, le gland par rapport au chêne. Le fœtus ne peut devenir qu'un animal et tel animal ; le gland ne peut devenir qu'un arbre et tel arbre. Cette espèce de puissance, au fond, est un acte, ou du moins enveloppe quelque acte, et alors on ne saisit plus de différence d'essence entre la puissance qui constitue le corps organisé et l'entéléchie première qui constitue l'âme.

Il y a plus : Aristote nous a lui-même appris que dans un seul et même être l'acte et la puissance ne sont que des états relatifs l'un à l'autre et qui se succèdent l'un à l'autre : ainsi un même état peut être acte par rapport au degré inférieur, puissance par rapport au degré supérieur du développement de l'essence. Le chêne est un gland développé, en acte ; le gland est un chêne enveloppé, en puissance. L'acte et la puissance ne sont donc ici distincts que comme des moments divers, mais également essentiels, d'une même chose : ce sont des relatifs ou mieux, des corrélatifs. Aristote définit l'âme l'acte du corps, c'est dire que le corps est la puissance dont l'âme est l'acte ; l'âme est l'acte dont le corps est la puissance. On ne peut échapper à la conséquence : il n'y a entre le corps et l'âme qu'une différence de degré et non d'espèce. L'âme est un état, un moment supérieur ; le corps un état, un moment inférieur d'un seul et même être qui, dans les phases successives de son développement, de l'un devient l'autre. Le corps est une âme en puissance ; l'âme est un corps en acte [1].

---

[1] Hegel accepte et exagère ces propositions, en disant : l'esprit est la matière à l'état éveillé ; la matière est l'esprit encore enseveli dans le sommeil de l'être ; car la matière n'est pas le corps, puisque le corps est la matière organisée. Du reste Hegel ne dissimule pas l'accord de ses idées avec celles

J'ai pressé les termes de la définition d'Aristote pour en faire voir les conséquences logiques, sans prétendre qu'il les ait formulées. Sa pensée est bien que l'âme et le corps sont des corrélats, en ce sens qu'il n'y a pas d'âme sans corps ni de corps sans âme; mais ce sont des corrélats toujours coexistants, dont l'un appelle nécessairement l'autre, ne peut pas être sans son autre, mais ne peut à aucun moment se substituer à lui, se transformer en lui et le supprimer même en l'absorbant. Le gland devient chêne; le fœtus devient animal; jamais l'âme ne devient le corps, jamais le corps ne devient l'âme. On ne trouve rien de semblable dans Aristote. Mais il n'en est pas moins vrai que sa définition aboutit à n'admettre dans l'être animé qu'une seule nature, une seule substance, dont le corps et l'âme sont des modes. Platon, par son dualisme tranché, est plus clair, plus logique : il est moins profond. Il ne paraît pas tourmenté du besoin de pénétrer le mystère peut-être impénétrable des rapports de l'âme et du corps. C'est le sentiment profond, puissant de l'unité de la vie qui inspire à Aristote cette définition hasardeuse dont il n'évite les conséquences que par le silence [1].

d'Aristote, accord qui est tel, dit-il, que, « c'est à peine s'il en peut croire ses yeux. » *Geschichte d. phil.*, t. XIV, p. 293, et t. XIII, p. 33, où il ramène l'*an sich seyn* à la puissance et le *für sich seyn* à l'acte d'Aristote.

[1] Leibniz accepte très franchement les conclusions, et d'après lui l'âme et le corps ne sont que des forces ou moments d'un seul et même être. Pour lui aussi l'âme est la fin du corps. Toute fin, sans doute, à laquelle peut servir un corps n'en est pas l'âme; c'est seulement la fin vers laquelle ce corps se meut et tend par sa nature même. L'âme est le but naturel de tout corps, la force innée en lui, la force finale active qui domine et ordonne toutes ses parties, tous ses mouvements, et transforme le mécanisme en organisme. V. Kuno Fisher, t. II, p. 390. Plotin oppose à la définition elle-même des objections dans le VIIe l. de la IVe Ennéade. Le morceau qui ne se trouve pas dans l'édition de Porphyre a été conservé par Eusèbe (*Præp. Ev.*, XV, 10) et placé par M. Kirchoff au l. II, ch. viii de son édition, p. 26. Voici le résumé de ces objections qui ne sont pas toutes sans force :

1. Si la comparaison du rapport de l'âme et du corps avec le rapport de la forme de la statue et de l'airain est autre chose qu'une comparaison, il en résulte que si le corps est divisé, l'âme sera également divisée.

2. L'âme inhérente au corps, dont elle est l'entéléchie, ne pourra jamais le quitter. Le sommeil devient inexplicable.

3. On ne peut plus rendre compte de l'opposition entre la raison et le désir.

4. La sensation peut appartenir à un pareil être; mais il ne possédera jamais la pensée pure. Aussi Aristote est-il obligé de lui communiquer (εἰσά-

C'est ce même sentiment qui a produit et qui soutient l'animisme d'Aristote ; il n'y a qu'une âme dans l'homme, qui suffit aux fonctions de la nutrition, de la croissance, de la procréation, de la sensation, de la pensée, et c'est cette loi d'unité qui règle l'évolution progressive des diverses fonctions de l'âme, à savoir que le degré supérieur absorbe le degré inférieur, c'est-à-dire le supprime en en remplissant les fonctions. Car Aristote a eu le pressentiment de l'évolution psychique et de la loi qui la gouverne : il ébauche le désidératum d'Herbert Spencer qui voudrait que la psychologie déterminât d'abord les affections de l'âme les plus générales, qui sont communes à tous les animaux ; puis celles, moins générales, que nous avons en commun avec les races humaines inférieures ; enfin celles qui sont propres aux races supérieures de l'humanité civilisée, et cela dans l'ordre de l'évolution de ces degrés.

L'animisme est la solution donnée par Aristote à l'une des questions les plus obscures de la psychologie. Admettre dans l'homme deux principes différents d'essence, c'est rompre le lien qu'atteste la loi d'évolution ; c'est s'interdire toute explication acceptable sur le progrès qui amène l'enfant de la vie purement animale qu'il mène dans le sein de sa mère, et qui se continue quelque temps après la naissance, à la vie de la sensation et de la pensée. On ne sait plus que penser de l'âme des bêtes ; on est obligé de nier, contre l'évidence, qu'il y ait dans l'âme des faits dont l'âme n'a pas connaissance, des phénomènes inconscients. Mais c'est surtout compromettre l'unité de l'être humain ; car, comme l'objecte Aristote, quelle sera la cause qui fera de ces deux âmes, de genre différent, une seule substance, quelle sera du moins la force qui les con-

---

γειν) une autre âme venant du dehors. Si ce Νοῦς est encore une entéléchie, elle l'est dans un autre sens que l'âme entéléchie du corps.

5. Si l'âme est entéléchie de son corps, elle n'en est jamais séparable : elle est donc mortelle. Donc l'âme n'est pas simplement la forme d'un corps.

Porphyre, dans un fragment conservé aussi par Eusèbe (*Præp. Ev.*, XV, 11) reproduit à peu près les mêmes critiques, et dans son indignation s'écrie : « Qu'il est honteux de soutenir que l'âme est l'entéléchie d'un corps naturel organisé. » Les objections de Gassendi se trouvent dans les *Exercit. paradoxæ advers. Arist.*, VI, 9 ; VII, 10 ; VIII, 7. — Grégoire de Nyssa (*De An. et resurrect.* p. 98-101) fait à la définition d'Aristote les deux objections suivantes, qui sont très fortes : 1° Il définit l'âme par la partie qui, en elle, est le moins âme ; 2° En reconnaissant la puissance de vie dans le corps, en tant que tel, il a créé une idée parfaitement obscure.

tiendra et les retiendra dans l'unité ? A quel moment, et comment l'une de ces deux âmes viendra-t-elle s'unir et comme se souder à l'autre ? Si l'on dit que c'est au moment de la génération, on retombe dans les inconvénients qu'on voulait éviter, et il faudra expliquer comment et pourquoi les deux âmes se séparent à la mort.

Laisse-t-on les deux âmes séparées même dans la vie, alors on établit plusieurs moi dans l'individu, qui s'attribue comme siens les actes de la vie de nutrition aussi bien que ceux de la pensée, et dit : je me nourris, aussi bien que : je pense. Sans doute chaque vivant est un assemblage de vivants ; une chose vivante n'est jamais une, mais toujours plusieurs. Mais ne convient-il pas de rectifier ces propositions en les complétant : chaque vivant est une unité de vivants ; toute chose vivante est à la fois toujours plusieurs et toujours une. L'être est l'unité d'une pluralité. Mais cette unité des deux âmes, d'où viendra-t-elle ? τί τὸ ἑνοποιοῦν. Et cependant si l'on n'admet qu'une seule âme, et telle est l'opinion d'Aristote, tout en reconnaissant comme lui la loi d'évolution, on sera obligé de voir dans le degré le plus infime de la vie, dans le principe vital du plus misérable insecte, à la forme la plus basse de l'organisation [1], un principe substantiel d'espèce identique

---

[1] Et peut-être même au-dessous de l'organisation, dans le monde inorganique ; en effet, les principes d'Aristote l'obligent à étendre la notion de l'âme bien au delà des limites où cherche à la restreindre la définition du *Traité de l'âme*. Sans doute, Aristote appelle sans âme, ἄψυχα, les êtres qui ne possèdent pas la vie. Mais l'âme, qui donne la vie aux vivants, ne donne-t-elle que la vie ? Tout ce qui a forme, essence, unité, ordre, ne doit cette forme, cette essence, cette unité, cet ordre qu'à l'âme. Le mouvement même ne se conçoit et ne se produit que par une âme. Or qu'est-ce qui, dans la nature, ne se meut pas, n'a pas une forme, une essence ? La terre se meut vers le bas, le feu vers le haut ; les éléments se transforment les uns dans les autres par des mouvements ; ces mouvements, sauf celui de l'éther, ne sont pas continus ; ils commencent et ils finissent ; ils ont des temps d'arrêt, comme des temps de repos. Quelle peut en être la cause, si ce n'est l'âme. Le mouvement lui-même n'est que la réalisation de la perfection possible, en tant que possible, que toute chose réelle porte en soi, et qu'on appelle nature. Comme les animaux supérieurs et inférieurs, comme les plantes, les corps simples, la terre, l'eau, le feu, l'air, sont des êtres naturels qui portent en eux un principe de mouvement et de repos, de forme et d'ordre, auquel obéit le monde inorganique lui-même, où tout aussi est dans l'ordre, ἅπαντα συντέτακται. (*Phys.*, VIII, 1, 252. *De Part. anim.*, I, 1, 641. *Metaph.*, XII, 10.) L'âme, identique à la nature, est le principe universel. Tout est plein de l'âme : πάντα ψυχῆς πλήρη. (*De Gener. anim.*, III, 11.) La nature entière est animée ; l'univers possède la vie : οἷον ζωή τις οὖσα τοῖς φύσει

à l'âme humaine. L'instinct animal est le commencement, le germe de l'intelligence. M. Ravaisson, qui se rapproche ici beaucoup de Hegel, ne fait pas difficulté de le reconnaître : « L'intelligence et la volonté sont au fond de toute vie et de tout mouvement. Les phénomènes vitaux, à tous leurs degrés, ne sont que des réfractions, dans des milieux diversement troublés, de l'unique et universelle lumière[1]. » M. George Lewes supprime la difficulté en supprimant le principe vital, comme produit de cette maladie de l'esprit humain qui la porte à réaliser des abstractions. La vie n'est pour lui qu'un connexus des activités organiques et leur résultante. L'organisme vivant n'est qu'un mécanisme, un agrégat de forces et non une force, un système de rapports. On oublie toujours de dire quel est le principe qui totalise les parties, en mesure et en règle le développement, quelle est la force qui met ces parties en rapport les unes avec les autres, en établit le connexus, en produit et en conserve l'unité.

L'animisme craint de porter atteinte à l'unité de l'âme : en revanche il tend à supprimer l'opposition de l'âme et du corps, ou à la réduire, comme Aristote, à celle de l'acte et de la puissance, qui ne sont que deux moments d'une force unique. Comment alors se représenter l'immortalité de l'âme? Si l'âme est immortelle, comme le croit Aristote, que devient, après la vie présente, ceux de ses attributs qui servaient à entretenir la vie du corps? Si cette fonction n'était qu'un accident de sa nature, et non un attribut essentiel, comment la détermination de cette fonction accidentelle constitue-t-elle la définition, qui doit donner l'essence? Aristote n'a pas méconnu la difficulté, et il croit la résoudre en faisant intervenir un peu *ex machina,* pour lui emprunter ce mot, une raison venue du dehors, qui complète l'âme et l'achève. Cette raison est seule immortelle, seule séparable du corps : l'autre âme meurt avec lui, mais alors le dualisme qu'on croyait vaincu reparaît, et reparaît triomphant. L'unité de l'âme est de nouveau en péril : on ne trouve plus de raison

---

συνεστῶσι πᾶσιν. La terre a la vie, et les périodes rythmées de la vie : jeunesse, virilité, vieillesse; l'eau a la vie, parce que toute eau contient de l'air, et que tout air renferme une chaleur vitale, θερμότητα ψυχικήν : aussi a-t-il la vie, βίος τις (*De Gener. anim.*, IV, 10, 778), et est-il soumis, comme tout être vivant, à la naissance et à la mort.

[1] *Rapp. sur la phil. au* XIXe *siècle*, p. 187.

qui l'explique ni de force qui la produise. L'évolution n'a plus de rôle à jouer ; car elle suppose l'unité de l'essence dans la multiplicité et la diversité des degrés de développement. Mais l'âme du dehors, ἔξωθεν, est d'un autre genre, ἕτερον γένος; elle n'est l'entéléchie d'aucun corps, et ne rentre plus dans la définition qui devait s'appliquer à toute l'âme et à toute âme[1].

Il y a contre le vitalisme des objections logiques, dont je sens la force, mais qui ne peuvent l'emporter sur la force des faits attestés par la conscience et même par la science. Ce dualisme, cette contradiction de deux âmes qui n'en font qu'une, je les trouve partout, dans l'homme comme dans la nature, dans le corps comme dans l'âme, dans toute réalité. Partout apparaît une multiplicité qu'on ne peut pas nier, enveloppée dans une unité manifeste et nécessaire, car sans elle la multiplicité elle-même ne saurait exister. La contradiction semble la condition, la loi, et comme le fond de l'être, du moins de l'être qui n'est pas l'absolu. Sans doute c'est l'opinion de Hegel, mais pourquoi l'opinion de Hegel ne serait-elle pas la vérité ? M. Ravaisson dit à ce sujet : « l'opinion de Hegel est, au fond, que toutes les oppositions, les contrariétés mêmes que présentent les degrés inférieurs soit de l'existence, soit de la connaissance, trouvent à un degré supérieur leur harmonie, leur unité, et de plus que c'est la fonction par excellence de la pensée, dans sa plus haute perfection, que d'opérer ce mariage, cette intime union des contraires. Une telle conception, dont l'origine remonte par Schelling et Fichte jusqu'à Kant, mais à laquelle ne fut pas étrangère, dans l'antiquité, la doctrine des plus grands adversaires des Sophistes, n'est-elle que méprisable[2] ? » Je ne la méprise pas quant à moi : il me semble manifeste que tout être renferme à la fois deux termes irréconciliables et cependant conciliés : le repos et le mouvement, la forme et la matière, l'acte et la puissance, l'unité et la multiplicité, l'individuel et l'universel, l'être et le devenir, qui lui même est en même temps être et non-être.

---

[1] S. Thomas n'éprouve aucun embarras, parce que, pour rétablir l'unité compromise, il fait appel à une action surnaturelle, à la toute-puissance divine : « Impossibile est in uno homine esse plures animas per essentiam differentes; sed una tantum est anima, intellectiva quæ vegetativo, et sensitivo et intellectivo officiis fungitur. »

[2] *Rapport*, p. 131.

Dans tout organisme les deux opposés coexistent : on ne peut les réduire à l'unité, à l'identité ; mais ils se pénètrent, se compénètrent si bien qu'ils sont inséparables. Là où on peut les séparer réellement, sans détruire le tout qu'ils forment, on n'a plus affaire qu'à un mécanisme. L'âme et le corps ne font qu'un être vivant, et sont, du moins pendant la vie, absolument inséparables ; et cependant si l'on maintient l'immortalité de l'âme, il faut admettre que chacun d'eux a une existence indépendante, et que l'âme immortelle, non seulement est séparable du corps dont elle est l'âme, mais a un mode d'existence différent. C'est une contradiction, et c'est aussi une contradiction que la coexistence de deux âmes dans l'unité de l'être humain : mais est-ce une raison pour la nier ? C'est un fait mystérieux, mais c'est un fait. Toute la nature, et aussi la nature humaine, est un mystère. La psychologie constate des faits ; or, quels sont les faits ? Ma conscience et ma raison m'attestent qu'il se passe en moi des mouvements dont ni ma raison ni ma volonté ne sont la cause ; bien plus, dont j'ai la conscience ferme et claire qu'elles ne peuvent être la cause. Nierai-je que ces mouvements sont des mouvements de ma vie ? Ou nierai-je que ma volonté et ma raison sont étrangères à la production de ces phénomènes ? Ou bien admettrai-je qu'elles les produisent, mais que cette raison, qui sans doute est toujours raison et conscience, non seulement n'a pas conscience de les produire, mais au contraire a conscience de ne les avoir jamais produits, et de ne pouvoir pas les produire ? Que puis-je donc raisonnablement et rationnellement conclure, si ce n'est qu'il y a en moi deux principes de vie irréductibles l'un à l'autre, qui s'unissent en une forme sans se confondre en une seule nature ? Il y a ainsi deux âmes dans mon âme, qui est une ; il y a deux hommes dans chaque homme, et l'on peut dire que cette dualité, c'est l'homme même : homo duplex.

Je ne fais pas difficulté de reconnaître que la distinction de l'âme vitale et de l'âme pensante, la distinction de l'âme et du corps, et toutes les autres oppositions que manifeste toute réalité, n'ont peut-être qu'une valeur relative et limitée. Toutes les contradictions peuvent se résoudre et se fondre dans l'unité absolue du principe premier. Mais cette unité absolue de l'indifférence universelle, c'est l'abîme où se confondent tous les êtres, et où se perdent aussi toute raison et toute pensée. La science ne commence qu'avec la différence¹, et la science de la psychologie en particulier n'existe qu'à la condition que le monde de l'âme et le monde du corps coexistent, s'opposent l'un à l'autre comme des puissances séparées², dont seulement alors on peut étudier les relations.

On sait que pour expliquer le mouvement, Aristote croit nécessaire de poser l'immobilité du premier moteur, afin qu'il puisse, par sa fixité, servir de point d'appui à la force motrice. Fidèle à ce principe général, Aristote conclut que l'âme, précisément parce qu'elle en est le principe, ne subit pas le mouvement, et n'en partage pas la loi, qui est le changement. Gassendi lui reproche ici, non sans raison, une sorte de contradiction: « Omittitur multis confirmare animæ nullum inesse motum, et viii° tamen physicæ, cap iii°, imaginationem et opinionem appellavit motus³. » Quoi qu'il en soit de cette contradiction, Aristote considère l'âme comme antérieure et supérieure au mouvement qu'elle crée. L'âme est pour lui une force chez laquelle l'acte ne commence pas, une essence indépendante, libre de toute condition étrangère, dans laquelle, comme dit Kant, « ne naît ni ne passe aucune action.⁴ » Les effets de cette action ont sans doute un commencement; l'action en soi n'en a pas : l'essence de l'âme est tout acte. Il est clair que ces déterminations ne peuvent s'appliquer qu'à l'âme divine ; car si elles devaient s'étendre à l'âme humaine, Aristote retomberait dans la doctrine de la préexistence des âmes, qu'il a si sévèrement reprochée à Platon. Mais on peut dire encore qu'Aristote affranchit l'âme de la loi du mouvement

---

¹ Kant, *Crit. de la Rais. pure*, t. I, p. 422 : « De savoir comment le moi qui pense est différent de celui qui se perçoit lui-même, sans cependant cesser d'être un seul et même sujet avec ce dernier..., c'est ce qui n'est ni plus ni moins difficile que de dire comment je puis être à moi-même un objet d'intuition, et même un objet d'intuition et de perception externes. »

² Herb. Spencer, *Princ. de psychol.* : « Quoique nous puissions croire que l'esprit et l'action nerveuse sont les côtés subjectif et objectif d'une seule et même chose, nous restons complètement incapables d'imaginer quel rapport il y a entre les deux. L'esprit continue d'être pour nous quelque chose sans parenté avec les autres choses... La psychologie, sous son aspect subjectif, est une science complètement unique, indépendante de toutes les autres sciences, avec lesquelles elle n'a rien de commun, et qui s'oppose à elles comme une antithèse. »

³ *Exerc. paradox. adv. Arist.*, l. I, ch. VII, p. 146, b.

⁴ *Crit. de la Rais. pure*, p. 339.

beaucoup plus en apparence qu'en réalité. En effet, il soutient que l'âme, d'abord pure puissance, se développe peu à peu et passe à l'acte par une série d'états intermédiaires ; il ne veut pas, il est vrai, appeler mouvement ce progrès, ce *prozess* par lequel se parfait et s'achève l'essence de l'âme, tendant à sa fin. Cependant ce n'est pas là un acte, du moins un acte parfait, qui est le repos. Si c'est un acte imparfait, comment ne serait-ce pas un mouvement, puisque le mouvement est, par définition, un acte imparfait.

Nous retrouvons encore ici la même difficulté et la même contradiction : le mouvement enveloppe l'immobilité et la nie ; l'imparfait ne se peut expliquer sans son contraire, le parfait. Tous les phénomènes de l'âme se passent dans quelque chose qui ne passe pas, et quand on se demande ce que c'est que ce quelque chose psychique qu'on veut séparer de ses phénomènes, ce que c'est que l'âme quand on la dépouille de ses sensations, de ses idées, de ses volontés, c'est-à-dire de ses mouvements, il semble qu'elle s'évanouit et s'évapore ; on ne rencontre plus qu'une puissance pure, vide, nue, une sorte de matière sans forme, c'est-à-dire le néant. Nous sommes donc encore réduits à poser en face l'un de l'autre les contraires, et à les maintenir à la fois unis et distincts. Platon avait dit déjà : l'âme est un mouvement qui enveloppe le repos, c'est-à-dire, sa propre négation.

C'est à Aristote que remonte la classification systématique des facultés ou plutôt des parties de l'âme. Elle se retrouve chez tous les philosophes et dans toutes les écoles : on ne l'a pas remplacée, et il est douteux qu'on la détruise. Ceux-là même qui l'attaquent sont obligés de s'en servir, sans la modifier sérieusement. Tout acte est lié à une puissance. Si l'on ne considère que l'individu, l'acte procède de la puissance ; si l'on considère le genre, la puissance procède de l'acte. Mais si tout acte d'un individu procède d'une puissance, ce n'est que par cet acte que la puissance se révèle et peut être connue, et l'acte à son tour ne peut être connu que dans son opération, dans son rapport à l'objet. Telle est la méthode qu'a suivie Aristote pour déterminer les facultés par les objets de leurs actes. On peut regretter que dans la psychologie des sensations, par exemple, on trouve moins l'analyse du phénomène psychique que celle des propriétés de l'objet. Aristote nous fait connaître ce que c'est que le son, la couleur, plutôt qu'il ne nous fait connaître ce que c'est que l'audition et la vue. C'est un défaut d'exécution et non un vice de méthode. Le procédé est excellent : il nous met en garde contre les abstractions, nécessaires sans doute, mais dangereuses pour la science et surtout pour la psychologie. Si jamais il y a eu nécessité de poser des abstractions, c'est bien ici, où elles sont inévitables. Mais la méthode d'Aristote nous prémunit contre ses propres inconvénients : elle plonge dans l'analyse du fait, dans le rapport toujours particulier de la faculté et de son objet, et met sous nos yeux, non pas une puissance générale, une entité métaphysique, mais une réalité vivante, rattachée à une faculté, comme à sa cause, par une généralisation nécessaire.

On ne peut pas nier que dans le développement que la scolastique a donné à cette théorie, qu'elle a transformée et altérée, il s'est produit des excès fâcheux dans les termes et les formules. Les facultés ont pris parfois l'apparence d'abstractions réalisées, de pouvoirs existant par eux-mêmes, entrant en lutte ou en combinaison les uns avec les autres, et constituant comme un monde d'êtres métaphysiques. Il n'y a évidemment dans l'âme que des faits individuels et, outre ces faits, des lois qui en règlent la production, en mesurent les rapports, en déterminent l'influence réciproque, en ordonnent le développement et l'évolution. De cause réelle, il n'y en a qu'une, c'est l'âme. Mais quel psychologue l'a jamais contesté ? Qui a jamais nié l'unité vivante de la cause des faits psychiques, et à qui une classification trop scolastique, une technologie trop abstraite a-t-elle paru mettre en péril cette manifeste vérité ?

La loi d'évolution par laquelle on explique la génération progressive et successive des diverses facultés considérées comme des degrés différents de développement d'un pouvoir unique [1], ne rend pas compte à elle seule de tous les faits. Ad-

---

[1] Hegel, *Phil. de l'esprit*, t. II, p. 100. « On a attaché pendant quelque temps une grande importance à cette filiation des facultés (philosophie de Condillac), comme si cette prétendue génération naturelle pouvait montrer l'origine et donner une explication de ces facultés. Il y a là, il est vrai, une tentative qu'il ne faut pas méconnaître : c'est de rendre intelligibles les diverses formes de l'activité de l'esprit dans leur unité, et de montrer la nécessité de leur connexion. » La caractéristique commune de toute la Psychologie Allemande, à peu d'exceptions près, est de renoncer à la théorie des facultés, à laquelle on fait les objections suivantes :

1° Le nombre des facultés est arbitraire et illimité ; où chercher les limites

mettons que la raison soit, non pas la sensation tranformée, mais un état supérieur d'une force psychique une, qui suppose comme antécédent et condition l'état de sensation ; admettons que les idées de la raison, sans la considérer comme une table rase, aient été déposées dans l'âme par des expériences accumulées, dont les bénéfices sont transmis à chaque individu de l'espèce par la voie de l'hérédité : il faut toujours reconnaître que la raison, tout en se manifestant après la sensation, ne la supprime pas ; les deux facultés coexistent, et si bien qu'elles ne sont pas toujours d'accord, ce qui veut dire, sans doute, que l'âme n'est pas toujours d'accord avec elle-même, mais signifie aussi qu'il y a dans l'âme deux directions, deux mouvements opposés.

L'âme, malgré la multiplicité des phénomènes qui se produisent en elle, est une unité vivante, un tout vivant ; et elle en a conscience ; car elle les rapporte tous à une seule et même cause, le moi. Mais un tout, par sa nature, est ce dont toutes les parties sont également primitives, au moins dans l'essence, καθ' αὐτό. La raison est donc dans l'âme tout aussi primitive que la sensation ; la volonté tout aussi primitive que le désir. S'il y a une sensation qui puisse devenir intelligence, s'il y a un désir qui puisse devenir volonté, c'est ce que cette sensation était déjà intelligence, ce désir était déjà volonté, en puissance du moins. L'évolution suppose toujours un germe qui évolue, et ce germe doit contenir le principe, la possibilité active de la série de ses développements futurs. Tout être est dès le principe ce qu'il sera à la fin : *est quod futurus est*. L'évolution développe : elle ne crée pas.

Ainsi toutes les facultés de l'âme sont également primitives. Il n'est pas d'ailleurs possible d'entendre la loi d'évolution dans un sens purement chronologique, historique, comme si

---

qui, dans la réalité, séparent de leurs principes internes la diversité multiple des phénomènes ;

2° Elle laisse sans explication intelligible le passage de la faculté au pouvoir, du repos à l'activité ;

3° Elle suppose une action et réaction réciproques des facultés les unes sur les autres, qu'on ne sait comment se représenter ;

4° Elle conclut, par un syllogisme sophistique, du fait réel à la possibilité qu'il soit produit, possibilité qui est identifiée à tort avec la puissance de le produire ; car la possibilité n'est qu'une pensée du sujet qui observe un changement et ne doit pas être confondue avec le principe d'activité inhérent à un objet, capable de produire ce changement.

chaque période de la vie apportait successivement à l'âme, on ne sait d'où, des puissances entièrement nouvelles et étrangères à son essence, comme on peut ajouter à une maison une ou deux ailes nouvelles qui n'entraient pas dans le plan primitif de l'architecte, et n'appartenaient pas à l'idée du bâtiment qu'il voulait construire. Le primitif réel est pour chaque être son état le plus parfait, c'est-à-dire sa fin ; ou plutôt, comme l'a si souvent dit Aristote, il y a deux primitifs, le primitif en soi, par nature, par essence, dans l'idée, et le primitif dans le temps et par rapport à nous. De sorte que, selon le point de vue où l'on se place, la sensation est antérieure à la raison, et la raison antérieure à la sensation. C'est ce qu'il ne faut pas oublier en adoptant la théorie, vraie sous cette réserve, de l'évolution des facultés. La raison dans l'homme enveloppe la sensation ; mais aussi la sensation enveloppe la raison, et si l'on veut établir un rapport de cause à effet, ou d'acte à puissance, au lieu de dire que la sensation est cause de la raison, il serait plus exact de dire le contraire. Comment en effet comprendre que l'inférieur soit cause du supérieur ? L'imparfait est une sorte d'impuissance, et l'impuissance ne saurait être cause, cause au moins de la chose dont elle est l'impuissance. L'imparfait ne saurait être le primitif en soi.

Il est vrai que ce principe qui subordonne la puissance à l'acte n'a de valeur qu'appliqué à l'universel : dans l'individu l'ordre est interverti. Mais dans la doctrine d'Aristote, et je pense aussi dans la vérité des choses, la transmission héréditaire ne s'applique pas uniquement à la vie physique. Le principe de la vie intellectuelle et morale se transmet également par l'hérédité, et alors il faut toujours poser à l'origine un primitif dans l'essence, c'est-à-dire poser le parfait comme le vrai premier. En s'appuyant sur cette loi, on pourrait dire avec Schelling : « Une grande masse d'activité inconsciente doit servir de base chronologique à l'activité inconsciente », avec cette réserve que dans la première cellule de l'être appelé à devenir conscient, il y a déjà déposé le germe de ce qui sera la conscience.

Si l'on écarte, comme dépassant les bornes de la science humaine et placée dans le domaine de l'inconnaissable, la recherche du vrai premier, il sera toujours nécessaire de poser dans l'individu même la coexistence simultanée des facultés diverses qui se développent dans le temps, successivement, mais dont l'unité essentielle serait compromise si elles n'étaient pas toutes primitives. C'est même là ce qui complique un problème déjà si compliqué. Ces facultés que nous venons de déclarer également primitives, il semble qu'elles s'engendrent l'une l'autre, que l'une naît de l'autre ; du moins elles ont entre elles des rapports si intimes et une pénétration si profonde qu'il se produit de ces contacts des facultés pour ainsi dire nouvelles. La mémoire et l'imagination sont comme les fruits du mariage de l'intelligence et de la sensation ; la volonté semble le produit du désir et de la raison, par une sorte de combinaison chimique d'où sort un être nouveau, différent de ses éléments. C'est ainsi qu'Aristote les considère, sans expliquer d'ailleurs comment cette origine se concilie avec ses principes métaphysiques.

La théorie des facultés dans Aristote présente des lacunes ; l'imagination y est insuffisamment étudiée, et on ne sait à quoi rattacher la faculté esthétique et créatrice de l'âme. Mais c'est lui, le premier, qui a signalé le fait considérable de l'association des idées, où la philosophie anglaise voyait naguère encore toute la psychologie, et par lequel elle voulait expliquer tout le mécanisme de la pensée. L'analyse de la mémoire est un chef-d'œuvre d'exactitude et de finesse, et la distinction de la réminiscence a fourni à la science moderne des ouvertures heureuses et fécondes. La théorie de la raison considérée comme la faculté de l'intuition intellectuelle pure des principes derniers de la pensée et de l'être, comme lieu des idées intelligibles et immédiates, n'est obscure que parce qu'elle est profonde et profondément vraie. Mais il faut reconnaître que la distinction et le rapport d'une raison passive, c'est-à-dire humaine, et d'une raison active qui est non seulement le divin en nous, mais semble Dieu même, fait naître des difficultés et des contradictions [1] qui n'ont pas de solution. On peut encore reprocher à Aristote, sinon d'avoir conçu les facultés, du moins de les présenter dans l'exposition, comme trop isolées, trop indépendantes les unes des autres, juxtaposées et agrégées plutôt que fondues dans un tout réel et vivant, complètement achevées en elles-mêmes et existant chacune en soi et pour soi, enfin de n'en avoir pas suffisamment pénétré et expliqué la connexion intime et essentielle, de manière à

---

[1] Je les ai exposées plus haut avec des développements suffisants, qui me dispensent d'y revenir ici.

faire bien comprendre le développement organique de l'esprit qui s'accomplit en elles et par elles. Mais c'est là un défaut commun à toutes les doctrines psychologiques, et qui doit nous en faire considérer encore aujourd'hui les résultats comme insuffisants, incomplets et provisoires.

On ne peut contester qu'Aristote a fondé l'esthétique : le premier il distingue l'art de l'activité morale et politique avec laquelle Platon l'avait confondu ; le premier il voit là une puissance spéciale et en même temps universelle de l'esprit humain. Le but politique et moral, sans disparaître, car ce serait briser l'unité de l'intelligence et de l'âme, passe dans l'art au second plan, et l'art devient quelque chose par lui-même et pour lui-même. Seulement, dans Aristote comme dans Platon, ce n'est pas l'idée du beau, mais l'idée de l'art qui est l'objet de l'analyse, dont les résultats précis et justes sont malheureusement disséminés et sans lien. Le moment esthétique de l'amour qui, excité par la beauté, veut engendrer en elle un autre être, pour prolonger en lui son existence périssable, ce moment psychologique si admirablement mis en lumière par Platon, a été négligé par Aristote, chose d'autant plus singulière que l'attrait de la beauté, ce désir, ce soupir de l'être imparfait vers la perfection, vers l'éternel désirable, l'éternel aimable, est le principe auquel est suspendue toute la métaphysique d'Aristote. La métaphysique est plus vraie ici que la psychologie : « C'est dans l'idée du bien, c'est dans l'idée de l'amour qu'est le dernier mot de toutes choses... Nous voyons plus clairement que le dedans des choses, pour ainsi dire, est l'âme, et le dedans de l'âme le vouloir, et ce qui forme l'intérieur le plus reculé de la volonté, c'est l'amour. L'amour, ou amour de ce vrai bien qui lui-même n'est que l'amour, n'est-ce pas la sagesse ?[1] »

La théorie de la volonté est la plus obscure, la plus incertaine des théories psychologiques d'Aristote ; on y rencontre des hésitations et des contradictions que la science moderne n'a pas toutes réussi à lever. Aristote ne met pas en doute notre liberté ; nos actions ne sont pas indifférentes ; elles ont une valeur morale ; nous sommes responsables ; l'homme est libre. L'être libre est celui qui s'appartient à lui-même et n'appartient qu'à lui-même. Mais l'homme est essentiellement une raison : s'appartenir, pour lui, c'est donc appartenir à la

---

[1] Ravaiss., *Rapp.*, p. 227.

raison, à la droite raison, c'est-à-dire se conformer à ses lois[1]: lui désobéir, c'est au contraire être esclave. Il le peut sans doute, mais comment, par quels actes internes la liberté se réalise-t-elle, se manifeste-t-elle ? Aristote ne s'est pas posé ces questions, que les Stoïciens ont été les premiers à aborder.

Il définit la volonté : un désir raisonné, une raison qui désire ; ce n'est pas résoudre la question de l'essence même de la volonté. Qu'est-elle en soi, une raison ou un désir ? Si elle est une raison, comment peut-elle hésiter, errer, varier ? Comment surtout peut-elle être libre, puisque la raison obéit à des lois nécessaires, et que le lien du principe et de la série des conséquences logiques qu'il contient ne peut être ni brisé ni suspendu ? Si elle est un désir, si par conséquent elle est engagée dans les liens du corps, comment l'individu moral est-il responsable d'actions qu'il a subies et non point faites ? Comment d'ailleurs s'expliquer le rapport intime entre deux facultés si opposées dont l'une vient du dehors, l'autre du dedans, et qui des deux n'en fait qu'une ?

Aristote a soutenu que le ciel et la terre sont suspendus à un principe unique, le bien, qui par sa beauté éternellement désirable produit, sans se mouvoir, le mouvement, et avec le mouvement l'ordre de l'univers : car la nature n'est pas une méchante tragédie composée d'épisodes sans lien, ni un empire où plusieurs chefs se disputent et se partagent l'action et le commandement. Malgré cela, Aristote pose, sans l'expliquer, dans la région sublunaire, une possibilité de changement qui se dérobe à la loi de l'ordre, sans échapper à la loi du mouvement, et même à la loi du mouvement vers le bien, qui est l'ordre, en sorte que, malgré la tendance des choses et des êtres de ce monde vers l'ordre, il peut y avoir en lui du désordre.

Dans ce monde le lien des effets et des causes est donc suspendu, non pas par une raison métaphysique, mais par une raison morale, parce qu'il faut maintenir dans le monde physique l'accident qu'on ne peut pas y nier, et dans le monde moral la liberté, d'où dépendent la personnalité et la dignité de l'homme. L'homme a donc un pouvoir d'activité initiale, sans que cette activité soit la transformation équivalente de mouvements antécédents ; il crée quelque chose dans l'ordre moral, et c'est lui-même. L'homme moral, la personne morale

---

[1] Summa Deo servitus, summa libertas.

est la création de l'homme. C'est pour cela que le spectacle d'un acte moral est plus doux à contempler que le ciel plein d'étoiles.

Tout ce qui est passé est une suite nécessaire des causes antécédentes ; mais l'avenir n'est pas nécessaire dans le même sens. L'homme peut arrêter, dans le futur contingent, le cours des effets et des causes, en sorte que l'antécédent arrive et que le conséquent n'arrive pas. C'est la doctrine expresse d'Aristote. « Puisque dans les choses qui ont un mouvement continu, soit dans la catégorie de la génération, soit dans celle de l'altération, ἀλλοίωσις, soit dans celle du changement en général, nous voyons succéder sans interruption et constamment ceci à cela, il faut voir s'il y a des choses qui arriveront nécessairement, ou s'il n'y en a aucune qui soit nécessaire, et s'il est possible que toutes les choses puissent ne pas arriver. Qu'il y en ait quelques-unes nécessaires, et que telle chose étant, telle autre sera par la première, c'est une vérité que rend évidente l'observation suivante : la chose dont il est *vrai* de dire qu'elle *arrivera*, doit nécessairement arriver ; mais la chose dont il est vrai de dire qu'elle *doit* arriver, ὅτι μέλλει, celle-là, rien n'empêche qu'elle n'arrive pas, car il est parfaitement possible qu'un homme qui devait se mettre en marche ne se mette pas en marche. [1] »

Le hasard et la liberté ne sont pas cependant choses identiques, mais l'un et l'autre ont pour fondement la possibilité que la chose soit de cette manière ou d'une autre. Le hasard suppose qu'une chose arrive sans but, qui aurait pu en avoir un ; si le fait appartient à l'ordre de la nature, Aristote l'appelle αὐτόματον ; s'il est du domaine des actions humaines, il le nomme ἀπὸ τύχης [2]. La liberté, au contraire, suppose un but que l'être se propose lui-même, et dont l'idée qu'il s'en fait est cause de son action : c'est le but qu'il veut, c'est cette idée qu'il réalise par sa propre force devenue cause. La nature a son but en dehors d'elle-même ; l'homme a son but en lui-même, dans sa pensée, à laquelle sont présents à la fois les deux extrêmes de l'opposition où la chose à faire est enfermée, et il a conscience de pouvoir faire l'un comme l'autre. Le choix entre les deux, qui appartient à la partie délibérante

---

[1] *De Gener. et corr.*, II, 337, a, 34 ; b, 7. Conf. *De Interp.*, 9, 18, a, 24.
[2] *Phys.*, II, 5, 196, b, 10.

de l'âme, τὸ βουλευτικόν, prouve à la fois la liberté et l'intelligence de l'agent [1]. C'est de cette délibération antécédente que sort l'action, dont le principe, par conséquent, est dans l'agent. C'est de lui qu'il dépend de la faire et de ne la pas faire. Il y a donc lieu de distinguer des actes volontaires et des actes involontaires.

S'il en est ainsi, la raison est l'élément principal de la volonté : mais la raison est l'acte le plus indépendant et le plus libre [2]. C'est elle qui nous fait connaître le bien, le parfait, le divin ; en sorte que la volonté, essentiellement raison, est essentiellement libre, parce qu'elle est en nous ce qui a le plus d'affinité avec le divin [3]. La félicité est le but de l'action et la fin de la vie ; mais cette félicité ne se distingue pas de l'action elle-même. Le plaisir est le complément et comme l'achèvement de l'action ; le plaisir moral, l'achèvement de l'action morale, c'est-à-dire la perfection morale de l'activité.

Il est plus facile de signaler les défauts de cette théorie que de les corriger. Comment et par quelle cause est suspendu le lien des effets et des causes en ce qui concerne l'avenir ? Le passé a été un avenir et l'avenir sera un passé. Comment deux lois si contraires peuvent-elles régir des choses dont la seule différence est une différence dans le temps ? Est-il bien exact de dire que la raison est libre ? La raison divine, oui, assurément ; mais la raison humaine, qui plonge par tant de racines dans la sensation, dont toutes les idées sont nécessairement accompagnées d'une image, qui, en outre, n'arrive à son acte le plus éminent que par l'influence efficace de l'entendement agent ou divin, comment soutenir qu'elle est libre cette raison, que conditionnent les choses extérieures, que dominent les influences divines ? Comment pourrait-il se faire que les actions qui naissent de cette raison ne fussent pas déterminées par la série liée et indestructible des faits antécédents qui la conditionnent ?

D'autre part, si la raison, dont le caractère est l'universalité et la nécessité, constitue l'élément essentiel de la liberté, le parallélisme tracé par Aristote entre le monde des phénomènes contingents, région de l'action morale, et le monde des faits nécessaires, objet de la science théorétique, s'évanouit.

---

[1] *Ethic. Nic.*, III, 4 ; III, 1, 1109, b, 30.
[2] *De Anim.*, III, 11, 434, a, 12.
[3] Cf. Trendel., *Hist. Beitr.*, II, p. 153.

La raison, en pénétrant dans les principes de la vie morale, en subordonnant à ses lois le désir aveugle du plaisir, change le contingent en nécessaire et fait disparaître la liberté du choix. Aristote détruit même expressément le libre arbitre ; la disposition habituelle, ἕξις, est pour lui une seconde *nature ;* le caractère résulte de cette habitude qui, elle, est un fait de liberté. Nous créons nous-mêmes notre caractère par l'habitude. Jusqu'ici tout va bien, mais, suivant Aristote, l'habitude suppose la nature, et la nature, qui nous incline au bien, est un don divin, une grâce de Dieu[1]. N'est-ce pas comme le prélude de la théorie augustinienne : *Deus operatur in nobis et facere et velle.* Si l'homme libre est celui qui obéit à la raison, si la raison est dans son fond un don, une œuvre de Dieu, en obéissant à la raison, aux idées nécessaires et universelles qui la constituent, il obéit à Dieu : *Deo parere libertas est.*

Tous les systèmes de morale qui veulent éviter de dire que nos actions n'ont pas de raison, de fins, et qu'elles sont déterminées par ces fins, cherchent à concilier le lien des effets et des causes, loi absolue des choses, avec la notion d'un but, qui ne peut être absente de l'action morale. Mais personne n'a encore trouvé cette voie moyenne entre le déterminisme et la liberté absolue. Fichte avait dit : « Je veux être libre et cela suffit pour que je me considère comme tel[2]. » La volonté, dit M. Fouillée, n'est pas soumise à l'idée[3] d'un bien

---

[1] *Ethic. Nic.*, X, 10, 1179, b, 20. θεία μοῖρα. Mot de Platon, répété encore *Ethic. Nic.*, I, 10, 1099, b, 9. Cette heureuse disposition de l'âme à la vertu s'appelle εὐφυΐα. *Ethic. Nic.*, III, 7, 1114, b, 11. Cf. *Polit.*, VII, 5, 1134, b, 6. *Ethic. Nic.*, VII, 14, 1243, a, 25.

[2] *Werke*, B^d, IV, p. 22.

[3] Telle n'est pas la doctrine de M. de Hartmann, qui adopte, en le citant, la théorie d'Aristote sur la volonté, théorie contenue et résumée dans ces deux formules : 1° Il n'y a pas de vouloir sans idée, ὀρεκτικὸν δὲ οὐκ ἄνευ φαντασίας, (*De Anim.*, III, 10, 433, b, 27,) c'est-à-dire que le vouloir n'existe ou n'a de réalité que par le rapport qu'il établit entre l'idée de l'état présent et celle de l'état futur. Une volonté qui ne veut rien n'existe pas réellement. C'est à son contenu déterminé que la volonté doit la possibilité de l'existence, et ce contenu est l'idée. (*Philos. de l'inconsc.*, t. I, p. 132.) 2° L'idée, quand elle agit, n'agit pas sans la volonté, καὶ ἡ φαντασία δὲ, ὅταν κινῇ, οὐ κινεῖ ἄνευ ὀρέξεως (*De Anim.*, III, 10, 433, a, 9)..., c'est-à-dire l'idée reste inviolablement renfermée en elle-même. La pensée ne peut sortir d'elle-même. Elle n'a de vertu causale et motrice qu'en tant que contenu de la volonté et associée à elle. Partout nous reconnaissons nécessairement une volonté dans l'idée, là où l'idée agit au dehors. (*De l'Inconsc.*, t. I, p. 138.)

qu'elle devrait réaliser. Elle est la règle du bien; car le bien, c'est d'être libre; c'est l'absolue indépendance... Je veux pour vouloir et cette volonté est si forte que je veux des choses qui sont contre ma nature... Je m'oublie pour ne vouloir que le bien des autres. C'est ce qu'on appelle l'amour, qui se donne librement à autrui, parce qu'il croit en celui qu'il aime, et que ce tendre abandon, cette foi est une partie de son don précieux. »

Pour un être absolu, oui, la suprême liberté est le bien suprême; pour un être relatif et imparfait, qu'une puissance souveraine tient en sa main, que limite et domine l'ensemble des choses et des êtres dont il n'est qu'une partie infiniment petite, c'est folie d'y prétendre. Aussi il y a des choses que je suis contraint par ma nature, d'autres que je suis obligé par ma conscience de vouloir. Une loi impérative et universelle m'ordonne de vouloir le bien d'autrui : je suis tenu d'aimer mes semblables. Je commande à ma volonté, à mon amour, et comme cela ne peut aller à l'infini, il faut admettre une idée qui commande à l'amour. Il n'est pas exact de dire que je veuille et que je puisse rien vouloir qui soit réellement et absolument contre ma nature. Est-ce qu'il n'est pas de ma nature de vouloir être libre, de vouloir l'indépendance? Je ne puis me détacher de moi-même ni renoncer à mon être. Il y a une métaphore dans ces mots sublimes ; c'est pour la recouvrer qu'on abandonne la vie, pour se sauver qu'on se sacrifie. On jette à la mort la partie méprisable de l'être, pour en garder vivante la partie noble. Le désintéressement absolu n'est pas plus possible à notre nature relative que la liberté absolue. Je ne puis rompre le lien de sympathie et d'amour qui me lie à mes semblables, et fait partie de ma nature. Voilà pourquoi il y a dans les grands et héroïques sacrifices une volupté que l'âme savoure. Je ne suis qu'une unité dans ce grand tout du monde ; mais enfin j'en suis une partie, que rien n'en peut détacher et qui a toujours conscience du lien qui l'y rattache.

Sommes-nous déterminés? Sommes-nous libres ? Ni l'un ni l'autre, si l'on entend ces mots dans un sens absolu; l'un et l'autre, dans un sens relatif. Nous sommes déterminés dans une certaine mesure. Le passé, non pas seulement notre propre passé, dont on pourrait dire que nous avons été le maître, si nous ne le sommes plus, mais le passé de notre famille, de notre race, de notre espèce, pèse sur nous, et nous ne pouvons pas rejeter tout ce fardeau héréditaire. Mais qui ne sent par la conscience que nous sommes libres aussi dans une certaine mesure? Dans quelle mesure? Nous ne le savons pas, nous ne le saurons jamais, et il est bon que nous ne puissions jamais le savoir, sans quoi nous tomberions dans le désespoir de notre misère ou dans l'orgueil de notre élévation morale. Nous nous sentirions au-dessus, ou au-dessous, c'est-à-dire en dehors de l'humanité.

Aristote pose comme but universel de la vie la félicité : mais la vraie félicité, c'est la perfection de l'activité morale qui a pour fondement la raison, et Kant ne s'éloigne pas beaucoup d'Aristote en imposant à l'homme l'obligation d'agir suivant une maxime dont la valeur est universelle, puisque la raison seule peut fournir un principe d'universalité.

En résumé, on peut encore répéter avec Trendelenburg l'éloge de l'*Ethique* d'Aristote, contenu dans les statuts de l'université de Greisswald, où la lecture de l'*Ethique à Nicomaque* était chaque année obligatoire dans le cours de philosophie : *quum eo opere in tota hac philosophiæ parte vix aliquid praestantius aut absolutius habeatur.*

La théorie de l'intelligence se ramène aux quatre points suivants :

1. La sensation est une faculté distincte de la raison, comme l'objet individuel et sensible est distinct de l'universel et du suprasensible.

2. L'acte de la raison suppose l'acte antérieur, quoique inférieur, des sens. On ne peut penser sans images ; les images sont des formes sensibles et pour ainsi dire des objets sensibles, αἰσθήματα.

3. D'un autre côté l'acte de la sensation enveloppe un acte de la raison ; le sensible contient l'intelligible en puissance. La sensation est raison, αὔτη δ'(αἴσθησις) ἐστὶ Νοῦς.

4. La raison connaît la forme absolument pure, l'acte sans matière, l'inconditionné, et elle ne le peut connaître, que parce qu'elle le contient, toute connaissance étant une assimilation. La raison, et elle en a conscience, semble franchir ici ses limites, *transit se;* elle reconnaît qu'une cause divine seule peut mettre en acte cette pensée divine, que Dieu seul peut nous donner l'idée de Dieu, nous le faire désirer et aimer : car l'amour, le désir, la pensée se confondent ici en un seul et même acte, l'acte suprême et parfait de la vie.

Hegel s'étonne qu'on ait pu accuser de sensualiste et de

matérialiste l'auteur d'une doctrine où il trouve avec raison un idéalisme si élevé : « Das ist idealistisch gesprochen : und doch soll Aristoteles ein Empiriker seyn[1]. » Au fond, Aristote adopte la doctrine de son maître : l'être est une idée. Tandis que la raison passive et discursive se borne à tirer les lois générales et abstraites de la réalité sensible, la raison active, pénétrant au fond de la nature des choses, y reconnaît, comme leur essence, un intelligible, une forme, un acte, en un mot, ce qu'elle est elle-même ; tandis que la réflexion explique par des lois le monde réel, l'intuition de la raison découvre un monde absolument idéal, et reconnaît que, dans leur essence, les choses sont des idées. Aristote a beau faire : c'est un platonicien dissident, mais c'est un platonicien.

Dans la psychologie d'Aristote comme dans toute sa philosophie se révèle l'effort d'expliquer le mystérieux[2] rapport de l'universel et de l'individuel, du parfait et de l'imparfait, de l'acte et de la puissance, explication qui est l'objet même de la philosophie et son désespoir. L'individuel et l'universel, dans la sensation comme dans la raison, s'enveloppent l'un l'autre, se développent l'un de l'autre : l'universel et l'acte, c'est le *prius* en soi, ὅλως καθ'αὑτό ; l'individuel et la puissance, c'est le *prius* par rapport à nous, πρὸς ἡμᾶς. La nature est la limite commune, le rapport concret et vivant, où ces deux facteurs s'unissent. Au-dessus de cette réalité l'âme conçoit un être absolument parfait, qui soutient et domine le système des êtres imparfaits, en rapport avec eux et ne participant pas à leur fragilité. Mais ce n'est guère que par ce rapport que l'âme peut en sentir la présence, en affirmer l'existence, en deviner les attributs : car son faible regard, s'il voulait se porter sur son essence même, n'en saurait soutenir l'éblouissant éclat[3]. « Comme des oiseaux de nuit, nous voyons mieux dans l'ombre[4]. »

---

[1] Werke, *XIV*ᵉʳ *B*ᵈ, p. 342.
[2] La vérité est mystérieuse comme la vie ; elle est également contradiction.
[3] Melius scitur nesciendo quam sciendo. S. Aug.
[4] *Metaph.*, II, 36, éd. Br.

ADDENDA

P. 141. Note 1. — Michel d'Ephèse est distingué par L. Allatius (*De Psellis*, p. 40) de Michel Psellus, qui a écrit aussi un traité *De l'Ame*, où il paraphrase très librement Aristote. *L'Annuaire de l'Association pour l'encouragement des Etudes grecques* (année 1879, p. 230) contient des chapitres inédits de son ouvrage. Allatius est porté à voir dans Michel d'Ephèse, Michel Ducas Parapinacès, qui fut empereur de Constantinople de 1067 à 1078, puis ensuite évêque d'Ephèse, et dont Michel Psellus aurait été le précepteur.

P. 141, l. 17. — M. Ch. Ruelle a trouvé à Paris un manuscrit grec du xviie siècle de l'ouvrage de Corydalleus, dont on ne connaissait jusqu'alors que l'exemplaire du fonds Nani, à Venise. D'après M. Sathas (Νεοελληνικὴ φιλολογία, 1868, p. 250), Théophile Corydalleus était un médecin et un théologien d'Athènes, et y vivait au xviie siècle. Son livre, écrit en grec ancien, est d'un assez bon style. Voir la notice qui lui est consacrée dans l'*Annuaire de l'Association pour l'encouragement des Etudes grecques*, année 1881, p. 102.

P. 451. — Dans la phrase : ἀνειμένου τοῦ κωλύοντος ἐνεργοῦσιν (*de Somn.*, 3), on trouve comme un lointain antécédent de la théorie d'Herbart sur l'*arrêt* (Hemmung) des impressions sensibles ; car elle signifie que les mouvements simplement possibles deviennent réels, entrent en acte, lorsque la cause qui les *arrêtait* cesse son action, ou en diminue la force efficace. Les sensations de l'état éveillé laissent dans l'âme certains restes, certains résidus, pour ainsi dire. Les images que nous voyons en songe proviennent de l'action et de la réaction réciproques de ces résidus de sensations et du mouvement immanent aux sens. Ce mouvement peut être *arrêté* par l'action de ces résidus ; quand cette action cesse ou s'affaiblit, il redevient libre.

NOTE SUR LA CATHARSIS OU PURIFICATION[1].

Je suis persuadé que la purification n'a dans Aristote qu'un sens exclusivement psychologique, et que les anciens ne l'ont jamais entendue autrement. Je me borne, dans cette note, à mettre sous les yeux du lecteur les textes à l'appui de cette opinion. Telle est déjà la signification qu'y attache un grammairien grec inconnu, auteur d'un traité *De la Comédie*, dont il nous reste un fragment[2]. Toutefois il est d'avis que la purification de la terreur et de la pitié sont réciproques[3], c'est-à-dire que les sensations de terreur qu'éprouve l'âme dans la tragédie y sont purifiées par la pitié, et les sensations de pitié par la terreur. Le mot le plus important du fragment est celui-ci : « La tragédie, qui a *pour mère* la douleur, doit contenir une συμμετρία de la terreur, » c'est-à-dire amener cette sensation de terreur à une mesure, une proportion, une harmonie[4], qui la transforme et la purifie.

[1] C'est le mot qu'emploie Aristote dans la *Poétique*, VI, περαινοῦσα τὴν τῶν τοιούτων παθημάτων κάθαρσιν. On trouve dans ce même sens ou dans un sens très voisin : ἀπόθεσις, ἀπαλλαγή γενέσεως (Stob., *Ecl. phys.*, I, 52, 59, p. 1056, II), ἀπολύεσθαι τὰ πάθη (Iambl., p. 22, *Réponse à la lettre de Porphyre à Anébo*), ἀπέρανσις et ἀφοσίωσις. (Proclus, *In Plat. remp.*, p. 360, éd. Basle.)

[2] *Exc. Cod. Coisl.*, Cramer, *Anecdot. Paris.*, I, 4049. *Prolegg. Schol. Aristoph.*, éd. Didot, p. xxvi.

[3] ἡ τραγῳδία ὑφαιρεῖ τὰ φοβερὰ παθήματα τῆς ψυχῆς δι' οἰκτροῦ, καὶ ἔτι συμμετρίαν θέλει ἔχειν τοῦ φόβου· ἔχει δὲ μητέρα τὴν λύπην, et *Exc. Cod. Coisl.*, Cramer, I, p. 4 : La Comédie, παθημάτων συστατικὴ τοῦ βίου, διὰ γέλωτος καὶ ἡδονῆς τυπουμένη; *Exc. Cod. Coisl.*, Cramer, I, p. 404 : La Comédie, δι' ἡδονῆς καὶ γέλωτος περαινοῦσα τὴν τῶν τοιούτων παθημάτων κάθαρσιν· ἔχει δὲ μητέρα τὸν γέλωτα.

[4] La sensation, ou le sentiment, comme on voudra l'appeler, qu'excite la tragédie et qui deviendrait une souffrance, est l'état, dans la réalité, de la *passion*. Qu'est-ce que la passion? C'est l'état de l'âme où elle se concentre tout entière dans une détermination morale limitée et exclusive, où elle est tout entière absorbée par un seul objet, une seule idée, un seul sentiment. Comment guérir l'élément de souffrance qui s'y rattache? En distrayant

Un fragment des *Adoniazousai*[1] du poète comique Timoclès est un admirable commentaire de la théorie d'Aristote : « Mon ami, écoute bien ce que j'ai à te dire : l'homme est un être dont la vie est condamnée par la nature à la souffrance, et est sujette à toute espèce de maux ; il a donc dû chercher, et il a trouvé des moyens de se consoler. L'âme oublie ses douleurs propres quand, par une sorte d'enchantement magique, elle est comme fascinée par les douleurs d'autrui ; elle sort de cette participation sympathique à la fois charmée et meilleure[2]. »

La catharsis musicale qu'analyse Aristote dans la *Politique*[3], et qui ne se confond pas avec la catharsis de la poésie ou tragique, pourrait bien avoir cependant un côté pathologique et produire des effets thérapeutiques : « ὥσπερ ἰατρείαν τυχόντας καὶ καθάρσεως ; les hommes sont *pour ainsi dire* guéris et purifiés, » mais le contexte semble prouver que ce n'est qu'une métaphore.

Dans ce passage Aristote distingue trois sortes de *musique*[4] :

1. Une musique éthique, c'est-à-dire, à mon sens, dont le but exclusif ou dominant serait de moraliser, d'agir sur les mœurs[5].
2. Une musique pratique.
3. Une musique enthousiastique[6].

Il n'est pas facile de définir chacune de ces deux dernières espèces. Analysons le chapitre entier.

---

l'âme, en l'empêchant de s'absorber. L'art tragique a plusieurs moyens pour cela.

[1] *Athen.*, VI, 2, 223.

[2] C'est la doctrine de tous les anciens. Plutarque (*Sap. conv.*, VII, 13) : « La fonction des muses est de dresser les mœurs, de consoler les passions, παρηγορεῖν τὰ πάθη, à l'aide des chants et des harmonies. » Plutarque (*De Mus.*, 42) : « Le premier effet de la musique et le plus beau est de nous donner un moyen de témoigner notre reconnaissance aux dieux ; le second, qui est la conséquence du premier, est d'établir dans notre âme un état pur, mélodieux, harmonieux. » Conf. Proclus, *Id Alcib.*, I, 197, éd. Creuzer. Iambl., *De Myst.*, I, 11. Spengel, *Ueber die Catharsis*, 1859, p. 25.

[3] *Polit.*, VIII, 7, 1341, b, 38.

[4] Ce n'est pas précisément la musique qui est ainsi divisée ; ce sont les μέλη, et Aristote déclare qu'il suit et accepte la division adoptée par quelques philosophes, τινὲς τῶν ἐν φιλοσοφίᾳ, d'accord, semble-t-il, avec τῶν μουσικῶν ἐνίοι.

[5] Theophr., *Fragm.*, 89. « La musique, dans sa vraie et unique essence, est κίνησις τῆς ψυχῆς ἡ κατὰ ἀπόλυσιν γιγνομένη τῶν διὰ τὰ πάθη κακῶν. » Passage que personne n'a cité.

[6] Theophr., *Fragm.*, 90. « Théophraste, dans son livre sur la musique, dit qu'elle a trois sources, ἀρχάς : λύπην, ἡδονήν, ἐνθουσιασμόν. » Theophr., *Fragm.*, 91. « La sensation de l'ouïe est de toutes les sensations la plus pathétique, παθητικωτάτην. »

La musique, ἡ μουσική, consiste dans la mélopée et les rythmes, διὰ μελοποιίας καὶ ῥυθμῶν οὖσα. Quoique ces deux caractères se réunissent dans l'essence de la musique, chacun d'eux peut être dominant dans toute œuvre musicale, et alors il y a lieu de rechercher laquelle des deux formes que peut prendre la musique convient le mieux à l'éducation (sujet du VIII° livre de la *Politique*) ; est-ce celle où les μέλη sont les plus parfaits, ou celle où les rythmes excellent ?

D'après la division adoptée, il y a trois sortes de μέλη : éthiques, pratiques, enthousiastiques ; à chaque genre est propre, οἰκεία, une harmonie particulière.

La musique a été instituée en vue de plusieurs fins, πλειόνων χάριν. 1. L'éducation ; — 2. la κάθαρσις[1] ; — 3. la διαγωγή ; — 4. le relâchement, l'apaisement, la détente, ἄνεσις, et le repos de l'effort, τῆς συντονίας ἀνάπαυσις.

A l'éducation sont propres les harmonies les plus éthiques ; à l'audition, quand ce sont les autres qui exécutent, sont également bonnes les harmonies pratiques et les harmonies enthousiastiques. Car les sentiments, tels que la pitié, la crainte, l'enthousiasme, qui agitent et bouleversent certaines âmes si profondément, ont sur toutes les âmes une influence plus ou moins puissante. Ces hommes mêmes que l'*enthousiasme* ébranle, sous l'influence des chants, μέλεσι, qui exorcisent l'âme, ἐξοργιάζουσι[2] τὴν ψυχήν, nous les

---

[1] C'est ici qu'Aristote, pour plus amples et plus claires explications, renvoie aux livres de la *Poétique*, qui n'étaient pas publiés, semble-t-il, à ce moment : πάλιν δ' ἐν τοῖς περὶ ποιητικῆς ἐροῦμεν σαφέστερον. Bernays ne compte que trois fins, parce qu'il confond l'ἀνάπαυσις avec la διαγωγή, qui en est distincte ; car les jeunes gens (*Polit.*, VIII, 5, 1339, a, 29) incapables de la διαγωγή sont très portés à la παιδιά, à l'ἄνεσις, à l'ἀνάπαυσις. La διαγωγή est une fin, τέλος, l'ἀνάπαυσις un moyen. (*Polit.*, VIII, 5, 1339, a, 29 ; b, 25-42.) La διαγωγή suppose une culture supérieure (*Polit.*, VIII, 5), πρὸς διαγωγὴν φρόνησίν τε, et non pas l'autre. — On pourrait croire que Bernays a raison, car Aristote ne pose que trois fins possibles à la musique, dans le passage *Polit.*, VIII, 5 (al. 4), n. 4, καὶ γὰρ τοῦτο τρίτον θετέον. Il est vrai qu'il n'a pas encore indiqué la vraie fin de la musique qui est la catharsis (*Polit.*, VIII, 7) ; mais il fixe encore à trois les fins de la musique, *l. l.* 5, 1, τί δύναται τῶν διαπορηθέντων τριῶν : πότερον παιδείαν (1) ; — ἢ, παιδιάν (2) ; — ἢ, διαγωγήν (3). — Il est singulier que trois pages plus loin Aristote ait oublié cette division très précise. *Polit.*, VIII, 5, 5. « La flûte n'est pas un instrument éthique, mais plutôt orgiastique ; il faut donc l'employer dans les circonstances où le spectacle a plus d'effet sur la κάθαρσις que sur l'instruction et le savoir, μάθησις. »

[2] Bernays et S. Spengel entendent : « qui excitent et exaltent le fanatisme religieux de l'âme, qui l'enivrent, *berauschen*, ἐνθουσιαστικὴν ποιοῦσι ; » j'entends plus volontiers qui *guérissent l'ivresse*, qui font sortir l'ivresse et le trouble de l'âme, ἐξ. Orelli et Schelling le comprennent comme moi et traduisent : « welche die Seele aus der Begeisterung ziehen. »

voyons ramenés à la paix et au calme par les chants sacrés, ἱερὰ μέλη[1], comme s'ils avaient été guéris et purifiés, ὥσπερ ἰατρείας τυχόντας καὶ καθάρσεως[2]. Ce même apaisement se produit dans les natures disposées à la pitié et dans celles disposées à la terreur, et en général dans celles qui sont très sensibles et très passionnées, τοὺς ὅλως παθητικούς; non seulement ces âmes-là, mais toutes les âmes, tous les hommes, plus ou moins sujets aux mêmes passions, éprouvent (par les μέλη) une sorte de purification et de joyeuse allégresse (ou allègement), κουφίζεσθαι μεθ' ἡδονῆς. *Ce ne sont pas seulement les chants sacrés*[3], ce sont aussi les *chants cathartiques* qui produisent chez l'homme une joie pure et innocente, χαρὰν ἀβλαβῆ. C'est pourquoi ceux qui s'occupent de la musique de théâtre doivent employer ces *sortes* d'harmonies et ces *sortes* de μέλη[4]; car il ne va pas au théâtre rien que des gens bien élevés et de culture libérale; il y vient des gens grossiers, des artisans mercenaires, des esclaves, et toute sorte de gens de cette espèce; à ceux-là cependant il faut aussi des spectacles et des jeux pour leur *récréation*, ἀνάπαυσις. Comme leurs âmes ont par nature des dispositions faussées, ἕξεις παρεστραμμέναι, il faut leur offrir des harmonies et des μέλη également faussés, παρεκβάσεις[5], c'est-à-dire σύντονα et παρακεχρωσμένα, qui contiennent des sons d'une intensité violente, ou teints de fausses nuances[6]. Car chacun trouve son plaisir dans les objets qui correspondent à sa nature. Il faut donc permettre aux auteurs de cette sorte de musique de se servir de ce genre de musique pour ce genre d'auditeurs.

Mais, en ce qui concerne l'éducation, il faut user des μέλη éthiques et des harmonies éthiques. Telle est l'harmonie dorienne, qui est,

---

[1] C'est une espèce nouvelle, ou à laquelle des trois autres faut-il la rapporter? Bernays, pour justifier son interprétation, veut que ce soit les chants d'Olympus qui, d'après Arist., *Polit.*, VIII, 5, ποιεῖ τὰς ψυχὰς ἐνθουσιαστικάς.

[2] Comme s'ils avaient pris un remède et s'étaient soumis à une purification, à une expiation.

[3] ὁμοίως que traduit Bernays par : de la même manière que d'*autres moyens* de catharsis; il n'a pas été question du tout de ces autres moyens.

[4] τοιούτοις... lesquels? Les ἱερά et les καθαρτικά, ou, comme le croit Bernays, ces derniers seulement?

[5] παρεκβάσεις, des sauts, des passages violents et brusques; σύντονα et παρακεχρωσμένα.

[6] Il pourrait se faire que σύντονα voulût dire l'uniformité du ton, et παρακεχρωσμένα l'harmonie chromatique. On trouve chez les musiciens grecs le mot σύντονος en opposition à ἀνειμένη; Aristoxène l'emploie dans le sens de τονιαῖον γένος, c'est-à-dire d'échelle diatonique régulière; Ptolémée, dans le même sens, mais en y ajoutant l'idée d'aigu, d'élevé, parce que les deux cordes intermédiaires du tétrachorde y sont plus hautes que dans toutes les autres harmonies. Il y a même un χρῶμα σύντονον opposé à μαλακόν.

d'un aveu unanime, la plus posée, στασιμωτάτη, et celle qui renferme le plus l'ἦθος ἀνδρεῖον; mais, malgré l'autorité de Platon, il faut en exclure la phrygienne, qui est, comme la flûte, orgiastique et passionnée, ὀργιαστικὰ καὶ παθητικά. La lydienne peut être admise, parce qu'elle peut à la fois procurer du plaisir et aider à l'éducation, κόσμος τε καὶ παιδεία.

Dans les *Problèmes*[1] on lit : « L'harmonie hypodorienne et l'harmonie hypophrygienne n'ont pas le moins de μέλος »; l'hypophrygienne a un ἦθος pratique; l'hypodorienne est noble et posée, στάσιμον; l'hypophrygienne[2] est enthousiastique et bachique; par elle nous exprimons nos passions, κατὰ μὲν ταύτην πάσχομέν τι, » et cependant deux lignes plus loin on trouve : « Par l'hypodorienne et par l'hypophrygienne nous exprimons nos actions, πράττομεν. » Il semble donc que la passion et l'action sont toutes deux du domaine de la vie pratique, et ont pour formes musicales d'expression les deux harmonies, hypodorienne et hypophrygienne.

Dans la Lettre attribuée à Iamblique, et contenant la réponse faite sous le nom du prêtre égyptien Abammon à la lettre écrite par Porphyre à Anébo, prêtre égyptien[4], on lit : « Les forces des passions humaines qui sont en nous, si on les veut violemment et complètement réprimer, se maintiennent plus énergiques. Si on les fait aller un moment à l'acte, et jusqu'à un point justement mesuré, elles éprouvent une joie modérée, sont satisfaites, et par là *purifiées*, ἀποκαθαιρόμεναι, s'apaisent, ἀναπαύονται, par la persuasion et non par la violence. C'est pour cela que dans la comédie et la la tragédie, par le spectacle des souffrances d'autrui, nous arrêtons, ἵσταμεν, nos propres souffrances, nous les rendons plus mesurées, nous les purifions, et que, dans les spectacles et les auditions sacrées de choses honteuses, nous nous délivrons du dommage (moral), βλάβης, qui nous arriverait de ces choses mêmes si elles étaient réellement faites, τῆς ἐπὶ τῶν ἔργων ἀπὸ αὐτῶν συμπιπτούσης βλάβης. »

Proclus, *Leçons sur la République de Platon*[5] : « En second lieu, pourquoi surtout Platon n'admet-il pas la tragédie et la comédie,

---

[1] *Probl.*, XIX, 48.

[2] *Probl.*, XIX, 49. Le μέλος est naturellement *mou* et doux; par le mélange du rythme il devient énergique et vif. Arist. Quint., p. 43. Le rythme est le facteur mâle, le μέλος le facteur féminin.

[3] Il semble qu'on ne peut pas lire ici ὑποφρυγιστί, et qu'il faut adopter la leçon proposée par Bojesen, c'est-à-dire φρυγιστί. Le passage n'aura plus rien de contradictoire.

[4] P. 22, édit. Gale.

[5] Dans l'édition de Platon de Bâle de 1534, p. 360.

et cela quoiqu'elles concourent à un apaisement, ἀφοσίωσις, des passions, que l'on ne peut pas complètement écarter, ἀποκλίνειν, et qu'il n'est pas, d'un autre côté, sage de satisfaire, parce qu'elles ont besoin, d'un certain *mouvement* opportun[1], qui, étant satisfait par l'audition de ces œuvres, nous *calmerait*[2], pour l'avenir, de ces passions même. »

Proclus, *Leçons sur la République de Platon*[3] : « La seconde question était qu'il était absurde d'interdire la tragédie et la comédie, puisqu'il était possible par elles de *satisfaire*[4] avec mesure les passions (τὰ πάθη), et après les avoir satisfaites, de les *rendre aptes à l'éducation*[5], puisqu'on aurait *guéri l'élément mauvais et dangereux*[6] qu'elles contiennent. Ce point qui a fourni à Aristote beaucoup de raisons d'attaquer Platon, ainsi qu'à tous ceux qui se sont faits les défenseurs de ces formes de la poésie contre ses accusations, nous le discuterons plus loin en nous conformant à nos principes antérieurs. »

Proclus, *Leçons sur la République de Platon*[7] : « Il est clair qu'il faut bien nous mettre en garde contre la tragédie et la comédie, qui imitent toutes les espèces des passions (humaines), et qui présentent tant de charme à ceux qui les écoutent, dans la crainte que la séduction qui s'y trouve, amenant l'élément sensible de notre âme à une disposition sympathique, ne remplisse la vie des jeunes gens des maux qui naissent de cette imitation, et qu'au lieu de cet *apaisement*, ἀφοσίωσις, mesuré des passions, elles ne fassent pénétrer dans leur âme des habitudes vicieuses et difficiles à extirper, qui obscurciraient en elle l'unité et la simplicité, et la pétriraient, pour ainsi dire, en la façonnant en des dispositions contraires[8], par l'amour pour ces imitations si variées. Car ces formes de la poésie visent tout particulièrement l'élément de l'âme le plus exposé aux passions, l'une caressant en elle l'amour du plaisir et la poussant à des rires insensés, l'autre nourrissant et cultivant l'amour de la tristesse et la jetant dans des lamentations indignes d'un homme de cœur, toutes deux nourrissant l'élément passionné, et d'autant plus profondément qu'elles accomplissent plus parfaitement leur œuvre propre. Il faut donc que l'homme d'État imagine *certains moyens*

---

[1] ἐν καιρῷ κίνησις.

[2] ἀνενοχλήτους ἡμᾶς ποιεῖν.

[3] Dans l'édition de Platon de Bâle de 1534, p. 362.

[4] ἀποκιμπλάναι.

[5] ἐνεργὰ πρὸς παιδείαν.

[6] τὸ πεπονηκὸς αὐτῶν θεραπεύσαντας.

[7] Dans l'édition de Platon de Bâle, 1534, p. 362, *Réponse de Proclus aux objections*.

[8] A cet apaisement.

de rendre inefficaces, inoffensives, τινὰς τῶν παθῶν τούτων ἀπεράνσεις[1], ces passions, et nous dirons non pas qu'il faut tendre à fortifier le penchant de l'âme pour elles, mais au contraire le réfréner et réprimer *avec intelligence* les mouvements qu'elles font naître, et que ces poésies qui, outre l'élément de diversité qu'elles contiennent, sont bien loin de garder la mesure *en excitant* ces passions, ne sauraient servir à l'apaisement moral, ἀφοσίωσις; car les moyens d'apaiser l'âme ne consistent pas dans les excès, συνεσταλμέναις, mais se proposent de refouler leur acte, et n'ont que très peu de ressemblance avec les sentiments dont elles sont l'apaisement[2]. »

La Catharsis d'Aristote n'est donc ni pathologique, ni thérapeutique, comme le veut Bernays, ni morale, comme le croit Spengel; elle a, comme le plaisir de l'art, son caractère propre, οἰκεία. Mais le point de vue moral est si voisin, pour les anciens[3] et pour Aristote, du point de vue esthétique, qu'ils peuvent paraître se confondre.

Le mot κάθαρσις est employé et défini par Platon : « κάθαρσις ἀπόκρισις χειρόνων ἀπὸ βελτιόνων », et dans le *Sophiste*, 227 : « καὶ μὴν καθαρμὸς ἦν τὸ λιπεῖν μὲν θάτερον, ἐκβάλλειν δὲ ὅσον ἂν ᾖ που τι φλαῦρον. »

Cratyl., 405. « Il y a deux espèces de κάθαρσις ou καθαρμοί : l'une relative à la médecine, l'autre à la divination, μαντική. Leur but est de rendre l'homme pur, καθαρὸν παρέχειν, dans son corps et dans son âme. »

Phædon., 67. « N'est-il pas conforme à nos raisonnements de conclure que la *catharsis* consiste à séparer le plus possible l'âme du corps, à l'habituer de toutes façons à vivre sans le corps, à se ramasser, à se concentrer, à habiter seule en elle-même, autant que possible, et cela dans la vie présente et dans la vie future, et à se délier pour ainsi dire des chaînes du corps, » et p. 69, les vertus cardinales, σωφροσύνη, δικαιοσύνη, ἀνδρία et φρόνησις, sont considérées et désignées comme κάθαρσις et καθαρμός.

---

[1] Le mot ἀπέρανσις ne se rencontre pas; je ne vois pas pourquoi il ne serait pas un ἅπαξ λεγόμενον. Bernays le change en ἀπέρασις et le traduit par *ejectio per vomitum*, évacuation.

[2] *Ran.*, 1019. Aristoph., Pourquoi faut-il admirer le poète? ὅτι βελτίους τι ποιοῦμεν τοὺς ἀνθρώπους.

[3] Boeckh, *Sophocle, Antigone* : « Aucun poète tragique, parmi les anciens, et Sophocle et Eschyle, moins que tous les autres, n'a eu la conviction récemment exprimée par un grand poète (Gœthe) que la poésie n'est dans aucun rapport intime avec la moralité; ils ont tous, les uns plus, les autres moins, suivi une direction morale dans leurs poésies, quoiqu'on ne puisse pas soutenir qu'ils aient écrit leurs tragédies dans une intention didactique, et cette tendance morale était requise de l'art, même de la musique, par l'état et l'opinion publique. »

Le *Sophiste*, 230, déclare que la réfutation des erreurs, ἔλεγχος, est la plus grande et la plus souveraine des κάθαρσις.

C'est donc un mot dont la signification n'est pas exclusivement religieuse ou médicale : il a un sens philosophique fixé bien avant Aristote[1].

Iamblich., *Vit. Pythag.*, § 3. « Il y a des chants, μέλη, qui ont été faits en vue des passions de l'âme. Les uns ont été inventés pour venir à son secours dans les découragements et les blessures (de l'âme); il en est d'autres qui sont appropriés à la colère, aux emportements, à toutes les folies de l'âme : d'autres genres de mélopée sont faits pour les désirs. »

Plutarque, *Conv. Sept. Sap.*, c. 12, prouve que la théorie de la musique d'Aristote a toujours été ainsi comprise des anciens : « L'architecte nous ferait des reproches si nous considérions que son œuvre est non pas de faire une maison ou un vaisseau, mais de percer des poutres et de gâcher du mortier; et les muses surtout, si nous considérions que leur affaire est de jouer de la lyre ou de la flûte, et non de dresser les mœurs, de calmer les passions à l'aide des chants et des harmonies. »

Plut., *De Music.*, c. 42. « En réalité la première et la plus belle fonction de la musique, c'est de rendre aux dieux des actions de grâce pour leurs bienfaits, et par suite, en second lieu, de *purifier l'âme*, et d'établir en elle l'accord et l'harmonie[2]. »

---

[1] Conf. Creuzer, *Ad Plotin. de Pulchritud.*, CVII, sqq., et 276, sqq. Sext., Empiric., Πρὸς μουσικούς, § 7, 18.

[2] τὸ τῆς ψυχῆς καθάρσιον καὶ ἐμμελὲς καὶ ἐναρμόνιον σύστημα.

NOTE SUR LA διαγωγή.

D'un passage de la *Métaphysique*[1], il résulte qu'il y a deux espèces d'arts, τεχνῶν :
1. Les arts qui ont pour but les nécessités de la vie.
2. Les arts qui ont pour but l'*agrément*, πρὸς διαγωγήν; tous sont fondés sur les sciences.

Parmi ces derniers, les plus nobles sont ceux qui n'ont pour but que la contemplation même de la vérité, la science, ce sont les arts et sciences théorétiques.

Que signifie au juste le mot διαγωγή?

Il n'est pas facile de dire quelle est l'influence de la musique, ni dans quel but il faut y prendre part : si c'est[2] :
1. En vue du jeu, παιδιᾶς.
2. Ou en vue de la récréation (ἀνάπαυσις), comme on recherche le sommeil et l'ivresse; car ce sont là des états qui n'ont rien d'honorable, mais qui sont agréables et en même temps dissipent, παύει, nos chagrins.
3. Ou en vue de donner une certaine forme aux mœurs, ἦθος ποιόν τι ποιεῖν, et de nous habituer à pouvoir goûter des joies honnêtes, ὀρθῶς χαίρειν.
4. Ou en vue de la διαγωγή et de la φρόνησις[3], qu'elle contribuerait à produire en nous; car c'est là le *troisième* but qu'on peut lui proposer.

L'éducation de la jeunesse n'a pas pour fin :
1. Le *jeu*, car apprendre n'est pas jouer; toute étude est accompagnée de désagrément, μετὰ λύπης ἡ μάθησις. Ce n'est pas non plus en vue du *jeu* à venir qu'on impose à la jeunesse des exercices dont ils devront jouir devenus hommes; car alors on pourrait les dispenser de la pratique de l'art et se borner, comme pour les fils des rois de Perse, à écouter.
2. Ce n'est pas non plus à cet âge qu'il convient de procurer

---

[1] L. I, 981, b, 7.

[2] *Polit.*, VIII, 5, 1339, 47.

[3] MM. Thurot et Spengel proposent de lire εὐφραίνειν, dont l'idée est plus en rapport avec tout le passage que celle de la φρόνησις.

la διαγωγή, car à aucun être encore imparfait la fin, τέλος, ne convient[1].

3. Serait-ce pour rendre leurs mœurs meilleures? Mais ce résultat serait atteint par la seule audition.

4. On peut faire la même objection à ceux qui croient qu'elle a pour objet une vie agréable, εὐημερία, et l'ἐλευθέριος διαγωγή.

La première question est de savoir s'il faut rejeter ou admettre la musique dans l'éducation, et quelle est son influence par rapport aux trois buts qui sont discutés, à savoir : l'éducation, le jeu et la διαγωγή.

Il y a de bonnes raisons pour la faire entrer dans tous et lui donner une part à tous.

1. En effet le *jeu* a pour fin le repos, la récréation, ἀνάπαυσις, et la récréation doit être agréable (car elle est une sorte de *guérison*[2] de la tristesse de nos travaux); et d'un avis unanime la διαγωγή doit contenir non seulement le *beau moral*, τὸ καλὸν, mais encore le *plaisir*; car le bonheur consiste dans les deux. Tout le monde s'accorde à dire que la musique est au nombre des choses les plus agréables, soit seule, ψιλήν, soit accompagnée de chant... C'est pourquoi nous l'employons avec raison dans les réunions de société — 2 — et *pour les* διαγωγαί, parce qu'elle a pour effet de réjouir, εὐφραίνειν. De sorte qu'il est naturel de penser qu'on doit — 3 — *l'enseigner à la jeunesse,* car toutes les choses agréables qui ne sont pas nuisibles, ἀβλαβῆ, conduisent non seulement à la fin[3] (τὸ τέλος), mais encore à la récréation, ἀνάπαυσις, et puisque les hommes pensent rarement à la fin, mais le plus souvent se récréent[4] et usent des jeux, non pas pour en abuser, mais pour le plaisir qu'ils procurent, il est utile de se récréer avec les plaisirs que donne la musique.

Il est vrai qu'il y a des hommes qui se font des jeux une fin; car la fin peut-être renferme aussi quelque plaisir, mais ce n'est pas le premier plaisir venu. En cherchant l'une, ils prennent l'autre à sa place, parce qu'elle a quelque ressemblance avec la fin des actions humaines. Car de même que la fin n'est préférée en vue d'aucune chose future, de même ces sortes de plaisir ne sont pas recherchés en vue de choses futures, mais à cause de choses passées, telles que les travaux et la tristesse, et telle est vraisemblablement la cause pour laquelle on cherche le bonheur par ces sortes de plaisirs.

Mais ce n'est pas seulement pour cette cause seule qu'il faut

---

[1] La διαγωγή est donc une fin, τέλος.

[2] τῆς διὰ τῶν πόνων λύπης ἰατρεία τις.

[3] La fin véritable de la vie.

[4] On voit bien que les esclaves ne comptent pas comme des hommes.

participer à la musique, c'est aussi, semble-t-il, parce qu'elle est utile aux récréations. Néanmoins il faut voir si ceci (ce dernier effet) n'est pas accidentel, et si son essence n'est pas plus noble que ne la déterminerait l'usage dont on vient de parler, et s'il ne faut pas non seulement participer au plaisir vulgaire (κοινῆς) qu'elle procure et dont tous les hommes ont la sensation (car la musique a un plaisir physique, par suite duquel son usage est agréable à tous les âges et à toutes les dispositions morales); mais il faut voir si elle ne contribuerait pas aussi à agir sur les mœurs et sur l'âme. La chose serait évidente si par la musique nos mœurs devenaient telles ou telles. Or il est manifeste que nos sentiments moraux sont modifiés par elle; cela est prouvé, outre beaucoup d'autres faits, par les chants d'Olympus. Car tout le monde est d'accord qu'ils rendent les âmes *enthousiastiques*[1]. Or l'enthousiasme est une affection passionnée de l'élément moral de l'âme[2].

En outre, quand nous entendons des imitations, même dépouillées des rythmes et des mélodies elles-mêmes, la sympathie s'empare de nous tous.

Puis donc que la musique est une des choses agréables, que la vertu consiste à user, comme il est raisonnable, ὀρθῶς, de la joie, de l'amour et de la haine, il est évident qu'il faut l'apprendre et s'habituer par-dessus tout à en juger sainement, et à être charmé des belles mœurs et des belles actions.

En outre il y a surtout dans les rythmes et les mélodies des imitations, ὁμοιώματα, de la nature vraie de la colère et de la douceur, du courage et de la tempérance, de toutes les passions contraires, et en un mot de tous les faits moraux de l'âme. Cela est prouvé par les œuvres (musicales); notre âme se modifie en les entendant. Or l'habitude de se réjouir ou de s'attrister de choses imitées est bien voisine de la même disposition en présence de la réalité; ainsi par exemple, si quelqu'un se plaît à voir l'image d'une personne, sans autre cause que la forme même, nécessairement il se plaira à voir la personne dont elle est l'image.

Il est à remarquer que dans d'autres objets sensibles, ceux du toucher et du goût par exemple, on ne trouve aucune ressemblance aux mœurs, μηδὲν ὁμοίωμα τοῖς ἤθεσιν; et que dans les objets de la vue elle n'existe qu'à un faible degré; telles sont les formes des corps, σχήματα, et encore c'est une sensation qui n'est pas commune à tous les hommes[3].

---

[1] ποιεῖ τὰς ψυχὰς ἐνθουσιαστικάς.

[2] Etrange expression : τοῦ περὶ τὴν ψυχὴν ἤθους πάθος; l'enthousiasme est ainsi un pathos de l'éthos de l'âme.

[3] Müller, *Gesch.*, propose de lire οὐ πάντες au lieu de πάντες, ce qui donne un sens à cette proposition incidente, qui n'en aurait pas sans cela. Les arts

Ajoutons que ces objets, ces formes et ces couleurs sont moins des imitations des mœurs que des signes, comme on peut le remarquer dans le corps humain, quand il est agité par les passions. Dans la vue même de ces objets, il y a des différences; ainsi il ne faut pas que les jeunes gens contemplent les œuvres de Pauson, mais celles de Polygnote, et de ceux des peintres et statuaires qui ont le caractère moral.

Mais dans les chants, ce sont des imitations même des mœurs, μιμήματα. La chose est évidente; car la nature des harmonies est telle qu'en les entendant nous sommes, au moment même, immédiatement autrement disposés, et d'une manière différente, par chacune d'elles : par les unes, notre âme, comme serrée, est excitée à la plainte, par exemple par celle qu'on appelle mixolydienne; par d'autres, celles qui sont plus efféminées, notre âme est amollie, attendrie; par une autre, elle prend une attitude moyenne, plus ferme, comme semble le faire, seule des harmonies, la dorienne, tandis que la phrygienne excite en nous des dispositions enthousiastiques.

Ce sont là les principes qu'ont très justement posés les philosophes qui se sont occupés de cette étude, et qui, à l'appui de leurs raisonnements, prennent en témoignage les œuvres mêmes de l'art.

Les rythmes sont dans le même cas (que les harmonies); les uns ont un caractère moral plus posé, les autres plus agité; parmi ceux-ci les uns contiennent des mouvements plus grossiers, d'autres plus distingués. Il est donc évident, par ce que nous venons de dire, que la musique a la puissance d'imprimer à l'âme telle ou telle disposition morale. Si elle le peut, il est évident qu'il faut l'appliquer à l'éducation et l'enseigner à la jeunesse.

L'art de la musique est en harmonie avec la nature de cet âge; car les jeunes gens, précisément à cause de leur âge, ne supportent volontiers rien de désagréable; or la musique est par essence une des choses agréables.

Il y a même une sorte de parenté entre les harmonies et les rythmes (d'un côté, et l'âme, de l'autre); c'est pourquoi beaucoup de sages ont prétendu que l'âme est une harmonie, d'autres qu'elles possèdent l'harmonie.

Dans la *Métaph.*, I, 1, nous avons vu que la διαγωγή est la fin que se proposent les arts nobles et libéraux.

Ethic. Nic., IV[1]. La récréation, ἀνάπαυσις, a sa place dans la vie, et la διαγωγή unie au jeu, παιδιά, a sa place dans la récréation; il faut donc qu'on y rencontre une conversation honnête et aimable, ὁμιλία τις ἐμμελής. Le jeu de l'honnête homme, ἡ τοῦ ἐλευθερίου παιδιά,

---

qui s'adressent à la vue n'exercent qu'une faible influence morale sur le cœur humain, et encore ne l'exercent-ils pas sur tous les hommes.

[1] Alias 14.

diffère de celui de l'esclave. La récréation et le jeu paraissent avoir une place nécessaire dans la vie. Il y a donc trois sortes d'états moyens, μεσότητες, qui toutes ont pour objet une participation à certains discours ou à certaines actions; ils différent en ce que l'un a pour objet la vérité, l'autre l'agréable; et dans ceux qui ont pour objet le plaisir, on distingue celui qui consiste dans les jeux et celui qui consiste dans les relations sociales de la vie ordinaire, ἐν ταῖς κατὰ τὸν ἄλλον βίον ὁμιλίαις.

Ethic. Nic., X, 6, 3. Il y a des actes (ἐνέργειαι) qui sont préférables par eux-mêmes, et auxquels on ne demande que l'acte même. Tels sont les actes de vertu; car de faire des choses belles et bonnes est préférable par soi, et tels sont aussi, parmi les jeux, ceux qui sont agréables; car ce n'est pas pour d'autres fins qu'eux-mêmes qu'on les préfère; en effet, ils sont plus souvent nuisibles qu'avantageux, et nous font négliger le soin de notre santé et de nos intérêts, et c'est vers ces sortes de διαγωγαί que se réfugient ceux qui passent pour être heureux; aussi ceux qui se montrent aimables dans ces sortes de διαγωγαί sont-ils recherchés des princes.

..... Le bonheur ne consiste pas dans le jeu, dont il est absurde de faire une fin, — le bonheur seul est une fin..... Le jeu ressemble à un repos, et l'on n'a besoin de repos que par l'impossibilité d'un effort continuel. Mais le repos n'est pas une fin; il n'existe lui-même que pour une fin, qui est l'acte. Tout le monde peut jouir des *plaisirs du corps,* l'esclave comme l'honnête homme. Mais l'esclave est incapable du bonheur..... Car ce n'est pas dans *de telles* διαγωγαί[1] que le bonheur consiste.

Polit., VII, 15, 1330. Il faut qu'il y ait des vertus propres au loisir, σχολή; car de même que la paix est la fin de la guerre, le loisir est la fin, τέλος, du travail. Les vertus qui servent au loisir et à la διαγωγή sont celles qui font leur œuvre dans le loisir et sont distinctes de celles qui font leur œuvre dans le travail, ἀσχολία.

Ethic. Nic., IX, 11, 1171, b, 12. La présence de nos amis quand nous sommes heureux nous procure une διαγωγή agréable.

---

[1] Nous voyons ici le mot διαγωγαί employé dans le sens de *plaisirs du corps*, tandis que dans *Polit.*, VIII, 5, il est dit que la διαγωγή doit réunir le beau moral au plaisir.

Metaph., I, 981, b, 21, il semble avoir pour synonyme ἡδονή.

Metaph., I, 982, b, 23, il est lié à ῥᾳστώνη dans la locution πρὸς ῥᾳστώνην καὶ διαγωγήν.

Ethiq., IV, 14, 1127, b, 33, uni à παιδιά, il fait partie de l'ἀνάπαυσις.

Polit., VIII, 5, 1339, a, 25, la διαγωγή est avec la φρόνησις (Thurot propose de lire σωφροσύνην) comme un des effets de la musique.

Polit., VII, 15, 1334, a, 16, il est lié à σχολή, le loisir.

La διαγωγή est définie par Zeller une activité qui a son but en elle-même, et par suite, comme toute activité en soi achevée, est nécessairement liée avec le plaisir. (*Ethic. Nic.*, VII, 15, 1154, ἡδονή ἡ ἐνέργεια.)

Metaph., XII, 7, 1072, b, 14. La διαγωγή (du premier moteur) est semblable à celle qui est pour nous la plus parfaite, mais dure si peu. C'est la vie de la pensée pure qui se pense elle-même.

FIN.

TABLE DES CHAPITRES.

ESSAI SUR LA PSYCHOLOGIE D'ARISTOTE.

CHAPITRE PRÉLIMINAIRE.

                                                  Pages.

§ 1.   Vie d'Aristote... 1
        Notice sur les sources de la vie d'Aristote............ 56
§ 2.   Histoire des écrits d'Aristote......................... 60
§ 3.   Catalogues des écrits d'Aristote...................... 90
§ 4.   Classification des écrits d'Aristote :
        I. Classification attribuée à Aristote même......... 103
        II. Classification des critiques anciens et modernes... 118
§ 5.   Les écrits psychologiques d'Aristote.................. 137

EXPOSITION DE LA PSYCHOLOGIE D'ARISTOTE.

CHAPITRE PREMIER.

§ 1.   Importance, objet, méthode........................... 149
§ 2.   Les Apories.. 169
§ 3.   A quelle partie de la philosophie appartient l'étude de l'âme... 175

CHAPITRE DEUXIÈME.

HISTOIRE DES THÉORIES PSYCHOLOGIQUES DES PHILOSOPHES ANTÉRIEURS.

§ 1.   L'histoire de la philosophie dans Aristote............ 187
§ 2.   Théories psychologiques qui considèrent l'âme comme principe du mouvement :
        1. Démocrite et Leucippe........................... 190
        2. Les Pythagoriciens............................... 196
        3. Anaxagore...................................... 197
§ 3.   Théories psychologiques qui considèrent l'âme comme principe de la connaissance :

	1. Empédocle....................................	201
	2. Platon..	202
§ 4.	Théories psychologiques qui considèrent l'âme à la fois comme principe du mouvement et de la connaissance :	
	Xénocrate.......................................	203
	Démocrite.......................................	204
	Anaxagore, Diogène.............................	205
	Héraclite..	205
	Alcméon..	206
	Hippon et Critias................................	206
	Résumé...	207

CHAPITRE TROISIÈME.

Critique de ces différents systèmes................. 209

CHAPITRE QUATRIÈME.

THÉORIE PSYCHOLOGIQUE D'ARISTOTE.

§ 1.	Principes métaphysiques.........................	265
§ 2.	Définition de l'âme..............................	282
§ 3.	De la substance et de l'origine de l'âme..........	294
§ 4.	Les parties, les facultés, les fonctions de l'âme..	301
§ 5.	Rapports de l'âme et du corps...................	305
§ 6.	Unité de l'âme et ses divisions...................	312

CHAPITRE CINQUIÈME.

L'âme végétative ou nutritive...................... 319

CHAPITRE SIXIÈME.

L'AME SENSITIVE.

§ 1.	L'âme sensitive en général......................	345
§ 2.	Les sensibles communs..........................	371
§ 3.	Le sens commun................................	374
§ 4.	Les cinq sens : la vue...........................	385
§ 5.	L'ouïe, la voix, le langage.......................	396
§ 6.	L'odorat et l'odeur..............................	409
§ 7.	Le goût et la saveur............................	416
§ 8.	Le toucher et les objets tangibles................	423

CHAPITRE SEPTIÈME.

L'AME SENSITIVE DANS L'HOMME.

§ 1.	Le désir, le plaisir et la peine, les passions..........	431
§ 2.	L'imagination, le sommeil et les rêves...............	444
§ 3.	La mémoire, la réminiscence, l'association des idées.....	453
§ 4.	La locomotion..................................	462

CHAPITRE HUITIÈME.

L'AME PENSANTE OU LA RAISON.

§ 1.	La raison en général............................	467
§ 2.	La raison théorétique............................	469
§ 3.	La raison poétique : esthétique d'Aristote............	528
§ 4.	La raison pratique : morale d'Aristote...............	555

CHAPITRE NEUVIÈME.

Etude critique sur la psychologie d'Aristote.......... 573

ADDENDA.

1.	Sur Michel d'Ephèse........	613
2.	Sur Corydalleus................................	613
3.	Antécédent de la théorie d'Herbart.................	613
	Note sur la *Catharsis*...........................	615
	Note sur la Διαγωγή.............................	623

FIN DE LA TABLE DES CHAPITRES.

Chartres. — Imp. DURAND frères, rue Fulbert.

www.ingramcontent.com/pod-product-compliance
Lightning Source LLC
Chambersburg PA
CBHW071202230426
43668CB00009B/1050